Edgar Wolfrum

Geschichtspolitik in der Bundesrepublik Deutschland

Edgar Wolfrum

Geschichtspolitik in der Bundesrepublik Deutschland

Der Weg zur bundesrepublikanischen Erinnerung 1948–1990

Wissenschaftliche Buchgesellschaft
Darmstadt

Einbandgestaltung: Neil McBeath, Stuttgart.

Einbandbild: Demonstrierende Arbeiter am Brandenburger Tor bei der Volkserhebung vom 17. Juni 1953. Kurz darauf verabschiedet der Deutsche Bundestag ein Gesetz, mit dem der „Tag der deutschen Einheit“ geschaffen wird. Dessen kontroverse Ausdeutung sollte die Geschichtspolitik der folgenden Jahrzehnte bestimmen (Foto: Bundesbildstelle Bonn).

Die Deutsche Bibliothek – CIP-Einheitsaufnahme

Wolfrum, Edgar:
Geschichtspolitik in der Bundesrepublik Deutschland : der Weg zur bundesrepublikanischen Erinnerung 1948–1990 / Edgar Wolfrum. – Darmstadt : Wiss. Buchges., 1999
Zugl.: Darmstadt, Techn. Univ., Habil.-Schr., 1999
ISBN 3-534-14479-1

Bestellnummer 14479-1

Gedruckt auf säurefreiem und alterungsbeständigem Offsetpapier
Satz: Setzerei Gutowski, Weiterstadt
Druck und Einband: Druckhaus Beltz, Hemsbach
Printed in Germany
Schrift: Linotype Times, 9.5/11

ISBN 3-534-14479-1

Inhalt

Vorwort

Das vorliegende Buch ist die leicht überarbeitete Fassung meiner Untersuchung, die im Sommersemester 1999 vom Fachbereich Gesellschafts- und Geschichtswissenschaften der Technischen Universität Darmstadt als Habilitationsschrift angenommen wurde.

Die Idee zu dieser Arbeit geht auf Gespräche und gemeinsame Überlegungen mit Professor Peter Steinbach zurück, der mich auf die Spur von geschichtspolitischen Fragestellungen brachte. Für diese Impulse bin ich ihm zu ebenso großem Dank verpflichtet wie dafür, daß er mir als seinem Assistenten den nötigen Freiraum gab, um die Studie zügig fertigzustellen.

Professor Christof Dipper hat die Arbeit von Beginn an mit großem Interesse verfolgt und gab mir immer wieder wichtige Anregungen. Er unterstützte mich mit Rat und Tat. Für all dies möchte ich ihm herzlich Dank sagen.

Dank für ihre kritische Lektüre gebührt den beiden weiteren Gutachtern im Habilitationsverfahren, den Professoren Helmut Böhme und Hubert Heinelt. Für die Möglichkeit, Ergebnisse meiner Forschungen in ihren Kolloquien zu diskutieren, danke ich den Professoren Anselm Doering-Manteuffel, Etienne François, Christoph Kleßmann und Heinrich August Winkler. Die Kommission für Forschung und wissenschaftlichen Nachwuchs der Freien Universität Berlin förderte die Arbeit mit großzügigen Mitteln für Archivreisen. Den Mitarbeiterinnen und Mitarbeitern der zahlreichen Archive, die mir halfen, mich jeweils schnell zurechtzufinden, danke ich sehr. Cord Arendes hat das Manuskript Korrektur gelesen und mich beständig mit kritischen Fragen konfrontiert – herzlichen Dank dafür. Die Hilfe, die Anregungen und die Kritik von befreundeten Kolleginnen und Kollegen waren wie immer besonders wichtig, ein herzliches Dankeschön an Sabine Behrenbeck, Brigitte Kerchner, Ute Schneider, Rudolf Speth und Jakob Vogel. Verena Artz und Daniel Zimmermann von der Wissenschaftlichen Buchgesellschaft haben die Drucklegung mit viel Engagement betreut.

Unschätzbar waren die Ratschläge, die Unterstützung und die Liebe meiner Frau Claudia Lepp.

Berlin, Sommer 1999 — Edgar Wolfrum

Vorwort

Einleitung

„Ich sage noch einmal, daß es so etwas wie ein bundesrepublikanisches Geschichtsbewußtsein gar nicht geben kann. Man mache sich darum auch gar keine Mühe damit.“ Diese beiden prägnanten Sätze formulierte Bundestagspräsident Eugen Gerstenmaier im Jahr 1956 zu zwei wichtigen Gelegenheiten. Zuerst fielen sie in seiner Ansprache zum 80. Geburtstag von Bundeskanzler Konrad Adenauer im Deutschen Bundestag. Einige Monate später wiederholte er sie in seiner vielbeachteten Grundsatzrede auf dem CDU-Parteitag in Stuttgart.[1] Gerstenmaier beschwor ein geschichtliches Bewußtsein der ganzen Nation und ein „dankbares Gefühl für die Größe ihrer Geschichte“. Die Bundesrepublik als sein Vaterland zu bezeichnen, das wäre dem Bundestagspräsidenten – im Unterschied zu vielen seiner christdemokratischen Parteifreunde – niemals in den Sinn, geschweige denn über die Lippen gekommen; sie war für ihn ein vorübergehendes Notgebilde, ein Provisorium, an das sich die Menschen auf keinen Fall gewöhnen durften.

Anfang der siebziger Jahre bestand dieses Provisorium noch immer. Seit langem durchzogen Mauer und Stacheldraht Deutschland, aber erst seit kurzem hatte eine Bundesregierung aus Sozialdemokraten und Liberalen – die noch einige Jahre zuvor Gerstenmaiers Worte vorbehaltlos unterschrieben hätten – eine ganz neue Deutschlandpolitik eingeschlagen und die staatliche Existenz der DDR anerkannt. Die Bundesrepublik wurde damit auf eine neue Legitimitätsgrundlage gestellt. Bundespräsident Gustav Heinemann (SPD) erklärte 1974, worum seine Bemühungen kreisten: „Mir geht es darum, bestimmte Bewegungen in unserer Geschichte, die unsere heutige Demokratie vorbereitet haben, aus der Verdrängung hervorzuholen und mit unserer Gegenwart zu verknüpfen.“ Im historischen Gedächtnis der Bundesrepublik sollten die eigenständigen freiheitlich-demokratischen, auch revolutionären Traditionen beleuchtet und die nationalstaatlichen abgeblendet werden.[2]

Wiederum eine Dekade später, Mitte der achtziger Jahre, erschien eine große, mehrbändige „Geschichte der Bundesrepublik Deutschland“, die von der Kritik als wissenschaftliche Meisterleistung bezeichnet wurde, nicht zuletzt deshalb, weil die Darstellung auch dem historisch-politisch interessierten Laien eine attraktive Brücke in die Vergangenheit baute. Im Vorwort konnte man die Zielsetzung des Werkes lesen: „Wie sehr sie sich dagegen gesträubt hat, die Bundesrepublik Deutschland hat eine Geschichte, und diese soll erzählt werden."[3] Pointiert gesagt haben sich die Autoren des Werkes also die „Mühe" gemacht, vor der Gerstenmaier seinerzeit warnte: Ihre Arbeit sollte einem bundesrepublikanischen Geschichtsbewußtsein dienen.

Diese drei Zitate aus unterschiedlichen Phasen der Bundesrepublik Deutschland verdeutlichen den Spannungsbogen, entlang dem sich die vorliegende Studie bewegt. Ziel ist es, die einzelnen Stufen herauszuarbeiten, die zu einer spezifischen bundesrepublikanischen Erinnerung führten. Das Interesse richtet sich somit auf die Arbeit am kollektiven Gedächtnis der Bundesrepublik, auf historische Bezugsereignisse und Wertsysteme, auf Geschichtsbilder und Gründungsmythen im Wandel der Zeit. Über welche Phasen und öffentlichen Kontroversen, die mit politischen und soziokulturellen Umbrüchen einhergingen, veränderte sich während der vierzigjährigen Existenz der „alten" Bundesrepublik das kollektive Selbstverständnis, und mittels welcher Geschichtsbilder wurde versucht, kollektive Identität zu definieren bzw. periodisch immer wieder neu zu justieren? Bei diesem Wandel des historisch-politischen Bewußtseins handelte es sich freilich nicht um einen anonymen Vorgang der Geschichtsaneignung. Im Gegenteil: Das Erinnern an bestimmte Traditionen und das Vergessen anderer wurde stets auch politisch vorangetrieben.

Der Geschichtsbruch durch die Katastrophe des Nationalsozialismus und die Spaltung der deutschen Nation führten zu einer prekären Situation für die individuelle wie für die kollektive Erinnerung. Deutsche Vergangenheit war daher hochgradig politisch umkämpft. Politische Eliten versuchten Traditionen zu schöpfen, Erinnerungen zu gestalten und Identitäten zu konstruieren. Sie bedienten sich dabei – in einem Wechselspiel mit Publizistik, Wissenschaft und öffentlicher Meinung – verschiedener Erinnerungsstrategien, umstrittener Inszenierungen, integrierender und desintegrierender Rituale und polarisierender Diskurse, kurz: sie betrieben Geschichtspolitik in der Demokratie und prägten damit gleichermaßen nachhaltig die politische wie auch die Geschichtskultur.[4]

Diese Frage nach dem Wandel des kollektiven Selbstverständnisses liegt im Schnittpunkt von zwei zentralen Problemen, die die zeitgeschichtliche Forschung[5] in der Bundesrepublik seit den achtziger Jahren beschäftigen. Welche Eigenschaften der Bundesrepublik nach 1949 waren „neu", welche haben sich über eine längere historische Dauer erhalten und ragten in sie hinein? Was trug dazu bei, daß sich die westdeutsche Demokratie so rasch stabilisierte? Angesprochen sind also das Kontinuitäts- und das Stabilisierungsproblem. In beiden Problemen verweben sich jedoch nicht allein politik- und sozialgeschichtliche Dimensionen, die gut erforscht sind,[6] sondern ebenso bislang kaum beachtete erfahrungsgeschichtliche und geschichtskulturelle, denen ich im folgenden vor allem nachgehen möchte.

Die deutsche Einheit von 1989/90 hat die Perspektiven der Zeitgeschichtsforschung verschoben und die Untersuchungsgegenstände vermehrt. Aber nach der Wiedervereinigung ist die zeithistorische Forschung zur Bundesrepublik stark eingebrochen; die Forschungskonjunktur der achtziger Jahre ist abgeflaut.[7] Mit großer Geschwindigkeit scheint sich heute die „alte" Bundesrepublik von uns zu entfernen. Dieser Eindruck wird durch eine äußerst umfangreiche, intensive und von einem freien Zugang zu den Archiven profitierende DDR-Forschung zusätzlich verstärkt.[8] Doch gerade deshalb dürfen die nach wie vor grundsätzlich wichtigen Fragen nicht vernachlässigt werden: Über welche Stufen und Konflikte stellte sich die bundesdeutsche Gesellschaft in eine westeuropäisch-atlantische Tradition, wie wurden überlieferte obrigkeitsstaatliche Denk- und Vorstellungsmuster abgeschliffen, und wie machten sie neuen Elementen Platz?[9]

Das abrupte Ende der deutschen Zweistaatlichkeit hat in der Geschichtswissenschaft einen neuen methodischen Trend hervorgebracht, der zur Untersuchung dieser Probleme aufgenommen und weitergeführt werden kann, nämlich die neuen Forschungen zur „geteilten Vergangenheit" bzw. „geteilten Erinnerung". Diese sind allerdings häufig nicht nur zeitlich begrenzt, sondern sie konzentrieren sich bislang nahezu ausschließlich auf die Frage, wie im gegenseitigen Bedingungsgeflecht der beiden deutschen Staaten mit dem Nationalsozialismus, dem Holocaust[10] und dem Widerstand[11] umgegangen wurde. Mit Blick auf die Bundesrepublik können die Studien auf einer reichhaltigen Forschungsliteratur zur Geschichte und Bewertung der „Vergangenheitsbewältigung"[12] aufbauen. Alle drei Nachfolgestaaten des Großdeutschen Reiches haben mit unterschiedlichen Strategien versucht, mit dem nationalsozialistischen Erbe fertig zu werden. Einer Unterscheidung von M. Rainer Lepsius zufolge ist der Nationalsozialismus in Österreich exkulpiert und in der DDR über die Kategorie Faschismus universalisiert, in der Bundesrepublik hingegen „normativ internalisiert" worden – im Sinne einer Haftung für die Folgen des „Dritten Reiches".[13] Während also in Österreich nach 1945 eine Art Opfermythos als Staatsdoktrin etabliert wurde,[14] betrachtete die „antifaschistische" DDR den Nationalsozialismus als eine Fremdgeschichte und stellte sich selbst als Siegerin über die NS-Diktatur dar.[15] In der Bundesrepublik war die Absetzung vom „Dritten Reich" die primäre Grundlage ihres Selbstverständnisses, und langfristig gesehen setzte sich in ihr ein „kategorischer Erinnerungsimperativ"[16] durch, der die normativen Grundlagen der westdeutschen Nachkriegsdemokratie festigte. Der neue Thematisierungsschub zur „Vergangenheitsbewältigung" wurde nicht zuletzt von der Kontroverse über die „doppelte Vergangenheitsbewältigung" nach dem Untergang des SED-Regimes gespeist. Sie gab der Frage neue Aktualität, welcher Stellenwert der reflexiven Erinnerung an ein überwundenes diktatorisches Regime für die Stabilität der demokratischen Ordnung beizumessen ist.[17]

Wenn man insgesamt sagen kann, daß die deutsche Einheit von 1990 die Fluchtpunkte der zeitgeschichtlichen Forschung verändert hat, so trifft dies für einen Bereich doch ganz besonders zu: für die deutsche Frage.[18] Und gerade in diesen Bereich ragte die Teilung der Vergangenheit und der Erinnerung mit aller Macht herein. Bis zu welchem Punkt, so muß man fragen, konnte die Bundesrepublik als deutscher Teilstaat ihre Identität aus nationalstaatlichen Traditionen schöpfen, und wie traten andere, posttraditionale, bundesrepublikanische Bezugspunkte und Geschichtsbilder, etwa in Form des Verfassungspatriotismus', in das Selbstverständnis hinein? Behinderte die Erinnerung an die deutsche Nationalgeschichte die Entfaltung eines bundesrepublikanischen Selbstbewußtseins, oder bestand umgekehrt die Gefahr, daß ein reduziertes Nationalbewußtsein die Politikfähigkeit der Bundesrepublik negativ beeinflußte?

Eine zentrale Herausforderung an die Zeitgeschichte nach 1989 lautet, eine Antwort darauf zu finden, ob es, und wenn ja, über welche Stufen, eine Art „Dekomposition der Nation" (Wilfried Loth) in Deutschland gegeben hat. Dabei richtet sich das Augenmerk nicht mehr nur auf die Frage nach der Staatsräson der Bundesrepublik,[19] sondern auch darauf, über welche Etappen sie eigene Traditionen und Kontinuitäten ausbildete.[20] Vor allem aber möchte ich einem wichtigen Bereich mehr Beachtung schenken: dem Bereich der Erfahrungen, der Erwartungshorizonte und der Bewußtseinslagen der Bürger.[21] Dies ist bislang viel zu wenig geschehen. Wilfried Loth argumentiert in diese Richtung, wenn er die These aufstellt, daß bereits vor der Gründung des Weststaates der Prozeß einer Entsolidarisierung mit den Ostdeutschen eingesetzt und die Gesellschaft der Bundesrepublik sich früh zu einer Staatsnation entwickelt habe.[22] Konrad Jarauschs Vermutung reicht noch weiter. Er spricht von einer Umkehrung des „nation-building"-Szenarios aus dem 19. Jahrhundert, von einer „Entnationalisierung", die eine spezifische bundesdeutsche Identität hervorgebracht habe.[23] Mein Blick richtet sich darauf, wie die Westdeutschen seit 1949 zu Bundesbürgern wurden, wie sie den Transfer in eine neue politische Ordnung wahrnahmen, ob und wie lange alte Leitbilder und Denkmuster weiterwirkten, wann das neue politische Gebilde auch emotionale Anerkennung fand und welche Folgen für das historisch-politische Selbstverständnis sowie die kollektive Erinnerung sich daraus ergaben. Es ist somit die Absicht dieser Studie, eine wissenschaftlich fundierte, empirisch gestützte, sich über die gesamte Existenz der Bundesrepublik erstreckende historische Analyse zu diesem Thema – die bislang noch ausstand – vorzulegen.

Wenn nach der unverhofften Wiedervereinigung heute die Möglichkeit besteht, viele Darstellungen aus der Zeit vor 1989 auch als historische Quelle zu betrachten, so soll hier jedoch nicht in eine unfruchtbare, politisch motivierte Debatte darüber eingetreten werden, wer vor 1989 strikt am Wiedervereinigungspostulat festgehalten hat und wer nicht.[24] Eine große Anzahl von historisch-politischen Publizisten, Geschichtswissenschaftlern und Politologen, die vor 1989/90 die Bundesrepublik als einen ganz „normalen Staat" ansahen und die Teilung Deutschlands als Interpretationsrahmen mehr oder minder akzeptierten, haben mittlerweile ihre Meinung geändert und gehen nun von einer Art bundesrepublikanischem Sonderweg aus.[25] Ist Deutschland erst nach 1989/90 „selbstbewußt" geworden? War die Bundesrepublik davor das nun glücklicherweise überwundene, spießbürgerliche und selbstzufriedene Rest-Deutschland? War sie gar vom überlieferten deutschen Eigensinn abgeirrt und durch eine einseitige Westbindung daran gehindert, ihre eigene nationale Identität wiederzufinden?[26] War es prinzipienlos, daß die meisten Westdeutschen und deren Politiker bis Ende der achtziger Jahre nicht an eine Wiedervereinigung zu ihren Lebzeiten glaubten? War also der keineswegs linear verlaufende, zu unterschiedlichen Zeiten von verschiedenen politischen Kräften vorangetriebene und immer umstrittene Prozeß der Selbstanerkennung dieser Republik unzulässig, ja unrechtmäßig?[27]

Er war es nicht. Wer vermag schon auf Dauer seine Existenz auf Ungewißheiten zu begründen? Eine zeitgeschichtliche Analyse ist mithin verpflichtet, ihren Gegenstand in den historischen Kontext einzubetten – und das bedeutet in den Kontext einer auf lange Sicht anscheinend nicht realisierbaren Wiedervereinigung. Das Denken und Handeln der Menschen und vor allem der agierenden Politiker muß auch aus der Zeit heraus verstanden werden – ohne daß freilich eine wissenschaftliche Reflexion auf den Horizont der damaligen Akteure beschränkt bliebe. Die folgende Untersuchung wird sich in diesem Spannungsverhältnis von Hermeneutik und kritischer Analyse bewegen.

Da der Untersuchungszeitraum lang und der Untersuchungsgegenstand vielschichtig ist, benötigt man eine adäquate Forschungsstrategie. Wie kaum ein zweites, so scheint mir ein Paradigma besonders geeignet, um die Verschränkung von Geschichte und Politik sowie den Wandel von Identität im Umgang mit der Vergangenheit für die Bundesrepublik Deutschland auf einer sehr breiten empirischen Basis herauszuarbeiten: der 17. Juni 1953 als eine Abbreviatur für den Stand und die Zukunft der deutschen Frage. An diesem einzigen Symbol der Bundesrepublik schieden sich von Beginn an und bis zum Ende der „alten" Bundesrepublik, ja sogar darüber hinaus, die Geister. Zahlreiche gesellschaftliche und politische Gruppen mit jeweils spezifischen Interessen beteiligten sich an der Ausgestaltung, der geschichtspolitischen Deutung und Verarbeitung des

17. Juni. Er war die symbolische Verdichtung eines gewissen, zugleich mit seiner Hilfe konstruierten, langfristig aber äußerst brüchigen gesellschaftlichen Konsenses.

Weil sich am 17. Juni 1953 zentrale geschichtspolitische Dimensionen, die für eine historisch-politische Standortverlagerung und die Erinnerung der Bundesrepublik so wichtig waren, ausleuchten lassen, können an diesem Paradigma neue Fragen an die Zeitgeschichte formuliert und auch neue Erkenntnisse zutage gefördert werden. Der 17. Juni war eines der ganz wenigen Ereignisse in der deutschen Geschichte, mit deren Wahrnehmung sich zugleich völlig konträre politische und gesellschaftliche Traditionsbildungen verbanden, die sich wiederum im Zeitverlauf dramatisch veränderten. Bei ihm ging es niemals „nur" um Geschichte, sondern immer auch um Politik. An diesem Datum entzündeten sich politische Kämpfe über das, was die Legitimität der Bundesrepublik ausmachen sollte. Hier wurde darüber gestritten, wie die Legitimationsstrategien aussehen sollten – und hier lagerten sich sämtliche Geschichtsbilder, Werte und Bezugssysteme der Bundesrepublik ab. Nahezu alle der zahlreichen historisch-politischen Kontroversen hatten ihrerseits Auswirkungen auf den Umgang mit diesem Symbol.[28] Dies zeigte sich beispielsweise an den deutschlandpolitischen Streitfällen, besonders zur Westintegration in den fünfziger Jahren, zur Kritik der Wiedervereinigungsidee nach dem Bau der Berliner Mauer 1961 und zur Neuen Ostpolitik in den siebziger Jahren. Dies zeigte sich aber ebenso an den geschichtskulturellen Konflikten, die die Bundesrepublik begleiteten, wie beispielsweise die Auseinandersetzungen über die Bismarcksche Reichsgründung, die Fischer-Kontroverse zu Beginn der sechziger Jahre, die „Posthistoire"- und „Geschichtsverlust"-Debatten, den Streit über den Ort des „Dritten Reiches" in der deutschen Geschichte, über die These vom deutschen Sonderweg bis hin zum „Historikerstreit" von 1986. Der 17. Juni ist somit der zentrale Indikator, an dem Veränderungen von Identitäten und historisch-politischen Selbstverständnissen sichtbar gemacht werden können.

Die Geschichtsbilder zum 17. Juni 1953 oszillierten im Zeitverlauf bis 1990 zwischen weit auseinanderliegenden Polen. Der Aufstand wurde mit zahlreichen, höchst unterschiedlichen Ereignissen in Verbindung gebracht: mit dem Bastille-Sturm 1789, mit den Befreiungskriegen 1813–15, mit der Revolution von 1848/49, mit dem Bismarck-Reich seit 1871, mit der gescheiterten Revolution von 1918, mit dem 20. Juli 1944 – um nur einige der wichtigsten zu nennen. War es ein Aufstand für die Wiedervereinigung, eine Freiheitsbewegung, „nur" eine soziale Revolution oder eine gescheiterte Revolution und damit die Fortsetzung der tragischen deutschen Geschichte? War es ein Arbeiteraufstand für die Nation, eine antikommunistische Volksbewegung oder ein Kampf für einen Sozialismus mit menschlichem Antlitz? Bedeutete das Datum die geschichtliche Rehabilitation der deutschen Nation nach der Katastrophe des Nationalsozialismus, oder stand es für die Verinnerlichung der deutschen Teilung? Handelte es sich um eine Bestätigung der Zweistaatlichkeit oder um eine Mahnung zur nationalen Verantwortung der beiden deutschen Staaten jenseits ihrer jeweiligen Blockintegration? Zeugte der 17. Juni von der gescheiterten Deutschlandpolitik in der Ära Adenauer, oder war er die Achillesferse der Neuen Ostpolitik der sozialliberalen Koalition? Schließlich: Unter welchen Voraussetzungen konnte er gar zur Folie für das „Modell Deutschland“ werden, also zu einer Art erinnerungspolitischer Selbstvergewisserung der zu einem eigenen „nationalen“ Bewußtsein gekommenen Bundesrepublik, indem sich diese am 17. Juni zu den universellen Werten – wie Freiheit, Menschenwürde, soziale Gerechtigkeit, Mit- und Selbstbestimmung – bekannte?

Der 17. Juni 1953 war somit der entscheidende Knotenpunkt für die Erinnerung in der Bundesrepublik. Nicht der 20. Juli 1944 wurde zum Staats- oder Nationalfeiertag erklärt, nicht der 8. Mai 1945 oder der 23. Mai 1949, auch nicht der 9. November in Erinnerung an die Revolution von 1918, an den Hitlerputsch von 1923 und an die Pogromnacht von 1938, sondern der 17. Juni – der zudem noch die Bezeichnung „Tag der deutschen Einheit“ erhielt. Er bot somit die Chance, die Nation als Wert wieder emotional darstellbar zu machen und von ihr zu reden, ohne vom Nationalsozialismus sprechen zu müssen. Aber als Schlüsselereignis kennzeichnete den 17. Juni 1953 von Beginn an eine Paradoxie: Der Rückbezug auf die Gesamtnation fand nämlich zu einem Zeitpunkt statt, als die Bundesrepublik sich infolge außenpolitischer Weichenstellungen bereits ein Stück weit vom Provisoriumscharakter fortbewegte. Welche Konsequenzen hatte dies für das bundesrepublikanische Selbstverständnis? Wurde hier – wie sich schon Zeitgenossen fragten – eine Art „Reichsfeiertag“ begangen oder eine „Siegesfeier“ der Bundesrepublik? Immer ging es darum, wie sich die Bundesrepublik verstehen sollte: als Provisorium oder als Definitivum. Überhaupt standen alle semantischen Interpretationskämpfe der verschiedenen Akteure im über hundert Jahre alten Spannungsverhältnis von Einheit und Freiheit.

Der 17. Juni als Paradigma, um den Weg zur bundesrepublikanischen Erinnerung herauszuarbeiten, ermöglicht es zudem, die neuen Anforderungen an eine deutsche Zeitgeschichte nach der Wiedervereinigung konzeptionell einzulösen. In dieser Untersuchung müssen immer auch verschiedene, sich verändernde Rahmenbedingungen reflektiert werden, etwa internationale Konstellationen, wie der Kalte Krieg und die Entspannungspolitik, soziale Umbrüche, z. B. bedingt durch das „Wirtschaftswunder“, oder generationelle Wandlungen und Veränderungen des „Zeitgeistes".[29] Darüber hinaus gilt es, die „Verflechtung und Abgrenzung" der beiden deutschen Staaten zu beachten.[30] Ohne die DDR einzubeziehen, kann man die Bundesrepublik nicht adäquat betrachten, bildete sich zwischen beiden Staaten doch eine häufig subtile, bisweilen auf Fehlperzeptionen beruhende Konkurrenz- und Wechselbeziehung aus, ganz besonders im Bereich der Geschichtskultur und der Geschichtspolitik.[31] Im 17. Juni aber war die DDR, wo der Aufstand stattgefunden hatte und das Ereignis mit einem verordneten Erinnerungsverbot belegt wurde, immer präsent, ob die Akteure im Westen dies wollten oder nicht.

Beide deutschen Staaten gingen von einer gemeinsamen Vergangenheit aus. Doch was bedeutete beispielsweise die Erfindung einer „sozialistischen Nation" durch das SED-Regime nach dem Grundlagenvertrag von 1972 für die Erinnerung der Bundesrepublik? Freilich muß an dieser Stelle eingeschränkt werden, daß der Vergleich zwischen der Bundesrepublik und der DDR in dieser Untersuchung nicht gleichgewichtig geschehen kann; die Bundesrepublik steht im Zentrum des Interesses. Ohnehin erscheint eine zu sehr von Gemeinsamkeiten bestimmte Betrachtung, die Unterschiedlichstes über den gleichen Leisten schlägt, angesichts teilungsbedingter Sonderentwicklungen äußerst problematisch,[32] und man sollte allenfalls von einer asymmetrisch verflochtenen Parallelgeschichte sprechen.

Will man die oben aufgeworfenen Fragen klären, so ist eine komplexe methodische Herangehensweise ebenso erforderlich wie die Auswertung unterschiedlichen Quellenmaterials. Um die Elemente aufzuspüren, die eine Identität konstituierten, folgt diese Studie einem kulturwissenschaftlichen Ansatz der Politikgeschichte. Die Untersuchung bewegt sich in einer Art Methodenvarianz auf drei verschiedenen Analyseebenen, die sowohl sachlich aufeinander aufbauen als auch dem chronologischen Verlauf und den Zäsuren der Geschichte der bundesrepublikanischen Erinnerung entsprechen. Zunächst steht die Suche nach einem nationalen Gedächtnisort zwischen 1948 und 1953 im Mittelpunkt der Betrachtung. Zur Analyse scheint dabei der Gedanke der „erfundenen Traditionen" hilfreich, wie er von einem konstruktivistischen Zweig der neueren Geschichtswissenschaft entwickelt worden ist. Anschließend soll aufgezeigt werden, wie sich ein Kult um den deutschen Nationalstaat zwischen 1954 und 1968 ausbildete und woran er scheiterte. Dazu werden auch kulturanthropologische Theorien herangezogen, die es erlauben, Mythen, Riten und Symbole – die Ordnung in das Leben der Menschen bringen sollen und den sozialen „Kitt" einer Gesellschaft bilden können – besser zu erschließen. Das letzte Kapitel widmet sich den politischen Diskursen über bundesrepublikanische Geschichtsbilder im Zeitraum von 1969 bis 1989/90. Hier wird versucht, Argumentationsweisen, Sprachmuster und Schlüsselbegriffe anhand einiger diskursgeschichtlicher Überlegungen zu ergründen. Diese drei Bestandteile stehen freilich in einem Wechselverhältnis und werden daher immer wieder zusammengeführt.

Die Quellengrundlage der Untersuchung läßt sich in Archivalien, Periodika/Publizistik und demoskopisches Material unterteilen. Archivalien sind besonders wichtig, um den geschichtspolitischen Intentionen der Akteure, ihren Werthaltungen und Interessen sowie den internen Konflikten auf die Spur zu kommen. Ausgewertet wurden daher Nachlässe von Politikern, die sich besonders mit der deutschen Frage auseinandersetzten, sei es, daß sie in ihrer Partei eine wichtige Rolle spielten, sei es, daß sie in der Regierungsverantwortung standen, etwa als Minister für gesamtdeutsche Fragen bzw. innerdeutsche Angelegenheiten, oder als Bundespräsidenten eine herausragende öffentliche Stellung einnahmen. Im Archiv für christlich-demokratische Politik, Sankt Augustin, wurden die Nachlässe von Eugen Gerstenmaier, Johann Baptist Gradl und Ernst Lemmer eingesehen; im Archiv des deutschen Liberalismus, Gummersbach, der Nachlaß von Thomas Dehler, der Bestand Erich Mende sowie das Depositum Walter Scheel; im Archiv der sozialen Demokratie, Bonn, wurden die Nachlässe von Gustav Heinemann, Carlo Schmid, Herbert Wehner und Helene Wessel ausgewertet, zudem der Bestand Erich Ollenhauer und besonders die reichhaltigen Materialien des SPD-Ostbüros, in dem sich der 17. Juni dokumentiert findet. Im Bundesarchiv, Koblenz, fanden kleinere Bestände aus den Nachlässen von Herbert Blankenhorn, Theodor Heuss, Heinrich Lübke und Franz Thedieck eine Auswertung, vor allem aber der Nachlaß von Jakob Kaiser, dem ersten gesamtdeutschen Minister und parteiinternen Widersacher Konrad Adenauers. Hinzu kamen Provenienzen des Bundesministeriums für gesamtdeutsche Fragen und des Bundesministeriums des Innern, namentlich die umfänglichen Materialien des parteiübergreifenden Kuratoriums „Unteilbares Deutschland". Im Parlamentsarchiv des Deutschen Bundestags, Bonn, und im Franz-Neumann-Archiv, Berlin, wurden kleinere Aktenbestände eingesehen. Als aufschlußreich erwiesen sich ferner die Unterlagen des Staatssicherheitsdienstes der ehemaligen DDR. Hier konnte nicht nur die Sicht der SED eruiert werden, sondern die Akten der „Zentralen Auswertungs- und Informationsgruppe" enthalten auch Berichte, Beobachtungen und Materialien über Veranstaltungen zum Tag der deutschen Einheit in der Bundesrepublik, die mit dem westlichen Material bespiegelt werden konnten.

Im Deutschen Rundfunkarchiv, Frankfurt am Main/Berlin, wurden Verzeichnisse von Hörfunk- und Fernsehsendungen zum 17. Juni eingesehen und in der Landesbildstelle Berlin die Fotosammlung „Tag der deutschen Einheit", die den emotionalen Gehalt der Inszenierungen zum Ausdruck bringen. Diese massenmedialen Quellen sind für die Fragestellung der

Untersuchung nicht nur deshalb wichtig, weil sich durch die 30-Jahres-Sperrfrist etwa im Jahr 1970 ein Einschnitt für die Quellengattung Archivalien ergibt.[33] Vielmehr steigt in einer parlamentarischen Demokratie – in der die Unterrichtung der Öffentlichkeit ein politisches Kernelement darstellt – der Quellenwert von Medien, vor allem von Zeitungen erheblich. Zeitungen waren überdies immer Foren geschichtspolitischer Auseinandersetzungen.[34] Daher sind alle großen Tages- und Wochenzeitungen der Bundesrepublik, zudem eine Vielzahl von regionalen Presseerzeugnissen z. T. mit Hilfe von Pressearchiven ausgewertet worden. Ebenso dienten Bundestagsprotokolle, Broschüren, publizistische Erzeugnisse und zeitgenössische wissenschaftliche Darstellungen als Quellen.[35] Schließlich wurden demoskopische Erhebungen herangezogen, um Einstellungen und Vorstellungen der Menschen sowie die politischen Meinungs- und Willensbildungsprozesse zu erfassen, aber auch, um den wechselseitigen Einfluß der geschichtspolitischen Planungen „von oben" und die Rezeption durch die Bevölkerung zu ermitteln.

Beabsichtigt ist, eine quellennahe Studie vorzulegen, um die Zeittendenzen, Konflikte und Denkweisen sinnfällig zu machen. Durch einen besonderen Aufbau der Arbeit soll nicht abstrakt, sondern im Gegenteil anschaulich in den jeweiligen Untersuchungsgegenstand der einzelnen Kapitel eingeführt werden: Jedes Kapitel beginnt mit einem Abschnitt, in dem ein „außerordentliches Ereignis" geschildert wird, das die grundsätzlichen Probleme des gesamten Kapitels schlaglichtartig aufscheinen läßt. Vor diesem Hintergrund wird im jeweils darauf folgenden Abschnitt die Untersuchungsthematik in einige theoretische Überlegungen eingebettet. Diese dienen dazu, in Auseinandersetzung mit der Forschungsliteratur die spezifischen Fragestellungen zu entwickeln, denen in den anschließenden Abschnitten des Kapitels nachgegangen werden soll.

Eine Ausnahme von dieser Struktur erfolgt lediglich im kurzen ersten Kapitel, in dem die Analysekategorie „Geschichtspolitik" diskutiert wird. Dabei wird von der Frage ausgegangen, warum es in den letzten Jahren zu einer Konjunktur internationaler Forschungen zu „Geschichte, Erinnern, Vergessen" gekommen ist, die fast alle historischen Disziplinen und Epochen erfaßt hat. Aus einer Kritik der Kategorien „Geschichtsbewußtsein" und „Geschichtskultur" sollen dann die Dimensionen von „Geschichtspolitik" in der Demokratie thesenhaft umrissen werden, bevor die Unterschiede zur Geschichtspolitik in der Diktatur deutlich gemacht und die Rahmenbedingungen des deutsch-deutschen Systemkonflikts reflektiert werden.

Das zweite Kapitel beginnt mit der Beschreibung der Jahrhundertfeiern für die Revolution von 1848, denn sie markieren den Ausgangspunkt deutsch-deutscher Geschichtspolitik im Kalten Krieg. Für das SED-Regime bedeutete 1848/1948 die Geburtsstunde der geschichtspolitischen Selbstlegitimierung. Durch die deutsch-deutsche Konkurrenzsituation wurden die westdeutschen politischen Akteure mit zentralen Fragen konfrontiert: Wie konnte das Gründungsgeschehen der demokratischen Bundesrepublik den Deutschen in West und Ost verständlich gemacht werden? Auf welche verbindenden Traditionen, Gemeinschaftserfahrungen und Überzeugungen konnte man zurückgreifen? Vor dem Hintergrund einer außergewöhnlichen gesellschaftlichen Desorientierung und einer deutschlandpolitischen Polarisierung in der Bundesrepublik soll dargestellt werden, wie schwierig sich die Suche nach einem geeigneten Gedächtnisort gestaltete. Der Aufstand in der DDR vom 17. Juni 1953 „löste" diese Probleme mit einem Schlag, und dementsprechend erfuhr er im Westen eine sofortige Sinnstiftung. Es bildeten sich jedoch mehrere vollkommen konträre Mythen aus. Der 17. Juni wurde zum nachgerade alles überwölbenden geschichtspolitischen Schlüsselereignis, dessen Verarbeitung und Ausdeutung die bundesdeutsche Geschichtskultur und die kollektive Erinnerung bis Mitte der sechziger Jahre stärker prägen sollte als irgendein anderer historischer Bezugspunkt.

Den Auftakt des dritten Kapitels bildet die Schilderung der politischen Feiern der bundesdeutschen Liberalen in den fünfziger Jahren zum Tag der deutschen Einheit vor der imposanten Kulisse des Hermannsdenkmals im Teutoburger Wald. Feste und Feiern, an denen sich jährlich mehrere Millionen Menschen beteiligten, bildeten die Massenmedien der geschichtskulturellen Selbstdarstellung. In der Memorialkultur der Bundesrepublik zwischen 1954 und 1968 präsentierten die verschiedenen politischen Parteien und gesellschaftlichen Gruppen ihren je spezifischen Kanon an Normen, Werten und Traditionen für das kollektive Gedächtnis der Westdeutschen. Zu zeigen ist, daß sich in diesem Zeitraum ein in der Forschung bislang nicht beachteter Kult um den deutschen Nationalstaat ausbildete. Die ersten eineinhalb Jahrzehnte der Bundesrepublik müssen als eine Mischung von traditionalen und neuen Elementen verstanden werden, denn die politisch-kulturelle Westintegration war zugleich begleitet von einem geschichtspolitischen Versuch, den traditionellen gesamtdeutschen Zusammenhang durch symbolische Politik neu zu stiften. Die Feiern, die von Konrad Adenauers deutschlandpolitischen Gegnern organisiert wurden und auf das Formenarsenal der Nationalbewegung des 19. Jahrhunderts zurückgriffen, zielten darauf, das Bewußtsein einer gemeinsamen Nation über die Zeit der Spaltung hinweg aufrechtzuerhalten. Der Weg zu einer bundesrepublikanischen Erinnerung wird also zunächst vom gegenläufigen Trend her betrachtet. Indem anschließend diskutiert wird, aus welchen Gründen der Kult um den deutschen Nationalstaat vollkommen scheiterte, können die sich vollziehenden Wandlungsprozesse um so schärfer sichtbar gemacht werden: die politischen Veränderungen auf der internationalen und nationalen Bühne, vor allem nach dem Bau der Berliner Mauer, die grundstürzenden Revisionen des deutschen Geschichtsbildes seit Anfang der sechziger Jahre und der geschichtspolitisch vorangetriebene Prozeß einer Selbstanerkennung der Bundesrepublik, deren „Erfolgsgeschichte“ den Wahrnehmungs- und Erfahrungshorizont ihrer Bürger zusehends bestimmte und den Provisoriumsvorbehalt verdrängte.

Im vierten Kapitel wird zu Beginn ein geschichtspolitischer Skandal erzählt – nämlich die Fernsehansprache von Bundespräsident Gustav Heinemann im Januar 1971 anläßlich der hundert Jahren zuvor erfolgten Reichsgründung, die das Staatsoberhaupt dazu nutzte, vor Millionen von Fernsehzuschauern in bis dahin beispielloser Weise mit Bismarcks nationalstaatlicher Schöpfung „abzurechnen“. Nach dem gescheiterten nationalen Kult vollzog sich die Gestaltung und Formung von Identitätsbildern fortan nicht mehr über Rituale, sondern über die politischen Diskurse, die sich aus unterschiedlichen Gründen immer stärker allein auf die Bundesrepublik bezogen. Der gesamte Zeitraum zwischen 1968 und 1989/90 soll als ein Kampf um die kulturelle Hegemonie interpretiert werden, in dem sich verschiedene geschichtspolitische Diskurse ablösten. Mit Hilfe von bestimmten Geschichtsbildern ging es in den siebziger und achtziger Jahren um Versuche, die Bundesrepublik neu zu gründen. Dabei wird auch zu fragen sein, in welcher Weise sich die Wandlungen des sozialistischen Geschichtsbildes in der DDR auf Westdeutschland auswirkten. Ebenso wie nach dem Machtwechsel von 1969 erfolgte auch nach der „Wende“ von 1982/83 eine Politisierung der Erinnerung, die wiederum heftigste Auseinandersetzungen verursachte. Die verschiedenen miteinander konkurrierenden Diskurse, so lautet die Schlußthese, hatten allerdings – so grundverschieden sie waren – paradoxerweise eines gemeinsam: Sie führten zu einer geschichtspolitischen Affirmation der Bundesrepublik.

Eine solche Geschichte der bundesrepublikanischen Geschichtskultur vermag am Ende auch Erklärungen dafür zu liefern, warum die Entfremdung unter den West- und Ostdeutschen nach der Vereinigung Deutschlands 1990 weiterbestand. Denn als ein wesentlicher Aspekt erscheint dabei, daß zwei Gesellschaften mit unterschiedlichen Geschichtsbildern zueinander gekommen sind, die Einstellungen, Denkmuster und Erfahrungshorizonte geprägt haben – in der DDR durch eine staatssozialistische Konstruktion historischer „Wahrheit“, die das System stabilisierte, und im Westen durch pluralistische Tendenzen, die sich aber zu einer Art „Bundesrepublikanisierung“ des Geschichtsbildes bündeln lassen, das sich von ausschließlich nationalen Rückbezügen ebenso verabschiedet hatte wie von der Vorstellung, daß dieser Staat nur auf Abruf existiere.

I. Geschichtspolitik – Bestimmungsfaktoren und Forschungsansatz

1. Geschichte, Erinnern, Vergessen

a) Umkämpfte Vergangenheit – Aktualität und Entstehung

Eine internationale und interdisziplinär ausgerichtete sozialwissenschaftliche Forschung hat seit einiger Zeit die Begriffe Geschichte, Erinnern und Vergessen als Paradigmen aufgegriffen. Diese neuartige Konjunktur der Geschichte geht nicht zuletzt auf die Umbrüche in den Jahren nach 1989 zurück, die als enorme Forschungsstimulanzien gewirkt haben – und dies in dreifacher Hinsicht.

Erstens setzte der Zusammenbruch des Kommunismus die Bewältigung seiner Hinterlassenschaften auf die Tagesordnung. Die Fragen und Probleme sind vielgestaltig: Welche ökonomischen, sozialen, politischen und mentalen Ergebnisse zeitigt der Wandel von einem starren Befehlssystem in eine demokratisch-marktwirtschaftliche Gesellschaft mit den ihr eigenen, häufig heftigen Interessenkonflikten? Geht von historischen Dauerreflexionen eine stabilisierende oder eine destabilisierende Wirkung auf die noch fragilen demokratischen Ordnungen der postkommunistischen Länder aus? Welche Spannungen und nicht zuletzt „Erinnerungskosten" – etwa generationsspezifischer Art – ergeben sich aus der Suche nach Kontinuität in den Staaten des ehemaligen kommunistischen Blocks, die auf Entwicklungsprozesse zurückgreift, die vor 50 bis 75 Jahren abgebrochen worden waren? Wie in einem Laboratorium können solche Probleme von einer neuen Transformationsforschung untersucht werden. Gefragt wird nach Zäsurerfahrungen, dem Gewicht der Vergangenheit für die Gestaltung der jeweiligen Gegenwart, nach Geschichtsbildern in unterschiedlich verfaßten historischen und gegenwärtigen Gesellschaften, nach Mechanismen ihrer Erzeugung und Durchsetzung, nach Erinnerungsstrategien sowie deren Funktionen und Auswirkungen.[1]

Die prekären Verhältnisse von Erinnern und Vergessen begleiten aber nicht nur die postkommunistischen Gesellschaften auf ihrem Weg von der Diktatur zur Demokratie. Auch die „Wahrheitskommissionen" in Lateinamerika und Südafrika, deren erklärtes Ziel eine Amnestie ohne Amnesie ist, stehen im Spannungsfeld von Politik und Moral.[2]

Diese Aktualität des Themas beschäftigt die politik- oder rechtswissenschaftliche Transformationsforschung in besonderer Weise; angeregt worden sind jedoch auch verstärkt geschichtswissenschaftliche Forschungen. Der Blick für historische Hypotheken, für die Bedeutung der Vergangenheit bei der Neubildung von Institutionen und normativen Wertstrukturen sowie für Strategien der Politikfolgenbewältigung ist geschärft worden und hat beispielsweise Untersuchungen über das postrevolutionäre Frankreich zwischen 1815 und 1830 veranlaßt[3] oder die athenischen Schlußstrich-Debatten nach dem Peloponnesischen Krieg 403 v. Chr. erneut in den Mittelpunkt des Interesses gerückt.[4]

Zweitens zeigten sich in der westlichen Welt seit dem Ende des Ost-West-Konflikts und dem damit einhergehenden Wegfall vertrauter Feindbilder, die zur inneren Kohäsion vieler Gesellschaften beigetragen hatten, vermehrt Identitätsneurosen. Diese mündeten in eine Suche nach historischen Rückversicherungen und Selbstvergewisserungen oder trachteten nach einer Wiedergewinnung der klassischen Konfliktmuster im neuen Gewand, wofür der „Kampf der Kulturen" ein Beispiel ist.[5] Francis Fukuyamas viel diskutierte These vom „Ende der Geschichte" ist zwar einerseits überaus kritikwürdig. Sie besagt, daß mit dem Scheitern der alternativen Herrschaftsform zur liberalen Demokratie, dem Kommunismus, der Endpunkt der ideologischen Evolution der Menschheit und ein Zustand der störungsfreien Stabilität erreicht worden seien. Aber so unhistorisch diese These des späten Hegel-Epigonen einerseits auch ist, sie enthält andererseits insofern einen wahren Kern, als Weltbilder, Erfahrungen und Erwartungen, die das Selbstverständnis vieler Menschen sicherten, an ihr Ende angelangt sind.[6]

Freilich ist diese Entwicklung keineswegs ganz so neu, wie Fukuyama es glauben machen wollte. Sie begann jedenfalls nicht erst mit dem Untergang des Kommunismus. Viele westliche Gesellschaften sind nämlich schon seit etwa Anfang der achtziger Jahre in je spezifischer Weise von einem neuen Verständigungsbedarf erfaßt worden, für den die Sehnsucht nach Geschichte ein Indiz war. Dieses Phänomen hat vielfältige, plastische Bezeichnungen erfahren: Nostalgiewelle, „Pastifying", Museumsboom, Erinnerungsobsession, Geschichtswerkstättenhausse usw. Moderne Gesellschaften, die einem hohen Veränderungsgrad unterliegen und damit einem permanenten „Vertrautheitsschwund"[7] ausgesetzt sind, produzieren offenbar in besonderem Maße Erinnerungsinstanzen. Die zunehmende Faszination des Historischen birgt in gewisser Weise einen Utopie-Ersatz in sich,[8] sie kann aber ebenso als Ausdruck einer wie nie zuvor pluralistischen und demokratischen Geschichtskultur betrachtet werden.[9]

Drittens schließlich wird die neuartige Konjunktur der Geschichte von einer Renaissance der Nationalismusforschung getragen. Mit der Rückkehr der Geschichte in den ostmittel- und osteuropäischen Staaten kam auch der Nationalismus und in seiner Folge die Nationalismusforschung zurück.[10] Auf vielen der neuen Demokratien lastet nicht allein die kommunistische Erfahrung eines verpflichtenden, fragmentierten künstlichen Gedächtnisses, sondern ebenso ein höchst zweifelhaftes Erbe der eigenen Geschichte, charakterisiert durch vielfach gebrochene Identitäten als Folge wechselnder Fremdherrschaften und nationaler Kränkungen durch die Jahrhunderte hindurch. Ein Teil der Forschung sieht hierin einen wesentlichen Grund dafür, daß das allgegenwärtige Streben nach historisch beglaubigter Selbstfindung und Sinnbildung häufig zum Regressiv-Partikularen und Nationalistischen tendiert.[11] Der Bürgerkrieg im ehemaligen Jugoslawien hat schließlich gezeigt, wie ein rückwärtsgewandtes Bedürfnis nach Entlastung vom aktuellen Problemdruck und eine Aufwertung von „Nation" als Kodierung kultureller Identität Feindbilder produzieren und Gewaltbereitschaft generieren kann. Politische Eliten aller Konfliktparteien haben „ihre" Geschichte jenseits eines rationalen Diskurses zur Mobilisierung der Massen eingesetzt.[12]

Der Blickwinkel wäre jedoch stark verengt, würde man nur auf das östliche Europa schauen. Vielmehr wird das Problem, wie sich um die Geschichte eine Nation konstruiert, wie also Geschichte als Legitimationsressource in den nationalen Dienst gestellt wird, für historische und gegenwärtige Gesellschaften insgesamt neu durchdacht. Mit ausdrücklicher Betonung einer Verflechtung von Geschichte und Politik sind die konstruktivistischen Ansätze zum Nationsbildungsprozeß besonders an lateinamerikanischen Ländern operationalisiert worden, und die Studien haben bewiesen, daß die Erkenntnisfähigkeit gesteigert werden kann, wenn man die verschiedenen Funktionszuweisungen von Geschichte in der Politik analysiert und deren kulturelle Orientierungsleistung zu ergründen sucht.[13]

Die Forschungskonjunktur hinsichtlich einer Politik der Erinnerung hat außerdem eine neue „Vergessensforschung" aufleben lassen.[14] Erinnerung und Vergessen sind unauflöslich miteinander verbunden, ja Vergessen läßt sich sogar als ein Effekt des Erinnerns auffassen, denn der Selektionsmechanismus des Erinnerns führt immer dazu, daß etwas auf Kosten von etwas anderem erinnert wird. Vergessen schafft erst Raum für bewußte Erinnerung von Wichtigem.[15] Zu fragen ist dann allerdings nicht allein nach dem Nutzen des Vergessens für das individuelle und kollektive Gedächtnis oder für das Leben allgemein, sondern mindestens ebenso stark, auf welche Weise sich das Vergessene vom Verdrängten, Verleugneten oder Abhandengekommenen unterscheidet und welche gesellschaftlichen Pathologien von den einzelnen Formen verursacht werden. Wieviel Vergessen eine Kultur benötigt oder verträgt, und wann die nicht selten verordnete Vergeßlichkeit die Grenzen der Moral überschreitet, ist höchst umstritten. Spätestens im 20. Jahrhundert hat die „Kunst des Vergessens“ ihre Unschuld verloren und ist von einer „Kritik des Vergessens“ eingeholt worden, weil angesichts der Diktaturen und deren Verbrechen die Grenzen enger geworden sind, innerhalb deren vergessen werden darf, ohne moralische Schuld auf sich zu laden.[16] Daher wird der sozialen und politischen Organisation des Vergessens große Aufmerksamkeit geschenkt und nach Ausschließungsregeln und Funktionen der Unterdrückung von Erinnerung gefragt.

Im Zentrum von „Geschichte, Erinnern und Vergessen“ stehen also heftige Auseinandersetzungen über Politik, Ideologie und Moral. Fragt man nun aber nach den Grundlagen dieser modernen Erinnerungskultur, so wird man auf die Französische Revolution von 1789 verwiesen. Sie veränderte die politische Landschaft und das politische Denken in Europa in umfassender Weise: Sie wurde – zusammen mit der amerikanischen Revolution – zum Bezugspunkt einer neuartigen Begründung von Herrschaft; mit ihr begann die Einbeziehung breiter Bevölkerungsmassen in die Politik, woraus verschiedene politische Strömungen resultierten. Eines der zentralen Elemente der neuen politischen Praxis war die symbolische Dimension des politischen Handelns.

Fast in gleichem Maße, in dem sich die Interpretation der Französischen Revolution von 1789 als politische und vor allem wirtschaftliche Epochenwende abgeschwächt hat und vermehrt auf Kontinuitätsstränge zum Ancien régime verwiesen worden ist, ist sie als kultureller Umbruch mit weitreichenden Folgen nicht zuletzt mit Blick auf die Politisierung der Erinnerung rezipiert worden.[17] Die herausragende Bedeutung der Revolution wird damit keinesfalls relativiert, aber der tiefe Bruch zur vorangegangenen Zeit liegt in dieser Deutung auf einem anderen Gebiet: auf dem des kulturellen Bewußtseins.[18] Einige Autoren sprechen sogar von einer „Kulturrevolution“.[19] Tatsächlich wurde nach dem Sturz der alten Ordnung der öffentliche Raum in bisher nicht gekanntem Maße politisiert und aktiv neu konstruiert, etwa durch die Revolutionsfeste, mit denen der Augenblick des Umsturzes perpetuiert werden sollte. Ebenso erfuhren die politische Sprache sowie die Zeit – in Form des Revolutionskalenders – eine Veränderung von bislang nicht dagewesener Radikalität. Die Französische Revolution hat die Zeiterfahrung der damals lebenden Menschen außerordentlich dynamisiert und den Blick dafür geöffnet, daß alles Geschehen zeitlich strukturiert und sogar grundstürzend veränderbar ist. „Geschichte“ wurde produzierbar, machbar und planbar; sie eignete sich von nun an als Aktionsbegriff. Die Machbarkeit der Geschichte entthronte die alte Historie und öffnete einem utilitaristischen, politisch-praktischen und legitimatorischen Gebrauch Tür und Tor. Damit erfüllte sich, was Immanuel Kant vorausgesagt hatte, als er fragte: „Wie ist Geschichte a priori möglich? Antwort: wenn der Wahrsager die Begebenheiten selber macht und veranstaltet, die er zum voraus verkündigt."[20] Die Manipulation von Erinnerung und Geschichtsbildern wurde seitdem ein unentbehrliches, bis zu den totalitären Regimen im Zeitalter der Ideologien des 20. Jahrhunderts ständig radikalisiertes und im Marxismus-Leninismus geschichtsphilosophisch verbrämtes politisches Instrument, mit dem sich die jeweiligen Revolutionäre – gleich welcher Couleur – als angebliche Träger des Geschichtsprozesses, einer höheren Macht, die eine neue Welt schaffe, überhöhten.[21]

Daß Geschichte zu einem Kampffeld der Vergangenheitsinterpretationen und der Zukunftserwartungen werden konnte, lag im Wandel des Geschichtsverständnisses begründet, der im 18. Jahrhundert um sich griff. Das Zusammenspiel von Denkformen und Mentalitäten mit den Formen des sozialen Handelns, also „Memoria als Kultur", hatten archaische Gesellschaften ebenso gekannt wie, in je spezifischer Weise, antike, mittelalterliche und frühneuzeitliche sowie ganz besonders jüdische Gemeinschaften, die eine kollektive Erinnerungskultur, ja einen Erinnerungsimperativ ausbildeten.[22] Auf diese frühen Formen kultureller Erinnerung haben neue Studien in der Tradition der Mentalitätsgeschichte – der „Geschichte des aus kollektiven Einstellungen gedeuteten Verhaltens in einer Gesellschaft"[23] – aufmerksam gemacht. Erinnerung und Vergessen stellen seit jeher elementare menschliche Leistungen und Bedürfnisse dar. Nicht nur die Entwicklung und die Geschichte von Individuen, sondern auch die von Gruppen und Gesellschaften sind gebunden an das Vermögen der Erinnerung. Niemals in der Geschichte gab es eine politische Gemeinschaft ohne gemeinsame Erinnerung. Die Funktion, Identität zu präsentieren, war der Geschichte immer zu eigen, in der religiösen wie in der säkularen Erinnerungskultur.

Aber erst im letzten Drittel des 18. Jahrhunderts veränderte sich die semantische Bedeutung von „Geschichte", wie seit den grundlegenden begriffsgeschichtlichen Forschungen Reinhart Kosellecks bekannt ist.[24] Der Kollektivsingular meinte nun beides: Geschichte als Ansammlung vergangenen Geschehens, wie bisher, und Reflexion über Geschichte, dies war neu. Die Entdeckung von „Geschichte überhaupt" war ein Ergebnis der Aufklärung. Zuvor hatte es eine Vielzahl von Geschichten gegeben; nun avancierte sie zu einer letzten Instanz und zum Agens menschlichen Schicksals oder gesellschaftlichen Fortschritts. Vergangenheit und Zukunft zugleich umfassend, wurde die Geschichte zu einem regulativen Axiom für alle bereits gemachte und noch zu machende Erfahrung, sie rückte zu einem politischen und sozialen Leitbegriff auf. Geschichte wandelte sich zu einem Erwartungsbegriff, der die Erfahrungen der Vergangenheit grundsätzlich überstieg und öffnete sich somit konkurrierenden Deutungen. Das Revolutionszeitalter seit 1789 als Erfahrungsschwelle wurde so die Geburtsstunde klassischer neuzeitlicher Geschichtsschreibung als Reflexionswissenschaft. Erst die Erfahrungen dieser Epoche mit ihren Kontinuitätsbrüchen „brachte das Geschichtsbewußtsein auf seine moderne Höhe".[25] Zum Reflexionsbegriff aufgestiegen, der die Zukunft mit der Vergangenheit erklärend, begründend oder legitimierend vermittelte, konnte die Aufgabe der Geschichte auf verschiedene Weise wahrgenommen werden. Nationen, Klassen, Parteien und weitere Interessengruppen konnten sich auf die Geschichte berufen, „solange die genetische Ableitung der je eigenen Position Rechtstitel im politischen oder sozialen Gefüge verlieh".[26] Natürlich gehörte die Verwendung von historischen Argumenten seit alters her zum rhetorischen Geschäft, um rechtliche, soziale, theologische, moralische oder politische Positionen zu stärken.[27] Doch derartige Argumentationsweisen gewannen an Gewicht, als die Geschichte zu einer Art letzter Begründungsinstanz befördert wurde. Geschichte als Reflexionsbegriff hatte eine doppelte Wirkung: Historische Beweisführungen kamen in den Sog zur Mehrdeutigkeit – und konnten gerade dadurch ideologieanfällig werden.

Die neue Valenz des Historischen oder überhaupt der Verzeitlichung in einer sich zusehends politisierenden und demokratisierenden, technisierenden und materialisierenden, sich permanent wandelnden und beschleunigenden Welt hatte mithin zur Folge, daß Geschichte zur instrumentellen oder normativen Begründung des Bestehenden bzw. zur Mobilisierung für noch nicht realisierte politische Ziele verfügbar wurde. Die mediale Revolution – beginnend mit der Erfindung des Buchdrucks und vorläufig endend mit den modernen Massenmedien – sowie die damit einhergehende Materialisierung sprengten die Grenzen einer Repräsentation des Vergangenen. Infolge der gesellschaftlichen Ausdifferenzierung nahmen auch die Konflikte um die Durchsetzung von jeweils spezifischen Vorstellungen zu. Die hehren Grundsätze einer strengen Regeln und Methodik unterworfenen Geschichtswissenschaft konnten so, kaum daß sie sich entwickelten, etwa durch geschichtsphilosophisch überhöhte Kategorien („Fortschritt", „Emanzipation", „Revolution", „Dialektik", „Reaktion" usw.) dem enormen Anwendungspotential der Geschichte in der aktuellen Politik zum Opfer fallen. Der Kampf um die Herrschaft und ihre Dauerhaftigkeit war seither immer auch ein Kampf um die Herrschaft über die Geschichte, über Erinnerung und Vergessen.

b) Von „Geschichtsbewußtsein“ zu „Geschichtskultur“

Geschichtspolitik als ein Forschungsthema, das die Auseinandersetzung um Geschichte als politisches Ereignis in Demokratien untersucht und das Hauptaugenmerk auf die politischen Akteure richtet, steht erst am Anfang. Die Diskussion in Deutschland gruppiert sich bisher um zwei andere Forschungskonzepte: „Geschichtsbewußtsein“ und „Geschichtskultur“. Durch welche Prämissen und Zugriffsweisen sind diese gekennzeichnet?

Geschichtsbewußtsein ist als eine zentrale Kategorie eines neuen Ansatzes der Geschichtsdidaktik seit den späten siebziger Jahren in der Bundesrepublik ausgiebig diskutiert worden und seither aus der metahistorischen Debatte nicht mehr wegzudenken. Der Erfolg dieses Konzepts lag im doppelten Anspruch der Geschichtsdidaktik begründet, nämlich theoretisch einen Erfahrungsbereich zu erschließen und gleichzeitig normativ praxisnahe Gesichtspunkte in diesem Bereich festzulegen. Der Begriff – aus naheliegenden Gründen jedoch nicht seine demokratietheoretische Reflexion – hat auch Einzug in den Sprachgebrauch des zweiten deutschen Staates gehalten. In der DDR war die Geschichtswissenschaft mit dem politischen Auftrag ausgestattet, ein „lebendiges Geschichtsbewußtsein“ der DDR-Bürger auf der Basis eines „sozialistischen Geschichtsbildes“ zu evozieren, um so die Herrschaft des SED-Regimes zu legitimieren und abzusichern. Geschichtsbewußtsein, vermittelt durch Geschichtsunterricht und Geschichtspropaganda, wurde zum Synonym für „sozialistisches Bewußtsein“ und sollte wesentlich zum Sieg in den „Klassenauseinandersetzungen zwischen Sozialismus und Imperialismus“ beitragen.[28]

Geschichtsbewußtsein, wie es in der Bundesrepublik diskutiert wird, bezieht sich in erster Linie auf individuelle Sozialisationsprozesse. Es ist gleichwohl nicht in die Beliebigkeit des einzelnen gestellt, sondern konstituiert sich als Ergebnis zahlreicher Lernprozesse – im Alltagsleben, in der Schule usw. –, denen sich niemand entziehen kann. In der „klassisch“ gewordenen Definition von Karl-Ernst Jeismann ist Geschichtsbewußtsein das Prägemuster aus dem Zusammenhang von Vergangenheitsdeutung, Gegenwartsverständnis und Zukunftsperspektive.[29] Das Geschichtsbewußtsein hat folglich eine Orientierungsfunktion: Mit ihm setzt sich eine Person, eine Gruppe, eine Gesellschaft in ein Verhältnis zu ihrer Vergangenheit und fundiert aufgrund bestimmter Erfahrungen ihr gegenwärtiges Selbstverständnis. Im Geschichtsbewußtsein lagert sich das Kondensat der Verarbeitung politisch-gesellschaftlichen Wandels ab. Diesem Prozeß auf die Spur zu kommen ist empirisch schwierig. Möglicherweise gibt es Parallelen zum Spracherwerb; auch psychische Triebkräfte der „Geschichtsaneignung“ sind ein Thema.[30] Prinzipiell versucht die Forschung, strukturierende Prinzipien bei einzelnen Menschen zu eruieren (Ereignisse, Schlüsseljahre, Selbsteinordnung im Zeitverlauf) und nach den Determinanten zu suchen, die die Ausformung von Geschichtsbewußtsein bestimmen (Geschlecht, beruflicher Hintergrund, Generation, Konfession, regionale Zugehörigkeit).[31]

Da Geschichtsbewußtsein als reflektierte Vergangenheit die Gegenwart prägt, bedingt und begrenzt, leitet sich aus ihm offensichtlich eine Identität ab. Wie hat man sich den Aspekt der Identitätskonstruktion in der Geschichte vorzustellen? Noch immer nützlich und grundlegend ist Friedrich Nietzsches Unterscheidung von drei Haltungen gegenüber der Vergangenheit, die antiquarische, die monumentalische und die kritische Haltung sowie mehrere Mischformen derselben.[32] Geschichte und Geschichtsschreibung haben so immer auch einen praktischen Aspekt, nämlich Identität erfahrbar zu machen, sei es durch Verehrung, Legitimation oder durch Kritik. Von einigen Wissenschaftlern wird die direkte Beziehung von Identität und Kontinuität betont, womit eine Brücke zwischen Vergangenheit, Gegenwart und Zukunft entsteht, da die Einheit in der Zeit auch vorausprojiziert wird. Doch auch eine gesellschaftskritische Funktion der Geschichte schließt Identitätsbildung keineswegs aus, im Gegenteil, nur über die Rekonstruktion einer „nicht zensierten" Vergangenheit können – so Vertreter der kritischen Geschichtswissenschaft – Kollektive stabile Identitäten entwickeln, da sie nicht auf Verdrängung beruhen.[33]

Die große Bedeutung der Kategorie Geschichtsbewußtsein wird heute darin erkannt, daß das Geschichtsbewußtsein auf die mentale Operation verweist, mit der Menschen ihre Erfahrungen vom zeitlichen Wandel ihrer Welt und ihrer selbst so deuten, daß sie ihre Lebenspraxis in der Zeit absichtsvoll orientieren können.[34] Geschichtsbewußtsein repräsentiert also die subjektive Dimension der Verarbeitung von Zeiterfahrung.

Demgegenüber wird die gesellschaftliche Dimension seit einiger Zeit mit der Kategorie „Geschichtskultur" analytisch zu erfassen versucht. Als Folge einer kulturwissenschaftlichen Öffnung der Gesellschafts- und Sozialgeschichte bestimmt dieser Begriff seit Anfang der neunziger Jahre die Diskussion in Deutschland.[35] Wolfgang Hardtwig hat die Bezeichnung Geschichtskultur für seine Forschungen über das Deutsche Kaiserreich – insonderheit zum Borussianismus und zur Ideologie des deutschen Weges – verwandt, vor allem um aufzuzeigen, daß die Historiker im deutungskulturellen und politisch relevanten Diskurs die einflußreichste Gruppe darstellten. Er versteht Geschichtskultur als eine „Sammelbezeichnung für höchst unterschiedliche, sich ergänzende oder überlagernde, jedenfalls direkt oder indirekt aufeinander bezogene Formen der Präsentation von Vergangenheit in einer Gegenwart".[36]

Eine systematische, geschichtstheoretische Füllung dessen, was der Begriff Geschichtskultur umfaßt, hat mittlerweile namentlich Jörn Rüsen vorgenommen. Geschichtskultur wird als eine Fundamentalkategorie dafür vorgeschlagen, „den Sitz des historischen Denkens im Leben zu bestimmen".[37] Rüsen sieht in der Geschichtskultur die praktische Artikulation von Geschichtsbewußtsein im Leben einer Gesellschaft bzw. den Gesamtbereich von Erinnerungsarbeit in einer Gesellschaft. Geschichtskultur soll jedoch nicht allein dazu dienen, einen Phänomenbestand zu beschreiben, sondern soll – und hier wird der Theoretiker vom Didaktiker überholt – normative Maßstäbe der kulturellen Praxis aufzeigen und setzen. Drei grundsätzliche Dimensionen oder Fundamente, auf denen Geschichtskultur ruht, werden unterschieden: eine ästhetische Dimension, eine politische und eine kognitive. Die ästhetische meint vor allem die Werke der Historiker selbst; auch die kognitive Dimension ist stark auf die Rolle der historischen Wissenschaft fixiert, da diese in modernen Gesellschaften die Wahrnehmungs-, Deutungs- und Orientierungsleistung des Geschichtsbewußtseins steuere.[38]

In bezug auf die politische Dimension herrscht gewisse Ratlosigkeit, die infolge einer wissenschaftszentrierten Blickverengung noch vergrößert wird: „Wir wissen, daß Geschichte ein Faktor ersten Ranges für die Legitimität politischer Herrschaft ist, und es wäre lohnend, dieser Wirkung der historischen Erinnerung auf ihre inneren Mechanismen, auf die für sie maßgeblichen Prinzipien historischer Sinnbildung und auf den für sie maßgeblichen Modus von Kommunikation zwischen Herrschenden und Beherrschten hin durchsichtig zu machen. Ohne eine solche Theorie kann nicht aufgeklärt werden, welche politische Rolle die Geschichtswissenschaft spielt (ob es ihr bewußt ist oder nicht)."[39] Die Geschichte der Historiographie spiegele immer auch die Geschichte der politischen Kultur. Aber man wisse noch zu wenig über die Regulative der politischen Praxis, denen der Gebrauch historischen Wissens unterworfen ist. Prinzipiell jedoch müsse davon ausgegangen werden, daß die Geschichte in der Politik anderen Regulativen folge als in der Wissenschaft.[40]

Wissenschaftsimmanente Regeln dürften in der Tat wenig zur Klärung beisteuern, wenn sie als Maßstab auf die Verwendung des Historischen in der politischen Praxis übertragen werden. Gegenüber diesen geschichtskulturellen Reflexionen scheinen folglich vor allem an der Stelle Zweifel angebracht zu sein, wo sie die fachlich institutionalisierte Forschung und die forschungsorientierte Geschichtsschreibung kurzerhand als die Hauptmotoren deklariert, die die Orientierungsleistung im Leben einer Gesellschaft in Bewegung setzen und halten. Spitzt man diese Kritik zu, wird unübersehbar, daß der neue geschichtskulturelle Fragehorizont selbst das Problem darstellt: Wenn die wichtigste Frage diejenige nach dem sinnverbürgenden Prinzip der historischen Erinnerung ist,[41] darf man sich dann damit begnügen, nur die historische Wissenschaft fest ins Visier zu nehmen? Dies ist eine eminente Horizontverengung, deren Folge auf der Hand liegt: Die politische Dimension wird weitestgehend abgedrängt. Um Geschichtspolitik als Forschungsthema plausibel zu machen, muß daher zunächst knapp auf die Defizite der bisherigen geschichtskulturellen Forschungen eingegangen werden.

2. Geschichtspolitik als Forschungsthema

a) Defizite geschichtskultureller Forschungen

Geschichtskulturelle Forschungen in Deutschland weisen inzwischen drei gravierende Schieflagen auf. Die erste Schieflage läßt sich als Dominanz der historiographiegeschichtlichen Perspektive bezeichnen. Eine regelrechte Publikationswelle zur historiographischen Rück- und Selbstvergewisserung des eigenen Fachs ist in den letzten Jahren entstanden, und Untersuchungen zu einzelnen Phasen, Personen, Schulen und Richtungen erfreuen sich einer fast beispiellosen Beliebtheit.[1] Dabei wird im allgemeinen so stark auf die (vermeintlich) überragende Rolle der historischen Wissenschaft abgehoben, daß sich der Eindruck ergibt, bei geschichtskulturellen Auseinandersetzungen handele es sich einzig und allein um Historikerdebatten und die jeweilige Positionierung der akademischen Disziplin Geschichtswissenschaft sei das einzig wichtige Forschungsproblem von gesamtgesellschaftlicher Relevanz.

Wenn über Geschichte verhandelt wird, wenn Geschichte zu einem politischen Kampfplatz, zu einem Medium der (Re-)Konstruktion politischer und nationaler Identitäten wird, wenn es – etwa nach Umbrüchen – zu Denkmalstürzen und Rückbesinnungen kommt, wenn alte Mythen durch neue ersetzt werden und Debatten über Schuld, Abrechnung, Bestrafung, Amnesie und Amnestie geführt werden, sind die Historiker jedoch keineswegs mehr unter sich. „Umgang mit Geschichte“ reicht deshalb weit über eine historiographiegeschichtliche, disziplininterne Betrachtung hinaus. Bei der Frage nach den Funktionen von Geschichte sind die politischen Rahmenbedingungen und die politische Nutzung von Geschichte – jenseits der im ganzen gesehen doch engen Grenzen der Disziplin – viel stärker zu gewichten. Noch selten hat der Wahrheitsgehalt einer historischen Aussage allein deren öffentliche Wirkung bestimmt. Wenn die Geschichtswissenschaft nach historischer Wahrheit sucht, kann sie der kollektiven Erinnerung selbstverständlich widersprechen. Geschichtsvorstellungen können nachhaltig von politischen Funktionszuweisungen besetzt sein, die weit entfernt von den Funktionen liegen, die eine analytische, der wissenschaftlichen Objektivität verpflichtete Geschichtswissenschaft auszeichnen. Amerikanische Studien über den Ort der Tradition in der demokratischen und dezentralen Kultur der heutigen USA haben dies ebenso gezeigt,[2] wie Forschungen zu den aktuellen „Erinnerungskämpfen" in Frankreich, die sich lange Zeit um das „Vichy-Syndrom" drehten[3] und sich erst kürzlich unter massiven Reaktionen ausgeweitet haben auf die Verbrechen des Kommunismus sowie das stillschweigende Einverständnis französischer Kommunisten mit 70 bis 100 Millionen Morden.[4]

In Deutschland waren die historisch-politischen Debatten im Umfeld von „Vergangenheitsbewältigung" nach 1945 oder der „doppelten Vergangenheitsbewältigung" nach 1989/90 immer stark politisch aufgeladen.[5] Aber neue Interpretationsansätze, die sich außerhalb dieses Deutungskampfes dem Aspekt „Geschichte als Politikum" widmeten, blieben lange rar. Jetzt aber hat ein Wandel eingesetzt, wie an zwei evidenten Beispielen zum permanenten Verwendungszusammenhang von Geschichte und Politik kurz illustriert werden kann.

So ist in jüngerer Zeit der Bismarck-Mythos als ein Kernelement der kulturellen und mentalen Geschichte des deutschen Nationalismus in seinen schwerwiegenden Folgen noch schärfer erkannt worden als zuvor.[6] Nicht erst der Nationalsozialismus hat demnach den deutschen Nationalismus degenerieren lassen, vielmehr haben die meinungsbildenden Eliten bereits zu Beginn des 20. Jahrhunderts Deutschland auf einen Nationalmythos, der Germanophilie und deutschtümelnde Selbstagitation rassistisch auflud, eingeschworen und auf nationalistische Irrwege geleitet. Bismarck als Identifikationssymbol und „Prototyp" des Deutschen erhielt vor allem auch nach der „verdrängten Niederlage" von 1918 und dem ausgebliebenen moralischen Bruch mit der Vergangenheit – der die Prägekraft des wilhelminischen Kaiserreichs in die Weimarer Republik hinein verlängerte und diese permanent gefährdete, weil die Kriegsunschuldlüge mit der Dolchstoßlegende verknüpft werden konnte –[7] eine wichtige Funktion: Der historisch-politische Mythos verlieh der ungeliebten Republik einen neuen Sinn, denn er negierte sie nicht einfach, sondern spendete Heilshoffnung und beschwor als glaubhafte Alternative eine angeblich große Vergangenheit.[8] Unzufriedenheit mit der Gegenwart und Euphorie über die Vergangenheit verknüpften sich mit der Zukunftsvision eines neuen Führers und nationalen Erretters. Die Wurzeln der Hitler-Begeisterung führen im Rahmen dieser Interpretation nicht zuletzt auf den Bismarck-Glauben zurück, den die nationale Rechte erfolgreich am Leben erhielt; er wirkte 1933 als historischer Resonanzverstärker und erleichterte dem bürgerlich-nationalen Lager den Zugang zu den neuen Machthabern.

Darüber hinaus hat die Kriegsursachenforschung neuerdings das Augenmerk ebenfalls auf Geschichte als Politikum gerichtet, indem sie Deutschlands Weg in den Ersten Weltkrieg eine neue Deutung hinzufügte: „Kriegsgrund Geschichte". Im kollektiven Gedächtnis der Deutschen sind danach historische Bilder und kriegerische Schlüsseldaten wie 1870, 1813, 1756 so fest verankert worden, daß sie von den politischen Eliten mit dem Effekt abgerufen werden konnten, daß die Geschichte die Hemmschwelle für Krieg senkte und eine scheinbare Unvermeidlichkeit von Kriegen überhaupt suggerierte.[9] Diese kurz skizzierten Beispiele deuten an, in welchem Maße die politische Dimension der Geschichte weit über das begrenzte Feld der Geschichtswissenschaft hinausreicht, was selbstredend keineswegs heißen muß, daß Historiker der Politik nicht geschichtspolitische Bindemittel liefern und mythographische Konstrukte bereitstellen können.

Die zweite Schieflage geschichtskultureller Forschungen ist eng mit dieser ersten – dem historiographiegeschichtlichen Ansatz – verknüpft, und es genügt an dieser Stelle, sie nur kurz anzusprechen. Vor dem Hintergrund der Erfahrung des Nationalsozialismus, aber auch der SED-Diktatur, tendiert die deutsche geschichtskulturelle Forschung, soweit sie sich überhaupt dem politischen Gebrauch von Geschichte zuwendet, dazu, lediglich auf den Komplex Geschichte als Propagandamittel abzuheben. Diese Studien, die unbestreitbar wichtige Forschungslücken schließen, sind bemüht, Geschichtswissenschaft als Magd der Diktatur zu überführen, ihre Anfälligkeit für Ideologeme herauszustellen und ihr Apologetik zu bescheinigen.[10] Die Diskussion darüber hat sich seit kurzem ganz erheblich zugespitzt, und es geht nicht mehr nur um das nachhaltige Versagen der deutschen Geschichtsschreibung im „Dritten Reich", sondern der Streit entzündet sich nun an der Frage, in welchem Ausmaß die deutsche Historikerzunft – und nicht zuletzt ihre herausragenden Standesvertreter nach 1945 wie Theodor Schieder, Werner Conze oder Karl Dietrich Erdmann – sich intellektuell an der nationalsozialistischen Eroberungs- und Vernichtungspolitik beteiligten.[11]

Die dritte Schieflage ist unübersehbar zugunsten der ästhetischen Dimension von Geschichtskultur eingetreten. Ein breiter Strang von geschichtskulturellen Arbeiten fühlt sich der Historischen Anthropologie verpflichtet und betrachtet die Vielfalt und Widersprüchlichkeit historischer Praxis, in der die Menschen sich die Welt aneignen, untersucht Befindlichkeiten, Einstellungen, Vorstellungen, Deutungen, Imaginationen, Verhaltens- und Handlungsweisen und will den Blick auf das „Fremde" und das „Eigene" alltäglicher Handlungsweisen lenken. Noch zahlreicher sind Studien, die sich unter den Oberbegriffen „Historische Faszination" oder „Gestylte Geschichte" mit Praxisfeldern der Geschichtskultur befassen, mit Museen, Buchproduktionen, Theatern, Tourismus und der Werbung.[12] So, wie diese Untersuchungen angelegt sind, ist beiden Richtungen eine zumindest tendenzielle Blindheit für das Politische zu eigen.

Mitte der siebziger Jahre schien es in der Bundesrepublik allerdings so, als wollten Historiker das Desinteresse an der Erforschung „angewandter Geschichte" im politischen Prozeß überwinden. Angesichts einer Legitimitätskrise, in der sich die Geschichtswissenschaft damals befand, wurde eine Art „anwendungsbezogener Geschichte-Ansatz" kurzzeitig als Stein der Weisen betrachtet. Geschichte als angewandte Wissenschaft sollte helfen, den Mangel an öffentlicher Anerkennung zu beseitigen, dem sich das Fach und die Zunft im Vergleich zu den „neuen" Wissenschaften wie Politologie und Soziologie gegenübersahen. Die Disziplin war unter einen Rechtfertigungsdruck geraten, sie mußte sich Fragen nach ihren gesellschaftlichen Leistungen und nach ihrem praktischen Nutzen gefallen lassen. Diese Debatte, die unter dem verunsicherten Motto „Wozu noch Geschichte?" stand, ist auch Gegenstand des letzten Kapitels vorliegender Arbeit und muß daher an dieser Stelle nicht ausgebreitet werden. Zu erwähnen ist indessen, daß es – freilich ganz kurz und auch nur sehr vereinzelt – eine Verschiebung des Fluchtpunktes historischer Fragestellungen gegeben hat: Geschichte als „Verwertungswissenschaft" lenkte die Aufmerksamkeit auf die Instrumentalisierung historischen Wissen in politischen Diskussionen allgemein und auf den Einsatz historischer Argumente in parlamentarischen Debatten des Deutschen Bundestages im besonderen. Die Studien verbargen nicht im geringsten, daß sie den Nachweis über den praktischen Nutzen der Historie führen wollten; ihre Erkenntnisse erschöpften sich allerdings im wesentlichen darin, daß paradigmatische Argumentationsfiguren, funktionalisierte Geschichtsbilder und -stereotypen bundesdeutscher Außenpolitiker herausgearbeitet und statistisch ausgewertet wurden.[13]

b) Dimensionen von Geschichtspolitik in der Demokratie

Wie läßt sich vor dem Hintergrund der bisherigen Darstellung „Geschichtspolitik" als ein Forschungsthema umreißen, das die politische Dimension der Geschichte problematisiert und sie in das Zentrum einer Untersuchung über die pluralistische Bundesrepublik stellt? In zehn Punkten sollen die Überlegungen thesenartig zusammengefaßt werden.

1. Handlungs- und Politikfeld

Geschichtspolitik ist ein Handlungs- und Politikfeld, auf dem verschiedene Akteure Geschichte mit ihren spezifischen Interessen befrachten und politisch zu nutzen suchen. Sie zielt auf die Öffentlichkeit und trachtet nach legitimierenden, mobilisierenden, politisierenden, skandalisierenden, diffamierenden usw. Wirkungen in der politischen Auseinandersetzung.[14] Bei den beteiligten Akteuren handelt es sich im weiteren Sinne um konkurrierende Deutungseliten, um Politiker, Journalisten, Intellektuelle und Wissenschaftler, die die Geschichtskultur erzeugen und prägen. Im engeren Sinne interessiert aber vor allem, wie politische Eliten agieren; sie gilt es in den Blick zu nehmen, weil sie Macht besitzen bzw. Herrschaft ausüben. Moderne Demokratien werden durch Deutungszusammenhänge mobilisiert, und Geschichte kann ein wichtiges Vehikel sein, um Zusammenhänge zwischen diffusen Gruppen zu schaffen. Im Zentrum von Forschungen zur Geschichtspolitik steht mithin das zunächst noch sehr allgemeine Problem, wie Politik mit der Vergangenheit „gemacht" wird, unter welchen politischen Rahmenbedingungen und mit welchen Intentionen Geschichte in die Fänge aktueller Politikbedürfnisse gerät, schließlich welche Folgen sich daraus ergeben. Entscheidend ist nicht die Frage nach dem wissenschaftlichen Wahrheitsgehalt des vermittelten Geschichtsbildes, sondern die Frage, wie, durch wen, warum, mit welchen Mitteln, welcher Absicht und welcher Wirkung Erfahrungen mit der Vergangenheit thematisiert und politisch relevant werden. Es geht darum, die Verschränkung von Geschichte und Politik sowie deren Bedeutung für den politischen Willensbildungsprozeß sichtbar zu machen, und zwar in einer Zeit beschleunigten sozialen Wandels, in der traditionelle Bindungskräfte nachlassen.

Das Interesse an Geschichte, überhaupt das Geschichtsverständnis und die Geschichtskenntnis der Gesellschaft, sind in ihrer Vielfalt freilich nicht zu erfassen oder gar zu beschreiben. Die pluralistische Bundesrepublik ist kein homogenes Subjekt, daher kann es auch nicht ein konsistentes Geschichtsbild geben, was etwas Dogmatisches hätte, sehr wohl aber sich im Zeitverlauf verändernde, dominierende Deutungsachsen und Interpretationsmuster. Der Dissens in der Bundesrepublik um das Bild von der deutschen Geschichte – und der daraus abgeleiteten Deutung des jeweils gegenwärtigen Selbstverständnisses sowie des Standorts der Republik – verlief zumeist zwischen den großen politischen Strömungen und ihren Sympathisanten. Das Erkenntnisinteresse der geschichtspolitischen Untersuchung richtet sich auf jenen Punkt, „an dem das öffentliche politische Selbstverständnis der Gegenwart sich mit der Deutung der Vergangenheit unmittelbar verbindet, wo es sich auf die Geschichte beruft und sich von dort her Orientierung, Legitimation, Selbstgewißheit erhofft oder besorgt".[15]

2. Funktionale Perspektive

Geschichtspolitik ist von ihrer gesellschaftlichen Funktion her zu betrachten. Der Begriff sollte nicht unbesehen pejorativ aufgeladen werden, weil damit schon ein gewisser Wahrnehmungsfilter übergestülpt wäre.[16] Erkenntnisfördernder ist es, Geschichtspolitik – als Analysekategorie genommen – offen und funktional einzuführen, denn „progressive“, d.h. aufklärerische und emanzipatorische usw. Funktionen, Intentionen und Wirkungen sind ebenso möglich wie „regressive“, d.h. allein legitimatorische oder traditionale usw.

3. Politisch-pädagogische Aufgabe

In Abwandlung eines Gedankens von Theodor Schieder gibt es nicht nur „politisches Handeln *aus* historischem Bewußtsein“,[17] sondern gleichermaßen politisches Handeln *für* historisches Bewußtsein. Geschichtspolitik ist in mancherlei Hinsicht auch eine politisch-pädagogische Aufgabe.[18] Sie beinhaltet konkrete Strategien, die den Blick auf die Vergangenheit verändern, ihn brechen, verstärken oder abdrängen können. Bei einer gesellschaftlich-politischen Selbstverständigung wird immer auf Geschichte zurückgegriffen; Geschichte lebt (auch) vom Gegenwartsbezug. Geschichtsbegriffe und -bilder sind in all ihren Wandlungen auf das engste mit zeitgeschichtlichen Grunderfahrungen verbunden, die zugleich als ein Koordinatensystem politischer Deutung und als ein Wegweiser politischer Bewußtseinsbildung wirken. Die ständige Arbeit an der Geschichte, namentlich der Zeitgeschichte, gehört zu den Daueraufgaben einer politischen Führung, sie bedarf – wie die politische Kultur überhaupt – in pluralistisch verfaßten Gesellschaften der Pflege. Obwohl die Geschichtswissenschaft durch ihre Themenwahl einen nicht zu unterschätzenden Einfluß ausübt, vollzieht sich „die Konsensstiftung vermittels des Appells an historische Gemeinsamkeiten (...) naturgemäß in einem vorwissenschaftlichen Raum“.[19] Auch beruhen Veränderungen des geschichtlichen Bewußtseins nicht in erster Linie auf neuen historischen Forschungen, sondern sind viel eher Frucht neuer Erfahrungen, neuer Problemkonstellationen und des Nachwachsens neuer Generationen. Nicht die flüchtige historische Realität steht im Mittelpunkt des öffentlichen Bewußtseins, sondern die aktiv betriebene Politik mit der Geschichte, die historisch beglaubigte Politik.

4. Öffentlichkeit und Konkurrenz

Eine Konkurrenzdemokratie läßt sich als „Herrschaft durch öffentliche Meinung“ (Siegfried Weischenberg) charakterisieren. Politisches Handeln im demokratischen Meinungs- und Entscheidungsbildungsprozeß ist nicht zuletzt auf die Reaktion des Publikums ausgerichtet. Kennzeichnend ist ein Neben- und Gegeneinander verschiedener politischer Interessen in der Öffentlichkeit, welche die Arena für Vergangenheitsinterpretationen darstellt und in der ein „Wettstreit der Erinnerungen“[20] ausgetragen wird in Form einer Präsentation verschiedener Geschichtsbilder. Öffentlichkeit kann als intermediäre Sphäre zwischen Politik und Bürgern angesehen werden.[21] Bei Geschichtspolitik handelt es sich um einen öffentlichen und massenmedial vermittelten Prozeß, in dem sichtbar Kräfte und Gegenkräfte am Werke sind und um die Hegemonie von Diskursen und Deutungsmustern ringen. Dieser Vorgang schließt auch die Kehrseite von Erinnerung, das Ausblenden und Vergessen, ein.

Verständnis für das Vergangene und die Bildung von Koordinaten der politischen Moral können, müssen aber nicht zwangsläufig im Zentrum einer Auseinandersetzung um die Geschichte stehen. Mittels Sinnbildung über Geschichte werden Traditionen erzeugt oder in Frage gestellt, wobei prinzipiell mehrere Formen möglich sind: so können sich zum Beispiel klischeehafte oder reflektierte oder distanzierte Bilder ergeben. Politiker und Historiker kommunizieren in einer offenen, pluralistischen Gesellschaft mit einem Publikum, das ihrem Urteil und Geschichtsbild eine private, generations-, schichts-, milieu-, regionsspezifische Erinnerungsvariante entgegenstellen kann. Man muß sich mit dem komplementären und konkurrierenden Einfluß anderer als historiographischer Darbietungsformen von Geschichte allein schon deshalb auseinandersetzen, weil sie in einer pluralen Öffentlichkeit weiter ausstrahlen. Die Reichweite der politischen Präsentation von Geschichte ist erheblich. Alle gestalterische Politik benötigt ein zugrundeliegendes Weltbild, das den Rahmen vorgibt; dieses wiederum umschließt ein Geschichtsbild. Aufs Ganze gesehen sind es weniger professionelle Historiker als vielmehr Politiker und deren Parteiorganisationen – die die Welt deuten und Zukunftsvorstellungen formulieren –, von denen nachhaltige und breitenwirksame Impulse auf die Geschichtsbilder in der Bevölkerung ausgehen. Privilegierter Zugang zu den Medien, Medienpräsenz und -wirkung, Redundanz und die zur Verfügung stehenden Informationsapparate sind dafür verantwortlich.[22]

5. *Öffentliche Konflikte und politische Kultur*

Unter Verweis auf skandaltheoretische Annahmen kann man davon ausgehen, daß öffentliche, in den Massenmedien ausgetragene, insbesondere moralisch aufgeladene Konflikte, eine starke Wirkung auf das Publikum erzielen und zur Durchsetzung bzw. Stabilisierung von Normen beitragen. Deutsche Vergangenheit wiederum war durch die Gewaltverbrechen des Nationalsozialismus und durch die deutsche Teilung ein konfliktbesetztes Thema, war (und ist) hochgradig moralisier- und skandalisierbar. Geschichtspolitische Konflikte können daher als Ausdruck der Bekräftigung oder Aktualisierung bestimmter Wert-, Verhaltens- und Einstellungsmuster verstanden werden, die – in Langzeitperspektive betrachtet – die politische Kultur formen und verändern.[23] Ohne öffentliche Resonanz wäre dies kaum vorstellbar; in öffentlichen Konflikten hingegen wird das Publikum eines Themas in zugespitzter, d.h. Aufmerksamkeit erregender Form gewahr, es kann sich kaum Ignoranz leisten.

6. Spannungsverhältnis: Wissenschaft und Politik

Herodot, der „Vater der Geschichte“, sah in den Geschichtsschreibern die Wächter der Erinnerung und verstand darunter das Gedächtnis rühmenswerter Taten. Doch heute kommt dem Historiker und der modernen Geschichtswissenschaft überhaupt vermutlich eher eine „Falsifizierungskapazität“ (Karl Popper) zu. Ihre Aufgabe besteht darin, regressiven Momenten durch kritische Rationalisierung entgegenzuwirken und einer „ressentimenthaften Bewältigung der Vergangenheit vernünftige Einsicht gegenüberzustellen“.[24] Geschichte, so Jürgen Habermas zugespitzt, fungiere dann nicht mehr als Lehrmeisterin des Lebens, sondern „als eine Instanz, die uns nicht zu Nachahmungen, sondern zu Revisionen herausfordert“.[25] Mit dem Wissenschaftsanspruch von Geschichtsschreibung verbinden sich Vernunftpotentiale. Die Fachöffentlichkeit wacht über die Standards des Faches, und nur was ihrer Kritik standhält, kann sich auf Dauer in der Wissenschaft behaupten. Wahrheitsansprüche werden an Wissenschaftlichkeit gebunden. Die Fragen nach dem Verhältnis von Objektivität und Parteilichkeit, Engagement und Distanz, Wissenschaft und Politik sind kompliziert und komplex. Daß die moderne Welt – mit Max Weber gesprochen – in verschiedene, jeweils autonome Sphären ausdifferenziert ist, bedeutet nicht die Abwesenheit komplexer Wirkungszusammenhänge einzelner Sphären. Es herrscht ein spannungsreiches Nebeneinander von Wissenschaft und Politik in Unterscheidung und Verknüpfung.[26] In Unterscheidung, weil Wissenschaft als eigenständiger Bereich menschlicher Erkenntnis über autonome Prinzipien verfügt, die nicht verletzt werden dürfen. In Verknüpfung allein schon deshalb, weil Wissenschaft sich für gesellschaftliche Ordnungen einsetzen muß, in denen diese Prinzipien respektiert werden. Wissenschaft und Politik gehen jedoch unterschiedliche Wege. Demokratische Machthaber sind im Extremfall potentielle Rechthaber, was ein Aufklärungspotential – das sich aus dem Einsatz von Geschichte ergeben kann – von vornherein beschneidet.[27] Politik arbeitet mit (notwendigen) Vereinfachungen und Verkürzungen, mit einer Komplexitätsreduktion; sie bevorzugt ferner eine Selektivität und Partikularität. Geschichtspolitik ist eine situativ wandelbare Waffe, die der Politiker unentwegt handhabt.[28]

7. Doppeltes Bezugsverhältnis: Geschichte und Politik

Geschichte konstituiert Politik und Politik konstituiert Geschichte, dieses Wechselverhältnis gibt dem Thema seine Brisanz und deshalb kann die Deutung der Vergangenheit zu einem wichtigen Faktor von aktuellen

Konflikten und von wertbezogenen Grundpositionen werden.[29] Geschichtlichkeit wirkt konstituierend für ein politisches System, politische Stile und die politische Kultur; Politik ihrerseits „schafft" Geschichte und stellt Deutungen zum „richtigen" und gewünschten Umgang mit der Vergangenheit zur Verfügung. Nach den vorherrschenden Geschichtsbildern in einer Gesellschaft zu fragen, ist gleichbedeutend mit der Frage nach den gegenwärtigen Selbstverständnissen. Geschichtspolitik ist auch Sachverwalterin von Gruppengedächtnissen und spiegelt eine binnenkulturelle Ausdifferenzierung wider. Welche Orientierungen für das Geschichtsbewußtsein – um ein Beispiel zu nennen – wurden den (West-)Deutschen im Zeitverlauf der Bundesrepublik angeboten? Die vornationalstaatliche Zeit, etwa die Revolution von 1848/49, das Bismarck-Reich, die Weimarer Republik, das negativ „konstitutive" „Dritte Reich", der 20. Juli 1944, eigenständige bundesrepublikanische Bezugsereignisse, posttraditionale und postnationale Bezugspunkte? Der geschichtliche Standort der Bundesrepublik und die historische Verortung ihrer Demokratie waren stets umstritten.

8. Doppelseitigkeit: Geschichte in Politik – Geschichte als Politik

Zwischen Geschichtspolitik und Geschichtswissenschaft besteht einerseits ein Spannungsverhältnis, andererseits kommt freilich auch eine Doppelseitigkeit zum Ausdruck. Vom Politischen her definiert meint Geschichtspolitik jede Indienstnahme von Geschichte zur Beeinflussung von Gegenwartsdebatten und ihre politischen Konsequenzen.[30] Vom Historischen her definiert spielt der Begriff auf den Problemzusammenhang an, daß über einzelne Realitätsausschnitte hinausgreifende Gesamturteile und Geschichtsbilder stets öffentliche Angelegenheiten betreffen, nämlich die Selbstvergewisserung der res publica. Sie transportieren damit unabweislich politische Implikationen. In der ersten Perspektive wird „Geschichte in Politik" selektiv verwertet, in der zweiten Perspektive „Geschichte als Politik" in Deutungen zur aktuellen Disposition gestellt. Zur Geschichtspolitik gehören legitimierende und delegitimierende Strategien. Auch in der historisch-politischen Fachdiskussion können geschichtspolitische Akzente eine wesentliche Rolle spielen und von dort aus in die Öffentlichkeit ausstrahlen. Die Nähe zu politischen Kontroversen zeigt dabei an, ob eine Debatte bereits im Ursprung ein geschichtspolitischer Vorgang war – wie der „Historikerstreit" Mitte der achtziger Jahre –[31] oder sich zu einem solchen erst entwickelte – wie die „Fischer-Kontroverse" zu Beginn der sechziger Jahre.

9. Demokratischer Grundkonsens als Basis

Im demokratischen Verfassungsstaat müssen elementare Grundprinzipien anerkannt sein, die dem politischen Streit entzogen sind, so vor allem:

die Freiheitsrechte, das Recht auf Opposition, die repräsentative Regierungsform, die Bindung staatlichen Handelns an Verfassung und Recht, eine unabhängige Gerichtsbarkeit. Wenn diese Grundlagen des demokratisch verfaßten Staates zum Gegenstand des Streits werden, wird es gefährlich für dessen Bestand. Im Vergleich zwischen der Geschichtspolitik in der Weimarer Republik und in der Bundesrepublik wird die Grundfrage beim Kampf um die Geschichte deutlich: Ob sich dieser Kampf nämlich auf der Basis einer fundamentalen Gemeinsamkeit des Selbstverständnisses entwickelt, die es erlaubt, sowohl die Deutung der Gegenwart als auch die Optionen für die Zukunft als Variationen der Geschichte des gleichen Subjekts zu begreifen; dies war in der alten Bundesrepublik der Fall. Oder ob unversöhnlich einander gegenüberstehende Geschichtsbilder die Auszehrung des Grundkonsenses der Nation ankündigen, also ihre Substanz und kulturelle Gemeinschaft bedrohen, wie es in der Weimarer Republik der Fall war. Der innere bundesrepublikanische Streit um Geschichte bewegte sich zwar auf dem Boden der Konsensdemokratie – wenn auch die Basis des Konsenses nicht immer gleich breit war und sogar schmal werden konnte –, er fand jedoch eine Potenzierung und eigentümliche Verschärfung durch die Konflikt- und Konkurrenzsituation zur DDR.[32]

Diesen Grundkonsens und die Konfliktsituation zur DDR zu betonen heißt freilich nicht, Veränderungen auszublenden – denn natürlich erneuerten sich in einem konflikthaften Prozeß republikanische Gründungsakte im Zeitverlauf und wurden kollektive Identitäten immer wieder periodisch neu justiert, wie etwa der Verweis auf bundesdeutsche (Neu-) Gründungsdaten – 1949, 1968/69, 1989/90 – augenfällig macht. Ferner bedeutet der Bezug Bundesrepublik – DDR auch keinesfalls, daß Geschichtspolitik eine Art obrigkeitsstaatlicher Akt wäre. Es bedeutet lediglich, daß sich die verschiedenen Akteure im bundesdeutschen Pluralismus in je eigener Ausprägung des geschichtspolitischen Wettstreits als Teil des Systemkonflikts mit dem zweiten deutschen Staat bewußt waren.

10. Geschichtspolitik und Vergangenheitspolitik

Im Hinblick auf die materiellen Folgen der Vergangenheitsaufarbeitung sowie die justizförmige Vergangenheitsbewältigung in den Transformationsgesellschaften unserer Tage einerseits und auf eine „quantifizierende" NS-Bewältigungsforschung zur frühen Bundesrepublik andererseits ist der Ausdruck „Vergangenheitspolitik" in die Forschung eingeführt worden. Er meint den Umgang mit dem institutionellen und dem personellen Erbe eines überwundenen Systems und zielt auf die direkten materiellen Folgen für bestimmte Gruppen der Gesellschaft ab. Claus Offe verwendet ihn vor dem Hintergrund, daß die leitenden Akteure der alten kommunistischen Regimes Handlungen begangen haben, die strafbar oder zumindest nach politischen und moralischen Maßstäben zu verurteilen sind. Diese Handlungen müssen – gemäß den Standards der neuen liberal-demokratischen Regime – geahndet werden. Vergangenheitspolitik umfaßt ihm zufolge somit drei Bereiche: erstens die Bestrafung, also die strafrechtliche Verfolgung von Tätern; zweitens die Disqualifikation, also die Beschränkung des zivilbürgerlichen Status von Tätern; und drittens die Restitution, also die Kompensation der Opfer.[33] – Mit Blick auf das erste Jahrfünft der Bundesrepublik, das geprägt war von einer weitreichenden Revision der frühen, unter alliierter Kontrolle stehenden NS-Bewältigung, konstituiert sich für Norbert Frei „Vergangenheitspolitik" aus den Elementen Amnestie, Integration und Abgrenzung.[34]

Die operationalisierbaren Komplexe Vergangenheitspolitik und Geschichtspolitik können somit plausibel voneinander abgegrenzt werden: Im Zentrum des Interesses vergangenheitspolitischer Forschungen stehen justitielle, legislative und exekutive Entscheidungen, die in einem relativ engen zeitlichen Rahmen getroffen werden. Während Vergangenheitspolitik somit vornehmlich praktisch-politische Maßnahmen bezeichnet, dagegen öffentlich-symbolisches Handeln nachrangig behandelt wird, charakterisiert Geschichtspolitik gerade das umgekehrte Verhältnis. Das Erkenntnisinteresse von Forschungen zur Geschichtspolitik richtet sich auf die öffentlichen Konstruktionen von Geschichts- und Identitätsbildern, die sich über Rituale oder Diskurse vollziehen – zudem völlig unabhängig von ihrer zeitlichen Nähe zum Gegenstand sind –, wohingegen gesetzgeberische und justizielle Handlungsoptionen lediglich über Politikfelder wie die Bildungs-, Museums- oder Denkmalspolitik Beachtung finden.

c) Geschichtspolitik im deutsch-deutschen Systemkonflikt

Es soll an dieser Stelle wiederum nur um die wesentlichen Grundkonstellationen, um den Rahmen der nachfolgenden Analyse, nicht bereits um diese selbst gehen.[35] Anders als in der pluralistischen Bundesrepublik lassen sich in der Doktringesellschaft DDR Geschichtspolitik und Geschichtswissenschaft schwerlich auseinanderhalten. Ein Spannungsverhältnis zwischen Geschichtspolitik und Geschichtswissenschaft, die mit je spezifischen Rationalitätskriterien ausgestattet waren, existierte hier nicht, beide Bereiche waren vielmehr eine feste Verbindung eingegangen. Geschichtspolitik als öffentlicher Prozeß, in dem konkurrierende Interessengruppen um Deutungshegemonie ringen, kannte die DDR nicht; in ihr war eine normative Konformität vorgegeben. Die DDR war eine „durchherrschte Gesellschaft",[36] ohne Begrenzung der Staatsmacht nach innen, ohne Gewaltenteilung und unabhängige Justiz. Es fehlte in der Diktatur ein politisch-weltanschaulicher Pluralismus, es gab keine eigenständigen intermediären Institutionen, dafür gab es moderne Massenbeeinflussung, Propaganda und Repression, Verführung und Terror. Eine institutionalisierte Ideologie beanspruchte die Hegemonie; die SED verfügte über das Machtmonopol. Ganz im Gegensatz zur alles kennzeichnenden Entwicklung der Moderne, die Wertsphären – und dazu zählt auch die Wissenschaft – ausdifferenzierte und institutionell verselbständigte, kennzeichnete die DDR im Unterschied zur Bundesrepublik eine funktionale Entdifferenzierung und institutionelle Fusionierung.[37] Eine Ausdifferenzierung von Interessengruppen, Verbänden und Organisationen mit eigener Willensbildung war der SED-Diktatur fremd. Von einer öffentlichen Meinung, geschweige denn von öffentlichen Auseinandersetzungen, kann nicht gesprochen werden. Die Bevölkerung verfügte mit Blick auf die elektronischen Medien der Bundesrepublik zwar über eine substitutive Öffentlichkeitschance, insofern gelang die informationelle Selbstabschließung des Regimes nicht, doch die Informationen aus dem Westen konnten nur für die private Meinungsbildung genutzt werden, sie waren in der Öffentlichkeit tabuisiert.

Seit den fünfziger Jahren hatte die Abteilung Propaganda und Wissenschaft des ZK der SED jeglicher Autonomie in Forschung und Lehre ein Ende gesetzt, so daß „am Ende des Jahrzehnts in der DDR eine gänzlich auf dem marxistisch-leninistischen Deutungsmonopol fußende Geschichtswissenschaft etabliert war".[38] Die Geschichte unterstand völlig der Prärogative der Politik. Ihr Auftrag hieß Legitimationsbeschaffung für den SED-Staat. Die Propagierung eines monistischen Geschichtsbildes gehörte zu den Instrumentarien der Herrschaftssicherung und -legitimierung. Wichtige historische Fragen wurden durch Entschluß des Politbüros geklärt, womit es der SED gelang, die Historie den Maximen der politischen Parteilichkeit „als Voraussetzung von Geschichtsforschung und Geschichtslehre"[39] umfassend und dauerhaft zu unterwerfen. Allerdings hat es unter herrschaftspragmatischen Aspekten erhebliche Wandlungen des Geschichtsbildes im Verlauf der Existenz der DDR gegeben, die jedoch häufig nicht ohne intellektuelle Klimmzüge zu bewerkstelligen waren. Darauf wird im Verlauf dieser Untersuchung noch häufiger zurückzukommen sein.

Den grundsätzlichen Unterschied der DDR-Historiographie zur westlichen Wissenschaftstradition markierte das jeder Infragestellung entzogene und somit alles dominierende Strukturelement der Parteilichkeit.[40] Oberstes Prinzip war die „Einheit von Wissenschaftlichkeit und Parteilichkeit" in Form einer gegenseitigen Durchdringung. Die „gesellschaftliche Praxis" galt als das „entscheidende Wahrheitskriterium der Wissenschaft", wie es in einem autoritativen Leitfaden hieß.[41] Funktionieren konnte der zentrale Begriff einer „parteilichen Wissenschaft" freilich nur so lange, wie beide Ansprüche einigermaßen kongruent waren – sobald indes die Parteilichkeit andere Aussagen als die Wissenschaftlichkeit abnötigte, mußte ein Teil dieses Doppelanspruches aufgegeben werden; im Zweifel fiel dabei nicht das Ideal einer politischen Wissenschaft, sondern die Wissenschaftlichkeit selbst zum Opfer.

In der Forschung ist umstritten, ob die DDR-Geschichtswissenschaft als „künstliche", „anormale" oder „oktroyierte" „Normalwissenschaft" bezeichnet werden darf, eine These, die in einigen neueren Studien vertreten wird.[42] Diese lehnen nicht nur das pragmatische Urteilskonzept aus den siebziger und achtziger Jahren ab, als der DDR-Geschichtswissenschaft eine wachsende wissenschaftliche Reife attestiert worden war.[43] Sie wenden sich vielmehr auch gegen die weitverbreitete Urteilspraxis seit 1989, die den Wissenschaftscharakter der DDR-Historiographie überhaupt bestreitet.[44] Dieser neuer Analyseansatz, der von einer „Normalwissenschaft" ausgeht, vernachlässigt einen evaluierenden Blick und bevorzugt statt dessen einen rekonstruierenden, um so die internen Funktionsmechanismen überhaupt erst sichtbar zu machen. Angestrebt wird, die spezifischen Konzepte von „Wahrheit" aufzudecken und Annäherungen zu versuchen an „die systemspezifische Rationalität einer politisch gesteuerten und doch in dieser Steuerung nicht aufgehenden, sondern vielfach einverständlich betriebenen und weiterentwickelten Vergangenheitsverwaltung eigener Prägung".[45]

Die „sozialistische Geschichtswissenschaft" war eine Geschichtswissenschaft in einem halben Land. Die DDR mußte sich im Gegensatz zu anderen Ostblockstaaten permanent mit einem größeren, mächtigeren westlichen Konkurrenten beschäftigen, woraus ein Übermaß an innerer Selbstdisziplinierung auf seiten der Geschichtswissenschaft ebenso resultieren konnte wie eine hochgradige Gefahr für die Geschlossenheit des präsentierten Geschichtsbildes auf seiten der Rezipienten, der Beherrschten. Wie lassen sich, so muß folglich weiter gefragt werden, die prinzipiellen Bestimmungsfaktoren skizzieren, die der Geschichtspolitik im deutsch-deutschen Konflikt nach 1945 so deutliche, aber auch so spezifische Konturen verliehen?

1. Positive und negative Vergleichsgesellschaft

Nationale Geschichte avancierte angesichts der deutschen Teilung zu einem Politikum – und Geschichtspolitik wurde unwillkürlich zu einem zentralen politischen Handlungsfeld. Die Nachfolgestaaten des „Großdeutschen Reiches" versuchten mit unterschiedlichen Strategien, insbesondere mit dem Nationalsozialismus, in weiterer Perspektive aber auch mit dem deutschen Erbe allgemein, fertig zu werden. Die gesellschaftlichen und politischen Systeme der beiden Teile des getrennten Deutschlands schlossen einander aus, doch beide lebten aus dem Anspruch, daß sie, jedes auf seine Art, vernünftige Konsequenzen aus der deutschen Geschichte gezogen hatten. Für beide hatte daher Geschichte einen hohen Funktionswert. Für die Bundesrepublik bedeutete die DDR die „negative Vergleichsgesellschaft", deren Existenz wirkte auf sie affirmativ und systemstabilisierend.[46] Die doppelte Diktaturerfahrung – überwundener Nationalsozialismus und gegenwärtiges SED-Regime als Kontrastfolie – integrierte zumindest die frühe Bundesrepublik im Zeichen der Totalitarismustheorie und formte den doppelten antitotalitären Konsens aus. Im weiteren Verlauf der bundesrepublikanischen Geschichte, vor allem seit dem Grundlagenvertrag von 1972, wurde die DDR aber zusehends auch zu einem Referenzproblem für die Bundesrepublik, da der ostdeutsche Griff nach der Geschichte durch das „Erbe und Tradition"-Programm im Westen Verunsicherungen hervorzurufen vermochte. Die Existenz der Bundesrepublik als „positive Vergleichsgesellschaft" bedeutete für die DDR hingegen prinzipiell eine permanente Entlegitimierung und Destabilisierung. Der Vergleich speiste die Kritik am eigenen System. Auch durch eine emphatische Abgrenzungspolitik gelang es der DDR nicht, sich dem Magnetfeld der Bundesrepublik zu entziehen. Das Regime versuchte, dies durch die Erzeugung einer Art sekundären Legitimität wettzumachen, in der die Ausbildung des sozialistischen Geschichtsbildes eine bedeutende Rolle spielte.[47]

2. Asymmetrisches und hierarchisches Verhältnis

Gleich welche Parameter man heranzog, sei es die Bevölkerungszahl, die Größe des Territoriums oder die wirtschaftliche Leistungskraft, zwischen den beiden deutschen Staaten herrschte eine Asymmetrie und infolgedessen auch eine festgelegte Hierarchie. Diese Parameter waren nicht manipulierbar. Auch aus diesem systemimmanenten Handicap der DDR gegenüber dem Übergewicht der Bundesrepublik ergab sich ein Legitimitätsdefizit. Stellte die DDR aber das ungleich künstlichere Gebilde als die Bundesrepublik dar, so konnte dies im Umkehrschluß für den westdeutschen Staat bedeuten, daß er um so leichter ein selbstbezogenes, teilungsbedingtes Sonderprofil zu entwickeln imstande war – ein Aspekt, der nicht zuletzt Einfluß auf die Bedeutungsgehalte von Geschichtsbildern hatte. Das Interpretationsmodell vom „Ende des deutschen Sonderweges" beispielsweise setzte nicht von ungefähr stillschweigend westdeutsche Geschichte mit deutscher Geschichte gleich.[48]

3. Amerikanisierung und Sowjetisierung

Blieben Bonn und Ostberlin durch eine gemeinsame deutsche Vergangenheit und durch den niemals ganz aufgegebenen Anspruch auf Wiedervereinigung im Wechselspiel von Konfrontation und Kooperation aufeinander bezogen, so waren sie doch immer auch abhängig von der internationalen Lage. Sie waren infolge von Blockintegration und Bündnismitgliedschaft auf die jeweilige Hegemonialmacht ausgerichtet und mußten im großen Systemwettbewerb zwischen kapitalistischer Demokratie und kommunistischer Diktatur mitspielen. Amerikanisierung und Sowjetisierung können als Chiffren für politische, wirtschaftliche, kulturelle und gesellschaftliche Veränderung betrachtet werden, als eine Art Universalisierungsstrategien, „die auf eine gewisse Homogenisierung der Verhältnisse im eigenen Block und auf Destabilisierung im anderen abzielten".[49] Diese haben in je unterschiedliche Weise auf deutsche Identitäten, auf Leitbilder, Referenzpunkte und Legitimationsmuster eingewirkt.

4. Geschichte als Legitimationsressource

Für beide deutschen Staaten war Geschichte eine kostengünstige Ressource im Systemkonflikt und zugleich ein hochbedeutsames symbolisches Kapital. Doch als herrschaftslegitimatorische Systemstütze hatte Geschichtspolitik für die diktatorische DDR eine weitaus wichtigere Funktion und beanspruchte eine höhere Qualität als für die demokratische Bundesrepublik, die wie alle Demokratien über ein breites Angebot an Legitimationsinstanzen verfügte. Demokratie, Rechts- und Sozialstaatlichkeit sowie wirtschaftliche Prosperität wurden die bestimmenden Instanzen, die eine hohe Identifikation der Bevölkerung mit der Bundesrepublik gewährleisteten. Der Bedarf an zusätzlichen Legitimationsanleihen blieb so zwar begrenzt. Da jedoch Geschichte immer einen Legitimitäts-Bonus genießt – den nachfolgenden Generationen eine Versicherung historischer Kontinuität zukommen zu lassen, ist nun einmal wichtig –, konnte für die Bundesrepublik auch das Problem entstehen, wie sich das nationale Wiedervereinigungspostulat mit der wachsenden Akzeptanz der Republik als Staatsnation in Einklang bringen ließ. Dieses Problem erklärt, warum die politischen Akteure in der Bundesrepublik, die stets offen gegenüber dem gesamten deutschen Erbe blieb, zu bestimmten (Krisen-)Zeiten politisch unterschiedliche Akzente in der Tradierungsstrategie setzten. Erklärtes Ziel des SED-Regimes war der Versuch, ein spezifisches kulturelles Erbe zu formieren und nach der wirtschaftlichen, politischen und sozialen Teilung Deutschlands auch die kulturelle Teilung voranzutreiben. Aus dem Legitimitätsdefizit der DDR folgte, daß mit Brachialgewalt eine historische Kontinuitätslinie konstruiert wurde. Nicht zuletzt wegen der fehlenden politischen Teilhabe des Staatsvolkes war die DDR auf andere Integrationsmechanismen angewiesen, und weil ein ethnisch-kultureller Nationalismus wie in anderen Ostblockstaaten als Kompensation infolge der deutschen Teilung ausschied, erlangte das historische Erbe eine überragende politische Funktion für die sekundäre Integration des politischen Systems. Durch die Omnipräsenz der Historie im staatssozialistischen System sollte es gelingen, eine Art „zweite Realität" zu erzeugen.[50] Diese „zweite Realität" kann erklären helfen, warum die SED zeitweise ein Loyalitätsverhalten und einen Konformismus in Teilen der Bevölkerung zu erlangen vermochte. Denn zu kurz greift die Vorstellung, daß die vierzigjährige DDR-Geschichte als eine Geschichte der gewaltsamen Überwältigung, der Repression und des latenten Bürgerkrieges einer Herrscherclique gegen ein permanent unwilliges, ja oppositionelles Volk beschrieben werden könnte.[51]

5. Binnen- und Außenfunktion von Geschichtspolitik

Trotz vieler Ungleichgewichte im Verhältnis beider deutscher Staaten zueinander bestimmten Wechselwirkungen, spiegelbildliche Polarisierungen, auch Fehlperzeptionen das Bild der Geschichtspolitik sowohl in der Bundesrepublik als auch in der DDR. Konjunkturen und Latenzphasen wechselten sich ab, insgesamt handelte es sich um einen dynamischen Prozeß, der von gesamtpolitischen Entwicklungen abhängig war. Auch gab es, in struktureller Hinsicht, gewisse Parallelen, weil Geschichtspolitik eine doppelte Funktion beinhaltete. Zum einen waren geschichtspolitische Debatten oder Aktionen in West und Ost selbstreflexiv nach innen gerichtet, hatten also eine Binnenfunktion für den jeweiligen Teilstaat. Zum anderen zielten die Debatten und Aktionen auf den jeweiligen anderen deutschen Staat, womit der Geschichtspolitik eine gesamtnationale, eine Außenfunktion zuwuchs. In der Bundesrepublik konnten sich die politischen Fronten von Geschichtskontroversen verschieben, ja umkehren, je nachdem, ob die Binnen- oder Außenfunktion im Mittelpunkt stand. Die Preußen-Renaissance in den späten siebziger und frühen achtziger Jahren war ein Beispiel dafür. Vereinfacht gesagt: Die politische Rechte verband mit der Aktualität Preußens das autoritative Gegenbild zur „libertären" Bundesrepublik der sozial-liberalen Ära. Linksliberale hingegen vermochten den Charme Preußens darin zu sehen, daß Preußen ein deutscher Teilstaat war. Wäre also die deutsche Frage – auf die man mit der Neuen Ostpolitik eine Antwort gegeben hatte – in einer Art verdoppelter preußischer Ordnung und überwölbt vom kulturnationalen Dach nicht gut aufgehoben?[52]

In der DDR war die Geschichtspolitik auf der einen Seite ein Kampf gegen die „bürgerliche Geschichtswissenschaft" im Westen und damit aus marxistischer Sicht keine rein innerfachliche Kontroverse, sondern Ausdruck des Klassenkampfes. Durch die Einverleibung bestimmter Traditionen sollte auch erreicht werden, daß sich die Bundesrepublik nicht mehr ohne weiteres auf solche berufen konnte, weil sie gewissermaßen bereits sozialistisch, d.h. durch die DDR, besetzt waren. Auf der anderen Seite und vor allem stand Geschichtspolitik jedoch im Dienste innenpolitischer Stabilisierung. Selbst die ideologischen, für das kommunistische System habituelle Züge annehmenden Kampagnen gegen die Bundesrepublik und die politischen Diffamierungen einiger ihrer Repräsentanten als NS-Kriegsverbrecher blieben letztlich reflexiv nach innen gerichtet mit dem Ziel, die Menschen in der DDR zu mobilisieren und Krisen des eigenen Systems zu kaschieren.[53] Dieses Muster sollte sich bereits im unmittelbaren Vorfeld der „doppelten Staatsgründung" (Christoph Kleßmann) 1948 zeigen. Mit diesem wichtigen Jahr setzt deshalb das folgende Kapitel ein.

II. Die deutsche Teilung und der nationale Gedächtnisort 1948–1953

1. Das Erbe der Revolution von 1848 – Der Beginn deutsch-deutscher Geschichtspolitik im Jahr 1948

In das Jahr 1948 fielen – neben der 300. Wiederkehr des Westfälischen Friedens[1] – zwei besonders bedeutsame jüngere historische Daten für die Deutschen: Der 50. Todestag des Gründers des Deutschen Reiches, das gerade seine totale Zerschlagung erlebt hatte, Otto von Bismarck, und die hundertste Wiederkehr eines vornationalstaatlichen Ereignisses, der Revolution von 1848. Aber nur das letzte Jubiläum stieß auf reges politisches und öffentliches Interesse. Im Zentenarjahr 1948 begann der deutsch-deutsche geschichtspolitische Konflikt. Die jeweilige Erinnerung an die Revolution im Westen und im Osten offenbarte, daß die Entstehung zweier konkurrierender politischer Systeme auf deutschem Boden zu einer Teilung auch der Vergangenheit führte.

Die Revolution von 1848 galt seit jeher als Weggabelung deutscher Geschichte oder, scheinbar paradox, als Wende ohne Wendung. Als eine Folge der tiefen Brüche in der deutschen Nationalgeschichte hat es durch die Zeitläufe hindurch einen Streit um die Bewältigung und um das Erbe der Revolution gegeben. Die staatstragenden Kräfte des Deutschen Kaiserreichs hatten in 1848 zumeist eine Sackgasse der deutschen Geschichte gesehen, bestenfalls aber ein gescheitertes Vorspiel zur erfolgreichen Reichsgründung von oben durch Bismarck. Hingegen war die Revolutionssicht der bürgerlichen Demokraten und vor allem der Sozialdemokraten geprägt gewesen von einer Fundamentalkritik am Kaiserreich. Die alljährlichen Märzfeiern der Sozialdemokraten in Erinnerung an die Barrikadenkämpfer von Berlin und die Pariser Kommunarden waren zentraler Bestandteil der Gegenkultur zur offiziellen Staatssymbolik des Kaiserreichs gewesen, auf denen die als „Reichsfeinde" Stigmatisierten ihr Kontrastbild zur Gegenwart modelliert und ihre Zukunftshoffnungen beschworen hatten. In der Weimarer Republik waren die „Ideen von 1848" für die Demokraten zum Fluchtpunkt zwischen den politischen Extremen von links und rechts geworden, und die Grundrechte der Paulskirchen-Verfassung hatten eine Würdigung als Magna Charta des deutschen Volkes gefunden. Den Märzfeiern als Sinnbild revolutionärer Massenaktivität hatte sich nun die KPD bemächtigt. Im „Dritten Reich" wiederum propagierten die Nationalsozialisten die „Machtergreifung" und den „Anschluß" Österreichs als großdeutsche Vollendung der kleindeutsch halbierten Revolution von 1848.[2]

Angesichts eines buntscheckigen Revolutionsbildes, in dem Traditionsstifter aller Richtungen das Passende finden konnten, lag es auf der Hand, daß im Säkularjahr 1948, drei Jahre nach der Weltkatastrophe, verschiedene Entwicklungslinien der Revolution bis in die Gegenwart des Kalten Krieges gezogen wurden. Der alte Streit um 1848 setzte sich in bislang nicht gekannten Dimensionen fort.

Aus Anlaß der Revolutionsfeierlichkeiten war der 85jährige Friedrich Meinecke vom Groß-Berliner Magistrat um eine Säkularbetrachtung gebeten worden, die in ganz Deutschland viel Beachtung fand. Sie fiel sehr politisch aus und thematisierte die tiefen Erschütterungen, die 1948 die deutsche Geschichte als dunkles Rätsel erscheinen ließen.[3] „Wie problematisch steht es doch heute nach dem Zusammenbruch des Bismarckschen Reiches und damit unseres bisherigen Bildes vom Aufbau der deutschen Geschichte mit eigentlich allen Säkularerinnerungen nationalen und politischen Gehalts. Überall fehlt ein allgemeiner Konsensus. Wenn die einen feiern möchten, wenden die anderen, sei es traurig, sei es unwillig, sich ab. Friedrich den Großen feiern? Bismarck feiern? Unmöglich heute. Man würde zwar ihrer in Stille gedenken, aber mit wie vielen Brechungen! Mit dem schauerlichen Ende des Dritten Reiches droht unsere Nationalgeschichte, wie wir sie bisher sahen, in Stücke zu zerbrechen."[4] Die Frage, ob 1848 den Deutschen schon den demokratischen Nationalstaat hätte bringen können, beurteilte Meinecke aus verschiedenen Gründen heraus äußerst skeptisch. Die Revolution war nach ihm an vielen Felsen zerbrochen: an der ungünstigen außenpolitischen Mächtekonstellation, am gespaltenen Bürgertum, an der „Vervielfältigung des Obrigkeitsstaates" in Deutschland und der daraus erwachsenen „Obödienzgesinnung unseres Volkes",[5] daran, daß sich die „Sozialrevolution mit ihrem Klassenkampf" mit der „Nationalrevolution" verschlang, was zum Scheitern beider führte.[6] Die größte Schicksalslast für Deutschland sah er aber in der Existenz und Fortexistenz des preußischen Obrigkeits-, Militär- und Machtstaates. Werde nun, 1948, nachdem Preußen durch das Kontrollratsgesetz Nr. 46 vom 25. Februar 1947 von den Siegermächten aufgelöst worden war, Finis Borussiae auch Finis Germaniae bedeuten? „Lernen wir endlich diesmal aus der Geschichte!" hob Meinecke am Schluß leidenschaftlich an und plädierte für neue übernationale Zusammenschlüsse in Europa und der ganzen Welt. Zuvor müßten die Deutschen aber die Revolution von 1848 vollenden und „die nationale Einheit im demokratischen Gemeinschaftsstaate" schaffen.[7]

Daß es nach der „deutschen Katastrophe" einer Revision des Geschichtsbildes bedurfte, läßt sich aus Meineckes Revolutionsbetrachtung deutlich herauslesen. Doch wo die neuen Traditionsstränge gelegt werden sollten, ließ er im unklaren. Das traditionelle preußisch-deutsche geschichtspolitische Bündnis von Historismus und Nationalismus war in den Augen Meineckes zerschlagen. Aber über die neue geschichtspolitische Energie, die vom eskalierenden Kalten Krieg ausging und an seine Stelle trat, machte sich der Nestor der deutschen Geschichtswissenschaft noch kaum rechte Vorstellungen. Er teilte dies indes mit den allermeisten seiner Zeitgenossen, zumindest denen im Westen Deutschlands.

Im Osten Deutschlands war dies ganz anders. Im Vorfeld der DDR-Staatsgründung kam der Revolution von 1848 eine herausragende funktionale Bedeutung zu. Seit dem Säkularjahr 1948 verleibte das SED-Regime die Revolution mit einem gewaltigen öffentlichen Aufwand in ihren Traditionsbestand ein und zog eine Linie von der Entstehung des kommunistischen Manifestes, den Barrikadenkämpfen und der sozialen Revolution des Volkes zur bevorstehenden Bildung des „Arbeiter- und Bauernstaates". Dies begann schon damit, daß die Leser der SED-Presse erfuhren, daß Meineckes kleines Werk mehr einen „geistreichen und formschönen" denn wissenschaftlich exakten Essay darstelle; er rechtfertige zu stark die bürgerliche Mitte und unterschlage fast durchweg ihr Versagen, ihren Verrat an der Revolution. Empfohlen wurde den Lesern stattdessen das Revolutionsbuch von Alfred Meusel, des späteren Direktors des Museums für Deutsche Geschichte in Ostberlin, das in der Tradition marxistischer Geschichtsschreibung stand, also den „entarteten" bürgerlichen Liberalismus anprangerte und die Rolle der Arbeiterklasse sowie von Karl Marx herausstrich.[8] Außerdem hatte die Sowjetische Militäradministration Werner Meyers „Schicksalsjahr 1848" lizensiert, das in einer für damalige Verhältnisse hohen Auflage von 10000 Exemplaren erschien. Von den progressiven Kräften der Revolution wird darin der Bogen zum sowjetischen Entwicklungsmodell geschlagen und dem ideologischen Gegner im Westen das Erbe des Nationalsozialismus und dessen Vorgeschichte überlassen.[9]

Schon Tage vor dem 18. März 1948, der auf Antrag des Magistrats von der Alliierten Kommandantur in Berlin zum gesetzlichen Feiertag erklärt worden war,[10] hatten SED-Zeitungen mit dicken Schlagzeilen zur Massendemonstration „für die Wiederherstellung eines geeinten deutschen Vaterlandes"[11] aufgerufen, einen „Aufmarschplan" abgedruckt[12] und von einem der „ruhmvollsten" Daten der deutschen Geschichte gesprochen. Die ganze Welt schaue auf Berlin, und die Berliner hätten die große Verantwortung, den „unsterblichen Geist des 18. März 1848"[13] weiterzutragen, ihnen obliege es, für die Einheit zu streiten und Karl Marx' Vermächtnis einzulösen, nämlich eine „unteilbare deutsche demokratische Republik" zu schaffen.[14] Tatsächlich konnte die SED die Demonstration am 18. März als großen Erfolg verbuchen.[15] Sie hatte diese auch bis in alle Einzelheiten geplant, hatte ein 15-Punkte-Programm zu Verlauf, Ergebnissen und Lehren der Revolution verabschiedet und als zentrale Idee der Jahrhundertfeier die Frage der Einheit Deutschlands herausgestellt.[16] Über 100000 Menschen folgten frühmorgens dem Aufruf und marschierten unter der Regie der neu entstandenen Massenorganisationen in Achterreihen mit roten Fahnen und Transparenten – „Wir wollen die Einheit Deutschlands", „100 Jahre Kampf für die einige deutsche Republik", „Unsere Barrikade ist der Volkskongreß"[17] – von verschiedenen Bezirken der Stadt aus zum Gendarmenmarkt, dorthin, wo man vor hundert Jahren die getöteten Revolutionäre aufgebahrt hatte und der preußische König genötigt worden war, ihnen zu Ehren sein Haupt zu senken, und den jetzt zahlreiche Flammenpylonen umgrenzten. Um 10.30 Uhr setzte sich der Zug – unter den Klängen von Schalmeienkapellen, die unablässig die Internationale und die Marseillaise schmetterten[18] – weiter fort in Richtung Friedrichshain, zu den Gräbern der 255 Märzgefallenen, wo die große Kundgebung mit Wilhelm Pieck stattfand, der eine flammende Rede gegen die Amerikaner hielt, die nach Hitler einen neuen Raubkrieg gegen die Sowjetunion anzetteln würden.[19] Über tausend Träger hatten Kränze herbeigebracht, die sich nun zu Hügeln über den Gräbern wölbten – in der Tat ein überwältigendes Bild gelungener Massendramaturgie. Das „Neue Deutschland" sah sich zu der Zeile veranlaßt: „So zu sterben, heißt ewig leben".[20] Aber nicht nur dies hinterließ einen schalen Nachgeschmack, sondern auch der ständige großsprecherische Hinweis, Berlin habe eine der machtvollsten Kundgebungen „seit Jahren"[21] gesehen. Wer konnte sich nicht noch an die inszenierten Massenaufmärsche im „Dritten Reich" erinnern?

Für die organisierte junge Generation, die FDJ, war eigens ein Revolutionsheld wiederentdeckt worden: der Schusterlehrling Ernst Zinna, der, erst 17jährig, 1848 im Barrikadenkampf getötet worden war. An seinem ehemaligen Wohnhaus in der Jägerstraße reklamierte Wolfgang Leonhard vor Hunderten von FDJlern die antifaschistische deutsche Jugend zur wahren Erbin der Revolution von 1848.[22] Unter den Signen „Geschichte als Gegenwart" oder „Die Lehren der Revolution" wurden außerdem zahlreiche große Ausstellungen präsentiert.[23] In ganz Ostberlin waren überdies an öffentlichen Plätzen Transparente mit Parolen und Losungen zu 1848 aufgezogen, weithin sichtbar z.B. an der Brücke des Bahnhofs Friedrichstraße.[24] Über Wochen hinweg erschienen schließlich in den Zeitungen große Serien zu 1848, in denen die Partei sich als Geschichtslehrerin und Erzieherin der Massen präsentierte. Veröffentlicht wurden auch Auszüge aus einer angeblichen Zeitung von deutschen Kriegsgefangenen in Jugoslawien mit dem Titel „1848–1948. Einheit der Arbeiter. Einheit des Volkes“[25]. Den politischen Höhepunkt des Revolutionsjubiläums stellte aber die Tagung des Zweiten Volkskongresses „Für Einheit und gerechten Frieden“ dar, zu dem sich 2200 Delegierte unter dem Abspielen von Beethovens Leonoren-Ouvertüre im „Admiralspalast“ am 17. März um 15 Uhr einfanden – zu genau der gleichen Stunde, zu der vor hundert Jahren in der Köpenicker Straße die Bürgerdeputierten zusammentraten, um am Morgen des 18. März dem König die Adresse des Berliner Volkes zu überreichen.[26]

Vom Westen aus geißelte Kurt Schumacher den Volkskongreß als „panrussischen Kongreß mit Statisten deutscher Staatsangehörigkeit“.[27] Aus der Sicht der SED hatte der Kongreß, wie auch der erste 1947, einen doppelten Sinn. Erstens die Unterstützung der sowjetischen Deutschlandpolitik: Im Dezember 1947 war die Londoner Außenministerkonferenz aufgrund unüberbrückbarer Gegensätze der ehemaligen Verbündeten gescheitert. Seit Ende Februar 1948 tagten die Westalliierten in London und läuteten die Bildung eines westdeutschen Staates ein, was die Sowjets zu wütenden Protesten über angebliche eklatante Verstöße gegen das Viermächte-Kontrollabkommen in Deutschland veranlaßte.[28] Zweitens das Einwirken auf das Parteiensystem in der Ostzone: Der Führungsanspruch der SED sollte bekräftigt werden. Intendiert war eine aus Parteien, Gewerkschaften, intellektuellen Vereinigungen und Betriebsbelegschaften gespeiste, aber von der SED und den Sowjets kontrollierte Massenbewegung mit basisdemokratischem Anstrich.[29] Die Delegierten beschlossen die Einberufung eines „Deutschen Volksrates“ zur Ausarbeitung einer gesamtdeutschen Verfassung und ein „Volksbegehren für die Einheit Deutschlands“. Im Juni 1948 erklärte sich der Volksrat zum „Repräsentanten für ganz Deutschland“. Die Utopie einer Einheit von Partei und Volk – später von Staat, Partei und Volk – wurde in die Vergangenheit zurückverlängert. Der Volkskongreß, so wollte es die Propaganda, war die „Barrikade“ von 1948, eine Sternstunde der nationalen Demokratie von unten, eine plebiszitäre Volksvertretung. Die Paulskirche hingegen stand als Chiffre für „Verrat“ – Verrat in der Vergangenheit, aber auch in der Gegenwart, denn in Frankfurt, der „präsumtiven Hauptstadt des westdeutschen Staates“,[30] saßen angeblich die „Spalter“ der Nation. Auch im „Admiralspalast“ hieß das Gebot der Stunde: Einheit – beim Redner der Ost-CDU, Otto Nuschke, der LDPD, Wilhelm Külz, und natürlich bei den Rednern der SED. Otto Grotewohl, gemeinsam mit Wilhelm Pieck Vorsitzender der SED, hielt ein historisches Kolleg, in dem er herausstellte, daß es in Deutschland zweimal, 1648 und 1848, nicht gelungen sei, den Feudalismus abzuschütteln und es deshalb den Weg von der Humanität zur Bestialität gegangen sei.[31]

Hatte die KPD in ihrem Gründungsaufruf vom Juni 1945 der Schaffung einer deutschen „Sowjetrepublik“ eine Absage erteilt und statt dessen zum allgemeinen Erstaunen die Vollendung der „bürgerlichen Revolution von 1848“ proklamiert,[32] so wurden hinter der Verkleidung mit deutscher Geschichte und Nationalkultur bald die wahren Absichten erkennbar. Der hundertste Geburtstag der Revolution wurde beim ideologischen Kampf für die „antifaschistisch-demokratischen Umwälzung“ genutzt. In der sowjetischen Besatzungszone brach jedoch kein neuer Völkerfrühling an, schon gar kein „bürgerlicher“, vielmehr wurde der Weg in die „Volksdemokratie“ beschritten. Die Einheitsparole führte in der Parteienpolitik zum „demokratischen Zentralismus“, und Monopolverbände unterbanden den gesellschaftlichen Pluralismus.[33] Die Verkündung des Marshallplanes im Juni 1947 und seine schrittweise Einführung 1948 dienten den Sowjets und der SED dazu, die Reihen ideologisch fest zu schließen. Bereits auf der 11. Tagung des Parteivorstandes im Juni 1948 wurde die Wandlung der SED zur „Partei neuen Typs“ beschlossen. Die SED erhielt stalinistische Strukturen mit einem Politbüro und dem allmächtigen Sekretariat, Parteikontrollkommissaren und dem Aufnahmeritual einer Kaderpartei; schließlich wurde nach Sowjet-Muster eine Nomenklatur eingeführt.[34] Mit dem Verweis auf die Bauernbefreiung und die „agrarpolitischen Lehren“ von 1848 rechtfertigte das Regime die Bodenreform. Junker und Monopolkapitalisten zu entmachten und die antifaschistische Demokratie zu schaffen – dies gab die SED als Vollendung von 1848 aus.[35] Die Partei unterstrich dabei stets den wesentlichen Unterschied zwischen 1848 und 1948: Der stärkste Gegner der Revolution sei damals der russische Zar gewesen, heute hingegen sei die Sowjetunion Lenins und Stalins auf allen Gebieten Förderer und Vorbild.[36]

1848/1948 als Ereignis und Bekenntnis, so läßt sich bilanzieren, war die Geburtsstunde der geschichtspolitischen Selbstlegitimierung des SED-Regimes noch vor der Staatsgründung im Osten. Zu den Gründungsmythen der DDR als dem „besseren Deutschland“ avancierte bekanntlich in erster Linie der Antifaschismus. Der machtpolitisch instrumentalisierte Antifaschismus verband sich jedoch mit einer viel weiter gespannten Legitimation aus der deutschen Geschichte heraus. Dabei war 1848 vor allem aus drei Gründen heraus so bedeutsam: Wegen der in Bewegung geratenen Volksmassen, deren Schöpfertum im marxistischen Geschichtsbild zentral war; wegen der Entstehung des „Kommunistischen Manifestes“ von Karl Marx, dessen weltbefreiende Lehre seither ihren Siegeslauf angetreten habe; und wegen Marxens in der „Rheinischen Zeitung“ erhobenen Forderung, eine unteilbare deutsche Republik zu schaffen. Die SED führte ihre nationale Politik in Form von Volksausschüssen, Kampagnen und Plebisziten, und diese Strategie der Massenmobilisierung rekurrierte auf die Einheitssehnsucht der Vordenker und der Massen, wie sie schon vor 100 Jahren zum Ausdruck gelangt war.

In den westlichen Besatzungszonen diente 1848/1948 den politischen Akteuren ebenfalls zur Diagnose von Fehlentwicklungen in Deutschland. Da sich nun aber nicht mehr der Schatten des Zaren Nikolaus I., sondern der Stalins über Europa legte, konnte es im Westen keinen Zweifel daran geben, daß nicht Einheit um jeden Preis, sondern vor allem Freiheit und Bekämpfung gegenwärtiger totalitärer Bestrebungen die einzulösende Botschaft der Revolution von 1848 sei. Dies vernahmen die Deutschen nicht zuletzt auf Veranstaltungen der westlichen demokratischen Parteien in Berlin, über die in Westdeutschland ausführlich berichtet wurde. Es schien, als ob die Konfrontation der Berlin-Blockade, die im Juni beginnen sollte, bereits ihre Schatten vorauswarf. Der kommunistische Umsturz in Prag vom Februar 1948 hatte die Bedrohungsangst zusätzlich geschürt. „Friede, Freiheit, Demokratie" – so hieß das Motto der von Ernst Reuter, dem gewählten, aber noch nicht bestätigten Oberbürgermeister, eröffneten Großkundgebung von SPD, CDU und Liberalen, die am 18. März auf dem Platz der Republik vor der Ruine des zerstörten Reichstages stattfand.[37]

Verbal standen die westlichen Politiker im deutsch-deutschen Schlagabtausch ihren östlichen Kontrahenten in nichts nach. „Was zwölf Hitlerjahre nicht erreichen konnten, das haben die Kommunisten in der Ostzone in zwölf Monaten geschafft – nämlich die Unterdrückung der persönlichen Freiheit und Nichtachtung der Menschenrechte", wetterte der Berliner SPD-Vorsitzende Franz Neumann vor der Folie eines verzerrten Bildes vom „Dritten Reich".[38] Jakob Kaiser, der von der SMAD im Dezember 1947 zum Rücktritt als Vorsitzender der Ost-CDU gezwungen worden war, befürchtete, daß sich in der Ostzone, wie vor hundert Jahren, verzweifelte Demokraten wieder aus den Fenstern stürzen würden.[39] Jeder „Hieb nach drüben", so berichtete die Presse, sei in der 20000köpfigen Menge auf lebhaftes Echo gestoßen. Die an der Grenze des russischen Sektors installierten Lautsprecher, die unentwegt Reden vom Volkskongreß übertrugen, kämpften dagegen vergeblich an.[40]

Trotz gravierender Interpretationsunterschiede bei einzelnen Themenkomplexen existierte zwischen allen demokratischen Politikern in Westdeutschland eine große Gemeinsamkeit: Revolutions- und Gegenwartsdeutung mündeten in das Bekenntnis, ein freiheitliches deutsches Staatswesen zu errichten. Einheit und Freiheit, die alte Losung des vormärzlichen Liberalismus, war zwischen Ost und West auseinandergerissen.

Der Basiskonsens der westlichen Demokraten stellte sich über die Dimensionen Verfassungsstaat und Parlamentarismus her – sie bildeten die beiden Pfeiler der Brücke, die die entstehende Bundesrepublik mit der

Paulskirche verbinden sollte. Zahlreiche Bezugnahmen auf die Paulskirche kennzeichneten die Debatten im Parlamentarischen Rat. Dies zeigte sich vor allem bei der Beratung einzelner Grundrechte, bei der Schaffung eines föderativen Organs auf Bundesebene sowie auf dem Gebiet symbolischer Fragen. Schwarz-Rot-Gold als Staatsflagge sollte – in den Worten Ludwig Bergsträßers – „die Tradition von Frankfurt und Weimar" verkörpern und als innere Willenserklärung bekunden, daß die Idee der Freiheit eine der wesentlichen Grundlagen des künftigen Staates sei.[41] Auch der Wiederaufbau der 1944 völlig zerstörten Paulskirche in Frankfurt am Main zum Säkularjahr 1948 galt im Westen als bedeutsames Symbol für ein neues Deutschland.[42] Freiheit, Demokratie und Weltbürgertum bündelten sich in einem parteiübergreifenden Bekenntnis zur westlichen Wertegemeinschaft. Die Deutung, daß ein Erfolg der liberalen Revolution von 1848 – mit anderen Worten, eine rechtzeitige Verwestlichung Deutschlands – den Weg in die Katastrophe hätte verhindern können, vermochte weit in die politische Sphäre der entstehenden Bundesrepublik auszustrahlen, weil sie sich mit der Totalitarismustheorie verzahnte. Zu bestätigen schien sich so die These, daß 1848 das liberale Bürgertum von links und rechts bedroht gewesen sei und daß die Radikalen gleichermaßen zu den Stammvätern des Nationalsozialismus und des Kommunismus gehörten.

Die bekannteste marxistische Geschichtsbilanz nach der „Befreiung vom Faschismus" hingegen war die „Misere-Konzeption", die namentlich Alexander Abusch in seinem Buch „Irrweg einer Nation" ausbreitete.[43] Diese Analyse war in erster Linie eine politische Kampfschrift ganz im Sinn der KPD. Der nationale Irrweg der Deutschen begann dieser zufolge mit dem lutherischen Protestantismus – Luther als „Totengräber" der deutschen Freiheit – und dem Scheitern der Bauernaufstände im 16. Jahrhundert, um dann mit dem „Wesen des Preußentums" an Breite zu gewinnen: mit der Germanisierungspolitik im Osten, dem Militarismus, dem Junkertum und der Unfähigkeit, Deutschland zu einen bzw. der Unwilligkeit, in Deutschland aufzugehen. Das Scheitern der Revolution von 1848 führte Abusch auf das Bündnis des Bürgertums mit Krone und Adel zurück. Wegen der Lassalleschen Kompromißbereitschaft und des sozialdemokratischen Revisionismus habe das Fundament der Reaktion, das 1849 und 1871 gelegt worden sei, auch später nicht erschüttert werden können. Die „Fehler von 1918" bestanden in dieser Sichtweise darin, daß die Chance einer durchgreifenden bürgerlich-demokratischen Umwälzung nicht genutzt worden war. Die Lasten des deutschen Versagens verteilte Abusch mithin auf den Schultern des Bürgertums und der Sozialdemokratie. Indem er schließlich die Bedeutung der Einheit der Arbeiterklasse und der Nation hervorhob, stand der Autor in Übereinstimmung mit der antifaschistischen Rhetorik seiner Partei.

Indessen: auf der Grundlage der „Misere-Theorie“, die die deutsche Geschichte vom Nationalsozialismus her zu rekonstruieren suchte, ließ sich schwerlich nationale Begeisterung stimulieren, was den Intentionen der SED immer stärker zuwiderlief, so daß diese Theorie von der SED bereits 1950 zurückgenommen wurde. Noch im November 1947 hatte Wolfgang Harich zum 30. Jahrestag der Russischen Revolution „Scham“ und „Neid“ verspürt angesichts der größten revolutionären Umwälzung der Epoche. Als Deutscher, so Harich, gehöre man demgegenüber jener Nation an, „die alle ihre Revolutionen verloren und ihren bemitleidenswerten Konservatismus nie abgestreift hat“.[44] Mit einem derart verletzten Stolz sollte seit 1950 endgültig Schluß sein; die parteipolitischen Angriffe gegen die „Misere-Theorie“ nahmen zu. Charakteristisch war dabei, daß die SED-Parteispitze von dem Argumentationsmuster der zwei Klassen- und Traditionslinien in der deutschen Geschichte schnell auf das Muster: „Quellen des Nationalstolzes“ herübersprang und das „andere“ Deutschland der zuvor noch „kleinen Arbeitergarde“ in das „große Kulturvolk“ der Deutschen transformierte.[45] Schließlich forderte Walter Ulbricht auf der 2. Parteikonferenz der SED am 9. Juli 1952 die Pflege eines patriotischen Bewußtseins ein: „Jeder versteht, welche große Bedeutung das wissenschaftliche Studium der deutschen Geschichte für den Kampf um die nationale Einheit Deutschlands und für die Pflege aller großer Traditionen des deutschen Volkes hat, besonders gegenüber dem Bestreben der amerikanischen Okkupanten, die großen Leistungen unseres Volkes vergessen zu machen.“[46] Stalin habe hervorgehoben, daß Geschichte immer eine Geschichte des Kampfes zwischen dem Alten, Überlebten, und dem Neuen, Fortschrittlichen sei. Eine Darstellung der „deutschen Misere“ greife daher zu kurz. Vielmehr müßten die großen Traditionen des deutschen Volkes „historisch richtig“ dargestellt werden.[47] Diese Aufgabe zu erfüllen kam nicht zuletzt dem 1952 neu gegründeten Museum für deutsche Geschichte im Zeughaus zu. Abgelöst wurde der Blick auf die „deutsche Misere“ von einem, der nach national-revolutionären Kämpfen Ausschau hielt, als deren vorläufiger Höhepunkt die Gründung der mit einem gesamtdeutschen Auftrag ausgestatteten DDR ausgemacht wurde.

Ein neuer Bezugspunkt in der frühen geschichtspolitischen Herleitung der DDR wurde – neben 1848 – nun, 1952, ein Jahr vor dem 140. Jahrestag der Völkerschlacht bei Leipzig, die Ära der Befreiungskriege 1813–1815. Die Waffenbrüderschaft mit der Sowjetunion konnte so unter Verweis auf die Tauroggener Neutralitätskonvention von 1812 zwischen Yorck und Diebitsch mit einer – freilich ziemlich verqueren und problematischen – Traditionslinie unterlegt werden. Diese Linie transportierte ferner die gesellschaftspolitische Orientierung an der Sowjetunion, die antiwestliche Ausrichtung der DDR wie auch den steten Kampf für die deutsche Einheit unter sozialistischer Fahne. Die Chance für eine Einheit der Nation konnte laut SED nur in einer „antifaschistisch-demokratischen" Entwicklung ganz Deutschlands liegen, also in einem Transfer des Modells DDR nach Westen. Wenngleich die DDR ihrem Gründungsmythos zufolge gegen Preußen – als der Ausgeburt des Militarismus – gegründet worden war, so durchbrach man diese Negativfolie doch schon von Beginn an durch eine partielle Rehabilitierung einzelner Persönlichkeiten, womit preußische Traditionen zunächst vermittels der Befreiungskriege präsent blieben.[48] Nach der Zurückweisung von Abuschs „Misere-Theorie", die die deutsche Vergangenheit als zielgerichteten Weg in die Katastrophe des „Dritten Reiches" verstand, lief das geschichtspolitische Unterfangen der DDR-Historiographie darauf hinaus, einen Gegenentwurf zur bisherigen nationalen Meistererzählung zu erfinden: Die ostdeutsche Gegengeschichte konzentrierte sich auf den heroischen Kampf der deutschen Arbeiterklasse gegen die unmenschliche Ausbeutung durch das Kapital. Mit dieser Neukonstruktion sollte die „bürgerliche" Diskursherrschaft gebrochen und ein eigenes „sozialistisches Geschichtsbild" fest etabliert werden.[49]

Die Nation war zertrümmert, auf ihr lasteten die Hinterlassenschaften und Verbrechen des Dritten Reiches, aber die SED vollzog im Schatten der Katastrophe des Nationalsozialismus einen geschichtspolitischen Schöpfungsakt, der die DDR nur mit „fortschrittlichen" und „positiven" Traditionen ausstattete. Die Geschichtspolitik der SED wurde im Westen infolgedessen als eine „Sowjetisierung des Geschichtsbildes" mit dem Ziel, die Menschen in der SBZ/DDR geistig und mental umzumodeln, wahrgenommen.[50] Sie korrespondierte in der Tat mit den eingeleiteten politischen, ökonomischen und sozialen Transformationsprozessen, die von der SED seit 1952 beschleunigt wurden.[51]

Seit dem Säkularjahr 1948 war den politischen Akteuren im Westen klargeworden, daß die Geschichtspolitik im Kampf um die Deutungsmacht in der deutschen Frage und in bezug auf nationale Traditionsbestände ein wesentliches Konfliktfeld zwischen Ost und West war und sein würde. 1948 hatte sich der Präzedenzfall ereignet. Noch über zehn Jahre später, ganz am Ende seiner Amtszeit als Bundespräsident, forderte Theodor Heuss, auf dieses Ereignis zurückblickend, dazu auf, vom Westen aus alles zu unternehmen, um dem „merkwürdigen Geschichtsvorgang, Geschichtsversuch" entgegenzuwirken, „daß eine sozialökonomische Ideologie in der Verkleidung des Machtzustandes dieser Gegenwart" deutsche Geschichte in ihrem Sinn umzubiegen bestrebt war.[52] Aber die Fronten verliefen nicht allein zwischen dem Osten und dem Westen Deutschlands, sondern die geschichtspolitische Auseinandersetzung um die deutsche Frage entbrannte ebenso zwischen den politischen Strömungen in der Bundesrepublik selbst. Bevor der Blick darauf gerichtet wird, soll zum besseren Verständnis und zur weiteren Analyse des Problems im nächsten Abschnitt die Fragestellung in einige theoretische Überlegungen eingebettet werden.

2. Gedächtnisorte und „erfundene Traditionen“ – Problem und Fragestellung

Auch in der frühen Bundesrepublik waren die Fragen nach Staat und Nation, Individuum und Gemeinschaft, Selbstverständnis und Geschichtlichkeit die abstrakten Raster, innerhalb deren politische Repräsentanten des Gemeinwesens ihre definitorischen Aufgaben zu leisten hatten, und zwar gerade in diesen Umbruchs- und Transformationszeiten, in denen die Grundpfeiler der gesellschaftlichen, politischen und sozialstrukturellen Formation zur Überprüfung anstanden. Durch die Verbrechens- und Kriegspolitik des „Dritten Reiches“, durch totale Niederlage und bedingungslose Kapitulation, durch Besatzungszeit, Souveränitätsverlust und schließlich durch die doppelte Staatsgründung war die seit 1871 bestehende Konstruktion deutscher Staatlichkeit zerstört worden. Zugleich erfuhr die territoriale Neugliederung als Folge des Ost-West-Konflikts eine hochgradige Ideologisierung. Grundsätzlich war und ist es stets eine eminent politische Frage, welche historischen Bezugsereignisse zur gesellschaftlich-politischen Selbstverständigung gewählt werden, wie, wann und durch wen angestoßen sie sich wandeln. Sie war es aber gerade in der frühen Bundesrepublik, in der die Traditionsbestände eben nicht unerschütterlich vorgegeben waren, sondern fast allesamt „neu“ erstritten werden mußten. Es ging um das Gedächtnis einer Gemeinschaft und damit auch um ihr politisches Selbstverständnis, um die dominierenden Werte, Normen, Muster, gesellschaftlich akzeptierte Selbstverständlichkeiten und ihre Zukunftsperspektive. Niemals zuvor seit der Existenz des deutschen Nationalstaates mußte die Nation dabei in einem solch starken Maße „imaginiert“ werden wie in den Jahrzehnten der deutschen Teilung nach 1949.

Die Frage nach dem Zusammenhang von kollektivem historischen Selbstverständnis, symbolischem Ausdruck und politischem Handeln verbindet diejenigen Forschungsansätze, die eine Analyse von Ideen und historisch-politischen Realitätsbildern mit einer Untersuchung des Kampfes um Macht und um Herrschaft verknüpfen – und die damit im Sinne Max Webers sowohl nach den materiellen und geistigen Interessen fragen, als auch den durch „Ideen“ geschaffenen Weltbildern als Antriebskräfte menschlichen Handelns nachgehen.[1] Diese als „konstruktivistisch“ bezeichneten Ansätze widmen sich nicht zuletzt der „Erfindung“ von Traditionen mit Hilfe von (Gründungs-)Mythen und Gedächtnisorten.

Einer der Hauptgedanken der Forschungen zu den „Gedächtnisorten“

ist es, den Bereich des Symbolischen nicht aus den nationalen, ökonomischen oder sozialen Zusammenhängen der Geschichte auszuklammern, sondern ihn einzubeziehen. Die in Frankreich seit Mitte der achtziger Jahre entstandene Forschungsrichtung hat mittlerweile in zahlreichen Ländern zu ähnlichen Fragestellungen geführt, nicht zuletzt in der Schweiz und in Deutschland, wobei bislang eine Konzentration auf das 19. Jahrhundert signifikant ist – hier lassen sich die Nationsbildungsprozesse eben besonders gut studieren; in das 20. Jahrhundert wurde nur sporadisch und noch seltener in dessen zweite Hälfte vorgestoßen. Die Forschungen lassen eine Geschichte „zweiten Grades" entstehen, die sich weniger für die determinierenden Faktoren als für ihre Auswirkungen interessiert und auch weniger für die Ereignisse selbst als dafür, wie sie im nachhinein konstruiert werden, wie sie in Vergessenheit geraten, dann, in bestimmten Situationen, der Vergessenheit entrissen werden, um wieder an Bedeutung zu gewinnen, die allerdings nicht die ursprüngliche sein muß. Der konstruktivistische Ansatz mißt nicht nur den Fakten, sondern auch den Fiktionen eine Geschichtsmächtigkeit zu. Insgesamt interessiert sich eine solche Form der Geschichtsschreibung nicht so sehr für die Vergangenheit, so wie sie sich zugetragen hat, sondern für die Wiederverwendung von Vergangenheit, ihre Verwertung, ihren Ge- und Mißbrauch, kurz: ihren Einfluß auf die aufeinanderfolgenden Gegenwarten. Sie zielt darauf ab, nicht so sehr die Tradition an sich vor Augen zu führen und zu analysieren, als die Art und Weise zu beschreiben, wie diese sich konstitutiert hat und übermittelt wurde. Das Erkenntnisinteresse richtet sich auf den Fragekomplex: Wann, wie, warum und von wem wird Erinnerung als Mittel zur Situierung von Vergangenheit in der Gegenwart gebraucht?[2] Ein berühmtes Beispiel kann das Gesagte schnell konkretisieren: Als realhistorisches Ereignis war die Erstürmung der Pariser Bastille 1789 relativ belanglos – aber sie wird als Bezugspunkt der französischen Selbstverständigungsdebatte zu einem zentralen und kontroversen Gedächtnisort.[3]

Gedächtnisort meint dabei „Ort" in allen Bedeutungen des Wortes, in denen sich das Gedächtnis einer Nation kristallisiert hat. Gedächtnisorte sind Erinnerungszeichen im öffentlichen Raum, Signale einer Gesellschaft, die sich in diesen Symbolen ehrt, feiert, ermahnt oder bekennt. Als „narrative Abbreviaturen"[4] sind sie der Ausdruck des politischen und geschichtlichen Selbstverständnisses einer Gesellschaft oder Nation. Vor allem aber: Gedächtnisorte entstehen nicht naturwüchsig, sondern sind das Ergebnis einer geschichtspolitischen Auseinandersetzung und Gestaltung, sie werden dazu gemacht. Am Anfang muß der Wille stehen, etwas im Gedächtnis festzuhalten, sonst handelt es sich nicht um Orte des Gedächtnisses, sondern um Orte der Geschichte.

Daß Gedächtnisorte zur Lösung konkreter politischer und gesellschaftlicher Aufgaben „erfunden“ werden, ist besonders augenfällig bei der Bewältigung von Krieg und Tod. Jüngst hat etwa Adrian Gregory am Beispiel der „Erfindung“ des „Armistice Day“ 1919 differenziert dargestellt, wie die englische Gesellschaft dem massiven Trauma des Ersten Weltkrieges begegnet ist und welche Konflikte sich im Laufe der Zeit zwischen verschiedenen gesellschaftlichen Gruppen darüber ergaben.[5] – Gedächtnisorte treten dabei in dreifacher Bedeutung auf, im materiellen, im symbolischen und im funktionalen Sinn, wobei die jeweiligen Dominanzen variieren. Es handelt sich bei Gedächtnisorten um eine Sedimentierung historischer Erfahrung. Sie avancieren zu Chiffren einer schnellen Verständigung gesellschaftlicher Teilgruppen.[6]

Auch für die geschichtspolitische Fragestellung der vorliegenden Untersuchung und speziell für dieses Kapitel ist der Gedanke eines erkenntnisleitenden Perspektivenwechsels grundlegend: Nicht „wie es gewesen“ ist, sondern wie es gedeutet und rezipiert wird, steht im Mittelpunkt des Interesses. Diese Sichtweise kann an die Theorie von Maurice Halbwachs anknüpfen – den Klassiker der kulturwissenschaftlichen Gedächtnistheorie.[7] Halbwachs war in den zwanziger Jahren der erste, der in ernsthafter Weise die gesellschaftlichen Rahmenbedingungen des Gedächtnisses untersucht hat. Er wies darauf hin, daß das Gedächtnis von sozialen Gruppen konstruiert würde. Einzelne Menschen haben demzufolge Erinnerung im wörtlichen Sinn; doch die soziale Gruppe bestimmt darüber, was des Andenkens wert ist und wie es erinnert wird. Der einzelne – so die These – identifiziert sich mit den öffentlichen, für seine Gruppe wichtigen Ereignissen, er erinnert daher einen Gutteil dessen, was er gar nicht selber unmittelbar erfahren hat. Vergangenheit bedeutet somit eine soziale Konstruktion,[8] die sich aus den Bedürfnissen und den Bezugsrahmen der Gegenwart – diese wiederum ist geprägt von gesellschaftlichen Teilgruppen – bestimmt. Ereignisse überführen sich nicht von selbst in Erinnerung, sondern werden zu Erinnerung gemacht: durch sozial vorgeformte Sinnbedürfnisse und Wahrnehmungsweisen sowie durch politische Gestaltung, Inanspruchnahme und Wiederverwendung. Seit Halbwachs den Begriff des „kollektiven Gedächtnisses“ entwickelte, ist immer wieder auf die zentrale Rolle hingewiesen worden, welche die gemeinsam geteilte Erinnerung für die emotionale Bindung des einzelnen an eine Gemeinschaft spielt.

Gedeutete Vergangenheit kann zu einem Faktor des Politischen und somit direkt herrschaftsrelevant werden. Darauf haben bereits Eric Hobsbawm und Terence Ranger mit ihrer inzwischen zu einiger Berühmtheit avancierten Metapher der „invention of tradition“ aufmerksam gemacht. Es handelt sich dabei um ein fruchtbares Interpretament, das ursprünglich aus Anregungen der Kulturanthropologie hervorgegangen ist.[9]

Traditionserfindung ist jedoch ohne Berücksichtigung des vorhandenen kommunikativen Haushalts, ohne den Bezug auf mentale Dispositionen und semantische Traditionen, etwa eines politischen Verbandes, kaum möglich. „Erfindungen" müssen den in einer Gesellschaft vorhandenen Rahmenbedingungen, kulturellen Werten und Bedürfnissen Rechnung tragen, wollen sie erfolgreich sein.[10] Insofern trifft der deutsche Ausdruck „Erfindung" den Kern nicht ganz; eher wäre von einer Kombination aus Entdeckung und Auswahl, Schöpfung und Selektion von Traditionen in Form einer Interaktion von Vergangenheit und Gegenwart zu sprechen. „Erfindung" von Vergangenheit bietet den ruhmreichen Hintergrund für die Gegenwart, die selber nicht viel hergibt. Erfundene Traditionen stiften Sinn, aber ihr Überleben hängt von der Akzeptanz ab und diese kann sich ändern. Daraus ergeben sich Fragen nach den Bedingungen und Umständen sowie nach den Ausprägungen von Traditionen, Fragen nach Bildern und Vorstellungen vor allem nationaler Identität.[11] Welche Bezugspunkte werden bei einer Historisierung von Identität ausgewählt und wie wandelt sich im Zeitverlauf die darin zum Ausdruck gebrachte Entscheidung, was man eigentlich sein will?[12]

Aus dem bisher Gesagten ergibt sich, daß auch der Zugang zu Mythen, die in diesen Forschungen naturgemäß häufig in den Blick kommen, ein anderer sein muß als der, sie als antiaufklärerische Macht bloßzustellen oder als Irrtümer zu entlarven, die Autonomie und rationales Handeln unterminieren. Vielmehr interessieren hier die Fragen, wie ein (historisches) Ereignis zu einem Mythos wird, was in Mythen wirkt, warum und wie es wirkt. Allgemein kann man unter einem Mythos ein Denk- und Anschauungssystem verstehen, das von einer kulturellen Gemeinschaft, ohne es zu hinterfragen, zu ihrer Selbstvergewisserung verwendet wird und das zugleich in die Rahmenbedingungen politischer Herrschaft eingebettet ist.[13] Mythen, insonderheit Gründungsmythen, repräsentieren auch das für einen politischen Verband konstitutive Ensemble von grundlegenden Vorstellungen, Normen, Werten und Symbolen. Politische Mythen haben eine gemeinschaftsgenerierende Funktion; sie stellen eine verinnerlichte Form der Geschichte dar und können einer Gemeinschaft ihre Einheit und Eigenart sowie Dauer und Stabilität geben. Mythen als narrative Sinnstrukturen, die Muster für menschliches Verhalten bereitstellen und damit der Welt und dem Dasein Bedeutung verleihen, haben eine wichtige Funktion darin, den Horizont der Identität des politischen Verbandes über die Gegenwart der lebenden Generation hinaus auf die Vergangenheit und die Zukunft zu erweitern.[14] Gründungsmythen sollen die Ursprünge der gesellschaftlichen Ordnung präsent machen, sie haben die Funktion der „Markierung eines sinnhaften Anfangs",[15] ihre Leistung besteht darin, daß sie politische Erfahrungsräume strukturieren und zugleich Erwartungshorizonte setzen, was in historisch-politischen Übergangszeiten von großer Bedeutung ist.[16] „Jede Gesellschaft hat ihre Mythomotorik, d.h. einen Komplex narrativer Symbole, fundierender und mobilisierender Geschichten, die gegenwartsdeutend und zukunftsweisend wirken."[17] Diese Form traditionaler Legitimitätsschöpfung findet sich beim Mythos der amerikanischen Gründungsväter ebenso wie bei den affirmativ gewendeten Revolutionsmythen der ehemaligen realsozialistischen Länder oder beim Mythos vom „Wirtschaftswunder" in der Bundesrepublik und in Italien („miracolo economico") nach dem Zweiten Weltkrieg.

Wichtiger als den politischen Mythen einen wertenden Begriff zu unterlegen, ist es, ihren funktionalen Zusammenhang zu erfassen. Dabei wird deutlich, daß sie prinzipiell sowohl schöpferische als auch zerstörerische Dimensionen in sich bergen können. Bedeutsamer als der Mythos „an sich" ist die „Arbeit am Mythos".[18] Anders gewendet: die Absicht der verschiedenen Akteure sowie die Prozesse der Rezeption und Aneignung sind für die „progressive" oder „reaktionäre" Wirkung von Mythen verantwortlich.[19] Für geschichtspolitische Fragen lassen sich drei Ebenen der Analyse unterscheiden: eine rezeptionsästhetische, auf der man sich dafür interessiert, wer oder was überhaupt mythisierungsfähig ist, eine rezeptionspolitische, auf der der Frage nachgegangen wird, wer Deutungen implementiert, und eine rezeptionssoziologische, auf der danach gefragt wird, wer die angebotenen Deutungsmuster übernimmt. Alle drei Ebenen werden in der folgenden Untersuchung zu beachten sein, in den Abschnitten dieses Kapitels dominiert aber besonders die zweite, auf der es um den strategischen Einsatz von symbolischem Kapital geht mit dem Ziel, es in politische Macht zu konvertieren.

Vor dem Hintergrund dieser Überlegungen lautet die zentrale Frage der folgenden Abschnitte des Kapitels: Warum wurde in der Bundesrepublik Deutschland das Jahr 1953 zum Dreh- und Angelpunkt bundesdeutscher Geschichtspolitik zur deutschen Frage? Erste Erklärungen lassen sich gewinnen, wenn man die bundesrepublikanische Formierungsphase sowie die deutschlandpolitischen Grundmuster der politischen Parteien jenseits des normativen Basiskonsenses, welcher der Weststaatsgründung zugrunde lag, betrachtet, was im folgenden, dritten Abschnitt geschehen soll. Anhand der hochproblematischen Selbstverständigungsdebatte über den Sinn und Zweck der jungen Republik soll sich dabei zeigen, wie schwer man sich bei der Suche nach Gedächtnisorten und Gründungsmythen tat, tun mußte. Die gründungsmythischen Dissonanzen, die 1948 noch hatten überdeckt werden können, nahmen angesichts der Einbindung der Bundesrepublik in den Westen beständig an Schärfe zu und sollten 1952/53 mit den Stalin-Noten, dem Tod des sowjetischen Diktators und dem Aufstand des 17. Juni in der DDR ihren Höhepunkt erreichen. Die deutungskulturellen und politischen Eliten im neugeschaffenen Weststaat waren bei der Suche nach historischen Bezugspunkten zur Staatsidee mit erheblichen Problemen konfrontiert, die insbesondere aus den Hypotheken des Nationalsozialismus sowie aus den Sonderbedingungen des Kalten Krieges und der ideologischen Konkurrenz mit dem sowjetzonalen Staat resultierten.

Politischer Sinn entsteht durch professionelle Deuter und „Produzenten politischer Wirklichkeitsbilder“.[20] Welche Realitätsbilder, Werte und Ideen zeigten sich aber in der frühen Bundesrepublik? Warum, so wird im vierten Abschnitt gefragt, war die historisch-politische Sinnstiftung, die dem Aufstand vom 17. Juni 1953 in der DDR im Westen Deutschlands widerfuhr, von so überragender Bedeutung für alle zukünftigen geschichtspolitischen Kontroversen? Um dies noch umfassender beantworten zu können, geraten im fünften Abschnitt die geschichtspolitischen Mythenbildungen in den Blickpunkt: Welche Funktionen wurden dem Aufstand zugewiesen, und warum wurde er so schnell mit nahezu konträren historischen Bezugsereignissen aufgeladen? Worin lagen die Gründe dafür, daß sich an diesem Ereignis drei unterschiedliche Mythen – über Nation, Paulskirchen-Situation und Westbindung – ausbildeten? Warum war die Schaffung des „Tags der deutschen Einheit“ alles andere als ein Ausdruck demokratischer Eintracht in Westdeutschland, wie man es bisher glaubte? Wer verfügte 1953 über die Kompetenz, die Ereignisse zu deuten? Dies ist eine weitere wichtige Frage, denn Deutungsmacht ist herrschaftsrelevant, da sie die politische Kultur prägt und Maßstäbe dafür setzt, welche Politik als legitimierend und sinnvoll anerkannt wird.[21] Der letzte, der sechste Abschnitt beschäftigt sich dann damit, welche Schlußfolgerungen im Westen aus der Niederschlagung des 17. Juni gezogen wurden und warum der Gründung des Kuratoriums „Unteilbares Deutschland“ so hohe Relevanz zukam. Gefragt werden soll nach den in die Zukunft weisenden Folgen des geschichtspolitischen Konflikts. Denn die Westintegration der Bundesrepublik nahm 1953 verbindliche Formen an, die sich am Provisoriumspostulat reiben mußten – und zugleich fand ein gesellschaftlicher emotionaler Rekurs auf die Gesamtnation statt. Was aber bedeutete dies für das historisch-politische Selbstverständnis der westdeutschen Republik?

3. Gründungsmythische Dissonanzen – Die Bundesrepublik bis zu den Stalin-Noten

Die liberale Demokratie westlicher Prägung war der normative Maßstab für das Grundgesetz und die Verfassungsorgane der Bundesrepublik. In der vom Berliner Oberbürgermeister Ernst Reuter artikulierten „Kernstaat-These“ mit erhoffter Magnetwirkung auf Ostdeutschland und dem

Alleinvertretungsanspruch, der 1955 als Hallstein-Doktrin offiziell formuliert werden sollte, fand der Gründungsmythos der Bundesrepublik seinen Ausdruck. Dieser antizipierte die politische Sinngebung in der Form des Postulats der Wiedervereinigung „in Frieden und Freiheit".[1] Deklamatorisch wurde zwar das Provisoriumskonzept hervorgehoben, faktisch aber hatte sich die Kernstaat-These, gegen die Intentionen vor allem der Sozialdemokraten – Reuter vertrat innerhalb seiner Partei eine Minderheitsposition –, durchgesetzt.[2] Mit der Bekundung des Willens, die „nationale und staatliche Einheit zu wahren", bekannte sich der Verfassungsgeber zum Fortbestand des (gesamt)deutschen Staatsvolkes und zum Fortbestand Deutschlands als Rechtssubjekt. Die Präambel des Grundgesetzes verwies außerdem darauf, dem „staatlichen Leben für eine Übergangszeit eine neue Ordnung zu geben". Sie legte somit das Fernziel fest, nicht jedoch den Weg zu dessen Verwirklichung. Während der Kanzlerschaft Adenauers gehörte die im Grundgesetz nicht expressis verbis ausgesprochene, diesem aber unterliegende Idee der rechtlichen Identität der Bundesrepublik Deutschland mit dem Deutschen Reich zu den innen- und außenpolitischen Leitlinien.[3]

Die formative Phase der Bundesrepublik war somit bestimmt von der Frage, wie es mit Nation, Nationalbewußtsein und Nationalismus bestellt sei. Die Antwort auf diese komplexe Frage war ambivalent und läßt sich nicht einfach als eine Abkehr vom Nationalstaat bezeichnen. Noch am einfachsten war der Fall in bezug auf den Nationalismus zu beantworten: Er hatte sein moralisches Fundament als Integrationsideologie in Deutschland nach 1945 verloren.[4] Anders als 1918 stießen 1945 Legenden von der Kriegsunschuld auf eine äußerst schwache Resonanz. Zu offenkundig war, daß Deutschland den Zweiten Weltkrieg entfesselt hatte. Der gleichsam „entnazifizierende Erfahrungsschock"[5] durch ein amoklaufendes, sich gegen die eigene Bevölkerung richtendes NS-Regime in der Endkrise des „Dritten Reiches" hatte die Diskreditierung und Entlegitimierung des Nationalismus nachhaltig gemacht. Aber dies darf den Blick nicht dafür verstellen, daß trotz der Tiefe des Einschnitts von 1945 auf der Ebene des Selbstverständnisses der im wesentlichen aus der Weimarer Republik herübergekommenen politischen Eliten in der Vor- und Frühphase der Bundesrepublik nationale Traditionen weiterhin stark ausgeprägt blieben. Die Gründerväter und -mütter gehörten der politischen Generation an, die im Kaiserreich und in der Weimarer Republik in der selbstverständlichen Gewißheit von der Einheit des Deutschen Reiches als Erfüllung der deutschen Geschichte aufgewachsen waren. Darüber hinaus wirkte das Faktum der bald 12 Millionen Flüchtlinge und Vertriebenen, denen die politischen Eliten eine spätere Rückkehr in ihre angestammte Heimat versprachen,[6] „nationalpolitisch kontinuitätsstiftend".[7] Eine grundsätzliche erneute Bejahung des Nationsbegriffs war gepaart mit einer Kritik am „übersteigerten" Nationalismus und orientierte sich argumentativ am „guten Kern" der deutschen Geschichte – auch wenn man ihn unmittelbar nach 1945 außer mit dem Verweis auf kulturelle Leistungen nicht genau benennen konnte –, am „anderen Deutschland" des Widerstands, an der These von der Läuterung und der „Rückkehr des Rechts".[8] Das Provisoriumspostulat legte den neuen Staat in gewisser Hinsicht auf eine Funktion fest, die dem 19. Jahrhundert entstammte: Die Vollendung der nationalen Einheit gehörte zum Bekenntnis aller Politiker. Doch zugleich erfuhr der Nationsbegriff nicht nur eine internationale Einbettung – namentlich: christlich-abendländische Wertegemeinschaft sowie demokratisch-sozialistische Solidarität –, sondern er öffnete sich auch für europäische Dimensionen, die zum kompensatorischen Rettungsanker[9] für den durch den Nationalsozialismus tiefgreifend diskreditierten Nationalismus werden konnten.

In der politischen Publizistik und der Tagespresse ist während der formativen Phase der Bundesrepublik ebenfalls ein breiter Strom auszumachen, der sich mit der Suche nach einem nationalen Selbstverständnis beschäftigte.[10] Über diesen Debatten und über dem nationalen Selbstverständnis lag allerdings ein eher „diffuses Licht".[11] Fast alle wähnten sich noch auf schwankendem Boden. „Die Jahre 1914, 1918, 1933, 1939 und 1945 scheinen", so gab ein Kommentar aus der „Neuen Zeitung" die weitverbreitete Stimmungslage noch 1952 wieder, in der Erinnerung der Deutschen „wie riesige Wellenberge auf dem dunklen Meer des deutschen Schicksals."[12]

Die formative Phase der Bundesrepublik kennzeichnete mithin auch – darauf verweist das Zitat – eine nationale Identitätskrise und eine Desorientierung in der historisch-politischen Verortung. Seit Mitte des Krieges befand sich die Gesellschaft in einem Umbruch, der schließlich revolutionäre Ausmaße annahm.[13] Erfahrungen einer Entwurzelung durch Evakuierung, Flucht, Vertreibung, allgemein durch Zwangsmigration, hinterließen vielfältige sozialstrukturelle und individuell-psychologische Spuren. Sozialer Wandel beschleunigte sich, es kam zu Milieuabschleifungen, zur Schwächung von Klassenbindungen und zur konfessionellen Durchmischung. Auf der individuellen Ebene hat man in der Nachkriegszeit einen Rückzug ins Private und eine neue Familienorientierung diagnostiziert; auf der politischen Ebene nach einer Hyperideologisierung während des „Dritten Reiches" eine Entideologisierung. Die Besatzungsjahre waren in der Wahrnehmung der Deutschen eine Periode tiefer moralischer Konfusion. Umerziehung, Entnazifizierung, Kollektivschuld-Debatte und zunehmendes deutsches Selbstmitleid hinterließen ein Klima permanenter Spannungen. Klassische Bezugsmuster schienen keine Geltungskraft mehr zu besitzen, traditionelle pragmatische Zuordnungen griffen nicht mehr, elementare nationale Solidaritätsmechanismen waren einem Zerfall ausgesetzt – all dies erzeugte ein Orientierungsvakuum. Die Deutschen waren nach der Zerstörung des „Dritten Reiches", welches sich in eschatologischer Hybris als Vollender deutscher Geschichte verstanden hatte, nicht nur tief verunsichert, sondern geradezu geistig deformiert.

Wieder einmal mußte in Deutschland – wie in den letzten hundert Jahren so häufig – Geschichte revidiert werden, doch diesmal war die Zäsur so tief wie noch nie. Auch andere Völker und Nationen kannten Umbrüche, Verwerfungen und geschichtliche Wechselbäder, man braucht den Blick nur nach Frankreich zu richten, das 1944/45 – nach militärischer Niederlage 1940, Besetzung, Teilung, Kollaboration, Résistance, Befreiung und politischer Abrechnung – in einer tiefen geistig-moralischen und politischen Krise steckte. Aber gewisse Fundamente und Kontinuitäten, die in ihrem Sinn über Jahrhunderte fraglos blieben, existierten fort, während in Deutschland seit 1871 jedes neue politische System sich geschichtspolitisch auf Kosten des vorhergehenden etablierte und legitimierte. 1945 wähnten sich deshalb viele in einem Zustand des „post-histoire". Die Metapher von der „geschichtslosen Zeit" dominierte auch den Teil der professionellen Geschichtswissenschaft, der sich den Zumutungen des „Dritten Reiches" nicht vollständig gebeugt hatte. Wie war nun der Standort zu bestimmen? In der unmittelbaren Nachkriegszeit herrschte die subjektive Überzeugung vor, daß das Sujet der Historiker weggebrochen sei. „Deutsche Geschichte ohne ein deutsches Volk, ohne einen deutschen Staat, ohne erkennbare Zukunft, schien abgrundtief sinnlos geworden zu sein."[14] Auf dem Historikertag von 1949 trieb Gerhard Ritter die Sorge über einen politischen und geistig-sittlichen Nihilismus um, der angesichts des Werteverschleisses durch den Nationalsozialismus fast unausweichlich war.[15] Aus der Geschichte waren offensichtlich keine verbindlichen Traditionen mehr übriggeblieben, die Herkunft oder kollektive Identitäten zu konstruieren erlaubt hätten. Die „traditionsarme Stunde unserer Geschichte" – so gelangte Hermann Heimpel wenige Jahre später von der Diagnose zur vorgeschlagenen Therapie – war zugleich eine, in der historische Selbstvergewisserungen aktiv gesucht und anknüpfungsfähige Traditionen begründet werden mußten.[16]

Insgesamt also war die formative Phase der Bundesrepublik gekennzeichnet durch den Kalten Krieg und die institutionelle Westintegration, durch nationale Identitätsfragen und -krisen sowie eine Desorientierung in der historisch-politischen Verortung infolge der NS-Verbrechen. Die Bundesrepublik war eine neue staatliche Formation hinsichtlich ihrer Verfassung, ihrer politischen Ordnung, ihrer Sozial- und Wirtschaftsstruktur, später auch ihrer politischen Kultur; zugleich umschloß sie aber keine neue Gesellschaft, und sie stand in der Tradition des Deutschen Reiches bzw. dessen historischem Erbe. Auf der politischen Ebene übernahm die Bundesrepublik bewußt die Verantwortung für das deutsche Gesamterbe.[17] Aber jede neue politische Ordnung führt auch zu einer Selektion der Traditionsbestände. Wie ließ sich das Defizit an Ausdrucksformen politischer Sinnlichkeit auf seiten des westdeutschen Teilstaates abmildern, ohne aus dem Schatten der Vergangenheit herauszutreten oder die Gesamtnation aus den Augen zu verlieren?

Theodor Heuss – der wie kein anderer bestrebt war, eine neuerliche Kollision von Demokratie und Nation, wie im Weimarer Staat geschehen, zu verhindern – legte 1950 öffentlich den Finger auf das deutsche Dilemma: „Dies ist die Tragik der deutschen Geschichte: auch sie kennt die inneren Kämpfe um Volksrechte und bürgerliche Freiheiten; aber deren Geschichte ist eine Geschichte der Niederlagen. Die Demokratie als Legitimation der Staatlichkeit, als konstitutive Volkskraft, ist, wenn man so will, immer in der Folge, im Schatten des politisch-militärischen Besiegtseins in die deutsche Geschichte getreten, ohne aus sich heraus eine tragende und bindende, irgendeinem Tag, irgendeinem Ereignis zugehörende symbolhafte Legende zu schaffen.“[18] Der Umstand, daß die universellen politischen Werte und Normen sowie die Institution des Staatsbürgers in fremdem Gewande und unter den demütigenden Bedingungen militärischer Niederlagen erfahren wurden, war ein Kennzeichen – Heuss nannte es „die Tragik“ – des nationalen Selbstverständnisses in Deutschland, beginnend bei der napoleonischen Abwehr in den Befreiungskriegen zu Beginn des 19. Jahrhunderts bis zur Einführung von Demokratie und Republik 1918 und nach 1945. Gerade das Weimarer Beispiel mußte eine Warnung sein. Zwischen 1918 und 1933 war die Problematik einer identitätsstiftenden äußeren und inneren Staatskonstruktion bedingt durch die unversöhnlichen Weimarer Teilkulturen zu einer ungelösten deutschen Frage geworden, und in diese Lücke hatten die Republikgegner mit einer militanten und vereinnahmenden, die Demokratie zerstörenden Symbolik stoßen können.[19]

Wo also sollte die „ein Volk miternährende Kraft der Geschichte“,[20] die der Bundespräsident beständig anmahnte, eingeholt werden, da doch die „Geschichtsmelodie Deutschlands“[21] zerbrochen war? Wo waren, um Heuss noch einmal zu zitieren, die Vorgänge zu suchen, „in denen das Sich-selbst-wiederfinden der Nation seinen Ausdruck schafft“, und zwar gerade angesichts der deutschen Spaltung?[22]

Den ersten zögerlichen Versuchen, das Gründungsgeschehen des neuen Gemeinwesens Bundesrepublik den aus dem Nationalsozialismus herübergekommenen Bürgern begreifbar zu machen, waren bezeichnenderweise Fehlschläge beschieden. An der Arbeit des Parlamentarischen Rats nahm die Öffentlichkeit keinen Anteil. Nicht zufällig hat sich für lange Zeit die formale Gründung der Bundesrepublik im Bewußtsein der Bevölkerung weniger stark eingeprägt als die Währungsreform 1948. Auch die Diskussion über die Frage beispielsweise, ob die Bundesrepublik eine neue Nationalhymne brauche, verlief überaus quälend.[23] Von den frühen Überlegungen, den 8. Mai als historisch-politischen Gedenktag zu etablieren,[24] wurde schnell wieder Abstand genommen. Zwar war das Datum 1949 bewußt als Tag der Schlußabstimmung über das Grundgesetz gewählt worden; aber die „Geschichtswucht",[25] die es in sich trug, hatte es durch die bedingungslose Kapitulation von 1945 erlangt. Daß der SED-Staat den 8. Mai seit 1950 als „Tag der Befreiung" inszenierte und bei dieser Gelegenheit betonte, dieses Signum gelte nur für die DDR, nicht aber für die Bundesrepublik, wo weiterhin „Reaktion, Terror und Kolonialpolitik" herrschten, begrub diese Idee endgültig.[26] Auf gesellschaftliche Akzeptanz wäre ein Gedenktag am 8. Mai nicht gestoßen. Die Erinnerung an den 20. Juli 1944 war ebenfalls alles andere als populär; sie fand bis Mitte der 50er Jahre überaus defensiv und nur in kleinem offiziellen Kreise statt.[27] Den Hitler-Attentätern haftete in der breiten Masse der Öffentlichkeit noch lange das Stigma von „Landesverrätern" an.

Aber die Bundesregierung ließ es an Unterstützung für anspruchsvolle Lösungen des Symbolhaushaltes auch mangeln. Bundesinnenminister Gustav Heinemann fand 1950 im Bundeskabinett keinerlei Verständnis für seinen Vorschlag, jeweils am ersten Sonntag im September ein mehrfaches Gedenken zu bündeln und die Erinnerung an die Opfer des Nationalsozialismus mit der Verfassungsfeier der Bundesrepublik sowie einem Gedenktag für die deutsche Einheit zu verbinden.[28] Statt dessen wurde 1951/52 der Volkstrauertag wieder eingeführt, und dieses wichtige Symbolfeld nährte seither die Fama vom „unbefleckten Schild" der Wehrmacht und dem von ihr geführten „normalen Krieg", befriedigte somit ein kollektiv-psychologisches Bedürfnis, ohne die politisch-moralischen Kosten dabei zu berücksichtigen.[29]

Der am 7. September 1950 „gewaltsam konstruierte"[30] „Nationale Gedenktag des deutschen Volkes" wiederum – der Tag der Konstituierung von Bundestag und Bundesrat im Jahr zuvor – war, in den Worten von Theodor Heuss, nur „mühsam zu pathetisieren".[31] Die Bundesrepublik beanspruchte treuhänderisch für die deutsche Bevölkerung jenseits des Eisernen Vorhangs zu handeln, und daher bedeutete der Zusammentritt des Bundestages die erste „sinnhafte Selbstbegegnung"[32] des deutschen Volkes in seinen freigewählten Vertretern, jenes Teils der Deutschen wenigstens, die die Freiheit der Wahl besaßen. Aber dieser Tag als symbolische Brücke zwischen Teilstaats- und Nationalbewußtsein blieb Ausdruck einer Verlegenheit. Dem Symbol fehlte nämlich, wie Theodor Heuss treffend bemerkte, der „dramatische Geschichtsakzent".[33] Mußte schon der umstrittene Feiertag der Weimarer Republik, der 11. August, auf eine revolutionär-demokratische Tradition verzichten – wie sie etwa der „Quartorze Juillet" in Erinnerung an den Sturm auf die Bastille 1789 in Frankreich oder auch der „Independence Day" in den USA kennen –, so war die Bonner Republik in noch höherem Maße gezwungen, von dem zu leben, was sie zu werden versprach, als von dem, was sie bereits war. Doch eben an dieser zentralen Frage des „Wohin" entzündete sich anläßlich der Feierstunden am 7. September 1952 ein Streit, als etliche prominente Sozialdemokraten aus der Harmonie ausscherten, die fehlende gesamtnationale Politik einer vehementen Kritik unterzogen und kundtaten, das Provisorium Bundesrepublik sei dank der Deutschlandpolitik Adenauers im Begriff auf kaltem Wege zum Definitivum zu werden.[34]

Diese Dissonanzen sind keine Marginalien. Sie verdeutlichen vielmehr, daß die Suche nach einem konsensualen Gedächtnisort deshalb fehlschlagen mußte, weil die formative Gründungsperiode der Bundesrepublik jenseits des normativen Basiskonsenses von einer deutschlandpolitischen Polarisierung über Sinn, Ziel und Zweck dieser Republik begleitet wurde. Die politischen Strömungen waren sich seit dem Beginn bundesdeutscher Politik 1949 uneinig, wie sich die Bonner Republik verstehen sollte. Es standen sich dabei zwei Vorstellungen gegenüber: die Bundesrepublik als Kernstaat auf dem Rückweg zur nationalen Wiedervereinigung oder als Transitorium auf dem Weg in ein supranationales Europa.[35] Diese Spannungslinie kennzeichnete die politische Debatte nach 1949. Die Konfliktlagen, politischen Grundmuster und wichtigsten Entscheidungen müssen deshalb an dieser Stelle knapp skizziert werden. Nur in diesem weiten Kontext ist die nachfolgende „Erfindung" des nationalen Gedächtnisortes „Tag der deutschen Einheit" zu verstehen.

Die innenpolitisch äußerst heftig umkämpfte Westintegrationspolitik der Regierungskoalition unter Konrad Adenauer befand sich zwischen 1949 und 1955 in ihrer dynamischen Phase, wurde aber von innen und außen immer wieder mit der Frage konfrontiert, ob man sich nicht doch vielleicht auf einem Irrweg befinde und eine gänzlich andere als die amtliche Außen- und Deutschlandpolitik vonnöten sei. Daß im Mai 1955 die Pariser Verträge in Kraft treten sowie die Bundesrepublik in die NATO aufgenommen und souverän werden, daß schließlich mit der Gründung des Warschauer Pakts und der Eingliederung der ostdeutschen NVA-Streitkräfte die Blockbildung vollzogen und die Teilung Deutschlands gleichsam ratifiziert sein sollte, dies alles erhält erst aus der Rückschau seine Folgerichtigkeit. Die Genfer Gipfelkonferenz vom Juli 1955 gilt ex post als eine „Art Wasserscheide zwischen der Nachkriegszeit und einer neuen Ära der Ost-West-Beziehungen".[36] Für die Supermächte rückte die

Lösung der Deutschlandfrage in den Hintergrund, sie akzeptierten den Status quo der Zweistaatlichkeit.

Abgesehen von der neuen Ostpolitik der sozialliberalen Regierung seit Ende der sechziger Jahre hat keine Phase der Bundesrepublik eine derart kontroverse und intensive zeitgenössisch-politische und Forschungsauseinandersetzung erfahren wie der Zeitraum ihrer Eingliederung in die westliche Welt. Beide Male ging es um die Verortung der Bundesrepublik, um ihr Selbstverständnis und ihre Staatsräson auf der Basis einer normativen Westorientierung. In den fünfziger Jahren standen die außen- und deutschlandpolitischen Prioritätensetzungen zur Debatte, die Zielkonflikte zwischen forcierter Westintegration und Wiedervereinigung, die Geschwindigkeit und die Massivität des Integrationsprozesses.[37]

Konrad Adenauers außenpolitischer Kompaß wies in Richtung: Freiheit, Frieden, Einheit, womit gleichzeitig eine Rangfolge verbunden war. Sein Hauptziel hieß Westintegration; diese war ihm nicht allein Mittel zur Wiedervereinigung Deutschlands.[38] Ob Adenauer eine Wiedervereinigungspolitik für eine quantité negligeable hielt, ja ob sein „Desinteresse an der Wiedervereinigung (…) auf ihre politische Ablehnung hinauslief"[39] oder ob sich hinter der ständigen Proklamation „Wiedervereinigung durch Westintegration" eine Strategie verbarg, der visionäre Züge bescheinigt werden müssen und die eine nachträgliche Bestätigung durch die Geschichte erfahren hat, bleibt historisch-politisch wohl für immer umstritten.[40] Adenauers außenpolitische Grundannahmen fußten auf einigen axiomatischen Elementen. So war er vom Expansionsdrang der Sowjetunion überzeugt und fürchtete zugleich einen Rückfall der Amerikaner in den Isolationismus. Ihn trieb ein „Alptraum von Potsdam" um, daß nämlich die Siegermächte des Zweiten Weltkrieges sich über den Kopf (West-) Deutschlands hinweg einigen könnten. Eine rasche Eingliederung der Bundesrepublik in den Westen, in seine militärischen Sicherheitsstrukturen und in die geistig-kulturelle Wertegemeinschaft schien ihm unabdingbar, auch deshalb, weil er wenig Zutrauen in die demokratische Standfestigkeit seiner Landsleute hatte. Der Anschluß an die westliche Welt sollte der Bundesrepublik Gleichberechtigung bringen, sie stark machen und sie vor einer in Adenauers Augen verhängnisvollen Schaukelpolitik zwischen Ost und West bewahren.[41]

Die innenpolitischen Widerstände gegen Adenauers Kurs – auch die aus den eigenen Reihen, verkörpert vor allem durch Jakob Kaiser und Gustav Heinemann –[42] erwuchsen aus dem Zweifel, ob der Kanzler den Westalliierten gegenüber nicht prinzipiell zu schnell nachgab, zu viele deutsche „Vorleistungen" erbrachte und damit eine nationalstaatliche Konsolidierung ausschloß. Der Koalitionspartner FDP unterstützte weniger enthusiastisch den Westkurs, aber um so mehr die antisowjetische Frontstellung des Kanzlers; mit der Denkschrift von Karl-Georg Pfleiderer 1952 setzte aber eine Entwicklung hin zu eigenständigen deutschland- und ostpolitischen Konzepten der Liberalen ein.[43] Adenauers Hauptkontrahent Kurt Schumacher warf dem Kanzler vor, das „Nahziel Wiedervereinigung" aus den Augen zu verlieren. Unter seiner straffen Führung lautete die Prioritätenfolge der Sozialdemokraten dementsprechend: Einheit, Gleichheit, Westintegration. Für jedweden innen- und außenpolitischen Schritt hatte demnach die Wiederherstellung von Deutschlands Einheit maßgebend zu sein. Die nationale Einheit bedeutete für die SPD den „Maßstab aller Dinge" und die „dringendste Aufgabe des deutschen Volkes".[44] Fritz Erlers Anwurf an die Bundesregierung von 1952, daß „um der Sicherheit des Westens einschließlich der Bundesrepublik willen (...) die deutsche Einheit geopfert" werde, brachte den Kontrast der beiden grundsätzlichen Politikvarianten auf den polemischen Punkt.[45] Die Fixierung auf Wiedervereinigung und der ständige gesamtdeutsche Vorbehalt drohte vor allem nach Schumachers Tod im August 1952 die prinzipielle Westorientierung der Partei in Frage zu stellen und die SPD auf ein neutralistisches Gleis zu setzen.

Die Härte der politischen Auseinandersetzung bei sämtlichen Weichenstellungen zwischen 1950 und 1955 ergab sich aus diesen beiden prinzipiellen Politikvarianten. Der Schuman-Plan vom Frühjahr 1950, der schließlich zwei Jahre später in die Ratifizierung des Vertrags über die „Europäische Gemeinschaft für Kohle und Stahl" mündete, fand seitens der Opposition – unter Verweis auf wirtschaftliche Nachteile für die Bundesrepublik und fehlende Gleichberechtigung – eine ebenso dogmatische Ablehnung wie eine weitere Bonner „Vorleistung": der am 15. Juni vom Bundestag auf Vorschlag der Regierung beschlossene Beitritt zum Europarat, obwohl gleichzeitig das Saarland aufgenommen wurde. Dies konnte in der Tat als bundesdeutsche Billigung der französischen Pläne zur Abtrennung der Saar von Deutschland verstanden werden.[46] Daß die Westintegration verbindliche Konturen annahm und es dadurch zu einem Abbau des Provisoriums kam, machten die Debatten um die Wiederbewaffnung, die EVG und den Deutschlandvertrag offensichtlich. Nach dem Beginn des Korea-Krieges Ende Juni 1950 war ein westdeutscher Wehrbeitrag zwischen Regierung und Opposition nicht prinzipiell umstritten. Aufgrund des sowjetischen Stellvertreterkrieges in Asien war die SPD zu pazifistischen Strömungen, die Schumacher ohnehin sehr kritisch sah, auf Distanz gegangen. Der Korea-Krieg ließ eine Welle der Furcht vor einem Einmarsch der Roten Armee und paramilitärischer Streitkräfte der DDR in der Bundesrepublik entstehen, beförderte aber gleichzeitig eine wehrfeindliche „Ohne-mich"-Stimmung, die quer durch alle Parteien verlief.[47]

Der Konfliktpunkt in der Wiederbewaffnungsdebatte betraf wiederum die Frage der Gleichberechtigung. Die SPD bestand auf der Herstellung nationaler Souveränität vor einem Eintritt in Verhandlungen über einen deutschen Militärbeitrag. Adenauer versuchte die Gleichstellung der Bundesrepublik zur Bedingung zu erheben, behandelte diese Voraussetzung aber nachgiebiger. Mittels des Versuches einer vorbeugenden Verfassungskontrolle – initiiert von 144 Bundestagsabgeordneten, vor allem aus den Reihen der SPD, vertreten durch deren Kronjuristen Adolf Arndt – wurde die Wiederbewaffnung zu einem „rechtshängigen Verfassungsproblem".[48] Das zweifelhafte Gutachtenersuchen des Bundespräsidenten vom Juni 1952 zur Verfassungsmäßigkeit der EVG-Verträge, das nach halbjährigem Hin und Her wieder zurückgezogen wurde, entfachte die Kontroverse um die Westbindung auf eine ganz neue Art und Weise.[49] Parallel zu den komplizierten Verhandlungen über die EVG-Verträge liefen seit September 1951 solche über einen Generalvertrag, später Deutschlandvertrag genannt, der die Beziehungen der Bundesrepublik zu den Westmächten neu regeln sollte. Innenpolitisch äußerst umstritten, bei der Opposition ohnehin, aber namentlich auch beim Fraktionschef der CDU, Heinrich von Brentano, war die „Bindungsklausel", die im Klartext besagte, daß auch ein wiedervereinigtes Deutschland Mitglied der Europäischen Verteidigungsgemeinschaft, eines gegen die Sowjetunion gerichteten Bündnisses sein würde. Wie sollte – so die Kritiker – unter solchen Bedingungen jemals eine Wiedervereinigung zustande kommen? Nachverhandlungen brachten dann eine Abschwächung der Klausel.

Zwischen dem EVG- und dem Deutschland-Vertrag hatte Paris ein Junktim hergestellt. Daß der Plan einer Europäischen Verteidigungsgemeinschaft im August 1954 von der französischen Nationalversammlung abgelehnt werden sollte und sich somit die Notwendigkeit, oder auch die Chance, für Neuverhandlungen eröffnete, war überhaupt nicht absehbar, als Stalin am 10. März 1952 die deutsche Karte ausspielte.

Die UdSSR schlug ein aus den Machtblöcken ausgeklammertes und neutralisiertes Deutschland in den Grenzen von 1945 vor, d.h. ohne die ehemaligen Ostgebiete. Ob dies eine sensationelle, ernstgemeinte Offerte oder ein durchsichtiger „Bluff" war, ein Störmanöver, um Zwietracht zu säen und den Abschluß der Westverträge zu verhindern – an der Stalin-Note und dem bis in den Spätsommer 1952 reichenden „Noten-Krieg" zwischen den Westmächten und der Sowjetunion entzündete sich ein bis heute anhaltender Streit über die Möglichkeiten damaliger Deutschlandpolitik. Die These einer verpaßten Gelegenheit, genauer: einer von Adenauer bewußt ungenutzt gelassenen Gelegenheit zur Wiederherstellung des deutschen Nationalstaates war zeitgenössischen Ursprungs – auch wenn es eine breite öffentliche Zustimmung für die Ablehnung der Note gab –[50], und sie wurde durch Paul Sethes Buch von 1956[51] sowie die wortgewaltige Generalabrechnung seitens Dehlers und Heinemanns mit Adenauers Deutschlandpolitik in der denkwürdigen Nachtsitzung des Bundestages am 23. und 24. Januar 1958 perpetuiert.[52] Namentlich Thomas Dehler unterstellte dem Kanzler seit 1955, als es zwischen beiden über die Saar-Frage zum politischen Bruch gekommen war, daß dieser die Einheit Deutschlands nie wirklich gewollt habe. Weil das viel beschworene, vor allem von den Sozialdemokraten geforderte „Ausloten" der Noten unterblieb, und man Stalin nicht einmal auf die Probe stellte, wurde Adenauers Westintegrationspolitik mit dem Odium beladen, einen Teil der Nation – der deutschen Schicksalsgemeinschaft – im Stich gelassen zu haben. Jedenfalls hat Adenauer damit seine „gesamtdeutsche Unschuld" verloren.[53] Adenauers Verteidiger setzten dem – neben vielen anderen guten Gründen für die Abweisung der Noten – zumindest indirekt entgegen, daß er glücklicherweise den westlichen Teil Deutschlands vor dem langfristigen Zugriff der Sowjetunion gerettet und damit ein „Sowjetdeutschland" verhindert habe.[54] Daß allerdings die amerikanische Regierung unter keinen Umständen bereit gewesen wäre, Westdeutschland für eine neutralistische gesamtdeutsche Lösung „aufzugeben", kann mittlerweile als gesichert gelten.[55]

Mit dem Tod Stalins im März 1953 trieb die Kontroverse auf einen neuen Höhepunkt zu. Im Kreml brachen Diadochenkämpfe um das politische Erbe des Diktators aus. Große Teile der deutschen und europäischen Öffentlichkeit sowie Regierungsvertreter der Westmächte erwarteten unter dem neuen starken Mann Lawrentij Berija, der das neue Führungstrio überragte, zunächst einen Wandel der sowjetischen Deutschlandpolitik, auch eine allgemeine Liberalisierung in Osteuropa überhaupt. Erste Stellungnahmen wiesen jedenfalls auf mögliche Moskauer Konzessionen hin. Adenauers Politik geriet in Bedrängnis, als Churchill am 11. Mai 1953 in einer Unterhausrede die baldige Einberufung einer Viermächte-Konferenz zur Lösung der deutschen Frage vorschlug.[56] An der Einschätzung von Berijas Politik bis zu seiner Absetzung, Verhaftung und schließlichen Hinrichtung im Herbst 1953 schieden sich bald und scheiden sich bis heute die Geister. War Berija bereit, am sozialistischen Charakter der DDR Abstriche zu machen oder sie gar ganz aus der Kontrolle Moskaus zu entlassen? Wollte er eine fundamentale Revision der bisherigen sowjetischen Politik oder ließ er lediglich Versuchsballons aufsteigen und unterschied sich in Wahrheit nur in Detailfragen von seinen Kontrahenten? Bot sich in den Monaten zwischen Stalins Tod und dem 17. Juni 1953 die letzte wirkliche Chance zur Lösung der deutschen Frage bis zur Vereinigung 1989/90? Die Forschungskontroverse über die sowjetische Deutschlandpolitik im Jahr 1953 – populär unter der Chiffre „Berija-Option" – hält an bzw. hat sich jüngst nach der partiellen Öffnung sowjetischer Archive wieder verschärft. Wie immer man diese „Option“ einschätzt – auf jeden Fall erscheint das Jahr 1953 als Schlüsseljahr im Kalten Krieg. Schon von den Zeitgenossen wurde es als eine Peripetie wahrgenommen, wobei sie unschlüssig darüber waren, in welche Richtung die Wendung laufen würde.[57] Daß es aber aus Anlaß des Aufstandes vom 17. Juni in der DDR zur Institutionalisierung eines sinnverbürgenden Gedächtnisortes in der Bundesrepublik kam, ist nur vor dem Hintergrund der deutschlandpolitischen Polarisierung der politischen Akteure zu verstehen, wie in den folgenden Abschnitten deutlich werden wird.

4. Der 17. Juni 1953 als Ereignis im Osten und die Sinnstiftung des Augenblicks im Westen

Der Aufstand vom 17. Juni 1953 gehört seit der deutschen Vereinigung von 1990 zu den am besten erforschten Geschehnissen der DDR-Geschichte, und er wird als eines der wichtigsten Grundereignisse sowohl der politischen als auch der Erfahrungsgeschichte des zweiten deutschen Staates gewertet, gleichsam als sein Urkonflikt. Für die Fragestellung der vorliegenden Untersuchung, in der es um handlungsrelevante Bilder und Interpretationsmuster von Sinnproduzenten im Westen geht, ist die Art und Weise, wie die Tatsachen wahrgenommen wurden und wie diese Wahrnehmungen politisches Handeln bestimmten, wichtiger als der reale Ablauf, der deshalb im folgenden nur knapp skizziert wird.[1]

Die tieferen Ursachen des Juni-Aufstandes[2] in der DDR wurzeln letztlich in den umfassenden Strukturveränderungen, die Herrschaft und Gesellschaft seit dem Zusammenbruch des „Dritten Reiches“ im Machtbereich der SED erfahren hatten. Die Zeitspanne von 1948 bis 1952 ist dabei von entscheidender Bedeutung, weil in ihr der Übergang von der „antifaschistisch-demokratischen“ Periode zur Volksdemokratie vorangetrieben und die Diktatur ebenso planmäßig wie zielbewußt errichtet wurde. Als Antwort auf die Unterzeichnung des EVG-Vertrages durch die Bundesregierung hatte die DDR-Führung am 26. Mai 1952 die Zonengrenze zur Staatsgrenze erklärt, den Reiseverkehr gedrosselt, das Telefon- und Straßennetz innerhalb Berlins unterbrochen und Westberlinern die Einreise in die DDR verwehrt. Politisch reagierte die Führung dann mit der 2. Parteikonferenz der SED vom 9.–12. Juli 1952, auf der eine forcierte Übertragung sowjetischer Methoden beschlossen wurde und die als eine entscheidende Zäsur gelten kann – sowohl mit Blick auf den Aufbau des stalinistischen Systems in der DDR als auch im Hinblick auf die sich in ihrer Folge verschärfende Krisensituation, die in den 17. Juni mündete. Das Regime wollte die sozioökonomische Spaltung Deutschlands vertiefen. Eine bedeutsame Stahlindustrie sollte auf Kosten der Konsumgüterindustrie gleichsam aus dem Boden gestampft, der Aufbau eines militärischen Apparats beschleunigt und so der deutsch-deutsche Wettlauf um die Wiederbewaffnung aufgenommen werden.[3] Die Steuerschraube wurde angezogen und ein strenges Sparsamkeitsregime eingeführt, wodurch sich die Lebenslage der Bevölkerung zusätzlich verschlechterte. Die Zwangskollektivierung der Landwirtschaft schürte Unruhe auf dem Land. Auch der ideologische Druck erhöhte sich, die politische Unterdrückung etwa der evangelischen Kirche führte zu einem Kirchenkampf. Die Strafjustiz hatte die Aufgabe, als „Hebel" der sozialen Umwälzung zu wirken. Die Massenflucht in den Westen hob an und war ein entscheidender Indikator der wachsenden Unzufriedenheit.

Es mehrten sich die Zeichen, daß die SED im Begriff war, den Bogen völlig zu überspannen. Aber erst ein abrupter und zu all dem noch inkonsequenter Kurswechsel des Regimes brachte schließlich das Faß zum Überlaufen. Hintergrund war, daß sich die zuspitzende politische und wirtschaftliche Lage in der DDR mit einer Entstalinisierungskrise überschnitt, die das gesamte sowjetische Imperium nach dem Tod des Diktators erfaßte. Der von der neuen Partei- und Staatsführung in der UdSSR verkündete „Neue Kurs" war für alle Staaten des sowjetischen Einflußbereichs konzipiert worden, enthielt aber für die Führungspersonen der DDR, die sich als die eifrigsten Stalinisten erwiesen hatten, eine besondere Brisanz. Die Moskauer Kommunisten zitierten die SED-Genossen in den Kreml, wo ihnen ins Stammbuch geschrieben wurde, sie müßten die Überspitzungen des sozialistischen Aufbaus korrigieren. Auch innerhalb des Politbüros der SED war nach dem Tod Stalins, der ein Tauwetter einzuleiten schien, die Kritik gewachsen.[4] Mit dem „Neuen Kurs" vom Juni 1953 machte die DDR-Führung der Bevölkerung einige Zugeständnisse, aber gegenüber der Arbeiterschaft blieb sie weiterhin hart. Auf Proteste von Bauern, städtischen Mittelschichten, Intelligenz und Kirchen hatte die Partei reagiert, doch die Industriearbeiterschaft wollte sie weiterhin belasten und nahm die im Mai beschlossene Erhöhung der Arbeitsnormen um 10 Prozent, was nichts anderes als Lohnkürzungen bedeutete, trotz laut gewordener Forderungen nicht zurück.

Dies war der Anlaß für den Streik mehrerer hundert Bauarbeiter der Stalin-Allee in Ostberlin am 16. Juni 1953. Die an diesem Prestigeobjekt arbeitenden Bauarbeiter – die Straße wurde von der SED-Führung in großem Stil propagandistisch als Symbol für den Aufbau des Sozialismus in der DDR herausgestellt – waren durch die Beschlüsse des Politbüros von erheblichen Einbußen bedroht. Sie forderten eine Herabsetzung der Normen. 2000 Mann zogen vor das Haus des FDGB-Vorsitzenden; da dies verschlossen war, setzte sich der anschwellende Zug weiter zum Haus der

Ministerien in der Leipziger Straße fort, wo sich 10000 Menschen versammelten. Schlagartig breitete sich der Protest aus, fand massenhafte Beteiligung und eine rasante Zuspitzung, die sich in politischen Forderungen vor allem nach freien Wahlen äußerte. Alle Ostberliner Baustellen und eine Vielzahl von Betrieben wurden von Streiks erfaßt. Am 17. Juni brach der Aufstand als Folge der lange aufgestauten Unzufriedenheit in der ganzen DDR aus. Zentren bildeten neben Ostberlin die Städte Magdeburg, Halle, Bitterfeld, Leipzig und Görlitz; außer der Bauindustrie waren die Sektoren Maschinenbau, Metallurgie, Chemie, Optik und Elektrogerätebau die Schwerpunkte von Großstreiks und Aufständen. Die Erhebung erfaßte insgesamt 450 Städte und Ortschaften der DDR, 14 von 15 der großen Bezirksstädte und 113 von 182 Kreisstädten waren betroffen. Am Nachmittag des 17. Juni verhängte die sowjetische Besatzungsmacht über 13 Bezirks- und 51 Kreisstädte den Ausnahmezustand.[5]

In Ostberlin war am 17. Juni ab 6 Uhr die Streikwelle erneut angewachsen, um 11 Uhr versammelten sich über 100000 Menschen vor dem Haus der Ministerien. Darunter befanden sich auch 6000 Stahlarbeiter zweier Großbetriebe aus Hennigsdorf, gefolgt von ebenso vielen Bau- und Landarbeitern aus den Vororten, die durch den französischen Sektor der Stadt marschiert waren, nachdem der französische Stadtkommandant ein anfängliches Durchmarschverbot aufgehoben hatte. Ständig trafen neue Demonstrationszüge in der Leipziger Straße, am Potsdamer Platz und in den angrenzenden Straßen ein. Am Mittag liefen sowjetische Truppen auf; bis zum Abend waren rund 20000 Soldaten der Roten Armee und 15000 Angehörige der Kasernierten Volkspolizei im Einsatz.

Die Gesamtzahl der am Aufstand beteiligten Menschen belief sich offiziellen Angaben aus dem DDR-Innenministerium zufolge auf 496765 Personen, manche neuere Forschungen gehen heute von bis zu einer Million aus.[6] Mindestens 51 Demonstranten und drei SED-Funktionäre kamen bei dem Aufstand ums Leben; standrechtlich erschossen wurden mindestens 20 deutsche und etwa 40 sowjetische Soldaten (genaue Angaben gibt es hierzu nicht), die wegen Befehlsverweigerung hingerichtet wurden. Die Zahl der Verletzten ging in die Hunderte. Bis zum 22. Juni waren über 6000 Menschen verhaftet worden, davon entstammten über 65 Prozent aus der Arbeiterschaft. Die Gesamtzahl der Verhaftungen belief sich später auf 13000; rund 5600 Ermittlungsverfahren wurden eingeleitet, die zwei Todesurteile und zahlreiche langjährige Zuchthausstrafen für Beteiligte der Erhebung nach sich zogen.[7]

In verschiedenen Orten waren Ämter und Parteibüros sowie Häuser der Staatssicherheit gestürmt worden, ebenso Gefängnisse, um Inhaftierte zu befreien. Die Anzahl der Befreiten betrug 1317. Mißhandlungen und Lynchjustiz seitens der Demonstrierenden, unter denen der Frauenanteil hoch war, blieben aber eine Randerscheinung. Eine zentrale Steuerung des Aufstandes hat es nicht gegeben, auch keine Führungspersönlichkeiten, geschweige denn eine geistige Vorbereitung wie etwa bei der Ungarischen Revolution 1956, dem Aufstand in Polen im gleichen Jahr oder beim Prager Frühling 1968. Der Charakter einer durch und durch politischen Bewegung wird in allen neueren wissenschaftlichen Arbeiten betont; es war, das zeigen die neueren Forschungen zum 17. Juni in der Provinz,[8] ein Aufstand gegen die SED. Die Forderungen lauteten: Rücktritt der Regierung, Wiederzulassung aller Parteien, namentlich der SPD, freie Wahlen, Trennung der Gewerkschaften von der SED, Freilassung politischer Gefangener. Der Aufstand begann, soviel läßt sich zur sozialen Trägerschaft sagen, in der Arbeiterschaft, die auch weiterhin das Zentrum des Protestes bildete;[9] doch er fand rasch Zulauf von allen sozialen Schichten, besonders von der Landbevölkerung. Allerdings stand die akademische Intelligenz abseits, die Universitäten blieben ruhig. Vereinzelt begannen Streiks noch zwischen dem 20. und 24. Juni; auch der Nachfolgestreik im Buna-Werk, wo sich vom 15. bis zum 17. Juli 6000 Menschen im Aufstand befanden, gehört zum Gesamtkomplex des „17. Juni".

Die sowjetische Besatzungsmacht rettete durch ihr militärisches Eingreifen die SED. Der 17. Juni bedeutete ein „Lernschock"[10] für deren Führungsriege und führte zu einem Totalitarisierungsschub des DDR-Systems. Die SED schlug einerseits ein langsameres Transformationstempo ein, was eine gewisse Verbesserung der Lebenssituation der Bevölkerung nach sich zog; andererseits fand ein Ausbau des Macht- und Disziplinierungsapparats statt, dessen Kernstück die Staatssicherheit bildete. Innerparteiliche Kritiker Ulbrichts – namentlich Fechner, Zaisser und Herrnstadt – wurden aus der SED ausgeschlossen, eine „Reinigung" des gesamten Parteiapparats folgte. Aus der eklatanten politischen und militärischen Niederlage konnte die verbliebene Führungsriege der SED aber auch Vorteile ziehen: Es war zum einen klargeworden, daß der Westen trotz aller „roll-back"-Rhetorik nicht willens war, im sowjetischen Machtbereich einzugreifen. Zum zweiten hatte die Sowjetunion mit ihrer Intervention die Zugehörigkeit der DDR zum Ostblock deutlich unterstrichen und war – zum dritten – Schutz- und Hilfeverpflichtungen gegenüber der SED eingegangen, die diese auch künftig abrufen konnte.[11] Konsequenz war aber auch eine seither permanente Überängstlichkeit der Herrschenden vor Reformen oder Veränderungen am bestehenden System.

Die Ereignisse selbst belegte die Führung mit einem Tabu, doch sie blieben all die kommenden Jahre hindurch beständig als Menetekel präsent. Nichts kennzeichnet die paranoide Angst vor einem zweiten Aufstand besser, als die Frage des Ministers für Staatssicherheit, Erich Mielke, am 31. August 1989, als sich die Endkrise der DDR ihrem Höhepunkt näherte und die Massenflucht der Menschen über Ungarn begann: „Ist es so, daß morgen der 17. Juni ausbricht?“[12] Im offiziellen Geschichtsbild der DDR firmierte der 17. Juni 1953 unter der Rubrik „imperialistische Machenschaften“ als ein von außen inszenierter, konterrevolutionärer faschistischer Putsch unter Verführung eines kleinen Teils der Arbeiterschaft gegen „ihren“ fortschrittlichen Arbeiter-und-Bauern-Staat.[13] Von vielen Ostdeutschen wurde allerdings die Erinnerung an den 17. Juni trotz der verfälschenden formelhaften Indoktrination des Regimes als ein Schimmer der Hoffnung wachgehalten.[14]

Die Sicht der westlichen politischen Beobachter – auch der vielen Journalisten, die sofort nach Berlin gereist waren – auf die einzelnen Handlungsebenen und die Dynamik des Aufstandes blieb stets begrenzt. Aber der 17. Juni 1953 war im Westen ein Medienereignis sondergleichen. Vor dem Hintergrund, daß in pluralistischen Gesellschaften die öffentliche Meinung zumindest in gewissem Ausmaß eine durch Massenmedien vermittelte Meinung ist,[15] wird es im folgenden darum gehen, die grundsätzlichen, allgemein geteilten historisch-politischen Deutungsmuster und vorherrschenden Ansichten zum 17. Juni herauszufinden, von denen man annehmen kann, daß sie eine zumindest temporär breite Wirkung erzielten. In den anschließenden Abschnitten steht die Willensbildung in den politischen Parteien der Bundesrepublik zum Umgang mit dem Aufstand in der DDR im Mittelpunkt, um die sozial rückgebundenen geschichtspolitischen Entwürfe gesellschaftlicher Teilgruppen im Ringen um die politische Macht differenzierter zu untersuchen.

Für die (West-)Deutschen war es schwer, sich mit dem Aufstand in der DDR nicht zu beschäftigen oder gleichgültig zu bleiben, dafür sorgten Presse, Hörfunk und auch Film in Form von dramatisch in Szene gesetzten Wochenschauen, schließlich die vielen Interviews und politischen Ansprachen nach der Niederwerfung des Aufstandes. Für knapp drei Wochen war das Ereignis omnipräsent in Hunderten von Kommentaren, Artikeln und Berichten.[16] Anschließend spielten die Einschätzungen der Erhebung und die unterschiedlichen Folgerungen, die aus ihr gezogen wurden, eine bedeutsame Rolle im Wahlkampf; am 6. September sollten die Wahlen zum Zweiten Deutschen Bundestag stattfinden. Nach der Niederschlagung des Aufstandes gab es vor allem bis Ende des Jahres, aber auch darüber hinaus, eine intensive Berichterstattung über die politischen und gesellschaftlichen Konsequenzen in der „Zone“ sowie über die Stimmungslage der Bevölkerung.[17] Die westdeutschen Illustrierten druckten außerdem zusehends stimmungsstarke Fotoserien. Immer vertreten waren dabei die bald berühmtesten beiden Motive: Die wehrlosen Menschen, die sich in der Leipziger Straße und am Potsdamer Platz vor sowjetische T 34-Panzer stellten oder sie mit Pflastersteinen bewarfen; und die Demonstranten, welche, die Deutschland-Fahne schwenkend, durch das Brandenburger Tor marschierten („Fahnenmarsch") oder den „Fahnensturm" vollzogen, also die rote Fahne vom Tor herunterholten.[18]

Unter dem Titel „Der Volksaufstand vom 17. Juni" brachte das Bundesministerium für gesamtdeutsche Fragen sofort einen ersten dokumentarischen Bericht über die Ereignisse heraus. Das Weißbuch enthielt vor allem eine Zusammenstellung des Ereignisverlaufs, wie er sich aus Schilderungen von Augenzeugen ergab. Dies erhöhte die Anschaulichkeit und ließ den Leser unmittelbar an den Unruhen teilhaben.[19] Über die „Bundeszentrale für Heimatdienst" fanden ähnliche Veröffentlichungen in hoher Auflage weite Verbreitung. Des weiteren wurde durch den dramatisch ansteigenden Flüchtlingszustrom aus der DDR nach dem 17. Juni, der einen Zugewinn an politisch-ideologischer Legitimation für die Bundesrepublik bedeutete, eine Erinnerungskultur in den Westen hineingetragen.[20] Schon 1953/54 wurden erste private Zeitzeugenberichte publiziert, deren Zahl in den folgenden Jahren anschwoll. Es entwickelte sich ein eigenes schriftstellerisches Genre, eine merkwürdige Mischung aus Erlebnisbericht, Geschichtsbuch, Unterhaltungsliteratur und politischer Analyse, deren einigendes Band der zeittypische Antikommunismus war.[21] Die Autoren der „Tatsachenberichte" waren zumeist Journalisten. Die Schriften waren hypertrophierte, im Präsens geschriebene Reportagen, deren oberflächliche Sprache bis zum heroischen Kitsch in bester NS-Manier getrieben wurde. Im Buch „Panzer am Potsdamer Platz" von Arno Scholz, dem Herausgeber der SPD-Zeitung „Der Telegraph", beispielsweise klang das wütende Gebrüll der aufständischen Arbeiter wie ein Schwur, und die Fahrzeuge, soweit sie sowjetisch waren, fuhren nicht, rollten nicht, sondern sie preschten.[22] Ziel der reißerischen und von aufgeblähtem Pathos geprägten Bücher war es, mit dem 17. Juni die DDR zu widerlegen, vor allem aber, ein antikommunistisches Heldenepos vom kämpfenden deutschen Arbeiter zu präsentieren.

Darstellungen von literarischer Qualität zum 17. Juni 1953 sollten im Westen kaum entstehen, die Schriftsteller der Bundesrepublik haben sich dieses Themas versagt, vermutlich nicht zuletzt deshalb, weil es von Anfang an so stark wie kein anderes Ereignis in der Bundesrepublik von der Politik okkupiert wurde. Ausnahmen bildeten allein Günter Grass mit seinem „deutschen Trauerspiel" „Die Plebejer proben den Aufstand" und Ingeborg Drewitz mit ihrem Roman „Das Karussell".[23]

Die durch den 17. Juni ausgelösten Leidenschaften auf der politischen Ebene glichen nur der Spitze eines Eisberges. Die Erfahrung und Verarbeitung des 17. Juni sollten – so unterschiedlich sie auch im Detail ausfielen – eine ganze Generation politisch denkender und politisch aktiver

Personen in ähnlicher Weise prägen.[24] Der Erregung und emotionalen Betroffenheit konnte sich 1953 kaum jemand entziehen, vermutlich fühlten viele Menschen im Westen erstmals seit langem wieder starke gesamtdeutsche Regungen. Fast jeder zweite Westdeutsche hatte Verwandte oder enge Freunde in der DDR.[25] Der 17. Juni bedeutete das letzte große gesamtdeutsche Ereignis vor dem Bau der Berliner Mauer. 1953 brach die Nation als Thema aber vor allem deshalb noch viel vehementer über die Menschen herein als im August 1961, da damals die Teilung bei weitem noch nicht so stark verinnerlicht war und die breite Öffentlichkeit davon ausging, daß eine deutsche Einheit in naher Zukunft möglich sei, auch wenn niemand so recht den Weg dorthin beschreiben konnte.[26] Vom „Tag X“ der Wiedervereinigung war und blieb in der Öffentlichkeit vielfach die Rede. Auch hinter verschlossenen Türen plante und konzipierte man die Schritte eines Sofortprogramms für den Tag der Vereinigung, etwa im Forschungsbeirat für Fragen der Wiedervereinigung Deutschlands, der am 24. März 1952 vom Minister für gesamtdeutsche Fragen, Jakob Kaiser, ins Leben gerufen worden war.[27]

Am 17. Juni 1953 konnte kein Kommentar und keine Meldung die große Überraschung über die Erhebung verbergen. „Wenn mir gestern einer erzählt hätte“, so beispielsweise Helmut Meyer-Dietrich in seinem Südwestfunk-Bericht vom 17. 6., „daß die Berliner mit Steinen und Knüppeln sowjetischen Panzern zu Leibe rücken würden – schießenden Panzern wohlgemerkt – dann hätte ich ihn für verrückt erklärt. Und doch ist es heute geschehen: Die Demonstranten kletterten auf die Panzerwagen, rissen die Antennen ab, steckten Balken in die Geschützrohre, warfen Eisenträger zwischen die Ketten der Panzer ...“[28] Eigentlich – und dies war der Grund für die Verblüffung – hatte man die Ostdeutschen, besonders die jungen, die im „totalen Staat Hitlers geboren und im totalen Staat der SED herangewachsen“[29] waren, schon für verloren gehalten . In den Berichten und Meldungen spiegelte sich ganz deutlich eine Erleichterung darüber, daß die Ostdeutschen trotz massiver ideologischer Beeinflussung durch ein kommunistisches Regime Deutsche und freiheitsliebende Menschen geblieben waren.

Verständlich wird diese Erleichterung, weil es in den Jahren zuvor in der westdeutschen Presse eine große Anzahl von Reportagen über die „fremdartige Welt auf deutschem Boden“[30] hinter dem Eisernen Vorhang gegeben hatte. Schon auf den ersten Blick war die Entfremdung wahrgenommen worden: „Unserer transatlantischen Farbenpracht steht dort das nüchterne, freudlose Arbeitsgrau des Bolschewismus gegenüber“.[31] Auch eine andere Sprache habe sich ausgebreitet, „die – obgleich deutsch – nicht mehr die unsere ist“.[32] Das andere Deutschland hatte man als ein Land mit anderen Sitten und Gebräuchen geschildert, auf allen Gebieten war eine krasse Veränderung und eine tiefe Kluft zur Bundesrepublik bemerkt worden. Im Osten Deutschlands hatte demzufolge „Asien" die Herrschaft angetreten, Deutschland war dort ein bolschewisiertes Land geworden, eine Sowjetkolonie. Weimar, das Pantheon der deutschen Klassik, war nur noch eine geographische Ortsbezeichnung und glich in den Augen eines Reporters einem „Sowjetstädtchen".[33] Ihm war aufgefallen, daß weite Landstriche zu riesigen sowjetischen Heerlagern verkommen waren. Sechs Wochen vor dem 17. Juni 1953 hatte auch Ben Witter den Verlust eines alten Stücks Deutschland beschrieben. Die Umbenennung von Chemnitz in Karl-Marx-Stadt bedeutete ihm ein Symbol für das neue, entbehrungsreiche und schlechte Leben: „Und wenn die Massenaufmärsche beendet sind, gehen bestimmt noch viele Leute ein wenig spazieren und stehen vielleicht auf den Hügeln und an den Ufern der Industriegewässer und träumen von Chemnitz, wie es einmal war, von Obst, Fleisch, Fett und Gemüse, von Wohnungen mit großen Fenstern und von Zeiten, die endgültig vorbei sind."[34]

Aber am beklemmendsten und beängstigsten waren die Berichte an den Stellen gewesen, wo sie die in der „Ostzone" lebenden Deutschen als verführte, willenlose Masse und fremde Wesen, beseelt von einem spezifischen, totalitär deformierten „Ostzonengeist" porträtiert hatten. Am düstersten hatte Werner Friedmann in der „Süddeutschen Zeitung" das Bild der deutschen Zukunft ausgemalt: „Die Deutschen in der sowjetischen Zone unseres Vaterlandes werden, je weiter die Zeit und Nachkriegspolitik voranschreiten, für unser Bewußtsein immer unbarmherziger in Ausländer, beinahe schon in anders geartete Lebewesen verwandelt."[35] Schon 1950 war die Zeitung nicht einmal davor zurückgeschreckt, die Sowjetisierung Ostdeutschlands auf die angeblich ebenso neu- wie fremdartige Physiognomie der Menschen zu übertragen. Unter dem Foto einer jungen Frau – der „Besttraktorin Lisa" – war dem Leser schier Unglaubliches mitgeteilt worden: „... denn das Mädchen ist eine Deutsche, obgleich dem Gesicht mit der breiten Nase und den schmalen Augenschlitzen etwas nicht mehr Europäisches anhaftet und die männliche Kleidung fremdartig wirkt. Es ist nicht ein Mädchen im Frühling von der Art, wie es unsere Dichter besungen haben."[36]

In Anbetracht einer solcherart umfassenden „asiatischen Bedrohung" bewirkte der 17. Juni 1953 im Westen ein kollektives Aufatmen. Die „Zone" schien doch nicht dem asiatischen Kommunismus verfallen zu sein; die Menschen muteten jetzt nicht mehr wie aus einer anderen Welt an, und es handelte sich wohl auch nicht um 18 Millionen unheilbar „Infizierte". Jetzt zeigte sich offenbar die tatsächliche, mentale und politische Widerstandskraft der ostdeutschen Landsleute. Die „strahlenden Gesichter jener Deutschen, die seit Jahren in Sorge und Knechtschaft lebten",[37] enthüllten in einem revolutionären Rausch das wahre Bild. Die mentalen, sozialen und politischen Gemeinsamkeiten der Deutschen waren noch nicht aufgebraucht.

Da die Nachrichten von einem spontanen Aufstand zunächst so unwahrscheinlich klangen, liefen anfangs aber auch viele Gerüchte um. Der Chefredakteur der Associated Press, Augenzeuge in Berlin, hielt das Ganze für ein von den kommunistischen Machthabern inszeniertes Schauspiel, das dazu bestimmt sein sollte, den westlichen Zuschauern zu zeigen, daß der Arbeiter in der DDR nicht nur das Streikrecht besitze, sondern auch ungehindert der Regierung seine Meinung sagen dürfe.[38] Auch über den Londoner Rundfunk drangen Mutmaßungen in die deutsche Presse, daß es sich um einen Schachzug Moskaus handele. Die Kundgebungen seien von den Russen als Auftakt für eine neue Friedenskampagne aufgezogen worden.[39] Es erhoben sich sogar Stimmen, die von einer mit dem Reichstagsbrand des Jahres 1933 vergleichbaren „Provokation" sprachen.[40] Über den wahren Charakter des Aufstandes herrschte in den ersten Stunden und deshalb auch in den Meldungen eine große Verunsicherung.

Gerüchte konnten ins Kraut schießen, weil sowohl die Westberliner wie auch die westdeutschen Regierungen, Behörden und Parteien – und nicht zuletzt die westlichen Siegermächte – von der Vehemenz der Unruhen ebenso überrascht wurden, wie das SED-Regime selbst.[41] Es fehlte allenthalben an zuverlässigen politischen Einschätzungen. Mitte Juni waren zudem fast alle Berliner Spitzenpolitiker abwesend – angefangen beim Regierenden Bürgermeister Ernst Reuter und dessen Stellvertreter Walter Schreiber, über den SPD-Landesvorsitzenden Franz Neumann bis hin zu dem sonst häufig in Berlin weilenden Bundesminister für gesamtdeutsche Fragen Jakob Kaiser. In der Stadt hielt sich dementsprechend nur die zweite Garde auf, die in Anbetracht der Dramatik der Situation nur ein als hilflos zu beschreibendes Bild abgab.

Mit Verhängung des Ausnahmezustandes in Ostberlin um 13 Uhr des 17. Juni war die anfängliche Unsicherheit der Gewißheit gewichen, daß es sich nicht um eine gesteuerte Aktion handelte, sondern die Menschen sich aus freien Stücken im Aufruhr befanden. Aber die dramatisierende Berichterstattung, die jetzt einsetzte, schürte im Westen zusehends Ängste. Am martialischsten gerierte sich die Presse der bundesdeutschen Arbeiterbewegung, die den Ablauf der vielen Einzelhandlungen zu einem Arbeiter-Heldenepos montierte. Ohne Vokabeln wie: Geschützdonner, Feuerwechsel, Gewehrsalven, Straßen- und Häuserkämpfe, Blutopfer, tote Brüder und verletzte Kollegen, kam keiner der Berichte aus.[42] „Metall", die Zeitung der IG Metall für die Bundesrepublik Deutschland, schlug dabei den Ton einer regelrechten Kriegsberichterstattung an.

Auffallend häufig tauchten Formulierungen auf, die aus den Befreiungskriegen gegen die napoleonische Fremdherrschaft stammten. Das Bild der rauschhaften Begeisterung, von Völkerfrühling und Völkerschlacht war noch allgegenwärtig und gehörte – neben den preußisch-deutschen Referenzjahren 1756, 1870/71 und 1914 – zu jenen Bildern, die von Generation zu Generation weitergegeben worden und fest im kollektiven Gedächtnis der Deutschen verwurzelt waren sowie durch vielfältige Traditionspflege immer wieder eine Auffrischung erfahren hatten, zuletzt noch durch die Geschichtspolitik des „Dritten Reiches". Das idealisierte Gemeinschaftserlebnis vom sich erhebenden und die Knechtschaft abschüttelnden Volk war jedoch nach der Erfahrung des Nationalsozialismus auch hochgradig kontaminiert. Zwar beförderte das besonders beliebte und ständig wiederholte Zitat Theodor Körners „Das Volk steht auf, der Sturm bricht los" den Eindruck von einem Kampf um die Selbstbestimmung des Volkes und die Politisierung der Nation.[43] Körner, Dichter, Kriegsfreiwilliger und „gefallener Held", war seit den Befreiungskriegen eine nationale Ikone. Auch mag die kognitive und emotionale Rückkehr zum scheinbar unverfälschten nationalen Urerlebnis, zum patriotischen Aufschwung gegen äußere Bedrohung viele angesprochen haben. Aber die meisten Menschen dürften sich vor allem an die aktivistische Umprägung des Zitats durch Goebbels in seiner berüchtigten zweistündigen Sportpalast-Rede vom 18. Februar 1943 erinnert haben („Nun, Volk steh' auf – und Sturm brich los"), als die 14000 Anwesenden ihm rauschhaft in den „totalen Krieg" gefolgt waren. Am selben Abend war die Rede im Rundfunk gesendet worden, zwei Tage später ein weiteres Mal, und am 24. Februar hatten die Wochenschauen in den Kinos die zentralen Passagen mit den emotionalen Ausbrüchen des Publikums gezeigt.[44] Drohte nun, 1953, im „Sturm und Drang einer Massenbewegung",[45] die politische Vernunft unter die Räder zu kommen, fragte mancher Kommentator besorgt?

Kein Medium erreichte damals in Deutschland mehr Menschen als der Hörfunk, der sich eine Rolle im kulturellen und politischen Leben eroberte, deren Bedeutung kaum zu überschätzen ist. Wie der Sender RIAS, so stellten auch die Rundfunkanstalten in Westdeutschland ihre Programme um und berichteten laufend über den Aufstand. Das aktuelle Programm der Sender war ganz auf die Ereignisse in der DDR abgestellt, Nachrichten und Kommentare, Berichte und Reportagen vom Verlauf der Demonstrationen und dem Aufstand wurden unentwegt gesendet. Häufig gab es Live-Gespräche mit Teilnehmern der Erhebung oder mit Ärzten, die Verwundete versorgten.[46] Eindrücke vom „Zurückdrängen der Demonstranten durch sowjetische Panzer und Maschinengewehre" wurden lebhaft vermittelt,[47] man hörte Schüsse und die Reporter berichteten, wie sowjetische Panzer am Leipziger Platz eine Straßensperre errichteten und das Regierungsviertel abriegelten.[48] Als Generalmajor Dibrova, Militärkommandant des sowjetischen Sektors von Berlin, die Verhängung des Kriegsrechts verlas, waren die westdeutschen Hörer live dabei.[49] Der Inhalt der NWDR-Sondersendung zum 17. Juni 1953, die auch von anderen Sendern verbreitet wurde, war typisch. Im Programmblatt heißt es: „Über den Verlauf des Morgens des 17. 6. / Arbeiter über seine Beteiligung an Demonstrationen / Reportage von der Sektorengrenze: Gespräch mit Teilnehmern der Demonstration / Bericht über die in Ostberlin getroffenen Maßnahmen (Ausnahmezustand 13.00 Uhr) / Demonstranten aus Hennigsdorf über das Eingreifen der Russen / Reportage vom Potsdamer Platz (mit Schüssen von Maschinenpistolen) / Bericht über den Fortgang der Ereignisse / Über Bericht des Ostrundfunks / Gespräch mit in Magdeburg befreiten Arbeitern über die dortigen Ereignisse / Arbeiter aus Leipzig über die dortigen Ereignisse / Arbeiter über die Stimmung in den Betrieben / Zum Verlauf der Betriebsdemonstrationen – Bevölkerung schloß sich an / Über Gärung in einem Betrieb / Keine Plünderung / Über Zusammenbruch des Streiks infolge russischen Eingreifens."[50] Viel eindringlicher noch waren allerdings die Filmszenen vom Aufstand in den Wochenschauen, die damals als „Vorfilme" in den Kinos liefen.[51]

In keinem solcher Berichte oder Filme durften die legendären, berühmt-berüchtigten T 34-Panzer fehlen, ebensowenig unheimliche „biwakierende Rotarmisten", deren Lagerfeuer noch von Westberlin aus jedermann sehen konnte.[52] Außerordentlich besorgniserregend waren die Titelschlagzeilen über das Kriegsrecht in Ostberlin, wenn sie – wie z. B. in der „Welt" vom 18. 6. – mit Meldungen über die Korea-Front gepaart waren. Sprang der Funke von Asien jetzt auf Europa über, nachdem der militärische Konflikt in Korea vor der Beendigung stand? Vermutlich hatte die „Basler Nationalzeitung" recht, als sie schrieb, daß den Westdeutschen nie so eindringlich wie in den letzten Tagen bewußt geworden sei, daß nicht Bonn, sondern Berlin die Hauptstadt und damit der Mittelpunkt Deutschlands darstelle[53] – aber war man andererseits nicht froh, vom Brennpunkt des Geschehens weit weg zu sein? Jedenfalls dürfte die Gefühlslage der Zuschauer im Westen sehr ambivalent gewesen sein. Der gesamtdeutschen Solidarität stand so die Genugtuung und Erleichterung über die Sekurität des Bonner Teilstaates gegenüber.

Grundsätzliche politische Fragen blieben umstritten: Hatte der Aufstand den Beweis für die Richtigkeit der westdeutschen Politik geliefert oder war er umgekehrt Ausdruck des Scheiterns der bisherigen Deutschlandpolitik der Regierung Adenauer? War jetzt eine gesamtdeutsche Initiative aller Parteien und eine alliierte Vierer-Konferenz zur Deutschlandfrage so aktuell wie nie zuvor? War Adenauers Rangfolge: zuerst europäische Integration, dann deutsche Einheit, fragwürdig geworden, oder hatte sie im Gegenteil eine Bestätigung erfahren? Daß der Aufstand in der

DDR seit dem Ruf nach freien Wahlen den Charakter einer Erhebung für die nationale Einheit angenommen hatte – daran zweifelte niemand. Doch für welche der Wiedervereinigungsvarianten stand der 17. Juni eigentlich, und konnte man mit der Sowjetunion, die soeben unbewaffnete Demonstranten brutal niederwalzen ließ, überhaupt über die deutsche Frage verhandeln?

Die unerhörte Begebenheit in Ostdeutschland wurde von augenblicklichen Sinnstiftungen in der Bundesrepublik begleitet. Aber diese Sinnstiftungen kamen allesamt aus der geschichtlichen Sphäre. Wohl selten zuvor ist ein aktuelles Ereignis so schnell historisiert worden. Es schien, als sei endlich das eingetreten, auf was man lange gewartet hatte: eine Tat, aus der überzeitliche Orientierungswerte und Bezugspunkte deutscher Identität geschöpft werden konnten. War der Aufstand nicht eine Verdichtung der fundamentalen Probleme, lag in ihm nicht der Schlüssel zur Deutung, wenn nicht der Welt nach 1945, so doch der deutschen Frage? Noch während die Erhebung andauerte, wurde sie von Medien und Politik als Kristallisationspunkt eines eruptiv zum Ausdruck gekommenen historischen Vermächtnisses betrachtet. Drei historisierende Deutungsmuster bildeten sich auf breiter Linie aus.

Das erste dominierende Deutungsmuster hieß: Eine deutsche Revolution, die „erste wirkliche deutsche Revolution", hatte sich ereignet. Ihr geschichtliches Ausmaß war offenbar vom gleichen Range, wie das der Französischen Revolution. Fast immer wurde der Juni-Aufstand mit dem Bastille-Sturm von 1789 in Beziehung gesetzt – hier wie dort: ein Fanal von Weltbedeutung. Die Schilderungen über zahlreiche Gefängniserstürmungen in der DDR suchten bewußt die Analogie zur Befreiung der Gefangenen aus der französischen Schreckensburg. Besonders prägnant und durchaus repräsentativ schrieb Marion Gräfin Dönhoff in der „Zeit": „Als die Pariser am 14. Juli 1789 die Bastille stürmten, wobei sie 98 Tote zu beklagen hatten und sieben Gefangene befreiten, ahnten sie nicht, daß dieser Tag zum Symbol für die französische Revolution werden würde. Er wurde es, obgleich alle wesentlichen Ereignisse: die Erklärung der Menschenrechte, die Ausarbeitung der Verfassung, die Abschaffung der Monarchie zum Teil erst Jahre später folgten. – Der 17. Juni 1953 wird einst und vielleicht nicht nur in die deutsche Geschichte eingehen als ein großer, ein symbolischer Tag."[54] Die Fernwirkungen dieser ersten antikommunistischen Revolution hielt man allgemein für ganz erheblich. Ebenso wie die Französische Revolution von 1789 die Zwangsherrschaft des Absolutismus beseitigt und eine Ära weiterer Revolutionen im 19. Jahrhundert eingeleitet hatte, waren sich viele Kommentatoren sicher, den ersten Sturm auf die Bastille kommunistischer Zwangsherrschaft gerade erlebt zu haben und am Beginn einer Ära der Revolutionen gegen die kommunistischen Diktaturen zu stehen. Im 17. Juni wurde der Beweis für die Schwäche totalitärer kommunistischer Regime gesehen. Walter Fredericia prognostizierte deshalb vor dem Menetekel des 17. Juni nicht allein das Ende der Nachkriegszeit, sondern sogar eine allgemeine geistesgeschichtliche Wende, vergleichbar nur mit der beginnenden Säkularisierung im 17. und 18. Jahrhundert, als viele Menschen nicht mehr an die Offenbarung glauben wollten. 1953 sei das „schwarze Jahr des Sozialismus", sein Niedergang werde eingeläutet. Er verliere den Boden unter den Füßen, womit in Europa ein Zeitalter zu Ende gehe, „das er beherrschte und in dem er alle sozialen und einen großen Teil der philosophischen Auseinandersetzungen nährte".[55] Solche Interpretationen waren Ausdruck der vermuteten langfristigen welthistorischen Bedeutung des ostdeutschen Aufstandes.

Bereits während des ostdeutschen Aufstandes hat sich also im Westen ein spezifischer Revolutionsmythos herausgebildet. Revolutionsmythen stehen gemeinhin für einen radikalen Bruch mit einer verhaßten Vergangenheit und für einen Aufbruch in eine bessere Zukunft.[56] Die verhaßte Vergangenheit war nun die jüngste Periode der deutschen Teilung nach 1945. Sie wurde als an den Deutschen begangenes Unrecht der Alliierten, namentlich der Sowjetunion betrachtet. Gegen sie, die UdSSR, und ihre Zwangsherrschaft schien sich die Revolution zu richten. Aber dieser Revolutionsmythos stellte nur die eine Seite der Medaille dar.

Ihre Kehrseite war ein Mythos der Nation, auf den im folgenden eingegangen werden soll. Nationsmythen wollen Kontinuität und Dauerhaftigkeit stiften. Der Mythos der Nation sollte nun den Anspruch auf die Einheit Deutschlands untermauern. Der 17. Juni galt als geschichtliches Zeugnis des unzerstörbaren Einheitsbewußtseins, aus dem die historische Notwendigkeit für eine deutsche Einheit zwangsläufig folgen mußte. Dieser Anspruch leitete sich daraus ab, daß dem 17. Juni zwei besonders wichtige Deutungsmuster unterlegt und diese miteinander verbunden wurden: Er stand zum einen für eine Rückkehr „nationaler Würde" und zum anderen als Beweis für die antitotalitäre Gesinnung der Deutschen.

Betrachten wir zunächst das Deutungsmuster Antitotalitarismus. Der 17. Juni 1953 wurde sofort mit dem 20. Juli 1944 parallelisiert: Hier ein Aufstand gegen das Diktatoren-Gespann Ulbricht, Pieck und Grotewohl, dort einer gegen den Diktator Hitler – beide wurzelten in gleichem Ethos und in gleicher Verzweiflung. Die Konsequenzen dieser Gleichsetzung waren in mehrerer Hinsicht weitreichend. Einmal war damit das „Eliten-Massen-Paradigma"[57] in den fünfziger Jahren tangiert. In der häufig benutzten Diktion Ortega y Gassets – eines im westdeutschen Bürgertum der Adenauerzeit am meisten gelesenen Philosophen – handelte es sich nach vorherrschender Meinung bei der Erhebung in Ostdeutschland um einen positiv zu wertenden „Aufstand der Massen".[58] Das Attribut „positiv" ist dabei wichtig. Denn die Kritik an der „Vermassung" als Signatur des 20. Jahrhunderts war ein wesentlicher Bestandteil des bundesrepublikanischen Geschichtsbildes zu Beginn der fünfziger Jahre. Von den infolge des Ersten Weltkrieges angeblich entwurzelten, materialistischen, staats- und machtgläubigen Massen drohte Gefahr, hier lag ein Potential für politische Verführbarkeit und eine Voraussetzung der faschistischen Bewegungen. In Politik und Wissenschaft hatte sich die Erklärung Bahn gebrochen, daß hier die Wurzel der Katastrophe von 1933 bis 1945 zu suchen sei.[59] Ähnliche Argumentationsmuster wie zur deutschen Katastrophe nach 1933 hatten – wie oben gezeigt – eine Übertragung auf den Vorgang der Sowjetisierung in der SBZ und der frühen DDR gefunden. Während Ortega y Gassets Werk als Warnruf eines Geistesaristokraten vor den Fahnenträgern kollektiver Ideale großen Zuspruch fand und er die schöpferische Elite durch das Heraufkommen der Massen zur vollen sozialen Macht bedroht sah, wurde der deutsche „Massenaufstand" in der DDR vor allem von konservativer Seite – die in Erklärungsnot kam – durch die Interpretation abgeschirmt, es habe sich um die Fortsetzung klassischer Freiheitsbewegungen gehandelt.[60]

Die antitotalitäre Volkserhebung, als die der 17. Juni interpretiert wurde, war darüber hinaus für so gut wie alle Deutungseliten auch ein nachholendes Ereignis für den ausgebliebenen Massenaufstand im „Dritten Reich". Der jetzige Aufstand habe ein für alle Mal die Behauptung widerlegt, „daß das deutsche Volk nicht die innere Kraft aufbringe, sich gegen Diktatur und Willkür zur Wehr zu setzen, ein Vorwurf, wie er in der Vergangenheit häufig erhoben wurde", hieß es zum Beispiel in einem redaktionellen Beitrag des Presse- und Informationsamtes der Bundesregierung.[61] Künftig wuchs dem Juni-Aufstand deshalb immer stärker eine Entlastungsfunktion zu. Die Schuld vieler Deutschen am Nationalsozialismus konnte mit dem Verweis auf seine Existenz zusätzlich beschwiegen, abgewehrt, verdrängt und verharmlost werden.[62]

Die direkte Parallelisierung mit dem 20. Juli führte schließlich zu einem doppelten Ergebnis. Einerseits wurde durch die Gleichsetzung von Nationalsozialismus und SED-Diktatur nicht nur die Totalitarismus-Theorie populär, die in die Tiefenschichten der Gesellschaft eindrang, sondern die meisten Deutschen, das machten Umfragen deutlich, hielten die SED-Diktatur für schlimmer als die NS-Diktatur.[63] Unmittelbar nach der Niederschlagung des 17. Juni veröffentlichten viele Zeitungen über einige Wochen hinweg Lesermeinungen. Im „Spiegel" stellte Ilse Metzger aus Mainz die Frage, warum ein solcher Aufstand unter Hitler ausgeblieben sei. Die Antwort war über den Einzelfall hinaus charakteristisch: „Damals und heute stand gleicher Tyrannei gleiche Ohnmacht gegenüber. Damals und heute drohten jedem Neinsager Konzentrationslager und staatlicher

Mord. Die Unfreiheit war die gleiche, aber niemand schrie nach Freiheit. Warum lösen die gleichen Umstände heute eine andere Antwort aus? Sollte es vielleicht daran liegen, daß die Umstände damals doch nicht die gleichen waren? Daß die großen Massen damals glücklich waren, weil, vom Freiheitsbedürfnis abgesehen, ihre seelischen und nicht zuletzt ihre leiblichen Bedürfnisse besser befriedigt wurden?"[64]

Mit der behaupteten Wesensidentität der braunen und der roten Diktatur und der Parallelisierung der beiden Aufstände wurde andererseits der 20. Juli 1944 in der bundesdeutschen Öffentlichkeit erst aufgewertet und positiv besetzt. Man sollte sich glücklich schätzen, schrieb etwa Klaus Mehnert in „Christ und Welt", daß das deutsche Volk, „vertreten durch seine Besten – vor sieben Jahren waren es Adelige, Offiziere und Geistliche, vor einem Jahr Arbeiter" über sich selbst hinausgewachsen sei.[65] Der in der breiten Öffentlichkeit populäre und als positiv wahrgenommene Aufstand des 17. Juni stützte den bis dahin noch in weiten Kreisen negativ beurteilten 20. Juli in der kollektiven Erinnerung der Bundesdeutschen ab und spielte eine herausragende Rolle für die allmählich wachsende Akzeptanz des Hitler-Attentats.[66]

Das letzte dominierende Deutungsmuster war noch stärker auf der politisch-moralischen Ebene angesiedelt und lautete: Der 17. Juni hat die durch den Nationalsozialismus beschädigte „nationale Würde" Deutschlands wiederhergestellt. Der Freiheitsdrang eines Teils des deutschen Volkes und sein Kampf gegen Willkür und Unmenschlichkeit kamen in den Augen vieler Westdeutschen einer geschichtlichen Ehrenrettung der gesamtdeutschen Nation gleich. Von der internationalen Aufhellung des deutschen Images haben die Westdeutschen, obwohl nur Zuschauer und nicht Akteure des Geschehens, in einem starken Maße profitiert. Auch die seit den fünfziger Jahren lauter werdenden politischen Forderungen nach einem „geläuterten Nationalgefühl" der Bundesdeutschen hatten allesamt hier ihren eigentlichen Ursprung.[67] Als Kronzeugen für die nationale Rehabilitierung wurden immer ausländische Stimmen angeführt. So hatte schon am 23. 6. Julius Hollos über BBC London erklärt: „Dieser 17. Juni hat für Westdeutschland noch eine besondere Bedeutung. Denn zum ersten Mal seit vielen, vielen Jahren hat man in Deutschland für die Freiheit gekämpft. Und so eindrucksvoll und überwältigend ist dieser Eindruck, daß mit diesem Tage Deutschland im Denken der anderen Völker wieder einen ehrenwerten Platz einnimmt (...) Deutschland ist in den Kreis der westlichen Völkerfamilie heimgekehrt. (...) Deutschland und der Westen sind an diesem Tage zum ersten Mal seit 150 Jahren nicht Gegner gewesen, sondern Verbündete."[68] Namentlich von der Schweizer Presse war von Beginn an ein ähnlicher Ton angeschlagen worden. „Die Tat" hatte beispielsweise mit Bezug auf 1848 geschrieben: „Der Berliner Aufstand hat zum erstenmal seit rund 100 Jahren bewiesen, daß Teile des deutschen Volkes auch in aussichtsloser Lage zu einer revolutionären Erhebung imstande sind." Daß dieser Beweis möglich sei, habe Europa den Deutschen schon lange nicht mehr geglaubt; in diesem Unglauben wurzelten die tiefen Zweifel am „Vorhandensein eines demokratischen Gesinnungskerns".[69]

Die größte und bedeutsamste Anerkennung kam aber nicht aus England, der Schweiz, Luxemburg[70] oder den USA[71], sondern aus Paris. Unter dem großen Eindruck, den der Aufstand in der DDR auf die Franzosen machte,[72] wurde dort Anfang Juli eine Massenkundgebung für die Menschen in der „Sowjetzone" organisiert, an der sich „Franzosen aller Schichten mit den Freiheitskämpfern des 17. Juni solidarisch" erklärten, wie man in vielen deutschen Zeitungen anschließend lesen konnte.[73] Die ostdeutschen Ereignisse hielt der Reporter Ernest J. Salter für geeignet, „gewisse Taten" des Nationalsozialismus zwar nicht vergessen zu machen, wohl aber die andere Seite der deutschen Nationalität, das Streben nach Freiheit, wieder deutlicher ins Bewußtsein zu rufen. Angesichts einer ausgeprägten, mit Blick auf die Vergangenheit durchaus verständlichen Germanophobie der französischen Öffentlichkeit und angesichts der Stereotypen von der Unterwürfigkeit der Deutschen, die auch zu Beginn der fünfziger Jahre das Klima in Frankreich und die deutsch-französischen Beziehungen mitbestimmten,[74] war dies von nicht zu überschätzender Bedeutung. Auf der Kundgebung glaubte Salter, das „echte französische Pathos" zu erleben. Filmdokumente des Aufstandes wurden vorgeführt, auch Bilder sowjetischer Panzer, die gegen Arbeiter vorgingen. Viele Teilnehmer seien dabei von den Plätzen aufgesprungen und hätten „Assassins, Assassins" geschrien. Georges Altmann, Chefredakteur von „Franc-Tireur", benutzte in seiner Rede auf derselben Veranstaltung ein Motiv, das seither in Frankreich immer wieder betont wurde: „Die Arbeiter von Ostberlin haben Deutschland seine Würde wiedergegeben." Ähnliche Worte fand der frühere sozialistische Innenminister und spätere Minister für „Education nationale", Edouard Depreux. Er protestierte außerdem mit Emphase gegen den von einem „volksfeindlichen, antidemokratischen und nationalen Regime verübten Verrat" am Sozialismus, der sich unter dem Patronat der sowjetischen Besatzungsmacht in Ostdeutschland vollziehe. Eine Kollekte für die Witwe des von der Roten Armee standrechtlich erschossenen Berliners Willi Göttling ergab 50734 Francs, die an den Berliner Bürgermeister Ernst Reuter geschickt wurden.[75]

Die kommunistische Zeitung „L'Humanité" widmete den Ereignissen ebenfalls viel Raum, kolportierte dabei allerdings die offizielle ostdeutsche Lesart vom „faschistischen Putsch", indem sie mehrmals berichtete, daß die in Halle aus dem Zuchthaus mitbefreite ehemalige KZ-Aufseherin Erna Dorn eine zentrale Figur des Aufstandes gewesen sei –[76] eine Interpretation, die außerhalb der KP in Frankreich und in der Bundesrepublik als degoutant empfunden und energisch zurückgewiesen wurde.

Nicht zuletzt war der Aufstand Thema auf dem Stockholmer Kongreß der Sozialistischen Internationale Anfang Juli, über den die französische Presse ausführlich berichtete. Die Begrüßungsrede des schwedischen Ministerpräsidenten Tage Erlander hob nach diesen Berichten stark auf den ostdeutschen Aufstand ab; auch er sprach von einem „besseren Deutschland", das sich hier gezeigt habe.[77] Doch kaum hatte der Kongreß begonnen, war die Eintracht dahin, und es enthüllte sich ein großes Dilemma. Während nämlich die Vertreter der „Sozialistischen Union für Mittel- und Osteuropa" – also die im Exil lebenden Sozialistenführer aus den baltischen Staaten, Polen, Rumänien, der Tschechoslowakei, Ungarn, Bulgarien, der Ukraine und Jugoslawien – die Unterstützung der westlichen Welt für die aktive Revolte gegen die kommunistische Herrschaft forderten, erklärte der Inder Prem Bhasin, Delegationsmitglied der „Asiatischen Sozialistischen Konferenz", man könne nicht verschiedene Maßstäbe für die Kommunisten und die „sogenannte 'freie Welt'" verwenden. Wenn zur gleichen Zeit in Kenia Aufstand sei und in Berlin, mit welchem Recht könne man den einen verwerfen und den anderen preisen? Das waren für europäische Sozialisten bestürzende Äußerungen. Die Mau-Mau-Aufstände und die Ereignisse des 17. Juni auf eine Stufe zu stellen, hieß, das englische und französische Kolonialsystem dem sowjetischen Satellitensystem gleichzusetzen.[78]

Was immer man von diesem Vergleich zwischen dem sowjetischen Satellitensystem und den westlichen Kolonialreichen halten mochte, richtig war, daß die einen Aufständischen verurteilt und die anderen gefeiert wurden. Auf einer Pariser Versammlung mit 3000 Menschen im Palais de Mutualité, einberufen von den Freien Gewerkschaften, den Sozialisten und verschiedenen linken, antistalinistischen Gruppen, erschienen unter dem stürmischen Beifall der Versammlungsteilnehmer auch drei Ostberliner Arbeiter. Sie berichteten, daß sie für ihre wirtschaftlichen Forderungen gekämpft hätten, für Erhöhung der Löhne, Senkung der Normen, Herabsetzung der Preise. Am anderen Tag sei die Bewegung, hervorgerufen durch den Widerstand der bankrotten Grotewohl-Ulbricht-Regierung, zu revolutionären Formen übergegangen, seither sei der Kampf für Freiheit, Gerechtigkeit und Brüderlichkeit geführt worden.[79] Die Überhöhung des Ereignisses vom nationalen zum internationalen, weltumspannenden Akt wurde aber erst endgültig vollzogen, als der im Palais de Mutualité anwesende Dichter-Philosoph Albert Camus zu einer leidenschaftlichen Rede ausholte. Er glaubte, daß viele Thesen seines bekannten Werkes „Menschen in der Revolte" durch die deutschen Ereignisse aus der Theorie in die Praxis der Aktion übersetzt worden seien.[80]

Wurden also aus Paris – dem Symbol der Revolution, aber auch der geeinten Nation schlechthin – dem 17. Juni die höheren, auch philosophischen Weihen verliehen, so trugen nicht zuletzt bundesdeutsche Augenzeugen durch Devotionalien sogleich zur publicitywirksamen Sakralisierung und Mythisierung der Ereignisse bei. Viele Bonner Abgeordnete versuchten zwar, schleunigst nach Berlin zu fliegen, nicht alle aber bekamen Plätze in den eingesetzten amerikanischen Dakota-Sondermaschinen.[81] Das existentialistische Pathos wirkte nicht immer echt. Die Vorahnung von der möglichen Tragweite des Aufstandes trieb zuweilen groteske Blüten. Gerd Bucerius etwa, CDU-Bundestagsabgeordneter und Vorsitzender des Ausschusses für Berlin, kam vom Brandenburger Tor triumphierend mit einem Stück von dem Fahnentuch zurück, das Aufständische dort heruntergerissen hatten und präsentierte es im Bonner Parlamentsviertel wie einen Skalp.[82] Anläßlich weiterer solcher Vorkommnisse meinte ein britischer Beobachter sarkastisch, doch mit einigem Recht: „Bald werden so viele Fetzen von der heruntergeholten Fahne gezeigt werden wie Holzsplitter vom Kreuze Christi. Wenn man sie alle zusammennähen würde, hätte man einen so großen Laken, daß man das ganze Bundeshaus darin einwickeln könnte. – So finden alle großen Geschehnisse ihren kleinbürgerlichen Niederschlag."[83]

Der „historischen Bedeutung" des 17. Juni konnte sich im Westen niemand entziehen. Unzählige Menschen aus allen Schichten verfaßten ergreifende Briefe an Politiker ihres Vertrauens.[84] Der politische Unternehmer Otto A. Friedrich,[85] Vorstandsvorsitzender der Phoenix Gummiwerke Aktiengesellschaft, beispielsweise wandte sich an Bundespräsident Heuss, um ihm seine Gefühle mitzuteilen. Er sei tief beeindruckt gewesen, als er gelesen und gehört habe, daß „die Berliner Arbeiter im Feuer der Terrorpolizei unter Singen des Deutschlandliedes die rote Fahne, die einst ihr Symbol war, herunterholten und auf der Höhe des Brandenburger Tors die schwarz-rot-goldene Flagge hissten". Damit hätte diese Flagge in einer „echten Kampfsituation" endlich eine Weihe erhalten, die alle Deutschen anerkennen müßten.[86]

In Anbetracht einer solchen kollektiven nationalen Aufwallung schien es nur folgerichtig, daß der Deutsche Bundestag sich wenige Tage nach der dramatischen Erhebung in Ostberlin und in zahlreichen Städten der DDR auf die Schaffung eines „Tags der deutschen Einheit" verständigte, als „Symbol der deutschen Einheit in Freiheit", wie es in der Präambel des Gesetzes hieß. Diese allein gegen die kommunistische Gruppe am 3. Juli im Bundestag gebilligte Institutionalisierung eines nationalen Gedächtnisortes gilt gemeinhin als Ausdruck überparteilicher demokratischer Eintracht und der geschlossenen Demonstration gesamtdeutscher Verbundenheit, die in spontaner Reaktion auf eines der denkwürdigsten Ereignisse der deutschen Nationalgeschichte erfolgte.[87]

Aber dieser Eindruck von Eintracht und Harmonie kann nur bei vordergründiger Betrachtung entstehen. Die voluntaristische Sinngebung verdeckte die Konflikte. Das Bild der Eintracht der politischen Akteure trog, es war Fiktion. Wenn man sie für die Realität nimmt, muß dies zwangsläufig zu gravierenden Fehlurteilen führen. Bereits über die Bundesfeierstunde zu Ehren der Toten des Aufstandes hatte es Streit gegeben. Weil der Bundeskanzler nicht auf die Vorstellungen der Sozialdemokraten einzugehen bereit gewesen war, hatten diese ihm unterstellt, daß er eine machtvolle gesamtdeutsche Solidaritätskundgebung der Arbeiterschaft verhindern wolle.[88] Die Frontlinie der folgenden Auseinandersetzungen wurde hier schon erkennbar. Die Art und Weise, wie der Gedächtnisort „Tag der deutschen Einheit“ das Licht der Welt erblickte, war höchst spannungsgeladen, worüber unter allen beteiligten politischen Akteuren kein Zweifel herrschte. Die einmütige Verabschiedung des Bundesgesetzes war deshalb keineswegs von Anfang an sicher.[89]

Verschiedene Anträge der Fraktionen waren zur Beratung an die Bundestagsausschüsse für gesamtdeutsche Fragen und für Angelegenheiten der inneren Verwaltung überwiesen worden. Es gab anfänglich Querelen über eine angemessene Begrifflichkeit zur Charakterisierung der Ereignisse in der DDR, aber diese bildeten nicht den eigentlichen Kern der Differenzen. Herbert Wehner, Vorsitzender des Gesamtdeutschen Ausschusses, konnte sich schließlich mit seinem Vorschlag „Tag der deutschen Einheit“ durchsetzen und wurde somit zum Namensgeber des neuen nationalen Symbols. Die ebenfalls umstrittene Frage des Feiertagsschutzes wiederum war eher zweitrangig, auch sie bildete nicht die Ursache des politischen Zerwürfnisses.[90] Nicht einmal die Vorbehalte, die in der gemeinsamen Sitzung der beiden Bundestagsausschüsse seitens der Regierungsvertreter geäußert wurden, stellten den wahren Streitpunkt dar. Sowohl Bundesinnenminister Robert Lehr als auch der Bundeskanzler und der Bundespräsident – dies berichtete Ministerialrat Schultheiß vom Innenministerium – seien skeptisch, hinsichtlich eines Tags der deutschen Einheit am 17. Juni. „Es könne sein, daß der Tag der Wiedervereinigung überrage, es könne aber auch sein, daß der 17. Juni überrage.“ Da man dies jetzt noch nicht einschätzen könne und die emotionale Nähe zu den Ereignissen den Blick trübe, sollte man die Beschlußfassung aussetzen. Aber dieser Vorschlag war auf der Sitzung gleich wieder vom Tisch.[91]

All diese Dinge standen nur in mittelbarem Zusammenhang mit der grundsätzlichen Kontroverse. Die nach außen präsentierte Harmonie der politischen Akteure täuschte vielmehr deshalb, weil es in Wahrheit zwischen den Parteien um polarisierende geschichtspolitische Entwürfe zur deutschen Frage ging: Daß in der DDR offenbar Arbeiter für die Einheit der Nation und gegen den Sowjetkommunismus auf die Barrikaden gegangen und gestorben waren, machte aus dem 17. Juni in den Augen der SPD eine sozialdemokratische Revolution. Folgerichtig war die politische Initiative zur Durchsetzung des nationalen Gedächtnisortes von der SPD ergriffen und nachhaltig forciert worden, womit die Regierungsparteien in Zugzwang gerieten. War ein derartiger Vorschlag, einen Gedächtnisort zu institutionalisieren, erst einmal in der Welt, konnte nach all dem, was geschehen war und die Deutschen täglich aus den Medien über Revolution, Antitotalitarismus und Würde der Nation vernommen hatten, sich niemand mehr öffentlich dagegen aussprechen, ohne Gefahr zu laufen, politischen Selbstmord zu begehen.

Am 24. Juni teilte Edith Knappe, spätere Berliner Bundestagsabgeordnete, Franz Neumann, dem Berliner SPD-Vorsitzenden, über eine Besprechung mit Wilhelm Mellies vom Vorstand der SPD-Bundestagsfraktion folgendes mit: „Für uns im Westen entsteht jetzt die wichtige Aufgabe, die Dinge nicht abklingen zu lassen, sondern ständig auf der Tagesordnung zu halten.“ Die Sozialdemokraten müßten nun permanent das Problem der Wiedervereinigung in die Öffentlichkeit bringen; man müsse sich vorsehen, daß Adenauer die Bevölkerung nicht mit kleinen Gaben abspeise. Was hier im Osten begonnen habe, so schloß sie, „ist so einmalig in der Geschichte und so überwältigend“, daß die Chance, die Einheit Deutschlands zu erreichen, mit den Händen zu greifen sei.[92] Der nationale Gedächtnisort, so läßt sich das Kalkül der Sozialdemokraten zusammenfassen, sollte als Waffe im politischen Tageskampf und zur Mobilisierung gegen die Politik der Westintegration Konrad Adenauers eingesetzt werden. Die oppositionelle Nationaloffensive der SPD korrespondierte mit ihren politischen Bestrebungen, die noch offene nationale Wunde der deutschen Teilung endlich zu schließen, und sie umgab die Initiative mit einer Aura des „Möge“. Sie sollte nicht zuletzt auch ein gesamtdeutscher Appell an die Siegermächte sein. Aber im Kern handelte es sich um einen Kampf um politische Macht und Herrschaft. Geschichtsverständnis, tagespolitischer Machtkampf und erhoffte Zukunftsperspektive – das war die Trias, auf der die politische Durchsetzung des nationalen Gedächtnisortes fußte. Der Vorwahlkampf war angebrochen und die Sozialdemokraten wähnten sich mit der Forderung nach einer aktiven Wiedervereinigungspolitik durch das aufwühlende Hereinbrechen der Nation im politischen Aufwind. In der zweiten und dritten Beratung des Gesetzes zum Tag der deutschen Einheit am 3. Juli 1953 betonten der Berichterstatter Stefan Maier (SPD) und Bundestagspräsident Hermann Ehlers (CDU) – wie überhaupt Politiker aller Fraktionen in der Öffentlichkeit – mehrmals, der

17. Juni sei das bedeutsamste Ereignis in der neueren deutschen Geschichte.[93] Aber sie verknüpften damit höchst unterschiedliche Inhalte – und politische Strategien. Dies soll in den folgenden drei Abschnitten herausgearbeitet werden, die von den drei Formen geschichtspolitischer Mythenbildungen und den dahinterstehenden Geschichtsbildern handeln, die 1953 um die Zustimmung der Bevölkerung rangen.

5. Geschichtspolitische Mythenbildungen im Widerstreit

a) Arbeiter und Nation

Als Bundeskanzler Konrad Adenauer in seiner Regierungserklärung vom 1. Juli 1953 den ostdeutschen Aufstand zum Anlaß nahm, um über die Außenpolitik der Bundesregierung Rechenschaft abzulegen, erntete er bei den sozialdemokratischen Rednern Herbert Wehner, Willy Brandt und Carlo Schmid energischen Widerspruch. Es fehlte nicht viel und die Bundestagsdebatte hätte in einem allgemeinen Tumult geendet. Die Opfer des 17. Juni ließen die bundesdeutschen politischen Akteure nicht zusammenrücken, sondern entzweiten sie in bislang nicht gekanntem Ausmaß. Adenauer strich die bisherigen Erfolge der Koalition auf dem Gebiet der Westintegrationspolitik heraus, er verwies auf die Meilensteine Europarat, Montanunion, Europäische Verteidigungsgemeinschaft und bekannte sich zu einer Überwindung der Nationalismen durch die Arbeit an einer europäischen politischen Gemeinschaft. Diese Politik und die Unterstützung der Westalliierten würden zur Wiedervereinigung führen und so das Vermächtnis des Aufstandes vom 17. Juni einlösen. Die sozialen und ökonomischen Pläne für die Zeit nach der Wiedervereinigung seien fertiggestellt. „Wiedervereinigung und europäisches Zusammenleben", so versicherte der Kanzler, „sind notwendige Teile ein und derselben Politik."[1]

Herbert Wehner, der anschließend den Antrag der SPD-Fraktion begründete, durch den die Bundesregierung verpflichtet werden sollte, sofort Deutschland-Verhandlungen zwischen den vier Besatzungsmächten zu verlangen,[2] konnte sich kaum beherrschen. Er hielt Adenauers außenpolitische Rechtfertigungen, seine rhetorischen und symbolischen Gesten, für vollkommen unangemessen – der Kanzler hatte vorgeschlagen, der nächste Bundestag solle Vertreter der sowjetzonalen Bevölkerung zur Mitberatung kooptieren. Für die Sozialdemokraten bedeutete der Aufstand ein neues Stadium im Kampf um die Wiedervereinigung Deutschlands, ihnen zufolge kam es nun „geschichtlich auf konkrete Schritte an".[3] Auf einen Zuruf von rechts („Na, denn mal los!") platzte Wehner der Kragen: „Man sollte, verehrter Zwischenrufer, etwas Respekt haben vor den Anschauungen anderer, vor den Anschauungen einer politischen Partei – auch wenn sie zu ihnen in Opposition steht –, die doch Fleisch vom Fleische der mitteldeutschen Arbeiter ist. (Lebhafter Beifall bei der SPD)".[4] Alle Träger der deutschen Politik schuldeten den ostzonalen Arbeitern Dank dafür, „daß sie es uns – sogar mit viel Blut – bestätigt haben, daß wir ein Mandat haben, die Besatzungsmächte zu drängen und immer wieder zu drängen, jede sich bietende Chance zur Wiedervereinigung Deutschlands in Frieden und Freiheit auszunutzen."[5] An jeder Stelle von Wehners Rede drang der unverhohlene Stolz auf die geschichtstreibende Kraft der Arbeiterklasse durch. „So, wie man's sie gelernt (!) hat",[6] seien die Arbeiter in den Kampf gezogen, hätten das kommunistische System demaskiert und einer jetzt nötigen neuen Politik des Westens mit konkreten Schritten hin zur Wiedervereinigung den Weg geebnet.

Robert Tillmanns, Vorsitzender der Westberliner CDU, warnte davor – ebenso wie später Max Becker von der FDP –, „diesen Aufstand drüben für bestimmte politische Parteien in Anspruch zu nehmen".[7] Aber er tat eben dies fast im gleichen Atemzug. Zwar stimmte Tillmanns seinem Vorredner Wehner zu, daß es in der deutschen Geschichte nur wenige Ereignisse gegeben habe, die der ostdeutschen Erhebung an die Seite gestellt werden könnten. Aber die Arbeiter hätten auf dem Brandenburger Tor nicht nur die schwarz-rot-goldene Nationalflagge gehißt, sondern zuvor die rote Arbeiterfahne heruntergeholt. Dieses veranlaßte den Berliner SPD-Abgeordneten Richard Schröter zum Zwischenruf: „So wie Sie es sagen, ist es eine Perfidie!" Außerdem, so Tillmanns weiter, habe es sich bei den Trägern des Freiheitsaufstandes um diejenigen Teile der Arbeiterschaft gehandelt, die es zuvor an „klaren Vertrauensbeweisen zu den christlichen Kirchen" nicht hätten fehlen lassen. Diese Bemerkung provozierte wiederum zahlreiche empörte sozialdemokratische Zwischenrufe.[8]

Die anschließende Rede von Willy Brandt wurde von häufigem Lärm und von tumultartigen Szenen unterbrochen. Es war nicht zu überhören, daß sich die Sozialdemokraten mit ihrem zwei Tage zuvor eingebrachten Antrag auf Schaffung eines Nationalfeiertages ihren deutschlandpolitischen Kurs verbriefen lassen und den der Bundesregierung an den Pranger stellen wollten. „Es sollte nicht zu einer Sache des Gedenkens oder gar der Trauer werden, was Grund ist, uns den Kopf höher tragen zu lassen. Niemand braucht sich seiner Tränen zu schämen (...) Aber es darf nicht zu einer wehleidigen Sache werden, was seinen geschichtlichen Sinn allein als Mahnung zum Kampf haben kann."[9] Brandt bezeichnete den 17. Juni als Aufstand der Arbeiterklasse, die der Motor der Geschichte sei, und verlieh dem Aufstand einen rein proletarischen Zug. „Diese Arbeiter haben sich nicht nur als Mitkämpfer, sondern als Vorkämpfer an der Spitze des Ringens um Einheit in Freiheit bewährt. Sie haben, wie in allen großen revolutionären Krisen, den Kampf um ihre unmittelbaren wirtschaftlichen und sozialen Forderungen mit den Interessen der gesamten Nation verknüpft und den Kampf um die Einheit, um unser zentrales nationales Anliegen auf eine höhere Ebene gehoben."[10] Analog zu den revolutionären und emanzipatorischen Bewegungen des 19. Jahrhunderts und zur Revolution von 1918/19 erblickten die Sozialdemokraten unter dem Signum „Arbeiter und Nation"[11] nicht nur die klassische Verbindung von individuellen Zielen und nationalen Erfordernissen, sondern den neuerlichen Beweis für die nationale Zuverlässigkeit der Arbeiterschaft. Nationale und demokratisch-sozialistische Politik wurden in eins gesetzt; Sozialismus begriff die SPD als nationale Emanzipation[12] und ihr war, wie Brandt es formulierte, die „gesamtdeutsche Haut näher als irgendein kleineuropäisches Hemd".[13] Die Nation konnte zum Fluchtpunkt der demokratischen politischen Linken werden, weil sie offensichtlich in der Klassensolidarität der Arbeiter wurzelte.

Auch Brandt verwahrte sich dagegen, den 17. Juni zum parteipolitischen Zankapfel zu machen: „Gestern hat das Bulletin der Bundesregierung behauptet, die Bevölkerung der Zone habe sich mit der Europa-Politik des Herrn Bundeskanzler solidarisch erklärt. Nun, die Menschen in der Zone müssen es über sich ergehen lassen, wenn sie auf diese Weise in den Parteienstreit mit hineingezogen werden."[14] Die Koalition versäume es zum einen, die jetzt entstandene Hingabe für das zentrale nationalpolitische Ziel der Wiedervereinigung bei der Bevölkerung im Westen zu nutzen; zum anderen vertröste sie 18 Millionen Deutsche in der Zone auf den „Sankt-Nimmerleins-Tag". Die Unruhe in den Reihen der Regierungsparteien schlug in helle Aufregung und Empörung um, doch Brandt zog jetzt erst richtig vom Leder. Nirgendwo habe man einen Ruf nach Anschluß an die Bonner Adenauer-Republik hören können; nirgendwo sei eine Reprivatisierung der Großindustrie gefordert worden. Die Arbeiter faßten die Wiedervereinigung nicht als Gelegenheit zu persönlichem Gewinnstreben auf. Sie wollten nicht die ostdeutsche Diktatur gegen die alte westdeutsche Reaktion eintauschen. „Sie wollen demokratisieren, nicht restaurieren."[15]

Die Debatte war am Siedepunkt angelangt. Heinrich von Brentano (CDU) fand es unwürdig, „in einen Wettlauf einzutreten, wem es mehr darum zu tun ist, die Wiedervereinigung herzustellen".[16] Hans-Joachim Merkatz von der Deutschen Partei protestierte gegen die historisierende „Agitation" der SPD – aber auch der Liberalen, die von einer neuen „Paulskirchensituation" sprachen –[17] und bezweifelte, daß man die heutige deutsche Frage aus der Perspektive des nationalpolitischen Elans des 19. Jahrhunderts lösen könne.[18] Die fraktionslose Helene Wessel, Mitbegründerin der Gesamtdeutschen Volkspartei, forderte eine rasche Wiedervereinigung statt der EVG und hielt allen Fraktionen eine bloß deklamatorische Politik vor;[19] Max Reimann (KPD) schließlich meinte, es werde eine „nationalistische Pogromhetze losgelassen" und der 17. Juni sei das Werk ausländischer Provokateure gewesen.[20] Carlo Schmid begründete abschließend noch einmal den SPD-Antrag, wonach den Regierungen der drei westlichen Besatzungsmächte förmlich mitgeteilt werden sollte, daß nach der Konferenz der drei westlichen Außenminister unverzüglich Verhandlungen zwischen den vier Besatzungsmächten über die Wiedervereinigung Deutschlands aufzunehmen seien. Dieser Antrag zur Beschleunigung von Viermächteverhandlungen wurde aber in namentlicher Abstimmung mehrheitlich abgelehnt. Herbert Wehner kommentierte dies mit den Worten, die Koalition wolle praktisch nichts für die Einheit Deutschlands tun. Lebhafter Beifall bei der SPD und Erregung sowie stürmische Pfui-Rufe bei den Regierungsparteien waren die Quittung.[21] Der Sozialdemokratische Pressedienst vermeldete noch am gleichen Tag, daß dieser erste Juli 1953 als einer der dunkelsten Tage in die deutsche Nachkriegsgeschichte eingehen werde. Die Regierung Adenauer lasse die nicht wiederkehrende Möglichkeit verrinnen, die aufgelockerte deutsche Frage durch internationale Verhandlungen voranzubringen; ihr sei die Aufstellung zwölf westdeutscher Divisionen im Rahmen der EVG wichtiger als die Wiederherstellung der deutschen Einheit, die sie nur im Munde führe. Sie habe damit einen „Treuebruch an den Toten des 17. Juni" vollzogen.[22]

Die verschiedenen Aspekte der geschichtspolitischen Aneignung unter der Chiffre „Arbeiter und Nation" fallen noch stärker ins Auge, wenn man die unzähligen Artikel, Presseberichte und Interviews aus dem Umkreis der Arbeiterbewegung näher betrachtet. Der DGB ließ beispielsweise an Betriebsratsmitglieder und Belegschaften viele Flugblätter verteilen, in denen er zur Spende für einen „Solidaritätsfonds 17. Juni 1953" aufrief, um die Opfer zu unterstützen. „Es sind immer und überall die Arbeiter", so stand dort zu lesen, „die der Freiheit eine Gasse bahnen und die Lebensinteressen ihres Volkes verteidigen müssen. Andere Volksschichten bringen hierzu weder den Mut noch die Kraft auf."[23] Auch der Regierende Bürgermeister von Berlin, Ernst Reuter, hob auf der Berliner Trauerfeier vom 23. Juni, nachdem der Kanzler und der Bundesminister für gesamtdeutsche Fragen gesprochen hatten, darauf ab, daß die Arbeiter an der Spitze der Nation marschiert seien. Die revolutionierende und entflammende Wirkung des 17. Juni galt ihm als das „größte Ereignis der Geschichte, das wir seit langem erlebt haben"; der Tag werde in die „Geschichte unseres Landes eingehen als der große Tag der nationalen Erhebung unseres Landes".[24]

In den Augen von Sozialdemokraten und Gewerkschaftern verwiesen die Massendemonstrationen und der Massenstreik deutlich auf die Herkunft des Aufstandes. Die traditionellen Kampfmittel der sozialistischen

Arbeiterbewegung seit dem 19. Jahrhundert waren im Marsch der Berliner Bauarbeiter wiedererstanden. Daß sich die Arbeiter bemühten, sich von „wilden Elementen“[25] abzugrenzen, sie diszipliniert blieben und damit politische Reife dokumentierten, ließ obendrein keinen Zweifel an ihrer Gesinnung aufkommen: Hier hatten sich nicht einfach Arbeiter, sondern im sozialdemokratischen und gewerkschaftlichen Geist erzogene Arbeiter – Arbeiter mit „sozialdemokratischen Anschauungen“ –[26] erhoben, kein Lumpenproletariat.[27] Dafür sprachen auch die Brennpunkte der Erhebung. Nicht von ungefähr sei der Aufstand dort am stärksten aufgeflammt, wo die traditionellen Hochburgen der Sozialdemokratie gelegen hatten, vor allem in Magdeburg, Leipzig und Jena. Dort waren auch Forderungen nach Wiederzulassung der SPD gestellt und in Betrieben waren Initiativkomitees der SPD gebildet worden, was in der Tat als ein Ausdruck sozialdemokratischer Resistenz gegenüber dem SED-Regime gewertet werden kann.

Der 17. Juni wurde zum gültigen Beweis erhoben, daß auch im Osten die sozialdemokratischen Arbeiter antikommunistisch geblieben seien und nicht „den Nacken unter das Joch der zweiten Diktatur gebeugt“ hätten.[28] Nicht nur im Westen war demnach die Politik Kurt Schumachers und der SPD, nämlich einen Wall gegen das Vordringen des Kommunismus errichtet zu haben, erfolgreich. Die Schlagzeile: „17. Juni 1953: Das Volk hat gesprochen. Sieg des sozialdemokratischen Widerstandes“ war kein Einzelfall.[29] In den westdeutschen Parteikundgebungen, so übermittelte SPD-Parteisekretär Fritz Heine am 25. Juni an alle Bezirke, solle die „politisch-geschichtliche Bedeutung“ des Aufstandes gewürdigt sowie „mit Stolz und Bewunderung die Verbundenheit und Solidarität mit unseren kämpfenden Brüdern und Schwestern in der Zone bekundet werden“.[30] Mit dem in nahezu allen Reden und Kommentaren zitierten Karl-Marx-Satz in Erinnerung an die Opfer des Juni-Aufstandes von 1848: „Die Arbeiter sind erdrückt worden von der Übermacht. Sie sind ihr nicht erlegen. Sie sind geschlagen, aber ihre Gegner sind besiegt!“ ließ sich die marxistische Phraseologie der SED desavouieren, die volksdemokratische Kulisse wegschieben und – in erster Linie – eine historische Analogie mit letztlich siegreichem Ausgang bilden.[31]

Vor allem aber stellte der Aufstand nach Einschätzung der SPD nichts Geringeres dar als eine Bestätigung der sozialdemokratischen Wiedervereinigungspolitik durch die „Zonenbevölkerung“.[32] Wie in der Weimarer Republik und während des „Dritten Reiches“ beanspruchte die Sozialdemokratie auch jetzt, die wahren Interessen der Nation zu vertreten. Bei solchen Ausführungen verlieh das trügerische Gefühl der Übereinstimmung mit dem Willen des deutschen Volkes der nationalen Argumentation der Sozialdemokraten einen apodiktischen Zug.

Bei all diesen Versuchen einer Traditionsbildung wird außerdem deutlich, wie nachhaltig das Trauma der Zwangsvereinigung von KPD und SPD im April 1946 und der damals ausgebliebene massenhafte Protest der sozialdemokratischen Mitglieder noch immer auf die SPD wirkte. Im 17. Juni erblickten die Sozialdemokraten eine nachholende Erhebung gegen ihre Ausschaltung und gegen den Machtanspruch der Kommunisten im östlichen Teil Deutschlands. Nicht von ungefähr wurde das Bild vom „heroischen Arbeiteraufstand“[33] maßgeblich von den Mitarbeitern des SPD-Ostbüros entworfen. Daß die SED-Funktionäre, gegen die sich der Aufstand richtete[34], zum Teil auch frühere Sozialdemokraten waren, die sich von den Kommunisten hatten gleichschalten lassen, vergaß man hinzuzufügen. Die sozialdemokratische Selbstbestätigung erwies sich aber auch noch in anderer Hinsicht als zweischneidig. Sie nährte die SED-Legende eines von außen geleiteten Putsches und einer Fernsteuerung der Erhebung. Danach waren illegale Organisationen aus ehemaligen SPD-Mitgliedern, „die noch immer den arbeiterfeindlichen Auffassungen des Sozialdemokratismus anhängen“, Opfer der Agenten des SPD-Ostbüros geworden, „welche unter den Arbeitern faschistische Losungen verbreiteten und Streiks organisierten“.[35] Somit kam es zu einer gegenseitigen Bestätigung und Verstärkung des jeweiligen Vorurteils.

Zum Deutungsinventar eines nationalpolitischen und eines antikommunistischen Arbeiter-Aufstandes gesellte sich noch eine umfänglichere Dimension hinzu. Der 17. Juni wurde in die große Reihe der revolutionären Befreiungsbewegungen der modernen Geschichte gestellt. „Es war 1789 der Zug des Pariser Volkes gegen die Bastille, seinem politischen und historischen Aspekt nach, die kampfmäßige Einleitung des Sturzes und Zusammenbruchs der feudalen Gesellschaft. Die Pariser Kommune dann, und nach ihr die revolutionäre Welle von 1917–1918, standen im Zeichen der Manifestierung des Machtanspruchs der aufsteigenden Arbeiterklasse gegen die Vorherrschaft der Bourgeoisie in der Gesellschaft. Der Aufstand des 17. Juni ist das Flammenzeichen, das jetzt die Arbeitermassen und die unterdrückten Völker, nach langen Jahren hingenommener Peinigungen und stummen Duldens, dazu übergehen, den offenen Kampf aufzunehmen – gegen die modernste und schlimmste Form der Ausbeutung und Unterdrückung und seine Einpeitscher, gegen den totalitären Staat.“[36] Der ostdeutsche Aufstand avancierte somit zum ersten Massenaufstand im Zeitalter des Totalitarismus – hier wurde nicht nur gegen den Bolschewismus gekämpft, sondern auch noch die ausgebliebene Schlacht gegen den Nationalsozialismus geschlagen. Mit Blick auf geschichtspolitische Maßnahmen kann in diesem Zusammenhang von einer Strategie der doppelten Aneignung gesprochen werden. Der 17. Juni 1953 wurde als bedeutsamer erachtet als der 20. Juli 1944; in ihm sah man den sozialdemokratischen

Aufstand und Widerstand gegen den Totalitarismus, der umfassender und womöglich auch erfolgreicher war als der militärisch-konservative Widerstand der Hitler-Attentäter.

Nur zehn Tage nach dem 17. Juni wagte der Leiter des Ostbüros der SPD, Thomas Stephan, in elf Punkten den Versuch einer Bilanz der „historischen Ereignisse“: 1. Der Beweis sei erbracht, daß ein totalitäres Regime gestürzt werden könne; 2. Nur von der geschlossenen Arbeiterschaft könne im Industrie- und Massenstaat eine Volkserhebung gegen eine totalitäre Tyrannei ausgehen; 3. Soziale und nationale Anliegen seien in der DDR zusammengefallen; 4. Die SED habe für immer ihren moralischen und politischen Kredit verloren; 5. Die Sowjetunion stehe vor der Aufgabe, über die Zukunft Ostdeutschlands zu entscheiden; 6. „Die elementare Widerstandskraft, die in dem so müden Europa kaum vorstellbare Vitalität des deutschen Volkes, ist, rein militärisch gesehen, viel mehr wert als zwölf noch so gut ausgerüstete Divisionen“; 7. Ostdeutschland verliere als Ausbeutungsobjekt für die Sowjets an Wert; 8. „Die Frage, welche Rangordnung das Ringen um die deutsche Einheit in der deutschen Politik einnehmen müsse, ist entschieden. Alle weiteren Versuche, ihr den ersten Platz streitig zu machen, sind zum Scheitern verurteilt“; 9. Adenauers Westverträge seien in wenigen Stunden vom Tisch gewischt worden; 10. Der Restauration im Westen sei Einhalt geboten worden. – Im elften und letzten Punkt schließlich wurde der 17. Juni zu einer nachträglichen Befreiung des gesamten deutschen Volkes überhöht und der Arbeiteraufstand vergrößerte sich zur deutschen Volkserhebung: „So verhängnisvoll es für die politischen Parteien Deutschlands und auch für die Gewerkschaften war, daß sich 1945 das deutsche Volk nicht in einem revolutionären Akt befreit hat, sondern ‘befreit’ wurde, so verheißungsvoll ist die Volkserhebung in der Sowjetzone. Sie gibt dem deutschen Volk die große historische Chance, die Kräfte für eine echte soziale und politische Neuordnung zu entwickeln und damit die Voraussetzung für eine stabile Demokratie zu schaffen.“[37]

Wie stark nicht nur ein historischer Determinismus, sondern vor allem die Tagespolitik die Sinnstiftungen überformte, wird einmal mehr daran sichtbar, daß die SPD immer wieder alle Deutschen dazu aufrief, der „Absicht zu widerstehen, aus dem Provisorium der Bundesrepublik etwas Endgültiges werden zu lassen.“[38] Das „Lied vom 17. Juni“, welches der „Neue Vorwärts“ künftig häufig abdruckte, war im Refrain an die Westdeutschen gerichtet: „Vergeßt nicht, / warum sie es machten, / ihr in München, Hamburg und Mainz / Daß die Toten des Juni euch achten: / Macht aus Deutschland wieder eins! / Macht aus Deutschland wieder eins!“[39] Mit dem „17. Juni“ sollte der Kampf gegen die Westpolitik und für die Wiedervereinigung mit dem Osten, aber auch mit dem Westen Deutschlands geführt werden. Bezeichnend dafür ist beispielsweise, daß Karl Mommer – der Saar-Experte der SPD – das Pankower „Spalterregime" und die es stützende sowjetische Besatzungsmacht in einem Atemzug mit der Saarbrücker „Separatistenregierung" unter Kuratel der französischen Siegermacht geißelte. Saarbrücken und Pankow – beides Schöpfungen von Besatzungsmächten, ohne demokratische Legitimation; Fremdherrschaften also, die deutsche Territorien aus dem Nationalverband herauslösten und deren Existenz die Bundesregierung hinnimmt, so lautete die grobschlächtige Botschaft.[40]

Als Fazit kann man formulieren: Für die Sozialdemokraten und die Gewerkschaften war das Schwungrad der Geschichte die Arbeiterschaft und der 17. Juni – zugespitzt – eine sozialdemokratische Doppelrevolution, aus der sich Identität schöpfen ließ: eine Revolution sowohl gegen den Totalitarismus in Gestalt der kommunistischen Unterdrücker und Zwangsvereiniger im Osten als auch eine gegen die kleindeutsche „restaurative" Regierung Adenauer und den Bonner Teilstaat rheinisch-katholischer Prägung im Westen.[41] Die Übereinkunft von Nation und Freiheit bildete für die SPD, die an der Idee der Reichsnation festhielt,[42] den Kern der deutschen Frage. Der Bundesregierung wurde eine ängstliche und abwartende Haltung gegenüber dem Aufstand von Arbeitern unterstellt. Die SPD warf vor allem den Christdemokraten vor, daß diese ein Überspringen der sozialdemokratischen Revolution auf den Westen Deutschlands zu verhindern trachteten.

Die „geschichtsbildende Kraft der Arbeiterschaft"[43] avancierte zum politischen Programm und wurde zum Leitstern im darauf folgenden Bundestagswahlkampf. Auf der Landeskonferenz der bayerischen SPD im oberpfälzischen Weiden meinte der Landesvorsitzende Waldemar von Knoeringen Ende Juni in lapidarer Kürze, der EVG-Vertrag sei durch die Ereignisse in Ostdeutschland tot. Wäre Kurt Schumacher nicht gewesen, so formulierte er einen seiner Vorwürfe an den Bundeskanzler, „dann wäre die Zonengrenze von Lübeck bis Hof vielleicht längst eine vertraglich festgelegte Staatsgrenze".[44] Der hessische Ministerpräsident Georg-August Zinn wiederum erklärte auf einer Wahlveranstaltung, der Aufstand der Arbeiterschaft in der Sowjetzone hätte leicht auf die Bundesrepublik übergreifen können, weil die deutschen Arbeiter nicht nur keinen Ulbricht-Pieck-Grotewohl-Kurs wünschten, sondern weil sie auch gegen die Regierung Adenauer seien.[45] Ob die Sozialdemokraten mit dem Entwurf solcher klassenkämpferischer Umsturzszenarien gut beraten waren, darf füglich bezweifelt werden. Ernst Reuter verwies in der populären RIAS-Reihe „Wo uns der Schuh drückt" darauf, wo die wirklichen „vaterlandslosen Gesellen" gesucht werden müßten. Er kritisierte scharf die mangelhafte nationalpolitische Einstellung von Industriellen, die nach dem

17. Juni aufgrund von Sicherheitsbedenken Aufträge von Berlin wegzogen und an westdeutsche Firmen vergaben: „Manchmal kann man wirklich verzweifeln. Sind die Deutschen wirklich eine Nation oder sind wir ein Haufen von materiell-egoistisch interessierten Menschen?“[46] Der sozialdemokratische Parteivorsitzende und Spitzenkandidat, Erich Ollenhauer, schließlich ließ überhaupt keinen Zweifel daran, daß eine entscheidende Richtungswahl vor der Tür stehe. Der ernsthafte Versuch einer Viermächteverständigung über die Wiederherstellung der Einheit Deutschlands habe absoluten Vorrang vor allen anderen Konzepten, insonderheit vor den kleineuropäischen Integrationsplänen für Westdeutschland. Im WDR-Gespräch mit dem Journalisten Rüdiger Proske drang Ollenhauer ein weiteres Mal darauf, die Gunst der Stunde nicht verstreichen zu lassen: „Die Menschen von Ostberlin und in der Sowjetzone haben in den Tagen des 17. Juni im Kalten Krieg eine geradezu entscheidende Schlacht gewonnen. Es ist nicht nur ein Sieg für sie, sondern für die ganze freie Welt.“ Daraus leitete er die „unbezwingbare Logik“ der sozialdemokratischen Forderungen nach aktiver Wiedervereinigungspolitik ab.[47]

b) Die Ideale der Paulskirche

Die Liberalen, die sich in den Jahren zwischen 1952 und 1956 in unversöhnliche Richtungskämpfe verstrickt hatten, betrachteten den 17. Juni noch stärker als die Sozialdemokraten, aber mit anderen Gewichtungen und in unterschiedlichen Schattierungen, aus dem Blickwinkel des 19. Jahrhunderts heraus.

Der rechtsnationalistische Flügel der FDP, dessen Basis die Landesverbände Niedersachsen, Hessen und bis 1955 Nordrhein-Westfalen waren, vollführte eine Gratwanderung, bei der er sich stets mit einem Fuß über den Abgründen der traditionalistischen Rechten befand. In der Naumann-Affäre von 1953 kam die Gefahr einer neonazistischen Unterwanderung der FDP eklatant zum Ausdruck;[48] ähnliches galt für die niedersächsische Schlüter-Affäre[49] zwei Jahre später. Das „Deutsche Programm“, welches Friedrich Middelhauve, FDP-Landesvorsitzender von Nordrhein-Westfalen, im Juli 1952 dem Landesparteitag in Bielefeld zur Annahme empfahl, war ganz dem Ziel einer deutschnationalen Sammlung verpflichtet. Weder der Begriff „liberal“ noch „demokratisch“ tauchte auf, dafür kennzeichnete es ein sich überschlagender Antimarxismus und ein ständisch-organisches Staats- und Gesellschaftsmodell, und seine besondere Stoßrichtung galt einer Integration der ehemaligen Wehrmachtssoldaten. Pauschal wurde hier eine Diskriminierung deutschen Soldatentums diagnostiziert, die man verurteilte. Middelhauve agierte mit seiner Politik der

„Pflicht nach rechts“ ohne jegliche Hemmschwelle, und bezeichnenderweise waren an der Formulierung des „Deutschen Programms“ auch neonazistische Kräfte sowie ehemalige Nationalsozialisten wie Werner Naumann und Werner Best beteiligt.[50] Außerdem beinhaltete das Programm ein Bekenntnis zum Deutschen Reich „als der überlieferten Lebensform unseres Volkes“[51]; es hob mit einem unübersehbaren völkischen Einschlag auf die Reichsnation ab.

Das „Liberale Manifest“, Gegenprogramm des altliberalen Flügels, der die Landesverbände Baden-Württemberg, Rheinland-Pfalz, Hamburg und Berlin vereinte und dessen gewichtigster Repräsentant Reinhold Maier war,[52] wies diese militanten Sammlungsparolen zurück, warnte vor einem überspannten „im Machtgedanken verwirrten Nationalismus“[53] und setzte vielmehr auf ein Fortschreiben des Freiheits-, Rechtsstaats- und Eigentumsgedankens. Diesem Flügel galt der Juni-Aufstand als ein Erbe des freiheitlich-demokratischen Nationsverständnisses der Revolution von 1848. Theodor Heuss stand diesem Flügel zwar nahe, spielte aber eine durchaus eigenständige Rolle. Auch der streitbare Thomas Dehler, der im März 1954 Parteivorsitzender wurde, wußte es nicht zu verhindern, daß die FDP auf verschiedenen Ebenen weiterhin aus dem Ruder lief. Seit 1955 entstand in Nordrhein-Westfalen ein sozialliberaler Flügel, der Möglichkeiten einer SPD/FDP-Koalition ventilierte. 1956 spaltete sich die Bundestagsfraktion; insgesamt 16 Mitglieder, darunter die vier Bundesminister, erklärten ihren Austritt aus der FDP-Fraktion.[54]

Der Lübecker Parteitag der FDP, der nur zehn Tage nach dem 17. Juni stattfand, bedeutete eine Art Burgfrieden im Konflikt um die Orientierung der Gesamtpartei, aber nur in dem Sinne, daß die konträren Positionen unter dem tiefen Eindruck der ostdeutschen Ereignisse nicht präzisiert wurden. Das „Mahnwort für Lübeck“, welches der erst 34jährige Parteisekretär Erik (Erich) Rinné wenige Tage vor dem Beginn des Parteitages über den „Rednerschnellbrief“ verschickte, gab die gemeinsame Richtung vor. „Die FDP senkt die Fahnen vor den Gefallenen der Wiedervereinigung“, hieß es dort zum Auftakt. Als „Opfergang für die Freiheit der Nation“ beschrieb er den 17. Juni. Erstmalig sei Blut für die deutsche Wiedervereinigung vergossen worden; solche Blutmale seien unauslöschlich. Das deutsche Volk habe in seiner tausendjährigen Geschichte nur zwei echte Revolutionen erlebt: 1848 und 1953. Ebenso wie die Berliner Märztage des „Freiheitsjahres“ 1848 werde die „Volkserhebung“ vom 17. Juni 1953 die Jahrhunderte überdauern.[55]

Zu der Eröffnung des Bundesparteitages gedachte der FDP-Vorsitzende Franz Blücher ebenfalls der Blutopfer des deutschen Volkes. Schon auf der Sitzung des Hauptausschusses der FDP am 19. und 20. Juni in Bonn hatte er von einer erstaunlichen Volkserhebung gesprochen und davon, daß es „eigentlich ein Wunder“ sei, wie einheitlich und liberal die „deutschen Menschen in der Sowjetzone“ doch geblieben seien.[56] Nicht zuletzt waren es nach Einschätzung der FDP liberal gesinnte Menschen, die den Widerstand gegen das kommunistische Regime trugen. Die Konsequenz, die aus dem Aufstand gezogen wurde, lautete, daß die europäische politische und militärische Gemeinschaft jetzt erst recht vorangetrieben und jedem „kommunistischen Überrumpelungsversuch“ entschlossen entgegengetreten werden mußte.[57] Um den Freiheitswillen der Ostzonenbevölkerung zu unterstützen, sah es die FDP als unerläßlich an, daß der Deutschlandvertrag unverzüglich in Kraft gesetzt werde. Denn nur durch die Gewährung außenpolitischer Freiheiten für die Bundesrepublik könne dem deutschen Volk bewiesen werden, daß die westlichen Demokratien sich nicht mit den Sowjets auf seine Kosten zu verständigen gedächten.[58] Die FDP schwor, vom Westen aus unermüdlich für ein geeintes und freies Deutsches Reich zu arbeiten.

Um dies zu unterstreichen, hielt der liberale Parteinachwuchs am 27. Juni 1953 zu mitternächtlicher Stunde am Zonenübergang Lübeck-Eichholz „Reichstreuekundgebungen“ ab: mit Fackelschein, dem „Musikkorps Lübeck im Verbande deutscher Soldaten“ und dem gemeinsamen Absingen des Niederländischen Dankgebetes.[59] Obwohl der Bundesvorsitzende der Deutschen Jungdemokraten, Arnold Hoffmeister, die Geister der Reichsgründer von 1871 in Erinnerung rief, blieb insgesamt – ebenso wie auf den Werbeplakaten zum Lübecker Parteitag – doch unentschieden, auf welche Werte des „Reiches“ rekurriert wurde – auf die ideellen des Heiligen Römischen Reiches Deutscher Nation oder auf die imperialen des zweiten Deutschen Reiches. Erich Mende zufolge sorgten vor allem die Militärmärsche für eine Aufbruchs- und Hochstimmung, wie sie später nie mehr bei liberalen Parteitagen erreicht werden sollte.[60]

Im Versammlungssaal beschwor anderntags Hermann Schäfer, Vizepräsident des Deutschen Bundestages, die Symbolik des Tagungsortes. Zu Beginn seiner Ansprache über nationale Einheit und europäische Einigung führte er aus: „Dieser Parteitag wirkt aus einem symbolischen Raum. Was Sie da drüben sehen, ist die Grenze der Freiheit. Da beginnt jene Zone, in der deutsche Menschen, in der deutsche Europäer unter slawo-mongolischer Sklaverei leben.“ Aus dem Genus loci sollte seiner Meinung nach die Verpflichtung für das Gelöbnis zur Einheit Deutschlands erwachsen: „Ach, muß ich noch Bekenntnisse sprechen (…)? Waren es denn nicht seit den Tagen des Vormärz gerade die Liberalen in Deutschland, die den Freiheitswillen immer mit dem Einheitswillen zum ganzen Deutschland verbunden haben?“ Die deutsche Einheitsidee reklamierte Schäfer allein für das liberale Bürgertum. Dort sei sie gewachsen und mit ihm bis in die heutigen Tage hinein verbunden geblieben. Die anderen Strömungen der deutschen Politik hätten demgegenüber stets partikulare Bewahrungsbedürfnisse gepflegt, wenn sie nicht gar vom „Geist der Absonderung" bestimmt gewesen seien. Seinen Parteifreunden schrieb Schäfer ins Stammbuch: Wie bei den „Urvätern" müßten Freiheit und Einheit ihre Leitmotive sein. Nachdem Schäfer noch mit der neutralistischen Politik der Sozialdemokraten hart ins Gericht gegangen war – er bezeichnete sie als „Existentialphilosophie einer Bewußtlosigkeit des Knochens zwischen bissigen Kötern" –, kam er am Ende seiner Rede wieder auf den Juni-Aufstand zurück. „Volksbewußtsein und Weltsinn" seien „seit jeher urtümliche Wesenszüge der Deutschheit" gewesen und hätten sich im 17. Juni erneut Durchbruch verschafft. „Wie wäre es", so schloß er mit einem Griff ins Universelle, „wenn wir die alte Spannung zwischen Weltbürgertum und Nationalstaat für uns lösten in dem Bekenntnis: Einigkeit und Recht und Freiheit über alles in der Welt".[61] Schäfer war hier sichtbar um einen Spagat bemüht. Er wollte die in seiner Partei vorhandenen disparaten programmatischen Elemente zur Nationsidee überbrücken und es allen Flügeln der FDP recht machen.

Andere Akzente, jedenfalls was den deutschlandpolitischen Gegner betraf, setzte der baden-württembergische Ministerpräsident Reinhold Maier in seiner Tour d'horizon, die mit „Wir suchen Deutschland" überschrieben war. Er hielt es für eine staatspolitische Meisterleistung nicht zuletzt der Sozialdemokraten – mit denen er in Baden-Württemberg in einer Koalition saß –, daß die Arbeiterschaft in der Bundesrepublik „kommunismusfest" gemacht worden sei. Das Anliegen des Stuttgarter Regierungschefs war es, mit den katholischen Christdemokraten abzurechnen, denen er hinsichtlich Ostdeutschlands konfessionellen Egoismus unterstellte. „Dieses Land jenseits der Elbe, das klassische Land der Reformation", darin gipfelten seine Anwürfe, „das kann gar nicht lange genug sein, wo der Pfeffer wächst." In christdemokratischen Kreisen habe sich eine ganze Technik des „die Wiedervereinigung Nur-im-Munde-Führens" ausgebildet; man müsse die „westdeutschen Schlafmützen aus müder und fauler Ruhe und Philistertum" aufscheuchen. Gerade den Liberalen sei diese „Riesenpflicht" aufgeladen; ihren Tag sah Maier infolge des 17. Juni angebrochen, weil jetzt ihr ureigenstes Wirkungsfeld im Zentrum der Politik stehe. Ergriffen sie diese Gelegenheit nicht, „so bemächtigen sich dieser Aufgabe Rechtsradikale oder Kommunisten. (...) Von beiden Enden, von der Ostzone her und von der Westzone her werden sie sie anpacken. Daraus wird ein Gesamtstaat werden, den wir den schuldhaft Lauen und Matten im Westen herzlich gern wünschen, nicht aber uns selbst. Es wäre nochmals der Freiheit Ende."[62] Einige Zeitungen werteten Maiers Auftritt – wegen der Verknüpfung von antikatholischen Ressentiments und nationalpolitischen Forderungen – als direktes Koalitionsangebot an die SPD auf Bundesebene, Maier galt in der Öffentlichkeit als ein großer politischer Gegenspieler Adenauers, dessen „Politik der Stärke" er verwarf.[63] Wenige Tage zuvor hatte Maier auf einer Wahlkundgebung des Landesverbandes Nordrhein-Westfalen nicht nur ein zündendes nationaldemokratisches Programm der FDP gefordert, sondern sich auch zu dem Satz hinreißen lassen, er würde es begrüßen, wenn in allen Bundesländern der Liberalismus „nicht auf leisen Sohlen, sondern mit Kürassierstiefeln vorrücken" würde.[64]

Auch Maiers Gedanken zum 17. Juni kreisten ständig um den Vormärz und um die Revolution von 1848. In Erich Mendes Hommage schließlich – abgefaßt in dem ihm eigenen soldatischen Ton – waren die Berliner Märzereignisse und die „Märzgefallenen" von 1848 mit den Juni-Ereignissen und den Toten von 1953 verschmolzen. Wenn die künftige Geschichtsschreibung eine kurze Formel für den 17. Juni 1953 suche, so könne sie nur so lauten: „Hochachtung, Kamerad Arbeiter!"[65] Aber mit der ausschließlichen Hervorhebung der Arbeiter stand Mende in der FDP ziemlich allein. Die vorherrschende Lesart lautete vielmehr: es handele sich nicht um einen Arbeiteraufstand, sondern um eine echte „Volksbewegung". Am Horizont glaubten viele Liberale die Wiederherstellung eines geeinten, freien „Deutschen Reiches" und die Überwindung des katholischen Provisoriums Bundesrepublik zu erkennen.

Bundespräsident Theodor Heuss stieß ebenfalls, wenngleich weniger heftig als viele seiner Parteifreunde, in dieses Horn. Im Plenarsaal des Bundestages hielt er am 21. Juni die Gedenkrede für die Opfer des Aufstandes. Sie war erfüllt vom Bewußtsein, endlich ein geschichtliches Zeugnis des unzerstörbaren Freiheits- und Einheitswillens der Deutschen erlebt zu haben. Für ihn konnte die politische Konsequenz nur lauten, den Deutschen die staatliche Selbstbestimmung zurückzugeben, damit sie die rechtsstaatlichen Formen und bürgerlichen Freiheiten neu begründen könnten. Das Blut der Opfer des 17. Juni habe „den Mörtel mitgefestigt für das neue Haus einer deutschen staatlichen Einheit in Freiheit".[66] Heuss' Einschätzung des 17. Juni war dabei ganz auf die Paulskirche fixiert. In der Person des Bundespräsidenten schien ja auch die Einheit von Bildung und Liberalität des Paulskirchenparlaments in die deutsche Politik zurückzukehren.

Schon 1948 hatte er ein kleines Büchlein „1848. Werk und Erbe" geschrieben.[67] Viele Gedanken von damals nahm er jetzt wieder auf. 1848 bildete den archimedischen Punkt in Heuss' politischem Denken und Handeln. Die Gesinnungswelt der Achtundvierziger war Heuss durch eine lebendig gehaltene Familientradition vertraut. Seine Sicht der Paulskirche als „Herberge deutscher Hoffnungen und Schaubühne deutscher Tragik"[68] hatte bereits bei seiner Wertung der Weimarer Verfassung eine erhebliche

Rolle gespielt. Weimar als staatsrechtlicher Begriff war ihm seither ohne die Paulskirche überhaupt nicht denkbar.[69] 1948 hatten Heuss' Betrachtungen noch unter der bangen Frage gestanden, ob die Deutschen lernen würden, einen Geschichtsbestand zu sichern: „Es ist eine heillose Zeit, in der unser Volk die Gedanken um hundert Jahre zurücksenden soll auf jenen großen und doch mißglückten Versuch, politisches Volk der eigenen Würde und Verantwortung zu werden. Eine Welt, eine deutsche Welt ist zerbrochen, aber ihre Glieder sind noch da. Ein geistiger Zusammenhang ist zerrissen, nicht durch Krieg und Katastrophe, sondern durch jenen Aufstand des Un- und Widergeistes, der den Sinn seelischer Kontinuität nicht begreifen und nicht dulden durfte, weil er das Maß vernichten mußte, um nicht selber gemessen zu werden."[70] Die Gefahr, daß sich jede Partei „ihr" Achtundvierzig zurechtmachte, hatte Heuss für nahezu unausweichlich gehalten. 1953 schien ihm dann jedoch wie eine Rückkehr zum Kernbestand der Paulskirche zu sein: Symbol dafür, daß sich die Deutschen sinnhaft als wollende Einheit fassen konnten. Mit elementarster Kraft war für den Bundespräsidenten deutlich geworden, daß das deutsche Volk erstmals seit 1848 wieder den politischen Willen zur demokratischen Selbstgestaltung der Nation Ausdruck verliehen habe. „Das war", so faßte er seine Sicht des 17. Juni zusammen, „ein zwar nicht rechtlich paragraphiertes, aber im geschichtlichen Sinn unübersehbares Plebiszit."[71] Im Ausbruch eines radikalen Freiheitssinns, gepaart mit der Dynamik eines demokratischen Staats- und Nationsbewußtseins glaubte Heuss die Ideale der Paulskirche wiederzuerkennen, und dementsprechend verband er damit die Hoffnung auf eine Neuauflage der „Paulskirchen-Situation" für Deutschland. Damals wie 1953 lag in dieser Sicht die Hoffnung auf den gemäßigten, liberalkonservativen Männern aus dem Volk, die mit „sittlichem Ernst" um nationale Einheit und verfassungspolitische Freiheit rangen. Heuss' geschichtspolitische Verortung des Juni-Aufstandes als symbolhafte Wiederkehr der Paulskirche wurde schließlich die Klammer für die zerstrittenen Liberalen.

Diese Ideale der Paulskirche wollten sich die Freien Demokraten keinesfalls von den Sozialdemokraten streitig machen lassen. Parteisekretär Erik Rinné wetterte gegen die sozialdemokratischen Aneignungsversuche des 17. Juni und fuhr schweres Geschütz auf. Die Behauptung vom sozialdemokratischen Aufstand sei mehr als eine bloße propagandistische Verdrehung: „Bis zu einem gewissen Grade mag in ihr zweifellos eine Verhöhnung der 18 Millionen hinter dem eisernen Vorhang erkennbar sein, die letzten Endes die Kapitulation weiter Teile der Sozialdemokratie auf dem Vereinigungsparteitag SPD/KPD 1946 in Berlin in die düsteren Jahre der Unfreiheit stieß."[72] Die SPD habe die freiheitlichen Ideale der Arbeiterbewegung verraten, und die „heroische Auflehnung der wehrlosen Bevölkerung Ostberlins und der Sowjetzone gegen die Diktatur der Handlanger Moskaus parteipolitisch ausnutzen zu wollen, ist nichts anderes als ein erschütternder Beweis für den Mangel an nationaler Würde und echter Solidarität".[73] Die SPD wurde sogar für das Scheitern und die Niederschlagung des 17. Juni mitverantwortlich gemacht. Wäre nämlich durch Schumachers und Ollenhauers Partei die Wiederbewaffnung der Bundesrepublik nicht verzögert worden, hätte der Aufstand womöglich einen anderen Ausgang genommen. „Wir wissen nicht, ob deutsche Panzerdivisionen durch ihr bloßes Vorhandensein die Sowjets vor ihrem brutalen Vorgehen gegen wehrlose Deutsche hätte zurückschrecken lassen. Daß aber diese Panzerdivisionen das sowjetische Verhalten zumindest beeinflußt hätten, wird nicht von der Hand zu weisen sein. So trifft auch hier erneut die Sozialdemokratie eine moralische Schuld am deutschen Volk."[74] Erst der Respekt vor der Macht des Westens, so sekundierte Carl-Hubert Schwennicke, Mitglied des Bundesvorstandes und Landesvorsitzender der Berliner FDP, werde die Sowjets zum Einlenken in der Deutschlandfrage bewegen und dem „verabscheuungswürdigen Sadismus" des „satanischen System(s)"[75] in Ostdeutschland ein Ende setzen. „Das süße Gift neuer Illusionen", das die Sozialdemokraten dem deutschen Volk einimpften, indem sie die EVG-Verträge bekämpften und Viermächteverhandlungen verlangten, sei höchst gefährlich und nütze nur der Sowjetunion. Mit einem zukunftsgewissen Zitat von Lord Byron machte Schwennike den Deutschen Mut: „Der Freiheit Kampf / vom Vater blutend auf den Sohn vererbt / wird immer, wenn auch schwer, gewonnen."[76] Der Bundestagswahl sahen die Liberalen erwartungsvoll entgegen. Wie sollten die „Neutralisten, einschließlich der Heinemann-Wessel-Partei",[77] gemeint war die GVP, nach dem brutalen Zugriff der Sowjets denn überhaupt noch einen Wahlkampf führen können?

c) Aufstand für die Westbindung

Die Ereignisse um den 17. Juni herum überraschten die gesamte bundesrepublikanische politische Klasse, so auch die Bundesregierung und den Bundeskanzler Konrad Adenauer. Aber Adenauers Reaktion war eine ganz besondere. Es schien, als beschäftige er sich zunächst gar nicht mit dem Aufstand. Während russische Panzer durch den Sowjetsektor rollten, stritt sich das offizielle Bonn in einer merkwürdigen Alltagsroutine um Probleme im Vorfeld der Bundestagswahl, vor allem um das Wahlgesetz und die künftige Fünfprozentklausel.[78] Am Nachmittag des 17. Juni verlas der Kanzler eine kurze Erklärung im Bundestag, in der er die gewaltsame Unterdrückung des Freiheitswillens der Ostdeutschen verurteilte, vor unbedachten Handlungen warnte und versicherte, daß die Bundesregierung mit den Westmächten in ständiger Verbindung stehe.[79] Aber ansonsten beabsichtigte er offenbar keine weiteren Schritte zu unternehmen. Während die Vorsitzenden der drei großen Bundestagsfraktionen Heinrich von Brentano (CDU/CSU), Erich Ollenhauer (SPD) und August Martin Euler (FDP) sowie der Bundesminister für gesamtdeutsche Fragen Jakob Kaiser nach Berlin flogen, um an der Krisensitzung des Berliner Abgeordnetenhauses teilzunehmen, bereitete Konrad Adenauer seine bevorstehende Paris-Visite vor.[80]

Sein engster Beraterkreis war konsterniert und befürchtete, daß sich der Bundeskanzler leichtfertig in die Schußlinie öffentlicher Kritik begebe. Herbert Blankenhorn, Leiter der Dienststelle für auswärtige Angelegenheiten, berichtete Adenauer über das allgemeine Unverständnis darüber, daß er in diesen Tagen nicht nach Berlin, sondern nach Paris fliegen wolle.[81] Auch von Brentano schrieb ihm, er hielte es für falsch, wenn man die „politisch bedeutsame Geste" eines sofortigen Berlin-Besuchs allein der SPD überlassen würde.[82] Der stets auf die richtige PR-Wirkung bedachte Staatssekretär im Bundeskanzleramt, Otto Lenz, schließlich gab dem Kanzler über Ministerialdirektor Hans Globke den dringenden Rat, wenigstens bei der Beisetzung der getöteten Aufständischen am 23. Juni in Berlin anwesend zu sein.[83] Adenauer zögerte bis zuletzt. Erst am 22. Juni, auf dem Flug nach Paris, gelang es Blankenhorn, den Kanzler endlich umzustimmen und ihn zur Teilnahme am Trauerakt vor dem Schöneberger Rathaus zu bewegen.[84]

Adenauers dortige, berühmt gewordene Rede, die ein „altväterliches Pathos"[85] kennzeichnete, aber auch sein Besuch im Elisabeth-Krankenhaus in der Nähe des Potsdamer Platzes, wo Verletzte des Aufstandes lagen,[86] trugen ihm in ganz Deutschland Sympathien und Beifall ein und unterstrichen, wie richtig seine Berater mit ihrem Insistieren gelegen hatten. Auf dem Rudolf-Wilde-Platz vor dem Schöneberger Rathaus hatten sich etwa 150000 Menschen versammelt, manche Schätzungen gingen sogar von bis zu einer halben Million aus. Vor der Rathaustreppe waren nebeneinander sieben Särge aufgestellt. Sie bargen die sterblichen Überreste von Horst Bernhagen, 21 Jahre aus Ostberlin, Rudi Schwander, 15 Jahre aus Ostberlin, Gerhard Santura, 17 Jahre, Dr. Oskar Pohl, 25 Jahre, Werner Sendritzki, 16 Jahre, Gerhard Schule, 42 Jahre, und Edgar Krawetzke, 20 Jahre alt, sämtliche Westberliner, die bei den Unruhen am Postdamer Platz und an anderen Stellen in Ostberlin ums Leben gekommen waren. Zwischen den Särgen befand sich ein leeres, blumengeschmücktes Podest, das nur ein Schild mit dem Namen Willi Göttling trug, des Westberliners, der von den Sowjets als angeblicher „Rädelsführer" der Unruhen standrechtlich erschossen worden war.[87] Vor dieser Trauerkulisse legte Bundeskanzler Konrad Adenauer einen „Schwur für das gesamte deutsche Volk“ ab: „Das ganze deutsche Volk hinter dem Eisernen Vorhang ruft uns zu, seiner nicht zu vergessen, und wir schwören ihm in dieser feierlichen Stunde: Wir werden seiner nicht vergessen. Wir werden nicht ruhen und wir werden nicht rasten – diesen Schwur lege ich ab für das gesamte deutsche Volk – bis auch sie wieder Freiheit haben, bis ganz Deutschland wieder vereint ist in Frieden und Freiheit.“[88] Adenauer hatte in Anlehnung an den historischen Rütli-Schwur den Ton getroffen. Seine appellative Eidesformel dürfte für viele Deutsche im Westen identitätsstiftend und gemeinschaftsgenerierend gewirkt haben, sie rührte an, ohne persönliche Opfer zu verlangen oder Nachteile in Kauf nehmen zu müssen. War des Kanzlers dargebotene Sicht der Dinge nicht überaus einleuchtend? Der Westen werde aus dem 17. Juni die Kraft zum Bewahren der Nation und zur friedlichen Befreiung der Zone schöpfen und die tapferen Ostdeutschen sollten so lange ausharren. Später erklang das Lied vom Guten Kameraden. Unter dem Läuten der Freiheitsglocke vom Turm des Schöneberger Rathauses setzte sich der Trauerzug zum Friedhof Seestraße im französischen Sektor der Stadt in Bewegung. In allen Teilen des Bundesgebietes ruhte für fünf Schweigeminuten die Arbeit. Auch die Fahnen der westeuropäischen Staaten bei der Beratenden Versammlung des Europarates in Straßburg waren auf Halbmast gesenkt.[89] Staatssekretär Lenz, der Adenauer begleitet hatte, notierte über diesen 23. Juni in seinem Tagebuch: „Der Trauerakt war sehr feierlich. Über 100000 Berliner sollen anwesend gewesen sein. Nach dem Trauerakt starteten wir um 16.15 Uhr wieder von Tempelhof und waren um 18 Uhr in Bonn. Auf der Fahrt nach Paris sprach ich nochmals mit dem Bundeskanzler über die Mandatsangelegenheit Trier ...“[90] Es ist frappierend, wie schnell die Episode Berlin, die man erfolgreich absolviert hatte, ad acta gelegt wurde.

Ende Juni berichtete der amerikanische Hohe Kommissar James B. Conant vor US-Kommandeuren, daß die „deutsche Einheit jetzt das große Stichwort“ sei und eine Welle nationaler Gefühle über das Land gehe. „Ich fürchte“, so fuhr er fort, „wir werden in Westdeutschland bald eine Menge unrealistischer Diskussionen über die deutsche Wiedervereinigung zu hören bekommen.“[91] Was den deutschen Bundeskanzler anlangte, so war diese Sorge unbegründet. Nach kurzer Verunsicherung erwies sich Adenauer wieder als der gewiefte Taktiker. Der Kanzler sah den Aufstand vor allem unter außenpolitischen Aspekten: Der eruptiv zum Ausbruch gelangende Antikommunismus diente seiner Politik der Westintegration. Insofern kam ihm der Juni-Aufstand und sein Ausgang in unvorhersehbarer Weise entgegen. Adenauer nutzte den 17. Juni zur Stärkung der Verbundenheit mit dem Westen und konnte mittels seiner effektvollen Rede vor dem Schöneberger Rathaus den Eindruck erwecken, engagierte Wiedervereinigungspolitik zu betreiben, wobei nicht zuletzt auch flankierende Maßnahmen wichtig waren, etwa seine Telegramme an die Regierungschefs der Westmächte, in denen er sie der gemeinsamen Werte und politischen Positionen versicherte,[92] oder das schnell eingerichtete Sonderkonto „Opfer des 17. Juni".[93] So ließ sich eine offensive Deutschlandpolitik dokumentieren und in bewußter Abgrenzung gegen den Osten das Gefühl der Zusammengehörigkeit mit dem Westen verstärken.

Ein geschichtspolitischer Revolutions- und Nationsdiskurs dynamisierte den Weg nach Westen zusätzlich: Die Mehrheit innerhalb der CDU deutete den 17. Juni als einen Aufstand für die Westbindung, besonders aber als eine Art nachholender bürgerlicher Revolution. „Es ist oft in der Vergangenheit gesagt worden", so etwa Robert Tillmanns, „daß die Demokratie in Deutschland wahrscheinlich deswegen so wenig im Bewußtsein unseres Volkes verankert sei, weil sie nicht vom Volke durch Opfer und im Kampf errungen, sondern meistens in Zeiten nationaler Niederlagen uns von außen gebracht worden sei. Hier ist zum ersten Mal in der deutschen Geschichte das Volk für die Freiheit, d.h. für eine demokratische Rechtsordnung aufgestanden und hat Opfer gebracht. Ich glaube, daß dadurch die rechtsstaatliche Ordnung in Deutschland – und zwar in ganz Deutschland – eine Verankerung erfahren hat, die tiefer und fester hält als alles andere (...)."[94] Somit hätten die Deutschen mit über hundertjähriger Verspätung, doch endlich erfolgreich den Anschluß an die westlichen Demokratien gefunden. War schon vor 1953 für viele Christdemokraten charakteristisch, daß durch eine bewußt pejorativ eingefärbte Vergangenheitsbetrachtung jenseits des „Dritten Reiches" die Gegenwart aufgewertet wurde, daß man also die katastrophische Geschichte des Deutschen Reiches mit einem dicken Strich von der positiven Nachkriegsentwicklung im Westen trennte und sie mit einem ausgeprägten Antiborussianismus untermalte,[95] so schien nun der deutsche Sonderweg einer moralischen und politischen Trennung vom Westen endgültig zu Ende, die Zugehörigkeit zur westlichen Welt erwiesen und die Westpolitik als alternativlos festzustehen. Hinter dieser Tabula-rasa-Interpretation offenbarte sich das politisch-pädagogische Programm eines vollständigen Neubeginns – trotz des offiziellen Nachfolgeanspruchs der Bundesrepublik zum Deutschen Reich – und der unverbrüchlichen Zugehörigkeit zu den westlichen Demokratien.[96] Die Argumentation blieb aber insofern paradox, als ja gerade der Teil der Deutschen, der dieser angeblich westlichen Revolution nur zugeschaut hatte, nämlich die Bundesdeutschen, in den Westen integriert werden sollte. Konnte die Revolution für Freiheit und Rechtsstaatlichkeit im kollektiven Gedächtnis verankert werden, wenn diejenigen, die diese Prinzipien hätten weiterentwickeln sollen, überhaupt nicht an ihrer Entdeckung, Erkämpfung und Verteidigung beteiligt waren?

Adenauer sah sich in seiner bisherigen Politik der Stärke und der Westbindung bestätigt. Zu den wirtschaftlichen, politischen und militärischen Dimensionen, auf denen diese Politik fußte, trat nun noch stärker als bisher die moralische Dimension hinzu. Der bundesdeutsche Alleinvertretungsanspruch, der bislang mit der fehlenden politischen Legitimation des SED-Regimes begründet wurde, konnte jetzt massivst moralisch untermauert werden. An einer Fortsetzung der Westintegration ließ der Kanzler keinerlei Zweifel aufkommen. „Ich glaube", so führte er am 15. 7. vor dem CDU-Bundesvorstand aus, „die Russen haben uns in dieser ganzen Sache sehr geholfen durch alles das, was sich ereignet hat."[97] Fast alle Bundesvorstandsmitglieder pflichteten ihm bei. Von Brentano meinte, am 17. Juni habe man den Unterschied zwischen dem kalten und dem heißen Krieg gesehen. Die Situation sei ernst und gefährlich und werde von der neutralistischen Sozialdemokratie verkannt.[98] Adenauer betonte mehrmals, daß der Westen fest bleiben müsse und daß die SPD, die mit dem Schicksal Deutschlands spiele, „keine deutsche Partei mehr" sei, vielmehr ein „Verbrechen am deutschen Volk" begehe.[99] Als Jakob Kaiser nicht nur die Risiken der amerikanischen Politik für die nationale Einheit ansprach, sondern dafür plädierte, die Sozialdemokratie und mit ihr die Arbeiterschaft nicht auszugrenzen,[100] wurde er vom Regierungschef, wie so häufig, abgekanzelt: „Der deutsche Arbeiter steckt gar nicht so tief in dem Wahn der Sozialdemokratie drin, wie Sie es glauben", hielt er Kaiser vor, und betonte ein weiteres Mal sein politisches Credo: „Der Russe hat vor nichts mehr Respekt als vor Entschlossenheit und Willen. Und den müssen wir zeigen."[101]

Auch mit einer Art Flucht nach vorn schaffte es der Bundeskanzler, das Heft der Deutschlandpolitik wieder fest in seiner Hand zu halten. Eben noch Gegner einer baldigen Vierer-Konferenz, plädierte er am 8. Juli öffentlich für sie. Sie sollte aber solide vorbereitet werden, mit anderen Worten: erst nach der Bundestagswahl im September stattfinden. Wäre auch nur der Funken eines interalliierten Arrangements in der deutschen Frage sichtbar geworden, könnten, so fürchtete Adenauer, viele Wähler gegen seinen Kurs votieren. Ziel des scheinbaren Sinneswandels war es vor allem, den deutschlandpolitischen Hechtsprung des greisen, seit Oktober 1951 erneut amtierenden britischen Premiers Winston Churchill zu parieren, der infolge des Machtwechsels in der Sowjetunion die Gipfelpläne ins Spiel gebracht hatte, im Glauben, die deutsche Einheit sei jetzt erreichbar und wünschbar. Aber die Amerikaner waren nicht daran interessiert, den 17. Juni als eine etwaige Möglichkeit für die Wiedervereinigung unter dem Vorzeichen der Neutralisierung zu nutzen. Im Gegenteil – Hauptziel war die schnelle Westintegration der Bundesrepublik, erst danach sollten Verhandlungen mit der Sowjetunion geführt werden. Die Eisenhower-Administration erblickte im 17. Juni eine „excellent propaganda opportunity", um die Sowjetunion weiter in die Defensive zu drängen, das SED-Regime zu destabilisieren, insgesamt die politische Lage in Osteuropa am Köcheln zu halten, ohne sie zum Sieden zu bringen, und somit Adenauers Kurs im Westen Deutschlands abzustützen.[102] Der Westen einigte sich – über den Kopf Churchills hinweg, der nicht einmal genügend Rückhalt in der eigenen Regierung besaß – bereits im Juli 1953 darauf, daß eine Deutschland-Konferenz zu scheitern habe. Mit Hilfe der Ereignisse vom 17. Juni gelang es, die Pläne Churchills zur Beilegung des Kalten Krieges zu vereiteln. „Der Wiedervereinigung und dem Schicksal der Menschen in der DDR (wurde) dabei nur untergeordnete Bedeutung zugemessen."[103]

Doch Adenauer mußte auch um die Beruhigung der parteiinternen Kritiker bemüht sein. Die aus der Ost-CDU gekommenen Mitglieder des Kaiser-Flügels – neben dem Minister für Gesamtdeutsche Fragen namentlich Ernst Lemmer und Johann Baptist Gradl –, der das gesamtdeutsche Gewissen und Alibi der Partei verkörperte,[104] beurteilten den Westkurs skeptisch. Gradl beispielsweise wollte Adenauers Schwur vor dem Rathaus Schöneberg zum „gesamtdeutschen Grundgesetz" aufgewertet wissen. Hatte man, so schrieb er, zuweilen den Eindruck, daß man „hier und da im Westen die deutsche Teilung für längere Zeit als eine Tatsache hinzunehmen" bereit sei, so werde sich künftig jede Politik an diesem Schwur messen lassen müssen.[105] Unter dem unmittelbaren Eindruck des 17. Juni war Gradl zuvor noch deutlicher geworden: „Manch einer wird sich in diesen Tagen an einen der schaurigsten Vorgänge des letzten Weltkrieges erinnern, da nämlich im Jahre 1944 die sowjetische Armee Gewehr bei Fuß am Stadtrand von Warschau über die Weichsel hinüber zusah, wie in wochenlangem Aufstand die polnische Freiheitsbewegung und mit ihr ein großer Teil der Elite des polnischen Volkes unterging. Vieles hat sich seitdem geändert, vieles von damals kann auch nicht verglichen werden mit dem gegenwärtigen deutschen Geschehen. Und niemand kann vermessen genug sein, auf Waffengewalt zu spekulieren. Aber das bleibt als geschichtliche Mahnung aus der Warschauer Tragödie bestehen: Jeder in der freien Welt muß mithelfen, daß das Leiden und die Opfer dieser Tage, der Mut und der Freiheitswille des unterdrückten Deutschland nicht umsonst bleiben, sondern erwidert werden mit jedem vernünftigen politischen, wohlgemerkt politischen Einsatz."[106] Gradls Vergleich war äußerst brisant: Die Sowjets hatten 1944 die polnische Heimatarmee verbluten lassen, weil es sich um eine bürgerlich-nationalistische Bewegung gehandelt hatte, die eine gefährliche Konkurrenz für die Kommunisten im Nachkriegspolen dargestellt hätte. Ließen es Teile der CDU – diese Frage lag nach Gradls Ausführungen auf der Hand, sonst hätten sie keinen Sinn gehabt – aus parteipolitischen Gründen am wiedervereinigungspolitischen Engagement fehlen, weil im Osten sozialdemokratische Wählerreservoirs lagen?

Kritik am Kanzler hagelte es nicht zuletzt aus dem Bundesministerium für gesamtdeutsche Fragen. Dort wurden mehrere Vermerke angefertigt, die auf eine „politische Unterrichtung“ der Menschen in der sowjetischen Zone drangen und davor warnten, den 17. Juni allein als Katalysator für die Westintegration der Bundesrepublik herauszustellen. Man habe es bisher versäumt, so hieß es in einem Vermerk vom 10. Juli 1953, gerade den „aktiven Widerstandskämpfern in der Zone“ mitzuteilen, was die Bundesregierung für die Befreiung der Zone unternehme. Eine „positive Unterrichtung“ wurde angemahnt, da die Stimmung umschlage, viele sich vom untätigen Westen „verraten“ fühlten und meinten, daß man „auch gleich anschließend in Westdeutschland aufräumen“ müßte. Es diene der deutschen Sache in keiner Weise, wenn zu Zehntausenden Klebezettel verschickt würden, die Ulbricht mit einer Schlinge um den Hals zeigten. „Es wäre besser, wenn auf diesen Zetteln kleine Thesen über die Wiedervereinigung oder Sätze aus den Erklärungen des Bundeskanzlers oder eine kurze Meldung über den Sinn der Dreierbesprechung (der westlichen Alliierten, E. W.) und die Bemühungen der Bundesregierung, auf die Behandlung der Deutschlandfrage Einfluß zu nehmen usw. stünden.“ Die Masse der Menschen in der Zone wisse überhaupt nichts von den Aktivitäten der Bundesregierung.[107]

Diese internen Kritiker des Kanzlers, die vor einer Blickverengung auf den westdeutschen Wähler warnten und sich gegen eine Verkürzung des ostdeutschen Aufstandes als eine Form von Plebiszit für die Westbindung wandten, sollten durch die erdrutschartigen Ergebnisse der Bundestagswahl vorerst zum Schweigen gebracht werden. Externe Kassandren, die wegen der Ereignisse im Osten schon das politische Ende Konrad Adenauers voraussagten, strafte der Kanzler Lügen. Rudolf Augstein beispielsweise hatte sich eine Woche nach dem 17. Juni darum bemüht, dem Kanzler ein deutschlandpolitisches Lotteriespiel vorzuhalten. Die Wiedervereinigung bis zum reellen Zusammenbruch des gesamten sowjetischen Imperiums hinauszuschieben, sei keine Politik, sondern Lotterie. Der Kanzler fürchte nicht so sehr das Fehlschlagen einer Viermächtekonferenz wie das Gelingen unter Bedingungen, die ihm nicht paßten. Augstein hielt Konrad Adenauer vor, eine völlig unelastische Außenpolitik zu betreiben. Nach dem Tode Stalins, nun da die erstarrte Weltlage in Bewegung geraten sei, sah er es als eine wiedervereinigungspolitische „Todsünde an, an der EVG zu kleben“. Adenauer gebe der EVG willkürlich den Vorrang vor der nationalen Einheit, dabei müßte es doch oberste Pflicht sein, die Bindungen an den Westen so offen zu gestalten, daß sie die Rückkehr der Sowjetzone nicht von vornherein verbauten. Augstein gab sich überzeugt:

„Die Stunde des Kanzlers scheint vorbei: Man kann sich wohl, wie Bismarck wußte, vom Mantel Gottes durch die Geschichte tragen lassen, aber man kann die Geschichte nicht aufhalten, indem man sich an seine Rockschöße hängt.“[108]

Daß die bevorstehende Bundestagswahl zu einer „Adenauerwahl“ werden würde, daran glaubte zwar Rudolf Augstein nicht, aber genau dies blieb der CDU-Spitze nicht verborgen. Die CDU war die erste bundesdeutsche Partei, die mit einem Meinungsforschungsinstitut zusammenarbeitete. Der Leiter des Instituts für Demoskopie in Allensbach, Erich Peter Neumann, versorgte das Kanzleramt regelmäßig mit Umfrageergebnissen.[109] Seit Anfang des Jahres 1953 stieg die Zustimmung zur Politik Adenauers kontinuierlich an, steil nach oben ging sie nach seiner erfolgreichen Amerika-Reise vom April – innerhalb eines Monats von 38 auf 48 Prozentpunkte. Im Juli überschritt die Kurve sogar deutlich die 50-Prozent-Marke, die Werte erhöhten sich bis Ende Juli auf 53 Prozent. Der 17. Juni wirkte weit mehr als nur stabilisierend und ergänzte in geradezu idealer Weise Adenauers Washington-Besuch, der als Zeichen für das wiedergewonnene internationale Ansehen der Bundesrepublik gewertet wurde.[110] Dem Wähler konnte so auf der einen Seite vor Augen geführt werden, daß die Bundesrepublik im Westen über starke Partner und Freunde verfügte; auf der anderen Seite zeigte die Niederschlagung des Aufstandes durch sowjetische Panzer, was man aus dem Osten zu erwarten hatte und wie wichtig demgegenüber mächtige Verbündete waren.[111]

Obendrein ließen die Wahlplakate von CDU und FDP an Deutlichkeit nichts zu wünschen übrig. Ein FDP-Plakat zeigte Erich Ollenhauer als pflügenden Landmann, im Hintergrund war die rote Silhouette des Kreml zu sehen. Die Untertitelung in leuchtendem Gelb lautete: „Wo Ollenhauer pflügt, wird Moskau ernten“. Vor dem Hintergrund eines diabolischen Gesichtes, das den Betrachter anstarrte, titelte die CDU auf einem ihrer zentralen Wahlplakate „Alle Wege des Sozialismus führen nach Moskau“.[112] Die Sozialdemokraten wurden im Schatten des 17. Juni als Steigbügelhalter Moskaus hingestellt, was diese ihrerseits als „beschämendes Versagen gegenüber nationalen Notwendigkeiten“[113] brandmarkten. Auch Plakate, die Rotarmisten vor dem Kölner Dom und anderen (west)deutschen Wahrzeichen zeigten,[114] dürften ihre Wirkung kaum verfehlt haben. Filme über den 17. Juni kamen ebenfalls zum Einsatz. Geschickt eingeblendete Aufnahmen nationalsozialistischer Massenaufmärsche verwiesen auf die verblüffende Ähnlichkeit beider totalitärer Systeme, der NS- und der SED-Diktatur.[115] Auf zahlreichen Kundgebungen berichteten Sowjetzonenflüchtlinge von der menschenverachtenden Praxis des kommunistischen Zwangsstaates.[116] Alle Parteien erwiesen dem Juni-Aufstand ihre

Reverenz; aber allein Adenauer gelang es, populäre westdeutsche Lehren daraus zu ziehen.

Auf vielen Versammlungen verlas er einen Brief des amerikanischen Präsidenten, der ihm am 25. Juli übergeben worden war. Darin schrieb Eisenhower, er sei überzeugt, „daß künftige Geschichtsschreiber bei einer Analyse der Ursachen, die zur Auflösung des kommunistischen Weltreiches geführt haben, diese tapferen Ostdeutschen, die es gewagt haben, sich gegen Kanonen und Tyrannei allein mit nackten Händen und starken Herzen zu erheben, mit als Haupturheber hervorheben werden". Die gleichen Geschichtsschreiber, so fügte er in einer für Adenauer wichtigen Verknüpfung sogleich hinzu, „werden auch Ihre eigene außerordentliche Standhaftigkeit aufzeichnen, die Sie für die Sache des europäischen Friedens und der europäischen Freiheit seit vielen Jahren bewiesen haben".[117] Adenauer seinerseits beförderte das Jahr 1953 zum zentralen Epochenjahr der Geschichte, zum entscheidenden Jahr Deutschlands und Europas, gar zu „Schicksalstagen der christlich-abendländischen Kultur".[118] Drei Tage vor der Bundestagswahl kam noch einmal eine handfeste Wahlkampfhilfe aus den Vereinigten Staaten. US-Außenminister John Foster Dulles sprach öffentlich davon, daß eine Niederlage Konrad Adenauers katastrophale Folgen für Deutschland und die Sache der Freiheit haben würde.[119]

Der ostdeutsche Aufstand war von der Bundesregierung nicht vorhergesehen, nicht gewünscht und schon gar nicht vorbereitet oder gar provoziert worden. Aber wäre der 17. Juni nicht gekommen – so könnte man überspitzt sagen –, Adenauer hätte ihn erfinden müssen. Vor seinem Hintergrund ließ sich eine klare Entscheidungssituation definieren: Bewahrung und Weiterentwicklung der freiheitlich-demokratischen Ordnung an der Seite der Europäer und vor allem der Amerikaner als Königsweg eines neuen, aus der Geschichte die richtigen Lehren ziehenden Deutschlands; oder ein Eingehen auf die Neutralitäts- und Sicherheitsofferten einer Sowjetunion, die gerade gezeigt hatte, was von ihren Beteuerungen zu halten war, womit außerdem eine Rückkehr zur Schaukelpolitik zwischen Ost und West assoziiert wurde, die Deutschland historisch nicht gut bekommen war. Im Schutz des 17. Juni trieb der Bundeskanzler die Westintegration voran. Antikommunistisch unterfüttert erlangte die Politik der Stärke und der Westintegration Volkstümlichkeit, flankiert von kompensatorischen nationalen Beschwörungsformeln, die den antinationalen Westkurs deklamatorisch abfederten.

6. Memorialisierung des Geschehens oder Mobilisierung der Westdeutschen? Das Kuratorium „Unteilbares Deutschland"

Das Jahr 1953 markierte einen wichtigen Einschnitt in der Geschichte der Bundesrepublik. Die Wahlen vom 6. September, die unter dem Eindruck der Juni-Ereignisse standen und der CDU 45,2 Prozent der Stimmen (1949: 31%) und über die Hälfte der Bundestagsmandate brachten, konsolidierten die bürgerliche Republik. Die SPD sah sich mit 28,8 Prozent im 30-Prozent-Turm gefangen (1949: 29,2%), die Liberalen büßten fast 2,5 Prozent ein und kamen auf 9,5 Prozent; der Gesamtdeutsche Block/BHE etablierte sich nicht als große Protestpartei, sondern erreichte zur Überraschung vieler nur 5,9 Prozent; die Deutsche Partei konnte nur 3,3 Prozent verbuchen; die KPD war mit 2,2 Prozent zur Splitterpartei geworden; Gustav Heinemanns Gesamtdeutsche Volkspartei erlebte mit 1,2 Prozent ein Desaster.[1] Mit einem antikommunistischen Grundkonsens, der den nationalen ablöste, wurde die Bundesrepublik befestigt und so bereits 1953 ein Stück weit vom Provisoriumsvorbehalt weggeführt.

Bei den Verlierern fielen die Kommentare zur Wahl entsprechend hart aus. Helene Wessel von der Gesamtdeutschen Volkspartei beispielsweise verurteilte mit vorwurfsvollem Unterton den Egoismus der Bundesdeutschen. Ihrem eigenen Anspruch nach hatte die GVP darauf abgezielt, die Interessen der Ostdeutschen bei der westdeutschen Wahl wahrzunehmen; der 17. Juni hatte dieser neuen Partei als deutliches „Signal zur Wiedervereinigung" gegolten.[2] Vom Antikommunismus hatte sich die GVP ausgeklinkt und war so selbst in den Geruch einer SED-Steuerung und -Finanzierung gekommen.[3] Wessel betrachtete den Wahlausgang als das Produkt einer doppelten Angst: der Angst vor dem Kommunismus und der Angst vor den materiellen Opfern, die sich mit der Wiedervereinigung ergeben könnten. Den Westdeutschen warf sie vor, einmal mehr aus der Geschichte nichts gelernt zu haben. Sie flüchteten in die materielle Sicherheit der Restauration, wollten wieder „richtig liegen" – diesmal an der Seite der Amerikaner –, verabschiedeten sich von der Schicksalsgemeinschaft der deutschen Nation und ließen sich dabei vom Kanzler ihr Christentum bescheinigen. Die CDU bezichtigte sie, einen Diffamierungswahlkampf schlimmer als 1933 die Nationalsozialisten geführt zu haben.[4] Kaum weniger harsch urteilte Herbert Wehner. Die Wahl wäre anders ausgefallen, „wenn wir aus dem 17. Juni im Bewußtsein der westdeutschen Bevölkerung etwas hätten machen können, das seiner Bedeutung entspricht".[5] Die deutsche Frage, in deren Zentrum die Forderung nach Solidarität mit den Deutschen auch jenseits der Elbe stand, war ihm zufolge im Kern eine sozialdemokratische Frage. Aber: „So, wie die Dinge jetzt gelaufen sind, hat

Adenauer sogar aus dem 17. Juni noch den Hauptgewinn gezogen."[6] Wilhelm Röpke hingegen, der Nationalökonom und Soziologe, der seit seiner Schrift „Die deutsche Frage" von 1946 als wichtiger Vordenker einer westlich optierenden Bundesrepublik galt, bezeichnete die Wahl als „einen großen Treffer in der langen Serie der Nieten unserer Zeitgeschichte".[7] Die Freude darüber, wie überraschend schnell die Bundesrepublik stabil, demokratisch und westlich geworden sei, war bei ihm ausgesprochen groß. Rudolf Augstein wiederum sah eine neue Gefahr im Verzug; die CDU sei Staatspartei geworden, aber: „Noch ein solcher Sieg und die deutsche Demokratie ist verloren."[8]

Dem Ausgang der Bundestagswahl vom September 1953 kam größere Bedeutung zu als demjenigen der Wahl vom August 1949, denn jetzt war vom Volk auch über die Annahme des deutschlandpolitischen Rohbaus entschieden worden: Sollte die Bundesrepublik auf die DDR-Bevölkerung und auf Gesamtdeutschland Rücksicht nehmen oder der Einbindung des westdeutschen Teilstaates in das westliche Bündnis den Vorzug geben? War die Mehrheit der Bundesdeutschen bereit, eine „antinationale" Politik mitzutragen? Sollte das hergebrachte Nationalbewußtsein von einer westlich-europäischen Identität überlagert werden? Bestand die Bereitschaft, das Staatswesen Bundesrepublik weiter auszubauen? Die Antwort auf diese Fragen war deutlich ausgefallen. Erst nach den Septemberwahlen nahm die Ära Adenauer ihre eigentliche Gestalt an, es begann die Kanzlerdemokratie. Ende 1953 erkor das amerikanische Nachrichtenmagazin „Time" Konrad Adenauer zum „Man of the year" und begründete dies nicht zuletzt mit dem folgenden Hinweis: „The West German voters swept all their Communists and Nazis out of the national office and overwhelmingly put their faith in the dedicated, firm-handed democrat, Konrad Adenauer."[9]

Aber nicht allein die Bundesrepublik konsolidierte sich in der Folge des 17. Juni, sondern auch die DDR, in der es zu einer „inneren Staatsgründung"[10] unter repressiven Vorzeichen kam. Deutschlandpolitisch hatte die SED eine große Niederlage erlitten. War die DDR ursprünglich in Umkehrung der westlichen Magnettheorie als deutsches Vorbild konzipiert worden und sollte das „nationale" Programm der SED die Einheit Deutschlands durch eine Übertragung der „antifaschistisch-demokratischen" Verhältnisse auf Westdeutschland herstellen, so hatte dieses gesellschaftliche und politische Modell im Verlauf des Jahres 1953 völligen Schiffbruch erlitten.

Die je spezifische Konsolidierung der beiden deutschen Staaten mußte auch Rückwirkung auf das demokratische und nationale Selbstverständnis der Deutschen, namentlich der Westdeutschen, haben. Die Situation war paradox: Die Etablierung eines „linken" nationalen Feiertages zog einen

„rechten" antinationalen Wahlerfolg nach sich. Jener stand für die Mahnung zur Einheit, während gleichzeitig diese Einheit zu einer cura posterior der Politik erklärt wurde. Der Tag der deutschen Einheit inkorporierte dem westdeutschen Selbstverständnis die Ablehnung der SED-Herrschaft. Er drohte, von einem gesamtnationalen zu einem rein westdeutschen Staatsfeiertag zu werden, vom einem Symbol der Gesamtstaatlichkeit zu einem Symbol bundesrepublikanischer Überlegenheit auf allen Ebenen. Ein übergreifender Konsens über den Sinn und Inhalt des Gedächtnisortes fehlte; der Tag war Ausdruck deutscher Zwietracht und Spaltung, nicht Einigkeit und Einheit. Für den Gedächtnisort „17. Juni" entstanden so bereits 1953/54 zwei geschichtspolitische Handlungsalternativen: Memorialisierung oder Mobilisierung.

Die frühesten Planungen für eine Memorialisierung des ostdeutschen Aufstandes kamen von seiten der US-amerikanischen Regierung und standen im Dienste einer psychologischen Kriegführung gegen den Osten. Die Eisenhower-Administration hatte in den Unruhen blitzschnell die Gelegenheit für eine „roll back"-Strategie erkannt und Pläne, die noch von der späten Truman-Regierung entworfen worden waren, reaktiviert. Verschiedene Mittel standen zur Diskussion: Nahrungsmittellieferungen an die notleidende Bevölkerung im Osten, militärische Demonstrationen, Propaganda-Infiltrationen, aber auch Sabotageakte und Entführungen politisch wichtiger Personen. In einer vom Nationalen Sicherheitsrat Ende Juni 1953 angenommenen Direktive über einen „Interim U.S. Plan for Exploration of Unrest in Satellite Europe" tauchten zudem Vorschläge auf, wie „politics of memory" eine historische Wegweisung konstruieren und in politische Orientierung überführen sollte. Die Bundesregierung sollte beispielsweise ermutigt werden, auf dem Boden des zerstörten Reichstages in Berlin ein neues Gebäude, „a Bundestag", zu errichten. Herzstück der Erinnerungspolitik sollte aber die Errichtung eines ewigen Monuments, eine Art Pantheon, sein: eine „Hall of Heroes", in der die Opfer des Aufstandes ihre letzte Ruhestätte finden würden. Die Pläne gipfelten schließlich darin, ein CIA-finanziertes „National Commitee to Memorialize the Martyrs of Freedom" zu etablieren, dessen Aufgabe die Pflege der Erinnerung an den vaterländischen Freiheitsaufstand in Ostberlin und in Ostdeutschland gewesen wäre. Ein Trauertag für die Märtyrer der Freiheit, oder sogar ein „Go Home Ivan Day", hätte die Erinnerung abstützen und die Freiheitsideale perpetuieren sollen.[11] Bei diesen Konzepten stand nicht in erster Linie die Idee Pate, vor den ostdeutschen Aufständischen Ehrbekundungen abzulegen, das war nur Mittel zum eigentlichen Zweck: den nationalpolitischen Offensiven der Sowjetunion und der DDR das Wasser abzugraben und denjenigen im Westen mittels symbolischer Politik den Rücken zu stärken, die für eine Wiederbewaffnung der Bundesrepublik und für die EVG eintraten. Die Priorität lag darauf, die Westintegration der Bundesrepublik abzusichern; die Ostdeutschen hingegen sollten angesichts der unnachgiebigen Position der Sowjets hinsichtlich der DDR an einen langwierigen Kampf gewöhnt werden.[12]

Diese Vorschläge sind so nie verwirklicht worden und waren nach Adenauers haushohem Sieg – der als Stärkung der amerikanischen Position im Kalten Krieg gefeiert wurde – in gewisser Hinsicht auch hinfällig geworden. Sie fanden aber auf deutscher Seite durchaus Entsprechungen. Im Bezirksamt Berlin-Charlottenburg beispielsweise machten Pläne die Runde, auf dem Platz, der kurz zuvor den Namen des im September 1953 verstorbenen ersten Regierenden Bürgermeisters von Westberlin, Ernst Reuter, erhalten hatte, eine zentrale Gedenkstätte für die Opfer des 17. Juni zu bauen, bestehend aus einem vierzig Meter hohen Turm und einer fünfundvierzig Meter langen Ehrenhalle aus unbehauenem Naturstein, die als Zeichen für die Unterdrückung nach Osten geschlossen und als Zeichen für die Freiheit nach Westen geöffnet sein sollte.[13] Der antikommunistische „Volksbund für Frieden und Freiheit", als deutsches Komitee in der Weltorganisation „Paix et Liberté" vertreten – in der auch vierzig Exilvertretungen aus Osteuropa beheimatet waren –, beabsichtigte seinerseits, an der Zonengrenze ein Freiheitsmahnmal für alle Nationen „Osteuropas und Sowjetasiens" zu errichten. Von der Spitze des in den Ausmaßen gewaltigen Mahnmals sollte ein ewiges Feuer in die Sowjetzone leuchten. Die Höhe des Turms würde, so teilte ein Vertreter des Volksbundes mit, vom Umfang der eingehenden Spenden abhängig sein. Ein in 180 amerikanischen Zeitungen veröffentlichter Spendenaufruf fand ein starkes Echo.[14]

Im Bundesministerium für gesamtdeutsche Fragen[15] stießen solche, von außen an das Ministerium herangetragenen Bestrebungen indes auf Ablehnung. Staatssekretär Franz Thedieck, der am 24. Juli ein Gespräch mit Vertretern des Volksbundes führte, ließ diese wissen, daß sie seitens deutscher Regierungsstellen weder mit materieller noch ideeller Unterstützung rechnen könnten. Als Gründe nannte er zum einen, daß es sich beim 17. Juni um eine nationalpolitische, deutsche Angelegenheit gehandelt habe. Auch wenn die Aktionen des Volksbundes im wesentlichen auf die Gemeinsamkeiten der durch den Bolschewismus unterdrückten Völker zielten, „so befürchte ich doch, daß die begonnene Aktion nur eine propagandistische Geste bleibt, daß sie vor allen Dingen von der Bevölkerung der Sowjetzone nicht verstanden oder mißverstanden wird".[16] Zum anderen hielt Thedieck, ebenso wie Bundesminister Kaiser, den Zeitpunkt für ein Erinnerungsmal für viel zu verfrüht. Besonders mit dem letztgenannten Argument beschieden Mitarbeiter des Ministeriums die unzähligen Anregungen für eine Memorialisierung durchweg negativ, die in den ersten Monaten nach dem 17. Juni von Funktionären der Vertriebenenverbände, vor allem aber von Einzelpersonen vorgebracht wurden, die alle Schichten der Bevölkerung und die unterschiedlichen politischen Strömungen repräsentierten.[17]

Die vielen schriftlichen Vorschläge zur Ausgestaltung der Erinnerung zeugen von einer breiten Aktivität der Bevölkerung. Zahlreich überliefert sind Ratschläge und Postulate, die auf eine Arbeits- und Verkehrsruhe mehrmals im Monat abzielten, permanente Halbmastbeflaggung forderten und verlangten, daß alle Tageszeitungen bis zur Wiedervereinigung mit Trauerrand zu versehen seien oder daß bis dahin alljährlich ein zusätzlicher Volkstrauertag eingeführt werden sollte.[18] Angeregt wurde ferner, „gewaltige, die Stadt (Berlin, E. W.) überragende Freiheitskreuze mit Gedenkmalen der Opfer des 17. Juni" zu errichten;[19] manche schlugen den Wiederaufbau des Reichstages aus Spendengeldern vor, als „erster Schritt zur Wiedererrichtung Berlins als Reichshauptstadt";[20] außerdem sollten Straßen zu Alleen der deutschen Freiheitskämpfer aus der gesamten deutschen Geschichte ausgebaut oder nationale Freiheitsplätze, Mahn-, Denkmäler[21] und Museen zum deutschen Freiheitskampf errichtet werden. Schließlich wollten viele Menschen wieder Massenkundgebungen und Inszenierungen veranstaltet sehen, so „wie das früher bei den Sedans-Feiern üblich war".[22]

Entgegen allen ablehnenden Bekundungen nach außen waren im Winter 1953/54 jedoch im Ministerium von Jakob Kaiser zahlreiche interne Ausarbeitungen im Umlauf, die eine Memorialisierung keineswegs verwarfen. Auf der Suche nach einem Symbol für die deutsche Not und die nationalen Bemühungen, die Teilung zu überwinden, formulierten Ministerialbeamte etliche Pläne für eine „nationale Gedenkstätte als Hochburg des deutschen Willens zur Wiedervereinigung", wie es in der Ausarbeitung von Ernst Liebrich hieß.[23] Zumeist schlug man das Zonenrandgebiet als Ort einer solchen nationalen Gedenkstätte vor. Dort sollten dann Staatsakte stattfinden, außerdem nationale und internationale Kongresse zur deutschen Frage in Geschichte und Gegenwart. Jeder deutsche Jugendliche sollte mindestens einmal diese Stätte besuchen und erleben. Zusätzlich wäre dorthin der Sitz sämtlicher Flüchtlings- und Vertriebenenorganisationen zu verlagern gewesen. Zur Finanzierung der Gedenkstätte schlug man die Einrichtung eines „Fonds zur Behebung der nationalen Not" vor, den Bundes- und Landesregierungen, Wirtschaft, Landwirtschaft und Handel zu speisen hätten. Die Wirkung einer solchen Stätte als gemeinschaftsstiftendes Zeichen hielt man für außerordentlich groß, Liebrich etwa erinnerte an die historischen Beispiele der Marienburg und des Tannenbergdenkmals.[24]

Ein besonderer Entwurf aus der Feder von Ministerialrat Ewert Freiherr von Dellingshausen – er war im Gesamtdeutschen Ministerium zuständig für das Referat „Pflege des gesamtdeutschen Gedankens" – datiert vom März 1954. Er ist deshalb bemerkenswert und ragt aus den anderen Skizzen heraus, weil er das nationalpolitische Anliegen mit einer deutsch-französischen Aussöhnung zu verbinden suchte. Ein durch Regierungszuschüsse zu fördernder „Bund für die Einheit Deutschlands" sollte, so schrieb von Dellingshausen, eine symbolische Stätte als „Mahnmal für die Wiedervereinigung Deutschlands" schaffen, jedoch nicht an der Zonengrenze. Gedacht sei vielmehr „an eine Beseitigung des Niederwalddenkmals (gleichzeitig eine versöhnliche Geste gegenüber Frankreich) und einen Wiederaufbau einer Versammlungsstätte an gleicher Stelle, die für die symbolische Forderung auf Wiedervereinigung Deutschlands Ausdruck gibt".[25] Das kleindeutsche Nationaldenkmal auf dem Niederwald bei Rüdesheim am Rhein, 1883 errichtet „Zum Andenken an die einmuethige siegreiche Erhebung des deutschen Volkes (1813/14) und an die Wiederaufrichtung des deutschen Reiches 1870–71", wie es in der Sockelinschrift heißt, hat einen ausgeprägt antifranzösischen Charakter. Die Germania – sie erscheint als Walküre mit Brustpanzer und Schwertgurt im Schwanengewand nach der Überlieferung der Nibelungensage – steht sowohl für den Sieg der Alliierten über Napoleon bei Leipzig als auch für den Waffensieg 1870/71 gegen Frankreich und die Proklamation des Deutschen Kaiserreiches in Versailles.[26] Der Abriß der Germania sollte mit unzeitgemäßen Geschichtsvorstellungen aus der Epoche der deutsch-französischen Konfrontation aufräumen, die deutsch-französische „Erbfeindschaft" abbauen helfen, das Rapprochement franco-allemand befördern und die neuen Partner auf den gemeinsamen Gegner im Kalten Krieg einschwören.

Das ausgereifteste Konzept einer Sinnstiftung durch symbolische Formen fand sich indes in einer als „geheim" gekennzeichneten „Übersicht möglicher Maßnahmen der Bundesregierung, die nach der Beendigung der Berliner Viererkonferenz getroffen werden sollten".[27] Diese fruchtlose Berliner Konferenz der vier Siegermächte des Zweiten Weltkrieges vom 25. Januar bis zum 18. Februar 1954 gilt heute als ein Höhepunkt der Ost-West-Propaganda. Im Rückblick stellt sie den Zeitpunkt dar, an dem die Weichen auf eine getrennte Entwicklung in den beiden Teilen Deutschlands gestellt wurden. Ihr Scheitern beendete endgültig die Hoffnungen derjenigen, die nach Stalins Tod einen Neuanfang in den Ost-West-Beziehungen erwartet und die Lösung der deutschen Frage nicht für gänzlich ausgeschlossen gehalten hatten.[28] Viele Zeitgenossen, die sich dem Primat der Wiedervereinigung verpflichtet fühlten und die Konferenz leidenschaftlich gefordert hatten, waren bestürzt darüber, daß sich die Siegermächte offensichtlich mit dem Status quo der deutschen Teilung arrangiert hatten. Konrad Adenauer hingegen nahm den Ausgang der Berliner Konferenz mit „unverhohlener Befriedigung“[29] auf, hatte für ihn doch die europäische Integration Priorität.

In dieser Situation stellte die achtseitige „Übersicht“ einen nationalpolitischen Aktionsplan dar. Er kreiste um den Bezugspunkt „17. Juni“. Auf der einen Seite müsse man, so stand dort zu lesen, der „Zonenbevölkerung angesichts der wahrscheinlich starken Niedergeschlagenheit“ nachdrücklich beweisen, daß der Westen sie auch künftig nicht abschreibe.[30] Auf der anderen Seite sprach aus dem Papier die Sorge, die Bevölkerung der Bundesrepublik könnte wegen der nun unabdingbaren Westintegration die Gesamtnation aus dem Blick verlieren. Ihr müsse deshalb stets erneut vor Augen geführt werden, „daß die Wiedervereinigung Deutschlands in Freiheit das erste und entscheidende deutsche politische Anliegen war, ist und bleibt“.[31] Über Rundfunk und Film,[32] durch Schriften und Plakataktionen sollte historisch-politische Aufklärungsarbeit geleistet und in den Schulen zusätzlich einmal im Monat eine „Gesamtdeutsche Viertelstunde“ abgehalten werden. Kulturelle Maßnahmen, Ost-West-Begegnungen, aber auch eine Erleichterung des individuellen Interzonen-Verkehrs sollten den nationalen Zusammenhalt gewährleisten. Unter der Rubrik „Politisch-symbolische Maßnahmen“, die den Kern darstellte, fand sich der Vorschlag, in Berlin ein repräsentatives Bundesgebäude zu errichten, um das unwiderlegbare Festhalten der Bundesregierung an der Wiedervereinigung zu dokumentieren. Es ist unschwer zu erkennen, daß die oben genannten Pläne aus den amerikanischen Behörden, die mit der psychologischen Kriegführung befaßt waren, bei diesen Gedanken eine Rolle gespielt haben. Die psychologischen Wirkungen, so wurde jetzt argumentiert, würden die immensen Baukosten um ein mehrfaches aufwiegen. Ausschlaggebend sei aber, daß das Gebäude auf dem Reichstagsgelände gebaut würde. Dahinter stand das Ziel, eine historisch-politische Gegensymbolik zum sowjetischen und ostdeutschen Geschichtsbild zu entwerfen und zu visualisieren. Die Erstürmung des Reichstages durch die Rote Armee war von den Sowjets als das Endziel des Weltkrieges symbolisch überhöht worden. Der sowjetische Film „Kampf um Berlin“ transportierte diese Sicht erfolgreich in das öffentliche Bewußtsein. Jewgeni Chaldejs Bild vom eroberten Reichstag mit Sowjetflagge wurde in der Tat zur Ikone des Sieges über Hitler-Deutschland. Nun sollte der zerstörte Reichstag abgerissen und an seiner Stelle ein repräsentatives Bundesgebäude als Kern des späteren Regierungsviertels in der „Reichshauptstadt“ gebaut werden. Des weiteren sollte es in allen Bundesorganen zu einer Repräsentation Mittel- und Ostdeutschlands kommen. Entsprechend dem „Place de la Concorde“ in Paris könnte schließlich in Berlin ein „Platz der Heimat“ die deutschen Städte und Länder versinnbildlichen.[33]

Daß in einer derartigen erinnerungspolitischen Ästhetisierung der allerjüngsten Vergangenheit auch vielerlei Gefahren lauerten – dessen wurden sich die geschichtspolitischen Akteure sehr schnell bewußt. Das Zeichen-Setzen im öffentlichen Raum durch Denkmale und Gebäude mit nationalem Anspruch konnte zwar im Prinzip nationalpolitische Ideologeme gemeinschaftsverbindlich im Bewußtsein der Gesellschaft installieren. Aber abgesehen von den Realisierungsmöglichkeiten: War der zeitliche Abstand zu den Ereignissen nicht viel zu gering, um den Wechsel von einer präsenten Vergangenheit zu einer kommemorierten Erinnerung zu vollziehen?[34] Ganz zu schweigen von den weit auseinanderliegenden historisch-politischen Sinndeutungen, die eine integrative Wirkung nahezu ausschlössen. Wäre eine Memorialisierung nicht geradezu kontraproduktiv angesichts der Tatsache, daß der Aufstand „noch in so lebendigem Bewußtsein aller Deutschen“[35] war? Sollte man ihm statt einer memorativen Funktion nicht besser eine imperative Funktion zuschreiben? Diejenigen Politiker, die im 17. Juni einen Aufstand für die Wiedervereinigung gesehen hatten, erkannten die Memorialisierungsfalle: In der Erinnerung würde sich nicht nur ein wachsender Abstand zum Bezugsereignis dokumentieren; vielmehr würde – da der Aufstand des 17. Juni niedergeschlagen worden war – der Aspekt der Trauer Oberhand gewinnen. Es könnte zu einem Symbol der Niederlage des deutschen Einheitsstrebens werden und einem schwindenden Nationalbewußtsein Vorschub leisten. Der Sinn des 17. Juni durfte sich mithin nicht einfach in der Erinnerung erschöpfen. Herbert Wehner, Jakob Kaiser und auch Thomas Dehler wurden nicht müde, dies zu betonen. Das Gegenprogramm brachte Kaiser auf folgenden Nenner: Der Sinn des „17. Juni“ ist „die Aktivität für die Wiedervereinigung unseres Landes“.[36] Gerade weil die Gegenwart schwierig und die Zukunft der deutschen Frage nach der Berliner Konferenz düster erschien, lehnten die meisten Wiedervereinigungspolitiker eine vorzeitige Memorialisierung ab. Ihr „aktives“ Gegenkonzept lautete: Mobilisierung breiter Bevölkerungsschichten für das Ziel der deutschen Einheit.[37] Jakob Kaiser hatte seit geraumer Zeit mit verschiedenen Politikern aller Parteien und Persönlichkeiten des öffentlichen Lebens Verbindung aufgenommen, um seinen Plan einer „Volksbewegung für die Wiedervereinigung“ zu lancieren,[38] die ganzjährige plebiszitäre Aktivitäten entfalten und steuern sollte.

Aus diesen Plänen entstand Mitte Juni 1954 mit der Sammlungsbewegung Kuratorium „Unteilbares Deutschland“ (KUD) eine wichtige geschichtspolitische Handlungsarena der Bundesrepublik.[39] Wie sehr sich die beteiligten Geburtshelfer, so heterogen ihre Gruppe auch zusammengesetzt war, dem einigenden Ziel verschrieben hatten, in der deutschen Frage nicht zu resignieren, sondern die Bevölkerung zu mobilisieren, das Postulat der Wiedervereinigung emotional zu verankern und einen nationalpolitischen Stillstand zu verhindern, wird schon anhand der Überlegungen zur Benennung der „Bewegung“ deutlich. Zunächst waren neben aktivistischen Namensvorschlägen, wie „Gesamtdeutsche Aktion“, besonders konkrete historische Bezeichnungen im Gespräch, etwa „Nationalverein für die Wiedervereinigung“ oder historisch noch direkter auf die Anfänge der deutschen Nationalbewegung bezogen „Ernst-Moritz-Arndt-Bund“.[40] Ganz frei von einem pangermanistischen Beigeschmack waren diese ersten Vorstellungen nicht. Auch gab es Anklänge an eine Art Irredenta-Bund. Allein schon das Wort „Bewegung“ als politischer Begriff lud nach den vergangenen zwanzig Jahren förmlich zur Mißdeutung ein. Ein „Volksbund“ schien vielen die unverfänglichere Variante, dieser sollte von einem „Altdeutschen Rat“ als Dachorganisation überspannt werden, was allerdings wiederum nicht viel Wiedervereinigungs-Elan bezeugte, sondern „altbacken“ wirkte.[41] Bundespräsident Theodor Heuss hatte schließlich den rettenden Einfall, wie die nationale Botschaft mit einer moralischen Läuterung verknüpft werden konnte, ohne peinlich zu wirken oder, zumal im Ausland, politisch Anstoß zu erregen. Als Kaiser ihn wie viele andere um Rat fragte, unter welcher „Parole“ eine solche überparteiliche Vereinigung antreten könne, gab Heuss zwei Vokabeln als Antwort: „unteilbares Deutschland“. Kaiser, so Heuss im Rückblick, „nahm die Losung dankbar an, denn er spürte wohl unmittelbar das Doppelte, das durch diesen Begriff schwingt: das verhaltene Pathos einer politischen Forderung, die uns von dem Leid der Gegenwart aufgezwungen ist, und die fast nüchterne Feststellung einer zweifachen Gegebenheit: das geschichtliche Bewußtsein, dem deutschen Volks- und Staatswerden zugewandt, kennt keine Scheidung, keine Teilung der Werte, es spürt in der Vielfarbigkeit von Persönlichkeit, von landsmannschaftlicher Artung sich bindende, die gebundene Einheit.“[42]

Daß eine Sammlungsbewegung zur Wiedervereinigung nicht allein von oben verordnet werden konnte, war den Teilnehmern der entscheidenden Sitzung am 6. März 1954 im Stegerwaldhaus in Königswinter wohl bewußt.[43] Vor dieser Sitzung hatte sich Kaiser ein weiteres Mal der Unterstützung verschiedener Politiker versichert, darunter Erich Ollenhauer, Heinrich von Brentano, Thomas Dehler und Waldemar Kraft vom BHE. Der Impuls von oben sei aber notwendig, so führte Paul Sethe in Königswinter aus, um die „Lethargie in der Bundesrepublik zu überwinden“.[44] Außerdem müßten sich doch, dies gab Ernst Lemmer zu bedenken, „die Menschen in der Zone seltsame Gedanken machen (…), wenn sie von der Tätigkeit einer Europa-Union und nichts von einer Deutschland-Union lesen würden“.[45] In der Diskussion wurde immer wieder auf frühere erfolgreiche Beispiele von überparteilichen Volksbewegungen abgehoben, vor allem auf den Ruhrkampf von 1923 und auf das Bündnis der demokratischen Parteien für den Reichspräsidenten Hindenburg 1932, welches das Ziel gehabt hatte, einen Wahlsieg Hitlers zu verhindern. Mit Blick auf die Pflege des Nationalgedankens wurde als gewisses Vorbild auch der Verein für das Deutschtum im Ausland erwähnt. Aber die Vorschläge aus dem „Königswinterer Kreis" waren auch umstritten. Skeptiker, wie Franz Thedieck, der dem ganzen Unterfangen eher ablehnend gegenüberstand, ließen die Beispiele aus Weimar aber nicht gelten. Damals habe es sich um kurzfristige nationale Anliegen gehandelt, die Wiedervereinigung jedoch sei eine langfristige Aufgabe und es bestehe die Gefahr, daß die geplante Bewegung in einen „Zustand der Stagnation" gerate.[46]

Doch Kaiser war mit seinem Plan, eine gesamtdeutsche Sammlungsbewegung ins Leben zu rufen, seit März auf so lebhaftes und zustimmendes Echo gestoßen, daß er am durchschlagenden Erfolg nicht im geringsten zweifelte. Der Bundespräsident hatte ihn ermutigt, diesen Weg einzuschlagen. Die Stärkung eines geschichtlich begründeten Nationalbewußtseins war ganz in seinem Sinne. „Unteilbares Deutschland" bezeichnete für ihn eine historische Notwendigkeit, nicht allein einen aktuellen Willen. Er begriff deutsche Einheit gleichsam als Anspruch aus der Geschichte, fast als Naturrecht.[47] Die Verlierer der Bundestagswahl, allen voran die Sozialdemokraten, erkannten schnell, daß eine solche Sammlungsbewegung zu einer populären, weil überparteilich eingekleideten Stütze ihrer Anti-Adenauer-Politik zu werden versprach. „Notwendig und auch möglich ist eine Bewegung, die entschlossen ist, bis in das kleinste Dorf der Bundesrepublik die Überzeugung zu tragen, daß die Wiedervereinigung das Ziel unserer Politik ist", kommentierte der Sozialdemokratische Pressedienst.[48] Auch Gustav Heinemann hoffte, daß durch das Projekt, „die Wiedervereinigung zum Willenszentrum unseres Volkes" gemacht werde und sich zwischen ihm und Kaiser wieder ein neuer politischer Faden knüpfen lassen könne. Ihn hatte es „schockiert, daß während der Berliner Konferenz so gar kein lebendiger Ausdruck eines Willens zur Wiedervereinigung spürbar geworden ist".[49] Als am 11./12. Februar in Berlin der Rat der Evangelischen Kirche in Deutschland und die Konferenz der leitenden Amtsträger der 27 evangelischen Landeskirchen versammelt waren, habe Bischof Dibelius berichtet, ihm sei nahegelegt worden, doch wenigstens von der Kirche aus an die Außenminister ein Wort der Bekräftigung des Willens zur Überwindung der deutschen Spaltung zu richten. „Eine Formulierung auf der Berliner Kirchenkonferenz lautete, daß die Engländer wohl in Indien verspürt hätten, was das indische Volk wollte, daß sie aber nicht in Deutschland verspürten, was das deutsche Volk wolle." Solche Berichte hätten die Vertreter aus der Sowjetzone „sehr erschüttert".[50] Der scheidende Parteivorsitzende der FDP, Franz Blücher, hielt es nach der Berliner Viermächtekonferenz ebenfalls für die größte Aufgabe, das deutsche

Volk zu aktivieren: „Es scheint mir das wichtigste", so sagte er auf dem Wiesbadener Parteitag der Liberalen vom März, „daß wir in jeder Familie, in jedem Dorf und jeder Stadt die Gewissen aufrütteln und dem, der sich auf seine kleinen Sorgen zurückzieht, deutlich machen, worum es geht: es geht darum, daß unsere Kinder nicht in Frieden und Freiheit werden leben können, wenn wir nicht bereit sind, jetzt und in Zukunft alles für die Wiedervereinigung zu tun."[51]

Am 14. Juni konstituierte sich auf vereinsrechtlicher Basis die Organisation „Unteilbares Deutschland. Volksbewegung für die Wiedervereinigung", so lautete der ursprüngliche Name, offiziell. Der von 128 Männern und Frauen des öffentlichen Lebens unterzeichnete Gründungsaufruf formulierte den Auftrag wie folgt: Ziel sei, „den Willen für die Wiedervereinigung im Volk zu stärken", den menschlichen und geistigen Zusammenhalt der Deutschen abzustützen, das Bewußtsein ihrer gemeinsamen Wurzeln wachzuhalten und zu fördern, aber auch der Weltöffentlichkeit zu zeigen, daß sich die Deutschen niemals mit der Teilung ihres Vaterlandes abfinden würden, die schon zu einer „Verelendung einstmals blühender mitteldeutscher Städte und Dörfer, (und zur) Verödung weiter deutscher Gebiete jenseits der Oder-Neiße" geführt habe.[52] Ursprünglich hatten die Initiatoren die Absicht, „die Bildung des Kuratoriums an der Zonengrenze vorzunehmen", um damit gleich zum Auftakt ein markantes Zeichen zu setzen. Da aber zahlreiche Bundestagsabgeordnete an der Gründung beteiligt waren und um den 17. Juni 1954 herum – das Kuratorium sollte zum Jahrestag des Aufstandes in der DDR entstehen – Sitzungswoche im Bundestag war, wählte man einen Ort in der Nähe von Bonn, Bad Neuenahr.[53]

Mit Paul Löbe, dem Weimarer Reichstagspräsidenten, gewann Kaiser im Juli 1954 – als freilich einflußlosen Präsidenten des Kuratoriums – die gewünschte historische Symbolfigur: ein Mann des Volkes, der aus freiheitlicher Tradition kam und die Verbindung zwischen der ersten und der zweiten deutschen Republik verkörperte.[54] Die Geschäfte sollte ab 1957 Wilhelm Wolfgang Schütz führen, ein Karl-Jaspers-Schüler und besonders umtriebiger Managertyp, der während des „Dritten Reiches" als Journalist in England und später als Berater Kaisers tätig gewesen war, dem er so nahe wie Adenauer fern stand.[55] Als treibende Kräfte im 14köpfigen Präsidium des Kuratoriums, das in zahlreiche Ausschüsse gegliedert war,[56] galten Herbert Wehner und Johann Baptist Gradl; Pressereferent war der bis 1972 der SPD und danach der CDU angehörende Herbert Hupka, der 1968 Bundesvorsitzender der Landsmannschaft der Schlesier wurde. Führende westdeutsche Historiker und Wissenschaftler verwandter Disziplinen hatten zeitweilig einen großen Einfluß, in den fünfziger und frühen sechziger Jahren vor allem Hermann Heimpel und Werner Conze, auch Georg Eckert, Lothar Buchheim und Theodor Litt. Wichtige publizistische

Persönlichkeiten wie Hans Zehrer und Paul Sethe waren in der Sammlungsbewegung ebenfalls vertreten.

Nicht zu Unrecht wurde das Kuratorium als Sammelbecken der deutschlandpolitischen Gegner Adenauers, auch als „linker“ Verein bezeichnet. Tatsächlich diente es den Sozialdemokraten, die überproportional stark vertreten waren und das Kuratorium offensiv für ihre Zwecke nutzten, später auch den Liberalen um den Adenauer-Kritiker Thomas Dehler, als Plattform für eine alternative Deutschlandpolitik. Der SPD bedeutete das Kuratorium eine wesentliche politische Stütze, aber dieses stützende Verhältnis galt auch in umgekehrter Richtung. Aus den Reihen der CDU engagierten sich im wesentlichen Vertreter des ostpolitischen Flügels im Kuratorium. Insgesamt betrachteten Christdemokraten die Mitarbeit im „SPD-Verein“[57] eher als Pflichtübung – oder sie beäugten das KUD nur äußerst mißtrauisch von außen, was im Grunde für die gesamte rheinische CDU zutraf. Ein interner Bericht zur Lage der Union stufte das Kuratorium 1956 als „Sammelpunkt aller Feinde des Kanzlers und seiner anti-kommunistischen Außenpolitik“ ein,[58] und Staatssekretär Otto Lenz hielt dem Begründer der Sammlungsbewegung im gleichen Jahr vor: „Ihre Politik, lieber Herr Kaiser, führt kerzengerade zur Volksfront.“[59]

Es sollte bald kaum eine mittlere oder größere Gemeinde in der Bundesrepublik geben, in der nicht von kommunalen politischen Repräsentanten ein Ortskuratorium gegründet worden war. Hans Zehrer, der das Kuratorium selbst mit aus der Taufe gehoben hatte, bemerkte zur allgemeinen Gründungseuphorie sarkastisch, daß aus der deutschen Wiedervereinigung „wieder eine deutsche Vereinigung“ geworden sei.[60] – Der Interessenverband verstand sich als „institutionalisierte Präambel des Grundgesetzes“.[61] Erst mit dem Beginn der Neuen Ostpolitik seit der Bildung der sozialliberalen Koalition 1969 und dem Rücktritt von Schütz, der in die SPD eintrat, kehrte sich die politische Ausrichtung des Kuratoriums „Unteilbares Deutschland“ um – aus dem „SPD-Verein“ wurde ein „CDU-Verein“ –, es verlor aber auch rapide an Bedeutung. Das Ziel der Sammlungsbewegung in der Ära Adenauer lautete jedoch, in den Worten seines Geschäftsführers Wilhelm Wolfgang Schütz, Politik „gegen eine Verwestlichung der Bundesrepublik“ zu treiben und alles zu tun, was half, sowohl die DDR als auch die Bundesrepublik „abzuschaffen“. Beide Staatsgebilde dürften nicht zu einer Dauereinrichtung werden.[62] Es ging darum, die menschliche Verbundenheit der Deutschen wach- und die Kommunikation zwischen ihnen aufrechtzuerhalten. Die selbstgestellte Aufgabe lief auf eine historisch begründete Nationalerziehung der (West-) Deutschen hinaus.[63] So ist es nicht weiter verwunderlich, daß es Konrad Adenauer schwerfiel, der „Volksbewegung“ ein gedeihliches Wirken zu wünschen. Sein Glückwunschtelegramm zur Gründung fiel äußerst wortkarg aus.[64] Der Kanzler sah Kaisers Aktivitäten mit großem Mißbehagen. Das „Unteilbare Deutschland" war ihm zeitlebens ein Dorn im Auge. Er versuchte, dessen Arbeit immer wieder zu sabotieren, und er sollte nie an einer Tagung des Kuratoriums persönlich teilnehmen. Besonders monierte er, daß die Aktionen der Bewegung „zu viele Emotionen" im Volk aufwühlten.[65]

Die öffentliche Resonanz auf die Gründung der Sammlungsbewegung war gespalten. In die Kommentare wohlwollender Aufnahme dieser deutschen Initiative mischte sich das Unbehagen über eine etwaige unkontrollierbare Massenbewegung. Mit Blick auf die polnische Nationalbewegung, die erst nach mehr als hundert Jahren ihren Nationalstaat wiedererlangte, aber auch unter Verweis auf die deutschen Befreiungskriege gegen Napoleon honorierten die meisten westdeutschen Medien die Art und Weise, wie hier versucht wurde, die „moralische Substanz" der Nation zu retten.[66] Notwendig schien dies vielen Kommentatoren allemal, da den Bundesbürgern mehrheitlich geschichtsloser Hedonismus bescheinigt wurde. Der „Ost-Dienst der Freien Demokratischen Partei" pointierte diesen Gedanken und sah in der vereinsrechtlichen Organisationsstruktur des Kuratoriums den Ausdruck der westdeutschen Malaise: Zwar sei die Frage der „Einheit des Volkes das A und O unseres nationalen Seins"; aber „es scheint nicht gut bestellt um solche Fragen von schicksalhafter Bedeutung, wenn zu ihrer Behandlung auf der breitesten Ebene der Nation das Vereinsregister eines Amtsgerichts in Anspruch genommen werden muß".[67] Hand in Hand mit solcher Kritik an der nationalen Vergessenheit der Bundesdeutschen im Zeichen des einsetzenden Wirtschaftswunders[68] gingen jedoch Warnungen vor einer bei ökonomischen Krisensituationen nur allzu leicht entflammbaren nationalen Ungeduld, die durch das Pathos der großen Worte aus den Reihen des Kuratoriums geschürt werden könnte.

Paul Wilhelm Wenger vom „Rheinischen Merkur" sparte nicht mit nationalistischen Etikettierungen, die er aus dezidiert bundesrepublikanischer Sicht, die für seine Zeitung so charakteristisch war, der Sammlungsbewegung anheftete. In seinen Augen bedeutete das Kuratorium nichts weiter als ein alldeutsches „Propagandaschiff", das bezeichnenderweise mit Leuten wie Herbert Wehner beladen sei – dem „Wanderer zwischen beiden roten Welten" – und dem sozialdemokratischen Saar-Experten Karl Mommer – der sich mit neunzigjähriger Verspätung die antifranzösischen Konzeptionen des frühen Bismarck zu eigen mache. Diese Feinde einer europäischen Föderationspolitik, die immer dann auf den Plan träten, wenn der Kanzler „irgendwo im Ausland Hitlers traurige großdeutsche Hinterlassenschaft liquidieren geht", würden der ganzen Aktion die „nationalistischen Giftstoffe" beimengen. Daß schließlich auch Paul Sethe dem Kuratorium seinen „antiquierten großdeutschen Kampfstoff“ in Form seiner spitzen Feder bereitstellte, ließ in Wengers Sicht die Gefahr für die Bundesrepublik und Europa noch größer werden.[69]

Läßt man die argen Verunglimpfungen und die polemischen Überspitzungen einmal beiseite, so hatte Wenger recht: Den europäisch-föderativen „Avantgardisten“ und entschiedenen „Bundesrepublikanern“, zu denen er selbst zählte, standen diejenigen gegenüber, die eine nationalpolitische Bewußtseinsbildung mit Orientierung am ehemaligen Deutschen Reich präferierten. Die nüchterne Schweizer Presse unterstrich in dieser Hinsicht aber den bedeutsamen Aspekt der demokratischen Einhegung des Nationalgedankens. So schrieb die „Basler Nationalzeitung“: „Das Positive an dieser 'Volksbewegung' ist zweifellos, daß es Demokraten sind, die sich hier der Wiedervereinigung annehmen, denn täte die Demokratie das nicht, bestünde dauernd die Gefahr, daß irgendwelche Extremisten eines Tages den Wiedervereinigungs-Gedanken vor ihren politischen Wagen spannen und mit dieser Hilfe vielleicht auch ein Ziel erreichen könnten, das zu erreichen sie sonst nicht imstande sein würden.“ Eigentliche politische Bedeutung könne das KUD indes nur erlangen, „wenn Adenauer sich einmal allzu arg gegen den Gedanken der Wiedervereinigung versündigen“ würde.[70]

Eine regelrechte Verschwörung gegen Adenauers europäische Politik witterte hingegen Reginald Colby von der amerikanischen Zeitung „Time and Tide“. Er glaubte, daß Jakob Kaiser die westdeutsche Republik „verpreußen“ wollte und sah nationalistischen Parolen bereits auf fruchtbaren Boden fallen: „Früher hieß der andere Teil Deutschlands die Ostzone; heute aber spricht man auf Kaisers Geheiß von 'Mitteldeutschland', denn er hat klar zum Ausdruck gebracht, daß Deutschland wie Gallien in drei Teile geteilt ist: in die Bundesrepublik, den mittleren Teil und den Osten, d.h. die Gebiete hinter der Oder-Neiße-Linie.“ Dem Bundesminister für gesamtdeutsche Fragen unterstellte Colby Ambitionen auf die Kanzlerschaft. Das Kuratorium habe er sich als sein Sprungbrett zum Thron auserkoren, den er mit Hilfe der Sozialdemokraten zu erlangen trachte.[71]

Über mangelnde Aufmerksamkeit für ihre Initiative konnten sich die Gründerpersönlichkeiten nicht beklagen. Viele der Spekulationen erwiesen sich bald als vollkommen haltlos; aber von einer Seite war die Aufregung über das „Unteilbare Deutschland“ mehr als berechtigt: von seiten des SED-Regimes. Das Kuratorium stellte nicht nur eine geschichtspolitische Handlungsarena für die innenpolitische Auseinandersetzung in der Bundesrepublik dar, sondern sein Wirkungsfeld erstreckte sich gleichermaßen auf den deutsch-deutschen Systemkonflikt. Die Sammlungsbewegung barg die Möglichkeit, der DDR auf einem bislang von ihr okkupierten Feld Paroli zu bieten. Politischen Beobachtern zufolge war die

Schaffung der westdeutschen „Volksbewegung" von der Bevölkerung des Ostsektors Berlins erwartungsvoll aufgenommen worden.[72] Die offiziellen Kommentare aus der DDR bewegten sich ganz auf der Linie der Diffamierungen, mit der die Regierung Adenauer, besonders aber das Ministerium für gesamtdeutsche Fragen seit jeher bedacht worden waren.[73] Otto Nuschke von der Ost-CDU, der stellvertretende Ministerpräsident der DDR, hielt das Kuratorium für einen raffinierten Trick Adenauers zur Bemäntelung seiner Feindschaft gegenüber der deutschen Einheit.[74] Damit aber verkannte er, wie so viele, wer die eigentlichen Träger des KUD waren, nämlich Adenauers Gegner. Der Prager Rundfunk steuerte die Bemerkung bei, das Kuratorium sei eine „aggressive Kriegsverbrecher-Organisation".[75]

Die SED bemühte sich offensichtlich darum, ihre eigene Unsicherheit zu kaschieren. Deutschlandpolitische Avancen aus dem Osten hatte der Westen stets zurückgewiesen.[76] Der Versuch einer nationalpolitischen Aktivierung der Bevölkerung durch das Mobilisierungsprojekt politischer und kultureller Eliten in der Bundesrepublik stellte aus zweierlei Gründen eine Bedrohung für das SED-Regime dar. Erstens verlor es das selbstverliehene Monopol auf nationale Begriffe; zweitens kam ihm das postulierte Alleinverfügungsrecht über die Nationalgeschichte jenseits des „Dritten Reiches" abhanden. Damit drohte eine der wichtigsten Legitimitätsressourcen der DDR im deutsch-deutschen Konflikt zu versiegen.

Das Projekt einer Selbstlegitimation des SED-Regimes aus dem Geist der Geschichte, das seit dem 48er Revolutionsjubiläum 1948 mit so viel Verve vorangetrieben worden war, hatte Konkurrenz bekommen. Mit der Erfindung eines nationales Gedächtnisortes „Tag der deutschen Einheit" war nicht nur die überaus schwierige und quälende Suche nach historischen Bezugspunkten, Traditionen, Erfahrungen, Erwartungen und Überzeugungen abgeschlossen; darüber hinaus konnte durch den 17. Juni die DDR und ihre historische Herleitung dauerhaft desavouiert werden. Auf der anderen Seite jedoch wirkte die historisch-politische Verunsicherung in der Bundesrepublik weiter. Wie war das Spannungsverhältnis zwischen gewünschter Einheit der Nation und notwendiger Freiheit überhaupt auszuhalten? Trotz aller gesamtnationaler Selbstbilder stand der 17. Juni 1953 doch auch für eine normative Bestätigung der Bundesrepublik Deutschland. Pointiert ausgedrückt war das Datum der eigentliche Gründungsakt der Bundesrepublik – und durfte es zugleich offiziell gar nicht sein. Der Rohbau der westdeutschen Republik war in Bonn errichtet worden, doch das Richtfest fand erst nach den Ereignissen in der DDR statt. Der Erfolg Bonns begann in Ostberlin. Freiheit und Einheit wurden unter den Bedingungen des Ost-West-Konflikts zur Antithese erhoben, und dies machte die Christdemokraten um Konrad

Adenauer, die das erkannt hatten, nach der Bundestagswahl 1953 zur bundesrepublikanischen Staatspartei.

Mit dem „Tag der deutschen Einheit“ wurde die hochproblematische Selbstverständigungsdebatte institutionalisiert. Der „17. Juni“ avancierte im Westen zum Medium der Produktion und Vermittlung historisch-politischer Sinnstrukturen, wenngleich die Frage, wer über die Definitionsmacht verfügte, noch nicht endgültig geklärt war. Niemand war sich Mitte 1954 über die einzusetzenden Mittel so recht im klaren. Wie ließen sich aus der deutschen Frage entstehende Bedürfnisse nach Orientierung befriedigen? Welche Rolle sollten dabei identitätsgenerierende Rückbezüge auf die deutsche Geschichte spielen? Allenthalben herrschte noch Unsicherheit vor. Ein „Ausschuß zur Durchführung des Freiheitsfeuers am 17. 6. 1954“ aus Neuburg brachte die fehlende Gewißheit in einer Anfrage an das Ministerium für gesamtdeutsche Fragen auf den Punkt: „Handelt es sich bei diesem Feuer wirklich um eine gesamtdeutsche Angelegenheit, oder sind wir etwa einer Mystifikation zum Opfer gefallen?“[77] Diese Frage lenkt das Augenmerk auf den geschichtspolitischen Kult um den deutschen Nationalstaat, der sich zwischen 1954 und 1968 in der Bundesrepublik entfaltete. Von ihm handelt das folgende Kapitel.

III. Der gescheiterte Kult um den deutschen Nationalstaat 1954–1968

1. „Das Reich wird kommen!“ – Politisches Fest am Hermannsdenkmal

Im FDP-Propagandareferat[1] hatte man seit Anfang des Jahres 1954 überlegt, wie man am 17. Juni ein eindrucksvolles Bekenntnis zur deutschen Nation ablegen könnte. Als die Lösung endlich gefunden worden war, liefen über mehrere Wochen hinweg die Vorbereitungen auf Hochtouren. Am 8. Mai nahmen die Geschäftsführer der liberalen Bundes-, Bezirks- und Kreisleitung den zentralen Kundgebungsplatz noch einmal in Augenschein und fanden ihn „in hervorragendem Maße geeignet“.[2] Anschließend fuhren sie zum Regierungspräsidenten Galle in Detmold, der zwar dem Vorhaben prinzipiell wohlwollend gegenüberstand, aber keine amtliche Zusage geben konnte, da am Tag der beabsichtigten Großkundgebung Fronleichnam und somit gemäß Landesgesetz kirchlicher Feiertag war. Die Antwort des Innenministers von Nordrhein-Westfalen, den Galle um die Ausstellung einer Sondergenehmigung ersucht hatte, stand noch aus.[3] Die liberalen Politiker zeigten sich ungehalten und dachten intern bereits über verschiedene Alternativen nach. Sollte der Innenminister von der CDU, die in Nordrhein-Westfalen mit dem Zentrum eine Regierungskoalition bildete, seine Genehmigung nicht erteilen, würde man die Kundgebung auf den 60 Kilometer entfernten – in Niedersachsen liegenden – Bückeberg verlegen; der sozialdemokratische Ministerpräsident in Hannover, Hinrich Wilhelm Kopf, war bereits informiert worden und hatte keine Einwände geltend gemacht. Falls das Placet aus Düsseldorf nicht kommen sollte, wollten die Liberalen diesen „Skandal“ in die Öffentlichkeit tragen; auch darin sahen sie – genauso wie im Falle einer Durchführung der Veranstaltung – eine „einzigartige propagandistische Chance“ nur wenige Wochen vor der nordrhein-westfälischen Landtagswahl am 27. Juni. War denn eine katholische Feiertagsruhe, noch dazu in einer rein protestantischen Gegend, wichtiger als ein großes politisches Fest zur Einforderung der Wiederherstellung der Nation?[4] Die aufgeregten Meinungsäußerungen zeigten Wirkung – Mitte Mai traf die Sondergenehmigung aus dem nordrhein-westfälischen Innenministerium ein.

Sofort schrieb Parteisekretär Erik Rinné an die Chefredakteure verschiedener Tageszeitungen und an die Programmdirektoren des Nordwestdeutschen Rundfunks, des RIAS und der Neuen Deutschen Wochenschau und bat sie, vom Ereignis live zu berichten.[5] Minutiös plante das FDP-Propagandareferat den Ablauf der Kundgebung: Zur „werbemäßigen Bekanntmachung“ organisierte man zahlreiche Lautsprecherwagen, die schon viele Tage zuvor durch die umliegenden Städte fuhren und zum Kommen aufriefen; Sonder-Omnibusse sollten für die Beförderung der Menschen bereitgestellt werden; Hunderte von Plakaten hingen an den Litfaßsäulen nordrhein-westfälischer Städte und Gemeinden; ein Blasorchester aus Bielefeld wurde engagiert; vom Bundesministerium für gesamtdeutsche Fragen erbat die FDP mehrere Sätze von Fahnen der ost- und mitteldeutschen Länder zur Aufstellung; der FDP-Bezirksverband Ostwestfalen-Lippe sicherte Hunderte Fahnen- und Fackelträger zu, die vor allem aus den Reihen der Jungdemokraten kamen; Feuerwerk zum Abfackeln wurde aufgestellt und zahlreiche große Feuerschalen plaziert. Überhaupt verwandte man viel Mühe auf Fragen der Dekoration und der Illumination.[6]

Am 17. Juni 1954, mit dem Einbruch der Dunkelheit, war es endlich soweit: Das Hermannsdenkmal im Teutoburger Wald war in weißes und rotes Licht getaucht. Handelte es sich dabei nur um einen Zufall, daß sich, im Zusammenspiel mit der Dunkelheit die Farben des Bismarck-Reiches „Schwarz-Weiß-Rot“ ergaben? Spruchbänder säumten den Aufgang zum Denkmal, den tausend Fackeln erleuchteten, eines davon lautete: „Deutschland – das ist auch Breslau und Königsberg“. Mehr als 20000 Menschen strömten anläßlich des ersten Jahrestages des Aufstandes in der DDR am Fuße des „Mahnmals der Einheit in Freiheit“ zusammen, um „in nächtlicher Feierstunde die Gefallenen der Nation zu ehren und ein Bekenntnis abzulegen zu einem unteilbaren Deutschen Reich“.[7]

Vor dem Beginn der eigentlichen Kundgebung spielte das Bielefelder Blasorchester Fanfarenmärsche. Friedrich Middelhauve, der stellvertretende Bundesvorsitzende der FDP, der bald auch Wirtschafts- und Verkehrsminister von Nordrhein-Westfalen werden sollte, nahm gleich zum Auftakt eine feierliche Totenehrung vor und gedachte „mit ergreifenden Worten der Toten beider Weltkriege und der ersten Blutzeugen der Wiedervereinigung“ am 17. Juni 1953.[8] Anschließend senkten die Jungdemokraten – die schon Tage zuvor ein Jugendlager bezogen hatten und nun auf der Freitreppe des Denkmals Aufstellung nahmen – die Fahnen deutscher Länder, die sie in der Hand hielten, während die Weise vom „Guten Kameraden“ erklang, gefolgt von „Die Himmel rühmen des Ewigen Ehre“. Sodann wurde ganz verhalten das Deutschlandlied gespielt, und gleichzeitig riefen Sprecher die Namen der ost- und mitteldeutschen Länder und Provinzen auf. Schließlich ging der FDP-Bundesvorsitzende Thomas Dehler zum von Fackeln beleuchteten und wiederum von Fahnen deutscher Länder eingerahmten Rednerpult und verlieh der Zusammenkunft auch verbal den zivilreligiösen[9] Zug: „Wenn wir die Flamme entzünden", so sprach er in die erwartungsvolle und dichtgedrängte Menschenmenge, „die damals als die Flamme der Freiheit gegen das düstere Unglück aufbrach, dann deswegen, weil wir den Geist forttragen wollen, der jene Volkserhebung beseelte, forttragen wollen gläubig in die Zukunft. Deutschland wird wieder zu Deutschland finden und das Reich wird kommen."[10] Kurz darauf verlasen „anonyme Sprecher" Losungen zur Wiedervereinigung Deutschlands. Der Große Zapfenstreich beendete zu fortgeschrittener Stunde die eindrucksvolle Versammlung. Eine kleine bebilderte Broschüre, die in den folgenden Tagen erstellt wurde, dokumentierte unter der Überschrift „Das Reich wird kommen!" die Feier für all jene, die nicht selbst hatten teilnehmen können und schloß diese so noch indirekt in die festkulturelle Veranstaltung im Feuerschein mit ein.

Der FDP-Vorsitzende Dehler war offensichtlich vom Ablauf und vom Erfolg der Veranstaltung selbst ergriffen. In Dankesschreiben an den Bürgermeister von Detmold und an den Bielefelder FDP-Vorsitzenden schrieb er wenige Tage später, er sei noch immer erfüllt von den „großen Eindrücken" und ihm sei bewußt geworden, wieviel „deutscher Geist" im Teutoburger Wald seinen Niederschlag gefunden habe. Die Fackeln am Fuße des Denkmals würden, da sei er sich sicher, in eine bessere Zukunft leuchten.[11]

Die FDP-Kundgebung, die fortan als „Kundgebung zur Wiedervereinigung" bezeichnet wurde, betrachteten die Liberalen als einen parteipolitischen Trumpf, und sie fand deshalb auch in den beiden Folgejahren mit ähnlich großer Massenbeteiligung statt. Man sprach sogar schon von der „traditionellen Großkundgebung der Freien Demokraten am Hermannsdenkmal".[12] Es kamen nun auch Filmvorführwagen zum Einsatz, in denen Dokumentarfilme zum 17. Juni 1953 gezeigt wurden.[13] Parallel zu den Feiern am Hermannsdenkmal rief jeweils am 19. Juni die hessische FDP zum Volksfest und zur Sonnenwendfeier auf den Hoherodskopf auf, 1955 etwa unter dem Slogan „Wir rufen Deutschland – Deutschland ruft uns". Auch hier beteiligten sich jährlich zwischen 15000 und 40000 Menschen.[14]

Bei beiden Veranstaltungen handelte es sich um geschichtspolitisch motivierte Versuche der Wiederherstellung einer bürgerlich-liberalen Festkultur in der frühen Bundesrepublik mit dem Ziel, öffentliche Foren für nationaldemokratische und antipartikularistische Ideen zu schaffen. Dabei wurden aber auch, wenngleich in abgemilderter Form, Inszenierungen fort- und Traditionen weitergeführt, die aus der nationalsozialistischen Feierkultur bekannt waren; das galt besonders für die Totenehrung bzw. die Verwandlung der Toten in Heroen, deren Opfertod geschichtsmächtige Wirkungen zugesprochen wurde.

Mit dem politischen Fest am Hermannsdenkmal reihten sich die Liberalen in eine Tradition ein, die schon lange vor der Errichtung des Denkmals begonnen hatte. Die – wissenschaftlich umstrittene – Schlacht im Teutoburger Wald 9 n. Chr., in der unter der Führung des Cheruskers Hermann drei römische Legionen des Varus durch germanische Stämme vernichtend geschlagen worden waren, galt vor allem den Zeitgenossen seit Beginn des 19. Jahrhunderts als Symbol der Bewahrung germanischer und damit „deutscher“ Unabhängigkeit.[15] Die Produktionsgeschichte und der Bauprozeß des Hermannsdenkmals waren eng mit der Entwicklung der deutschen Nationalbewegung verknüpft. Die planerischen Ursprünge reichen weit in die Zeit der Befreiungskriege zurück. Der spätere Baumeister, Ernst von Bandel, hatte 1819 mit Entwürfen für ein Denkmal begonnen, das er der deutschen Erhebung gegen Frankreich setzen wollte. Es sollte im Teutoburger Wald errichtet werden, etwa dort, wo seine Zeitgenossen die Varus-Schlacht geographisch ansiedelten und wo man außerdem eine germanische Kultstätte vermutete. Daneben waren für die Standortwahl ästhetische und romantische Kriterien ausschlaggebend gewesen. Durch die anvisierte Lage auf einer Bergkuppe inmitten eines Waldgebietes sollte das Denkmal eine Art „Bergheiligtum“ werden.[16] 1838 wurde in Detmold ein „Verein für die Errichtung des Hermanns-Denkmals“ gegründet, dessen Hauptfunktion darin bestand, die ganze Nation zur Finanzierung ihres eigenen Denkmals heranzuziehen. Zur Zeit der Rheinkrise 1841 fand schließlich unter aggressiven antifranzösischen Vorzeichen die Grundsteinlegung statt, fünf Jahre später war der Unterbau fertiggestellt, dann aber stockte der Weiterbau für sechzehn Jahre; interne Konflikte im Förderverein, die Revolution von 1848/49 und die anschließende Restaurationszeit waren für die Baupause mitverantwortlich. Die deutschen Einigungskriege 1864 und 1866 brachten der nationalen Bewegung wieder einen Aufschwung, und 1869 sagte der preußische König Fördergelder für das Denkmal zu – in Preußen sah man Hermann nun als borussischen Vorkämpfer für die kleindeutsche Sache. Im September 1870 wurde vor dem noch unvollendeten Denkmal erstmals eine Sedanfeier abgehalten, eine Tradition, die bis zum Ersten Weltkrieg beibehalten werden sollte. Der erneute Sieg über den „Erbfeind“ stand im Mittelpunkt, und daraus leitete sich die Einheit der deutschen Nation ab.

Mit Hilfe einer gemeinsamen Schlußfinanzierung durch Monarchie und Reichstag – unter Führung der Nationalliberalen – erfolgte 1875 die Fertigstellung und die Einweihung des Hermannsdenkmals.[17] Im Deutschen Kaiserreich hatte das Denkmal eine doppelte Funktion: Es war ideologisches Instrument zur Legitimation des monarchischen Systems und zugleich Medium der Ausgrenzung von politischen Gegnern aus der Nation. Von preußisch-protestantischer Seite aus fand der Hermannsmythos im

Zeichen des Kampfes gegen die „inneren Reichsfeinde" eine Aufladung mit scharfen antikatholischen, antisozialdemokratischen und später auch antisemitischen Elementen. „Das Hermannsdenkmal und der Hermannskult wurden damit auf das preußische, protestantische Kaisertum festgelegt. Eine Aneignung von anderer Seite gab es nicht."[18] Nach dem Tod Wilhelm I. und der Entlassung Bismarcks erschien letzterer immer häufiger als eigentlicher Nachfolger des Arminius.[19] In der Weimarer Republik avancierte Hermann zur Galionsfigur des nationalen, antidemokratischen Lagers und wurde als Waffe im nicht nur symbolischen Bürgerkrieg benutzt.[20] Davon zeugte vor allem das 50. Jubiläum der Denkmalseinweihung 1925. Während die Republikaner den Symbolcharakter des Denkmals auszublenden bemüht waren und sich die Reichsregierung mit der Entsendung eines Ministerialdirigenten zu den Feierlichkeiten begnügte – auf denen man im schwarz-weiß-roten Fahnenmeer vergeblich die republikanischen Farben suchte –, wurde Hermann von „nationalen" Kräften, besonders vom Stahlhelm und dem Jungdeutschen Orden, um so stärker herausgestellt. Im „Dritten Reich" blieb das Denkmal schließlich ungenutzt. Mit seiner dem 19. Jahrhundert verpflichteten politischen Ästhetik wußten die Nationalsozialisten, die eine Kombination von Archaik und Moderne präferierten, offenbar nichts anzufangen. So waren es die bundesdeutschen Liberalen, die das Hermannsdenkmal 1954, erstmals wieder seit 1933, in großem Ausmaße in den politischen Dienst stellten.[21]

Im Vorfeld des FDP-Festes am Hermannsdenkmal trugen protestantische Geistliche mit „Feldgottesdiensten" zum guten Gelingen der Veranstaltung bei. Der Erzbischof von Paderborn hingegen hatte seinen katholischen Geistlichen die Teilnahme strikt untersagt. Als Grund nannte er antiklerikale Äußerungen Dehlers in kulturkämpferischem Ton. Der katholischen Kirche könne nicht zugemutet werden, sich an einer Großveranstaltung zu beteiligen, auf der gleichzeitig Dehler spreche.[22] Angriffe gegen die katholische Kirche waren dem impulsiven Thomas Dehler tatsächlich mehrfach über die Lippen gekommen. Die Begründung des Erzbischofs klang also plausibel, aber vermutlich war man in Paderborn auch der antikatholischen Gehalte des Denkmals gewahr geworden. Deshalb spendete nur der protestantische Geistliche „den göttlichen Segen für das Aufbegehren der Nation". Pastor lic. Harms führte 1956 über die Zerreißung des Vaterlandes, der Gemeinschaftsbande und der Familien aus: „Das ist wider die Ordnung und den Willen Gottes." Gott werde dereinst nach den Brüdern fragen und niemand könne dann mit gleicher Stirn wie Kain sagen: Soll ich meines Bruders Hüter sein? Das gelte im übrigen nicht nur für die „eine Grenze an der Elbe", sondern auch für die „zweite an der Oder und Neiße".[23] Auch Willi Weyer, der junge neue Vorsitzende des Landesverbandes von Nordrhein-Westfalen und zugleich der stellvertretende Ministerpräsident des Landes, bat 1956 den „Herrgott“ um seinen Segen für das Ringen um das große Werk der deutschen Wiedervereinigung. Zur Ehrung der „Blutzeugen der Wiedervereinigung“ schlug Weyer einen sakralen Ton an: „Wenn heute ein neues Hoffen in uns ist und in allen Völkern, dann ragen die Wurzeln dieses Hoffens auch in das Erdreich, dem ihr mit Euren Leibern heilige Nahrung gegeben habt.“[24]

Es war im übrigen zwar bedauerlich, daß der steinerne Hermann der Cherusker sein sieben Meter langes Schwert gen Westen erhebt, was auf das „fränkische Joch“ verweisen sollte, auf das man bei der Einweihung des Denkmals 1875 immer wieder rekurriert hatte. Denn nun, Anfang der fünfziger Jahre des 20. Jahrhunderts, wäre ein erhobenes Schwert gen Osten, wo jetzt der Gegner der Einheit Deutschlands ausgemacht wurde, „günstiger“ gewesen. Immerhin jedoch konnten gewisse Textteile der Urkunde, die Ernst von Bandel, der Schöpfer des Hermanns-Denkmals, bei der Schließung des Grundsteins niedergelegt hatte, mit etwas Phantasie auf die Situation der deutschen Teilung nach 1945 übertragen werden. Man brauchte nur den „Weltbedrücker“ Napoleon Bonaparte durch Josef Stalin zu ersetzen.[25] So ließ sich an dieser Stelle auch trefflich der Vorwurf, daß „deutscher Militarismus“ die Ursache des Elends der letzten fünfzig Jahre gewesen sei, als Legende zurückweisen, wie dies Thomas Dehler 1955 in einer (militär)historischen Unterrichtsstunde vor wiederum über 15000 Menschen tat, die trotz der regnerischen Witterung zum Hermannsdenkmal gekommen waren[26]: „Wir sind in der Geschichte die Zukurzgekommenen. Was anderen Völkern vor Jahrhunderten zuteil geworden ist, die nationale Einheit, blieb uns versagt durch die Ungunst der Geschichte. Wir haben uns unserer Geschichte nicht zu schämen. Es ist nicht wahr, daß es deutsche Schuld ist, was über die Welt gekommen ist. Die Kriege 1864 und 1866 waren Etappen zur deutschen Einheit. Es waren innerdeutsche Auseinandersetzungen. Dann der Krieg 1870/71. Napoleon III. hatte den Krieg erklärt und Bismarck, der kluge, überlegene Staatsmann, hatte diese Kriegserklärung einkalkuliert in seine Politik. 1914 sind die Völker in den unheilvollen Krieg hineingeschliddert (...) Dann der zweite Weltkrieg. Nicht das deutsche Volk hat ihn gewollt, sondern nur ein Mann. Wo aber liegen die Gründe dafür, daß Hitler an die Macht kam? Sie treffen nicht das deutsche Volk. Es lag an den Siegermächten von Versailles, die den Sieg nicht nutzen konnten.“[27]

Der „Geist“ von den Ursprüngen der Nation, den die ganze Umgebung des Denkmals, der Teutoburger Wald, zu atmen schien, war offenbar der politischen Ein- und Weitsicht nicht immer förderlich. Was Dehler hier kundtat, lief auf eine selbst für die Mitte der fünfziger Jahre ungewöhnliche nationale Apologetik hinaus. Die Kulisse des Hermannsdenkmals hielten die Liberalen geradezu für ideal, ihre „heilige Ungeduld, die Ungeduld unseres Einheitsverlangens" zum Ausdruck zu bringen. „Es ist kein Zufall", so belehrte die Freie demokratische Korrespondenz 1955, „wenn die Freien Demokraten die nationale Gedenkstätte auf den Höhen des Teutoburger Waldes als Ort einer jährlich am 17. Juni durchgeführten Freiheitskundgebung erwählten. Das geschichtliche Datum, das mit der Befreiungstat des Cheruskers und mit dem Untergang der römischen Legionen im Teutoburger Wald verknüpft ist, liegt 800 Jahre früher als die Geschehnisse um den Kaiserstuhl in Aachen, dessen karolingische Symbolik dem europäischen Bewußtsein als rückblickender Anknüpfungspunkt dient."[28] Und weiter, auf die aktuelle Tagespolitik verweisend, heißt es: „Nachdem das Pendel unserer Gegenwartspolitik zurückschlug von hochgespannten europäischen Erwartungen zu einem nationalstaatlichen Realismus – hoffentlich – geläuterter Form, ist und bleibt es sinnvoll, sich der Ursprünge und Schicksale der Nation zu erinnern und sich aus gegebenem Anlaß an den ehrwürdigen Stätten zu versammeln, deren geschichtliche Sprache uns aus der Zufälligkeit des Alltags heraushebt. Hinzu kommt, daß der Auftrieb des freiheitlichen Ethos aus den Wäldern des Arminius wie frische, saubere Waldgebirgsluft zu uns herüberweht."[29] Auch die Tradition, den deutschen Wald durch eine nationale Natursymbolik zu überhöhen, wurde also fortgeführt. Den vergilbten Blättern der deutsche Geschichte, die im Teutoburger Wald begonnen habe, so schloß der Artikel, sei durch den 17. Juni 1953 ein neues Blatt hinzugefügt worden: „Um die Freiheit der Menschen und des Bodens ging es damals. Um die Freiheit des Herzens und der Gemeinschaft geht es auch heute."[30]

Der zitierte liberale Seitenhieb auf das „Karolingische" kam natürlich nicht von ungefähr, sondern beinhaltete eine scharfe Wendung gegen westeuropäische Ideen eines „Christlichen Abendlandes". Hermann der Cherusker avancierte wieder zu einer symbolischen Waffe: In ihm drückte sich nicht zuletzt die Ablehnung der „rheinisch-katholischen" Bundesrepublik aus. Schien dieser Staat nicht einigen christdemokratischen Parteifreunden Adenauers vollauf zu genügen – und zwar nicht nur als vorübergehende teilstaatliche Ersatzlösung bis zur deutschen Wiedervereinigung?

Die Liberalen waren somit zu Beginn der fünfziger Jahre die bedeutendsten Zeremonienmeister in der geschichtspolitischen Darstellung der Reichsnation. In Deutschland hatte es vor dem Nationalsozialismus verschiedene Reichsideen gegeben: Zuvörderst die des Heiligen Römischen Reiches Deutscher Nation, das 1806 erloschen war, dann die spirituale Reichstradition, die aus der theologischen Reich-Gottes-Vorstellung schöpfte, wie sie am Ende der Reformationshymne, Luthers „Eine feste Burg ist unser Gott", benannt wird, und schließlich den germanischen Reichsmythos, der im ausgehenden 19. und im frühen 20. Jahrhundert auch mit rassischen und völkischen Ideen aufgefüllt wurde. Die beiden letzteren verschmolzen zu einer germanisch unterfütterten, protestantisch-borussischen Reichsideologie.[31] Die FDP zielte auf eine rituelle Wiederbelebung der Reichsnation, auf eine Erneuerung der germanisch-protestantischen Reichsideologie.[32]

Die von außen herangetragene, zunehmend schärfer werdende Kritik an der Nationalrhetorik der FDP vor der Kulisse eines für die nationale Selbstthematisierung umstrittenen Denkmals war der Grund dafür, daß die liberale Tradition eines politischen Festes am Hermannsdenkmal bereits 1957 wieder abbrach. Der FDP waren außerdem die finanziellen Kosten zu hoch geworden. Die Partei wollte aus diesem Grund das Kuratorium „Unteilbares Deutschland“ dafür gewinnen, die Feier zu finanzieren und auszurichten, die allerdings weiterhin unter der inhaltlichen Regie der FDP stehen sollte. Dieses Ansinnen scheiterte. Wenngleich die Gründe des Scheiterns in den Quellen nicht klar ersichtlich sind, so darf doch vermutet werden, daß weder die im Kuratorium stark vertretenen Sozialdemokraten geneigt waren, eine Feier am traditionell antisozialdemokratischen Hermannsdenkmal zu unterstützen, noch dürften die Christdemokraten, die im Kuratorium mitarbeiteten, Interesse daran verspürt haben, die antikatholischen Ressentiments der Liberalen zu fördern und ihnen ein öffentliches Forum bereitzustellen.[33]

Zwischen 1954 und 1957 jedoch wurde der Hermannsmythos als retrospektiver und eschatologischer Gründungsmythos der deutschen Nation beschworen. Er verlieh der ungeliebten Realität der Bundesrepublik insofern einen neuen Sinn, als er diesen Teilstaat nicht einfach nur negierte, sondern als glaubhafte Alternative zugleich ein beispielhaftes Vorbild aus der heroischen „deutschen“ Vergangenheit beschwor. Selbst die germanische Herleitung und Verknüpfung von Einheit und Freiheit gelang im Teutoburger Wald vorzüglich. „Die Staatsrechtler des 18. Jahrhunderts“, so wiederum der ehemalige Bundesjustizminister Dehler, „suchten den Ursprung des demokratischen Freiheitsgedankens in den Wäldern Germaniens, wo sie im Thing der Freien das Vorbild der parlamentarischen Volksvertretung erkannten.“[34] Es habe daher einen symbolischen Klang, wenn ein neuer Aufruf zur Erringung und Bewahrung der Freiheit vom Hermannsdenkmal ausgehe. – Man war an den angeblichen Ursprüngen der deutschen Nation, war in den Wäldern Germaniens angelangt. Von hier aus sollte der Weg gewiesen werden, die deutsche Teilung zu überwinden und den Nationalstaat Bismarckscher Prägung wiederzuerlangen.

Vor dem Hintergrund dieses Beispiels eines neuen nationalen Kultes in der frühen Bundesrepublik sollen im folgenden Abschnitt nun theoretische Überlegungen hinzugefügt, die Fragestellung des Kapitels genauer ausgeführt und die methodische Vorgehensweise erläutert werden.

2. Inszenierung, Ritual und Kult – Problem und Fragestellung

In der Folge der Ereignisse des 17. Juni 1953 entwickelte sich seit 1954 in der jungen Bundesrepublik Deutschland ein reichhaltiger Kult um den deutschen Nationalstaat. Dieser stand quer zu den vielfältigen Modernisierungsprozessen, die die vorderhand so rasche und geradlinige Aufstiegsgeschichte der „postnationalen Demokratie“[1] kennzeichneten. Der Kult stellte jedoch nicht nur das retardierende Moment eines neuen bundesrepublikanischen Selbstverständnisses dar, sondern leistete etwas Wichtiges: Er kanalisierte den nationalpolitischen Protest in der Ära Adenauer. Ende der fünfziger Jahre ließen, wie zu zeigen sein wird, die konkurrierenden parteipolitischen Mobilisierungsstrategien nach und wurden abgelöst von einer Politik der konsensualen Emotionalisierung, die nach dem Bau der Berliner Mauer ihren Höhepunkt erreichte und alle Formen der Ritualisierung der Nation noch einmal zur vollen Blüte trieb, bevor der Kult vollständig zusammenbrach. Die Zeit zwischen dem Mauerbau 1961, der wie ein Schock wirkte, und der Großen Koalition 1966–69 kann als Wasserscheide gelten: In ihrem Verlauf vollzog sich ein allmählicher Wandel von einer rituellen hin zu einer diskursiven Konstruktion von Identität. Gleichzeitig veränderten sich die Inhalte der Identitätskonstruktion ganz entscheidend: sie bezogen sich jetzt immer stärker auf die Bundesrepublik als Staatsnation.

Über diesen nationalen Kult hat die Forschung bislang hinweggesehen. Dies ist auch eine Folge des Forschungsparadigmas, das sich seit Mitte der achtziger Jahre herausgebildet und Faszination entfaltet hat. Die Adenauer-Ära erscheint bei ihrem Hauptinterpreten, Hans-Peter Schwarz, in einem hellen, sympathischen Licht – als eine interessante, spannende Zeit gesellschaftlichen Wandels, als eine Epoche des Auf- und Abräumens, als eine „Periode aufregender Modernisierung“.[2] Die fünfziger Jahre wurden als Epochenzäsur entdeckt, die die alte und rückständige Welt von gestern von der Bundesrepublik als westeuropäischem Land schied. Sozialstaat und Massenwohlstand sowie posttotalitäre Ideenlandschaft nach innen, vorbehaltlose Öffnung zur westlichen Welt nach außen, zumindest auf der Seite der Regierenden – die Kontraste zur gescheiterten ersten Demokratie der Weimarer Republik konnten in dieser Sicht kaum größer sein. Renommierte Autoren wie Rudolf Morsey sprechen sogar davon, daß damals eine neue Gesellschaft entstanden sei.[3] Mit einem kritischen Unterton werden diese Interpretationen von den Historikern versehen, die, wie Christoph Kleßmann, eine „Modernisierung unter ‘konservativen’ Auspizien“ konzedieren, aber stärker auf ein Wechselspiel von Kontinuitäten und Diskontinuitäten verweisen, je nachdem welche gesellschaftlichen Bereiche man betrachtet.[4] So entsteht in dieser Sichtweise das Bild einer Gesellschaft, die im Wiederaufbau starke Kontinuitätslinien aus der Zwischenkriegszeit offenbarte, bevor am Ende der fünfziger Jahre ein parallel ablaufender Prozeß gesellschaftlicher Modernisierung an Dynamik gewann.[5]

Mit diesem allgemeinhistorischen Forschungsparadigma korrespondiert ein mentalitätsgeschichtliches. Danach hat die Bundesrepublik infolge der „antinationalen" politischen Praxis Konrad Adenauers – die bis in die achtziger Jahre vor allem bei eher konservativen Historikern und Politikwissenschaftlern hoch im Kurs stand – ein neues Selbstverständnis ausgebildet. Adenauers großes Verdienst wird darin erkannt, daß er die Westdeutschen von den Vorzügen einer gemäßigten Außenpolitik überzeugt habe, „selbst in der deutschen Frage, wo es immerhin Grund zum empörten Dreinschlagen gegeben hätte", wie Hans-Peter Schwarz formuliert.[6] Spätestens sei dem „Historikerstreit" Mitte der achtziger Jahre verteidigten dann bundesdeutsche Linksliberale mit Nachdruck Adenauers Option. Pointiert spricht Heinrich August Winkler davon, daß eine „posthume Adenauersche Linke" dessen Abkehr vom Nationalstaat heute als große Leistung anerkennt.[7]

Vor der nationalen Frage seien die Bundesbürger in den fünfziger Jahren gleichsam weggetaucht, lautete der allgemeine Konsens in der Forschung.[8] Somit hätten die Westdeutschen, die sich mehr als Bundesbürger denn als Deutsche fühlten, von Beginn an und bis zur Vereinigung 1989 ihr Selbstgefühl fast ausschließlich aus der wirtschaftlichen Leistungskraft bezogen. Diese Sicht hat nicht nur in Harold James einen prononcierten Verfechter gefunden, sondern sie ist jüngst beispielsweise wieder von Arnulf Baring und Christian Graf von Krockow vorgetragen worden.[9] Herfried Münkler fügt hinzu: „Das kollektive Gedächtnis der Bundesrepublik ist weder ikonisch verdichtet noch rituell inszeniert worden."[10]

Auch wenn in der frühen Phase der Bundesrepublik ein extremer Wiedervereinigungsnationalismus niemals aufgeflammt ist, so war doch auffallend, daß die politische Rhetorik über die fünfziger Jahre hinaus ausgeprägt national blieb. In diesen nationalrhetorischen Bekenntnissen haben weite Teile der Forschung eine Taktik Adenauers zur legitimatorischen Absicherung der Westintegration gesehen.[11] Ein grundsätzlicher Widerspruch bleibt bei einer solchen Argumentation jedoch bestehen und fällt bei einer Untersuchung nationaler Inszenierungen sofort ins Auge: Der Kult um den deutschen Nationalstaat wurde vor allem von Adenauers deutschlandpolitischen Gegnern initiiert und getragen – doch welche Veranlassung sollten diese gehabt haben, den Kurs des Kanzlers auf diese Weise abzustützen?

Die Wahl der „richtigen" Symbole für den Staat war in der Bundesrepublik – wie im vorangegangenen Kapitel gezeigt wurde – wegen der deutschen Teilung schwierig. Die politischen Akteure mußten zwischen teilstaatbezogenem oder gesamtnationalstaatbezogenem Selbstverständnis des Gemeinwesens hin- und herschwanken. Was bedeutete es unter diesen Bedingungen, eine Gesellschaft zu repräsentieren? Der Sinn von Repräsentation ist es, etwas Unsichtbares, Abstraktes durch ein öffentlich anwesendes Sein – eben durch Repräsentation – abbildhaft zu vergegenwärtigen.[12] Es ist leicht zu ermessen, welch große Probleme sich damit für die Bundesrepublik Deutschland auftaten. In ihr war die Politik stets vor die schwierige Frage des Bezugspunktes der Staatsidee gestellt, weil Staat und Nation nicht zusammenfielen. Die Malaise schien sich seit 1954 jedes Jahr aufs neue am Tag der deutschen Einheit zu bündeln. In der Forschung haben sich daher lapidare Einschätzungen eingebürgert, beispielsweise diejenige von Rolf Steininger: „37mal wurde jeweils am 17. Juni in der Bundesrepublik der Tag der Deutschen Einheit begangen – von einigen wenigen Offiziellen, feierlich mit Kranzniederlegungen, Ansprachen und einer Sondersitzung des Bundestages, zuletzt am 17. Juni 1990.“[13]

Aber der oberflächliche Blick auf die offizielle Staatssymbolik und die Sondersitzungen des Bundestages[14] übersieht wesentliches. Auf einer Besprechung hoher Beamter aus verschiedenen Bundesministerien und aus dem Bundeskanzleramt wurde im April 1954 nämlich vereinbart und kurz darauf auch vom Bundeskabinett gebilligt, daß die offiziellen Feiern der Bundesregierung und des Parlaments zum 17. Juni sehr zurückhaltend ausfallen sollten. Aus den Erfahrungen der Vergangenheit heraus sowie nicht zuletzt aus außenpolitischen Gründen wollte man keinen staatsoffiziellen Kult ausprägen, in dem das Volk wie ein Mann aufsteht und geschlossen Pflichtübung und Hingabe bezeugt. Die großen Feiern dürften nicht Aufgabe des Staates sein, sie sollten vielmehr eine „individuelle Gestaltung“ durch die politischen Parteien und wichtigen Verbände erfahren. Durch den Wunsch nach „möglichst vielgestaltige(r) Form“ war eine geschichtspolitische Variationsbreite mithin angelegt.[15] Erweitert man daher die Perspektive auf verfassungspolitische Zwischeninstanzen, auf Institutionen, Parteien und Verbände, geht man also in die westdeutsche Gesellschaft hinein und fragt nach Ausprägungen, Trägern von und Beteiligten an gesellschaftlichen und (geschichts)politischen Praxen, so entdeckt man vielfältige Formen der Ritualisierung, Inszenierung und Emotionalisierung der Nation.

Die FDP-Kundgebungen am Hermannsdenkmal sind somit nur ein Beispiel unter vielen für die Ausprägungen des nationalen Kultes, wenngleich ein besonders augenfälliges. Der Versuch einer rituellen Konstruktion nationaler Identität beschränkte sich beileibe nicht nur auf randständige Gruppen von „Ewiggestrigen“ oder politische Vorlieben einer rechten Klientelpartei. Dies wird bei den Inszenierungen deutlich, die in Regie der

Sozialdemokraten oder der Gewerkschaften und später namentlich des überparteilichen Kuratoriums „Unteilbares Deutschland" ausgeführt wurden. Beim Kult um den deutschen Nationalstaat handelte es sich um eine breite gesellschaftliche Erscheinung, wie im folgenden zu zeigen sein wird.

Kollektive Identitäten bedürfen symbolischer Handlungen und Zeichen, um sich zu konstituieren. Seit der Französischen Revolution hat die politische Feier Aufklärungs- und Erziehungscharakter, sie soll gleichermaßen das politische Bewußtsein der Bevölkerung prägen, Zukunftserwartungen generieren, aber auch ästhetisch bilden und unterhalten. Im Ritual, ganz besonders in der Form des Festes, werden Symbole mit kultischen Handlungen verknüpft. Das Ritual setzt eine Narration, einen Mythos, in Aktion um. Zugleich erklärt der Mythos das Ritual. Dadurch vergewissern sich die Teilnehmer ihrer gemeinsamen Orientierungsmuster und Zielbestimmungen, sie treten in eine „zeremonielle Kommunikation" ein, die das Außeralltägliche und Außergewöhnliche kennzeichnet.[16] Rituale wiederholen das Vergangene im Sinn der szenischen Inkraftsetzung. Sie sind jedoch nicht allein reine Gedenkhandlungen, sondern erheben nicht selten den Anspruch, bestimmte Vergangenheitsdeutungen durchzusetzen bzw. ein öffentliches Gedächtnis auszubilden. Deshalb können sie als „répresentations collectives" (Emile Durkheim) verstanden werden. Im Zuge der Nationalstaatsbildung im 19. Jahrhundert prägte sich in Deutschland eine bürgerliche Festkultur aus, in der man sich der nationalen Identität symbolisch versicherte und rituell vergewisserte, in der aber immer nur Teilgruppen der Gesellschaft feierten, ihrem Machtanspruch Ausdruck verliehen und eine Gegenöffentlichkeit herstellten. Während die Forschungen zur Festkultur im Mittelalter, in der Frühen Neuzeit und im 19. Jahrhundert eine Hochkonjunktur verzeichnen können,[17] wird der demokratisch-republikanischen Festkultur vor allem nach dem Zweiten Weltkrieg nur eine marginale Bedeutung zugemessen.

Wenn im folgenden die geschichtspolitischen Inszenierungen und Ritualisierungen des Kultes um den deutschen Nationalstaat in der Bundesrepublik Deutschland herausgearbeitet werden, so darf man natürlich nicht übersehen, daß es sich angesichts der nationalsozialistischen Vergangenheit um einen vergleichsweise gehemmten Kult handelte, der bewußt auf das nationalpolitische Formenarsenal aus der ersten Hälfte des 19. Jahrhunderts zurückgriff, einer Zeit, in welcher die politischen Akteure den nationalen Gedanken noch im Stande politischer Unschuld wähnten. Dadurch sollte eine Grenze zum „Dritten Reich" gezogen werden. Die Staatsöffentlichkeit des Nationalsozialismus paßte die ideologischen Inhalte bekanntlich der Liturgie an.[18] Der Nationalsozialismus kann in dieser Hinsicht als ein „Aufstand" emotionsgeladener Bilder und mythischutopischer Zeichen gegen die „dürre“ Sprache der Demokratie und des rationalen Diskurses angesehen werden.[19] Er verhöhnte die Vernunftfeiern der Weimarer Republik und versuchte sich in weit stärkerem Maße als andere Regime, über Massenkultur und -kunst zu legitimieren. Die „Ästhetisierung“ der Politik diente der sozialen und nationalen Integration, sie zielte nicht auf eine Änderung der Wirklichkeit, sondern auf eine Änderung der Wahrnehmung dieser Wirklichkeit – etwa durch die Personifizierung von Politik (Führer), politische Mythen („nationale Revolution“, Volksgemeinschaft), Rituale (Feier- und Parteitage) und Standardisierung der Individuen (Aufmärsche in Reih und Glied). Die Verherrlichung der für das Vaterland gefallenen Soldaten sollte auf die eigene Opferung für die Rassegemeinschaft vorbereiten. Lichtsymbolik, Fackelzüge, Megalomanie in der Architektur erzeugten eine Mischung aus Furcht und Faszination. Gerade mit Blick auf die quasireligiösen Dimensionen des Staatskultes zeigt sich, daß die Nationalsozialisten es vermochten, die Bedürfnisse ihrer Anhänger zu stillen, indem ihre Mythen, Riten und Symbole dieselben Bedingungen und Funktionen erfüllten und eine vergleichbare Gefühls- und Erlebnisqualität hatten wie eine „echte“ Religion.[20]

Der exzessive Einsatz von Ritualen und ihr Mißbrauch im „Dritten Reich“ haben diese Formen kollektiver Selbstdarstellung in der Bundesrepublik in Verruf gebracht. Dieser Kult um die Volksgemeinschaft war überwunden. Die Renaissance des massenmobilisierenden Staatskultes in der DDR wurde dementsprechend als weitere Ausgeburt des Totalitarismus interpretiert und gebrandmarkt. Aber daß dieser in Westdeutschland „nur ein müdes Lächeln des déjà-vu“[21] hervorgerufen und insgesamt eine Politik der Mäßigung und Emotionslosigkeit obwaltet habe, trifft nicht zu, sondern läuft auf eine nachträgliche Glättung der Zeit hinaus. Insofern die ersten eineinhalb Jahrzehnte der Bundesrepublik als ein Mix von traditionalen und neuen Elementen erscheinen, soll im weiteren versucht werden, deren Gründungsgeschichte als eine Geschichte zu beschreiben, in der die symbolisch-rituellen Vergemeinschaftungsformen[22] in Anknüpfung an die Gedächtnispraktiken und -orte des deutschen Nationalstaats konstituierend waren.

In der Geschichtspolitik der frühen Bundesrepublik sind Rituale und Symbole nicht wegzudenken. Es lohnt sich, die Formen des nationalen Kultes ernst zu nehmen, sie nicht vorschnell in das Reich von Scheinpolitik zu verbannen oder als Illusionstheater abzutun, sondern sie als einen Versuch der Vergegenwärtigung der Gesamtnation zu begreifen und anhand von kultur- und religionssoziologischen sowie kulturanthropologischen Theorien besser zu erschließen. Von dem amerikanischen Politologen Murray Edelman ist in den sechziger Jahren – in Anlehnung an die

Durkheimsche Theorie von Religion und Ritual – das Konzept des „politischen Rituals“ erarbeitet und mittlerweile von Soziologen, Historikern und Anthropologen weiterentwickelt worden.[23] Auch die Inszenierungen des Nationalstaats, für die das Eingangsbeispiel des politischen Festes am Hermannsdenkmal charakteristisch ist, folgten gewissen zeremoniellen Regeln, die den Ablauf festlegten. Ähnlichkeiten mit religiösen Riten fallen dabei schnell ins Auge: So ist das Muster des Ablaufs relativ schematisch; es wird ferner auf ein überzeitliches ‘sacrum’ – in unserem Falle die Nation oder das Reich – Bezug genommen und eine Atmosphäre einer theatralischen Massenfeier erzeugt, die eine emotionale Beteiligung ermöglicht – durch Musik, Trachten und Uniformen, Fahnen, Feuerschein und die einer genauen Choreographie unterworfenen Auftritte von Würdenträgern. „What is important in ritual“, so David I. Kertzer, „is our common participation and our emotional involvement.“[24] Auffallend war in dem Beispiel des FDP-Festes zudem eine Semantik, die an den politischen Totenkult erinnert: dem Opfertod der „Gefallenen für die Wiedervereinigung“ wird eine geschichtsmächtige Wirkung zugeschrieben. Der Tod für vaterländische Ideale wird als sinnvolles und notwendiges Opfer ausgegeben, und die toten Helden wirken als Vor- und Leitbilder für die Gesellschaft. Die toten Aufständischen des 17. Juni wurden in der Inszenierung auf diese Weise zur Inkarnation der Nation erhoben, um im Kult eine „Nationalisierung“ zu erreichen. Indem schließlich auf ein komplexes System von Mythen und Geschichtsbildern zurückgegriffen und der Mythos im Kult zelebrierend wiederholt wird, soll eine bessere Vergangenheit gegenwärtig gemacht, soll jenseits diskursiver Entscheidungsverfahren Identität erzeugt und sollen bestimmte wertorientierte Verhaltensweisen bzw. Handlungen stimuliert werden.

Rituale sind in modernen, auch in demokratischen Gesellschaften kein bloßes Ornament politischen Handelns, sondern konstituierende Elemente sozialer Realität. Drei allgemeine Dimensionen des Rituals können unterschieden werden.[25] Erstens ist das Ritual eine Verdichtung von Wissen. Mittels benutzter Symbole aktiviert der Ritus ein bereits vorhandenes Wissen, das es gestattet, den Ablauf in adäquater Weise einzuschätzen. Dabei kommt die Verdichtung des Wissens durch die Wiederholung des Ritus zustande. Beispielsweise kann ein bestimmtes musikalisches Motiv sofort als Ehrung toter Soldaten – oder anderer „Gefallener“, wie an der FDP-Feier sichtbar wurde – gedeutet werden. Zweitens besteht ein Bezug auf sakrale Elemente. Auch in den westlichen Gesellschaften, in denen die deutliche Trennung zwischen Religiösem und Profanem gegeben ist, ist der mythische Part des Ritus noch präsent, nämlich dort, wo er Substitute des Göttlichen beschwört, wo er eine prosaische Welt wieder mit „Verzauberung“ umgibt, um etwa im Individuum den „Schatz“ gemeinsamer

Staatsbürgerschaft zu heben. Drittens existieren Bezüge zur Zeit. Der Ritus markiert eine spezifische, z. B. in kalendarischen Feiertagen wiederkehrende Zeit, die von der Zeit des Alltagshandelns abgekoppelt ist. Als Wiederkehr des Gleichen vollzieht sich das Ritual in regelmäßigen Intervallen, und der periodische Vollzug des Rituals – das einen unveränderlichen symbolischen Kern beinhaltet – bietet die Möglichkeit, Gegenwart und Überlieferung in einer Gesellschaft zu verknüpfen, also zu ihrer Selbstverewigung beizutragen.

Rituale fördern Konformismus, indem Werte und Leitbilder nicht vorrangig diskursiv behandelt, sondern demonstrativ vorgezeigt und vollzogen werden. Das Geheimnis des Numinosen im Kult führt zu einer atmosphärischen Überwältigung, unterstützt durch Prunkentfaltung und eine exzessive dekorative Ausstattung. Die Arbeiten von Victor Turner haben auf die sozialen Funktionen von Ritualen hingewiesen: Sie machen im Kult eine communio erfahrbar, tragen zur Konfliktlösung und zum Zusammenhalt in Krisensituationen bei, stabilisieren die Gesellschaft und die in ihr vorzufindenden hierarchischen Strukturen. Ein Kult ist dazu in der Lage, soziale Veränderungen aufzufangen und durch ein Symbolsystem zu kompensieren, das sich alter Elemente bedient, diese aber zu einer neuen Struktur zusammensetzt.[26] Rituale können Kontingenzerfahrungen überwinden helfen, indem sie Kausalitätsangebote machen, die Komplexität der Gegenwart reduzieren, normgerechtes von normwidrigem Verhalten scheiden und somit der beunruhigenden Dynamik gesellschaftlichen Wandels mit der Zusage ganzheitlicher Statik begegnen. Rituale bilden ferner Ersatzhandlungen in Situationen, in denen sonst nichts getan werden kann, denen der Mensch ohnmächtig gegenübersteht.[27]

Damit ist insgesamt ein sehr wichtiger Aspekt angesprochen, den schon Edelman in seinen Studien zur amerikanischen Gesellschaft betont hat: der Aspekt der ideologischen Dimension der Rituale, die immer nur einzelne Elemente der sozialen Wirklichkeit symbolisch vermittelt darstellen und ein jeweils spezifisches Bild der Gesellschaft präsentieren. Angesichts des wissenschaftlichen Zuspruchs, dessen sich Inszenierungen und Rituale in jüngster Zeit erfreuen, ist die Mahnung durchaus angebracht, daß der Blick auf „ideologische oder gar verlogene Sinnzuschreibungen“ im nationalen Kult nicht verlorengehen darf.[28] Gerade für pluralistische Gesellschaften ist es wichtig, nach den Mobilisierungsstrategien verschiedener Akteure zu fragen, weil die sich dahinter verbergenden Sinnofferten weit auseinander liegen können. Zu analysieren ist in jedem Fall das komplexe „Making“ des Kultes, in das eine Vielzahl von Gruppeninteressen und Medien hereinspielen. Bezogen auf unseren Kontext: Wer trug den Kult um den deutschen Nationalstaat? Gab es eine Lobby der Gedächtnisträger und Agenturen der Erinnerung, die den alljährlichen Mobilisierungsmarathon veranstalteten? Wie stand es jenseits einer Ritualpraxis, die nach außen so erlebnistief und gemeinschaftsstiftend erscheint, um interne Konflikte?[29] Zutreffend hat Steven Lukes darauf aufmerksam gemacht, daß die politischen Rituale und die in ihnen transportierten Vorstellungen in modernen Gesellschaften in einer ständigen Konkurrenz mit anderen Konzepten und deren Repräsentation stehen, die ihre allgemeine integrative Wirkung deutlich begrenzen.[30] Dennoch kann es gelingen, durch die emotionale Kraft der Rituale gerade in konfliktreichen Kontexten eine gemeinschaftliche Solidarität unabhängig von der politischen Differenz der Beteiligten, mithin eine „konsenslose Solidarität", herzustellen.[31]

Rituale wären falsch verstanden, würde man in ihnen lediglich einen leeren Konformismus, einen sinn- und gedankenlos befolgten Mechanismus sehen, denn sie erschöpfen sich nicht in den Absichten ihrer Mobilisierer. Bei aller Planung von oben, einen Dissenz auszuschließen, können Rituale und Inszenierungen doch hochgradig konfliktträchtig sein. Die Perspektive darf deshalb nicht auf die ideologischen Dimensionen beschränkt bleiben, sondern sie muß die spezifischen, sich wandelnden Aneignungspraktiken der Menschen, die Rituale rezipieren, in die Betrachtung aufnehmen. Nimmt man die Tatsache ernst, daß der Sinn von Objekten, Handlungen und Ereignissen diesen nicht innewohnt, sondern durch Beobachter und Benutzer im jeweiligen Kontext zugewiesen wird, dann muß sich die Perspektive auf die sozialen Praktiken der über den „17. Juni" kommunizierenden Menschen ausweiten. Die jeweilige Verwendung des Symbols erfüllt dieses erst mit Leben.[32] Symbole werden einerseits durch soziales Handeln mit dem Wissen einer Gesellschaft über sich selbst gefüllt, und sie sind damit zugleich einem permanenten Wandel unterworfen, z.B. hinsichtlich historischer Bezugsereignisse oder zugrundeliegender Ordnungsvorstellungen. Andererseits: Indem sich Wissen über die Gesellschaft in Symbolen „objektiviert" und sich über den individuellen Akt des sozialen Handelns hinaus verlängert, beeinflussen Symbole auch die Wahrnehmung der Gesellschaft selbst und geben den Rahmen für künftiges soziales Handeln ab.

Der Versuch einer symbolischen Vergemeinschaftung mittels Ritualisierung kann indessen auch fehlschlagen. Das Evidente beim Kult um den deutschen Nationalstaat in der Bundesrepublik war schließlich, daß er zunehmend an Wirkung einbüßte, mißlang und letztlich scheiterte. Um diesen Vorgang zu erklären, bietet es sich an, auch sozialanthropologischen Ansätzen der Symbolforschung Beachtung zu schenken und somit nach Formen eigenwilliger Aneignung von Symbolen und Ritualen zu fragen, die Mehrbödigkeit ritueller Praktiken aufzudecken und innere Dynamiken in den Blick zu nehmen.[33] Vor allem aber gilt es, verschiedene Wandlungsprozesse im Zeitverlauf zu berücksichtigen: nicht nur Wandlungen im

Symbolhaushalt, sondern politische Veränderungen, Lernerfahrungen, Wandlungen im historisch-politischen Bewußtsein, Kulturwandel, Auswirkungen von Wohlstandsschüben und Generationenwechsel. So wird deutlich, daß einerseits die deutsche Frage in der Bundesrepublik noch lange auf der historisch-politischen Tagesordnung blieb, sich aber andererseits die historisch-politischen Fluchtpunkte änderten. Beim nation-building spielt Geschichte – als Erinnerung, Tradition und Geschichtsbewußtsein – stets eine wichtige Rolle. Eine Nation wird – grundsätzlich betrachtet – nicht nur einmal konstruiert, sondern sie muß auch weiterhin an ihrer Konstruktion arbeiten, indem sie sich immer wieder darstellt, inszeniert und wahrgenommen wird.[34] Aber wie war dies angesichts der deutschen Teilung möglich? Eine legitimatorische Erinnerungsveranstaltung für die Bundesrepublik konnte der Kult um den deutschen Nationalstaat ja gerade nicht sein, sondern in ihm sollte es zur Formulierung offensiver, den Status quo verändernder Zukunftsprogramme kommen. Da die mit einem enormen Aufwand betriebene Geschichtspolitik zur Bewahrung eines gesamtdeutschen Nationalbewußtseins letztendlich scheiterte, vermag die Untersuchung des Kultes unter der Perspektive seines Fehlschlags auch Aufschlüsse darüber zu geben, wie sich neue Selbstverständnisse herausgebildet haben und sich so die vielzitierte Wirtschaftswunder-Identität und die Holocaust-Identität formen konnten.[35]

Im folgenden Abschnitt wird zunächst der Staatskult der DDR skizziert; denn sie war als „negative Vergleichsgesellschaft“ (M. Rainer Lepsius) für die Bundesrepublik sehr bedeutsam. In den anschließenden Abschnitten geht es dann erstens um die Ausprägung und zweitens um das Scheitern des Kultes um den deutschen Nationalstaat in der Bundesrepublik. Zuerst soll der Kult möglichst genau rekonstruiert werden: Wer organisierte den Kult, wer beteiligte sich? Gab es konkurrierenden Gedächtnispraktiken und Geschichtsbilder? Auf welche geographischen Räume bezogen sich die Akteure? Welches waren die Medien und Formen des Kultes um den deutschen Nationalstaat? Hier geht es um die Gedächtnisorte der deutschen Nation, auf die rekurriert wurde, um die inszenatorischen Rückgriffe auf das geschichtspolitische Formenarsenal des 19. Jahrhunderts und um die ästhetischen Ausdrucksformen von sekundären Inszenierungen. An welche symbolische und rituelle Formen wurde in Anbetracht der fundamentalen politischen Zäsur von 1945 angeknüpft? Wie wurden vor dem Hintergrund der gebrochenen deutschen Geschichte und des Systemkonflikts mit der DDR nationale Emotionen in Ritualen und Kulten erzeugt, ausgelöst, verstärkt, ausgerichtet und synchronisiert? Was bedeutete der Verlust des Nationalstaates für die politischen Eliten, und was für die übrige Bevölkerung? Auch wird der Frage nachgegangen, inwiefern sich die Historiker mit ihren zahlreichen öffentlichen Vorträgen am Kult beteiligten. Im letzten Abschnitt der Rekonstruktion des Kultes richtet sich der Blick zuerst auf die Bedrohungsszenarien, die er auf seiten des SED-Regimes auslöste; anschließend wird gezeigt, in welche tiefen Krisen er in der Bundesrepublik geriet.

Danach erfolgt eine Diskussion darüber, an welchen Ursachen der Kult um den deutschen Nationalstaat scheiterte. Es werden die evidenten politischen Veränderungen sowie Revisionen im Geschichtsbild der Bundesrepublik thematisiert, die zu einem einschneidenden Bewußtseinswandel führten bzw. mit diesem einhergingen. Dies kann erklären, warum in der Mitte der sechziger Jahre – als diese Inkubationszeit abgeschlossen und gesellschaftliche Entwicklungen als neue Zustände greifbar wurden – der Kult in der Bundesrepublik nahezu vollständig aufgebraucht war. Im letzten Abschnitt wird das geschichtspolitische Dilemma, in dem die Große Koalition (1966–1969) steckte, beleuchtet. Man war sich im Grundsatz bereits einig, den Tag der deutschen Einheit wieder abzuschaffen. Doch dann entstand zwischen den beiden Regierungspartnern ein Streit, weil die Union, die sich in einer deutschlandpolitischen Defensive sah, den Tag der deutschen Einheit als Waffe gegen die Deutschlandpolitik der Sozialdemokraten und der Liberalen entdeckte. Es zeichneten sich schon die Fronten und Formen der Auseinandersetzung ab, die das folgende Jahrzehnt bestimmen sollten. Dadurch, daß keine gemeinsame Lösung gefunden werden konnte, verschärfte sich die geschichtspolitische Kontroverse um die deutsche Frage mit dem Beginn der Neuen Ostpolitik der sozialliberalen Regierung dramatisch.

3. Der Staatskult und die Selbstlegitimation der DDR

Auf dem Feld der Selbstinszenierung war der Kontrast, den die beiden deutschen Staaten seit 1949 abgaben, besonders groß. Während etwa in Ostberlin der Erste Sekretär des Zentralrats der FDJ, Erich Honecker, am Abend des 11. Oktober 1949 zu Ehren des gerade von der Provisorischen Volkskammer und der Provisorischen Länderkammer gewählten Präsidenten der DDR, Wilhelm Pieck, einen Fackelzug mit 100000 Jugendlichen der FDJ durch die Mitte Berlins organisierte,[1] der westliche Beobachter fatal an Goebbels Inszenierung vom 30. Januar 1933 erinnerte, bestand in der Bundesrepublik nicht nur eine begründete Scheu vor solcherart Massendemonstrationen, sondern auch eine gewisse Ratlosigkeit. Als Theodor Heuss am 12. September 1949 von der Bundesversammlung zum Bundespräsidenten gewählt worden war, fanden keine Umzüge statt; Heuss hielt nur eine kurze Ansprache auf dem Bonner Marktplatz, danach stimmten die versammelten Bürger spontan „Großer Gott, wir loben Dich“ an.[2]

Politische Rituale und ausufernde Selbstinszenierungen waren zentrale Bestandteile der politischen Kultur im Realsozialismus.[3] Die öffentliche Selbstdarstellung des Staates, die Symbolisierung wichtiger Ideengehalte sowie der Versuch, politische Interpretationen durch zeremonielle Aktionen zu verfestigen, erinnerten stark an ein dem 19. Jahrhundert entlehntes Staatsverständnis und wirkten für moderne Industriegesellschaften in der zweiten Hälfte des 20. Jahrhunderts häufig grotesk.

Die Ursprünge realsozialistischer Staatsinszenierungen lassen sich bis zur russischen Oktoberrevolution von 1917 zurückverfolgen. Wenige Monate nach der Revolution war in Sowjetrußland ein „Roter Kalender" eingeführt worden, der nicht nur die traditionellen Feste der orthodoxen Kirche verzeichnete, sondern vor allem weltliche Feiertage mit Bezug zur Geschichte der Arbeiterbewegung und zur revolutionären russischen Vergangenheit. Auch in der DDR wurde versucht, ein sozialistisches Feierjahr zu etablieren. Es sollte ein kalendarischer Rahmen für die Identifikation mit dem neuen Deutschland geschaffen werden. Allerdings wurden – im Unterschied zur Sowjetunion – die kirchlichen Feiertage beibehalten. Durch die vielen Staatsfeiertage und die flankierenden Feiern und Feste kam es in der DDR zu einer durchgehenden Ritualisierung des Jahres. Zentral waren dabei der „Internationale Kampf- und Feiertag der Werktätigen" am 1. Mai, der „Tag der Befreiung" am 8. Mai, der Tag der Staatsgründung der DDR am 7. Oktober, der Tag der Oktoberrevolution, aber auch viele andere personenbezogene Gedenktage, etwa Todestage sozialistischer Märtyrer wie Rosa Luxemburg und Karl Liebknecht am 15. Januar, sowie andere Tage, etwa der Internationale Frauentag, schließlich Jubiläen von Parteien, staatlichen Organisationen (z. B. „Tag der Nationalen Volksarmee") oder politischer Maßnahmen (wie die Bodenreform) und historischer Ereignisse (z. B. der 150. Jahrestag der Völkerschlacht im Jahre 1963). Es war das Ziel des SED-Staates, sein demokratisches Legitimationsdefizit auszugleichen und durch historische Rückbindungen politische Forderungen in der Lebenswelt der Bevölkerung zu verankern.[4] Die sozialistische Festkultur war darauf angelegt, sowohl das Arbeitsleben als auch den familiären Bereich zu durchdringen. So erhielt im Laufe der Existenz der DDR fast jede Berufsgruppe einen eigenen „Ehrentag". Hinzu traten lebenszyklische Rituale, vor allem die Jugendweihe, hinter denen die Absicht stand, den persönlichen Lebenslauf zu strukturieren und die traditionelle kirchliche Prägung durch sozialistische Initiationsriten zu ersetzen; die Jugendweihe war ein als Konfirmationsersatz eingeführtes, staatliches Übergangsritual.[5]

In ihrer politischen Festkultur konservierte die DDR das Pathos und die Monumentalität, die im Westen nach dem Nationalsozialismus keine Chance mehr hatten. Fahnenmeere, Fackelzüge, öffentliche Gelöbnisse,

Personenkult und Heldenverehrung sowie die visuell besonders wirkungsmächtige, nahezu flächendeckende Ausstattung des öffentlichen Raumes mit Emblemen und Botschaften standen im Dienste der ideologischen Mobilisierung der Bürger. Die Aufmarschmilitanz, die dabei an den Tag gelegt wurde, war kaum noch zu überbieten. Beim „Deutschlandtreffen der Jugend" vom 24. bis zum 29. Mai 1950 beispielsweise zogen über sechs Stunden lang Kolonnen – insgesamt 700000 Menschen – durch Ostberlin, die sich auf der Höhe des Zeughauses, vor der Tribüne der SED-Führung, unter Jubel vereinigten.[6]

Entschlüsselt man die sozial- und kulturgeschichtliche Semantik der Tribüne als ein herausragendes Requisit massenpolitischer Inszenierung und einen exponierten Ort ritueller Handlungen, so lassen sich wichtige Spezifika der politischen Symbolik und der politischen Rituale in der DDR besonders gut erfassen.[7] Da der Tribüne politische und psychosoziale Funktionen im Rahmen der Massenrituale zukamen, spiegelte sie auch die Geschichte von Loyalität und Legitimität in der DDR wider. Schon die Einführung der Tribüne als zentraler Ort politischer Massendemonstration im Staatssozialismus hatte einen tiefen symbolischen Gehalt, insofern sie den Einschnitt und die Wandlung verkörperte, welche die traditionelle Demonstrationskultur der Arbeiterbewegung nach 1917 in der Sowjetunion erfuhr. Politische Demonstrationen waren nun nicht mehr ein Instrument provokativer Gegenöffentlichkeit, nicht mehr Kritik der bestehenden Herrschaft, sondern ein Instrument parteistaatlicher Propaganda: „In den Mittelpunkt rückte jetzt die öffentliche Feier und Darstellung endlich errungener politischer Macht in legitimatorischer Absicht. Der Ort, an welchem die neue Macht leibhaftig und nicht nur symbolisch in Erscheinung trat, war eben die Tribüne: Hier präsentierte die sozialistische Staatsmacht ihre führenden Köpfe."[8]

Diese öffentliche Zurschaustellung der politischen Führer wurde zum Kernritual sozialistischer Feiern. Gleichzeitig und als Pendant zur Tribüne gehörte der Strom der Massen unabdingbar dazu. Die Tribüne war der Ort, an dem sich Herrscher und Beherrschte real und rituell begegneten. In Form eines Unterwerfungsrituals bestätigte die Masse, nach der Regie der Führung, eine Art Gesinnungsgleichklang. Beim Passieren der Tribüne gewann die Ästhetik der Masse somit legitimatorischen Charakter: Freudig akklamierendes Volk bestätigte seine Volksvertreter. Das Ritual „Vorbeimarsch an der Ehrentribüne" sollte die zwei wesentlichen Interpretationen der für die DDR konstitutiven Einheitsmetapher vorführen. Auf der Tribüne: die Einheit von Staat und führender Partei nebst Blockparteien und Massenorganisationen sowie im Zusammenspiel von Tribüne und Demonstrationszug: die Einheit von Führung und Volk.[9]

Jahr für Jahr beteiligten sich Hunderttausende, vom Anspruch her das gesamte Volk der DDR, an den Staatsfeiertagen zum bestellten Ritual des „Vorbeimarsches an der Ehrentribüne“. Seit Ende der fünfziger Jahre übertrug das Fernsehen der DDR die Inszenierungen in stundenlangen Live-Sendungen für die Daheimgebliebenen und die Weltöffentlichkeit. An der Tribüne fand regelmäßig ein symbolischer, „parternalistischer Tausch“ statt: „Das archaisch-feudale Ritual des Austausches von Gaben und ‘Geschenken’ gehörte zu den zentralen kommunikativen Akten der Staatsfeiertage in der DDR; zelebriert wurde dieser Handel an der Tribüne. Hier trafen also nicht nur ‘Oben’ und ‘Unten’ aufeinander, sondern es wurde darüber hinaus auch immer wieder der Versuch gemacht, die von oben kommenden Forderungen der Ideologie mit den von unten kommenden Ansprüchen des Alltags zu vermitteln.“ So geriet das Tribünengeschehen zum Inbegriff des „sozialistischen Paternalismus“.[10] Man kann die Kommunikation an der Tribüne sogar als eine „DDR-eigene Liturgie der Rousseauschen Vorstellung vom Gesellschaftsvertrag“ interpretieren.[11] Vor allem an den Staatsgründungsfeiern sollten an der Tribüne symbolisch die große Übereinkunft zwischen Beherrschten und Herrschenden, zwischen Volk und Regierung und zwischen den Generationen geschlossen werden. Durch diese „Vertragszeremonie“ wurde der Gründungsmythos der DDR alle Jubiläumsjahre erneuert.

Auch in dieser Hinsicht – der versuchten Durchsetzung von Herrschaft bis auf die unterste Ebene sozialer Beziehungen – zeigte sich der unbegrenzte Gestaltungsanspruch der SED, für den Mary Fulbrook eine gute Metapher vorgeschlagen hat: „Das Bild eines eigentlich paternalistischen, aber letztlich völlig paranoiden Kraken, eines Octopus, dessen Tentakel sich noch in den letzten Winkel sozialer Existenz erstreckten und verhinderten, daß sich irgendeine Art ‘Zivilgesellschaft’ jenseits der Reichweite und Kontrolle des Staates entwickelte und gedieh.“[12]

Eine intensive Auseinandersetzung mit der Festkultur des Nationalsozialismus hat es in der DDR nicht gegeben. Die Agitprop-Strategen der SED setzten auf eine Herrschaft über die Straße, die derjenigen des „Dritten Reiches“ nahekam. Der Umgang mit dieser fragwürdigen Vergangenheit erscheint somit zunächst unbedacht und unbefangen. Und daß man Anleihen bei der Staatspropaganda der Sowjetunion machte und dabei auch die altrussischen Traditionen übernahm – etwa das Zeigen von „Ikonen“, nun in Gestalt von Stalin-Porträts –, scheint auf den ersten Blick auf eine kritiklose Übernahme fremdkultureller Elemente hinauszulaufen. Doch mittlerweile sind Untersuchungen zu differenzierteren Ergebnissen gelangt.[13]

So kann man mehrere Ebenen unterscheiden. Eine erste ist auf den Begriff der „genetisch kodierte(n) Sowjetisierung“ gebracht worden.[14] Da die gesamte Theorie des sozialistischen Aufbaus der einzig relevanten sozialistischen Praxis in der Sowjetunion entlehnt und dort bereits volkspädagogisch eingesetzt geworden war, mußten die Osteuropäer zwangsläufig zu „Lizenznehmern“[15] der Sowjets werden. Politische Rituale hatten für alle realsozialistischen Gesellschaften ähnliche Funktionen; sie stellten eine wichtige Form politischer Herrschaft dar, resultierend aus der Allmacht einer Partei, aus bürokratischen Strukturen, aus einem hohen Grad an Organisiertheit der Gesellschaft und einer stark limitierten Autonomie gesellschaftlicher Teilbereiche. „Rituale als Element gesellschaftlicher Steuerung zielten im Realsozialismus in erster Linie auf die Sicherung von Massenloyalität und können in diesem Sinne als spezifische Herschaftstechniken interpretiert werden.“[16]

Eine zweite Ebene, deren Grenzen zur ersten fließend sind, kann man als „permanente Adaption des sowjetischen Vorbilds“ bezeichnen.[17] Es handelte sich hierbei um eine Art Nachahmungsdrang, der unterschiedlichen Schüben unterlag. Seit der Frühzeit des Sowjetkommunismus sollte die sozialistische Revolution mit Propaganda und Kunst derart verschmelzen, daß das Bewußtsein der Menschen auf ein neues Niveau gehoben würde. Diese Monumentalpropaganda hatten viele der deutschen Kommunisten seit den zwanziger Jahren selbst erlebt, und sie bildete einen festen Bestandteil ihres Erfahrungshorizonts. Wilhelm Pieck, Walter Ulbricht und Erich Honecker, um nur die späteren Staats- und Parteichefs der DDR zu nennen, waren von den Elementen der politischen Kultur in der Sowjetunion beeindruckt gewesen, wenn sie als Delegierte zu Parteitagen der KPdSU und zu den Kongressen der Kommunistischen Internationale nach Moskau gereist waren oder während ihrer Exil- und politischen Schulungszeit in der Sowjetunion den jährlichen Feier- und Gedenkritualen beigewohnt hatten. Viele Wurzeln der mit gewaltigen Mitteln inszenierten politischen Festkultur des zweiten deutschen Staates sind hier zu suchen. „Die alte Führungsgarde hatte diese Ästhetik tief verinnerlicht und wollte sie im eigenen sozialistischen Staat tradiert sehen.“[18]

Auf einer dritten Ebene müssen die „Symbioseeffekte“[19] zwischen deutschen und sowjetischen Phänomenen beachtet werden. Für den schwarzrot-goldenen Realsozialismus der DDR spielten nämlich auch die Erfahrungen seit der Revolution von 1918 eine entscheidende Rolle. Nach all den Niederlagen der deutschen kommunistischen Bewegung, nach Verfolgung und Tod während des „Dritten Reiches“ empfanden die Kommunisten die Gründung eines sozialistischen deutschen Staates als eine Art geschichtlicher Wiedergutmachung. Dieser Staat sollte für sie nicht nur den Bruch mit dem „Dritten Reich“ symbolisieren, sondern auch den mit der Weimarer Republik. Die Installierung einer völlig anders verfaßten Gesellschaft wurde nicht zuletzt aus diesem Grund zielstrebig in Angriff genommen. Ein unverhohlenes Gefühl der Genugtuung über den endlich erfüllten Traum vom eigenen Gemeinwesen war dabei unverkennbar. Seit 1919 hatte man die Visionen gepflegt, nun sollten sie verwirklicht werden. Daher rührte auch die Wiederaneignung von Ritualen der revolutionären kommunistischen Arbeiterbewegung. Die stolze Berufung auf kommunistische Traditionen sollte vergessen lassen, daß viele Überlieferungen durch den nationalsozialistischen Eklektizismus ruiniert worden waren.[20] Es handelte sich um eine nachdrücklich betonte Rückeroberung von ästhetischen Ausdrucksformen.

Schließlich darf man eine vierte Ebene nicht vergessen: Die DDR-Festkultur war ein zentraler Bestandteil der „Kommunikation" mit der Bundesrepublik. Die aufwendige Präsentation des Staates, der im Westen als „Sowjetzone" tituliert wurde, spiegelte nicht allein das Legitimationsdefizit wider, sondern verweist darauf, wie die SED-Führung ihren Minderwertigkeitskomplex zu kompensieren trachtete. Nur so lassen sich die Inszenierungsformen, die dem Habitus der sowjetischen Großmacht entlehnt waren und die Erfolgsrhetorik in Form eines Kultes der Zahlen und Mengen erklären.

In den geschichtspolitischen Gedenk- und Erinnerungsritualen zur Geschichte der Arbeiterbewegung und zum Widerstand gegen den Nationalsozialismus schlugen nicht so sehr die eigenen alten Muster als vielmehr die Effekte sowjetischer Prägung besonders deutlich durch. Die „Sowjetisierung der Orte und Rituale des Gedenkens bedeutete dabei in erster Linie Monumentalität".[21] Die Tendenz zu materialintensiver räumlicher Dominanz, Gigantomanie und moralischer Überhöhung trug unverkennbare Spuren der sowjetischen Kunst der Stalinzeit. Der Zugang zur Geschichte vollzog sich über symbolisch vermittelte, relativ abstrakte Botschaften sowie durch eine politische Pädagogik, und zwar am häufigsten an Orten, die als legitimatorische Folie geeignet waren, um auf ihrem Hintergrund antifaschistische Rituale und Inszenierungen sowie politische Loyalitätsbekundungen zu zelebrieren.

Diese Suche nach Selbstlegitimation des SED-Staates zeigte sich ganz augenfällig in der Einverleibung Buchenwalds.[22] Das ehemalige NS-Konzentrationslager wurde bald zielstrebig zu einem Ort des kommunistischen Widerstands gegen das „Dritte Reich" gemacht. Der Aufstand am 17. Juni 1953 hatte der Partei- und Staatsführung vor Augen geführt, daß die DDR einer ganz grundlegenden, symbolisch vermittelten Legitimation ihrer staatlichen und gesellschaftlichen Ordnung bedurfte. Im September 1958 wurde nach intensiven Planungen der monumentale Glockenturm als Nationaldenkmal eingeweiht – es handelte sich um den bis dahin größten Staatsakt der DDR –, und Buchenwald visualisierte künftig den Mythos von der Geburt der DDR aus dem antifaschistischen Widerstand. Mehr als 50000 Menschen nahmen an der Einweihung teil. „Um alles auf die Spitze zu treiben, wurde der Akt des 14. September 1958 als Schlußpunkt einer ganzen Reihe von Gedenktagen in Szene gesetzt: Am 18. August 1958 weihte man das erste Thälmann-Denkmal der DDR in Weimar am dortigen 'Platz der 56000' unterhalb des Bahnhofs ein, am 1. September wurde der 'Tag des Friedens' begangen, am 7. September der seit 1947 übliche 'Gedenktag der Opfer des Faschismus'."[23] Festredner beim Staatsakt in Buchenwald war DDR-Ministerpräsident Otto Grotewohl. Er griff nach großen Traditionen und weihte den Glockenturm – so, wie dies einst dem Reichstag widerfahren war – „dem deutschen Volke", stellte ihn rhetorisch in die Mitte Deutschlands und erhob die DDR zum Sachverwalter dieser Mitte und somit des Ganzen.

Dieser Antifaschismus war jedoch „gesäubert" und tilgte die Ambivalenzen der konkreten Lagerexistenz von Anpassung und Kollaboration aus der Erinnerung.[24] Da nur wenige Deutsche im „Dritten Reich" Widerstand geleistet hatten, war der Antifa-Mythos nicht kommunikativ über die individuelle Erinnerung vermittelbar, sondern auf kulturelle Vermittlungsformen angewiesen, um Eingang in das kollektive Gedächtnis zu finden. Dabei kamen nicht zuletzt auch der Belletristik und den Bildenden Künsten wichtige volkspädagogische Funktionen zu. Herrschafts- und Deutungselite gingen bis zum Ende der sechziger Jahre, in denen die Utopie einer sozialistischen Gesellschaft im Mittelpunkt stand, noch Hand in Hand bzw. letztere wurde an der kurzen Leine gehalten – oder die Intellektuellen entzogen sich den Zumutungen des Systems und flüchteten in die Bundesrepublik.[25] Wenngleich der Antifaschismus als Gründungsmythos der DDR ein Herrschaftsinstrument der politischen Führung darstellte, so bedeutete er doch zugleich auch ein entlastendes, nicht zuletzt daher attraktives Deutungsangebot an die Bevölkerung des zweiten deutschen Staates in Form eines Freispruches von Schuld und Verantwortung für den Nationalsozialismus. Denn der Antifaschismus fußte auf Interpretationen, die den Faschismus einseitig einer kleinen imperialistischen, monopolkapitalistischen und militärbürokratischen Führungsclique anlasteten, dagegen den Beitrag des Volkes, auch der Arbeiterschaft, ausklammerten.

Die Frage, inwieweit die geschichtskulturellen SED-Projekte die Gesellschaft der DDR durchdrungen und integriert haben und wie insgesamt das Deutungsangebot von verschiedenen Teilen der Bevölkerung, nicht nur der Intelligenz,[26] aufgenommen wurde, ist mit dem Verweis auf die Funktionen des Staatskults freilich nicht beantwortet. Es war eine Stärke der ostdeutschen Diktatur, daß sie über die massenhafte Mitgliedschaft in Organisationen und durch ein dichtes institutionelles Netz, das die Lebensläufe nach gleichem Muster strukturierte, tief in die Gesellschaft eindrang. Aber dies muß nicht heißen, daß damit auch die Kolonisierung der Köpfe gelang, zumal die Lebenswirklichkeit den ideologischen Verlautbarungen häufig widersprachen. Die Diktatur stieß an Grenzen, die allerdings schwer auszuloten sind;[27] auch muß man für verschiedene Milieus in der Bevölkerung ein informelles Eigenleben veranschlagen.[28] Auf lange Sicht gesehen ist die Durchsetzung des Gesamtentwurfs der SED an verschiedenen gesellschaftlichen Schnittstellen gescheitert, allen Kampagnen und Großaufmärschen zum Trotz.[29] Ein gesichertes Urteil, wie die Menschen, die in diesen Strukturen ihr Leben lebten, die Anmaßungen des Systems erfuhren, wie kompliziert sich das Verhältnis von Distanz und Immunisierung, Anpassung und „Kollaboration", rigider Ablehnung und loyaler Übernahme der Identifikationsangebote in den unterschiedlichen Phasen der DDR gestaltete, ist beim heutigen Forschungsstand noch nicht möglich.[30]

Das offizielle Staatsdesign als „besseres Deutschland" sollte jedenfalls ein Gegenentwurf zur Bundesrepublik, dem „kapitalistischen Vasallenstaat", sein. Für die Bundesrepublik ihrerseits bedeutete dieser Staatskult der DDR das Gegenbild, an dem sich der Kult um den deutschen Nationalstaat, der im folgenden rekonstruiert werden soll, ständig reiben mußte.

4. Nationalerziehung und symbolische Vergemeinschaftung in der Bundesrepublik

a) Von der gesellschaftlichen Polarisierung zum Burgfrieden von 1958

Abgesehen von den offiziellen Staatsakten des Bundes und der Länder lag bis 1958 die Durchführung öffentlicher Veranstaltungen, Feiern und Kundgebungen zum Tag der deutschen Einheit in den Händen der politischen Parteien und der großen Interessenverbände, insbesondere des DGB und der Vertriebenen- und Flüchtlingsverbände. 1958 zählte man in rund 35000 Städten und Gemeinden Veranstaltungen, etwa fünf Millionen Menschen nahmen daran teil. In den Jahren zuvor waren es sicher etwas weniger gewesen als an diesem fünften Jahrestag des ostdeutschen Aufstandes, aber die vielen Presseberichte lassen doch auf eine große Beteiligung schließen.[1] Im April 1954 hatte Bundesinnenminister Gerhard Schröder den Ministerpräsidenten der Länder geraten, am 17. Juni kurze Schulfeiern abhalten zu lassen, in denen die besondere Bedeutung der „nationalen Erhebung", die menschlichen Nöte und das Leid der Ostdeutschen herauszustreichen seien; anschließend sollte schulfrei gegeben werden.[2] Dies konnte angesichts der Kulturhoheit der Länder natürlich nur eine Empfehlung sein.[3] Ansonsten wandte sich Schröder außer an die Parteien und Interessenverbände auch an die großen Sport- und Jugendorganisationen der Bundesrepublik und forderte sie auf, Feiern zu veranstalten.[4]

Die gewünschte Vielgestaltigkeit der Feiern zog unerwartete und verheerende Folgen nach sich. In den Jahren zwischen 1954 und 1957 prallten die politischen Interessen, die mit der Erinnerung an den 17. Juni verbunden wurden, mit aller Wucht aufeinander, was zu einem aggressiven Klima und zum gegenseitigen Vorwurf einer „Verfälschung" und „Entwürdigung", ja „Entheiligung" der historischen Ereignisse führte.[5] Typisch dafür war die Beschwerde einer Privatperson über die Feiern zum 17. Juni in Hanau: Bislang erfolge die Ausgestaltung des Tages immer durch den stark sozialdemokratisch orientierten örtlichen Gesamtverband der Sowjetzonenflüchtlinge, „der von sich behauptet, *allein* für diese Ausgestaltung zuständig zu sein. Jedes Jahr erleben wir am Ende eine SPD-Kundgebung, die beispielsweise im vergangenen Jahre zu einer Herabwürdigung dieses Tages beigetragen hatte."[6] Der „kurzsichtige Eifer konkurrierender Veranstalter", so klagte im Frühjahr 1958 auch der Innenminister von Nordrhein-Westfalen dem Bundesinnenminister, führe dazu, daß die Bevölkerung zunehmend abgestoßen reagiere.[7] Politische Partikularegoismen dominierten; die Feiern seien keine Angelegenheit des gesamten deutschen Volkes.

Die meisten Feiern richteten die Sozialdemokraten, häufig gemeinsam mit den Gewerkschaften, aus, und sie gestalteten diese betont kämpferisch nach dem Vorbild des 1. Mai als Arbeiterkampftag, freilich mit nationalem Anstrich. Sie bevorzugten als überlebensgroßes Hintergrundbild ihrer Kundgebungen den Emotionen hervorrufenden „Marsch der Hennigsdorfer Arbeiter" – als Sinnbild einer selbstbewußten, kräftigen gesamtdeutschen Arbeiterbewegung –, wobei sich, ausweislich der Reden, die Arbeiterfäuste auch gegen die Regierung Adenauer wandten. Diese Symbolik erfüllte moralische Wiederaufrichtungsfunktionen: Transparente mit Aufschriften wie „Wir sind uns einig" konnten gleichermaßen auf eine gesamtdeutsche wie auf eine sozialdemokratische Identität verweisen.[8] Daß häufig die letztere im Mittelpunkt stand, wurde durch auffällige historische Analogiebildungen unterstrichen. Die gleichen Maßnahmen der Verfolgung und Unterdrückung von Sozialdemokraten, die schon im Bismarck-Reich und im Nationalsozialismus angewandt worden seien, so beispielsweise der Berliner SPD-Vorsitzende Franz Neumann 1957, wiederholten sich nun in der DDR in noch schlimmeren Maße. Während der zwölfjährigen Dauer des Bismarckschen Sozialistengesetzes von 1878 bis 1890 seien Freiheitsstrafen in Höhe von rund tausend Jahren verhängt worden – aber diese Zahl verblasse gegenüber den vielen Verurteilungen durch sowjetzonale Gerichte: „Ein Tag bolschewistischer Terror hat viel größere Opfer gekostet, als zwölf Jahre Sozialistengesetz unter Bismarck."[9] So versuchte auch die Arbeiterbewegung mit dem 17. Juni auf ihre eigenen historischen Opfer zu verweisen.

Der Ablauf der Veranstaltungen war fast immer der gleiche: Zum Auftakt spielte ein Orchester den „Sozialistenmarsch"; dann sang ein Chor der Jugendorganisation „Die Falken" das Lied „Hebt unsere Fahnen in den Wind"; anschließend gab es mindestens eine flammende Rede und zum Schluß wurde gemeinsam „Brüder zur Sonne zur Freiheit", dann die dritte Strophe des Deutschlandliedes angestimmt.[10] Aber im gereizten antikommunistischen Klima der fünfziger Jahre gab es auch immer wieder bezeichnende Zwischenfälle. Wenigstens einer sei erwähnt: Bei einer SPD-Kundgebung auf dem Rudolf-Wilde-Platz in Berlin-Schöneberg am Abend des 17. Juni 1957 fuhr ein Kombiwagen mit zwei auf dem Dach befestigten Lautsprechern auf und spielte Arbeiterlieder wie „Wann wir schreiten Seit an Seit". Die Menge glaubte, es handele sich um eine „Provokation aus dem Osten" und wollte den Wagen umstürzen. Vier junge Männer, die – wie sich später herausstellen sollte – der SPD angehörten, wurden aus dem Auto herausgezerrt, geschlagen und als „Kommunistenschweine" und „Verbrecher" beschimpft.[11]

Bis 1958 diente der ostdeutsche Aufstand der SPD-Opposition als Medium der innenpolitischen Konfliktverschärfung und als eine auf die eigene Klientel gemünzte Mobilisierungsressource gegen die Bundesregierung. So setzte die SPD ihn vehement für ihre Agitation gegen die Pariser Verträge ein. Vom 19. bis zum 23. Oktober 1954 waren auf vier Pariser Konferenzen die Beziehungen zwischen den Staaten der westlichen Gemeinschaft vertraglich neu geregelt worden. Mit dem Deutschlandvertrag hatte die Bundesrepublik ihre Souveränität, jedoch noch unter Vorbehalten, erlangt. Die Westeuropäische Union war gegründet und die Bundesrepublik eingeladen worden, der NATO beizutreten. Auf bilateraler Ebene hatten zudem Konrad Adenauer und der französische Ministerpräsident Pierre Mendès-France das 1. Saarstatut unterzeichnet, das ein politisch zwar autonomes und europäisiertes, jedoch mit Frankreich durch eine Währungs- und Zollunion wirtschaftlich verbundenes Saarland vorsah. Für die Opposition war der 17. Juni ein Instrumentarium, um die Westbindung zu diskreditieren. Ganz deutlich wurde dies in der von SPD und Gewerkschaften gemeinsam unterstützten außerparlamentarischen Paulskirchen-Bewegung, die am 29. Januar 1955 – also nur knapp einen Monat, bevor der Bundestag dem Pariser Vertragswerk zustimmte – das „Deutsche Manifest" verabschiedete, in dem Viermächteverhandlungen über eine Wiedervereinigung gegenüber der Westbindung und einem Verteidigungsbeitrag für vorrangig erklärt wurden. Den Sozialdemokraten, die den 17. Juni in den Dienst ihrer Politik stellten, attestierten selbst Beamte aus dem Gesamtdeutschen Ministerium, die ihnen im wiedervereinigungspolitischen Anliegen nahe standen, „ausgesprochen deutsch-nationale" Töne.[12]

Wenn die Liberalen die Erinnerungen an 1953 visualisierten, so präferierten sie aus dem historischen Bildarsenal die Giebelinschrift des Reichstagsgebäudes „Dem deutschen Volke“, mit welchem dieses 1916 versehen worden war. In der Frankfurter Paulskirche, dem Bezugspunkt zu 1848 und dem Symbol der Einheit und Freiheit Deutschlands, erscholl der Ruf nach „Generalmobilmachung gegen den status quo“ besonders laut, 1957 etwa aus dem Munde von Wolfgang Döring, dem Fraktionschef der nordrhein-westfälischen FDP.[13] Nach der Spaltung der FDP-Bundestagsfraktion und dem Teilaustritt aus der Regierung im Februar 1956 warfen Liberale und Sozialdemokraten gemeinsam der Union vor, nach einer Perfektionierung des Bonner Staates zu streben. Abgesehen von einem Fähnlein Aufrechter werde aus ihren Reihen nichts unternommen, um den Tag der deutschen Einheit „zu einem hohen Feiertag mit Wirkung in die Breite und die Tiefe des gesamten Volkes zu gestalten“.[14] Dieser Vorwurf war tatsächlich nicht ganz aus der Luft gegriffen.

Natürlich ragte der 17. Juni auch in den schwelenden Konflikt zwischen Arbeitgebern und Gewerkschaften hinein. Viktor Agartz, Mitgeschäftsführer des Wirtschaftswissenschaftlichen Instituts des DGB, trumpfte 1954/55 mit neuformulierten Klassenkampftheorien auf. Der größte Lohnkampf der Nachkriegsgeschichte stand vor der Tür. Agartz meinte, der liberal-kapitalistische Staat habe die Klassengegensätze verschärft, was nur durch eine systemsprengende Politik überwunden werden könne.[15] Die Gewerkschaften drohten sich zu radikalisieren. Aber die Arbeitgebervertreter konterten auf geschickte Art und Weise: Wie hoch die Idee und die Praxis der Sozialpartnerschaft zu veranschlagen seien, unterstrichen sie mit dem Verweis auf den 17. Juni 1953. Er bot ihnen Gelegenheit, an die Segnungen der sozialen Marktwirtschaft im Unterschied zur sozialistischen „Mangelwirtschaft“ im Osten zu erinnern.[16]

Die Vertriebenenverbände und der Gesamtverband der Sowjetzonenflüchtlinge überschlugen sich am 17. Juni mit antisowjetischen Bekundungen, wobei die erstgenannten hauptsächlich die Gebiete jenseits der Oder und Neiße im Blick hatten. Ihre Veranstaltungen, von Trachtenbünden, Fahnen und Wimpel dominiert, waren ein Präludium zum „Tag der deutschen Heimat“, der traditionell am ersten Sonntag im August stattfand, und der „Gesamtdeutschen Wochen“, die in den fünfziger Jahren noch regen Zulauf verzeichnen konnten. Während der Tag der deutschen Heimat „kein Kampftag“ sein sollte, schlugen die Landsmannschaften am Tag der deutschen Einheit aggressive Töne an.[17] „Wir wollen nicht länger schweigen!“ hieß es in den Empfehlungen des Verbandes der Landsmannschaften, die im Mai 1954 an alle Hauptgeschäftsführungen verschickt wurden. „Der Aufschrei unserer gequälten Brüder in der Sowjetzone wurde am 17. Juni von der ganzen Welt vernommen. Hunderte von Männern und Frauen starben unter den Kugeln der Sowjets und ihrer Helfer. Die Menschen leben drüben unter dem Joch von der Hoffnung auf die Stunde der Wiedervereinigung Deutschlands. Erheben wir uns endlich und lassen wir den Ruf nach dem gemeinsamen Vaterland nicht mehr verstummen, auf daß unsere Antwort auf das Blutopfer den Brüdern Kraft gibt (...) Der Aufbruch der ganzen Nation zu einer gesamtdeutschen Volksbewegung ist das Gebot dieser Zeit. Wir wollen alle das Unsrige dazu tun!“[18] Wer wollte ausschließen, daß die Leidenschaften hochkochen und die Lage eskalieren könnte?

Die Bundesregierung schließlich kehrte mit der Chiffre „17. Juni“ die antikommunistische Komponente im Selbstverständnis der Bundesrepublik heraus, was nicht zuletzt daran ablesbar war, daß nach der Wiederbewaffnung an diesem Datum bevorzugt Rekrutenverpflichtungen stattfanden. Allerdings sprach sich Verteidigungsminister Franz Josef Strauß 1957 letztlich doch gegen den Vorschlag des Heeres-Inspekteurs, Generalleutnant Rötinger, aus, diesen Akt in einer großen militärischen Feier künftig generell und ausschließlich am 17. Juni zu veranstalten.[19] Ferner wurde 1964 bezeichnenderweise am Vorabend des 17. Juni, und nicht etwa des 8. Mai oder des 1. September, im Bonner Hofgarten ein Ensemble als Bundesehrenmal – „Den Opfern von Krieg und Gewaltherrschaft“ – von Bundespräsident Heinrich Lübke eingeweiht.[20]

Zwei grundsätzliche, divergierende Konzeptionen mit unterschiedlichen Symbol- und Emotionshaushalten standen sich mithin von Beginn an gegenüber und stritten um die Folgebereitschaft der Bundesbürger: Auf der einen Seite wurde der „17. Juni“ – in Abwandlung eines Wortes von Jacob Burckhardt – „siegeswestdeutsch“ eingefärbt, zur Siegesfeier der Bundesrepublik umfunktioniert und zu einer Art triumphaler Erinnerung gemacht.[21] Der Kanzler bestritt die Bundestagswahl von 1957 mit dem Slogan „Keine Experimente“, was auch deutschlandpolitisch galt – und die CDU/CSU gewann als bisher einzige Partei in der deutschen Geschichte die absolute Mehrheit an Wählerstimmen. Auf der anderen Seite – bei den Sozialdemokraten und Liberalen – sah man im 17. Juni – als Antwort auf die Arndtsche Frage „Was ist des Deutschen Vaterland?“ – eine Art „Reichsfeiertag“ im Sinne einer geforderten Wiederherstellung des Deutschen Reiches in den Grenzen von 1937.

Dieser Kampf um die Ordnungsvorstellungen basierte auf zwei unterschiedlichen politischen Strategien. Bei der ersten handelte es sich um eine defensive Strategie. Sie wollte die Bundesrepublik hermetisch von der „infizierten Sowjetzone“ abschließen und sie als Modell ausbauen. Die zweite Strategie war offensiv. Für ihre Anhänger bedeutete die Bundesrepublik keine unverrückbare Größe, sie suchten vielmehr den geistigen Kampf mit den Machthabern in der DDR und trachteten danach, den

„Widerstandswillen“ der Ostdeutschen zu stärken. Vertretern der offensiven Strategie ging es nicht allein darum, durch die Konstruktion imaginärer Räume und Gemeinschaften sowie durch eine Transzendierung der Grenze – 1952 war vom DDR-Regime eine Fünf-Kilometer-Sperrzone zum Westen hin eingerichtet worden – den Eisernen Vorhang im Osten aufzubrechen, sondern auch den „Goldenen Vorhang“[22] der Wirtschaftswundergesellschaft und der bundesrepublikanischen Selbstbezogenheit im Westen.[23]

Der Kult um den deutschen Nationalstaat besaß aus der Sicht der „Offensiv-Strategen“, die ihn ausformten, eine ausgeprägte nationalpädagogische Komponente. Zu ihr gehörte die Gestaltung sozialer Räume durch historische Orientierungszeichen sowie das allgemeine Bestreben der geschichtspolitischen Akteure, nationale Gedächtnisorte im Bewußtsein der Menschen lebendig zu halten. Umbenennungen von Straßen- und Brücken, das hundertfache Aufstellen von Mahnmalen und Gedenksteinen gab es nach dem 17. Juni sogleich und fortan alljährlich. Am bekanntesten und bis heute wirkungsvollsten ist die Umbenennung der auf das Brandenburger Tor führenden Charlottenburger Chaussee in „Straße des 17. Juni“.[24]

Aber an der Umbenennung von Straßen entzündete sich häufig ein heftiger kommunalpolitischer Konflikt. Ein besonders auffälliges Beispiel trug sich in der Bundeshauptstadt zu. Der Rat der Stadt Bonn erlebte am 2. Juli 1953 eine hitzige Debatte, weil die SPD-Fraktion mit einem Antrag die Koblenzer Straße – an ihr lag das Palais Schaumburg, der Sitz des Bundeskanzlers – in „Straße des 17. Juni“ umtaufen wollte. Die Begründung der SPD, welche der CDU „ungehörig“ vorkam und auf ihrer Seite sofortige Proteststürme hervorrief, lautete: „Durch diese Straßenumbenennung soll jede Bundesregierung daran erinnert werden, daß die Wiedervereinigung Deutschlands immer ihr höchstes Ziel bleiben muß.“ In der Aussprache verwahrten sich die Christdemokraten dagegen, das nationale Pflichtbewußtsein der amtierenden Bundesregierung in Zweifel zu ziehen. Doch sozialdemokratische Stadtverordnete gossen noch weiteres Öl ins Feuer und schlugen sogar den Bogen zu den rheinischen separatistischen Bestrebungen nach dem Ersten Weltkrieg, in der sich ebenfalls die Arbeiter gegen die bewaffnete Macht gestellt und die Nation gerettet hätten, während „satte Bürger in Königswinter beim Wein die Wacht am Rhein hielten“. Unverhohlen wurden Adenauer auf diese Weise separatistische Ambitionen unterstellt. Die CDU war empört. Ihr Fraktionsvorsitzender stellte im Gegenzug den Dringlichkeitsantrag, auf dem Venusberg in Bonn Straßen und Plätze „nach Personen und Ereignissen des deutschen Freiheitskampfes zu benennen“, wogegen sich wiederum die SPD sperrte, der dieser Vorschlag als Ablenkungsmanöver hinsichtlich der nationalen Aufgabe vorkam.[25] – Die Straße, an der das Bundeskanzleramt lag, wurde im übrigen erst viel später umgetauft, in Adenauerallee. Dieser Vorgang und das Schlaglicht der Bonner Debatte von 1953 verdeutlichen, daß die politische Geschichte von Straßennamen, zumal in Hauptstädten, der Essenz der nationalen Geschichte entspricht. Straßenumbenennungen sind eine Manifestation politischer Interessen und ein Akt versuchter Identitätsstiftung. Straßennamen bieten ein Sich-Zurechtfinden im doppelten Sinne: eine offensichtliche alltägliche Orientierung und eine subtile historische.[26]

Der Streit zwischen den verschiedenen Interessen, besonders zwischen der Opposition und der Regierung, eskalierte in der Öffentlichkeit von Jahr zu Jahr mehr. Schon erhoben sich Stimmen, den Tag der deutschen Einheit, der im Westen nur Zwietracht säte, besser wieder abzuschaffen. Vor der fünften Wiederkehr des ostdeutschen Aufstandes 1958 startete deshalb der kurz zuvor zum Geschäftsführer des KUD berufene Wilhelm Wolfgang Schütz eine konzertierte Aktion, um den Tag der deutschen Einheit aus den Fängen der Partei- und Verbandspolitik zu befreien. Er lud die Bundes- und Landesgeschäftsführer aller Parteien und wichtiger Verbände – insgesamt 230 Vertreter – zu mehreren Besprechungen ein. Nach einigem Hin und Her sowie den schon gewohnten gegenseitigen Verdächtigungen fanden die politischen Kontrahenten doch überein, daß sich überall Parteien und Verbände in Form von Orts-, Kreis- und Landeskuratorien des „Unteilbaren Deutschland" zusammenschließen sollten, um unter diesem Dach zu „überparteilichen" Veranstaltungen zu gelangen. 16 Leitsätze, die von den kommunalen Spitzenverbänden in vielen tausend Exemplaren an Parteien, Verbände, Kommunal- und Kreisverwaltungen weitergeleitet wurden, legten den Ablauf der Feierlichkeiten präzise fest.[27] Über alle Weltanschauungs- und Interessengegensätze hinweg sollten die Feiern endlich in eine „würdige Form" gegossen und eine weitestgehende aktive Beteiligung der westdeutschen Öffentlichkeit sichergestellt werden. „Es ist eine Ehrenpflicht eines jeden Deutschen, es ist eine Verpflichtung der gesamten deutschen Jugend, sich an den Veranstaltungen des Tages der deutschen Einheit zu beteiligen, um auf diese Weise der Weltöffentlichkeit zu bekunden, daß Wiedervereinigung, Selbstbestimmung und Freiheit eine unabdingbare Sache des ganzen deutschen Volkes sind", hieß es in dem in vielen Zeitungen abgedruckten KUD-Aufruf, der mit Bedacht so allgemein gehalten war, daß sich hinter ihm nahezu alle politischen Akteure problemlos wiederfinden konnten.[28] KUD-intern indessen wurden weiterhin richtungspolitische Streitigkeiten um politische Ausrichtung und historische Leitbilder, um Ressortverteilungen und Mobilisierungsstrategien ausgetragen. Keineswegs alle Feiern verloren ihren parteipolitischen Charakter, sondern je nach örtlichen Bedingungen, politischen Gegebenheiten und Traditionen blieb dieser, wenn auch in eingeschränktem Umfang, erhalten. Aber von der allgemeinen öffentlichen Wirkung her gesehen bedeutete das KUD zwischen 1958 und 1967 in der Tat eine Art „Burgfrieden e.V.“.[29]

Das Jahr 1958 stellte deshalb die entscheidende Zäsur dar: Die Popularisierung des Wiedervereinigungsgedankens gründete seither auf Konsensformeln. Energisch nahm Schütz als Geschäftsführer des Kuratoriums die Zügel in die Hand. Die Widersprüche und die Spannungen zwischen den geschichtspolitischen Akteuren wurden abgetragen, indem man fast alle bisherigen Deutungen und Wertungen zu einem umfassenderen historisch-politischen Bild des ostdeutschen Aufstandes zusammenfügte. Um das Vermächtnis des 17. Juni „ohne Unterschied der Parteien und Schichten des Volkes“ zu bewahren,[30] lautete seine Lesart nun: Arbeiter- und Volksaufstand für nationale Einheit, Freiheit, Selbstbestimmung und Menschenrechte. Jeder Versuch, an dieser Auffassung zu rütteln, ist in den folgenden Jahren entrüstet zurückgewiesen worden.[31] Der Stil der Kundgebungen wandelte sich erheblich, er wurde weniger konfliktgeladen, eher demonstrativ als inhaltsreich. Das bewußte Bemühen um Überparteilichkeit schliff die früher vorhandenen Kontroversen ab und veranlaßte die meisten Akteure, anders als in den zurückliegenden Jahren, zu einer Allgemeinheit der Aussagen und zu einem Appell an Gemeinsamkeiten, der aktuelle Streitfragen ausblendete. Damit wurde eine gruppenübergreifende, ritualisierte Form des Gemeinschaftserlebnisses dominant. Dies sollte sich in großen Stil erst wieder mit dem Beginn der Neuen Ostpolitik ändern, als sich die Identitätsbildung zusehends über den politischen Diskurs und nicht mehr über Rituale vollzog. Ab dieser Zeit ging die vordergründige Verträglichkeit und Eintracht verloren und machte wieder, wie vor 1958, der Auseinandersetzung und dem Zerwürfnis Platz.

b) In den Grenzen von 1937 – Räume und Orte der Deutschen

Die großen, seit dem Burgfrieden von 1958 vom KUD organisierten überregionalen Feiern zum Tag der deutschen Einheit fanden an nationalen Gedächtnisorten statt, um den nationalpolitischen Hoffnungen Ausdruck zu verleihen und den Eindruck zu vermeiden, es werde angesichts der Teilung Deutschlands ein nationaler Trauertag begangen. Ziel war es dabei, „der Deutschen Sehnsucht nach einem gemeinsamen Vaterlande“[32] am Leben zu erhalten und mit der Präsentation historischer Räume und Orte dafür zu sorgen, daß eine gemeinsame Vorstellung von Deutschland nicht im Strudel der voranschreitenden Blockintegration der Bundesrepublik und der DDR unterging. An welche Räume und Orte wurde dabei – und mit welcher Absicht – angeknüpft?

Fallersleben und Helgoland waren immer Veranstaltungsorte und Ausgangspunkte für Inszenierungen, um so an den Autor der deutschen Nationalhymne zu erinnern. Großkundgebungen fanden ebenso am Deutschen Eck in Koblenz statt, für das auch mehrere kuriose Vorschläge zur Neugestaltung kursierten. So sollte beispielsweise eine riesige „Schwurhand" den Wiedervereinigungsimpetus ausdrücken.[33] Schließlich gehörten auch Goslar mit seiner Kaiserpfalz sowie der Hohe Meißner bei Eschwege zu den bevorzugten „deutschen Orten". Der Versuch, das mittelalterliche Nürnberg in diese Reihe einzubeziehen und gegenüber der „Stadt der Reichsparteitage" wieder aufzuwerten, schlug allerdings fehl. Als der Geschäftsführer des KUD, Wilhelm Wolfgang Schütz, dort am 17. Juni 1960 sprach, ereigneten sich zahlreiche Zwischenfälle. Rechtsradikale Gruppen entrollten Spruchbänder und Fahnen mit der faschistischen Odalsrune und neonazistischen Parolen.[34] Je länger sich die erwartete Wiedervereinigung hinzog, desto öfter wurden die „Zonenrandgebiete" als deutsche Räume und Orte symbolisch überhöht, wie etwa Ratzeburg, Osterrode im Harz, vor allem aber Helmstedt, das infolge der deutschen Teilung der „wichtigste Zugang zur Reichshauptstadt Berlin" geworden war.[35]

Eine der obersten Prioritäten der Nationalpädagogen war, dafür Sorge zu tragen, daß die junge Generation den deutschen Nationalstaat in den Grenzen von 1937 nicht aus dem Sinn verlor, sondern eine lebendige Anschauung von ihm behielt. Nation und Demokratie sollten aufs engste miteinander verbunden werden. Auf der Jugendburg Ludwigstein bei Witzenhausen im hessisch-thüringischen Grenzgebiet versammelte das KUD jährlich fast 6000 Jugendliche zu einem Wiedervereinigungstreffen.[36] Die in diesem Zusammenhang größte Veranstaltung am traditionellen Treffpunkt der deutschen Jugendbewegung, auf dem Hohen Meißner, wurde 1960 abgehalten, als Bundespräsident Heinrich Lübke vor über 12000 Jugendlichen sprach. Tausende, so berichteten am folgenden Tag alle großen Zeitungen, sangen am Abhang des Hohen Meißners das Deutschlandlied und brannten Feuer auf den Höhen entlang der Zonengrenze ab. Der Bundespräsident stellte in seiner Rede ausdrücklich einen Zusammenhang her zwischen historischem Ort – hier hatte 1913 der erste Freideutsche Jugendtag stattgefunden –[37] und jugendlichem wiedervereinigungspolitischen Aktivismus. Auch die umfängliche öffentliche Berichterstattung hob den nationalen Elan hervor: „Die romantische Schwärmerei einer Jugend, die einst zum Hohen Meißner und zur nahen Wartburg gezogen ist, liegt dieser neuen Jugend nicht. Aber mit der Bekundung ihres Willens zur Wiederherstellung Deutschlands steht sie den Studenten nicht nach, die 1817 die nationale Einheit Deutschlands erstrebten."[38] Die lebendige Kraft eines Volkes könne auf Dauer nicht durch lebensferne internationale Vereinbarungen unterdrückt werden. – Großveranstaltungen am Grenzgebiet zu den westeuropäischen Nachbarn, wie 1962 auf dem Hohentwiel bei Singen im Dreiländereck Deutschland–Frankreich–Schweiz schließlich dienten dazu, die Solidarität der freien Völker für die Lösung der deutschen Frage anzurufen und sich der gemeinsamen Fundamente der westlichen Wertegemeinschaft zu versichern.[39]

Besonders wichtig war den Nationalpädagogen, gesamtdeutsche Gedächtnisorte, die auf dem Boden der DDR lagen, dem drohenden Vergessen zu entreißen. In zehntausendfach verbreiteten Broschüren und Bilderseiten, beispielsweise betitelt „Die deutschen Länder hinter dem Eisernen Vorhang“ oder „Unter kommunistischer Zwangsherrschaft stehende Landschaften Mittel- und Ostdeutschlands“ oder „Kennst Du Mitteldeutschlands Bauwerke?“,[40] war die Wartburg ikonographisch immer präsent; neben ihr erschienen auf den Bildern fortwährend der Dresdner Zwinger, der Erfurter Dom, Reiterdenkmäler der Meininger und der Salier, das Völkerschlachtdenkmal bei Leipzig, das Kyffhäuser Nationaldenkmal sowie allgemein alte Dome und Rathäuser der östlichen Backsteingotik. Eben diese Motive beherrschten auch die Plakatserien, die auf mehreren tausend Bahnhöfen, in sämtlichen Postämtern und Behörden angeschlagen wurden.[41] Die erwähnten Broschüren zielten wieder hauptsächlich auf die junge Generation, die überdies mit Zeichen- und allgemeinen Wettbewerben zum „Mitteldeutschen Land und seine(r) Wiedervereinigung mit Westdeutschland“ befragt wurde. In Malwettbewerben sollten die Jugendlichen „zur bildlichen Anschauung und Darstellung des geteilten Deutschland und der Wiedervereinigung angeregt werden“.[42] Seit 1958 wurden große Jugend-Wettbewerbe veranstaltet; 1963, zum 10. Jahrestag des ostdeutschen Aufstandes, lauteten die zu beantwortenden Fragen etwa: „Nenne fünf Orte an der Elbe in Mitteldeutschland und berichte etwas über ihre Bedeutung“ – „Durch den Harz führt von Süden nach Norden dicht jenseits der Zonenschranke eine Eisenbahn. Wo beginnt sie? Wo endet sie? Welche Stationen berührt sie? Zu welchem besonders markanten Punkt führt sie? Wo ist die Eisenbahnlinie der Zonengrenze am nächsten?“. Der Fragebogen für die Jugendlichen über siebzehn Jahre begann mit folgender Aufgabe: „Nimm zur Frage Stellung, ob Völkerschlacht- und Kyffhäuser-Denkmal uns Deutschen von heute noch etwas zu sagen haben und insbesondere etwas für die Aufgabe der Wiedervereinigung bedeuten können!“[43] Hier wurde also auf die Befreiungskriege rekurriert, auf Preußens und Deutschlands Erhebung nach napoleonischer Erniedrigung und zudem ein borussischer Geschichtsmythos wiederbelebt, der im kleindeutschen Kaiserreich eine dominante Rolle gespielt und die Kriegervereine dazu veranlaßt hatte, auf dem Kyffhäuser ein nationales Denkmal zu errichten. Der Sage vom im Kyffhäuser schlafenden und die neue Herrlichkeit des Reiches erwartenden Kaiser Barbarossa war im Sinne von Vermächtnis und Erfüllung Kaiser Barbablanca – Wilhelm I. – gegenübergestellt worden. Nicht zuletzt wurden aufwendig gestaltete „Deutschlandfibeln" publiziert[44] und zahlreiche Filme im Verleihverkehr angeboten, die ein „lebendiges Bild Mitteldeutschlands" vermitteln sollten.[45]

Politiker aller Fraktionen zählten sich zur Berlin-Lobby. Die ehemalige Reichshauptstadt war zugleich Brennpunkt und Symbol des Kultes um den deutschen Nationalstaat. Die Lage Berlins als Exklave der Bundesrepublik und als Enklave in der DDR war sowohl Symbol der Teilung als auch Hoffnung wiederzuerlangender Einheit, war gleichzeitig gesamtdeutsche Klammer und ständiger Konfliktherd. Der Sonderstatus Berlins, der sich aus den Rechten der alliierten Siegermächte ergab, hat die Teilung Deutschlands – auch nach dem Bau der Berliner Mauer – niemals vollständig werden lassen. In der Zeitspanne zwischen dem Ende der Berliner Blockade 1949 und dem Chruschtschow-Ultimatum von 1958 sind die Westsektoren der Stadt faktisch in die Bundesrepublik integriert worden. Aber die verfassungsrechtliche Sonderstellung Berlins wurde aufgrund der Einwände von seiten der westlichen Alliierten nicht beseitigt. Während die Berlin-Lobby zwar beständig, aber nur mit bescheidenem Erfolg, eine Demonstration der latenten Hauptstadtfunktion einforderte, etablierte sich die Bundesregierung in Bonn.[46] Plenar-, Ausschuß- und Fraktionssitzungen von Parlament und Parteien gab es jedoch in Berlin immer wieder. Sämtliche Jahresversammlungen hielt das Kuratorium „Unteilbares Deutschland" in Berlin ab. In den Berlin-Fahrten der Schuljugend sahen Kultusbehörden den „einprägsamste(n) Anschauungsunterricht über die deutsche Frage".[47] Zwischen 1954 und 1968 fanden in Berlin die größten Kundgebungen zum Tag der deutschen Einheit statt; jährlich versammelten sich vor dem Schöneberger Rathaus etwa 80000 bis 100000 Menschen.

Die Bundesrepublik müsse an Berlin gebunden werden, so argumentierten die Verfechter Berlins, damit Deutschland nicht durch die Bindung an Bonn auseinanderfalle. Die Fraktionen des Deutschen Bundestages versuchten aber auch, sich mit den Vorschlägen zur Dokumentation der Verbundenheit mit der Hauptstadt im Wartestand gegenseitig zu überbieten. In besonders grotesker Weise ereignete sich 1955 ein „Wetteifern um den nationalen Glorienschein".[48] Marie-Elisabeth Lüders hatte für die FDP-Fraktion den Vorschlag eingebracht, alljährlich zur Feier des 17. Juni eine Plenarsitzung des Deutschen Bundestages in Berlin statt in Bonn abzuhalten. Berlins Regierender Bürgermeister Otto Suhr (SPD) empfahl daraufhin, der Bundestag möge sich doch gleich auch am Vortag zu einer Arbeitssitzung in der Stadt treffen. Kurz darauf gab Eugen Gerstenmaier für die CDU vor Journalisten die Anregung, für eine volle Sitzungswoche nach Berlin zu gehen. Der Ältestenrat des Deutschen Bundestages bremste schließlich den Wettlauf um den nationalen Lorbeer: Um das außenpolitische Klima zur Sowjetunion nicht zu verschlechtern – im Mai traten die Pariser Verträge in Kraft und die Bundesrepublik wurde NATO-Mitglied –, begnügte man sich damit, eine repräsentative Parlamentsdelegation nach Berlin zu schicken.[49] Für Berlin beschränkte man sich im wesentlichen auf symbolische Akte. So wurde die Rheinbrückenauffahrt in Bonn unter großer Beteiligung in „Berliner Freiheit" umgetauft, ein Beispiel, dem in den folgenden Jahren Hunderte weitere Städte und Gemeinden mit ähnlichen Aktionen folgen sollten.

Auch Patenschaften für Städte und Landschaften jenseits der Zonengrenze wurden ins Leben gerufen, besonders aber solche für Flüchtlings- und Notaufnahmelager in der Bundesrepublik selbst. Namentlich das „Auffanglager" Friedland ist so zu einem deutschen Gedächtnisort geworden. Den 17. Juni feierte die Bevölkerung umliegender Städte oft in den Flüchtlingslagern, wohin sie mit Bussen gebracht wurde. Das Bundesministerium für gesamtdeutsche Fragen kam für die Kosten der Beförderung auf.[50]

Mit den Flüchtlingen aus der „SBZ", so schrieb Paul Nahm, Staatssekretär im Bundesvertriebenenministerium 1955, komme „ein lebendiges Stück Gesamtdeutschland in die Bundesrepublik".[51] Angesichts der anhaltend hohen Flüchtlingszahlen entstand aber zunehmend eine neue Argumentationsstrategie, die in einem nationalpolitisch motivierten „horror vacui" gründete: Die fortdauernde „Entleerung" der DDR drohte offenbar die durch das Grundgesetz gebotene Wiedervereinigung in Frage zu stellen, da diese ja nicht auf dem Territorium der Bundesrepublik stattfinden sollte. Außerdem wurde die Abwanderung vor allem der Intelligenz aus der DDR als Schwächung des dortigen Widerstandswillens gegen die Sowjetisierungsversuche empfunden. Die Menschen sollten daher, so lautete die Botschaft, „nicht ohne Not" der DDR den Rücken kehren.[52]

Aber nicht nur die Flüchtlinge aus der DDR waren für die Bundesrepublik politisch und gesellschaftlich bedeutsam, sondern auch diejenigen aus den ehemaligen deutschen Ostgebieten. Flüchtlinge und Vertriebene machten in den fünfziger Jahren über zwanzig Prozent der bundesrepublikanischen Bevölkerung aus. Sie waren dabei von doppelter Bedeutung: als ein potentieller sozialer und politischer Sprengsatz für den Weststaat sowie als ein bedeutsames Wählerreservoir für die politischen Parteien. Mit den – unter den großen Parteien unumstrittenen – materiellen Eingliederungsleistungen für die Menschen, die dieser „Schicksalskategorie" (Friedrich Tenbruck) angehörten, konnte die Bundesrepublik zwar ihre Verantwortung für alle Deutschen dokumentieren, doch zugleich bargen zu weitreichende Entschädigungsleistungen die Gefahr, als ein Abrücken von Wiedervereinigungshoffnungen gewertet zu werden.[53] Der Kult um den deutschen Nationalstaat bezog sich nicht zuletzt gerade deshalb auf die ehemaligen deutschen Ostgebiete. Permanent pochte der Bund der Vertriebenen (BdV) darauf, „daß das Ziel der Wiedervereinigung keineswegs schon durch die Vereinigung der Bundesrepublik mit der sowjetisch besetzten Zone Deutschlands erreicht ist". Die Wiedervereinigung aller Teile Deutschlands müsse das unverrückbare Ziel sein und bleiben.[54] Vor allem die SPD schreckte vor einem offen ausgetragenen Konflikt mit den hochrangigen Vertriebenenpolitikern in den eigenen Reihen, besonders mit dem zeitweiligen Präsidenten des BdV, Wenzel Jaksch, zurück. Die demonstrative Bekundung der engen Verbundenheit mit den Vertriebenen gehörte zum politischen Stil der Partei in den fünfziger Jahren. Bezeichnend war in dieser Hinsicht etwa, daß der SPD-Vorsitzende Erich Ollenhauer unter großer Medienpräsenz am Kreuzberg in Berlin 1954 einen Gedenkstein mit der Inschrift „17. Juni 1953" einweihte – und zwar genau neben einem hohen Kreuz, das schon 1952 errichtet worden war und an die verlorenen deutschen Länder östlich der Oder-Neiße-Grenze erinnern sollte.[55] Im Juli 1963 schrieb die SPD-Führung in ihrem Grußtelegramm zu einem Vertriebenen-Treffen als deutschlandpolitisches Motto: „Verzicht ist Verrat"; und noch im November 1964 tagte der SPD-Parteitag in Karlsruhe unter den Fotos von Kurt Schumacher und dem im Jahr zuvor verstorbenen Erich Ollenhauer, zwischen denen die Umrisse Deutschlands in den Grenzen von 1937 und das Motto „Erbe und Auftrag" zu sehen waren.[56]

Bis Mitte der fünfziger Jahre war die soziale Integration der Flüchtlinge und Vertriebenen im wesentlichen gelungen. Die befürchtete Radikalisierung trat nicht ein. Die staatliche Integration blieb indessen bis zum Ende der sechziger Jahre ein ungelöstes Problem. Niemals hat ein Politiker daran gezweifelt, daß die Flüchtlinge und Vertriebenen in den Kult um den deutschen Nationalstaat einzubeziehen waren. Aber dahinter stand nicht zuletzt das Motiv, den verbandsinternen Scharfmachern den Wind aus den Segeln zu nehmen. Weil weiterhin diffuse Hoffnungen auf eine mögliche Rückkehr in die ehemaligen Ostgebiete genährt wurden, konnte es zu einer gesamtgesellschaftlichen Verdrängung des nationalsozialistischen Vernichtungskrieges im Osten kommen, und die Folgen dieses Krieges wurden nicht anerkannt. Statt dessen war die Vorstellung weit verbreitet, daß die Gebiete jenseits der Oder und Neiße nach der Vertreibung der Deutschen unter polnischer Verwaltung einer Verwahrlosung anheimfielen. Durch das zähe Festhalten am formalen Rechtsanspruch der Deutschen auf die Ostgebiete negierte man den Verlust des Nationalstaates. So war es nur konsequent, daß das Auswärtige Amt 1958 alle bundesdeutschen Auslandsvertretungen anwies, nur solche Landkarten aufzuhängen, die – so Außenminister von Brentano – „Deutschland als Ganzes in seinen Grenzen von 1937 wiedergeben".[57]

Der räumliche Bezug auf die Reichsnation blieb noch für lange Zeit vorhanden. Mit Reichsnation ist die Nation gemeint, die im Deutschen Reich 1871–1945 ihren Nationalstaat gefunden hatte, sich aber nach Nationalsozialismus, Krieg, Völkermord und Kapitulation nicht mehr konstituieren konnte. Bereits vor der Reichsgründung von 1871 war in den nationalpolitischen Vorstellungen stets der Reichsbegriff favorisiert worden. Im Heiligen Römischen Reich Deutscher Nation lagen die geschichtlichen Wurzeln dieser Nation, und im Geschichtsbewußtsein der modernen deutschen Nation war die mittelalterliche Geschichte des Reiches als ein Stück der eigenen Geschichte immer lebendig gehalten worden.[58] Durch den Nationalsozialismus ist die Reichsidee als Instrument verantwortungsvoller Politik nach 1945 erheblich in Mitleidenschaft gezogen worden. Dafür verantwortlich war die nationalsozialistische Perversion einer völlig entgrenzten Reichsidee, mit der ein germanischer Weltherrschaftsanspruch untermauert werden sollte und die die imperiale Grundorientierung – die immer schon im Reichsmodell steckte – bis zur Katastrophe steigerte. Aber vollständig auslöschen konnte die Katastrophe des Nationalsozialismus die Reichsidee nicht.[59] Es muß deshalb beachtet werden, daß eine vom Nationalsozialismus gleichsam „bereinigte" Reichsidee bzw. der Begriff des Reiches überhaupt nach 1945/49 keineswegs so schnell abgestoßen wurde, wie es gemeinhin vermutet wird.[60]

Bis weit in die fünfziger Jahre hinein war eine Revitalisierung der Reichsgeschichte charakteristisch, die die über- und vornationalen Traditionen des Alten Reiches, seine kulturelle Vielfalt und tiefe Verwurzelung im christlichen Abendland hervorhob. Hermann Ehlers (CDU), der erste Bundestagspräsident, war bis zu seinem Tod 1954 einer derjenigen, die in pointierter Weise die Reichsidee rehabilitieren wollten. Er klammerte Hitlers Vorstellungen vom Reich als illegitime, pervertierte Variante aus und sah im Reich einen Kontrastbegriff zur nationalstaatlichen Enge. Ein föderativer Reichsbegriff, der sich außerdem die friedenssichernde Funktion des Heiligen Römischen Reiches Deutscher Nation bewußtmachte, konnte ihm zufolge den Weg in eine überstaatliche europäische Gemeinschaft erleichtern und zugleich ein Engagement für eine Wiedervereinigung begründen sowie die Verantwortung für die außerhalb der Bundesrepublik lebenden Deutschen zum Ausdruck bringen.[61] Die Reichsidee bedeutete hier das Gegenbild zum souveränen Nationalstaat, sie bildete den Nährboden für eine starke föderalistische Identität und war übernational, politisch-ideologisch auf Westeuropa hin, orientiert.

Solche „karolingischen" Aufladungen, die virulent blieben und deren Bezugspunkte fern vom Bismarck-Reich der Jahre nach 1871 lagen, stießen jedoch auf heftige Kritik aus denjenigen politischen Kreisen, die eine kleindeutsche Reichsidee keineswegs für obsolet hielten, besonders aus den Reihen der Liberalen und der Sozialdemokraten. „Nicht das 'Deutsche Reich' soll wiederhergestellt werden, sondern das Jahrhunderte lang dahinvegetierende, vor seiner Auflösung 1806 längst erloschene 'Heilige Römische Reich Deutscher Nation'", wetterte 1957 Reinhold Maier gegen die Abendland-Vorstellungen aus der CDU und fuhr fort: „Das 1871 geschaffene Reich soll verschwinden. Der Reichsgedanke ist uns 'heilig'." Die Regierungspartei konzipiere einen „vaterlandszerstörende(n) Liquidationsplan für Deutschland", in welchem es den „Reichszerstörern" gelungen sei, die Wiedervereinigung auf einer „Sandbank" aufsitzen zu lassen.[62] Thomas Dehler, der häufig das Deutsche Reich und dessen „seelische Tiefe" beschwor und auf eine Zeit hoffte, „in der Preußen wieder eine Aufgabe hat",[63] erklärte mehrmals: „Der 17. Juni muß uns verpflichten, genau so zum Reich zu streben wie unsere Väter, Großväter und Urgroßväter."[64] Es mehrten sich aber auch die Stimmen, die vor der Unklarheit des Begriffs warnten und auf die Gefahr einer expansiven oder romantisch-mystischen Auslegung des Reichsbegriffs hinwiesen, die nicht nur im Ausland Anstoß erregen mußte. Dieser Gefahr wollten die Liberalen mit einer möglichst nüchternen Begriffsbestimmung begegnen, was dazu führte, daß sie „Reich" als „Staat der Deutschen" definierten, „so wie sich der Staat der Franzosen 'République Française' nennt."[65] Ein wiedervereinigtes Deutschland konnte ihnen zufolge nicht „Bund", sondern mußte „Reich" heißen. Das Grundgesetz war nur für eine Übergangszeit konzipiert worden und sollte daher so bald wie möglich durch eine in ganz Deutschland gültige „Reichsverfassung" abgelöst werden.

Es waren insbesondere protestantische Kreise, die die Bundesrepublik lediglich als „Notdach" verstanden. Anläßlich des zehnten Jubiläums des Bundestages betonte dessen christdemokratischer Präsident, Eugen Gerstenmaier – der Gründer und Leiter des „Evangelischen Hilfswerkes" und eine der zentralen Persönlichkeiten des Nachkriegsprotestantismus –, im September 1959 in einer Schweizer Zeitung zwar, daß das Verhältnis des deutschen Protestantismus zur Bundesrepublik alles in allem von einer offenen und „positiven Mitarbeit" bestimmt sei. Auch sah er keinen Anlaß zu unterstellen, daß es dem deutschen Katholizismus um die Wiederherstellung der staatlichen Einheit Deutschlands weniger zu tun sei als dem Protestantismus. Er fügte jedoch hinzu: „Aber es ist nun eben einmal Tatsache, daß mehr als neun Zehntel der auf deutschem Boden unter kommunistischem Terror gehaltenen Deutschen Protestanten sind." Die Wartburg – die ja, wie oben bereits erwähnt, ikonographisch ständig präsent war – lag, wie nahezu alle anderen Stätten der lutherischen Reformation, im Herrschaftsbereich Ulbrichts und seines militanten Atheismus. „Die

Wiedervereinigung Deutschlands wird damit auch für das deutsche Luthertum gewiß noch nicht zu einem kirchlichen Dogma, aber man sollte es immerhin begreiflich finden, wenn der deutsche Protestantismus sich solidarisch und energisch immer wieder darum bemüht, über die Ersatzlösung Bundesrepublik hinaus zur Wiederherstellung Deutschlands zu kommen." Gerstenmaier wußte, daß der Einsatz für die deutsche Einheit, dem politischen Protestantismus die Unterstellung einbringen konnte, alte deutsche Großmachtinteressen zwischen Ost und West anzustreben. Doch der deutsche Protestantismus, der seiner ganzen Geschichte nach gesamtdeutsch sei, „ist nicht frei, viele Millionen seiner Glaubens- und Blutsverwandten in Qualen sitzenzulassen und ohne sie beruhigt unter dem sorgsam abgestützten Notdach Bundesrepublik zu schlafen".[66]

Man kann somit von einer in der frühen Bundesrepublik virulenten kleindeutschen Reichsidee sprechen, die sich aus den folgenden drei Motivationssträngen speiste: aus einem konfessionspolitischen, aus einem traditionsgeschichtlichen und aus einem territorialpolitischen Strang. Das konfessionspolitische Motiv bedeutete, daß der politische Protestantismus in der Bundesrepublik an die Allianz von Nation und Protestantismus anknüpfte, wie sie seit dem Kaiserreich von 1871 kennzeichnend war. Angesichts der deutschen Teilung empfand man sich wiederum als prädestinierter Sachverwalter des Nationalstaats, als Platzhalter nationalstaatlicher Konzepte, die auf die friedliche „Befreiung" der Glaubensbrüder im protestantischen Osten Deutschlands zielten.[67] Das traditionsgeschichtliche Motiv der Reichsidee gründete darin, daß „Reich" bis 1945 die Bezeichnung der Deutschen für ihren Nationalstaat gewesen war, und „Reich" nun als Ausdruck für die Verwirklichung der deutschen Einheit galt. Der Begriff des Reiches beinhaltete zweierlei: die Forderung nach einer kleindeutschen Wiedervereinigungspolitik und die Betonung des Provisoriumsvorbehalts der Bundesrepublik. Als Rechtsfigur bestand das Deutsche Reich nach allgemeiner Auffassung ja ohnehin fort. An dieser Stelle verband sich das traditionsgeschichtliche Motiv schließlich mit dem territorialpolitischen. In der Reichsidee manifestierte sich eine Verweigerung der Anerkennung des zweiten deutschen Staates. Sie schloß nicht zuletzt den Aspekt der Solidargemeinschaft aller Deutschen ein. Aber sie erstreckte sich darüber hinaus auf die ehemaligen deutschen Ostgebiete.

Die Absage an eine Revitalisierung der Reichsidee galt also dem „Großdeutschen Reich", das 1938/39 – mit dem „Anschluß" Österreichs, dem Einmarsch deutscher Truppen in die Tschechoslowakei und dem Beginn des Zweiten Weltkrieges – endgültig verspielt worden war. Diesbezüglich zeigte sich eine signifikante Distanzierung. In dem Untergang dieser Reichsidee, nicht jedoch der kleindeutschen, sollten die Deutschen eine geschichtliche Notwendigkeit erkennen.[68] Als der Deutsche Bundestag auf seiner ersten Sitzung des Jahres 1961 der 90. Wiederkehr der Reichsgründung gedachte, mochte Bundestagspräsident Gerstenmaier deshalb auch keine Totenklage um das Reich anstimmen: „Wir gedenken heute mit der Erinnerung an seinen neunzigsten Geburtstag eben nicht eines teuren Toten, sondern des Deutschen Reiches, das auch durch die Katastrophen des Zweiten Weltkrieges und der Teilung Deutschlands hindurch bis zum heutigen Tage nicht aufgehört hat zu bestehen. Auch in seiner Verstümmelung und Erniedrigung ist es das gemeinsame Vaterland der Deutschen geblieben." Das Reich sei eine in die Zukunft der Deutschen greifende, lebendige Größe. Den Bundestag bezeichnete dessen Präsident als legitimen Platzhalter eines künftigen gesamtdeutschen „Reichstages".[69] Bei den Formen und Medien des Kultes um den deutschen Nationalstaat, die im folgenden Abschnitt betrachtet werden sollen, war das kleindeutsche Reich in den Grenzen von 1937 immer der Bezugsrahmen.

c) Der Rückgriff auf die Zeit der Befreiungskriege – Formen und Medien des nationalen Kultes

Bereits die bisher betrachteten Feiern zum Tag der deutschen Einheit und die fortwährende Bezugnahme auf nationale Gedächtnisorte haben gezeigt, wie stark in der Bundesrepublik der fünfziger und sechziger Jahre die Erinnerung an den deutschen Nationalstaat ausgeprägt war. Aber erst ein genauerer Blick auf die Formen und Medien des nationales Kultes und dessen gesellschaftliche Verarbeitung vermag die ganze Dimension offenzulegen. Der folgenden Beschreibung und Interpretation liegt keineswegs die Absicht zugrunde, eine verquere politisch-kulturelle Restaurationsthese wiederzubeleben oder sich in einem modischen Spott über die fünfziger Jahre zu ergehen. Vielmehr geht es um den Erfahrungshaushalt und den Erwartungshorizont der Westdeutschen, die eben nicht nur mit dem Paradigma einer politischen, kulturellen und mentalen Modernisierung erschlossen werden können.

Der Kult um den deutschen Nationalstaat hatte die Funktion, die kollektive Erinnerung an den Nationalstaat aufrechtzuerhalten bzw. neu zu generieren und die nationale Einheit in Zeiten der Teilung zumindest symbolisch zu konstruieren. Die kulturelle Zielgröße, welche die nationalen Geschichtspolitiker vorgaben, lautete: Nationalbewußtsein. Der 17. Juni war für sie dabei das gesamtdeutsche „Ursprungsereignis".[70] Die Hauptstoßrichtung der Nationalpädagogik galt dem Versuch einer nationalen Vergemeinschaftung der Deutschen durch symbolische Politik. Auf dieses Ziel hin waren die Inszenierungen ausgerichtet: Feuer, Läufe und Fahnen,

Reden und Lieder und schließlich „deutscher Geist" waren die Medien, mit denen vergemeinschaftet werden sollte. Spezifische sekundäre Inszenierungen – etwa Anstecknadeln – sollten diese Entwicklungen nachhaltig machen. Betrachten wir die Formen nun im einzelnen.

Als am Abend des 16. Juni 1954 in der Bundeshauptstadt Bonn in Anwesenheit des Bundespräsidenten Theodor Heuss vor 7000 Menschen ein „Freiheitsfeuer" entzündet wurde, hielt der Bundesminister für Vertriebene, Flüchtlinge und Kriegsgeschädigte, Theodor Oberländer, eine Ansprache, in der er auf den angeblich neuen Symbolgehalt des Feuers einging: Ursprünglich sei Feuer ein Ausdruck eines naiven Naturglaubens gewesen. Mit dem Christentum habe eine Verinnerlichung dieses Brauches eingesetzt, der später von der deutschen Jugendbewegung als Protest gegen die Sattheit und Selbstzufriedenheit der Zeit vor dem Ersten Weltkrieg übernommen worden sei. Damals sei aber die Freiheit nicht im heutigen Sinne bedroht gewesen. In der Zeit der sowjetischen Bedrohung, so schloß Oberländer, werde das Feuer zum Symbol der Freiheit.[71]

Ab 1954 wurde eine alte Tradition neu begründet. An markanten Stellen wurden von nun an jährlich riesige Feuerstöße errichtet und entzündet, ähnlich wie die Entzündung von volkstümlichen Johannisfeuern bei den Sonnenwendfeiern oder bei den christlichen Osterfeuern. Bevorzugt entlang der Zonengrenze, aber ebenfalls bundesweit von der Insel Helgoland bis zur Zugspitze, vom Harz bis zur Eifel, leuchteten seither bis in die zweite Hälfte der sechziger Jahre hinein „Feuer als Symbol der Einheit und Freiheit Gesamtdeutschlands" auf.[72] Signalfeuer brannten vor allem an den Orten, die von der DDR her zu sehen waren, so etwa im Dreiländereck Bayern–Hessen–Thüringen. In verschiedenen Inszenierungen, beispielsweise der „Aktion Mahnfackel", wurden in Dutzenden von grenznahen Orten Fackeln als symbolisches Zeichen für die Ostdeutschen entzündet, als Beweis dafür, „daß sie von uns noch nicht vergessen sind".[73] „Die Feuerzeichen", so der Minister für gesamtdeutsche Fragen, Jakob Kaiser, 1956, „die gestern und heute von der Lübecker Bucht bis zu den Hängen des Harzes, von den Ufern der Werra bis zum Fichtelgebirge und nicht zuletzt in Berlin aufflammten, diese Feuerzeichen sind Appell und Protest zugleich. Appell an alle Deutschen und an die Welt, den Ruf des 17. Juni nicht zu überhören. Protest gegen alle, die verantwortlich sind für die Zerreißung der natürlichen Verbundenheit unseres Volkes."[74] Die „brennende Grenze"[75] wurde zu einem geflügelten Wort in den fünfziger Jahren. „Von den Harzbergen und anderen Höhen entlang der niedersächsischen Zonengrenze leuchteten in der Nacht zum 17. Juni Feuer nach Mitteldeutschland, an denen junge Arbeiter und Studenten die Ehrenwache stellten"[76] – so und ähnlich lauteten die Berichte über die Mahn- und Freiheitsfeuer, die den symbolischen Willen zur Wiedervereinigung ausdrücken, an nationale Gefühle appellieren, Stimmungen und Leidenschaften hervorrufen sollten und als „Gruß an die Sowjetzone“[77] gedacht waren.

Tausende von Menschen beteiligten sich an Fackelzügen, die zu hoch gelegenen Aussichtspunkten in der jeweiligen Stadt, auf am Stadtrand gelegene Hügel oder sternförmig zu einem zentralen Platz führten. Damit wurde nicht nur die Zusammengehörigkeit der unmittelbaren Teilnehmer dokumentiert, sondern die des gesamten deutschen Volkes emotional erlebbar gemacht. Die ewigen Feuer stellten eine Steigerung dieser Sakralisierung durch Illumination dar. Unter den Klängen der Freiheitsglocke des Lagers Friedland etwa, die dafür eigens auf die Burg Ludwigstein gebracht worden war, trugen 1954 junge Fackelträger „die Flammen eines Treuefeuers“ in die Gedenkhalle der Burg und entzündeten dort eine „Opferschale“, deren Flamme brennen sollte, bis Deutschland seine staatliche Einheit wieder gefunden habe.[78] In Westberlin leuchteten von allen Türmen, vielen Hochhäusern und sämtlichen kleinen natürlichen Erhebungen am Vorabend des 17. Juni Feuer „hinaus nach Ostberlin und in die Zone“; der Grunewaldturm und vor allem die Siegessäule standen in rotes Licht getaucht.[79] Die „Junifeuer“ waren ein zentrales Ritual in der Bundesrepublik bis zur Mitte der sechziger Jahre.

Ob nun Mahnfeuer, Freiheitsfeuer, Treuefeuer oder Fackelzüge – das Muster für diese Feuer-Inszenierungen fand sich in der frühen deutschen Nationalbewegung, bei Ernst Moritz Arndt und seinem propagierten Festmodell der Leipziger Völkerschlacht-Feier, die als Archetyp des deutschen Nationalfestes gelten kann.[80] Nach dem Sieg über Napoleon hatte er 1814 über dieses sinnlich wahrnehmbare Zeichen der nationalen Gemeinschaft in einer Flugschrift geschrieben: „Diesem nach werden den 18ten Oktober, sobald es dunkelt, in den Grenzen von ganz Germanien, von Stralsund bis Triest und von Memel bis Luxemburg, auf den Spitzen der Berge und wo diese fehlen, auf Hügeln und Anhöhen und Thürmen Feuer angezündet und bis gegen Mitternacht unterhalten. Diese laufen als Boten in die Ferne und als Liebeszeichen und Freudenzeichen, und verkünden allen Nachbarn ringsum, daß jetzt bei allen teutschen Menschen nur Ein Gefühl und Ein Gedanke ist.“[81] Aber die Feuersymbolik war auch von den Nationalsozialisten exzessiv eingesetzt worden, etwa bei Sonnwendfeiern oder bei den Riten zum Gedenken an die Gefallenen.[82]

Die Großveranstaltungen zum Tag der Deutschen Einheit, deren Initiatoren allerdings öffentlich nur auf Arndt Bezug nahmen, begannen denn auch meist „bei sinkender Sonne“.[83] Besonders eindrucksvoll war die im vorangegangenen Abschnitt bereits erwähnte Feier, bei der Bundespräsident Heinrich Lübke 1960 auf dem Hohen Meißner bei Eschwege vor 12000 Jugendlichen sprach. In Zusammenarbeit mit Aktivisten der örtlichen Kuratorien hatten schon Tage vor der Veranstaltung ansässige Bauern im freien Bereich der Grenze mit Stacheldraht und Wachtürmen riesige Holzstöße aufgeschichtet, die nach Lübkes Rede auf ein Zeichen hin mit einem Male entzündet wurden. Auf dem Hohen Meißner selbst stand ein hohes, in spitzen Winkeln zulaufendes Gerüst mit Fackeln, die, am Ende der Rede schlagartig entzündet, eine Feuerwelle auslösten; außerdem rollten zahlreiche Feuerräder talwärts. „Daß ihr Schein", so las man in der „Welt" am folgenden Tag, „in den thüringischen Dörfern jenseits des Todesstreifens still, aber aufmerksam betrachtet und verstanden wurde, war für die Menschen im Zonenrandgebiet selbstverständlich (...) Die Fackeln, die an der Zonengrenze zu einem lichterloh brennenden Fanal zusammengeworfen worden waren, leuchteten bis in die Nacht – hinein in das dunkle und schweigende Land jenseits des Stacheldrahts ..."[84]

Die Feuer sollten den Zusammenhalt der Patrioten erzeugen und Zeugnis ablegen von der Solidarität aller Deutschen. Sie waren ein Identifikationsappell, bedeuteten aber zugleich eine archaische Drohgebärde gegenüber dem SED-Regime und symbolisierten den Kampf zwischen Gut und Böse, zwischen Licht und Finsternis. Schließlich waren sie Ausdruck der Verheißung einer nationalen Zukunft, nachdem die „Fremdherrschaft" im Osten dereinst beendet sein würde.

Doch nicht allein die Feuer-Inszenierungen hatten historische Vorbilder. Ebenfalls aus dem Formenarsenal des 19. Jahrhunderts stammten Massen-Läufe, die jetzt wiederentdeckt und mit neuem Leben gefüllt wurden. Die damals als „Hermannsläufe" bekannten und von den Turnern gestalteten Demonstrationen für das nationale Projekt hatten von den Reichsgrenzen sternförmig nach Detmold und zum Hermanns-Denkmal geführt. Die größte Massenbeteiligung hatten diese Volksläufe zu Beginn des 20. Jahrhunderts erreicht: 1913 zum hundertsten Jubiläum der Völkerschlacht[85] und 1925, als „vaterländische Verbände" den fünfzigsten Jahrestag der Einweihung des Hermanns-Denkmals begingen.[86] Verschiedene regionale Turn- und Sportvereine aus dem Lipper Land knüpften in den fünfziger Jahren direkt an die Hermannsläufe an. 1959 etwa liefen rund 5000 Sportler am 17. Juni in Staffelläufen aus verschiedenen Richtungen kommend zum Denkmal des Cheruskers.[87] Ein Jahr davor hatten diese Läufe in allgemeine Sportdarbietungen und in Schauturnen gemündet, und das dabei genommene Eintrittsgeld sollte aus der DDR geflüchteten Studenten zugute kommen. Solche Veranstaltungen wiederholten sich. Ihre Form stieß jedoch auf heftige Kritik: Der Gesamtverband der Sowjetzonenflüchtlinge hielt die Folklorisierung und die Ausgestaltung zu einem Sportwerbetag für eine „Entheiligung" der historischen Ereignisse.[88]

Bis 1958 hatte es zahlreiche, von Parteien und Verbänden arrangierte, ziemlich unkoordiniert verlaufende, kleinere Fackelzüge und Schweigemärsche an die deutsch-deutsche Grenze gegeben, daneben „Grenzlandwanderungen" – z. B. die „Barbarossa-Gedächtniswanderung" im Gebiet um den Hohen Meißner – oder sogenannte „Grenzbesichtigungen" sowie Volkswanderungen und Radtouren, zunehmend auch Auto-Rundwege zum und am Eisernen Vorhang.[89] Auf das traditionelle Vorbild, nämlich Friedrich Ludwig Jahns „Vaterländische Wanderungen" aus dem Jahr 1810, wurde oft Bezug genommen. Unter dem Motto „Aktion Terminus" veranstaltete das KUD 1959 erstmals einen gut organisierten großen „Fahnenlauf der deutschen Jugend", der von Lübeck am Grenzgebiet entlang bis nach Hof führte. Von 1960 bis 1967 stellte das KUD dann jedes Jahr in den Ausmaßen gewaltige, monatelang zuvor ausgearbeitete, mehrwöchige „Stafettenläufe der Jugend" auf die Beine, die jeweils in fünf bis zehn Staffeln von der Nord-, West und Südgrenze des Bundesgebietes zu vier bis acht Endpunkten an der Zonengrenze führten. Anhand von „Generalstabskarten" wurden die Routen vorher festgelegt, abgefahren und dann ein präziser Zeit- und Routenplan ausgearbeitet. Verantwortliche „Abschnittsleiter" mußten benannt werden, die für einen ordnungsgemäßen Vollzug der Fahnenwechsel zu sorgen hatten. 1960 starteten sechs Staffeln zwischen dem 1. und dem 7. Juni und erreichten am 17. Juni ihren jeweiligen Bestimmungsort, wo Abschlußkundgebungen stattfanden; insgesamt 38000 Jugendliche waren an dieser Aktion beteiligt.[90] Mit den Läufen sollte „vor allem die Forderung der Jugend nach Wiederherstellung der Einheit Deutschlands in Freiheit zum Ausdruck kommen".[91] In Fallersleben, der Geburtsstätte des Dichters der deutschen Nationalhymne, wurde außerdem ein Feuer entzündet und in einer Grubenlampe – nach Art eines Reliquienschreins – von Hannover nach Berlin geflogen. Vom Flughafen Tempelhof aus trugen es junge Läufer in einem weiteren Stafettenlauf quer durch Westberlin. Vor dem Schöneberger Rathaus übergaben sie das Feuer dann feierlich dem Regierenden Bürgermeister, damals Willy Brandt, der damit eine Feuerschale entzündete. Auch vor den Stufen des Reichstagsgebäudes waren Fackeln entzündet worden und diese Fackel-Läufer fanden sich nun ebenfalls vor dem Rathaus ein.

Die Stafettenläufe standen jährlich unter einem anderen Motto: 1960 „Aktion Selbstbestimmung", 1961 „Einheit und Freiheit", 1962 „Menschenrechte für alle Deutschen", 1963 „Einigkeit und Recht und Freiheit", 1964 „Wir gehören zusammen", 1965 „Menschenrechte für alle", 1966 „Die Einheit des Volkes stärken", 1967 „Einheit der Nation gegen Teilung des Staates".[92] Die Läufer trugen stets die 22 Fahnen aller Länder des geteilten Deutschlands als sichtbares Erinnerungszeichen quer durch die Bundesrepublik an die innerdeutsche Grenze.[93]

Im Jahr 1959 versah das kommunistische Regime die schwarz-rot-goldenen Farben der Staatsflagge mit den „Spaltersymbolen" (Hammer und Zirkel im Ährenkranz) und untermauerte damit die Abgrenzungspolitik gegenüber der Bundesrepublik sowie die Zwei-Staaten-Theorie. Neben propagandistischen Erwägungen waren dafür vor allem zwei Gründe ausschlaggebend: In ihrem Bemühen um internationale Anerkennung schien es der DDR-Führung aus protokollarischen Gründen wenig sinnvoll, diese mit einer Flagge zu behaupten, die identisch mit derjenigen der Bundesrepublik war. Ferner konnte man die Soldaten der NVA auf Dauer schwerlich auf eine Fahne schwören lassen, die derjenigen des „aggressiven Klassenfeindes“ genau entsprach. Unmittelbar nachdem diese Maßnahmen der DDR-Regierung bekannt wurden, riefen die bundesdeutschen Parteien und das KUD dazu auf, im freien Teil Deutschlands die „reinen“ Farben Schwarz-Rot-Gold bei der jeweiligen Ankunft der Läufer eindrucksvoll im Straßenbild sichtbar zu machen. Über die staatsoffizielle Beflaggung am 17. Juni hinaus sollten die Westdeutschen „Flagge zeigen“. Allerdings mußten Fähnchen verteilt werden, nachdem die Organisatoren merkten, daß kaum jemand in der Bevölkerung im Besitz der Nationalfahne war und sich das „mangelnde Staatsbewußtsein des Volkes“ auch darin äußerte, wie eine Klage aus dem nordrhein-westfälischen Innenministerium lautete, daß „die Bevölkerung im Gegensatz zur monarchischen und nationalsozialistischen Zeit an staatspolitisch und historisch bedeutsamen Tagen nicht mehr flagge“.[94]

Anders war dies in den „deutschen Kolonien im Ausland“, über deren Feiern zum Tag der deutschen Einheit immer berichtet wurde, um die Breite des Zusammenhalts der Patrioten zu unterstreichen. Es gingen aber von seiten der Bundesrepublik auch Aufrufe „An alle Deutschen in der Welt“ aus.[95] Schließlich gab es vor allem in den Vereinigten Staaten jährliche Proklamationen von Gouverneuren einiger Bundesstaaten; 1959 etwa hielt der Gouverneur des Staates Michigan am Rathaus von Detroit, das mit Fahnen der Bundesrepublik und Berlins geschmückt worden war, eine Freiheitsrede.[96]

Neben den Fahnen führten die jugendlichen Läufer etliche Spruchbänder und meterlange Pergament-Schriftrollen mit sich, in die sich die Bevölkerung der einzelnen Stationen der Läufe anläßlich der Übergabefeierlichkeiten in einem öffentlichen Akt jeweils namentlich eintragen konnte.[97] Kommunal- und Regionalpolitiker waren aufgefordert, kleinere Botschaften zu notieren. Meist entstanden dabei markige Gedenksprüche, oder es wurden historische Vorbilder zitiert. „Nur ein Übel ist unheilbar: wenn ein Volk sich selber aufgibt“, dieses Clausewitz-Zitat schrieb z.B. Landrat Franz Bost aus dem Regierungsbezirk Bonn 1966 auf das Pergament.[98] Am Startort der Staffeln wurde obendrein eine Urkunde mit politischen Vermächtnissen für die Deutschen und die Nachwelt ausgehändigt. Als im Jahr 1967 am 1. Juni eine Fahnenstafette vom Aachener Marktplatz aus in Richtung der „Zonengrenze“ startete, meinte Regierungspräsident

Roland Siegel, daß die Aachener in besonderem Maße berechtigt seien, den „Mitbrüdern“ im anderen Teil Deutschlands eine Botschaft zu senden. Schon im Mittelalter nämlich habe die Krönungsstadt Aachen eine freiheitliche Verfassung gehabt, die alle nachfolgenden Generationen verpflichte.[99]

Die von den Läufern zurückgelegte Gesamtstrecke betrug jährlich zwischen 4500 und 7000 Kilometer. Sie führte durch 90 bis 100 Landkreise sowie meist über 700 Städte und Gemeinden, in denen jeweils große Veranstaltungen – mit Ansprachen, Gedichtvorträgen und dem Singen der dritten Strophe des Deutschlandliedes – abgehalten wurden. Mittelbar, und sei es nur als Zuschauer, beteiligten sich somit stets rund eine halbe bis eine Million Menschen. Flüsse wurden auf geschmückten Barkassen überquert, zeitweise stieg man auf Fahrräder um, die von Polizeifahrzeugen eskortiert wurden. Die Stafette I startete zumeist auf der Insel Helgoland und legte später, nachdem die Nordsee überwunden war, auch Strecken auf der Ostsee zurück. Aber nicht allein solchen historischen Gedächtnisorten kam große Bedeutung zu. Von symbolisch besonderer Wirksamkeit waren vor allem die Läufe, die in Saarbrücken ihren Ausgang nahmen. Denn das Saarland war am 1. Januar 1957 als 11. Bundesland in die Bundesrepublik Deutschland eingegliedert worden – hier war also die „kleine Wiedervereinigung“ erfolgreich verlaufen, die man sich im großen für den Osten Deutschlands erhoffte. Zählt man zu diesen Massen-Läufen die Teilnehmerzahl weiterer lokaler Großveranstaltungen hinzu, auf denen insbesondere Bonner Minister und Bundestagsabgeordnete sowie Berliner Politiker auftraten, so demonstrierten Ende der fünfziger und Anfang der sechziger Jahre jährlich rund 5 Millionen Westdeutsche für die Wiedervereinigung. Allein im Jahr 1961 zählte man knapp 30000 Kundgebungen und Veranstaltungen, einschließlich derjenigen, die an Schulen abgehalten wurden;[100] 1962, dem Jahr nach dem Bau der Berliner Mauer, als eine außergewöhnlich starke Mobilisierung stattfand, schätzte man die Zahl auf fast das Doppelte, womit der absolute Höhepunkt erreicht war.

Mit den Stafettenläufen zur „Demarkationslinie“ waren die Veranstalter, d.h. die im Kuratorium „Unteilbares Deutschland“ mitarbeitenden Politiker und Vertreter des öffentlichen Lebens, höchst zufrieden. Diese würden sowohl auf die deutsche Bevölkerung wie auch auf das Ausland „überzeugend“ wirken.[101] In vielen Städten und Gemeinden wurden bei den Veranstaltungen nicht nur die einzelnen Fahnen „aufgerufen“, sondern gleichzeitig historisch-politische Informationen zu dem jeweiligen Land mittels Karten und sonstiger Materialien präsentiert. Damit konnten selbst diejenigen Menschen „optisch mit der Teilung Deutschlands“ konfrontiert werden, die weitab der „Zonengrenze“ lebten.[102] Außerdem werde durch die Läufe „die politische Beziehung zu den Ereignissen des

17. Juni 1953 geknüpft, die für die politische Bewußtseinsbildung und damit das Staatsbewußtsein der heranwachsenden Generation notwendig ist", hieß es 1963 aus dem Bundesministerium für gesamtdeutsche Fragen.[103] In der Tat: Die Stafettenläufe bedeuteten eine demonstrative Visitierung Deutschlands einschließlich einer fulminanten Abschlußkundgebung in Richtung Osten, des Teils von Deutschland, der nicht besucht und daher nur symbolisch umfaßt werden konnte.

Waren die von Ernst Moritz Arndt inspirierten Feiern der frühen deutschen Nationalbewegung zu Beginn des 19. Jahrhunderts geprägt von patriotischen Liedern, Rezitationen eigens geschriebener Gedichte – der „Oktoberlyrik" –[104] sowie von Gottesdiensten mit einer patriotischen Festpredigt, so kamen die Inszenierungen des deutschen Nationalstaates in den fünfziger und sechziger Jahren des 20. Jahrhunderts auch in diesen Punkten dem historischen Vorbild bemerkenswert nahe. Arndt, der „Dichter und Kämpfer der Freiheitsbewegung", wurde nicht nur zum historischen Mentor, sondern auch zur Ikone des Kultes. Das zeigt sich schon daran, daß seine Gedichte bei diesen Anlässen häufig vorgetragen wurden; man unterstellte obendrein, daß Arndt zu seiner Zeit die „innere Kraft des Volkes" in ähnlicher Weise hatte aufblitzen sehen, wie die Zeitgenossen am 17. Juni 1953.[105]

Eigens komponierte, gefühlsstarke Wiedervereinigungslyrik war im wesentlichen eine Domäne der Sozialdemokraten. „Die Sozialdemokraten der Bundesrepublik / versprechen: / Wir werden so / und nicht anders handeln! / Sie versprechen: / Der Geist des 17. Juni 1953 / lebt in unserem Arbeiten, / Handeln und Kämpfen! / Und die Sozialdemokraten wissen: / Trotz aller Widerstände – / wir schaffen es!"[106] Ebenso wie in den „Mahnrufen" oder „Feuersprüchen" wurde in der „Juni-Lyrik" ein Versprechen abgelegt. Schwur- und Eidesrituale – besonders die Formel des Rütli-Schwurs –[107] gehörten zu fast allen Veranstaltungen und sollten den Vergemeinschaftungsprozeß festigen.

Pathetische Reden zum Tag der deutschen Einheit und Gebete für die Wiedervereinigung lagen dicht beieinander. So empfahl etwa 1958 Bischof Otto Dibelius, Vorsitzender des Rates der Evangelischen Kirche in Deutschland, allen protestantischen Kirchen Westberlins und der Bundesrepublik Bittgottesdienste in den Abendstunden des 17. Juni für die „bedrängten Brüder im Osten".[108] 1500 Mitglieder des Bundes der katholischen Jugend hielten 1959 im niedersächsischen Grenzgebiet zur DDR eine Prozession entlang der „Zonengrenze" ab, errichteten auf einer Anhöhe ein weithin sichtbares 15 Meter hohes Holzkreuz und sprachen Gebete für die Einheit Deutschlands, die mit Lautsprechern über die „Zonengrenze" übertragen wurden.[109] In vielen Städten trafen sich katholische und evangelische Christen zu gemeinsamen Gebetsstunden für die deutsche Einheit.[110] 1959 nahmen über 25000 katholische Jugendliche aus dem Rhein-Ruhr-Gebiet am Tag der deutschen Einheit an einer Wallfahrt nach Essen teil. Dort wurde das Gedenken an den Todestag des heiligen Liudger – er war der erste Bischof von Münster und der Apostel der Sachsen und Friesen – vor 1150 Jahren gefeiert. In Fürbitten und Gebeten flehten die Gläubigen um die Einheit des Volkes und um die Freiheit der Menschen in Gewissensnot und Unterdrückung. Unter einem zwanzig Meter hohen Kreuz aus Stahlrohr forderte der Bischof von Essen, Franz Hengsbach, die jungen Katholiken dazu auf, im Glauben und im Kampf um die Freiheit standhaft zu sein. „Die Freiheit und das Himmelreich gewinnen keine Halben", rief er in die Menge.[111] Westdeutsche Kirchenordinariate, denen noch bestimmte bischöfliche Kommissariate in der DDR unterstanden, wiesen 1962 an, den 17. Juni in Gottesdiensten der Gemeinden besonders zu begehen. In Bekenntnisfeiern der Jugend, die unter dem Motto „Einheit" standen, sollte in Ansprachen und Gebeten die Sorge um die Einheit des Volkes zum Ausdruck gebracht werden. Diese Anweisungen, so mutmaßte jedenfalls das Ministerium für Staatssicherheit in der DDR, zielten darauf ab, auch in den kirchlichen Kreisen der DDR, die zu den westlichen Kirchenordinariaten gehörten, ähnliche Veranstaltungen zu organisieren.[112]

Obwohl die Kirchen in der Bundesrepublik sich bei der Mitgestaltung staatlicher Feiertage eine große Zurückhaltung auferlegten,[113] reihten sich die kirchlichen Feiern nahtlos in den Kult um den deutschen Nationalstaat ein. Von einem Spannungsverhältnis zwischen Nation und Religion – das einem Mißtrauen der Kirchen gegenüber der Tendenz zu einer entkirchlichten Zivilreligion hätte entspringen können – war jedenfalls bis in die Mitte der sechziger Jahre hinein nichts zu spüren. Die Kirchen läuteten ihre Glocken freilich nur für Gottesdienste, nicht zur Überhöhung des Nationalfestes. Vor allem die protestantische Kirche wollte – aus den Erfahrungen der Vergangenheit lernend – sich nicht wieder in einer staatskirchlichen Rolle sehen; Nation und Glauben sollten offiziell geschieden werden.[114] Aber für den Außenstehenden waren durch die Eigenaktivitäten der Kirchen am 17. Juni die nationalen und politischen Zwecke nicht säuberlich von religiösen zu unterscheiden. Keineswegs nur in den Augen des liberalen Bundestags- und Europaabgeordneten Robert Margulies sollte die ideale Feier folgendermaßen ablaufen: „Um 20 Uhr läuten die Glocken. Die Feiern beginnen. In den Kirchen wird gebetet: 'Einigkeit und Recht und Freiheit!'. Mit tausend Stimmen in Stadt und Land schwingt sich dieser Ruf eines fordernden Volkes nach den Feiern zum nächtlichen Himmel empor."[115]

Auch bei den profanen Veranstaltungen blieben die sakrale Atmosphäre, die biblische Rhetorik und die Aura des Außeralltäglichen stets gegenwärtig.[116] So etwa, wenn sich in Berlin die Kundgebungsteilnehmer unter dem Geläute der Freiheitsglocke auf dem Turm des Schöneberger Rathauses in einem kilometerlangen Fackelzug schweigend durch die Straßen zum Kreuzberg begaben.[117] Plakate örtlicher Kuratorien kündigten im Vorfeld von Veranstaltungen nicht nur die jeweiligen politischen Redner an, sondern enthielten auch Bittgebete. In Buchholz an der Nordheide zum Beispiel sollte 1966 Bundesverteidigungsminister Kai-Uwe von Hassel sprechen; unter der Ankündigung befand sich der Vers: „Ewiger Gott, Dir trauen wir / Ew'ge Wahrheit, auf Dich bauen wir / Gott, zu Dir rufen wir: Gib uns zurück das Vaterland, / Das ungeteilte Land."[118] Sollte damit die politisch inexistente Nation sakralisiert und im Raum emphatischer Rede erfahrbar gemacht werden, so hatte sich bei genauer Betrachtung seit geraumer Zeit in den patriotischen Diskurs und in die Erlösungsrhetorik eine Sprache der Melancholie und der Trauer gemischt. Wirtschaftsminister Ludwig Erhard etwa hatte 1960 nur noch davon gesprochen, daß die Wiedervereinigung „aller Deutschen Gebet" bleibe.[119]

Sakrale Überformungen stellten jedoch keineswegs eine alleinige Domäne christdemokratischer Politiker dar, wie ein repräsentatives Beispiel veranschaulichen soll. In Zusammenarbeit mit dem Deutschen Gewerkschaftsbund organisierte das Kuratorium „Unteilbares Deutschland" am 16. Juni 1962 um 20.30 Uhr im 10000 Menschen fassenden Kalkbergstadion in Bad Segeberg eine große Kundgebung. Hauptredner des Abends war Herbert Wehner, stellvertretender Parteivorsitzender der SPD und Vorsitzender des Bundestagsausschusses für gesamtdeutsche Fragen.[120] Die Kundgebung begann mit einem Schweigemarsch durch die Stadt. Fanfarenklänge, das Singen der dritten Strophe des Deutschlandliedes und ein Chorlied an die Heimat im deutschen Osten mit folgendem Text sorgten für die musikalische Begleitung: „Deutschland, heiliges Wort, du voll Unendlichkeit, / über die Zeiten fort seist du gebenedeit! / Heilig sind deine Seen, heilig dein Wald / und der Kranz deiner stillen Höhn bis an das grüne Meer." Ein Sprecher – diese wurden als „anonyme" Sprecher bezeichnet, was dafür stehen sollte, daß es jeder beliebige Mann oder jede beliebige Frau aus dem Volk hätte sein können – verlas ein Gedicht: „O Land, wo der Himmel blau war, / da ward ich zum Lichte geboren. / O Land, wo der Himmel grau war, / da hab ich die Sonne verloren. / O Land, unser Land, o Gram o Schand, / weil wir dich schmähn und entzweien. / O Gott, der weit fort ist, sag, wo dein Wort ist, / sonst werden die Sterne schreien. / O Land, wo die Mütter stumm sind, / da rief mich die Mutter vor Jahren. / O Land, wo die Rücken krumm sind, / da hab ich die Freiheit erfahren. / O Land, wo das Herz geteilt ist, / da lauert der Haß in den Straßen. / O Land, das nicht eher geheilt ist, / bis wir die Zwietracht vergaßen."[121]

Auf Wehners Vortrag – angesichts der Verfestigung des Status quo der deutschen Teilung trotzig betitelt mit „Dennoch – ein Tag der deutschen Einheit“ – folgte der „Mahnruf“. Anfangs als Appell an die Freiheit gedacht oder als „Ruf an die Welt“ ausgegeben, richteten sich solche Mahnrufe immer stärker gegen die wachsende Teilnahmslosigkeit, wiedervereinigungspolitische Trägheit und ökonomische Saturiertheit der Bundesdeutschen. Walter Tiemann, der DGB-Kreisvorsitzende von Neumünster-Segeberg, hatte Herbert Wehner einige Tage zuvor das Festprogramm mit den Worten erläutert: „Du wirst gewiß aus dem Mahnruf und der Tatsache, daß ein Teilnehmer des Aufstandes kurz sprechen soll, entnehmen, daß wir (...) die Vorstellung entwickelt haben, die Veranstaltung am Tag der deutschen Einheit dürfe nicht in romantischer Verklärtheit begangen werden. Wir hoffen, die Kundgebungsteilnehmer zu provozieren und zum Nachdenken anzuregen.“[122] In diesem Sinne war denn auch der verlesene „Mahnruf“ abgefaßt. Er soll im folgenden der Anschaulichkeit halber vollständig zitiert werden: „Einer von vielen bin ich, einer von Euch, einer, der so satt ist – wie Ihr! – und der so bequem – wie Ihr! – und auch so unansprechbar – wie man sagt – wie auch Ihr! Seid ehrlich, Ihr, die Ihr hier sitzt, die Ihr schöne Lieder singt, die Ihr Fahnen seht, deren Farben Ihr nicht kennt, die Ihr hilflos nach dem Text des Deutschlandliedes sucht: Seid ehrlich! Gebt doch zu, daß es so ist! Sollen auch jene ehrlich sein, die in dieser Stunde in ihren Autos in Richtung Ostsee fahren, die sich jetzt – in dieser Stunde – in den Hotels und Gaststätten, und wo auch immer, den Bauch vollschlagen: Den 50-Mark-Schein auf den Tisch! Stimmt so, Herr Ober! Zur Feier des Tages! Geben wir doch zu, daß es so ist! Sagen wir es uns mit aller Härte! Denn die Mauer, sie steht, sie steht – wie zum Hohn – unverrückbar fest! Einmal im Jahr, nur eine Stunde! Nicht alle, nur wenige! Und das ist nicht genug, wenn wir unsere Worte von Freiheit ehrlich meinen! Oder meinen wir jene sogenannte Freiheit, in der man tun und lassen kann, was man will? Wo man das ‘Lassen’ so groß und das ‘Tun’ so klein schreibt? Wenn wir Frieden sagen, meinen wir dabei nicht viel zu oft ‘unseren’ Frieden, den Frieden der Bequemlichkeit und Sattheit? Wissen wir auch, wie weit wir uns immer mehr von der wirklichen Freiheit und dem wirklichen Frieden entfernen? Wann wird das Unrecht weichen? Es wird erst weichen, wenn unsere Worte nicht Lippenprodukt, sondern Herzensbekenntnis sind! Erst wenn wir tränenlos weinen! Weißt du, wie das ist? Erst wenn wir lautlos schrein! Weißt du, was das ist? Schwester, Bruder: Deutsche! Das Unrecht muß weichen! Und das Unrecht wird weichen! Aber erst, wenn du und ich es wirklich wollen! Der Wille ruft zur Tat! Nicht jene Tat, die Unrecht tut, sondern die Tat der Brüderlichkeit und Menschlichkeit! Nicht jene Tat der vielen Worte, der Feiern und der vielen Fahnen, sondern die Tat, die still daher kommt, wo die Selbstbescheidung ein Teil der Freiheit ist. Und wo es Pflichten gibt! Wenn Ihr es ehrlich meint mit Euren Worten, Ihr alle, ob Politiker, ob Bürger, ob Lehrer, ob Schüler, ob jung oder alt – wir alle: bekennen wir uns zur Tat!“[123]

„Die Stunde drängt, und rascher Tat bedarf's“ – so könnte man mit Schillers „Wilhelm Tell“ diesen „Mahnruf“ und viele andere seiner Art zusammenfassen. In der Tat: Wenn es – um abschließend zum letzten Medium der Vergemeinschaftung, dem „deutschen Geist“, zu kommen – einen geistigen Patron für das unteilbare Deutschland gab, dann war es Friedrich Schiller. Eine Unmenge von Veranstaltungen beschloß nicht nur die dritte Strophe des Deutschlandliedes, sondern auch, wie bereits mehrfach angedeutet, der Rütlischwur aus „Wilhelm Tell“: „Wir wollen sein ein einzig Volk von Brüdern.“ Schillers 150. Todesjahr 1955 wurde zu einem programmatischen Schlagabtausch zwischen West- und Ostdeutschland. Die SED – die propagandistisch auf eine deutsche Einheit unter sozialistischen Vorzeichen setzte –[124] schilderte in ihrem Zentralorgan „Neues Deutschland“ den Anlaß zum Feiern wie folgt: „Leben und Werk Schillers sind getragen vom Kampf gegen die Zerstückelung Deutschlands, vom Kampf gegen die feudale Unterdrückung und für die Herausbildung eines Nationalstaates auf freier, demokratischer Grundlage (...) Die deutsche sozialistische Arbeiterbewegung handelt seit ihrer Frühzeit als die wahre Erbin der edelsten Ideen dieses großen deutschen Dichters. Sie fühlt sich als die geschichtlich berufene Kraft, seine kühnen Träume durch den Kampf der deutschen Arbeiterklasse zu verwirklichen.“[125] Im Weimarer Nationaltheater und in der Berliner Volksbühne klangen die feierlichen Reden von DDR-Kulturminister Johannes R. Becher so, als sei Friedrich Schiller bei der Gründung der DDR leibhaftig dabei gewesen.[126] Schiller sei nichts für Separatisten. Selbst Bundeskanzler Konrad Adenauer müsse einsehen, daß das deutsche Volk im Bunde mit den Klassikern und ihrem Vermächtnis gegen ihn und seine Politik stehe.[127]

Im Westen gaben die Theater Sonderaufführungen von Schillers Dramen, namentlich von „Don Carlos“, zu denen das Kuratorium „Unteilbares Deutschland“ Jugendliche aus der DDR einlud.[128] Vor allem aber veranstaltete das Kuratorium am 8. Mai 1955 eine gesamtdeutsche Schiller-Feier im Sportpalast in Berlin,[129] die vom Sender Freies Berlin übertragen wurde und deren Reinerlös Volksbüchereien an den Sektorengrenzen zugute kam. „Schiller und das Unteilbare Deutschland“ – dieses Motto, unter dem die Feier stand, wurde durch Verlesen einschlägiger Textpassagen dokumentiert: Auszüge aus dem Prolog zu „Wallensteins Lager“, dann „Worte des Glaubens“, gefolgt von „Die Bürgschaft“, schließlich der Dialog zwischen dem Marquis von Posa und König Philipp aus „Don Carlos“. Nicht fehlen durfte natürlich der 4. Satz aus Beethovens monumentaler Neunten Symphonie und der Schlußchor mit Schillers „Ode an die Freude“.[130]

Trotz aller Vorbereitungen verlief die Schiller-Ehrung im Sportpalast recht unglücklich, manche hielten sie „schlechthin für eine Katastrophe“.[131] Es begann schon damit, daß in plakatgroßen Buchstaben hinter der Rednertribüne ein fehlerhaft wiedergegebenes Schiller-Zitat prangte, nämlich: „Wir wollen sein ein einig Volk von Brüdern“ statt „ein einzig Volk“. Diesen bezeichnenden Lapsus versuchte ein Sprecher des Kuratoriums später mit dem „speziellen Tenor der Veranstaltung“ zu erklären.[132] Fast noch schlimmer aber war, daß der Festredner Carlo Schmid, der sozialdemokratische Vizepräsident des Deutschen Bundestages und Frankfurter Ordinarius für Politische Wissenschaft, mit seiner akademischen, überlangen Festrede weit über das Ziel hinausschoß. Der ihm eigene „pädagogische Eros“[133] ging wieder einmal mit ihm durch. Nachdem er die Geduld des Publikums mit ausschweifenden Reflexionen und Rezitationen, an denen er sich selbst ergötzte, schon weit über eine Stunde strapaziert hatte, brandete nach einem weiteren Schiller-Zitat – „zeige selbst Freiheit“ – tosender Applaus auf, der sich immer wiederholte und erst erlosch, als Schmid verzweifelt das Rednerpult verließ.[134] Dieser Schiffbruch änderte jedoch am generellen Tatbestand nicht das Geringste: Friedrich Schillers „magische Kraft“ sollte helfen, das gespaltene Deutschland zu einen;[135] auf das edle Pathos seiner Werke wurde stets und gern rekurriert. „Schillers Geist ist unteilbar!“, so beispielsweise der Regierende Bürgermeister von Berlin, Otto Suhr.[136] Schiller wurde als Heros nationaler Integration zur missionarischen Gestalt stilisiert, das Befreiungspathos sowie die nationale Diktion vieler seiner Werke schienen ihn dafür zu prädestinieren. Außerdem ließ sich so wiederum leicht ein Bezug zur frühen Nationalbewegung herstellen, denn Schiller war seit den Befreiungskriegen 1813/15 beständiges Element des nationalen Diskurses in Deutschland; auf ihn beriefen sich alle Klassen und Schichten. Friedrich Schiller als eine – in den Worten von Theodor Heuss – „den Volksgeist konstituierende Kraft“,[137] war deshalb auch in der folgenden Zeit aus dem Kult um den deutschen Nationalstaat nicht mehr wegzudenken.

Im Dienste einer symbolischen Vergemeinschaftung der Deutschen standen eine ganze Reihe von sekundären Inszenierungen, mit denen der Kult um den deutschen Nationalstaat in die alltägliche Wahrnehmungswelt der Menschen überführt werden sollte. Diese sollten helfen, die tragenden Elemente des Selbstbildes der Gesellschaft zu reproduzieren. Zum Tag der deutschen Einheit waren die Litfaßsäulen in den Städten mit Plakaten zur Einheit der Nation beklebt. 1959 zeigte das in der ersten Auflage von 240000 Stück rasch vergriffene Plakat zwei junge Menschen an der Zonengrenze, die sich über den Stacheldraht hinweg die Hände reichten.[138] Überdies hingen vielerorts reine Wort-Plakate, etwa „Wir vergessen Euch nicht“, „Deutschland bleibt ungeteilt“, „Freiheit für die Zone“ oder

„Selbstbestimmung für alle Deutschen". Auch Handzettel und Flugblätter wurden verteilt, und an fünfundzwanzig Grenzübergängen der Bundesrepublik ins westliche Ausland offerierten Schüler Anfang der sechziger Jahre Ein- und Ausreisenden Informationsmaterial zur deutschen Frage und zur Lage in Berlin.[139]

Aktivisten des Kuratoriums Unteilbares Deutschland sowie Vertreter von Parteien und Verbänden boten im Straßenverkauf (Auto-)Plaketten und Anstecknadeln für einige Groschen an. Von den Plaketten, die jährlich wechselnde Aufschriften trugen, erhoffte man sich insbesondere symbolische Wirkungen. Das Motto des Jahres 1959 „Macht das Tor auf" spielte auf das Brandenburger Tor an. Die weiteren Motti waren: 1960 „Selbstbestimmung für alle Deutschen", 1961 „Einheit und Freiheit", 1962 „Menschenrecht für alle Deutschen", 1963 „Einigkeit und Recht und Freiheit", 1964 „Wir gehören zusammen". Dann brach diese Tradition ab. Vor 1959 hatte es, statt der Nadeln, lediglich einen sehr begrenzten Münzen-Verkauf gegeben. 1958 waren in allen Sparkassen und Banken „Goldmedaillen" zum 17. Juni erhältlich – zu Preisen von 45 bis 1000 DM, die z.T. als Spende in die Friedlandhilfe abgeführt wurden. Auf der Vorderseite war ein seine Fesseln sprengender Arbeiter mit der Inschrift „17. Juni 1953" abgebildet, auf der Rückseite das geteilte Deutschland und der schriftliche Zusatz „Einigkeit und Recht und Freiheit für ganz Deutschland".[140] Das sichtbare Tragen der Anstecknadeln sollte einen Solidarisierungseffekt der Deutschen bewirken, eine Integration befördern, vom gesamtdeutschen Bekenntnis des ganzen (west)deutschen Volkes zeugen, nicht zuletzt aber auch gegenüber dem Ausland den deutschen Willen zur Wiedervereinigung bekunden und die Entschlossenheit demonstrieren, sich nicht mit der Teilung abzufinden. Indem man die deutsche Frage mit generellen Weltproblemen – Selbstbestimmung und Menschenrechten – verknüpfte, suchte man zudem, die moralische und politische Unterstützung der Weltöffentlichkeit zu gewinnen. Die Initiatoren unterstrichen, daß in „alten" Demokratien solche symbolischen Handlungen der Staatsbürger als eine Selbstverständlichkeit betrachtet würden.[141] Gemeinsame Aufrufe der Fraktionsvorsitzenden Heinrich Krone, Erich Ollenhauer und Erich Mende appellierten an die deutsche Öffentlichkeit: Das Abzeichen solle das Straßenbild in der Bundesrepublik bestimmen.[142]

Der Verkauf der Abzeichen geschah alljährlich innerhalb genau festgelegter Zeiträume für die einzelnen Bundesländer, die zumeist zwischen dem 10. und dem 25. Juni lagen. Wochentags erfolgte der Straßenverkauf in den Städten und am Wochenende in den Landgemeinden. Bonner Prominenz beteiligte sich rege am Nadelverkauf, so liefen etwa am 15. und 16. Juni 1961 Bundestagsvizepräsident Carlo Schmid (SPD) und die Abgeordneten Hans Krüger, Josef Stingl (beide CDU), Erich Mende (FDP) und Schneider-Bremerhaven (Gesamtdeutsche Partei) gemeinsam durch die Bundeshauptstadt.[143] In Betrieben und Hotels, an Zeitungskiosken, Bank- und Sparkassenschaltern wurden die Anstecknadeln ebenfalls zum Kauf angeboten, worauf man die Kunden mit besonderen, weithin sichtbaren Stellschildern aufmerksam zu machen suchte. Darüber hinaus kam es bald zu einem Versandhandel. Die Abzeichen, von angesehenen Künstlern und Graphikern gestaltet – auch Otto Dix trug Entwürfe bei –, wurden mit der Zeit perfektioniert, mit einem kratzfesten Speziallack überzogen und in verschiedenen Ausführungen feilgeboten.[144] Ende Februar 1959 war die einfache Plakette „Macht das Tor auf“, die zwanzig Pfennige kostete, bereits neun Millionen Mal verkauft, im Dezember des gleichen Jahres schon zwölf Millionen Mal; bis Ende 1961 besaßen etwa ein Drittel aller Bundesdeutschen, 21 Millionen Menschen, diese Plakette; aber auch bei ausländischen Touristen erfreute sich das Brandenburger Tor auf dem silbernen fünfeckigen Untergrund großer Beliebtheit.[145] 1962 wurden Aufrufe gestartet, alle Staatsbürger sollten das neue Abzeichen „Schwarz-Rot-Gold“, die Antwort auf die „Spalterflagge und die Spaltersymbole in der Zone“, als nationales politisches Symbol tragen. Auch diesem neuen Abzeichen war vor allem aufgrund des Mauerbaus ein großer Erfolg beschieden.[146] Über die Motive auf seiten der Käufer kann nur spekuliert werden: Echte nationale Solidarität oder der Wunsch nach Anpassung – beides dürfte eine Rolle gespielt haben, ebenso wohl der schlichte Umstand, daß man vermeiden wollte, angesichts der zahlreichen Plakettenanbieter auf den Straßen in Verlegenheit gebracht zu werden.

Unumstritten war dieser Abzeichenhandel freilich nicht. Beim Straßenverkauf setzte man plombierte Sammelbüchsen ein und versah sie mit entsprechenden Banderolen, die zumeist die Silhouette des Brandenburger Tors zeigten. „An die Spitze einer Büchsensammlung werde ich mich nicht stellen“ – hatte Bundespräsident Theodor Heuss bei Gründung des Kuratoriums 1954 ein an ihn gerichtetes Ansinnen abgewehrt. Er hielt nicht viel von „organisierter Romantik“.[147] Viele Kritiker erinnerte der Straßenverkauf an das Winterhilfswerk der Nazizeit.[148] Um aus diesem sowie allgemein dem deutschnationalen Fahrwasser herauszugelangen und das Anliegen nationaler Einheit in den Kontext des internationalen Kampfes um Selbstbestimmung einzubetten, engagierte man Studenten aus Afrika, die mit der Büchse „Macht das Tor auf“ zum Beispiel durch Hamburgs Innenstadt zogen.[149] Das Pathos des Antikolonialismus sollte gegen die Fremdherrschaft in Ostdeutschland nutzbar gemacht und dem nationalen Anliegen ein universeller Charakter verliehen werden.[150]

Doch die Anstecknadeln verspottete der Volksmund sogleich als „Ablaßnadeln“. Das Motto machte die Runde „Wer hier mithilft, braucht bis zur nächsten Sammlung nicht mehr an die Zone zu denken".[151] Selbst die aktivsten Streiter innerhalb des Kuratoriums waren es seit Mitte der sechziger Jahre in zunehmendem Maße leid, „als Fahnenschwenker und Büchsenklapperer durchs Land zu ziehen".[152] In Düsseldorf, wie auch in anderen Großstädten, hatte die lokale politische Prominenz vor Anpöbeleien beim Sammeln resigniert. Seit 1964 weigerten sich der Oberbürgermeister und weitere Ratsmitglieder, am 17. Juni mit einer Sammelbüchse auf die Straße zu gehen. Die Ratsmitglieder fanden es besonders beschämend, daß gerade im Stadtzentrum, auf der Königsallee und den anderen Geschäftsstraßen, die Passanten auf das Klappern der Sammelbüchsen äußerst negativ reagierten. Die meisten Menschen gingen mit abweisendem oder gar verächtlichem Blick an den Sammlern vorüber. Viele hielten sich mit abfälligen Äußerungen nicht zurück: „Wofür soll das Geld denn überhaupt gut sein?" – „Das nützt ja doch alles nichts" – „Die Regierung soll sich darum kümmern" – „Die Bundesregierung ist doch reich genug" – „Die alte Sammelei wie in der Nazizeit" – „Was soll der Quatsch?"[153] Den Listensammlungen in Betrieben oder von Haus zu Haus, für die vor allem Schüler angeworben worden waren und deren Erlös nicht zuletzt dem Wiederaufbau des Reichstagsgebäudes als nationalem Symbol dienen sollte, widerfuhr dasselbe Schicksal. Zurück blieben frustrierte und für die Zukunft unmotivierte Jugendliche, daran konnte selbst das Motto der Jahre 1965 und 1966 „Wir gehören zusammen" nichts ändern.[154]

Geld für gesamtdeutsche Projekte und Aktionen zu sammeln war die eine Seite – und sie war, wie gesehen, schon schwierig genug. Die andere, wichtigere Seite aber war, die Menschen sichtbar an machtvollen Demonstrationen zu beteiligen, die über kleinere Formen wie etwa die Aktion „Student im deutschen Wald" hinausgingen.[155] Der Verband Deutscher Studentenschaften partizipierte im übrigen zu Beginn der sechziger Jahre ausgesprochen intensiv am Kult um den deutschen Nationalstaat,[156] wenngleich nicht immer mit glücklichen Aktionen. Die Aufforderung an Kommilitonen, „Berlin mit ihrem Blut zu verteidigen" – gemeint war eine Blutspendeaktion für Berliner Krankenhäuser –, stieß auf heftige Kritik.[157] Das KUD war stets bestrebt, das Gebot der Freiwilligkeit der Teilnahme im Unterschied zum Staatskult in autoritären und diktatorischen Regimen nachdrücklich zu unterstreichen. Ebenso durfte nach dem Dafürhalten der Politiker eine zentrale Steuerung in der Öffentlichkeit auf keinen Fall sichtbar werden.[158] In den Wochen vor dem 17. Juni mußte man daher die Bevölkerung auf gezielte Weise zur Teilnahme an den Veranstaltungen motivieren: durch Aufrufe in scheinbar loser Folge, unterzeichnet von jeweils anderen Verfassern, von Oberbürgermeistern, Vorsitzenden von Stadtparlamenten, Landräten, Verantwortlichen von Frauenorganisationen, Sportvereinen etc.[159]

In Hunderten von Städten und Gemeinden sind vor allem zwischen 1953 und 1963 kleinere und größere Denkmäler für die nationale Einheit, Mahnmale für die Wiedervereinigung errichtet worden. Es handelte sich hierbei um ein ungewöhnlich breites Spektrum kultureller Aktivitäten. Von allen Möglichkeiten, Mythen und Ideologeme identitätsstiftend und gemeinschaftsverbindlich im Bewußtseinsraum einer Gesellschaft zu installieren, kommt das Denkmal dem Ideal eines reinen Symbols am nächsten. Es stellt ein historisches Faktum von hoher Aussagekraft dar, verleiht Leitideen besonderes Gewicht und sucht Lösungen gesellschaftlicher Probleme weniger im rationalen Diskurs, sondern appelliert vielmehr vermittels seines emotionalen „Wallungswertes“ (Gottfried Benn) an bestimmte Normen. Denkmäler waren lange Zeit eine bevorzugte Form des öffentlichen Umgangs mit der Geschichte. Allerdings haben der Denkmalsboom und die Denkmalsgläubigkeit des 19. Jahrhunderts, die in kommunistischen Staaten des 20. Jahrhunderts revitalisiert worden waren, in der pluralistischen Bundesrepublik eine vergleichsweise geringe Weiterführung gefunden. Wenn es um die Vermittlung historisch-politischer Leitbilder geht, dann sind moderne Medien ohnehin als viel wirkungsvoller einzuschätzen.[160] Das große nationale Denkmal zum Kult um den deutschen Nationalstaat hat es nicht gegeben, aufgrund der historischen Erfahrungen und der politischen Situation auch nicht geben können. Wie hätte es, wenn nationale Denkmäler die Fortsetzung der Politik mit anderen Mitteln sind,[161] denn aussehen sollen?

Bereits 1953 war es zu spontanen Gründungen örtlicher Denkmalsbewegungen gekommen. In den Folgejahren gab dann die Einweihung eines kleinen Denkmals oft den Rahmen der örtlichen Feier am Tag der deutschen Einheit ab. Wenige Tage nach der Niederschlagung des 17. Juni 1953 war das sowjetische Panzerdenkmal in Berlin-Zehlendorf – ein auftrumpfendes Siegesmonument der Roten Armee – in ein Denkmal für die Aufständischen umgewandelt worden. Flüchtlinge aus dem benachbarten Notaufnahmelager hatten mit Erlaubnis des Zehlendorfer Bezirksamtes mehrere Fichten geschlagen und ein neun Meter hohes Kreuz zwanzig Meter vor dem Lauf des T 34-Panzers errichtet, wobei sein Mündungsrohr genau auf den Schnittpunkt der Kreuzbalken wies. Der Panzer stand in einem engmaschigen Käfig, mit dem die Amerikaner das Sowjetdenkmal schon seit der Berliner Blockade vor der Wut der Bevölkerung schützen mußten. Christliches Kreuz und T 34-Panzer – am sinnbildlichen Gehalt gab es für die Zeitgenossen nichts zu deuteln: Das Symbol des bewußten Opfertodes stand dem „Symbol des Terrors“ gegenüber.[162] In Berlin wurden in den folgenden Jahren immer wieder Denkmäler, in Form gestürzter oder leidender Figuren, errichtet,[163] deren Sinngehalte meist einfach zu entschlüsseln waren. Seit dem Luftbrückendenkmal (1951) von Eduard

Ludwig stand der Freiheitskampf Berlins, stand Berlin als Vorposten der Freiheit im Mittelpunkt der Aufmerksamkeit, und die Denkmäler machten symbolisch gegen eine Bedrohung der Freiheit Front. Das Interesse an solchen Denkmälern nahm nach dem Mauerbau verständlicherweise noch für einige Jahre zu.[164]

In westdeutschen Städten dominierte bei den Kleindenkmälern hingegen die Botschaft von der Unteilbarkeit Deutschlands, sie brachten damit in erster Linie den Konsens der örtlichen Kuratorien zum Ausdruck. In Hannover beispielsweise zogen am 17. Juni 1959 15000 Menschen in einem Schweigemarsch zum Aegidientorplatz, um ein Mahnmal für die Wiedervereinigung einzuweihen. Es stellte eine große steinerne Kugel mit einer Kerbe an der Oberseite dar, die sich auf der Vorder- und Rückseite muldenförmig verbreiterte. Die Kugel sollte die Unteilbarkeit des deutschen Volkes und der deutschen Nation symbolisieren.[165] Ferner stellten Ortskuratorien zum 17. Juni vielfach Miniatur-Nachbauten des Brandenburger Tors auf. Überregionales Aufsehen jedoch erregte eine spektakuläre Aktion in Esslingen, die man als Protest gegen die immergleichen KUD-Veranstaltungen interpretieren kann. Zwei Wochen lang hatten junge Esslinger Bürger, sie kamen fast alle aus den Reihen der Jungsozialisten, darüber diskutiert, wie man den Bundesdeutschen begreiflich machen könne, was der 17. Juni und der 13. August wirklich bedeuteten. Am Morgen des 17. Juni 1962 trauten die Esslinger ihren Augen nicht: Die Stadt war auf einer sonst belebten Verkehrsstraße durch eine Mauer aus Zement und Steinen, die in der Nacht zum Sonntag hochgezogen worden war, geteilt worden. Schon früh um drei Uhr hatten Bürger die Verkehrspolizei alarmiert; mit Zustimmung des Oberbürgermeisters wurde entschieden, daß die Mauer 24 Stunden lang stehenbleiben solle. Die Verkehrspolizei brachte vor der Straße ein Sperrschild an.[166] Solche Mauerbauten erlebten in den folgenden Jahren eine kleine Konjunktur.[167] Stießen sie anfangs noch auf Wohlwollen oder riefen zumindest Verlegenheit bei den Betrachtern hervor, mußten sich die Initiatoren dieser Aktionen zunehmend schärfere Kritik gefallen lassen, denn diese schienen vom Gang der Geschichte überholt worden zu sein. Man sah in ihnen jetzt vor allem zweifelhafte Erbstücke des Kalten Krieges.

Ganz im Sinne der ursprünglichen Intention des nach langer Krankheit im Mai 1961 verstorbenen Jakob Kaiser versuchten die Organisatoren, den Veranstaltungen am 17. Juni einen eindeutigen plebiszitären Charakter zu verleihen. 1963 schlugen das Präsidium und der politische Ausschuß des Kuratoriums, vertreten durch den Geschäftsführer Wilhelm Wolfgang Schütz, öffentlich vor, auf den Kundgebungen, nach der Art klassischer Volksversammlungen, Entschließungen zu fassen. „Die Entschließungen“, führte Schütz in einem Interview mit dem RIAS aus, hätten drei Punkte zum Inhalt: „Erstens treten wir dafür ein, daß die Versammelten sich auch gegenüber der Umwelt, der Außenwelt, den Mächten dafür einsetzen, daß eine Volksabstimmung in beiden Teilen Deutschlands abgehalten wird, bei der das deutsche Volk sich selbst äußern kann, ob es ein Deutschland oder zwei Deutschlands will. Zweitens treten wir dafür ein, daß die Menschenrechte jenseits der Mauer und der Zonengrenze gewährt und die politischen Gefangenen entlassen werden. Und drittens treten wir dafür ein, daß eine internationale Kommission geschaffen wird aus Vertretern humanitärer Organisationen, die auf beiden Seiten der Mauer und der Zonengrenze tätig sind."[168] Die Versammlungsleiter aller Versammlungen sollten diese drei Punkte den Teilnehmern zur Abstimmung vorlegen. „Die Zustimmung", so Schütz, „soll in Form eines Handaufhebens geschehen." Im selben Augenblick, in dem man die Zustimmung eingeholt hatte, sollte das Ergebnis dem Kuratorium Unteilbares Deutschland in Berlin telegraphisch übermittelt und dort öffentlich kundgegeben werden. Das Handaufheben sei zwar ein sehr bescheidener Beitrag, den der einzelne leisten könne, aber „jeder, der zu einer Kundgebung geht, soll wissen, daß er mit seiner Teilnahme an der Kundgebung etwas für unsere gemeinsame Sache der Freiheit und Einheit tut".[169] Über Stadt und Land, so war es geplant, sollten wahre Resolutionswellen gehen.

Doch kaum hatte Schütz sein Gespür für Massenpsychologie öffentlich gemacht, da wurde er auch schon von entsetzten Parteipolitikern zurechtgewiesen und zurückgerufen. Schütz verwies zwar auf die Volksversammlungen der Antike, aber die jüngste Vergangenheit war doch näher, und die zu große Ähnlichkeit mit den inszenierten Massenzustimmungen im „Dritten Reich" bedeutete das vorzeitige Aus für seine Pläne. Wie hätte diese Aktion denn auf die drei Adressaten, die Schütz im Blick hatte, gewirkt? Auf die vier Siegermächte des Zweiten Weltkrieges, denen ein Bild von dem Willen der Deutschen vermittelt werden sollte, auf die Vereinten Nationen, also die Weltöffentlichkeit, und auf den Präsidenten der USA, John F. Kennedy, der wenige Tage nach dem 17. Juni 1963 in Deutschland erwartet wurde? Ihm, so wollte es Schütz, sollte das Ergebnis der geschlossenen „Volksbekundung" überreicht werden.[170]

Andere, indirektere Formen der Massenbeteiligung erwiesen sich als weniger verfänglich. In der Aktion „Trotz Mauer und Stacheldraht" wurde die Bevölkerung im Dezember 1961 dazu aufgefordert, am Heiligabend um 19.00 Uhr Kerzen in die Fenster und eine Kerze auf den Weihnachtstisch zu stellen „zum Zeichen der Verbundenheit mit unseren Landsleuten jenseits der Mauer und des Stacheldrahts".[171] In den Orten, die nahe der deutsch-deutschen Grenze lagen, hatte es dieses Kerzen-Ritual bereits seit Mitte der fünfziger Jahre gegeben. 1962 hieß die Berliner Aktion „Licht über Mauer und Stacheldraht"; zu Weihnachten stellten Westberliner unzählige Weihnachtsbäume an die Mauer. Ab 1963 war der Sinn dieser Aktion, wenigstens die symbolische Vergemeinschaftung darzustellen, vereitelt: Durch ein neues, eng gestaffeltes Sicherheitssystem an der Mauer und durch zahlreich angebrachte Sichtblenden war von Ostberlin aus fast nirgends mehr ein Blick auf die Westberliner Seite der Mauer möglich.[172] Das Aufstellen von Kerzen hatte schon eine gewisse Tradition: Während der Berliner Blockade war es zum ersten Mal vorgekommen; als Ausdruck kollektiver Trauer hatten dann die Berliner nach der Nachricht des überraschenden Todes ihres Oberbürgermeisters Ernst Reuter Ende September 1953 spontan Millionen Kerzen in die Fenster gestellt. Darüber hinaus symbolisierten die im Fenster stehenden Kerzen in der ganzen Bundesrepublik das hoffnungsvolle Warten auf die Heimkehr von Kriegsgefangenen. Insofern verknüpfte der nationale Kult stillschweigend die Toten und Inhaftierten des 17. Juni mit den Toten und den Gefangenen des Zweiten Weltkrieges.

Ferner verwies das Licht der Kerzen, ebenso wie der Schein der Feuer, auf das Zielpublikum der Aktionen, zu dem keineswegs allein die Westdeutschen zählten, sondern auch die Ostdeutschen. Durch die Feuer vermochte nicht nur eine Festgemeinde die Feiernden der anderen Gemeinden wahrzunehmen, sondern es konnten ebenso die Ausgeschlossenen im Osten zumindest indirekt einbezogen werden, indem einige von ihnen die Zeichen nationaler Gemeinschaft sinnlich perzipierten und dann davon berichteten. Außerdem lag die sakrale Dimension der Kerzen-Aktionen auf der Hand, zumal in der Weihnachtszeit. Insgesamt stellten diese Riten ein Mittel der Kommunikation und Solidarisierung der Gesellschaft dar, sie waren Ausdruck von Selbstvergewisserungen, kollektiven Erwartungen, von Wunsch- und Schreckbildern. Die Gemeinsamkeit des Handelns und Erlebens stieß jedoch an Grenzen, weil die Westdeutschen immer stellvertretend für die Ostdeutschen mithandeln mußten.

Kerzen – ein Symbol der Verbundenheit, Hoffnung und Erlösung – gehörten so nicht von ungefähr zu den beliebten Motiven von Sonderbriefmarken, die auf jeden Brief und jede Postkarte, vor allem aber auf die „Geschenkpäckchen nach drüben",[173] geklebt werden sollten. Briefmarken als besonders populäre und massenhaft genutzte Bildmedien stellten einen wichtigen Teil der sekundären Inszenierungen dar, ebenso Bildpostkarten mit Darstellungen deutscher Landschaften, Länderwappen und Symbolen der Spaltung Deutschlands. Nicht vergessen werden sollten schließlich die diversen Sonderstempel zum Tag der deutschen Einheit. Solchen Aktionsformen kam deswegen so große Bedeutung zu, weil damit der gegenseitige Kommunikationsprozeß zwischen den Deutschen in West und Ost aufrechterhalten werden konnte. Die 200 Millionen Briefe und

72 Millionen Postkarten sowie mehrere Millionen Pakete und Päckchen, die jährlich aus der Bundesrepublik in die DDR gesendet wurden, und die 160 Millionen Briefe und 56 Millionen Postkarten aus der DDR in die Bundesrepublik betrachtete das Ministerium für gesamtdeutsche Fragen als einen Ausdruck des starken, die deutsche Nation verbindenden Bandes, das die innere Verflechtung des Volkes stärke.[174] In den Schulen schließlich sammelte man „Wiedervereinigungspfennige" und spornte in der Aktion „Jugend beschenkt Jugend" die Schüler dazu an, zu Weihnachten kleine Präsente, vor allem Bastelarbeiten und Bücher, an ostdeutsche Kinder und Jugendliche zu schicken.[175]

Solche persönlichen Formen waren überzeugender als die monologischen Radio- und später Fernsehansprachen der Gesamtdeutschen Minister unter dem Sendetitel „Gruß an die Zone". Freilich erwiesen sich auch diese für die Aufrechterhaltung einer sekundären Öffentlichkeit in der DDR als relevant. Seit 1954 waren nicht nur Zeitungen und Zeitschriften, sondern vor allem die Intendanten der Rundfunk- und Fernsehanstalten vom KUD gezielt angesprochen worden: Sie sollten verstärkt Reportagen aus der DDR senden, die Feiern zum 17. Juni publizistisch vorbereiten und sie wirksam unterstützen.[176] Die Anstalten berichteten seither über die Feierstunden im Bonner Bundeshaus, schickten Aufrufe und Ansprachen über den Äther, sendeten Live-Kommentare zu Großkundgebungen und Denkmalseinweihungen.[177] So konnten die Menschen die Inszenierungen hören, etwa die besonders beliebten Beethoven-Stücke, Sätze aus der 9. Symphonie, die Leonoren-Ouvertüre, die Egmont-Ouvertüre, aber auch Fanfarenklänge, das lange Läuten der Freiheitsglocke in Berlin und den Chor, der die Nationalhymne anstimmte. 1960 beispielsweise las Alfred Kantorowicz im Südwestfunk aus unveröffentlichten Tagebüchern zum 17. Juni 1953.[178] Seit 1953 gab es das Fernsehen, das im folgenden Jahrzehnt zum Massenmedium aufstieg und live Bilder von Großkundgebungen und Fackelzügen übertrug oder, wie es im Programm von 1961 hieß, Bilder von der „Überreichung der Stafettenrolle der Deutschen Jugend an den Regierenden Bürgermeister von Berlin".[179] Ausgestrahlt wurden seither ständig die Amateurfilme vom 17. Juni 1953, die man zuvor nur in Wochenschauen sehen konnte: Demonstranten holen vom Brandenburger Tor die Fahne herunter, Panzer der Roten Armee fahren gegen Steine werfende Demonstranten auf, Feuer wird gelegt, Häuser brennen, Volkspolizei im Straßenkampf-Einsatz gegen Demonstranten usw.[180] 1964 sendete der WDR ein Interview mit „Herrn Ballenthin, der am 17. Juni die Rote Fahne vom Brandenburger Tor holte, über den Aufstand und seine heutige Tätigkeit".[181] Reportagen über einzelne Widerstandskämpfer, 1966 etwa über Wilhelm Grothaus, der Streikführer eines Dresdner Großbetriebes gewesen war, gab es häufig zu sehen.[182] Auch wurden Bundeswehr-Soldaten über den 17. Juni interviewt.[183] Nicht zuletzt aber wurden die politischen Reden an die Nation, die namhafte Wissenschaftler im Plenarsaal des Deutschen Bundestages hielten, direkt in die Wohnzimmer der Deutschen übertragen.

Diese und andere Reden von Historikern sollen im nächsten Abschnitt analysiert werden, denn in ihnen dokumentiert sich nicht nur die enge Verbindung von Wissenschaft und Politik, sondern es kann an ihnen zugleich die Dimensionen des vorherrschenden Geschichtsbildes bis in die frühen sechziger Jahre hinein besonders gut aufgezeigt werden, die 1962 auch in die Richtlinien der Kultusminister für die Behandlung der Totalitarismus im Schulunterricht eingingen. In diesen sollte der 17. Juni 1953 als Bezugspunkt der deutschen Frage eine herausragende Rolle einnehmen.

d) Politische Reden an die „rehabilitierte Nation" – Geschichtswissenschaft und Politik

Rituelle Beschwörungen der Einheit Deutschlands und flammende Wiedervereinigungsreden von Politikern waren Kernbestand der in die Tausende gehenden Veranstaltungen am Tag der Deutschen Einheit. Aber das war nicht alles. Im Zeitraum zwischen 1954 und 1967 lieferten vor allem die damals namhaftesten deutschen Historiker die grundsätzlichen, für die Öffentlichkeit bestimmten Beiträge zur deutschen Frage. Sie befaßten sich mit verschiedenen Bestandteilen sowie den Funktionen eines deutschen Geschichtsbildes und eines geläuterten Nationalbewußtseins in der Gegenwart. Die Historiker nahmen dabei die publizistische und verbale Führungsrolle wahr, gefolgt von den Rechtswissenschaftlern, Theologen, Philosophen und Erziehungswissenschaftlern, die sich ebenfalls bevorzugt historischer Argumente bedienten.[184] Geschichte sollte wieder „Bildungsmacht" (Gerhard Ritter) sein. „Niemals seit den Tagen der Frankfurter Nationalversammlung von 1848", so 1964 Theodor Schieder, einer der zentralen Repräsentanten der Historiographie in den Nachkriegsjahrzehnten und führender Nationalismusforscher, „sind die Verflechtungen zwischen den Männern der Wissenschaft und der Politik so eng gewesen wie heute."[185] In der Rückschau auf ein Dutzend Jahre Feiertagsreden brachte Bundespräsident Heinrich Lübke auf den Punkt, was als das geschichtspolitische Ziel zu gelten hatte: „Johann Gottlieb Fichte verfaßte 1807/1808, als nach der Niederlage bei Jena und Auerstedt fast ganz Preußen besetzt war, seine 'Reden an die deutsche Nation', in denen er an die nationale Verantwortung seiner Mitbürger appellierte. Seine Gedanken haben auch für uns Geltung."[186] In der Tat: Will man die unzähligen Ansprachen und Reflexionen auf einen Nenner bringen, so lassen sie sich als Reden an die „rehabilitierte Nation" bezeichnen. Fichtes Programm einer gezielten Nationalerziehung erfuhr unter den Bedingungen der deutschen Spaltung eine – freilich modifizierte – Neuauflage.

Es waren zwei der bekanntesten Historiker, die Mitte der fünfziger Jahre mit ihren Gedanken zur deutschen Frage die größte öffentliche und politische Beachtung fanden: Gerhard Ritter und Hermann Heimpel. Ihre Reflexionen zur Wiedervereinigung unterschieden sich aber in wichtigen Punkten. Ritter, der während des „Dritten Reiches" dem Freiburger Widerstandskreis angehört hatte und von 1949 bis 1953 Vorsitzender des Deutschen Historikerverbandes war, galt als unbestrittener Nestor der frühen westdeutschen Geschichtswissenschaft. Er verkörperte wie kein anderer das neue Gefühl einer moralischen Verantwortlichkeit des Historikers in seiner Zeit und vertrat am nachhaltigsten ein historisches Denken, das Ernst Schulin auf den Begriff des „politisch-moralisch gezähmten Historismus"[187] gebracht hat.

Ritters gesamtes Œuvre seit 1945, sei es die Goerdeler-Monographie oder „Staatskunst und Kriegshandwerk" sowie nicht zuletzt seine kleineren, publizistischen Arbeiten – denen er sich verstärkt widmete, um als geschichtspolitischer Pädagoge zur Wirkung zu kommen –, so etwa der Beitrag „Von der Unteilbarkeit deutscher Vaterlandsliebe",[188] können als leidenschaftlicher und großangelegter Versuch verstanden werden, aus national-konservativer Auffassung heraus die bewahrenswerte Tradition deutscher Staatsidee darzustellen und die geschichtliche Überlieferung des deutschen Volkes jenseits des „Dritten Reiches" vor pauschalen Diffamierungen in Schutz zu nehmen.

In den Augen Ritters gab es zwar deutsche Sonderentwicklungen in der Vergangenheit – so der Hang der Deutschen zu unpolitischem Verhalten als Nachwirkung des lutherischen Landeskirchentums, die Idealisierung der Zwecke des Staates, die Verherrlichung des Machtgedankens –, aber diese zweifellos vorhandenen Faktoren führten seiner Meinung nach nicht geradlinig zu Hitler. Eine unmittelbare Verbindungslinie von Friedrich dem Großen zu Hitler zu ziehen, war für Ritter unvorstellbar. Auch nach dem „Dritten Reich" stand für ihn der deutsche Nationalstaat nicht zur Disposition.[189] Auf dem ersten Historikertag der Nachkriegszeit 1949 hatte er in seinem Eröffnungsvortrag mit unverändertem Pathos die Nationen als die eigentlichen Träger der weltgeschichtlichen Bewegung bezeichnet und deutlich gemacht, daß die Geschichtswissenschaft nach wie vor eine nationalpolitische Aufgabe habe.[190] Besonders in den Briefen des politischen Historikers Gerhard Ritter[191] zeigt sich, wie sehr er – und die meisten Fachvertreter seiner Generation – Geschichtsbewußtsein und Nationalbewußtsein in eins setzten, wie sehr er das Festhalten an nationalen Traditionen für notwendig hielt, um einem Verlust an Selbstvertrauen entgegenzuwirken, das die Deutschen angesichts der Trümmer und der Teilung des Landes ihm zufolge bitter nötig hatten.

Geschichtliches Bewußtsein im Dienst an Nation und Staat zu erzeugen, gleichermaßen vor Selbstüberhebung und Selbstentehrung zu warnen – dies war auch der Tenor von Ritters Ansprache im Deutschen Bundestag am 17. Juni 1955.[192] Ein Anknüpfen an die Vergangenheit schien Ritter dabei unabdingbar, denn als Voraussetzung für die Erhaltung der nationalen Einheit mußte sich das Bewußtsein einer historischen Schicksalsgemeinschaft der Deutschen nicht nur bilden, vielmehr mußte es auch wachgehalten werden. Der Zusammenbruch des „Dritten Reiches" hatte, so Ritter, zwar dem nationalsozialistischen Unrechtsregime ein Ende bereitet, aber zugleich den deutschen Patriotismus in seinem Kern erschüttert sowie das natürliche Verhältnis der Deutschen zu ihrer Geschichte zerstört und damit das politische Selbstbewußtsein gebrochen. Der brutale Mißbrauch durch die Nationalsozialisten habe die Worte „Volk und Vaterland" in Verruf gebracht; viele wertvolle politische Ideale seien zu nichts zerronnen.

Ein Volk ohne Selbstvertrauen indes war in den Augen Ritters zu keiner großen politischen Leistung mehr fähig. Die Sorgen im westlichen Ausland vor einem Wiedererwachen des deutschen Nationalgefühls und der dabei schnell geäußerte Verdacht eines Neo-Nazismus hielt Ritter für vollkommen unbegründet: „Keine größere Gefahr könnte es für die Sicherheit Europas geben, als wenn die Deutschen, das Volk der europäischen Mitte, an sich selbst, an der Vergangenheit und damit auch an der Zukunft ihres nationalen Staates zu zweifeln anfingen."[193] Gerade aus einer zunehmenden Selbstverdunkelung des deutschen Nationalbewußtseins könnte eine nationalistische Trotzreaktion entspringen. Eine solche gefahrvolle Selbstverdunkelung sah er auch in den verordneten „Befreiungsfeiern" des DDR-Regimes alljährlich am 8. Mai. Er vermutete, daß diese früher oder später einen trotzigen Nationalismus hervorbringen würden.

Doch die Gefahr lauerte nicht nur auf der Seite eines übersteigerten Nationalismus, sondern ebenso auf der gerade entgegengesetzten Seite, dem Antinationalisms. Seinen Landsleuten im Westen bescheinigte Ritter zwar grundsätzlich Lernfähigkeit; dem radikalen Nationalismus hätten die Deutschen in allen Wahlen seit 1947 abgesagt. Gleichzeitig aber befürchtete er, daß „im Eifer, ein modernes demokratisches Volk im Sinne der westlichen Welt zu werden", beste und wertvollste Überlieferungen deutscher Geschichte verlorengehen könnten. Die Väter des deutschen Liberalismus wollten keinen deutschen Staat, der als bloße Aktiengesellschaft zur Sicherung des inneren Friedens und der wirtschaftlichen Wohlfahrt daherkam. In der Tradition von Kant, Humboldt und dem Freiherrn vom Stein sei der Staat mehr als ein Schutzdach des Privategoismus, nämlich eine

„politische Volksgemeinschaft".[194] Eng mit diesen Vorstellungen verknüpft – und darauf bezog sich Ritter – war der deutsche idealistische Freiheitsbegriff seit dem 19. Jahrhundert, der sich grundsätzlich von dem eudämonistischen Freiheitsbegriff der Angelsachsen unterschied, indem er Freiheit nicht vornehmlich als Chance für das individuelle Glücksstreben auffaßt, sondern als freiwillige Hingabe im Dienst an der sittlichen Gemeinschaft. Ritter hielt es für eine Ehre, dem Vaterland Opfer zu bringen, wie dies am 17. Juni 1953 und am 20. Juli 1944 geschehen war. Gemeinwohlorientierung, Ethos des Dienstes am Volk sowie starker Staat hießen Ritters Grundsätze. Keiner könne die Bundesrepublik als „das deutsche Vaterland" empfinden. „Die Geschichte eines Jahrtausends, die uns zu einer deutschen Nation zusammengehämmert hat, läßt sich nicht mit Federstrichen der Diplomaten, wie es von Teheran bis Potsdam versucht wurde, einfach hinwegwischen."[195] Der legitime Anspruch auf die Wiedervereinigung Deutschlands stand für Ritter außer Frage, mit der Fortexistenz einer bloßen Kulturgemeinschaft durfte man sich nicht zufriedengeben. Für ihn stand außer Zweifel, „daß die Spaltung Deutschlands unser weitaus schwerster nationaler Notstand ist und daß die Wiedervereinigung unseres Vaterlandes die dringendste aller Aufgaben der Gegenwart und Zukunft ist".[196]

Hermann Heimpel, der Göttinger Mediävist, Vorsitzender der Westdeutschen Rektorenkonferenz und erster Direktor des neugegründeten Max-Planck-Instituts für Geschichte, gehörte ebenfalls zu dem engen Kreis der Historiker, die nicht zuletzt wegen ihrer Beteiligung an der Wissenschaftsorganisation die deutsche Geschichtswissenschaft nach dem Zweiten Weltkrieg maßgeblich bestimmt haben. Außerdem wirkte Heimpel in den fünfziger Jahren stark publizistisch, trat ferner mehrfach als Redner in Veranstaltungen des KUD auf, in dem er auf Bundesebene auch tatkräftig mitarbeitete. Heimpels Reflexionen über die Folgen einer „Kapitulation vor der Geschichte",[197] seine Gedanken zur „Selbstbesinnung der Deutschen"[198] oder aber seine vielfach wiederabgedruckten Überlegungen „Die Wiedervereinigung im Spiegel der Geschichte"[199] lassen das vorherrschende Urteil, er sei im Grunde ein „homo a-politicus"[200] gewesen, als zweifelhaft erscheinen. Zumindest hinsichtlich seines Engagements in der deutschen Frage trifft dies nicht zu.

Der Wiedervereinigungston, den Heimpel anschlug, hob sich erheblich von dem Ritters ab. Auch Heimpel wurde nicht müde zu betonen, daß der „Ruf des Patrioten nach der Einheit des Vaterlandes" sich grundsätzlich unterscheiden müsse vom früheren Lärm der nationalen Phrase.[201] Der wahre Patriot erweise sich darin, daß er der Nation Unbequemes zu sagen imstande sei. Aus der Geschichte zu lernen stellte in Heimpels Augen etwas ganz anderes dar, als sich allein auf die Vergangenheit zu berufen.

Seit dem 13. Jahrhundert war „Überanstrengung" für ihn die Grundmelodie der deutschen Geschichte, aus der die tragischen Verspätungen resultierten, von denen die Teilung Deutschlands nach 1945 die letzte sei: „Sie bindet das deutsche Handeln im 20. Jahrhundert, statt daß es die Nation als unentbehrliches Bauglied Europas voraussetzen könnte, noch einmal an das Ziel ihrer Verwirklichung, an eine Idee des 19. Jahrhunderts."[202] Die Deutschen waren daher vor eine Doppelaufgabe gestellt, nämlich das nationale Streben nach Wiedervereinigung zugleich an den Gedanken der übernationalen Ordnung zu knüpfen. Ob sie dies schaffen würden, beurteilte er durchaus skeptisch.

Heimpel griff in allen seinen Reden mit äußerster Schärfe die „Limesideologie" in der Bundesrepublik, aber auch im übrigen Westeuropa an, auf die bereits die Publizistin Margret Boveri in mehreren scharfsinnigen Beiträgen aufmerksam gemacht hatte.[203] Damit war eine in der Gesellschaft vorhandene Haltung gemeint, Ostdeutschland mit der – meist hinter vorgehaltener Hand bekundeten – Begründung abzuschreiben, es gehöre nicht zum westeuropäischen Kulturkreis; Sachsen, Schlesien, Preußen und Brandenburg seien barbarisch-halbkolonialisierte Gegenden, eben „östlich", fast asiatisch. In der katholisch-konservativen Abendland-Idee,[204] die bis weit in die CDU hineinragte, gelangte dieses Denken besonders stark zum Ausdruck. Hier wurde nicht nur ein kleinstdeutsches Geschichtsbild präsentiert, sondern die tausendjährige Zugehörigkeit zum christlichen Abendland in einer Weise instrumentalisiert, daß die Bundesrepublik als karolingisches Missionszentrum am Rhein erschien, dessen wichtigste Aufgabe der Kampf gegen das antichristliche Asien sei, das in dieser Sicht bereits hinter der Elbe begann. Heimpel machte sich Sorgen darum, daß das Mittelalter, im Namen Karls des Großen, zu einer neuen Gefahr für die geistige und politische Einheit Deutschlands werde. „In jedem D-Zug-Wagen hängt eine Eisenbahnkarte der Bundesrepublik – ein schmales Gebilde mit zügigen Nord-Süd-Linien und kleinlichen West-Ost-Verbindungen, das jeden Kenner des historischen Schulatlasses an die Karte des karolingischen Reiches erinnert. Doch ist dieses neu-karolingische Rumpfdeutschland noch kleiner als sein altes Ebenbild."[205]

Für Heimpel stand fest, daß die Einheit Deutschlands in der westlichen Welt im Grunde wenig Freunde hatte. Gerade der auch in Westdeutschland viel gelobte und sorgfältig übersetzte englische Historiker Arnold J. Toynbee – der damals vermutlich bekannteste Historiker der Welt, dessen Volksausgabe von „A Study of History" (deutscher Titel „Der Gang der Weltgeschichte") in 17 Sprachen übersetzt wurde – hatte mit der These aufgewartet, die Deutschen hätten durch die begangenen Ungeheuerlichkeiten für immer das Recht auf politische Einheit verwirkt. Nicht allein diese Art Geschichtstheologie hielt Heimpel für skandalös, sondern mehr noch den zivilisatorischen Hochmut, der aus Toynbees Gedanken sprach, denn dieser war bei seiner Argumentation von einem grundlegenden west-östlichen Kulturgefälle ausgegangen. „Ich meine", so Toynbee, „daß die Westdeutschen eher Europäer sind als die Ostdeutschen. Wenn sie nun getrennt leben, treten die europäischen Eigenschaften möglicherweise bei ihnen stärker zutage, als wenn sie in demselben Reich wie die Ostdeutschen leben müßten."[206]

Daß Deutschland unteilbar sei – wie das Motto der großen KUD-Veranstaltung in Braunschweig lautete, auf der Heimpel 1955 sprach –, war nach seiner Meinung keineswegs eine geschichtliche Tatsache, sondern einzig und allein Ausdruck des Willens. Überblickte man die deutsche Geschichte, so hatte sich das deutsche Leben mit der nur kurzen Ausnahme des Bismarck-Reiches immer territorial zersplittert. Es bedurfte daher keiner großen Phantasie, sich vorzustellen, daß ebenso wie im 15. Jahrhundert die Schweizer und seit dem 16. Jahrhundert die Niederländer (die Österreicher im 19. Jahrhundert sprach der Mediävist nicht an), so im 20. Jahrhundert die „Sowjetzone" und die Bundesrepublik eigene Nationen werden könnten. In der Vergangenheit konnten die Religionen Staaten und Nationen entstehen lassen – die protestantischen Niederlande und das katholische Belgien hatten es bewiesen. Im 20. Jahrhundert waren die Ideologien die treibende Kraft. „Warum sollte es einem kommunistischen Mitteldeutschland nicht gelingen, eine Nation zu werden?"[207]

Heimpel selbst wünschte sich alles andere, als daß dieser Gedanke Wirklichkeit werde. Er zielte mit der provokanten Zuspitzung seiner Überlegungen darauf ab, den nationalen Willen in der Bundesrepublik zu stärken, denn wenn dieser erlahmte, war in seinen Augen alles verloren. Weil er davon ausging, daß die Wiedervereinigung eine geschichtliche Frage war, stellte sich für ihn das Problem eines fortwährenden Nationalbewußtseins um so deutlicher. Niemand solle glauben, es gebe so etwas „wie ein in den Sternen geschriebenes Naturrecht auf die Einheit der Nation".[208] Keine noch so ferne und mit guten Traditionen ausgestattete Vergangenheit konnte den Deutschen auf ewig Ansprüche schenken. Daß ein Volk seine Einheit auch verspielen konnte – durch Müßiggang, Gleichgültigkeit oder Vergeßlichkeit –, stand für Heimpel außer Frage. An dieser zentralen Stelle unterschied er sich ganz gravierend von Ritter, der fast von einem Naturrecht auf Einheit ausging, zumindest aber glaubte, daß unter historischem Blickwinkel die Teilung, d. h. die Aufhebung der Einheit, gegen die Natur der Sache war. Während Ritter eine geschlossene, traditionelle national-konservative Konzeption zur deutschen Frage vortrug, appellierte Heimpel an eine „historische Phantasie",[209] was seine Überlegungen auch Ende der sechziger Jahre noch attraktiv machte, als neue Wege zur Überwindung der deutschen Teilung beschritten wurden.

Nicht von ungefähr bezog sich später Bundeskanzler Willy Brandt mit dem deutschlandpolitischen Credo der sozialliberalen Koalition, die Substanz der Nation zu wahren, auf den Göttinger Historiker.[210]

Betrachtet man weitere Reden und Vorträge, so wird deutlich, wie stark sich die Historiker bis zur Mitte der sechziger Jahre in den Dienst des Kultes um den deutschen Nationalstaat stellten. Die meinungsführende Historiker-Generation bewahrte auch nach 1945 ihre konservative Grundhaltung, akzeptierte und verinnerlichte jedoch demokratische Werte, die ihnen während ihres häufig regimekonformen Verhaltens im „Dritten Reich" nicht geläufig waren. Werner Conze, Theodor Schieder und Karl Dietrich Erdmann,[211] die zur Elite der westdeutschen Geschichtswissenschaft zählten und alle in herausragender Weise am historisch-politischen Diskurs der Bundesrepublik beteiligt waren, machten aus ihren jeweiligen Positionen zur deutschen Frage keinen Hehl. Natürlich waren diese Historiker beeinflußt von den politischen und geistigen Zeitströmungen. Die Inhalte ihrer Reden zeigen gleichzeitig, wie sensibel auf Bewegungen der internationalen und deutschen Politik reagiert wurde.[212] So setzte sich Erdmann 1965 erstmals öffentlich mit dem immer öfter artikulierten Vorschlag einer Anerkennung der DDR auseinander, den er entschieden ablehnte.[213] Der Kernbestand der Reden war jedoch – allen Wandlungserscheinungen zum Trotz – erstaunlich konsistent.[214]

Nicht nationale Selbstkritik, sondern eine weitgehende nationale Apologie bestimmte bis Mitte der sechziger Jahre die öffentliche Diktion dieser Historiker. Nation und Nationalbewußtsein suchten sie zu bewahren, indem sie die nationale Frage mit Allgemeinverbindlichem, vor allem dem Selbstbestimmungsrecht, verknüpften. Von einem „Ausschließlichkeitsnationalismus alten Stils"[215] distanzierten sie sich. Die Klage über einen Verlust an selbstverständlichem Nationalbewußtsein in der Bundesrepublik stimmten aber alle an. Auch wenn nationale Geschichte nach der deutschen Katastrophe keinen „Enthusiasmus" mehr erwecken konnte, so durfte sie nach ihrer Meinung doch nicht zum Mittel rächender Strafe werden. Die Nachkriegszeit war in ihren Augen keine Sternstunde der deutschen Geschichte, wie „in der großen Zeit" zwischen 1806 und 1813, als die Niederlage und der Zusammenbruch Preußens durch eine innere Mobilisierung des Geistes von Männern wie Stein und Scharnhorst überwunden worden sei. In der Bundesrepublik dominierten statt dessen ein individueller Selbsterhaltungstrieb und der Wiederaufbau materieller Werte.[216] Der geschlossene Nationalstaat galt weiterhin als Ideal, er war und blieb das wichtigste Ergebnis der neueren deutschen Geschichte. Hinter die geschichtlichen Ereignisse von 1848 bis zum 18. Januar 1871, so Theodor Schieder, könne niemand zurückspringen. Für geradezu absurd hielt er die Zwei-Staaten-Theorie des Ostens und den Versuch, einen deutschen Arbeiter-und-Bauern-Staat neben einen angeblich bürgerlichen Staat stellen zu wollen und darin eine neue Form des alten deutschen Dualismus, also des Ringens zweier deutscher Mächte wie im 18. und 19. Jahrhundert, zu sehen. Beschwörend formulierte Schieder im Jahre 1964: „Es muß (!) dabei bleiben: die deutsche Teilung hat keine Wahrheit in der deutschen Geschichte."[217] Schließlich verlieh er dem 17. Juni 1953 das Prädikat, „ein säkulares Datum" zu sein, nämlich „der Tag unserer geschichtlichen Rehabilitation als Nation".[218] Das war ein patriotisches Zentnerwort.

Deutsche Geschichte des 19. Jahrhunderts galt den aus protestantischem Umfeld kommenden Historikern als sinnvolle Entwicklung und ein preußisch-deutscher Traditionsbestand als unverzichtbar – beides enthielt aber nicht mehr die antidemokratische Stoßrichtung, die vormals für die borussische Sonderwegsideologie kennzeichnend gewesen war. Die Akzentuierung der Diskontinuität zwischen „Drittem Reich" und der vorangehenden preußisch-deutschen Geschichte eröffnete die Möglichkeit, das bisherige nationale Geschichtsbild in modifizierter Form zu erhalten und so den Nationalstaat gegen Anfeindungen in Schutz zu nehmen.[219] Das „Dritte Reich" wurde als ein Fremdkörper aus der deutschen Nationalgeschichte ausgeklammert. Der Historiker sollte weiterhin der verbindliche Interpret nationaler Geschichte, aber auch Mentor in politischen Fragen sein. Die historischen Argumente standen in starkem Maße unter dem Primat der Politik. Als historisch begründbare Wahrheit wurde vornehmlich das vertreten, was die Politik erwartete und eine breite Öffentlichkeit für legitim hielt: der aufs tiefste erschütterten Nation ein neues Selbstverständnis zu vermitteln, das die Selbstzweifel überwand.

Neben der Rehabilitierung der Nation avancierte „Freiheit" zur Zentralkategorie im geschichtspolitischen Diskurs. Der Theologe Helmut Thielicke forderte am 17. Juni 1962 im Bundestag ein „Hallelujah für die Idee der Freiheit".[220] Freiheit war die wichtigste aktive Legitimationsressource gegenüber dem kommunistischen Osten. Verteidigung der Freiheit und des Rechtsstaates gegen die totalitäre Bedrohung – nicht die Anrufung der Demokratie – wurde zur gültigen Konsensformel. Sie entsprach der Mentalität der Bevölkerung, weil sie auf die starken Sicherheits- und Ruhebedürfnisse sowie auf die Furcht vor neuen kriegerischen Katastrophen Bezug nahm.[221]

Die Frage, inwieweit die Deutschen im Westen wirklich berufen und ermächtigt waren, das „gesamtvaterländische Anliegen" für alle Deutschen auf sich zu nehmen, war nach allgemeinem Dafürhalten ein für allemal beantwortet, weil es den 17. Juni 1953 gegeben hatte.[222] Außerdem – auch dies war unstrittig – leitete sich aus der gemeinsamen Geschichte ein „sittlicher Auftrag" ab. Daß die Wiedervereinigung nicht gegen den Willen der

Großmächte möglich war, stand außer Frage, der Volkswille allein genügte nicht, aber er war die unabdingbare Voraussetzung.

Zeigte schon die Bismarck-Debatte in den fünfziger Jahren, wie schwer sich die deutschen Historiker mit Kritik an der bisher sakrosankten Konstruktion der nationalen Geschichte taten,[223] so war diese durch die Deutung des Aufstandes in der DDR aus geschichtspolitischen Gründen heraus noch viel schwerer geworden. Der 17. Juni wurde immer in den Kontext des Bismarckschen Nationalstaates gerückt, und der tiefe Eindruck, den der Aufstand in der DDR nicht zuletzt bei vielen, in der veröffentlichten Meinung präsenten Historikern hinterließ, scheint den überkommenen Historismus konserviert, eine kritische Aufarbeitung deutscher Geschichte gehemmt und die Versuche einer Revision des Geschichtsbildes stark abgebremst, dagegen die neuerliche Fixierung auf die Nationalgeschichte nachhaltig gemacht zu haben. Die deutsche Historie war – zugespitzt gesagt – noch immer die Wissenschaft vom Nationalstaat, und wer die Geschichte erforschte, beteiligte sich zugleich aktiv an seiner zumindest willentlichen Herstellung, galt er doch als Ziel des geschichtlichen Prozesses. Die Teilung Deutschlands, die Spaltung in zwei deutsche Geschichtskulturen und die geschichtspolitische Konfrontation mit dem Osten erleichterte der westdeutschen Geschichtswissenschaft ohne Zweifel eine partielle Rückkehr zu den tradierten inhaltlichen Grundorientierungen und erschwerte einen radikalen Umbruch im Geschichtsbild, der zwischen 1945 und 1949 zwar von vielen Historikern gefordert worden war, von dem aber Mitte der fünfziger Jahre kaum noch etwas übrigblieb.[224] Er sollte erst Mitte der sechziger Jahre, dann aber um so heftiger, einsetzen, als die statisch-konservative Phase der Geschichtswissenschaft von einer dynamisch-progressiven abgelöst wurde.[225]

Den zeitgenössischen historisch-politischen Diskurs in der bundesdeutschen Öffentlichkeit – das dominante Geschichtsbild – kennzeichneten vier sich ineinander verflechtende Stränge: die Rehabilitierung der Nation, die Klage über das alliierte „Unrecht“ der Teilung, die antitotalitäre Gesinnung der Deutschen und die Ausklammerung des „Dritten Reiches“ aus der historischen Kontinuität. Der Diskurs der Politiker über Nation und Nationalbewußtsein erfüllte eine innen- und eine außenpolitische Funktion. „Unser Elend, unser nationales Elend“, so Eugen Gerstenmaier 1956 in charakteristischer Art und Weise, „besteht heute nicht darin, daß wir in der ersten Hälfte dieses Jahrhunderts die großen Verlierer waren. Es besteht nicht einmal darin, daß wir Unersetzliches an Gut und Blut, an Land und Leuten vertan und verloren haben. Nein, unser Elend, unser nationales Elend, besteht heute darin, daß wir mit dieser Vergangenheit nicht fertig werden, daß wir böse an sie geschmiedet bleiben, solange Deutschland geteilt (...) bleibt.“ Die „Unnatur dieses Zustandes“ gefährde die innere, seelische Gesundung des deutschen Volkes und seines Nationalgefühls. Der Versailler Vertrag habe dem deutschen Volk nach dem Ersten Weltkrieg die Unterwerfung und die unhaltbare Behauptung von der alleinigen Kriegsschuld Deutschlands abverlangt. So, wie diese „Kriegsschuldlüge“ von Versailles nach 1918 das deutsche Nationalgefühl belastet und damit Hitlers Aufstieg erst den Weg bereitet habe, so könne die gewaltsame Teilung Deutschlands eine gefährliche Verdunkelung des Nationalgefühls bewirken, mit noch unübersehbaren Konsequenzen.[226] Die „Kriegsschuldlüge“ – die in Wahrheit eine Weltkriegsapologetik war, an die man eine Rechtfertigungsideologie für den Aufstieg Hitlers knüpfte – wurde erst mit der Fischer-Kontroverse zerstört und an ihre Stelle die „Kriegsunschuldlüge“ gesetzt, womit das Argumentationsgebäude in der westdeutschen Selbstverständigungsdebatte eine grundlegend andere Architektur erhalten sollte.[227]

Außenpolitisch führte man mit diesem Diskurs bis dahin Klage gegen das alliierte „Unrecht“ der Spaltung des Bismarck-Reiches und gegen die „Irrtümer“ der Konferenzen von Teheran, Jalta und Potsdam. So bildete sich in den fünfziger Jahren eine Art Opferdiskurs in der Bundesrepublik aus: Die Deutschen sahen sich als Opfer sowohl Hitlers als auch der Alliierten, namentlich der Sowjetunion, und nicht als Täter während des „Dritten Reiches“.

Da die Bundesrepublik die Alleinvertretung für das ganze deutsche Volk beanspruchte, setzte dies auch voraus, daß im Kampf um die Wiedervereinigung auf die „sorgsame Pflege des nationalen, und das heißt gesamtdeutschen Geschichtsbewußtseins“ unter keinen Umständen verzichtet werden durfte.[228] Als unabdingbar galt das Ideal eines „geläuterten Patriotismus“, eines „gesunden Nationalbewußtseins“ oder eines der deutschen Geschichte „angemessenen“ Geschichtsbewußtseins. Die rehabilitierte Nation hatte demzufolge der Übersteigerung militaristischer Machtpolitik endgültig abgeschworen. Die gefährlichen Züge des deutschen Nationalbewußtseins waren dank der kathartischen Wirkung der deutschen Katastrophe angeblich wie weggespült. Nun sollte es allein darum gehen, den gemeinsamen europäischen politisch-kulturellen Zusammenhang wiederherzustellen, der durch den gesamteuropäischen chauvinistischen Nationalismus vor dem Ersten Weltkrieg verlorengegangen, in der Weimarer Republik wiederum zerbrochen und im „Dritten Reich“ völlig vernichtet worden war. Im „geläuterten Nationalbewußtsein“ sah man nicht zuletzt die Bürgschaft dafür, daß das Streben nach Wiedervereinigung nichts mit alten deutschen Großmachträumen gemein habe. Das änderte jedoch nichts daran, daß von der Rechtfertigung deutscher Ansprüche sehr viel, von den Ansprüchen anderer, etwa Polens, nur sehr wenig die Rede war.

Die wichtigste Säule im Geschichtsbild der frühen Bundesrepublik bildete die Integrationsideologie des Antitotalitarismus. Sie war der ideologische Kitt, der die Kanzler-Demokratie zusammenhielt. Mit ihr konnte die Bundesrepublik nicht allein die Abkehr vom Nationalsozialismus und die Ablehnung des Kommunismus tagespolitisch wirkungsvoll bündeln; vielmehr handelte es sich darüber hinaus um eine nationale Entlastungsideologie, die ihr Gewicht durch die Parallelisierung des 17. Juni 1953 mit dem 20. Juli 1944, als den beiden dominierenden Leitbildern, erhielt und gleichermaßen politisch wie sozial integrierend wirkte. Terminologie und Daten verhakten sich geradezu ineinander. Verteidigungsminister Franz Josef Strauß führte dies am 17. Juni 1960 vor der deutschen Gemeinde in New York besonders holzschnittartig vor: „Hier der Aufstand gegen die braune Diktatur, dort der Aufstand gegen die rote Diktatur. Hier wie dort das tragische Scheitern vor den Augen der Widerstandskämpfer. Hier wie dort der Wunsch nach Freiheit und Recht. Hier wie dort wird der Aufstand in Blut und Kerker erstickt. Beide Aufstände stehen als Marksteine in der deutschen Geschichte.“[229] War der 20. Juli ein Aufstand des Gewissens, ein Aufstand „von oben“, von den Eliten, so ging der 17. Juni „von unten“, von den unterdrückten Massen, vom Volk aus.

Zusammen ergab dies einen doppelten „Beweis“. Zunächst den Beweis für die antitotalitäre und freiheitsliebende Gesinnung aller Deutschen. Dem deutschen Volk sei die Freiheit stets das höchste Gut gewesen, auch in Zeiten brutaler und schamloser Diktaturen, so versicherte Bundeskanzler Ludwig Erhard. Die im Ausland noch verbreitete Auffassung von der Unterwürfigkeit der Deutschen war so gesehen nicht nur falsch, sondern geradezu „für das ganze deutsche Volk kränkend“, angesichts der Opfer an Gut, Gesundheit, Freiheit und Leben Abertausender Deutscher von 1933 bis zur Gegenwart.[230] Darüber hinaus bedeutete der 17. Juni 1953 den „sichtbaren Beweis der bewältigten Vergangenheit in unserem Volk“,[231] wie es der Fraktionsvorsitzende der CDU/CSU, Rainer Barzel, ausdrückte und damit auf breite Zustimmung rechnen konnte. Der Aufstand des 17. Juni wurde in dieser Lesart zur wichtigsten Schlacht, die gegen den Kommunismus geschlagen worden war, und die daraus abgeleitete permanente Kampfstellung erhob man im Westen zur Sühneleistung für die eigenen Kollektivverbrechen während des „Dritten Reiches“.

Diese Interpretation ging quer durch alle politischen Lager. Die Sozialdemokraten sahen sich als Hüter der nationalen Frage und hingen nicht allein noch am stärksten der Idee von der Wiederherstellung eines Nationalstaates an, sondern auch sie verbanden diese mit einer vergangenheitspolitischen Aussöhnung des deutschen Volkes. Willy Brandt mahnte 1960 ein einheitliches Geschichtsbild an – „Otto von Bismarck und August Bebel“ – und zielte damit nicht nur auf eine demokratisch-nationale Integration, denn er kam der Kriegsgeneration weit entgegen und bescheinigte den Deutschen, sie seien von nationalsozialistischem „Gesindel" verführt worden.[232] Als unpersönliche, abstrakte „Heimsuchung der Knechtschaft" ist die deutsche Katastrophe damals häufig beschrieben worden.[233] Die These vom „Betriebsunfall" und die „Outlaw-Theorie" bestimmten lange Zeit das reduktionistische NS-Bild in der Öffentlichkeit, und die Fixierung auf den „Dämon" Hitler entlastete die Gesellschaft.[234] Die Totalitarismustheorie[235] erhielt im Klima des Kalten Krieges eine immer stärkere Prägung durch das Bild der stalinistischen Sowjetunion und der DDR. Dies hatte zur Folge, daß der Nationalsozialismus als deutsche Form einer europäischen Erscheinung des Einparteienstaats interpretiert und die Frage nach historischen deutschen Sonderentwicklungen in den Hintergrund gedrängt werden konnte. Diese Form der antitotalitären Argumentation war bis Mitte der sechziger Jahre die vorherrschende historische Legitimitätskonstruktion der gesamten politischen Klasse.

Dies wird nicht zuletzt in den „Richtlinien für die Behandlung des Totalitarismus im Unterricht" greifbar, die die bundesdeutschen Kultusminister 1962 als verbindlich für den Schulunterricht verabschiedeten. Danach sollte bei der Darstellung des kommunistischen und des nationalsozialistischen Totalitarismus deren verwerfliche Zielsetzungen und verbrecherischen Methoden vor Augen geführt werden. Die Tatsache, daß beide Systeme einander bekämpften, dürfe nicht über ihre enge Verwandtschaft hinwegtäuschen. Ausgewählte Beispiele sollten das von den totalitären Systemen verursachte menschliche Leid „zum erschütternden Erlebnis" werden lassen. Die Haltung der Männer und Frauen des Widerstandes sei als vorbildlich zu würdigen. Der 17. Juni 1953 sollte in diesem Zusammenhang als „Widerstand der Unterdrückten gegen den Bolschewismus" eingeordnet und beschrieben werden.[236]

Diese Richtlinien repräsentieren mit Blick auf Vergangenheitsdeutung, Gegenwartsorientierung und Zukunftsvorstellungen gleichsam den konsensfähigen Mittelwert im breiten Spektrum historisch-politischer Deutungen. Gleiches gilt für die auf solchen Vorgaben ruhenden Schulgeschichtsbücher. Wenngleich ihre Wirkungen nicht zuverlässig zu bestimmen sind, so bringen sie doch zumindest zum Ausdruck, „was die Gesellschaft als ihr Grundwissen ansieht und als ihre Grundbestimmung empfindet", wie Wolfgang Marienfeld und Manfred Overesch in ihrer Schulbuchanalyse über das Deutschlandbild und die deutsche Frage in den Geschichtsbüchern der Bundesrepublik schreiben.[237] Ihre Untersuchung hat ergeben, daß in der ersten Generation der Lehrbücher bis 1955 die nationalen Grundprobleme weitestgehend ausgespart blieben.[238] Der zeitgeschichtliche Anteil der Bücher betrug nur knapp 12 Prozent des Gesamtumfangs. Antworten auf die deutsche Frage fanden sich in diesen

Büchern kaum, meist wurde nicht einmal erwähnt, daß sich beide deutschen Staaten in ihren Verfassungen als Kern der Nation bezeichneten und sich beide auf die Wiederherstellung der Einheit Deutschlands als Verfassungsgebot festgelegt hatten. Eine humanistisch-universale Daseinsorientierung dominierte nach der nationalen Hypertrophie der vergangenen zwölf Jahre, und die Bundesrepublik wurde zwar als demokratischer Rechtsstaat, nicht aber als Teil der Nation in das Zentrum des Bewußtseins gerückt. Außerdem verengte sich der Deutschlandbegriff auf die Bundesrepublik – Kapitelüberschriften wie „Vom Bismarck-Reich zur Bundesrepublik“ und nicht etwa „zum geteilten Deutschland“ waren keine Seltenheit.[239] In der zweiten Phase zwischen 1956 und 1969 kam es dann zu erheblichen Veränderungen. Der Anteil der Zeitgeschichte stieg – auch als Folge der zunehmenden Forschungen – auf über 20 Prozent an.[240] Nun fand eine intensive Auseinandersetzung mit dem „Dritten Reich“ statt, wenngleich die Konzentration auf Hitler sehr ausgeprägt war. Zentrale Bezugspunkte zur deutschen Frage waren der 20. Juli 1944 und der 17. Juni 1953. Die nationalen Motive des 17. Juni wurden massiv herausgestrichen und die emotionale Assoziation zur Wiedervereinigung stellte sich bildlich über den „Fahnensturm“ der Arbeiter her, die die rote Fahne vom Brandenburger Tor rissen und dort Schwarz-Rot-Gold hißten. Nachdrücklich betont wurde zudem, korrespondierend mit dem bundesrepublikanischen Diskurs, der „Ruf nach Freiheit“ – gegen die kommunistische Diktatur. Seit Ende der sechziger Jahre verschob sich die Gewichtung in einschneidender Weise: Den Aufständischen des 17. Juni wurden nur mehr wirtschaftlich-soziale und kaum mehr nationale Motive unterstellt. Die Wiedervereinigung gehörte oftmals nicht mehr zu den in Geschichtslehrbüchern behandelten Problemen der gegenwärtigen Weltpolitik.[241]

e) Bedrohungsszenarien in der DDR und Krisensymptome in der Bundesrepublik

Bevor der Blick auf die Skandale, die Krise und schließlich die Reform des nationalen Symbols in der Bundesrepublik gerichtet wird, soll die Sicht des SED-Regimes auf die Feiern und Inszenierungen am 17. Juni beschrieben werden, die unter der Rubrik „Feindtätigkeit und Provokationen“ in den Unterlagen des Ministeriums für Staatssicherheit reichhaltig überliefert ist. Gesellschaftlich war der 17. Juni 1953 in der DDR zwar tabuisiert, für die Staatsführung bedeutete er aber ein permanentes Trauma; eine regelrechte Paranoia griff um sich.

Daß dem bundesrepublikanischen Kult um den deutschen Nationalstaat ein „faschistisch-chauvinistischer Charakter“[242] bescheinigt wurde, kann nicht überraschen. Die Staatssicherheit sah in ihm eine der gefährlichsten Ausprägungen der „politisch-ideologischen Diversion", also ein gezieltes Störmanöver gegen die DDR mit den Mitteln der – nicht zuletzt ideologischen – Sabotage. Als Zentren dieser Diversion wurden das Bundesministerium für gesamtdeutsche Fragen, das KUD, die Stiftungen und Ostbüros der Parteien, die Landsmannschaften, die Bundeszentrale für politische Bildung, aber auch sämtliche Hörfunk- und Fernsehsender, die eine „wüste Hetze" gegen die DDR anschlügen, ausgemacht.[243] Minutiös listete das Ministerium für Staatssicherheit Jahr für Jahr sämtliche Veranstaltungen zum 17. Juni in der Bundesrepublik auf. Überwachungen und zielgerichtete Einsätze „geeigneter IM in den feindlichen Zentren"[244] bestätigten dem Mielke-Ministerium das, wovon man dort nach Art einer Kollektivneurose immer ausging: daß bundesdeutsche und Westberliner Spionage- und Agentenzellen im Auftrag der amerikanischen, englischen und französischen Geheimdienste jährlich zum 17. Juni ihre Feindseligkeiten gegenüber dem Arbeiter-und-Bauern-Staat steigerten, um innere Unruhen anzuzetteln, ja einen „zweiten 17. Juni" zu provozieren.

An „provokationsgefährdeten" Stellen wurden daher immer besondere Gegenmaßnahmen ergriffen. Eine entsprechende Landkarte von 1960 wies den gesamten Grenzverlauf der DDR zur Bundesrepublik als „provokationsgefährdeten" Raum aus, und 25 Grenzortschaften, namentlich aber die „Stafettenendziele" bei Lauenburg, Zicherie, dem Hohen Meißner, Coburg und Tiefengrün bei Hof galten als „besonders provokationsgefährdet". Von hier sah man eine erhöhte Gefahr für die Ruhe und Sicherheit in der DDR ausgehen, weshalb die Grenzpolizei massiv verstärkt wurde.[245] Ferner dehnte man die Postzollfahndung aus, damit eventuelle „Feindmaterialien" auf dem Postwege abgefangen werden konnten. Sobald Heißluftballons über dem Gebiet der DDR gesichtet wurden, setzte man alle Hebel in Bewegung, um die durch sie eingeschleusten Druckerzeugnisse zu beschlagnahmen, bevor sie in die Hände der Bürger fielen. An „Objekten" in Grenznähe, an Bahnhöfen, in Gaststätten, Jugendclubs, auf Parkplätzen und in Parkanlagen erhöhte die Staatssicherheit ihre Präsenz, ebenso wurden alle wichtigen Gebäude und Einrichtungen der Volkswirtschaft, des Staatsapparates und der Landesverteidigung vor Anschlägen gesichert. Persönliche Kontakte von Westberlinern zu DDR-Bürgern sollten um den 17. Juni herum generell unterbunden werden. Bundesdeutsche, die mit Autoaufklebern vom Brandenburger Tor in die DDR einreisen wollten, mußten die Abzeichen entfernen, bei einer Weigerung durften sie die Grenze nicht übertreten. Mit ausländischen Besuchern war, „nachdem ihnen diese Provokation entsprechend erläutert wurde", ebenso zu verfahren. DDR-Bürger, die ein solches Abzeichen oder eine Plakette des KUD trugen, waren „zu erfassen und operativ zu bearbeiten, wenn nicht andere Gründe eine Festnahme rechtfertigen".[246]

Trotz erhöhter Alarmbereitschaft konnten nicht alle „subversiven Aktionen" am Tag des 17. Juni unterbunden werden. Jährlich berichteten die Chefs der Bezirksverwaltungen, die Hauptabteilungs- und Abteilungsleiter über die Lage in den einzelnen Bezirken vor dem brisanten Datum. Unzufriedenheit und Mißstimmung in den Betrieben wußten fast alle zu vermelden. In den ersten beiden Jahren nach dem 17. Juni 1953 war zudem die „Republikflucht" vor allem im Bezirk Magdeburg stark angewachsen, und bei Zeiss-Jena in Thüringen waren im Juni 1955 innerhalb weniger Tage vierzig Personen „republikflüchtig" geworden.[247] Es herrschte insgesamt eine Atmosphäre angespannter Nervosität. Nicht immer war klar, ob die Staatssicherheit nicht nur Belanglosigkeiten und Zufälligkeiten als versteckte Hinweise auf den 17. Juni deutete. In Wismar, so Major Kraus bei einer Besprechung 1955, solle am 17. Juni ein Pfarrer aus Westdeutschland sprechen; ein Zusammenhang mit dem Tag der deutschen Einheit sei zu befürchten. Die Predigt wurde daher verboten. Ähnlich gelagert war ein weiterer Fall: Anläßlich der bevorstehenden 700-Jahr-Feier in Barth bei Rostock wollte die Evangelische Kirche am 17. Juni eine Orchesterprobe veranstalten, was aber umgehend verhindert wurde.[248] Immer wieder versuchten auch Werkleitungen, Tagungen oder Betriebsausflüge am 17. Juni anzusetzen, diese mußten aber stets verlegt werden.[249] Das Ministerium registrierte mit besonderer Aufmerksamkeit die geplanten Ausflüge in den Harz, wo am Tag der deutschen Einheit immer politische Feiern mit Signalfeuern stattfanden. In Schulen und auf Agitationstafeln tauchten sogar anonyme Flugblätter auf, die – wie in der Bundesrepublik – zu einer Feier- und Gedenkstunde am Tag der deutschen Einheit aufriefen.[250]

Angesichts einer Vielzahl solcher Vorkommnisse sprach aus den geheimdienstlichen Analysen häufig eine formvollendete Selbsttäuschung. Man gaukelte sich vor, daß das Volk hinter der SED-Führung stehe. So konnte man in einem Bericht von 1958 lesen, die Bevölkerung der DDR nehme von dem Gedenktag keine Notiz. „Die Werktätigen gingen wie jeden Tag ihrer Arbeit nach und erzielten weitere Erfolge beim Aufbau des Sozialismus." Weiter hieß es: „Man darf aber nicht übersehen, daß der klerikal-faschistische westdeutsche Staat alle Anstrengungen unternimmt, den 17. Juni mehr und mehr in seine Abenteuerpolitik und Kriegsvorbereitungen einzubeziehen und von unserer Seite auch im nächsten Jahr rechtzeitig entsprechende Sicherungsmaßnahmen getroffen werden müssen."[251] Die Inszenierungen des Kultes, die Mahnfeuer, Stafettenläufe und Sternfahrten, selbst die Bittgottesdienste symbolisierten, „daß man auf die Eroberung der DDR und der Westgebiete der Volksrepublik Polen nicht verzichten will".[252] Im gleichen Jahr, 1958, ließ die SED-Führung nicht zufällig die Nachricht von der Ermordung des ungarischen Reformkommunisten Imre Nagy am 17. Juni veröffentlichen.[253] So kam die offizielle „Erinnerung" an den Aufstand als Einschüchterung der Bevölkerung und als unverhohlene Drohgebärde daher.

Die Bedrohung durch einen neuerlichen „faschistischen Putsch" sollten außerdem alljährliche Berichte des „Neuen Deutschland" unterstreichen, wonach am 17. Juni an der Straße Unter den Linden oder an anderen exponierten Stellen Ostberlins Sprengstoffpakete gefunden worden seien, die, durch aufmerksame Staatsbürger entdeckt, hätten entschärft werden können, bevor sie explodierten.[254] Bis zum Ende der DDR wurden alle betreffenden Verwaltungsstellen des Ministeriums für Staatssicherheit alljährlich aufs neue angewiesen, durch verstärkte Wachsamkeit, Disziplin und Einsatzbereitschaft, mit einem Wort: durch „kluges tschekistisches Verhalten",[255] alle Provokationen und Störversuche im Keim zu ersticken.

Besonders besorgniserregend war dabei stets, daß sich in der DDR Hörer- und Fernsehgemeinschaften bildeten, die gemeinsam Westprogramme hörten oder sahen. Denn so konnten die „feindlichen Zentren" im Westen, zu denen die Massenmedien zählten, besonders leicht ihr „ideologisches Gift in die Bevölkerung verspritzen" und die Psyche von wenig gefestigten Menschen beeinflussen sowie ihr Fühlen und Denken verändern – gerade durch die zahlreichen Reportagen und Kommentare zum Tag der deutschen Einheit.[256]

In der Bundesrepublik begleiteten den Kult um den deutschen Nationalstaat von 1954 bis zu seinem Ende Mitte der sechziger Jahre handfeste Skandale und ungebührliches oder – wie es im zeitgenössischen Sprachgebrauch meistens hieß – „würdeloses" Verhalten, schließlich auch Gegendemonstrationen am Tag der deutschen Einheit. Dreierlei wird daran – wie z. T. auch schon an den oben beschriebenen sekundären Inszenierungen – deutlich: Zum einen erschöpften sich die Inszenierungen nicht allein in den Absichten der nationalen Mobilisierer, sondern sie offenbarten immer auch die Möglichkeit einer gewissen Eigendynamik bzw. eigenwilliger Aneignung durch verschiedene Akteure. Zum anderen waren die Rituale bei aller Planung im Vorfeld, die darauf abzielte, einen Dissens tunlichst zu vermeiden, in ihrem Vollzug teilweise doch sehr konfliktträchtig. Außerdem kam es immer häufiger zu Konflikten und politischen Skandalen, die die Massenmedien ausgiebig thematisierten, wodurch wiederum die Politik zum Handeln genötigt wurde; dies mündete schließlich in eine Reform des nationalen Symbols.

Kommunistische Gegenkundgebungen bildeten einen festen Bestandteil des Feiertags bis zum Verbot der KPD 1956. Anschließend waren kleinere „kommunistische Propagandaakte" und Störversuche gang und gäbe, und die Polizei traf stets entsprechende Sicherungsmaßnahmen. In Hamburg, Bremen und München beispielsweise hielten 1954 jeweils rund 1500 Menschen, die teilweise mit Autobussen aus der DDR angereist waren, Kundgebungen unter dem Motto „Die Wahrheit über den 17. Juni" ab, auf denen die Legende vom „faschistischen Putschversuch" verbreitet wurde.[257] Von Kommunisten inszenierte und organisierte Behinderungen der Feierlichkeiten kamen besonders häufig in Westberlin vor; so unterbrachen Störer auch die Feierstunde vor dem Schöneberger Rathaus im Jahre 1954, als Vizekanzler Franz Blücher (FDP) das Wort ergreifen wollte. „Der Spiegel" berichtete, daß einige Jugendliche von der empörten Menge „zusammengeschlagen" und dann von der Polizei „in Schutzhaft" genommen wurden.[258] 1955 versuchten rund „2000 Kommunisten" in verschiedenen Haupt- und Geschäftsstraßen Westberlins eine „antimilitaristische Demonstration" zu veranstalten; die Polizei nahm 124 Personen, davon 106 aus Ostberlin, fest.[259] In Salzgitter überklebten Unbekannte Plakate des Kuratoriums Unteilbares Deutschland mit dem Streifen: „So hetzte Goebbels uns schon einmal in den Krieg".[260]

Auf der anderen Seite nahmen rechtsextreme Gruppen und Verbände, wie der „Stahlhelm e.V.", vor allem jedoch studentische Korporationen den Tag der deutschen Einheit zum Anlaß, ihre eigenen Interessen in den Vordergrund zu rücken. Auch protestierte beispielsweise die Sudetendeutsche Landsmannschaft, daß ihre Fahne bei den Stafettenläufen nicht mitgeführt wurde und es keine solchen Läufe nach Böhmen gab.[261] Die Burschenschaften traten farbentragend auf, luden bisweilen zu einem „Festkommers anläßlich des Tages der nationalen Einheit"[262] ein und sangen unbeirrt „Von der Maas bis an die Memel".[263] So mancher Politiker sang bei solchen Anlässen mit. Noch 1965 ereignete sich ein politischer Skandal, der diesmal auch im Ausland Aufsehen erregte: Vizekanzler Erich Mende (FDP) – der bei offiziellen Anlässen stets das ihm im Zweiten Weltkrieg verliehene Ritterkreuz trug – forderte in einer öffentlichen Rede, wieder alle drei Strophen des Deutschlandliedes bei staatlichen Anlässen zu spielen. Vor allem auf die erste Strophe mit den Versen „Deutschland, Deutschland über alles ..." und „Von der Maas bis an die Memel ..." immer noch zu verzichten, hielt er für nicht mehr angebracht. Bereits drei Jahre zuvor hatte Mende parteiübergreifende Proteststürme ausgelöst, weil er auf der Schlußkundgebung der 10. Berliner Tagung der Deutschen Burschenschaften zusammen mit den Korporierten alle drei Strophen des Deutschlandliedes angestimmt hatte.[264]

Als der parlamentarische Geschäftsführer der SPD, Karl Mommer, das Thema 1965 im Rahmen einer parlamentarischen Fragestunde an die Bundesregierung aufgriff und als skandalös anprangerte, bezeichnete dies der FDP-Abgeordnete Alfred Ollesch – unter Rückgriff auf das klassische

Verdikt der „vaterlandslosen Gesellen" – als „bedauerliche Entgleisung der SPD, die beweist, wie wenig Beziehung selbst führende Politiker dieser Partei zu nationalen Symbolen und zur Nationalhymne aller Deutschen" haben. Dabei verwies er darauf, daß das Deutschlandlied auch beim Aufstand am 17. Juni 1953 in Ostberlin gesungen worden sei.[265] Dieser Debattenverlauf stellt ein typisches Muster der Skandalisierung in dieser Zeit dar: Gearbeitet wurde hauptsächlich mit Dichotomisierungen (Nationalgesinnte versus Vaterlandslose), Überspitzungen und vor allem mit Moralisierungen. Die moralische Empörung war dabei auf beiden Seiten zu finden. „Nationale Würdelosigkeit" stand „großdeutschen Machtgelüsten" gegenüber. Historische Assoziationen wurden geweckt und ein gegenseitiger Anklagegestus bestimmte die öffentliche Thematisierung. Aber der geschilderte Vorfall von 1965 wirft auch ein Schlaglicht auf den politischen Wandel, der inzwischen eingesetzt hatte, und in dessen Folge sich die ursprünglichen Fronten verkehren sollten: Je mehr der Kult um den deutschen Nationalstaat von denen, die ihn ursprünglich ausgeprägt hatten – nämlich vor allem den Sozialdemokraten –, aufgegeben wurde, desto stärker sollten seine Reste in den Klammergriff politisch rechts stehender Kreise geraten.

Aber letzteres war eine Erscheinung, die erst ab Mitte der sechziger Jahre an Bedeutung gewann. Wer in den fünfziger Jahren anläßlich der Gedenkfeiern den nationalen Kanon und die ungeschriebenen Gesetze der Referenzkultur – verstanden als kollektiv geteiltes Regelwissen darüber, was „man" öffentlich sagen und tun darf und was nicht – verletzte, wurde ins Abseits gestellt, ausgegrenzt und stigmatisiert. Ein bezeichnender Zwischenfall ereignete sich beispielsweise um den Dichter Stefan Andres auf der Feierstunde des Ortskuratoriums in Bochum im Jahre 1958. Heftiger Lärm und Pfui-Rufe der anwesenden Honoratioren unterbrachen Andres' Rede, als er erklärte, beide deutsche Regierungen, nicht nur das Regime im Osten, seien nach 1945 unter Druck zustande gekommen und nicht durch den freien Willen des Volkes. Etwa hundert Zuhörer, zumeist bekannte Vertreter aus Parteien, Behörden und Kirchen, verließen daraufhin, heftige Unmutsbekundungen ausstoßend, demonstrativ den Saal.[266]

Solche Ausgrenzungen konnten aus den unterschiedlichsten Anlässen jeden treffen: 1958 hatte Carlo Schmid nach Meinung Tübinger Honoratioren das Recht verwirkt, am 17. Juni mit einer Rede die Forderung des deutschen Volkes nach Wiedervereinigung zu vertreten. Er hatte im März desselben Jahres an der Universität Warschau einen Vortrag gehalten, in dem er offen die deutschen Verbrechen während des Zweiten Weltkrieges benannt hatte; außerdem war bekannt, daß Schmid als einer der wenigen bundesdeutschen Politiker öffentlich die Anerkennung der Oder-Neiße-

Grenze als Ostgrenze eines wiedervereinigten Deutschlands verfocht.[267] Zwei Jahre später, 1960, wurde Bundeskanzler Konrad Adenauer zur Zielscheibe des Zorns, weil er erst am 18. Juni von einem mehrwöchigen Italienurlaub in die Bundesrepublik zurückkehrte, was sofort zum Anlaß genommen wurde, ihm mangelndes gesamtdeutsches Bewußtsein vorzuwerfen.[268] 1961 konnte der schleswig-holsteinische Ministerpräsident Kai-Uwe von Hassel gerade noch eine öffentliche Empörung abwenden. Auf Intervention des Bundespräsidenten Heinrich Lübke verschob er kurzfristig die Eröffnung der traditionellen Kieler Woche. Um den „ernsten Charakter des 17. Juni" nicht zu unterhöhlen, wurde der Startschuß nicht am Sonnabend, dem 17. Juni, um 23.30 Uhr gegeben, wie vorgesehen, sondern erst eine halbe Stunde später, am Sonntag, dem 18. Juni, um 0.00 Uhr. Johann Baptist Gradl, eine der führenden Persönlichkeiten im KUD, hatte Lübke auf den „unerträglichen" Präzedenzfall, der damit geschaffen werden könnte, aufmerksam gemacht. In der bewegten deutschen Geschichte, so hatte er dem Staatsoberhaupt mit Rückendeckung des KUD geschrieben, müßten Gewicht und Verpflichtung von Traditionen gegeneinander abgewogen werden. „In der gegenwärtigen Lage Deutschlands kann ich mir keine Tradition vorstellen, die stärkeren Anspruch an unser Denken und Verhalten erheben könnte als diejenige des 17. Juni." Gradl bezog zudem außenpolitische Aspekte in seine Argumentation mit ein. Gerade in den skandinavischen Ländern beschäftige sich die Öffentlichkeit stark mit der NS-Zeit und der Verantwortung der Bundesrepublik. Jüngst sei in Dänemark daran erinnert worden, wie einige tapfere Deutsche sich für die verfolgte jüdische Minderheit eingesetzt hätten. Dies nahm Gradl zum Anlaß für Parallelisierungen: „Wenn am einzigen Tag im Jahr, der der Bevölkerung in Mitteldeutschland, also der jetzt verfolgten Minderheit, gewidmet ist, sich ein repräsentatives Programm darauf mit keinem Wort bezieht, dann werden gerade die ernsten Freunde Deutschlands uns dafür vielleicht doch keinen Dank zollen."[269]

1962 unterstellte die Hamburger Schulbehörde einer Schülerredaktion aus der Oberstufe, die mehrmals jährlich eine Zeitschrift herausgab, eine politische Nähe zur kommunistisch beeinflußten Deutschen Friedensunion (DFU). Die Schüler hatten – unter der Überschrift „Wir wollen keine Sedanfeier" – eine „ketzerische" Kritik an den bisherigen Schulfeiern zum 17. Juni geübt. Die quantitativen Erfolgsmeldungen, daß sich alljährlich etwa 4,2 Millionen Jugendliche an 42000 Gedenkstunden in Schulen und Hochschulen beteiligten,[270] konnten deren qualitativen Defizite nicht verdecken. „Es war fade", schrieben die Hamburger Schüler, „man ging mit ein bißchen feierlicher Miene in die Klischee-Feierstunde für die Oberstufe, dort wurden ein paar Gedichte aufgesagt und mit dem Deutschlandlied auf den Lippen strömte man dem Ausgang zu und ging ins Schwimmbad." Die Schulbehörde regierte zutiefst empört und dachte über harte disziplinarische Maßnahmen nach. Den Artikel in der Schülerzeitung quittierte die Behörde mit der Bemerkung: „Am 17. Juni will das Volk erhoben, nicht aber belehrt sein."[271]

Selbst die Fernseh-Prominenz kam nicht ungeschoren davon, wenn sie sich über ungeschriebene Verhaltensnormen hinwegsetzte. Dem Quizmaster Hans-Joachim Kulenkampff unterstellte der SPD-Pressereferent Franz Barsing „ein politisches Manöver", weil Kulenkampff seine neue Unterhaltungsreihe „Quiz ohne Titel" am 10. Oktober 1959 mit den Worten begann: „Guten Abend, meine Damen und Herren, guten Abend, liebe Fernsehfreunde in Österreich, in der Schweiz und in der Bundesrepublik, in der DDR und alle Kiebitze in den Zonen- und anderen Grenzgebieten." In der Bezeichnung „DDR" sahen gesamtdeutsche Politiker eine „gefährliche Entgleisung einer Körperschaft des öffentlichen Rechts", riefen den Rundfunkrat an und verlangten Sanktionen; Kulenkampff müsse von den Mikrophonen und Bildschirmen der Bundesrepublik ferngehalten werden, weil er offensichtlich den „Unrechtsstaat in Mitteldeutschland" anerkenne.[272]

Die größte Gefahr für den nationalen Kult ging seit Ende der fünfziger Jahre indessen nicht von den linken oder rechten „politischen Geschäftemachern", nicht von Regelverletzungen der staatstragenden Akteure und auch nicht von wortgewandten Showmastern aus, sondern vom „schnöden Mammon".[273] Der nordrhein-westfälische Innenminister Josef-Hermann Dufhues (CDU) hatte schon seit längerem moniert, daß der 17. Juni in der Öffentlichkeit immer weniger als Tag der Besinnung verstanden werde, weshalb er 1959 in Nordrhein-Westfalen zum „stillen Feiertag" erklärt werden sollte. An solchen stillen Feiertagen waren Unterhaltungsveranstaltungen jeglicher Art verboten. Auf einer Konferenz der Innenminister der Länder hatte Dufhues angeregt, daß alle Bundesländer in diesem Sinne verfahren sollten.[274] Varieté- und Theaterdirektoren, auch der internationale Zirkusverband liefen daraufhin Sturm und wandten sich in Telegrammen an (Landes-)Regierungen und Fraktionen gegen die drohenden Spielverbote für Vergnügungsstätten am 17. Juni. Der nordrhein-westfälische Landesverband des Gaststättengewerbes protestierte im April 1959 öffentlich gegen den von der Landesregierung dem Landtag empfohlenen Schutz des 17. Juni. Diese Kontroverse um eine „würdige" Form der Begehung des Feiertags nahm schon fast groteske Züge an: Gegeneinander ausgespielt wurde die „katastrophale Lage im Vergnügungsgewerbe" und die nationale Würdelosigkeit der Westdeutschen, die den 17. Juni zu einer Art „zweitem Vatertag" herabsinken ließen. Der Innenminister jedenfalls schämte sich für die Wirte seines Landes; und die SPD forderte eine sofortige Beendigung der Diskussion, weil man sich vor der ganzen Welt lächerlich mache und die Bedeutung dieses der deutschen Wiedervereinigung gewidmeten Feiertages in den Schmutz ziehe.[275]

Seither verging kein Jahr, in dem nicht bedenkliche Reportagen über den Verlauf des Tages der deutschen Einheit veröffentlicht oder gesendet wurden. Berichtet wurde über symptomatische „Geschmacklosigkeiten“, Belustigungen und Lustbarkeiten, etwa die Bekanntgabe von Verlobungen am Tag der deutschen Einheit,[276] Butterfahrten in die dänische Inselwelt,[277] Bundesausflugstagen für Lehrer, die doch eigentlich ein patriotisches Vorbild hätten sein sollen,[278] kilometerlangen Staus auf den Autobahnen, die von den unzähligen Fahrten ins Grüne zeugten, vom Bade- und Freizeitspaß der Bundesdeutschen bei frühsommerlichem Wetter am 17. Juni, von Tombolas und Vergnügungsveranstaltungen oder schlicht von der Freude über einen zusätzlichen freien Tag. „Feiertag ist immer schön“, titelte die „Frankfurter Rundschau“ am 18. 6. 1960; drei Tage zuvor hatte der „Spiegel“ seine Reportage zum 17. Juni überschrieben mit „Einheit in Freizeit“ und damit das rituell proklamierte Wortpaar „Einheit in Freiheit“ treffend aufs Korn genommen.[279]

Der „Mißbrauch durch Fremdenverkehrsträger“ wurde auch von staatlicher Seite angeprangert, und man fragte sich, ob nicht beispielsweise auf die Deutsche Bundesbahn eingewirkt werden müsse, um die Ausgabe verbilligter Ausflugskarten am 17. Juni zu unterbinden.[280] „Unheilbares Deutschland“ und „Unteilbare D-Mark“ avancierten zu stehenden Begriffen.[281] Der 17. Juni – ein düsterer Tag, ein Feiertag ohne Publikum. War Deutschland aufgrund der westdeutschen Gleichgültigkeit doch teilbar? Immer mehr Veranstaltungen mußten abgesagt oder schnell beendet werden; die Rede des Hamburger Innensenators Helmut Schmidt auf dem Bonner Marktplatz 1965 zum Beispiel dauerte nicht einmal zwanzig Minuten; nur eine Handvoll Zuhörer war gekommen, was zu diesem Zeitpunkt keine Seltenheit mehr, sondern schon fast die Regel war.[282] Am 13. August 1963, um ein letztes Beispiel aufzuführen, sendete das Erste Deutsche Fernsehen eine Reportage von Matthias Walden „Gedenken ohne Gedanken“, die am 17. Juni desselben Jahres gefilmt wurde und ein erholungsfindendes und angetrunkenes „Testvölkchen“ vorführte, das an alles dachte, nur nicht an die nationale Einheit. Der „Spiegel“ kommentierte diese vorgefundene bundesdeutsche Wirklichkeit mit einem Zitat aus Tacitus' Germania: „Dieses Volk, nicht verschlagen noch durchtrieben, verrät in fröhlicher Stimmung immer noch die Geheimnisse des Herzens.“[283]

Aber was lediglich als geistreiche Bemerkung gedacht war, traf doch ziemlich genau die Lebenswelt der Westdeutschen zu Beginn der sechziger Jahre, die sich – zugespitzt formuliert – eher als Bundesrepublikaner denn als Deutsche fühlten. Lebensgeschichtlich ging der Inhalt des Aufstandes vom 17. Juni 1953 an der Welt der Bundesbürger zusehends vorbei. Das

Ereignis entfaltete immer weniger eine symbolische Stärke. Klagen der im Bonner Regierungsviertel gelegentlich als „Wiedervereinigungssektierer“[284] bezeichneten gesamtdeutschen Politiker über die „müde gewordenen Bundesrepublikaner“ und die „biederen Wirtschaftswunder-Philister“,[285] ja über den „deutschen Spießer“, den nichts in seiner „Bierruhe“ störe,[286] gab es zumindest in internen Äußerungen zuhauf. Apokalyptische Bilder vom Verlust des Nationalbewußtseins, vom gesamtdeutschen Fatalismus und von hedonistischen, uninteressierten und „unqualifizierten“ Staatsbürgern wurden entworfen, auch regelrechte Bedrohungsszenarien, denn in der DDR schien dies alles ganz anders zu sein. Der Geschäftsführer des Kuratoriums „Unteilbares Deutschland“ sah sich veranlaßt, schweres Geschütz aufzufahren. Er hielt den Westdeutschen Mangel an staatsbürgerlicher Verantwortung vor. Insgesamt sei die Demokratie in Deutschland leider noch nicht so tief verwurzelt, „daß der Mehrheit des Volkes bereits alle Möglichkeiten des freiheitlichen Staates gänzlich geläufig wären“. Nur so erkläre sich das „Nase-rümpfen“ über Kundgebungen, Abzeichen, Plakaten und sonstige Mittel der Willensäußerung. Die Deutschen hätten die Wahl, dem Deutschlandbild etwas hinzuzufügen: „Schande oder Ehre, Verantwortungslosigkeit oder Verantwortung“. Schließlich schloß Schütz mit einem Vergleich mit der NS-Zeit: „Wer am 17. Juni nicht zur Kundgebung kommt, handelt genauso wie derjenige, der in früheren Zeiten nichts gewußt hat – und nichts wissen wollte. Er schadet Deutschland, er schadet der Freiheit, er wird schuldig gegenüber kommenden Generationen.“[287] Aber solch starke Worte nutzten nichts; und die immer wieder bekundete Auffassung, daß der 17. Juni bedeutungsvoller sei als das westdeutsche Wirtschaftswunder, half auch nicht weiter.[288] Es scheint, als wären die Bürger im Zeichen von Wirtschaftswunder und Konsumkapitalismus den politischen Eliten beim Abrücken von gesamtnationalen Vorstellungen vorausgeeilt und als hätte im Bewußtsein der Mehrheit die Sicherheit des Teilstaates der nationalen Wiedervereinigung den Rang abgelaufen.[289]

In einer breiten politischen Debatte, die aus Furcht vor einer öffentlichen Diskussion hinter verschlossenen Türen stattfand und über die kaum etwas nach außen drang, ist zwischen 1957 und 1963 in vielfältiger Weise über die Zukunft des „17. Juni“ nachgedacht worden. Der Eindruck, daß die Feiern am Tag der deutschen Einheit nicht mehr dem Sinn und der Geschichte des Ereignisses entsprächen, führte zu drei alternativen Konzeptionen: Abschaffung, Opfertag oder anderweitige Reform.[290] Besonders die Arbeitgebervertreter machten sich aus naheliegenden Gründen für eine Abschaffung des Feiertages stark. Altpräsident Walter Raymond und der amtierende Präsident der Bundesvereinigung der Deutschen Arbeitgeberverbände, Generaldirektor Hans Constantin Paulssen, zogen dabei an einem Strang. Sie verwiesen schon seit längerer Zeit mit Nachdruck darauf, daß die Wirtschaft am 17. Juni alleine ein Opfer von rund 400 Millionen DM jährlich bringe, welches die Westdeutschen ganz für sich in Anspruch nähmen.[291] Der modifizierte Vorschlag, wieder einen Arbeitstag einzuführen, den Lohn aber einem Fond für gesamtdeutsche Zwecke zukommen zu lassen, den die Arbeitgeber um den gleichen Betrag der Lohnsumme noch einmal aufstocken wollten, stieß indes – außer bei liberalen Politikern –[292] auf Ablehnung. Man befürchtete nicht nur Proteste aus der Bevölkerung gegen den Lohnausfall. Noch gewichtiger war der Einwand, daß es sich dabei um eine Art Zwangsspende handeln würde, um eine Arbeitsselbstverpflichtung, die den Gepflogenheiten totalitärer Staaten in peinlicher Weise nahekäme. Der Vorsitzende des DGB, Willi Richter, hielt die Zwangseinbehaltung von Arbeitserträgen für schändlich und mit dem Grundgesetz nicht vereinbar.[293]

Bereits im Mai 1957 hatte die CDU auf ihrem Hamburger Parteitag eine Entschließung gefaßt, den nationalen Feiertag bis zur Wiedervereinigung als Opfertag auszugestalten.[294] Damit sollte nicht zuletzt den sozialdemokratischen Aneignungsversuchen der Wind aus den Segeln genommen werden. Theodor Oberländer war gebeten worden, entsprechende Maßnahmen zu prüfen. Er kam zu dem Schluß, daß nur ein freiwilliges Opfer, nicht eine Steuer oder eine Zwangsabgabe sinnvoll sein konnte. Da nichts in der Geschichte ohne Sinn sei, so führte er aus, habe auch die deutsche Teilung, ja sogar die Existenz des Bolschewismus einen Sinn: „Die Mahnung sollte uns täglich sagen, daß die Wiedervereinigung nur aus unserer, den Materialismus überwindenden Antwort auf die Herausforderung eines totalitären Systems mit seiner Unfreiheit und seinen Zwangsopfern möglich sei.“ Oberländer hegte keinen Zweifel daran, daß die Deutschen in Ost und West noch einig und von gleichen Interessen geleitet waren: Beide sah er im Kampf gegen den Bolschewismus – die Ostdeutschen an der Front, die Westdeutschen in der Etappe. „Welchen Grund hat die Etappe, zu feiern? Sie feiert die Haltung der Front, nicht ihre eigene Haltung!“[295] Für um so wichtiger hielt er ein materielles Opfer. Den 17. Juni als Opfertag zu gestalten hätte ebenfalls bedeutet, seine „Doppelseitigkeit“ zu betonen: Das Opfer der Ostdeutschen war demnach eine Gabe, die zu einer Gegengabe herausforderte. Die Toten des 17. Juni waren ein Unterpfand der Lebenden, ihr Opfer sollte den Fortbestand der nationalen Gemeinschaft gewährleisten. Die Zuschauer und Unbeteiligten im Westen sollten durch ein eigenes (materielles) Opfer wieder in ihre Pflicht genommen werden.

Aber all diesen Überlegungen zum Trotz: Keine Bundestagsfraktion wagte irgendeinen Alleingang. Wer wollte dem politischen Gegner schon gern eine so günstige Gelegenheit für eine öffentliche Skandalisierung geben? So scheiterten sämtliche Pläne bereits im Vorfeld an den tatsächlichen oder auch an den nur vermuteten Einwänden der Gegenseite. Der bald auftauchende Gedanke, institutionelle Schritte zu unternehmen und eine „Nationalstiftung 17. Juni" ins Leben zu rufen, ist gleichfalls rasch wieder begraben worden.[296] Ebensowenig weiterverfolgt wurde die Idee des Historikers Werner Conze, im deutschen Grenzgebiet bei Hof oder Coburg demonstrativ eine Universität zu gründen, die stark auf deutschlandpolitische Themen hin ausgerichtet sein sollte.[297] Andere Vorschläge aus dem Kreis der Innenminister der Bundesländer zeugten von der Ratlosigkeit in dieser verfahrenen Situation. Auf einer ihrer Sitzungen schlug der Vertreter Schleswig-Holsteins 1962 allen Ernstes vor, in Anlehnung an die monarchischen Kaisergeburtstagsfeiern als Nationalfeiertag den Geburtstag des jeweiligen Bundespräsidenten einzuführen.[298] Der Plan, die Feierlichkeiten und Veranstaltungen des 17. Juni, des 20. Juli und des 13. August zu bündeln, scheiterte an der Frage des zu präferierenden Datum.[299] Der katholische Weihbischof des Bistums Limburg, Walter Kampe, brachte die Anregung ins Spiel, das Gedenken an den ostdeutschen Aufstand auf den Buß- und Bettag zu legen, stieß damit aber in protestantischen Kirchenkreisen auf keinerlei Gegenliebe.[300]

In der Diskussion tauchten außerdem ganz andere Ideen auf, etwa den 23. Mai – den Tag des Inkrafttretens des Grundgesetzes – aufzuwerten. Diesem Gedanken standen die Innenminister indessen sehr skeptisch gegenüber, da dieser Tag noch „synthetischer" sei als der 17. Juni.[301] So konnte auch der Präsident des Bundesgerichtshofes mit seiner Überlegung nicht durchdringen, ähnlich wie in den USA einen „Law Day" in der Bundesrepublik Deutschland einzuführen, um gleichermaßen den rechtsstaatlichen Charakter der Bundesrepublik sowie das Recht auf Selbstbestimmung aller Deutschen herauszustreichen.[302] Diesem Vorstoß in Richtung auf einen Verfassungspatriotismus – weit über ein Jahrzehnt, bevor das Konzept umfassender diskutiert werden sollte – bescheinigte der neue gesamtdeutsche Minister Rainer Barzel eine zu große „Abstraktion" und vor allem eine „unzulässige Verengung der gesamtdeutschen Bedeutung", weshalb er ihn regelrecht torpedierte.[303]

Im Verbund mit den Flüchtlingsverbänden, denen die Diskussion wie eine Bankrotterklärung der Wiedervereinigungsidee vorkam, waren es die Sozialdemokraten, die den 17. Juni „mit allen zur Verfügung stehenden Mitteln verteidigen" wollten. „Schaut doch in der deutschen Geschichte zurück", so mahnte beispielsweise der baden-württembergische Landesverband den SPD-Parteivorstand in Bonn, „wer weiß heute noch von den Opfern von 1525 oder von denen von 1848? Was erinnert in unseren Tagen an den Kapp-Putsch oder an den Tag des Ermächtigungsgesetzes. Alle diese Tage und Wochen in den verschiedenen Jahrhunderten waren geschichtliche Wendepunkte. Weiß man denn sicher, ob nicht der 17. Juni das Ende der roten Gewaltherrschaft einleitete?" Außerdem unterstellten die Sozialdemokraten der CDU, der FDP und den Industrieverbänden unlautere Motive: es gehe ihnen darum, einen „linken Feiertag" abzuschaffen. Schließlich: Wie würde das Ausland auf die „geplante Abrüstung des deutschen Freiheitserinnerns reagieren"?[304]

Die vielen Diskussionen, Skandale und Krisenszenarien mündeten letztlich in eine Reform des nationalen Symbols. Zur 10jährigen Wiederkehr im Jahr 1963 proklamierte Bundespräsident Heinrich Lübke nach langen Gesprächen mit den Bundestagsfraktionen und Landesregierungen über den „richtigen" Umgang mit dem nationalen Symbol, den 17. Juni schließlich zum „Nationalen Gedenktag des deutschen Volkes"; er sollte fortan als „stiller Tag" begangen werden. „Gedenktag" – das hieß Verpflichtung und politisch-moralischer Appell.[305] Damit aber verschob sich der Identitätswert des 17. Juni auf die Kategorie einer neuerlichen gescheiterten Revolution in Deutschland. Der Schatten des Mißerfolgs legte sich über die Erinnerung. Die Erfolglosigkeit des 17. Juni war durch den Bau der Berliner Mauer noch unterstrichen worden. Er galt nun als ein Fanal der Vergeblichkeit, ja sogar als ein Aufstand, der tragischerweise die Möglichkeiten einer Auflockerung in der deutschen Frage nach dem Tod Stalins zerschlagen hatte.[306] Hatte er nicht das Ulbricht-Regime stabilisiert und den Sowjets dessen Unentbehrlichkeit bewiesen? Die wiedervereinigungspolitische Euphorie war dahin, über dem Tag lag nach den Worten von Eugen Gerstenmaier nun eine gedämpfte Stimmung, eine Melancholie, die von Jahr zu Jahr schwerer wurde.[307] Der Aufstand wurde eingereiht in die schicksalhafte deutsche Geschichte mit ihren gescheiterten Revolutionen von 1848, 1918 und nun eben auch 1953. Statt einem erhofften deutschen „Quartorze Juillet", einem leichtfüßigen, positiv besetzten Erinnerungstag,[308] wie ihn andere Nationen kennen, zeigte sich nun das wahre Gesicht: Der 17. Juni war kein Sieg, sondern eine Niederlage, oder eine Niederlage, die nachträglich für kurze Zeit in einen Sieg umgedeutet worden war. Nun schlug auch in ihm das Leitmotiv der deutschen freiheitlich-demokratischen Nationalgeschichte durch: umsonst. Gleichzeitig überhöhte man den 17. Juni zu einem „übermenschlichen Versuch",[309] und der Verweis auf den „Opfergeist" der Aufständischen, der vergeblich geblieben war, trat in den Vordergrund. Ein Trauertag, an dem an etwas unwiederbringlich Verlorenes gedacht wurde?

Der Tag der deutschen Einheit war nicht zuletzt mehr und mehr zum Fixpunkt eines Gefühls gesamtdeutschen Unbehagens in der Bevölkerung geworden, und dieses Mißbehagen bekam zunehmend eine politische Dimension von großer Relevanz, ja, es wurde zu einem Politikum. Der 17. Juni stand – spätestens nach der Zementierung der deutschen Teilung durch den Mauerbau – als das Symbol der gescheiterten Deutschlandpolitik der Bundesregierung da. War Bundeskanzler Konrad Adenauer 1956 noch ganz gewiß gewesen, daß der Tag der gesamtdeutschen Wiedervereinigung bald kommen werde[310] – er hatte sich gerade mit dem französischen Ministerpräsidenten Guy Mollet über die Angliederung des Saarlandes an die Bundesrepublik verständigt –, so hatte er vier Jahre später, kurz vor dem Bau der Berliner Mauer, nur noch „Durchhalteparolen" parat. „Haltet fest an dem festen Glauben" an die Wiedervereinigung appellierte er an die Deutschen.[311] 1962 verkündete der Kanzler über das Fernsehen: „Wir wissen, daß wir die Wiedervereinigung nicht sehr bald erreichen können." Und direkt an die Ostdeutschen gewandt, sagte er: „Halten Sie aus. Die Geduld bedeutet viel im Leben, und das Ausharren ist eine große Kraft."[312] Fatalismus und Resignation breiteten sich aus. Die nur mehr vagen Verheißungen, die zunehmend von Schwermut getragen waren, und die im Überirdischen Zuflucht suchenden Aufrufe wurden zu einem unüberhörbaren Ausdruck eklatanter deutschlandpolitischer Hilflosigkeit.

Diese Hilflosigkeit der Staatsführung schien vielen Menschen nach dem Bau der Mauer symptomatisch für die gesamtdeutsche Politik überhaupt zu sein.[313] Durfte man, so wurde zunehmend gefragt, denn immer nur im Auge haben, wie man sich Gesamtdeutschland wünschte und dabei übersehen, wie es sich nach dem Mauerbau wirklich präsentierte?[314] Den Pathosformeln, den Deklamationen und den rituellen Beschwörungen, vor allem aus den Reihen des KUD, haftete der Geruch einer Alibi-Veranstaltung von Politikern an, „die allesamt beim Begräbnis der deutschen Frage den Sarg getragen haben".[315] Auch international war die deutsche Frage als drängendes Problem längst von den politischen Tagesordnungen heruntergenommen worden. Die bundesdeutsche Politik verkam zur reinen Demonstration, Tabus wurden errichtet, Andersdenkende diffamiert; aber die vagen Verheißungen ermüdeten das Publikum immer mehr, und der 17. Juni entwickelte sich zu einer jährlichen Verlegenheit: nicht wie die Einheit zu erreichen, sondern wie der Tag der Einheit mit Anstand zu bewältigen sei, wurde zum Hauptproblem.[316] Hatte die Politik die Ostdeutschen nicht schon längst abgeschrieben und wurde nicht versucht, die Mehrheit der Deutschen mit Schweigemärschen und öffentlichen Proklamationen im Glauben zu halten, daß alles getan werde, was getan werden konnte? Der Tag der deutschen Einheit stand nun plötzlich in den Augen der vielbeschworenen „bewußten und aktiven demokratischen Kreise"[317] für eine Politik des Als-ob, für ein Ablenkungsmanöver, für ein Schönheitspflästerchen, das die rissige Fassade nicht mehr verdecken konnte – die Glaubwürdigkeitskluft verbreiterte sich ständig.

Diese Politik basierte darüber hinaus auf einem fragwürdigen Geschichtsbild: Gab sie nicht dem deutschen Volk wieder einmal das Gefühl, es werde schuldlos und grundlos von einem teuflischen Feind daran gehindert, seinen ihm zustehenden Platz einzunehmen? Wie lange noch konnte sich die Arbeit am nationalen Gedächtnis mit dieser Version begnügen? Mußte man ferner nicht fragen, ob noch soviel nationales Bewußtsein im Westen vorhanden war, daß es den Nationalfeiertag stellvertretend für die Deutschen in der DDR innerlich tragen konnte? Erfuhren die Bundesdeutschen die Teilung noch als Wunde? Der 17. Juni war als Symbol der Gesamtstaatlichkeit zusehends verblaßt, und gleichzeitig wurde ihm für die Selbstdefinition der Bundesrepublik eine wachsende Bedeutung zugemessen.[318] Im kollektiven Gedächtnis der Bundesdeutschen war spätestens mit dem offiziellen Akt des Bundespräsidenten von 1963 die Zukunftsgewißheit, daß der „Tag X" der Wiedervereinigung bald kommen werde, abgelöst worden durch eine zunehmende Verinnerlichung der deutschen Teilung.[319] Der Feiertag der deutschen Einheit war in Wahrheit dem Alltag der deutschen Spaltung gewichen.

An höchst unterschiedlichen, z.T. gegenläufigen Bewegungen in drei verschiedenen, doch permanent ineinanderfließenden Bereichen zerbrach der Kult um den deutschen Nationalstaat: erstens am internationalen und nationalen politischen Wandel, zweitens an den Revisionen im deutschen Geschichtsbild, die erbitterte Kontroversen nach sich zogen und weit in die veröffentlichte und öffentliche Meinung ausstrahlten, sowie drittens an der zunehmenden Selbstanerkennung der Bundesrepublik und damit einhergehend einer zunächst noch verhaltenen neuen Wahrnehmung der DDR, genauer: der dort lebenden Deutschen. Insgesamt gesehen wurde die deutsche Frage somit neu focussiert. Was sich hinter diesen angesprochenen Bereichen genauer verbarg, soll in den folgenden Abschnitten erörtert werden.

5. Epochenwechsel und Einstellungswandel – Das Scheitern des Kultes

a) Die große Desillusion – Deutschlandpolitische Veränderungen

Parallel zum Kult um den deutschen Nationalstaat verliefen vielfältige Wandlungsprozesse, die ihn immer stärker aushöhlten und zu seinem Scheitern wesentlich beitrugen. Besonders bedeutsam waren dabei die neuen Positionen zur deutschen Frage, die deshalb zuerst betrachtet werden müssen.

„Heute soll nicht der Tag sein, den Mythos des 17. Juni zu feiern oder zu entlarven, der sich selbst überlebt hat." Mit diesen Worten begann Rudolf Augstein am 16. Juni 1965 vor der Studentenschaft der Rheinischen Friedrich-Wilhelms-Universität in Bonn seine Analyse „17. Juni – Kapitulation, Aufstand oder was sonst?“ Sie fand anschließend als Beiheft des „Spiegel“ eine weite Verbreitung.[1] Augstein berief sich in seinen Überlegungen auf das kurz zuvor erschienene Buch von Arnulf Baring zum 17. Juni, das als Tabubrecher und Wegbereiter für neuere Deutungen wirkte.[2] Barings These, daß es sich vor allem in der ersten Phase mehr um einen sozialen denn um einen nationalen Aufstand gehandelt habe, spitzte Augstein noch zu: „Es war kein Volksaufstand, der von sowjetischen Panzern im Blut erstickt worden ist. Es war eine nicht gezielte, nicht geplante Demonstration für bessere, freiere Lebensbedingungen, die mehr verlosch, als daß sie unterdrückt worden ist.“ Im weiteren Verlauf seiner Ausführungen verstieg sich der „Spiegel“-Herausgeber sogar zu den Bemerkungen: „Nein, es war kein Aufstand. Viel eher war es ein Unglück.“ Und auf die Erinnerungskultur in der Bundesrepublik gemünzt meinte er: „Es gibt nichts zu feiern, wir haben uns hier nicht viel zu erinnern, auf das ein Deutscher stolz sein könnte.“[3]

Um den Aufstand selbst ging es Rudolf Augstein, der 1953 noch ganz anderer Meinung gewesen war,[4] gar nicht. Statt dessen nutzte er das berühmte Datum, um mit der Deutschlandpolitik der Bundesregierung abzurechnen. Augstein zufolge hatte der provisorische Staat Bundesrepublik die Wahl zwischen zwei Optionen gehabt: Entweder versuchte er, die Verklammerung mit der vierten besetzten Zone beizubehalten und zu stärken, betrieb also eine von den Westalliierten nicht zu sanktionierende Sonderpolitik, oder er versuchte, die kaum gewonnene Staatlichkeit auf größere fiktive Einheiten, d.h. auf die Atlantische Union und eine noch zu bildende Westeuropäische Föderation zu übertragen. Adenauer, so Augstein, habe zwischen den beiden sich bietenden Möglichkeiten, die einander ausschlossen, keine Minute geschwankt: „Er traf die nach meiner Meinung falsche und, moralisch gesprochen, unzulässige Entscheidung, aber er traf sie ganz.“[5] Gleichzeitig aber seien, was die Wiedervereinigung anbelangte, jahrelang Illusionen genährt, die Menschen auf einen „Überraschungsclou der Geschichte“ vertröstet und wider besseren Wissens auf dem internationalen Parkett Forderungen aufgestellt worden, von denen man wußte, daß keine einzige erfüllt werden konnte. Doch nicht allein die Regierung, sondern alle Parteien hätten den Souverän, das Volk, zum Narren gehalten, indem sie Nationalressentiment, die Grenzen von 1937, Heimatrecht und Selbstbestimmung für das Sudetenland und Teile des heutigen Polens predigten sowie die längst überfällige staatliche Anerkennung der DDR vermieden. Die DDR anzuerkennen hielt Augstein deshalb für notwendig, weil das Interesse der Bundesrepublik dahin gehen müsse, die DDR-Regierung zu einer „deutscheren“ Regierung zu machen, nicht aber – wie bisher – sie als Marionette der Sowjets zu fixieren.[6] „Laßt uns endlich", so schloß der streitbare Publizist, „den 17. Juni zum Anlaß nehmen, die Wahrheit zu suchen! Machen wir uns klar, daß es sinnlos ist, nach einer Deutschlandregelung im luftleeren Raum zu rufen, mit den Grenzen von 1937, mit der Abschaffung der SED, mit atomaren Festungsgürteln in beiden Territorien, mit perfektem Notstands-Mechanismus. Wir haben Zeit genug gehabt, uns an die Tatsachen zu gewöhnen (...) 20 Jahre Lebenslüge, das ist genug."[7]

Rudolf Augstein zählte sicherlich zu den ungestümsten Kritikern nicht nur Konrad Adenauers, sondern auch der amtierenden Bundesregierung unter der Regie des außenpolitisch glücklos agierenden Ludwig Erhard;[8] aber viele der ostpolitischen Vordenker gleich welcher Couleur – Golo Mann, Peter Bender, Waldemar Besson, Wilhelm Wolfgang Schütz, Egon Bahr, Vertreter der Evangelischen Kirche Deutschlands, ja selbst Franz Josef Strauß – teilten, von der Anerkennungsfrage abgesehen, in ihrer je spezifischen Art und Weise seine Auffassung, daß die Deutschlandpolitik einer grundlegenden Reform bedürfe. Trotz seines Impetus: alleiniger Bilderstürmer war Augstein 1965 in dieser zentralen politischen Angelegenheit nicht mehr; schon eher waren seine Bemerkungen symptomatisch für das bereits erreichte Ausmaß des Wandels.

Richard Löwenthal hat den konstitutiven Doppelkonflikt der Bundesrepublik und die politischen Lernprozesse auf dem Weg zur Neuen Ostpolitik am eindringlichsten herausgearbeitet. Die Geschichte der deutschen Teilung und der Grenzfragen im Osten ist von Revisionsbestrebungen und Rechtsvorbehalten der Bundesrepublik begleitet gewesen: Strikte Nichtanerkennung der DDR und der Oder-Neiße-Grenze führten die Bundesrepublik – über den allgemeinen Systemkonflikt zwischen West und Ost hinausgehend – in einen „Sonderkonflikt" mit ihren östlichen Nachbarn einschließlich der Sowjetunion hinein, in dem sie anfänglich nur bedingt und im Zeitverlauf kaum noch auf Unterstützung von seiten der Westmächte rechnen konnte. Die Geschichte des Wandels der bundesdeutschen Ostpolitik war die Geschichte der zunehmenden Erkenntnis dieses Doppelkonfliktes. Sie ging einher mit der Entschärfung des deutschen Sonderkonfliktes mit dem Osten als Folge der wachsenden Eingliederung der Bundesrepublik Deutschland in das wirtschaftliche, politische, kulturelle und militärische System des Westens. Von Bedeutung war schließlich auch die zunehmende Abmilderung des Systemkonflikts im Zuge der Entspannung.[9] Am Ende dieses Prozesses hatten Wiedervereinigung des Deutschen Reiches in den Grenzen von 1937 und nationale Selbstbestimmung aufgehört, ein Problem sui generis zu sein, sondern waren jetzt in Abrüstungs- und Entspannungsfragen allgemeiner Art eingebunden. Ein neues Paradigma bestimmte fortan den politischen Diskurs: Es kam zu einer Europäisierung der deutschen Frage.[10]

Dieser vielschichtige Wandlungsprozeß, der in internationale und nationale Entwicklungen eingebettet war und den heftige Debatten sekundierten, läßt sich folgendermaßen periodisieren[11]: Die Phase 1955–1961 stand im Zeichen eines Immobilismus bundesdeutscher Außenpolitik, die auf die Détente-Bemühungen der Großmächte zwischen 1955 und 1958 nicht reagieren konnte. Während der zweiten Berlin-Krise seit 1958 beschleunigten sich die Veränderungen; Außenminister Gerhard Schröders „Politik der Bewegung" zwischen 1961 und 1966 war eine Folge davon und bedeutete den, im ganzen zwar noch unschlüssigen, Übergang zu einer flexibleren Ostpolitik. Diese wurde während der Großen Koalition (1966–1969) forciert – Kristallisationspunkte waren dabei die Aufnahme diplomatischer Beziehungen zu Rumänien und Jugoslawien 1967/68 sowie der erste Briefwechsel zwischen Bundeskanzler Kiesinger und DDR-Ministerpräsident Stoph. Ab 1969 modifizierte die sozialliberale Regierung diese begonnene Politik und führte sie schließlich zu den Ostverträgen. Seit Beginn der sechziger Jahre setzte in allen Parteien und in vielen wichtigen gesellschaftlichen Gruppen insgesamt ein Umbruch der Politikansätze zur Überwindung der deutschen Teilung ein.

Betrachtet man die Zeit bis zur Großen Koalition genauer, so lassen sich die wesentlichen Aspekte folgendermaßen beschreiben: Zwischen 1955, d. h. dem Scheitern der Viermächtekonferenz in Genf, und 1961, dem Jahr des Mauerbaus in Berlin, ging das bisherige dynamische und kreative Element der Adenauerschen Außenpolitik, welches seinen Westkurs auszeichnete, verloren und machte einer zunehmenden Starrheit Platz. Es kam nicht zuletzt infolge der Hallstein-Doktrin zu einer Dogmatisierung der westdeutschen Außenpolitik, die mit Blick auf Osteuropa doppelt gehemmt war, einmal durch die Angst vor dem Kommunismus und sodann durch die Furcht vor der eigenen NS-Vergangenheit. Besonders während der Phase eines zweifellos sehr begrenzten ersten Entspannungsversuches und einer neuen Beweglichkeit zwischen den Supermächten in den Jahren 1955 bis 1958 geriet die Bundesrepublik in die Rolle des Störenfrieds, auf den sich die östliche Propaganda konzentrierte. Adenauer hielt die sich ausbreitende Entspannungseuphorie für gefährlich, da sie das Ziel des sowjetischen Machtstrebens nur fördere – die von den Westmächten tatenlos hingenommene Niederschlagung der Aufstände in Polen und Ungarn 1956 schien ihn zu bestätigen. Die Sowjetunion stellte sich auf die dauerhafte Existenz zweier deutscher Staaten ein. Die DDR ihrerseits kappte einerseits noch bestehende Verbindungen mit Westdeutschland und propagierte andererseits Pläne einer Konföderation zwischen den beiden deutschen Staaten (27. 7. 1957), die für die Regierung Adenauer indes nicht diskutabel waren. Bonn verschüttete aber auch ernsthaftere Verständigungsmöglichkeiten, etwa über den polnischen Rapacki-Plan vom Oktober 1957, der eine atomwaffenfreie Zone in ganz Deutschland, der Tschechoslowakei und Polen vorsah. Die Westmächte befanden sich in einer Zwickmühle: Da die Bundesregierung mit ihren Maximalforderungen einen Gegensatz zwischen Wiedervereinigungs- und Entspannungspolitik konstruiert hatte, mußte man entweder die Entspannung oder die deutsche Wiedervereinigung zurückstellen. Die Bonner Haltung stieß international auf heftige Kritik und auf immer weniger Verständnis – man konnte leicht erahnen, welcher Alternative die Mächte am Ende den Vorzug geben würden.[12]

In der erneuten politischen Offensive der Sowjetunion seit 1958 – der Entfachung der zweiten Berlin-Krise durch das Chruschtschow-Ultimatum –, auf der anschließenden Genfer Außenministerkonferenz vom Sommer 1959, der Pariser Gipfelkonferenz vom Mai 1960, schließlich durch den Bau der Berliner Mauer im August 1961 wurde die Isolation der Bundesrepublik in dramatischer Weise spürbar. Mehr als nur einmal war in dieser Zeitspanne bis zum Höhepunkt des Konflikts zwischen den Supermächten, der Kuba-Krise im Oktober 1962, ein Krieg in Sicht. Mit dem Berlin-Ultimatum vom 27. November 1958 wollte Chruschtschow zunächst den Abschluß eines gesamtdeutschen Friedensvertrages, mithin die völkerrechtliche Anerkennung der DDR, erreichen. Außerdem sollte die DDR von störenden Einflüssen aus dem Westen abgeschirmt und deshalb Westberlin als von den Westmächten verlassener Freistaat etabliert werden; am Ende machte sich der Kremlchef sogar die Maximalposition Ulbrichts zu eigen, Westberlin in das „sozialistische Lager" einzubeziehen.[13] Auf der Genfer Konferenz im Jahr 1959 stand zum letzten Mal für die nächsten dreißig Jahre die Zukunft Deutschlands zur Verhandlung. Diese endete ergebnislos, blieb aber keineswegs folgenlos. Denn die Westmächte, insonderheit der neue amerikanische Außenminister Christian A. Herter, der dem im Mai verstorbenen John Foster Dulles in das State Department nachgefolgt war, signalisierten Konzessionsbereitschaft und taten einen entscheidenden Schritt, sie entkoppelten das Berlin- und das Deutschlandproblem. Erstmals wurden Umrisse einer „neuen Ära der Koexistenz"[14] auf Kosten des Bonner Wiedervereinigungsmaximalismus sichtbar, was dem bundesdeutschen Kanzleramt und dem Außenministerium als Verrat erschien. Präsident John F. Kennedys defensive Berlin-Strategie – „Three essentials" vom 25. 7. 1961 –[15] setzte diese Politik der Status-quo-Bewahrung fort. Der von den Westmächten tatenlos hingenommene Bau der Berliner Mauer erschütterte und schockierte die Deutschen, während er von der amerikanischen Führung als Element der Stabilisierung „mit unverkennbarer Erleichterung"[16] hingenommen wurde. Die Zementierung der Teilung bedeutete das Ende der bisherigen bundesrepublikanischen Wiedervereinigungspolitik. Daß die vorbehaltlose Westintegration zur schnellen Wiedervereinigung führe, ließ sich nun nur noch schwerlich behaupten. Nach dem Bau der Mauer revidierten daher viele Angehörigen der bundesrepublikanischen Deutungselite ihr Urteil über die Politik des Kanzlers, der sie früher durchaus wohlgesonnen gewesen waren und die sie für politisch richtig gehalten hatten. Sie hielten Adenauer nun völliges Versagen vor, so etwa der Historiker Gerhard Ritter.[17] Die „Stunde der großen Desillusion" hatte geschlagen, wie der CDU/CSU-Fraktionsvorsitzende Heinrich Krone in seinem Tagebuch notierte.[18]

Die Jahre 1958 bis 1963 können aber auch als eine Zeit des Umbruchs, der deutschlandpolitischen Neuformulierungen und Neuorientierungen beschrieben werden. Die deutsche Frage war vielfältigen Revisionen und Enttabuisierungen ausgesetzt. Schon vor dem Schock des Mauerbaus hatte eine „Krise der Wiedervereinigungsidee"[19] eingesetzt und war die Wiedervereinigungshoffnung der Deutschen angesichts der beiderseitigen Blockintegration auf den „Nullpunkt" gesunken, jedenfalls nach dem Eindruck des liberalen Deutschlandexperten Wolfgang Schollwer.[20] Auf der Liste der wichtigsten Ziele rangierte zwischen 1953 und dem Mauerbau die Wiedervereinigung in den zahlreichen Meinungsumfragen stets auf dem ersten Platz, aber bereits Ende der fünfziger Jahre hielt nicht einmal mehr jeder fünfte Befragte die Chancen dafür für „gut".[21] Mit dem Amtsantritt Kennedys zeichnete sich zudem erstmals eine Konstellation ab, in der Washington nicht mehr bevorzugt auf die Meinung Adenauers hörte. Der neue amerikanische Präsident sagte den Deutschen seine Sicht der Dinge offen ins Gesicht: Eine Wiedervereinigung könne nicht durch Krieg und nicht durch ein Wunder kommen, sondern nur als Ergebnis eines langen historischen Prozesses.[22] Wer sich nach dem Mauerbau noch immer Hoffnungen auf eine baldige Veränderung der welt- und deutschlandpolitischen Lage machte, der mußte sich von Eugen Gerstenmaier eines Besseren belehren lassen. Nach einem Besuch in den Vereinigten Staaten warnte der Bundestagspräsident, der seine eigene Desillusionierung hierbei nicht verbarg, am 20. Juni 1963 die deutsche Öffentlichkeit mit allem Nachdruck vor „Wiedervereinigungsillusionen" und mahnte eine neue Politik an. Bei der UNO würde man nur „mit den Schultern zu zucken beginnen, wenn die Rede auf die Wiedervereinigung Deutschlands" komme; mehr noch: jedes Gespräch ende abrupt, wenn man auf die Wiederherstellung der deutschen Grenzen von 1937 dringe.[23]

Die langfristig wichtigste und von der öffentlichen Wirkung her gesehen nachhaltigste Entwicklung aber war, daß während der bedrohlichen Berlin-Krise von den engagierten Deutschlandpolitikern der sozialdemokratischen Opposition das Steuer radikal herumgerissen wurde, es zu einer außen- und deutschlandpolitischen „Flurbereinigung"[24] kam, die nichts weniger als eine „Bundesrepublikanisierung" der sozialdemokratischen

Außenpolitik darstellte. Noch 1959 hatte sich die SPD mit einem neuen und letzten „Deutschlandplan" zwischen alle Stühle gesetzt. Dieser war in der klassischen realitätsfernen Art des SPD-"Wiedervereinigungsperfektionismus"[25] abgefaßt. Er forderte die Schaffung einer entmilitarisierten und atomwaffenfreien „Entspannungszone" in Mitteleuropa und kombinierte dies mit einer schrittweisen Verklammerung der beiden Teile Deutschlands sowie schließlich der Wiederherstellung der deutschen Einheit. Der „Deutschlandplan" verzichtete dabei auf die bisherige westliche Forderung nach freien Wahlen zu Beginn des Wiedervereinigungsprozesses, um damit dem Prestige- und Sicherheitsinteresse der östlichen Seite entgegenzukommen.[26] Doch schon an den Interessen der Siegermächte ging dieser Plan völlig vorbei. Fritz Erler und Carlo Schmid, die auf Erkundungsreise nach Moskau geflogen waren, kamen am 16. März 1959 mit einer äußerst desolaten Lagebeurteilung zurück. Weder die Sowjetunion noch die Westmächte waren an einer Wiedervereinigung interessiert. Insofern mutete der zwei Tage später veröffentlichte „Deutschlandplan" in der Tat wie eine „Donquichotterie" an.[27]

Ausgerechnet Herbert Wehner – der der SPD den „Deutschlandplan" fast aufgezwungen hatte, dann aber in Raten von ihm abgerückt war, bevor er ihn nach dem Scheitern der Genfer Konferenz schleunigst makulierte – hielt am 30. Juni 1960 die berühmte Grundsatzrede im Bundestag, mit der eine parteipolitische Wende um 180 Grad vollzogen wurde. Die SPD erkannte die Westbindung als Staatsräson der Bundesrepublik an. Erstmals gab sie der West- und NATO-Politik den Vorrang vor der Wiedervereinigung durch Bündnisfreiheit oder kollektiven Sicherheits- und Disengagement-Konzepten. Nicht mehr die ideelle Gesamtnation war das Sujet der SPD-Sicherheitspolitik, sondern der reale westdeutsche Teilstaat. Die Westbindung Bonns bedeutete nun auch für die Sozialdemokratie keinen möglichen Preis mehr für ein Arrangement mit dem Osten, sondern war Basis für die Ostpolitik.[28]

Durch den unmittelbaren argumentativen Zusammenhang mit Kennedys neuer Politik konnten die Sozialdemokraten zwei Tendenzen ihrer anschließend umfassender konzipierten Entspannungspolitik entscheidend legitimieren: einen „Wandel durch Annäherung" und die „Politik der kleinen Schritte". Egon Bahrs Rede in der Evangelischen Akademie Tutzing am 15. Juli 1963 rekurrierte ganz bewußt auf den amerikanischen Präsidenten und dessen „Strategie des Friedens": „Die Änderung des Ost-West-Verhältnisses, die die USA versuchen wollen, dient der Überwindung des Status quo, indem der Status quo zunächst nicht verändert werden soll. Das klingt paradox, aber es eröffnet Aussichten, nachdem die bisherige Politik des Drucks und Gegendrucks nur zu einer Erstarrung des Status quo geführt hat."[29] Die DDR könne nur mit Zustimmung der Sowjetunion transformiert werden, was indessen gerade wegen der erkennbaren Instabilität eines Regimes ohne nationale Grundlage schwieriger sei als in anderen osteuropäischen Staaten. Bahr bezog sich ausdrücklich auf den Aufstand des 17. Juni 1953, dessen Verlauf und Ergebnis bedeutsam für seine Erfahrungswelt wurden. Wirtschaftlich-soziale Proteste seien in politisch-nationale Forderungen umgeschlagen, doch genau dieser Umschlag habe das Ulbricht-Regime gefestigt. Für ihn war dies der Beweis: Jede Politik, die auf Umsturz setzte, erschien als aussichtslos; sie würde die Sowjetunion auf den Plan rufen und die vorhandene Spaltung nur noch mehr vertiefen.[30]

Die konkrete Umsetzung der Politik der kleinen Schritte wiederum begann nicht von ungefähr dort, wo die Spaltung der Nation am stärksten schmerzte, in Berlin, mit dem ersten Passierscheinabkommen vom Dezember 1963, dem bis 1966 drei weitere folgen sollten. Auf dem Dortmunder Parteitag vom Juni 1966 präsentierte die SPD erstmals wieder seit 1959 ein alternatives deutschlandpolitisches Konzept. In den Reden tauchten schon viele Formulierungen auf, die später die Neue Ostpolitik kennzeichnen sollten: die Forderung nach Handlungsspielraum gegenüber dem DDR-Regime etwa oder die Formel von der Bewahrung der nationalen Substanz. Willy Brandt lehnte die kommunistischen Konföderationspläne entschieden ab, sprach aber erstmals von der Möglichkeit eines „qualifizierten, geregelten und zeitlich begrenzten Nebeneinander der beiden Gebiete“ als Zwischenlösung der deutschen Frage.[31] Von einer Differenzierung zwischen staatlicher und nationaler Einheit war zu diesem Zeitpunkt noch nicht die Rede.

Die freidemokratischen Politikansätze zur deutschen Frage wandelten sich im Zeitraum zwischen 1957 und 1967 ebenfalls in ganz erheblichem Maße. Aus einem nationalistischen Wiedervereinigungsstreben wurde eine Politik, die auf eine Normalisierung der Zweistaatlichkeit zielte. Die zumeist geheimen Beziehungen der FDP zur ostdeutschen LDPD seit der zweiten Hälfte der fünfziger Jahre können dabei als eine Art Inkubationsphase der Neuen Ostpolitik angesehen werden, nicht zuletzt deshalb, weil zahlreiche jüngere Protagonisten der späteren sozialliberalen Ostpolitik – Walter Scheel, Hans-Dietrich Genscher, Wolfgang Mischnick, Karl-Hermann Flach – auf diesem Weg entscheidende deutschlandpolitische Erfahrungen sammeln konnten, allerdings parteiintern immer wieder in die Schußlinie der alten Garde der Nationalliberalen gerieten.[32] Gerade diese verständigungsbereiten Kreise innerhalb der FDP traf der Mauerbau wie ein Schock. So notierte Wolfgang Schollwer, fdk-Chefredakteur und deutschlandpolitischer Vordenker der Partei, am 13. August in sein Tagebuch, die DDR sei nun ein „riesige(s) Konzentrationslager für 17 Millionen Deutsche“.[33] In seiner Denkschrift vom Jahr darauf „Verklammerung und Wiedervereinigung" hielt es Schollwer für geboten, die Zweistaatlichkeit Deutschlands anzuerkennen und die Souveränität der DDR zu respektieren, gerade um eine „Entstalinisierung Mitteldeutschlands" zu erreichen und dafür zu sorgen, daß es später „überhaupt noch etwas zu vereinigen gibt".[34] Die Denkschrift wurde 1964 unter fragwürdigen Umständen der Illustrierten „Quick" zugänglich. Nach ihrer Veröffentlichung distanzierte sich der FDP-Vorsitzende Erich Mende von Schollwers Gedankengängen, doch mit der Wahl Walter Scheels an die Spitze der FDP 1967 wurden seine Thesen Allgemeingut. Nach dem Austritt aus der Regierung und auf den harten Bänken der Opposition war die FDP seit 1966 ohnehin bestrebt, sich ein schärferes Profil zuzulegen.

In deutschlandpolitische Turbulenzen geriet freilich auch die Union. Zwischen 1958 und 1962 unterbreitete Konrad Adenauer der Sowjetunion und den Westmächten verschiedene geheime Lösungsvorschläge zur deutschen Frage – darunter eine Österreich-Lösung für die DDR sowie Burgfriedenspläne und Stillhalteabkommen, mit denen die Deutschlandfrage für einen gewissen Zeitraum eingefroren werden sollte, um Zugeständnisse menschlicher Erleichterungen für die Bevölkerung in der DDR zu erreichen.[35] Diese Vorschläge erschöpften sich in der Hauptsache aber im Abwarten und entwarfen selbst keine aktive oder perspektivenreiche Politik; sie zeugen insofern von einer gewissen Entmutigung. Noch unter Adenauer 1961 initiiert und dann während der Kanzlerschaft Ludwig Erhards fortentwickelt, schlug Außenminister Gerhard Schröder vorsichtig eine konstruktivere Politik gegenüber Osteuropa an. Er stieß, in den Worten Waldemar Bessons, die „Dogmen eines exklusiven Westkurses" um, und so entstand „Raum für die Staatsräson der Bundesrepublik".[36] Keine der Bonner Parteien war damals wirklich bereit, von der Hallstein-Doktrin abzurücken, obwohl die Selbstfesselung nicht zu übersehen war. Schröder glückte aber immerhin, Handelsmissionen mit Polen, Ungarn, Rumänien und Bulgarien einzurichten. Doch die weiterbestehende demonstrative Ächtung der DDR und das unbedingte Festhalten an den Grenzen von 1937 brachten die „Politik der Bewegung" zum Stillstand.

Zu guter Letzt führte die unionsinterne Auseinandersetzung zwischen zwei außenpolitischen Optionen – „Gaullisten" versus „Atlantiker" – dazu, daß konservativ-abendländische Vertreter der Union, an vorderster Linie Franz Josef Strauß, und Entspannungspolitiker der SPD und der FDP im Ziel übereinstimmten, die DDR zu respektieren – um, aus jeweils unterschiedlichen Motiven, die deutsche Frage zu europäisieren, den Frieden zu sichern oder die Entspannungspolitik der kleinen Schritte zu forcieren. Diese neuen Sichtweisen der deutschen Frage setzten aber allesamt die Fähigkeit voraus, in langen Zeiträumen zu denken.[37]

Der „Wind des Wandels" begann überdies von eher unerwarteter Seite zu wehen. Nicht nur der Sozialdemokrat Fritz Erler hielt den Abschluß des zweiten Vatikanischen Konzils in Rom 1965 für das größte geistige Ereignis des Jahres und das Ende der Abschottung sowie den Beginn der Liberalisierung der katholischen Kirche für einen „gewaltigen Einschnitt in der Geistesgeschichte".[38] Von Rom aus warben die dort versammelten polnischen Bischöfe im November in einem Briefwechsel mit deutschen Kirchenoberen für eine deutsch-polnische Verständigung. Namentlich aber die Denkschrift der Evangelischen Kirche in Deutschland „Die Lage der Vertriebenen und das Verhältnis des deutschen Volkes zu seinen östlichen Nachbarn", die einen Monat zuvor veröffentlicht worden war, hatte im In- und Ausland für erhebliche Aufregung gesorgt. Die EKD plädierte für einen Wandel des deutschen Standpunktes in der Grenzfrage, setzte sich vorsichtig für eine Anerkennung der Oder-Neiße-Grenze ein und hielt das von den Flüchtlingen und Vertriebenen weiterhin lautstark reklamierte „Recht auf Heimat" zumindest für problematisch. Die öffentliche Meinung war zutiefst gespalten, der Geist der Versöhnung stand dem Protest gegen die „Verzichtabsicht" gegenüber.[39] Aber so sehr der Vorstoß polarisierte, so war es doch von nicht zu überschätzender Bedeutung, daß eine angesehene Institution wie die Evangelische Kirche zum Blockadebrecher in zentralen deutschlandpolitischen Fragen wurde, auch wenn manche beanstandeten, daß in der Denkschrift die Politik die Theologie überflügele.[40] Vizekanzler Erich Mende sprach polemisch von „theologischen Anerkennungsangeboten an Warschau".[41]

Schließlich folgte einen Monat später das Kuratorium „Unteilbares Deutschland" dem Zug der Zeit. Auf der Jahrestagung, die Mitte Dezember 1965 wie immer in Berlin stattfand, pochte Geschäftsführer Wilhelm Wolfgang Schütz auf eine „Wende" in der Arbeit des Kuratoriums. „Heraus aus den Schützengräben der Erstarrung" rief er den 2000 Delegierten zu. Er verlangte von ihnen eine „geistige Revolution".[42] In seinen zahlreichen Veröffentlichungen und Denkschriften – vor allem mit „Reform der Deutschlandpolitik" aus dem Jahre 1963 – hatte Schütz in periodischen, stets kürzer werdenden Abständen dargelegt, was er mit seinen Aufforderungen meinte und damit bei vielen alten „Kuratorianern" Anstoß erregt. Er machte sich immer stärker zum Anwalt einer neuen Ostpolitik und bestand 1967 auf einer grundsätzlichen Schwerpunktverlagerung der KUD-Aktivitäten: Massenmobilisierungen und Symbolik, kurz der Kult um den deutschen Nationalstaat, müßten der Vergangenheit angehören. Statt dessen sollte das KUD verstärkt im nichtöffentlichen Bereich wirken und sich zu einer Art ostpolitischem „brain-trust" entwickeln. Im Rahmen der Neuen Ostpolitik, wie sie sich seit der Großen Koalition abzuzeichnen begann, konnte für die KUD-Tätigkeit des vergangenen Jahrzehnts kein Platz mehr sein. Zugespitzt gesagt: Aus einem gesamtdeutschen Veteranenverein sollte jetzt ein avantgardistischer Debattierclub werden. Der interne Streit eskalierte mit dem Regierungsantritt der sozialliberalen Koalition 1969, die Organisation wäre fast zerbrochen.[43] Schütz blieb zwar formal noch bis 1972 Geschäftsführer, war aber „entmachtet" und das KUD intern einem „Rechtsruck" unterworfen worden. Namensänderungen wurden diskutiert – z. B. „Jakob-Kaiser-Kuratorium" –, und nach seinem Ausscheiden mußte sich der ehemalige Geschäftsführer nicht allein vom „Bayernkurier" unterstellen lassen, daß er seit langem das Kuratorium „als Propaganda-Podium für neutralistische Konvergenzpolitik" mißbraucht habe.[44]

Es waren, so läßt sich hier bilanzieren, namentlich die „Wiedervereiniger" der fünfziger Jahre, die seit dem ersten Drittel, verstärkt dann seit Mitte der sechziger Jahre eine Hinnahme der Zweistaatlichkeit politisch für notwendig erachteten und eine zumindest faktische Anerkennung der DDR forderten, um – angesichts des Scheiterns der bisherigen Deutschlandpolitik – endlich zu menschlichen Erleichterungen für die Ostdeutschen zu gelangen. Vor allem die politische Generation, die unter Hitler und im Exil prägende Erfahrungen hatte sammeln müssen, trat mit neuen Positionen an die Öffentlichkeit. Sie hatte die in die Katastrophe führende Geschichte des Deutschen Reiches verinnerlicht, welches sie nur in der pervertierten Entgrenzung Hitlerscher Weltmachtpläne kannte. Bei ihr setzte sich jetzt die Erkenntnis durch, daß bisher zuviel vom deutschen Recht und zu wenig vom deutschen Versagen gesprochen worden war; anders gesagt: daß das Deutsche Reich an deutscher Schuld zerbrochen und nur noch ein juristischer Begriff desselben übriggeblieben war. Die Überwindung der deutschen Teilung konnte nicht mehr allein aus dem Rückblick auf die erfolgte Spaltung und mit einem historischen Anspruch, der dem 19. Jahrhundert entlehnt war, begründet werden. Man mußte jetzt ein Bild von der Zukunft der deutschen Frage im Blick haben, das auf anderen historischen Bezugspunkten basierte – und das auch die Wurzeln des Unheils freilegte, das 1933 und vielleicht sogar früher, jedenfalls nicht erst – wie man bisher meinte – 1945 begann. Damit dieser Wandel vollkommen verständlich wird, muß jetzt die notwendige Brücke geschlagen werden, die von den politischen Veränderungen zu den tiefgreifenden Prozessen der Revision des deutschen Geschichtsbildes führt. Vertraute, scheinbar unumstößliche Grundmuster wurden mit einem Mal radikal hinterfragt.

b) Die Schlüsseldebatten – „Geschichtsverlust“-Klage, Jaspers-Skandal, Fischer-Kontroverse und NS-Prozesse

Die geschichtspolitische Mobilisierung am Tag der deutschen Einheit war nur die eine bestimmende Tendenz der Zeit. Die andere wichtige Tendenz stellten die unzähligen geschichtspessimistischen Zeitdiagnosen dar, die den Übergang von den fünfziger zu den sechziger Jahren ebenfalls kennzeichneten. Auf die Frage, wie sich die westdeutsche Identität artikuliere, hörte man häufig die Antwort, daß es zu einer Abkoppelung des politischen Selbstverständnisses von der historischen Kontinuität gekommen sei. War dadurch, wie Thomas Dehler beklagte, „Deutschland als Vorstellung verblaßt, als Wille gelähmt“?[45] Der Historiker Alfred Heuss sprach 1959 von einem gefährlichen Verlust der Geschichte,[46] zeitgleich machte sein Kollege Reinhard Wittram auf das Dilemma von Anspruch und Wirklichkeit der Geschichte in der modernen Zeit aufmerksam.[47] Norbert Tönnies' vielbeachtetes Buch über zehn Jahre Nachkriegsgeschichte wiederum pflegte die Metaphorik von der „Stunde Null“ als Konsequenz eines angenommenen totalen Bruchs mit der Vergangenheit, er versuchte, die Bundesrepublik als einen Staat aus dem Nichts, gleichsam als geschichtslosen Staat, zu beschreiben.[48]

In den Akademien und politischen Bildungseinrichtungen hatten wenig Themen so durchgängig Konjunktur, wie die Frage, welche Formen und Deformationen das deutsche Geschichtsbild in der Vergangenheit angenommen hatte, ob es heute überhaupt wieder eines geben konnte und – wenn man diese Frage bejahte – wie es unter den neuen Bedingungen aussehen sollte. Damit verknüpfte sich das Problem, was angesichts der deutschen Teilung und der weltpolitischen Blockbildung Volk, Nation und Reich gegenwärtig noch bedeuten konnten und ob die Kategorien Nationalbewußtsein und Geschichte weiterhin unzertrennliche Geschwister waren. Zutiefst beunruhigt diagnostizierten Historiker eine Geschichtslosigkeit in der Gegenwart und begaben sich auf die Suche nach Ansätzen für eine neue Orientierung an bestimmten Traditionskomplexen.[49] Wissenschaftler und Publizisten waren in bislang nicht gekanntem Ausmaß den Krisenpunkten des deutschen Nationalbewußtseins auf der Spur. Bedrohlich schien ihnen allen zu sein, daß die junge Generation oft gar keinen Bezug mehr zu Nation und Volk aufwies, sondern nur mehr wünschte, „Immediat-Europäer“ zu werden, weil sie im Nationalen eine Gefahr witterte. Bismarcks Frage, ob es überhaupt ein deutsches Nationalgefühl gebe, war aktueller denn je – diesen Eindruck vermittelte jedenfalls der Historiker Walter Erbe auf einer vielbeachteten Fachtagung der Friedrich-Naumann-Stiftung Ende Januar 1961.[50]

Die Erneuerung eines Geschichtsbewußtseins schien angesichts einer allgemeinen Verdrossenheit über die Geschichte außerordentlich schwierig. Nicht die Vergangenheit setzte das Maß, sondern – im Bannstrahl der modernen Welt und der Technikbegeisterung – offensichtlich nur die Zukunft. In vielen, vormals historisch ausgerichteten Wissenschaften, wie der Rechtswissenschaft und der Theologie seit Karl Barth, sei – so schrieb Theodor Schieder resigniert – das historische Argument als unzulänglich, ja als unwissenschaftlich abgewertet worden. Schieder befürchtete, daß das Geschichtsdenken als „die letzte Religion der Gebildeten" bald zu Grabe getragen werde.[51]

In diesen Reigen der Reflexionen fügten sich auch verschiedene Vortragsreihen ein, die von Industrieverbänden organisiert wurden und in denen die systematischen Wissenschaften von der Gesellschaft, namentlich die Soziologie, bald aber auch die Politikwissenschaft, besonders häufig zu Wort kamen. Dort jedoch faszinierte vor allem die Frage, ob es im fortgeschrittenen technischen Zeitalter Geschichtsbilder nach Rezept geben könne. War die künftige Geschichte sogar konstruierbar? Konnte man durch die Analyse historischer Beispiele den Fortgang der Geschichte in der Zukunft voraussagen? Auf einer dieser Veranstaltungen entwickelte der lange Zeit tonangebende Sozialphilosoph Hans Freyer die These, es gäbe ungefähr alle zehntausend Jahre Mutationen in der menschlichen Geschichte, sozusagen Großereignisse, die die ganze menschliche Lebenswelt veränderten, und er sah im industriellen System eine weitere große Kulturschwelle der Menschheit erreicht, durch die auch die Einstellung zur Geschichte einem gewaltigen Wandlungsprozeß unterliege. Die technische Rekonstruktion und Neuschaffung der Welt mußte demzufolge zwangsläufig zu einer Abwendung von der Geschichte führen.[52] Viele Soziologen, allen voran Helmut Schelsky und der Schweizer Richard F. Behrendt, meinten, daß die Einbuße an Geschichtsbewußtsein in der Logik neuer gesellschaftlicher Dynamik liege.[53] Sie begriffen die wissenschaftlich-technische Situation als ein System, mit dem sich der Mensch von den Zwängen der Natur ablösen und eine eigene Welt selbstgenerierter Struktur- und Sachzwänge schaffen konnte.

Am stärksten rezipiert wurde Arnold Gehlen, ein Weggenosse der konservativen Revolution im „Dritten Reich". Auf ihn ist der Begriff „Posthistoire" zurückzuführen: Nachdem sich in der Folge der Teilung der Welt in den beiden antagonistischen Welthälften jeweils Basisideologien etabliert hätten, sei ideengeschichtlich nichts Neues mehr zu erwarten und das Posthistoire, ein nachgeschichtlicher, dauerhafter Zustand der Weltzivilisation angebrochen. Diese funktionierte Gehlen zufolge wie ein großer Apparat, der Subjektivität und Kontingenz hinfällig machte.[54] Während Freyer, Schelsky, Behrendt und Gehlen die Geschichte nicht mehr notwendig erschien, klagte Theodor W. Adorno über ihren Verlust und erklärte 1959, „Erinnerung, Zeit, Gedächtnis" würden „von der fortschreitenden bürgerlichen Gesellschaft als eine Art irrationaler Rest liquidiert". Er knüpfte dabei an Thesen Werner Sombarts und Max Webers an, daß Geschichte – verstanden als lebendige Erinnerung und als leitende Tradition – dem Prinzip kapitalistischer Gesellschaftsformationen widerspreche: der zukunftsorientierten Rationalität.[55]

Gleichviel, ob die Diagnose nun begrüßt oder bedauert wurde – im Ergebnis war man sich einig. Die von konservativen und „progressiven" Wissenschaftlern gleichermaßen anerkannten Befunde eines Geschichtsverlustes, dieses Verdrängen und Vergessen angesichts des atemberaubenden Tempos technisch-zivilisatorischen Wandels, das die Erfahrungen des Gestern offenbar schnell veralten ließ, galt der Geschichte in ihrer Gesamtheit und war ein universales Phänomen. Die Aktivität der Historie als Wissenschaftsdisziplin war zwar seit Anfang der fünfziger Jahre größer als je zuvor, und der Ausstoß wissenschaftlicher Publikationen stieg von Jahr zu Jahr. Dennoch hatte sie offenbar ihr unmittelbares Verhältnis zum öffentlichen Leben verloren. „Ein Unbehagen an der Geschichte, eine Geschichtsmüdigkeit, ja die Tendenz zur Flucht aus der Geschichte gewinnen im öffentlichen Bewußtsein Verbreitung. Das geschichtliche Wissen der Bildungsschicht wie das der Massen ist geschrumpft, und – was wichtiger ist – es hat viel an Verbindlichkeit und Prestige eingebüßt. (...) Das geschichtliche Denken befindet sich in einer Krise", so die ernüchternde Bilanz des jungen Historikers Wolfgang J. Mommsen aus dem Jahre 1961.[56] Die Ursachen dafür waren vielfältiger Natur: Man sah darin in erster Linie eine Folge der arbeitsteiligen Industriegesellschaft. Sie habe die Position des Bürgertums als sozialer Führungsschicht zerschlagen, und mit dem Wegfall dieser bildungsoffenen Schicht seien auch die soziologischen Voraussetzungen für geschichtliches Denken geschwunden. Die rasante Geschwindigkeit sozialer und ökonomischer Wandlungen sowie die rasche Veränderung der Umwelt wurden für die diagnostizierte Geschichtslosigkeit verantwortlich gemacht. „Der Mensch in seiner großen Zahl lebt heute, eingespannt in alltägliche Aufgaben und Bezüge, gleichsam geschichtslos dahin."[57]

Die Interpretation, wonach die Geschichtsmüdigkeit und das Desinteresse der Menschen an ihrer Geschichte strukturell bedingt waren, man es also mit einer technokratischen Geschichtslosigkeit zu tun hatte, war Gemeingut. Man schenkte der Soziologie Glauben, die beständig aufzeigte, wie weit sich die moderne industrielle Gesellschaft von ihren natürlichen Grundlagen entfernte und eine Vielzahl funktionaler Gebilde, sogenannte „sekundäre Systeme" (Hans Freyer), ausgebildete, in der nur noch die spezifischen Funktionen des Menschen interessierten. Diese bestimmten seine Alltagswelt; Zweckmäßigkeit, rationales Verhalten und Effizienz waren offenbar als allein maßgebliche Werte übriggeblieben. Daher, so wurde gefolgert, empfand der moderne Mensch die Umwelt nicht mehr als etwas geschichtlich Gewordenes, sondern als fraglos Gegebenes, als geschichtsloses Sein. Die Vorherrschaft des Zweck-Mittel-Denkens erstickte in dieser Sicht das Bedürfnis nach übergreifender Sinndeutung.

Die Historiker sahen ihre Aufgaben und Verantwortlichkeiten aus diesem Zusammenhang heraus ganz erheblich gewachsen. In ihren Augen vermochte allein eine geschichtliche Besinnung dabei zu helfen, die Entfremdung des Menschen durch „sekundäre Systeme" zu überwinden. Nur so konnte der düsteren Zukunftsprognose, daß bedingt durch Technisierung und Vereinzelung ein allgemeiner Gemeinschafts- und Sinnverlust voranschreite, gegengesteuert werden

Handelte es sich bei der Krise des historischen Denkens zuallererst um ein universales Phänomen,[58] so traten natürlich deutsche Besonderheiten hinzu, die die Situation dramatisch verschärften. Die radikalen Brüche in der deutschen Tradition seit dem 19. Jahrhundert, die geschichtlichen Erfahrungstiefs im 20. Jahrhundert und das große Trauma der nationalsozialistischen Vergangenheit, die sich als „Schuldmauer" (Hermann Heimpel) vor die deutsche Geschichte schob, hatten das Gefühl für die Kontinuität des geschichtlichen Seins zerstört. Geschichte – war dies mit Blick auf Deutschland nicht ein naturhaftes Geschehen vulkanischer Ausbrüche und blinder Zerstörungswut? In der Neigung, die Erinnerung an das „Dritte Reich" zu verdrängen, wurde von Mommsen und vielen anderen nicht allein ein Zeichen mangelnder Aufrichtigkeit gesehen, sondern – bis zu einem gewissen Grade – das sogar notwendige Moment eines „natürlichen Heilungsprozesses".[59] Auf Dauer erschien es aber für die Substanz eines demokratischen Gemeinwesens geradezu schädlich zu sein, ein Leben ohne Vergangenheit und jegliches Eingeständnis von Schuld zu führen, wie dies zahlreiche Bundesbürger taten. Da der Aufstieg des Nationalsozialismus, so die gängige Interpretation, auch durch ein Erlahmen des geschichtlichen Sinns in den zwanziger Jahren vorbereitet worden sei, spitzte sich das Problem des Anti- bzw. Ahistorismus angesichts neuer totalitärer Herausforderungen aus dem Osten nochmals erheblich zu: Nur durch eine freiheitliche Neubildung historischen Sinns konnte der kommunistischen Welt erfolgreich entgegengetreten werden.

Diese breite „Geschichtsverlust-Debatte" in den gesamten fünfziger und frühen sechziger Jahren war symptomatisch für die Suche nach neuen Leitbildern und Orientierungen in der Bundesrepublik. Sie zeugte von einer starken Unsicherheit im Umgang mit der Vergangenheit. Geschichtskontinuität und Geschichtsbild waren ja nicht identisch, sondern Kontinuität war die fortwährende Präsenz, das Geschichtsbild hingegen formte sich aus aktuellen Interpretationen, ein Faktum, das nicht immer säuberlich unterschieden wurde.[60] Im Kontext von drei sich überschneidenden Schlüsseldebatten der sechziger Jahre, die die erstarrten Fronten auflockerten und veränderten, einen Bewußtseinswandel vorantrieben und schließlich mentalitätsprägend wurden, wandelten sich dann der Selbstverständigungsdiskurs und das Bild von der deutschen Geschichte in der Bundesrepublik zum ersten Mal grundlegend. Gemeint sind hier im folgenden erstens eine publizistische Debatte, der „Jaspers-Skandal", der vor dem Mauerbau anfing, zweitens eine historiographische, die „Fischer-Kontroverse", und drittens eine politische, nämlich die parlamentarische Diskussion über eine Verjährung von NS-Verbrechen, die 1961 begann und 1965, 1969 und 1979 fortgeführt wurde.

Anlaß, Kritik und vorläufiger Ausgang des Jaspers-Skandals, der genau ein Jahr vor dem Mauerbau, im Sommer 1960, ausgetragen wurde, waren bezeichnend für das zeitgenössische politische Klima. Worum handelte es sich? Der weithin bekannte, seit 1948 in Basel lehrende 77jährige Philosoph, dem 1958 der Friedenspreis des Deutschen Buchhandels verliehen worden war, brach das stärkste Tabu der Bundesrepublik. In einem ausführlichen Interview mit Thilo Koch, das am 10. August im Deutschen Fernsehen in der Reihe „Aus erster Hand" gesendet wurde und rund sechs Millionen Zuschauer fand, postulierte Jaspers den Primat der Freiheit vor der Wiedervereinigung und bezeichnete die Forderung nach der Wiedervereinigung Deutschlands als „politisch und philosophisch irreal". Es habe „keinen Sinn mehr, deutsche Einheit zu propagieren, sondern es hat nur einen Sinn, daß man für unsere Landsleute wünscht, sie sollen frei sein". Der Bismarck-Staat sei unwiederbringlich vorbei. „Nur die Freiheit – darauf kommt es an. Wiedervereinigung ist demgegenüber gleichgültig." Was im 19. Jahrhundert Sinn gehabt habe und einmal eine große Chance gewesen sei, die nationalstaatliche Einheit, habe das „Dritte Reich" verspielt. Die Westdeutschen müßten für die unterdrückten Ostdeutschen unablässig in der Öffentlichkeit freie Wahlen fordern, und zwar nur für diesen „Bereich eines selbständigen Staates, unter neutraler Kontrolle, bei denen dann festgestellt wird, was man im Osten will".[61]

Das Interview schlug ein wie eine Bombe. Sofort brandete empörter, überaus polemischer Protest auf. Der Philosoph wurde des nationalen Verrats bezichtigt.[62] „Die Zeit" druckte in den folgenden fünf Wochen Karl Jaspers' ausführliche Überlegungen „Freiheit und Wiedervereinigung" ab.[63] Seine Thesen waren leidenschaftlich umstritten, und eine wahre Flut von Gegenstellungnahmen, vor allem aus dem politischen Bereich, begleitete die Artikelfolge.

Jaspers' Gedanken gliederten sich in zwei Teile. Der eine Teil war geschichtspolitischer Natur: Die Deutschen, so Jaspers, könnten die Vergangenheit überhaupt nicht „bewältigen", selbst wenn sie es wollten, sondern sie müßten dafür haften, was durch Hitler geschehen ist. Die Konsequenz aus dieser Haftung für die Vergangenheit war laut Jaspers die Einsicht, daß der deutsche Anspruch auf nationale Einheit durch Hitler verwirkt worden sei, dies wiederum mache eine Revision fast aller geläufigen Auffassungen deutscher Geschichte, namentlich aber des Bismarck-Reiches notwendig. Jaspers' Urteil über Bismarcks Schöpfung von 1871 war vernichtend. Die Einheit sei zwar geschaffen worden, aber auf Kosten der politischen Freiheit, die gänzlich gefehlt habe und erst im Kollaps von 1918 errichtet werden konnte, doch wiederum nur als formale Institution. Mit unverhohlener Wehmut sprach Jaspers von den gescheiterten Achtundvierzigern; an die Stelle einer demokratischen Nationalstaatsgründung durch selbstbewußte Bürger, also von unten, sei durch „Blut und Eisen" eine reaktionäre, zudem kleindeutsch-preußische Revolution von oben vollzogen und ein folgenschwerer Irrweg eingeschlagen worden. Das deutsche Volk, so leitete Jaspers zum zweiten, dem deutschlandpolitischen Teil seiner Thesen über, sei schon immer größer als der deutsche Staat gewesen, woher sollte dann aber das innere Recht, einen einheitlichen Staat der Deutschen wiederherzustellen, genommen werden? Er präzisierte diese Argumentation: Holländer, Flamen, Schweizer, Elsässer und Österreicher gehörten alle einmal zum Deutschen Reich, doch konnte heute niemand mehr ernsthaft glauben, geschweige denn wünschen, daß diese in den künftigen deutschen Staat wieder eingegliedert würden. Warum sollte dies allein für die Deutschen östlich der Werra und Elbe anders sein?

Der an Jaspers gerichtete Vorwurf, seine Absage an die Wiedervereinigung bedeute, den 17 Millionen Ostdeutschen die Rechnung für Hitler zu präsentieren und sie ihrem Schicksal zu überlassen, entbehrte jeder Grundlage. Es war für ihn natürlich ein schuldloses Geschick, daß die Deutschen im Osten unterdrückt wurden, während die Deutschen im Westen durch die Gnade der Sieger, nicht aber durch eigene Verdienste, die Freiheit erlangt hatten. Jaspers' Hypothese eines freien deutschen Staates im Osten lief auf eine Österreich-Lösung für die DDR hinaus. Jaspers stellte die Rangordnung fest: die politische Freiheit bedeutete für ihn eine absolute, die Wiedervereinigung dagegen nur eine relative Forderung. Wiedervereinigung und Freiheit waren also nicht Gegensätze, aber voneinander trennbare Ziele. Rangordnung bedeutete freilich nicht Etappen-Abfolge, denn die Wiederherstellung eines deutschen Nationalstaates war nach Jaspers' Dafürhalten überhaupt nicht erstrebenswert. Jede Lösung der deutschen Frage, so schrieb Jaspers den Westdeutschen ins Stammbuch, würde überdies einen festen Preis haben – die bedingungslose Hinnahme der Oder-Neiße-Grenze.

Wohl selten zuvor und danach hat es in der Bundesrepublik Deutschland einen so einhelligen Aufschrei gegeben: Von der „Bild-Zeitung" bis zur „Frankfurter Allgemeinen Zeitung", von CDU, SPD und FDP bis zum BHE, vom Kuratorium „Unteilbares Deutschland" bis zum Gesamtdeutschen Ministerium – beim Protest gegen die Jaspers-Thesen gewann die deutsche Öffentlichkeit das äußerst seltene Bild völliger Einmütigkeit der politischen Akteure. Die CDU/CSU-Bundestagsfraktion erklärte unverzüglich, daß für die Union die Wiedervereinigung nach wie vor das unverzichtbare Ziel ihrer Politik sei. Für die SPD schrieb Adolf Arndt im Pressedienst der Partei, es sei eine „blutleere Illusion" anzunehmen, daß ohne Wiedervereinigung für die Deutschen im Osten jemals die Freiheit erreichbar sei. Wie sollte das mit der Sowjetunion gehen? Wenn der Anspruch auf Wiedervereinigung im Westen aufgegeben würde, so verkündeten die Freien Demokraten, würde ganz Deutschland kommunistisch werden; die SED könne dann nämlich die Forderung nach Einheit unter kommunistischem Vorzeichen „mit elementarer Wucht nach Westdeutschland hineintragen", die Wiedervereinigung würde zum Monopol der DDR und zur Waffe des Kommunismus. Ähnliches verlautbarte auch das KUD.[64] Aus Ostberlin tönte die SED, der „Atomkriegsphilosoph" Jaspers unterstütze den Militarismus in der Bundesrepublik; sie spielte damit auf Jaspers' Verteidigung von atomaren Waffen zum Schutz der westlichen Freiheit an.[65] Eine Fülle von Leserbriefen und Kommentaren in der westdeutschen Presse verwarf Jaspers' Thesen ausdrücklich.[66] Die Polemik gipfelte in dem Anwurf, daß Jaspers den „Sinn der Geschichte" in einer Politik von Schuld und Sühne erblicke und daß er in der Bundesrepublik, wie vor ihm Hegel im preußischen Staat, offenbar das Wirken des Weltgeistes spüre.[67]

Jaspers' härteste Kritiker kamen, wie nicht anders zu erwarten, aus den Reihen der traditionellen Wiedervereinigungspolitiker. Bezeichnender aber war, wer in der ganzen Debatte schwieg. Konrad Adenauer, Außenminister Heinrich von Brentano oder Verteidigungsminister Franz Josef Strauß etwa hätten – nahm man ihre Äußerungen zur deutschen Frage ernst – dem Philosophen eigentlich beispringen müssen.[68] Im Kern drehte sich die Jaspers-Kontroverse vom Sommer 1960 um die Frage nach dem Provisoriumscharakter der Bundesrepublik, der von konservativer Seite immer stärker angezweifelt wurde. Nicht von ungefähr hatten die Liberalen auf dem Höhepunkt des Skandals eine Breitseite auf die Union abgefeuert: Man sehe schon mit Sorge den Tag voraus, an dem die „Zitierung der Bundesrepublik als Provisorium in Westdeutschland den Tatbestand des Landesverrats" erfülle.[69] Nur auf einem breiteren Hintergrundwissen wird dieses Verdikt verständlich. Bereits seit dem Jahr 1959 hatte es nämlich aus den Reihen der Christdemokraten massive Bestrebungen gegeben, ein allein auf die Bundesrepublik bezogenes Selbstwertgefühl in der Bevölkerung zu fördern.

Anfang 1959 – die Bundesrepublik erlebte einen leidenschaftlichen Streit um die Ausrüstung der Bundeswehr mit atomaren Trägerwaffen – war es zu einer Vereinsgründung gegen das Kuratorium „Unteilbares Deutschland“ gekommen. Auf Initiative von Verteidigungsminister Franz Josef Strauß, Innenminister Gerhard Schröder und dem Inspekteur der Bundesmarine Vizeadmiral Ruge war die Vereinigung „Rettet die Freiheit e.V.“ gegründet worden. Sie bedeutete nicht nur eine Antwort auf die außerparlamentarische, von SPD und DGB initiierte und massiv unterstützte Aktion „Kampf dem Atomtod“, die Massenkundgebungen gegen eine Ausrüstung mit atomaren Sprengköpfen organisierte und ein entmilitarisiertes Gesamtdeutschland propagierte.[70] Vielmehr war nicht zu übersehen, daß sich „Rettet die Freiheit“ auch gegen die nationale wiedervereinigungspolitische Mobilisierung des KUD richtete.[71] Dem Verein haftete seither in den Augen seiner Kritiker der Beigeschmack einer „propagandistischen Hilfsorganisation der westdeutschen Mehrheitspartei“, also der seit 1957 allein regierenden Union, an.[72] Er wurde wegen seiner Frontstellung gegen das KUD auch als der Anfang vom Ende des Provisoriumsvorbehalts der Bundesrepublik interpretiert. Zugespitzt formuliert stellten dessen Vertreter dem Leitbild der nationalen Einheit dasjenige der Freiheit des bundesrepublikanischen Teilstaates entgegen.

Scharfe Konturen hatte diese Stoßrichtung in der unmittelbar anschließenden „Vaterland Bundesrepublik“-Kontroverse bekommen, die nur wenige Wochen vor dem Jaspers-Skandal aufgeflackert war. Nachdem sich Bundeskanzler Konrad Adenauer im Juli 1960 bestürzt über das mangelnde Nationalgefühl der Deutschen geäußert hatte, versuchten die abendländisch geprägten Parteigänger in der Union die zu weckende Liebe zu Vaterland und Nation in eine bestimmte Richtung zu lenken: Sie sprachen von der Bundesrepublik als dem „wahren Vaterland“ und bestritten deren provisorischen Charakter. Die Interpreten des Definitivums Bundesrepublik beriefen sich dabei hauptsächlich auf den Faktor Freiheit: Wer die Bundesrepublik nicht als endgültig anerkenne, besorge das Geschäft derer, die mit ihr die Freiheit selbst beseitigen möchten, so lautete die Argumentation. Der Streit eskalierte, als Thomas Dehler, Vizepräsident des Deutschen Bundestages, den Bundesrepublik-Enthusiasten in die Parade fuhr und mehrmals öffentlich erklärte: „Die Bundesrepublik, der Rheinbund-Staat, die erweiterte Rheinische Republik, sie ist nicht das deutsche Vaterland.“ Franz-Josef Wuermeling, Bundesminister für Familien- und Jugendfragen, einer der nachdrücklichsten Protagonisten einer „Bundesrepublikanisierung“ unter konservativen Vorzeichen, drohte gerichtliche Schritte gegen Dehler an, falls die Zurücknahme „einer der schwersten denkbaren Beschimpfungen unserer Bundesrepublik“ nicht unverzüglich erfolge.[73]

Auf seiten der konservativen Förderer eines bundesrepublikanischen Staatsbewußtseins war die Orientierung am politischen und gesellschaftlichen Status quo der Bundesrepublik, deren Erfolge im Zentrum standen, unverkennbar. Die Kanzlerdemokratie galt als Idealform für die Verwandlung der ehemaligen Volksgenossen in Bundesbürger. Die starke Ökonomisierung der verhaltensleitenden Wertvorstellungen entsprach diesem Ideal. Das „Vaterland Bundesrepublik" gründete im wesentlichen in der Reserveverfassung des Wirtschaftswunders. Eine „Endlösung Bundesrepublik"[74] war für die Kritiker auf seiten der sozialdemokratischen und liberalen Opposition hingegen undenkbar. Damit würde nicht nur der Auftrag des Grundgesetzes mißachtet, sondern umstandslos der Zusammenhalt des deutschen Volkes aufgekündigt und so nicht zuletzt der kommunistischen Zwei-Staaten-Theorie in die Hände gespielt.

Das Bonner Provisorium wurde unverkennbar zu einem Problem und vor allem für Konservative lästig. Dem Provisoriumspostulat wohnte eine Dynamik inne, um die es Anfang der sechziger Jahre nicht mehr gut bestellt war. Allein in der Bundesrepublik, so sahen es die Kritiker der konservativen Erneuerer, lebte die Nation mit ihrer Geschichte weiter, im guten wie im bösen, während das kommunistische System diese Kontinuität gesprengt und die Nation durch das Proletariat und die Geschichte durch den historischen Materialismus ersetzt hatte. Diese Kritik berief sich auf ein vorhandenes Paradoxon: Die Bundesrepublik war nur in dem Maße mehr als ein Provisorium, nämlich die Nation selber, indem sie sich als provisorisch empfand; und die Bundesrepublik würde weniger sein, als sie war, wenn sie sich vom Provisorium verabschiedete und sich auf dem Status quo als Definitivum stabilisierte. Damit konnte sie in die Gefahr geraten, auf eine offensive Strategie verzichten und sich mit einem schlechten Gewissen gegenüber der Nation und ihrer Geschichte in eine defensive Position begeben zu müssen – in der sie womöglich gegenüber der DDR bald den kürzeren ziehen würde.[75]

Jaspers hingegen, der eine Bi-Nationalisierung Deutschlands für wünschenswert hielt, ließ keinen Zweifel gelten: Die Bundesrepublik ist kein Provisorium, aber sie hält an einem illusionären Deutschlandgedanken fest. In der Öffentlichkeit führte der Streit um Jaspers' Thesen zu einem unangefochtenen Sieg des traditionellen Wiedervereinigungsdiskurses. Aber dieser Sieg währte nur kurz, und es war der letzte dieser Art. Ein Jahr später, nach dem tiefen Einschnitt des Mauerbaus, verkehrte er sich in eine Niederlage. Dieses Ereignis brauchte den Deutungsvorsprung des Intellektuellen Karl Jaspers auf. Jaspers' Ansichten, die dem Denken im westlichen und östlichen Ausland sehr nahekamen, blieben weiter in der Diskussion und boten Anknüpfungspunkte für neue Deutschland-Überlegungen. Nach dem Mauerbau konnte sich, verbunden mit einigen inhaltlichen Trivialisierungen, ein breiteres Publikum seine Deutungen zu eigen machen.

Es war der provokante moralisch-ethische Zug, den Jaspers in die Debatte einführte, mit dem er über die Parteigrenzen hinweg Anstoß erregte. Indem er die Deutschen selbst für die Teilung ihres Landes verantwortlich machte, diese als gerechte Strafe für die Herbeiführung der Weltkatastrophe bezeichnete und somit letztlich nichts anderes formulierte, als daß der deutsche Nationalstaat an den Deutschen, und zwar unwiederbringlich gescheitert war, zog er die Entrüstung auf sich. Wer jedes Recht vernichtet hatte, dem stand es ihm zufolge nicht mehr zu, aus der Vergangenheit irgendwelche Rechtsansprüche abzuleiten. Doch war das nicht tatsächlich eine Neuauflage von Geschichtsmetaphysik? Wenn durch Hitler die Einheit nicht nur politisch, sondern auch moralisch verspielt worden war, galt das dann auf immer und ewig? Durfte nicht einmal einer jungen Generation die nationalstaatliche Einheit ein neues Anliegen sein? Außerdem: Mußte denn wirklich jede denkbare staatliche Organisation dem Bismarck-Reich gleichen, das für Jaspers ein Greuel war? Wie niemals zuvor seit der Entstehung der Bundesrepublik stand der Nationalstaat der Deutschen 1871–1945 in der Schußlinie der Kritik. Doch erst die historiographische Fischer-Kontroverse, die 1961 begann und sich bis zum XIII. Internationalen Historikerkongreß 1965 in Wien zuspitzte, gab den philosophischen Höhenflügen die wissenschaftliche, die empirische Substanz.

Fritz Fischers These einer aktiven, von einer Interessenkontinuität konservativer Gesellschaftsschichten getragenen Hegemonialpolitik vor und nach dem Ersten Weltkrieg brach in radikaler Weise mit dem bestehenden Geschichtskonsens, der den deutschen Selbstbehauptungscharakter der Politik 1914/18 betont hatte und damit einen dicken Trennungsstrich zwischen dem Kaiserreich und dem „Dritten Reich" ziehen konnte.[76] In der Fischer-Kontroverse kündigten jüngere Historiker den bis dahin verbindlichen nationalen Konsens auf; die enge Verbindung von Geschichtswissenschaft und deutschem Nationalstaat als unverbrüchlicher Bezugsgröße in der Bundesrepublik begann zu zerbrechen. Die Fischer-Kontroverse barg daneben auch ganz erhebliche politische Implikationen. Sie war der Türöffner für ein Überdenken der deutschen Frage, für eine Sonderwegsthese und für eine „Bundesrepublikanisierung" des Geschichtsbildes: von links.

Seit dem „Kriegsschuldparagraphen" des Versailler Vertrages von 1919 war die Frage nach der Schuld am Ersten Weltkrieg immer eine nationale und zudem politisch gesteuerte Großkontroverse in Deutschland gewesen. Die Schuldanklage verstärkte die Prägekraft des wilhelminischen Kaiserreichs, dessen Horizont die Eliten der Weimarer Republik ohnehin schon bestimmte. Der „Schmachparagraph" wurde als Integrationsklammer für eine politisch und sozial zerklüftete Nation eingesetzt. Da in diesem äußerst wirkungsvollen Geschichtsbild die Kriegsschuld eine Lüge der Siegermächte war und die militärische Niederlage durch den „Dolchstoß" der „Heimatfront" erfolgte, konnte das Kaiserreich eine revisionistische Glorifizierung erfahren. War das kaiserliche Deutschland am Krieg unschuldig, dann war auch die Rechtfertigung der Revolution von 1918 sowie des Regimebruchs schwieriger, als wenn man alle Kraft darauf verwendet hätte, die Bevölkerung über die kriegstreibende Politik der alten Machthaber aufzuklären. Möglichkeiten dafür hatten bestanden – vor allem durch die parlamentarische Untersuchungskommission zum Kriegsausbruch, deren Ergebnisse aber von der Reichsregierung um eines trügerischen Burgfriedens willen zurückgehalten wurden.[77]

Nach 1945 kam der Unschuld-These bzw. der „Schlitter-These", wonach alle Mächte durch eine verhängnisvollen Verkettung in den Krieg hineingeschlittert seien, eine ganz besondere Bedeutung zu, war sie doch geeignet, den in der alliierten Öffentlichkeit weit verbreiteten Vorwurf zu entkräften, die preußisch-deutsche Geschichte habe sich von Beginn an durch einen extremen Nationalismus und einen übersteigerten Militarismus ausgezeichnet. Die Unschuld-These war daher der Dreh- und Angelpunkt der nationalapologetischen Diskontinuitätskonstruktion vom Kaiserreich zum „Dritten Reich". Das Bewußtsein von der relativen oder gar absoluten Unschuld Deutschlands am Ersten Weltkrieg spielte im westdeutschen Nationalbewußtsein eine zentrale Rolle, die dadurch noch verstärkt wurde, daß es an der Kriegsursache des Zweiten Weltkrieges nichts zu deuteln gab. So hatte sich in der Historikerzunft, in Politik und Öffentlichkeit ein wahrer Unschuldskomplex eingenistet. Daß beide Katastrophen des 20. Jahrhunderts Glieder ein und derselben Kette von Fehlentwicklungen der deutschen Geschichte darstellen könnten, schien im Westen Deutschlands aus geschichtspolitischen Motiven heraus undenkbar.

Fischer, der 1908 geboren wurde, also keineswegs der jungen Generation angehörte, war kein politischer Aktivist. Methodisch legte er mit seinem Buch „Griff nach der Weltmacht" keinen innovativen Wurf vor, im Gegenteil, es handelte sich um eine sehr traditionelle Diplomatiegeschichte, eine quellenintensive und zudem recht spröde geschriebene Studie. Die massive, vernichtende und z. T. ehrabschneidende Kritik der deutschen Fachöffentlichkeit, genauer gesagt: der älteren Historikergeneration[78] wird daher erst verständlich, wenn man Fischers „heimliche" Prämissen weiterdenkt. Fischer beschäftigte sich mit dem Zeitraum 1914 bis 1918, doch die „versteckten Botschaften" – vom Autor keineswegs immer intendiert – betrafen weitere Zusammenhänge: Das gesamte Kaiserreich stand plötzlich auf dem Prüfstand, der Versailler Vertrag und die deutsche Revisionismus-Kampagne nach 1919, der Aufstieg Hitlers und die Kriegspolitik des „Dritten Reiches", insonderheit gegen die Sowjetunion, schließlich die Frage nach dem Stellenwert von 1945 und die Folgen der Fortexistenz eines national-konservativen Geschichtsbildes für die intellektuelle Atmosphäre und die politische Kultur in der Bundesrepublik. Erschien der deutsche Nationalstaat seit 1871 als gescheiterte Großmacht, so war der üblichen historischen Auffassung der Boden entzogen, daß die Gewaltpolitik des Nationalsozialismus ein „Betriebsunfall" gewesen sei. Damit traf der Hamburger Ordinarius den empfindlichsten Nerv des Geschichtsbildes der Nachkriegsgesellschaft und forderte die Orthodoxie heraus, die gerade eben erst unter Federführung von Gerhard Ritter, Fischers mächtigstem Widersacher, in den deutsch-französischen Vereinbarungen über strittige Fragen der europäischen Geschichte sanktioniert worden war.[79] Die geschichtspolitischen Predigten vom Unterschied zwischen einem maßvollen Nationalismus vor 1933 und einem radikalen danach verloren an Glaubwürdigkeit. Nicht von ungefähr wurde in allen, negativen wie positiven, Buchbesprechungen die potentielle Wirkung des Buches auf das Geschichtsbewußtsein betont. Ritter, der sein historisch-politisches Lebenswerk gefährdet sah, sprach von einem „nationalen Unglück".[80]

Auf der Ebene der Politik hat es die Bundesregierung nicht viel anders gesehen. Sie verwahrte sich in ungewöhnlich scharfer verbaler Form gegen den Verlust des Kaiserreiches als positivem Bezugsrahmen der Deutschen und versuchte darüber hinaus mit anderen Mitteln, den unliebsamen Wissenschaftler an die Leine zu legen. Der neue Bundeskanzler Ludwig Erhard versicherte den Bürgern im August 1964 über den Deutschlandfunk, daß 1914 keine Regierung einen bewußten Willen zum Krieg gezeigt habe.[81] Bundestagspräsident Eugen Gerstenmaier attackierte Fischer in einer anderen Rundfunkansprache und hielt ihn in beißendem Tonfall eine „deutsche Geißelbruderschaft" vor, der es nicht genug sei, daß die Deutschen für Hitlers Untaten vor der Geschichte geradestehen müßten.[82] Gegen die „Verzerrungen der deutschen Geschichte und des Deutschlandbildes" zog ebenfalls Franz Josef Strauß zu Felde. Er forderte die Regierung auf, alle ihr zu Gebote stehenden Mittel und Möglichkeiten auszuschöpfen, damit die moralische Alleinschuld Deutschlands am Zweiten Weltkrieg nicht im nachhinein auf den Ersten Weltkrieg zurückprojiziert werde. Strauß fürchtete, daß als Konsequenz des nun drohenden Zusammensturzes der Unschuld-These sich das Bild Deutschlands in der ganzen Welt verdunkeln würde; nur der kommunistische Osten könne Gewinn daraus ziehen, wenn Deutschland wieder militaristisch, aggressiv, kriegslüstern und revanchesüchtig erscheine – denn dies entsprach dem kommunistischen Geschichtsbild.[83]

Im Bulletin der Bundesregierung wurde die Dissertation des Fischer-Schülers Imanuel Geiss, die sich inhaltlich ebenfalls der deutschen Kriegszielpolitik im Ersten Weltkrieg widmete, nach allen Regeln der Kunst verrissen, ein einmaliger Vorgang, denn das offizielle Bulletin war ja kein Rezensionsorgan. Hingegen fanden Gerhard Ritters Beiträge zum Kriegsausbruch eine schnelle und hohe Auflage – von seiten der Bundeszentrale für politische Bildung.[84] Gegenüber dem „intellektuellen Dissidenten" Fritz Fischer ging die Regierung politisch sogar so weit, daß – vom Auswärtigen Amt bereits bewilligte – finanzielle Mittel für eine Vortragsreise Fischers in die USA zurückgezogen wurden, eine Affäre, die weltweit Aufsehen erregte und massive Proteste amerikanischer Universitäten hervorrief.[85] All diese Ereignisse hatten mit einem fachinternen Streit nichts mehr zu tun. Hier sollte ein Wissenschaftler mundtot gemacht werden, weil seine Forschungen nicht in die politisch motivierte, „offizielle" Vergangenheitskonstruktion paßten, und diese Konstruktion umstritten, ja sogar gefährdet war.

Die Sozialdemokraten hielten sich mit Stellungnahmen auffallend zurück. Mehr als einige positive Rezensionen des Fischer-Buches in der Parteipresse gab es nicht zu vernehmen.[86] Offensichtlich wollte man Regierungsfähigkeit beweisen und sich deshalb aus einem Streit heraushalten, der am wundesten Punkt des deutschen Nationalgefühls ansetzte. Außerdem hatte die SPD erst kurz zuvor, nämlich im Godesberger Programm von 1959, die Balance zwischen einem überkommenen und einem neuen programmatischen Traditionsverständnis gefunden. Wer wollte dieses mühsam austarierte Verhältnis durch ein verstärktes Engagement in der Kontroverse aufs Spiel setzen?

Die im Rahmen der Fischer-Kontroverse diskutierten Punkte schlugen sich in zahlreichen neuen Einschätzungen zur deutschen Frage nieder. Der eher konservative Zeithistoriker und Politologe Waldemar Besson zog 1963, zehn Jahre nach dem DDR-Aufstand, eine vielbeachtete politische Bilanz, die sich wie eine Neuauflage der Jaspers-Thesen von 1960 las, nun aber bereits keine Entrüstungsstürme mehr auslöste.[87] Vielmehr umriß Besson die sich immer weiter verbreitende Stimmungslage. Der 17. Juni führe, so der Erlanger Wissenschaftler, den Deutschen die schmerzlichen Brüche und Geschichtskatastrophen der jüngeren Vergangenheit vor Augen, und man könne nun der bohrenden Frage nicht mehr ausweichen, warum das Reich Bismarcks zugrunde ging. Besson ließ an Deutlichkeit nichts zu wünschen übrig: „Der 17. Juni wäre der gegebene Anlaß zu bedenken, wie die Führung der eigenen Nation das nationale Erbe verschleuderte und die deutsche Einheit fahrlässig, wenn nicht verbrecherisch aufs Spiel setzte (...) Nur ein Narr kann glauben, daß nach den ungeheuerlichen Geschehnissen des Zweiten Weltkrieges wir je wieder dorthin zurück könnten, von wo wir ausgegangen sind."[88]

Die Wiedervereinigung war aus Bessons Sicht aufs schwerste historisch belastet. Daß die deutsche Nation, so wie sie sich seit 1871 politisch formte, ein Leitstern sei, nachdem sich die Weltpolitik richten müsse, könne niemand als Argument ernst nehmen. Besson bezweifelte nicht, daß die Deutschen aufgrund der gemeinsamen Vergangenheit eine Nation waren – „aber kein Naturgesetz proklamiert, daß Nationen in einem Staate leben müssen". Nicht allein historische, auch gegenwärtige weltpolitische Vorgänge, nämlich das atomare Patt der Supermächte, sprachen für Besson gegen die nationalen Ansprüche der Deutschen. Für die osteuropäischen Völker bedeutete die Parole der Wiedervereinigung außerdem notwendigerweise ein Stück deutschen Revisionismus. Wie Jaspers, so plädierte auch er dafür, Freiheit und Wiedervereinigung voneinander zu trennen. Die Ostdeutschen dürften nicht länger mit illusionärer Wiedervereinigungsrhetorik abgespeist werden, und die Westdeutschen müßten endlich ein positives Staatsbewußtsein ausbilden. Besson zufolge hatte die wirtschaftliche, politische und militärische Konsolidierung der Bundesrepublik – gegen die ursprünglichen Intentionen der Grundgesetzgeber – neue Tatbestände staatlicher Existenz geschaffen, die nicht mehr revidierbar waren. Gerade weil die Bundesrepublik entgegen aller Erwartungen und im Vergleich mit allen anderen Epochen der deutschen Geschichte ein so großer Erfolg geworden sei, „kommen wir heute nicht mehr von ihr los".[89]

Karl-Hermann Flach, der kurz zuvor aus dem Amt des FDP-Bundesgeschäftsführers ausgeschieden und nun Chefredakteur der „Frankfurter Rundschau" war, nutzte ebenfalls den 17. Juni, um den Stellenwert der Fischer-Kontroverse herauszustreichen. Nach seiner Einschätzung besaß die Bundesrepublik kein vertretbares Verhältnis zur historischen Wahrheit. Die Deutschen, namentlich ihre Politiker, sähen die Welt noch immer durch die Brille der offiziellen Thesen. Sämtliche Geschichtskatastrophen und zwei totale Niederlagen hätten sie nicht klüger gemacht. Bezüglich der deutschen Frage sei ihre „Wunderwaffe" jetzt das „Recht", wie die groteske Diskussion über die Grenzen von 1937 immer wieder verdeutliche. „Wer die Wahrheit ausspricht und sagt, wie unsere Chancen wirklich stehen, war 1917 ein vaterlandsloser Geselle, 1944 ein Defaitist und ist heute – laut 'Bild'-Zeitung – ein Partisan des Kalten Krieges."[90]

War die unmittelbare Wirkung der Fischer-Kontroverse schon gewaltig, so gilt dies in noch stärkerem Maße für die längerfristige. Sie wirkte wie ein Sprengsatz mit Zeitzünder. In Fischers Position kündigte sich eine „Formverwandlung" des historisch-politischen Denkens in Deutschland an, die bald in breitere Öffentlichkeitsschichten vordrang und das politische Klima in der Bundesrepublik nachhaltig veränderte.[91] Begleitet von einem Generationswechsel in den Reihen der Historikerschaft wurde das bisherige nationalapologetische Geschichtsbild einer grundlegenden Revision unterzogen. Allgemein gesprochen entfalteten sich historiographische

Pluralisierungstendenzen, die der bundesrepublikanischen Geschichtswissenschaft zuvor fremd gewesen waren. Die Trendwende verstärkte sich zusätzlich durch eine zunehmende Rezeption neuer sozialwissenschaftlicher Fragestellungen und Methoden aus den USA. Der „deutsche Sonderweg", die zentrale Kategorie des deutschen historischen Bewußtseins, verwandelte sich – indem von der aufkommenden historischen Sozialwissenschaft Kontinuitäten zwischen 1871 (oder 1848) und 1945 herausgestrichen wurden – in einen negativen Prozeß. Ralf Dahrendorfs Studie von 1965 über „Gesellschaft und Demokratie in Deutschland" avancierte zu einem wichtigen Wegbereiter für eine Neuinterpretation der deutschen Frage, indem der Autor den Finger auf das folgenschwere Strukturproblem der partiellen Modernisierung – d. h. forcierte Industrialisierung unter Beibehaltung vorindustrieller gesellschaftlicher Strukturen und einer autoritären Verfassung – im Deutschen Kaiserreich legte. „Die deutsche Frage", so Dahrendorf programmatisch, „ist die Frage nach den Hemmnissen der liberalen Demokratie."[92] Die Unterschiede der neuen Sonderwegsinterpretation, die sich seit Mitte der sechziger Jahre ausbildete, zu derjenigen der fünfziger Jahre, waren offensichtlich. Letztere hatte ihren Fluchtpunkt meist in konstitutioneller Demokratie und gesellschaftlichem Status quo, die neue Sonderwegsthese hingegen zielte auf den Prozeß einer umfassenden Demokratisierung der deutschen Gesellschaft.[93]

Aber auch diese neue Vorstellung vom Sonderweg bzw. vom Ende des alten deutschen Sonderwegs im Jahr 1945 beinhaltete eine wichtige Funktion für das deutsche Selbstverständnis. Sie förderte in längerer Perspektive gesehen die republikanische und demokratische (Neu-)Begründung der Bundesrepublik und damit einen erstmals von „links" ausgehenden Prozeß der Selbstanerkennung dieses Staates. Insofern kann man mit Recht davon sprechen, daß die Fischer-Kontroverse eine entscheidende Nahtstelle markiert, an der christdemokratische Axiome deutscher Innen- und Außenpolitik durch sozialliberale abgelöst wurden.[94] Die geschichtspolitische Dimension der Fischer-Kontroverse zeigt sich somit nicht zuletzt darin, daß zwei „geschichtliche" Idealtypen zum Vorschein gelangten. Zum einen die Historie in vornehmlich nationalpolitisch-integrativer Funktion, zum anderen die Historie in der Funktion, überkommene Rechtfertigungsideologeme zu korrigieren. Allerdings ließ sich im Anschluß an die Kontroverse auch schon die Vorhut der späteren Neuen Linken vernehmen, die Fischer – ebenso wie die DDR – Beifall zollten, weil er neomarxistische Positionen in der Geschichtsschreibung salonfähig zu machen schien.[95]

Nicht allein von der Geschichte des zweiten, des Kaiser-Reiches, sondern auch von der des „Dritten Reiches" wurden die Bundesbürger seit dem Beginn der sechziger Jahre mit Vehemenz eingeholt. Die Verjährungsdebatten, begleitet von spektakulären NS-Prozessen – Ulmer Einsatzgruppen-Prozeß 1958, Eichmann-Prozeß in Jerusalem 1961/62, Auschwitz-Prozeß 1963/64, Krumey-Hunsche-Prozeß 1964, dann die Prozesse zu Belzec 1965, Treblinka 1964/65 und Sobibor 1965/66 – konfrontierten die bundesdeutsche Öffentlichkeit erstmals in großem Ausmaß mit den Verbrechen des „Dritten Reiches".[96] Die Zeit des kollektiven Beschweigens der Schuld war vorbei. Durch die Arbeit der „Zentralen Stelle" in Ludwigsburg konnten in den Jahren 1961–1968 insgesamt 167 Strafverfahren abgewickelt werden. Bei 95 Prozent der Bundesdeutschen hatte der Eichmann-Prozeß Aufmerksamkeit gefunden, was kaum überraschen konnte angesichts der Vielzahl von Artikeln und Berichten. Alle großen deutschen Zeitungen hatten eigens Korrespondenten nach Jerusalem geschickt, die minutiös über den Ablauf, aber auch über moralische Aspekte des Prozesses berichteten.[97] Zum ersten Mal strahlte das Fernsehen Bilder eines solchen Prozesses aus, ein Vorgang, der die Wirkung noch verstärkt haben dürfte.

„Mit Schaudern und grenzenloser Ablehnung des Geschehenen steht das deutsche Volk vor seiner eigenen Vergangenheit", so kommentierte der alte Mann der Liberalen, Reinhold Maier, 1965 die intensive Phase der rechtlich-politischen Auseinandersetzung mit der NS-Vergangenheit.[98] Nachdem 1960/61 eine Debatte über die Verjährung eines Straftatbestandes stattgefunden hatte, der viele nationalsozialistische Gewaltverbrechen betraf, nämlich Totschlag – er verjährt nach fünfzehn Jahren –, mußte 1965 über die geltende Verjährungsfrist für Mord und Beihilfe zum Mord – beides verjährt nach zwanzig Jahren – entschieden werden. Die Stimmung wurde aufgeheizt durch Propagandakampagnen der DDR gegen bundesdeutsche Politiker. Der Bundesminister für Vertriebene, Flüchtlinge und Kriegsgeschädigte, Theodor Oberländer, einst überzeugter Nationalsozialist, war dort 1960 in Abwesenheit zu lebenslanger Zuchthaushaft verurteilt worden; dem Staatssekretär im Bundeskanzleramt, Hans Globke, widerfuhr gleiches 1963; anschließend verstärkte sich auch die ostdeutsche Rufmordkampagne gegen Bundespräsident Heinrich Lübke, der als „Schlüsselfigur der faschistischen Rüstung" diffamiert wurde.[99] Im September 1964 beschloß die Volkskammer die „Nichtverjährung von Kriegsverbrechen". Anfang Juni 1965 erschien in der DDR ein neues „Braun-Buch" über angeblich politisch belastete Persönlichkeiten in der Bundesrepublik. Einer Bitte der Bundesregierung, vorhandene Unterlagen über die Verbrechen zur Zeit des „Dritten Reiches" zugänglich zu machen, verschlossen sich die Ostblockstaaten. So konnte die DDR immer dann, wenn es ihr opportun schien, Kampagnen gegen Bonn lostreten und häppchenweise mit „neuen Dokumenten" aufwarten. Angesichts eines solchen Klimas waren die Bundestagsdebatten, die 1965 mit einer Verschiebung der

Verjährungsfrist für Mord endeten – da die Strafverfolgung von 1945 bis 1949 behindert gewesen sei – parlamentarische Sternstunden. 1969 beschloß der Bundestag schließlich ein Strafrechtsänderungsgesetz; für Verbrechen des Völkermords gab es nun keine Verjährung mehr. Diese glaubwürdig und ernsthaft geführten Debatten strahlten weit in die Öffentlichkeit aus, sie verstärkten den Prozeß der Bewußtwerdung der NS-Verbrechen. Wichtig war vor allem, daß der landläufige Opferdiskurs – Deutsche als Opfer Hitlers und des „alliierten Unrechts" nach 1945 – sich in einen Täterdiskurs verwandelte: Deutsche waren Täter und nicht bloß Opfer.

Der Holocaust rückte nicht zuletzt infolge eines Theaterskandals wie nie zuvor in das öffentliche Bewußtsein. Nachdem um 1960 herum ein neuer Dramentyp entstanden war, die „Mitschuld-Parabeln", ereigneten sich bei der Uraufführung von Rolf Hochhuths Stück „Der Stellvertreter" 1963 in Berlin regelrechte Tumulte. Das Schauspiel handelt vom Holocaust und der Haltung der römisch-katholischen Kirche gegenüber der Judenverfolgung im „Dritten Reich". Gezeigt wird u. a. ein rebellischer römischer Pater, der sich den Juden während der Deportation nach Auschwitz als geistlicher Beistand anschließt und dort den Märtyrertod stirbt, während Papst Pius XII. in Rom schweigt, anstatt, wie es seine Pflicht gewesen wäre, gegenüber der Weltöffentlichkeit die Ermordung der Juden anzuprangern. Hochhuth nutzte die Bühne als moralische Anstalt und beschwor damit öffentliche Debatten über seine hochpolitische Aufklärung herauf. Erwin Piscator, der das Drama uraufführte, adelte es als einen „der wesentlichen Beiträge zur Bewältigung der Vergangenheit", der „schonungslos die Dinge beim Namen" nenne.[100] Das deutsche Publikum, so Golo Mann, habe sich von dem Drama ansprechen lassen wie von keinem NS-Prozeß in Nürnberg oder Jerusalem und keiner noch so gründlichen historischen Studie des Instituts für Zeitgeschichte.[101] Ein Jahr lang gab es unzählige Anfragen im Bundestag, zustimmende und empörte Reaktionen in vielen Ländern Europas und besonders scharfe Proteste seitens der katholischen Kirche.

Mit den großen Prozessen, den Verjährungsdebatten, aber auch dem durchschlagenden Erfolg zeitgeschichtlicher, sensationeller Dramen wurde der Diskurs über den Nationalsozialismus und seine Verbrechen vorangetrieben. Dies hat, wie Werner Bergmann in seiner Untersuchung zeigen konnte, zu Lernprozessen und einem Einstellungswandel in der Bevölkerung beigetragen[102] und überdies die Distanzierung von allem Nationalen noch beschleunigt, die sich bereits darin gezeigt hatte, daß die Mobilisierung der Westdeutschen für den Kult um den Nationalstaat kaum mehr möglich war.

c) „Das Ende der Nachkriegszeit" – Ein neues Staatsbewußtsein

Daß es in der Bundesrepublik der sechziger Jahre zu einer „Bewußtseinsrevolution"[103] kam und sich ein „weithin generationsbedingter Meinungswandel"[104] vollzog, der sich 1967/68 zu einem „ersten Höhepunkt in dem transnationalen Prozeß des 'Wertewandels' der westlichen Industriegesellschaft"[105] auswuchs, gehört zu den grundlegenden Erklärungsansätzen für den Übergang von der ersten zur zweiten formativen Periode (Richard Löwenthal) der Republik. Die bundesrepublikanische Gesellschaft war in den sechziger Jahren eine „Gesellschaft im Aufbruch". Das Besondere dieses Aufbruchs war, daß große Teile der Bevölkerung in „gesellschaftliche Fortschritte" einbezogen wurden; die dadurch bewirkten Veränderungen des gesellschaftlichen und politischen Lebens ragen bis in unsere Zeit hinein.[106] Hierbei verknüpften sich viele verschiedene Stränge: eine moderne Massenkultur breitete sich aus, neue, amerikanisch geprägte Kulturmuster und Lebensstile überlagerten die traditionell-nationalen,[107] ein gesamtgesellschaftlicher Egalisierungstrend brach durch, das Konsum- und Freizeitverhalten orientierte sich am Wirtschaftswunder, und die Medienlandschaft erweiterte sich vor allem durch das Fernsehen. Begleitet von einem Generationenwechsel, schritt im öffentlichen und privaten Leben eine Säkularisierung weiter voran, Leitbilder in Gesellschaft, Familie und Beruf änderten sich.[108] Ein materiell begründetes gesellschaftliches Selbstbewußtsein trat immer stärker an die Stelle des nationalen.

Das demoskopische Material aus dieser Zeit verweist außerdem auf eine fortschreitende ideelle Verwestlichung. So kann an Umfragen des EMNID-Instituts seit den fünfziger Jahren die allmähliche Westorientierung abgelesen werden, die in den sechziger Jahren zunehmend an Fahrt gewann. Auf die Frage „Haben Sie den Eindruck, daß wir uns heute zu der Gemeinschaft der westlichen Völker zählen können, oder stehen wir Ihrer Meinung nach als Feinde von gestern noch außerhalb?", meinten im Jahr 1951 erst acht Prozent der Befragten, daß die Bundesrepublik voll dazugehöre; am Ende des Jahrzehnts waren es bereits 33 Prozent.[109] Die durchgängigste Konstante bundesdeutscher Identität war bis Ende der sechziger Jahre die „Ostangst", und sie verstärkte zugleich ihre Kehrseite, die „Westbegeisterung".

Es hatte viel mit der Lebenswirklichkeit und den Alltagserfahrungen der Bundesbürger zu tun, daß der verlorene Nationalstaat aus dem Zentrum des gesellschaftlichen Bewußtseins verschwand. Das Institut für angewandte Sozialwissenschaft (infas) hat zwischen 1964 und 1967 mehrmals jährlich Befragungen über Verhaltensweisen zur deutschen Frage durchgeführt. Diese „Gesamtdeutschen Barometer" beschäftigten sich damit, ob die deutsche Teilung noch ein aktuelles Problem für die Bevölkerung der Bundesrepublik war. Die Frage lautete, ob man sich an die Teilung „gewöhnt" habe oder ob sie weiterhin „unerträglich" sei. Die Veränderungen im Untersuchungszeitraum waren markant: Im Herbst 1964 hatten 42 Prozent der Befragten geantwortet, man habe sich an die Teilung Deutschlands „gewöhnt"; dieser Anteil stieg über die sechs folgenden Umfragen hinweg ständig an und betrug im Dezember 1967 61 Prozent. Die faktische Teilung Deutschlands wurde also auch innerlich von immer mehr Menschen als solche vollzogen. Die Wiedervereinigung befand sich außerhalb des persönlichen Erwartungshorizonts. Dabei gab es auffallende Generationsunterschiede. Die mittleren Jahrgänge (35 bis 49 Jahre) wiesen mit Blick auf eine „Gewöhnung" an die deutsche Teilung durchweg durchschnittliche Ergebnisse auf. Während das Barometer, das die „Unerträglichkeit" der Teilung anzeigte, bei den Älteren (50 bis 64 Jahre) in die Höhe schnellte, hatten sich fast Dreiviertel der jüngsten Befragten (18 bis 34 Jahre) an die Teilung gewöhnt; nur 17 Prozent empfanden sie noch als unerträglich. Die junge Generation, so ließ sich überdies aus den Werten zur „Anerkennung" der DDR schließen, orientierte sich an der Idee einer gleichberechtigten Koexistenz zwischen beiden deutschen Staaten. In der Konkurrenz mit anderen wichtigen politischen Fragen stach ein Zusammenhang besonders heraus: Das Interesse an der Wiedervereinigung hing stark von der Befriedigung wirtschaftlicher Bedürfnisse ab. Anders gesagt, je größer die wirtschaftlichen Schwierigkeiten der Bundesrepublik subjektiv erschienen und je mehr Krisenbewußtsein seit der zweiten Hälfte der sechziger Jahre grassierte, desto geringer war ein Wiedervereinigungswunsch.[110]

Sämtliche Umfragen[111] zum Staats- und Nationalbewußtsein der Bundesdeutschen signalisierten zudem eine zunehmende Systemakzeptanz und Zufriedenheit mit der Demokratie. Das Legitimitätseinverständnis stieg kontinuierlich an. Eine beliebte, fast alljährlich gestellte Frage der Demoskopen lautete: „Wann in diesem Jahrhundert ist es nach Ihrem Gefühl Deutschland am besten gegangen?" Ende der fünfziger Jahre wurde die Lage in der Bundesrepublik erstmals – und seither beständig – positiver eingeschätzt als die im Deutschen Kaiserreich oder in der Friedenszeit des „Dritten Reiches". Von Beginn der sechziger Jahre an waren die Westdeutschen der Meinung, es gehe Deutschland besser als jemals zuvor in der Geschichte. Das bezog sich vor allem auf das Wirtschaftssystem, aber immer stärker auch auf die politische Verfaßtheit und die Institutionen des Gemeinwesens.[112] Auffallend war außerdem, daß „Deutschland" als Begriff für den Westteil vereinnahmt wurde.[113] Einerseits kann dies als populärer Ausfluß des bis 1968 regierungsamtlich verfolgten Alleinvertretungsanspruchs gedeutet werden; andererseits kam hierin aber auch eine zunehmende gefühlsmäßige Distanz zur DDR zum Ausdruck. Unverkennbar war, daß die Bundesrepublik sich auf dem Weg zur Selbstanerkennung als Staatsnation befand und im Bewußtsein der Bürger den Provisoriumscharakter verlor.

Historisch-politisches Bewußtsein konstituiert sich neben sozialen Interaktionen und gesellschaftlichen Vermittlungsprozessen auch durch die psychische Verarbeitung eigener Erfahrungen.[114] Nicht zuletzt aber werden Einstellungen und Vorstellungen durch politische Positionsbestimmungen beeinflußt. Wie unter einem Brennglas bündelten sich wichtige Tendenzen bundesdeutscher Geschichtspolitik im kurzen Zeitraum zwischen 1964 und 1965, als die Deutschen von ihrer Geschichte komplett umstellt waren und ihr nicht entrinnen konnten. Anläßlich der Mehrfach-Gedenkjahre mußten Politiker Stellung nehmen und Orientierungen für das Geschichtsbewußtsein der Bürger geben. 1964 waren gleich vier epochale Ereignisse auf dem Gedenkkalender rot umrandet, nämlich die 50. Wiederkehr des Ausbruchs des Ersten Weltkrieges, die 25. der Entfesselung des Zweiten Weltkrieges, der 20. Jahrestag des 20. Juli 1944 und der 15. des Grundgesetzes, womit die Bundesrepublik Weimar überlebt, aber immer noch den kleinen häßlichen Bruder in Gestalt der DDR an ihrer Seite hatte, der ebenfalls seinen 15. Geburtstag feierte. 1965 schließlich galt es, den 20. Jahrestag der „bedingungslosen Kapitulation“ zu begehen, und zu all dem hatte der Gründer des Deutschen Kaiserreiches, Otto von Bismarck, 150. Geburtstag.

Die fünfzigste Wiederkehr von 1914 stand dabei ganz im Zeichen der Abwehr von Fritz Fischers Thesen.[115] Bismarck erfuhr an seinem Geburtstag eine parteiübergreifende Huldigung als Realpolitiker, sogar bei den Nachfahren derer, die er zu Lebzeiten rücksichtslos bekämpft hatte. Die Bismarck-Gedenkfeier im Deutschen Bundestag war für lange Zeit der letzte Versuch, ein erhofftes künftiges Gesamtdeutschland allein aus dieser historischen Perspektive zu begreifen.[116] Vergleicht man das öffentliche und politische Echo, das den zehnten Jahrestag der Gründung der Bundesrepublik im Jahr 1959 begleitete, mit dem des fünfzehnten Staatsjubiläums 1964 sowie dem Gedenken an das Kriegsende im Jahr darauf, so fallen die inzwischen eingetretenen Unterschiede besonders deutlich ins Auge. Zwar wurde auch 1959 das Grundgesetz als „große Tat“[117] gewürdigt und die Bundesrepublik als „hoffnungsvoller Jubilar“[118] eingeschätzt, doch die Grundmelodie erklang in traurigem Moll: Zum Feiern bestehe kein Anlaß, allenfalls zu ernster Besinnung. Die Spaltung Deutschlands stand im Mittelpunkt aller Betrachtungen. Bereits im März hatten Ressortbesprechungen im Bundesinnenministerium stattgefunden, bei denen es um die Frage ging, wie mit dem Grundgesetz-Jubiläum umzugehen sei, das nur drei Wochen vor dem 17. Juni lag. Da die „Lebensfrage des deutschen Volkes, seine Wiedervereinigung“ ungelöst war, kam für die Beamten aus den beteiligten Ministerien eine Feier am 23. Mai nicht in Betracht. Der Vorschlag, beide Gedenkfeiern auf den 17. Juni zu legen, wurde ebenfalls mehrheitlich abgelehnt; die Begründung war vielsagend: „Eine Zusammenlegung würde der Bedeutung des Tages der deutschen Einheit nicht gerecht werden und in der Öffentlichkeit, namentlich aber auch von der Bevölkerung in der SBZ, nicht verstanden werden", hieß es im Sitzungsprotokoll.[119]

Welch ein Kontrast zum SED-Regime, das einen wahren Geburtstagsfeier-Marathon zum 10. Jahrestag der DDR organisierte! Seit Anfang des Jahres war das gesamte gesellschaftliche Leben auf dieses Datum hin ausgerichtet worden. Ein gigantischer Organisationsapparat wurde in Gang gesetzt. Zukunftsoptimismus und Bewußtsein der eigenen Stärke lautete die Devise. Produktionswettstreite zur Stärkung der ökonomischen Basis in Form des „Kampfes um den Titel 'Brigade oder Kollektiv der sozialistischen Arbeit'", künstlerische und kulturelle Wettbewerbe wie die Kampagne „Greif zur Feder, Kumpel", Jugendinitiativen wie der „Pionierexpreß der guten Taten" bewiesen: vom Kindergartenkind bis zum Rentner sollte die gesamte Bevölkerung auf das Republikgründungsereignis eingestimmt werden. Politische, kulturelle und sportliche Massenveranstaltungen erklärte man zu „Etappen auf dem Weg zum 7. Oktober", und für ihre einjährige „Bewegung der guten Taten zum Jahrestag" wurde die Bevölkerung schließlich mit einwöchigen Feiern und Vergnügungen um den 7. Oktober herum belohnt. Am eigentlichen Jahrestag zelebrierten die Massenorganisationen das übliche Kernritual proletarisch-sozialistischer Staatsfeste. „Das propagandistische 'Gesamtkunstwerk' Zehnter Jahrestag, das in der Einheit von Wort, Bild und Massenaktion erstmals 1959 als derart monumentales, ganzjähriges Szenario gestaltet wurde, kann durchaus als Inszenierung eines nachholenden Initiationsrituals für das Volk der DDR gedeutet werden (...) Es war der Versuch, mittels aufwendig gestalteter, emotional ansprechender politischer Feierrituale das nach verlorenem Krieg und Zusammenbruch des Nazireiches entstandene psychische, gewissermaßen chiliastische Vakuum durch die Konstituierung eines neuen kollektiven Symbols zu füllen."[120] Der Deutsche Bundestag reagierte mit einer Protesterklärung, und in der Bundesrepublik Deutschland wurde Halbmast geflaggt.[121]

1964, als die Bonner Republik die Weimarer in ihrer zeitlichen Dauer überlebt hatte und Mauer und Stacheldraht durch Deutschland liefen, war vieles anders. Der Sinn für die rechtsstaatliche Ordnung hatte sich erheblich geschärft. Das Schicksal der Weimarer Republik stand vielen als mahnendes Beispiel vor Augen: Dort, wo die freiheitliche Verfassung nicht im Staatsbewußtsein der Bürger verankert war, wo sich der Bürger nicht mit dem Staat identifizierte, waren Recht und Freiheit ständig bedroht – dieser Grundsatz durchzog sämtliche Reden. Das Geheimnis der Stabilität der Bundesrepublik lag offensichtlich in der Übereinstimmung der Bürger darüber, was nicht sein durfte bzw. keinesfalls wieder sein durfte. Im ganzen fällt auf, wie sehr die Geschichte auf die noch jungen Traditionen der Bundesrepublik bezogen wurde. Unter starker Beteiligung von Spitzenpolitikern fand erstmals in großem Ausmaß ein Gedenken an den 20. Juli 1944 statt – im Zentrum stand die Bundeswehr, deren Ideal des „Staatsbürgers in Uniform" an den Geist und das Handeln der Widerstandskämpfer anschließen sollte.[122]

Dieser Trend hin zur bundesrepublikanischen Selbstvergewisserung setzte sich 1965 massiv fort. Zwanzig Jahre nach Befreiung und bedingungsloser Kapitulation erfreute sich die Bundesrepublik einer kräftigen Konstitution, die in einem völligen Gegensatz zu dem gespenstischen Vakuum des Jahres 1945 stand. Von allen Seiten wurde den Bundesbürgern angeraten, sich weiterhin mit Selbstvertrauen zu rüsten. Die Deutschen bedürften, so Bundeskanzler Ludwig Erhard am Jahrestag des Kriegsendes, eines klaren Bewußtseins ihrer eigenen Geschichte, um auch die Zukunft nach den eigenen Vorstellungen gestalten zu können.[123] Über Rundfunk und Fernsehen strich er den Aspekt der seit 1945 zuteil gewordenen „Gnade" heraus, „daß wir noch einmal die Kraft fanden, von neuem zu beginnen, daß wir uns aus Schutt und Trümmern eine neue Welt bauen konnten, daß wir eine wirtschaftliche und soziale Ordnung errichteten, die, was Menschenwerk nur immer vermag, Not lindern und Schuld zu sühnen suchte".[124] Diese Töne harmonierten in auffälliger Weise mit denen, die der SPD-Vorsitzende Willy Brandt anschlug. Zwar bedauerte er, daß ein gemeinsames und vorher abgestimmtes Vorgehen zwischen Regierung und Opposition nicht zustande gekommen war, um dann aber fortzufahren: „Zwanzig Jahre sind genug – genug der Spaltung, genug der Resignation und genug des bloßen Rückwärtsschauens." Die Formel „Zwanzig Jahre sind genug" sei nicht für die Denkfaulen und Opportunisten oder gar für ewig Gestrige gedacht, sondern für ein erwachsenes und mündiges Volk. Brandt sah in ihr die Formel des Selbstvertrauens und der Zuversicht. Die letzten zwanzig Jahre, so der SPD-Vorsitzende pathetisch, „sind unsere Arbeit und unsere Sorgen, unsere Einsicht und unsere Standhaftigkeit, unsere Hoffnung und unser Stolz, sie sind unser Leben". Kein Volk könne ohne Stolz leben.[125]

Erhard und Brandt, die den parteiübergreifenden Konsens betonten, einte 1965 ein gemeinsames Ziel: Ein „geläutertes Volk"[126] vor den kommunistischen Angriffen in Schutz zu nehmen, die wie erwartet anläßlich der Wiederkehr des 8. Mai 1945 auf die Bundesrepublik niederprasselten. Die Ostblockländer demonstrierten um dieses Schlüsseldatum herum ihre militärische Macht und erklärten wie aus einem Munde, daß das „imperialistische Lager" nichts aus der Vergangenheit gelernt habe. Dies gelte besonders, so etwa der sowjetische Verteidigungsminister Malinowski, für die Vereinigten Staaten, die ein „schmachvolles Bündnis mit dem westdeutschen Revanchismus" geschlossen hätten.[127] Nicht weniger wortgewaltig zog Parteichef Breschnew über die „deutschen Militaristen" vom Leder und verglich eine etwaige Wiedervereinigung mit Hitlers Machtantritt.[128] Die polnische Führung beging den Jahrestag des 8. Mai als gezielte Demonstration für die Oder-Neiße-Grenze nicht in Warschau, sondern in Breslau.[129] Der tschechoslowakische Staatspräsident Novotny schließlich verurteilte die USA und die Bundesrepublik als Anheizer internationaler Spannungen.[130]

In Bonn dokumentierte sich der Tiefstand der deutsch-sowjetischen Beziehungen in einem Eklat: Der sowjetische Botschafter Smirnow gab in der Bad Godesberger Stadthalle am 9. Mai einen Empfang zum zwanzigsten Jahrestag des sowjetischen Sieges, an dem die eingeladene bundesdeutsche Prominenz aber nicht teilnahm – ein Deutscher könne da doch nicht hingehen und auf die eigene Niederlage trinken, lautete beispielsweise der Kommentar von Hans Kroll, einst deutscher Botschafter in Moskau und mit Smirnow gut bekannt.[131] Ostberlin ließ es nicht an Eifer fehlen, die Bundesrepublik als potentiellen Kriegsherd zu diffamieren. Vor der Volkskammer versicherte Parteichef Walter Ulbricht: Die „Stimme der großen deutschen Nation ertönt hier". In der Bundesrepublik hingegen müsse die Befreiung, die 1945 steckengeblieben sei, vollendet werden. In fast acht Kilometer langen Militärparaden und einem Propagandaaufwand ohnegleichen wurde die Waffenbrüderschaft des „friedliebenden, wahren Deutschland" mit der Sowjetunion bekundet.[132]

Hatte man mit solchen Verlautbarungen gerechnet, so ließen aber zu allem Unglück auch die Westmächte die Bundesrepublik allein. Niemals war Bonn einsamer als in der zweiten Maiwoche des Jahres 1965. Besonders die französischen Siegesfeiern entsprachen im Aufwand der Anstrengungen und Kosten den angekündigten Superlativen. „Von der Feier vor dem Invalidendom mit Musik, Chören, Scheinwerfern und Fackeln bis zum Feuerwerk vor dem Eifelturm bewies Frankreichs Kulturminister Malraux seine Regiekunst mit Symbolik, Kunst, Raum und Masse", berichtete der Frankreichkorrespondent Alfred Frisch aus Paris.[133] Bonn hätte diese Bekundung französischer „Gloire" noch nachgesehen, aber entsetzt zeigte sich die Bundesregierung darüber, daß Frankreich sich gegen eine gemeinsame Deutschland-Erklärung der drei Westmächte zum 8. Mai sträubte, um die sich das Auswärtige Amt mit viel Energie bemüht hatte. Es sei unmöglich, so verlautete es aus dem Elysée-Palast und dem Quai d'Orsay, am zwanzigsten Jahrestag des alliierten Sieges über Hitler-Deutschland eine Erklärung zugunsten der deutschen Wiedervereinigung abzugeben. Man könne nicht einen Sieg feiern und sich gleichzeitig gegen die inzwischen allgemein als selbstverständlich anerkannte internationale Ordnung wenden und sich zu einer uneingeschränkten Partnerschaft mit der Bundesrepublik bekennen. Vielmehr sei es angebracht, auf die Gefühle der öffentlichen Meinung in Frankreich und Osteuropa Rücksicht zu nehmen.[134] Das kam einem Schlag ins Gesicht Bonns gleich, das sich seit Beginn der Kanzlerschaft Erhards im ständigen Hader mit Paris befand;[135] dabei war der deutsch-französische Freundschaftsvertrag gerade einmal zwei Jahre alt. Walter Ulbricht triumphierte in Ostberlin und sandte de Gaulle ein Glückwunschtelegramm.[136] Die Bonner Diplomatie war am Boden zerstört.

Die vorhersehbare Propagandakampagne aus dem Osten, aber auch die Probleme mit den westlichen Partnern schweißte die politischen Akteure in der Bundesrepublik zusammen. Doch die oben beschriebenen Präventivmaßnahmen zum 8. Mai waren nur die Spitze eines Eisberges. Geschichtliche Reflexionen hatten seit einiger Zeit bei Politikern aller Couleur Konjunktur. 1959 war Fritz René Allemanns Bemerkung, daß die DDR von ihren Menschen zuviel, die Bundesrepublik von ihnen hingegen viel zuwenig verlange, fast ungehört verhallt. Ihn hatte die Selbstbeschränkung in der Bundesrepublik zum zehnjährigen Gründungstag stark befremdet, und diese Reserviertheit war ihm als ein Mangel an Staatsbewußtsein erschienen.[137] Neue Nahrung hatte diese Befürchtung anläßlich der antisemitischen Schmierwelle 1959/60 erhalten, deren Höhepunkt an Weihnachten 1959 erreicht worden war: Die Kölner Synagoge war am Heiligen Abend mit Hakenkreuzen und antisemitischen Parolen beschmiert und außerdem ein Denkmal für die Opfer des NS-Regimes mit Farbe übergossen worden. Zweifel, ob die Bundesrepublik wirklich auf festem Grund gebaut war, waren von allen Seiten zu vernehmen gewesen.[138] Unmittelbar nach dem Mauerbau schließlich war der Ruf nach einem bundesrepublikanischen Staatsbewußtsein immer lauter geworden. In zahlreichen Reden und Pressekommentaren hörte man seither die Forderung nach „Pflege des Staatsbewußtseins durch Nutzbarmachung der eigenen Geschichte“.[139] Diese prägnante Formulierung aus dem Jahr 1963 war durchaus affirmativ in dem Sinne gemeint, von den „Komplexen“ der NS-Vergangenheit frei zu werden,[140] und richtete sich gleichfalls gegen den damals diagnostizierten ahistorischen Progressismus. Gedacht war diese Konstruktion einer bundesdeutschen Identität aber nicht zuletzt als historisch-politische Reaktion auf Versuche des SED-Regimes, den 16 Millionen Menschen der DDR „ein neues Geschichtsbild aufzuzwingen“.[141]

Mit dieser Bemerkung spielte Ernst Lemmer, der Minister für gesamtdeutsche Fragen, auf das „Nationale Dokument“ über „Die geschichtliche

Aufgabe der Deutschen Demokratischen Republik und die Zukunft Deutschlands“ an, das Walter Ulbricht am 25. März 1962 im Namen des ZK der SED dem Nationalrat der Nationalen Front auf seiner 11. Tagung vorgelegt hatte – und dieser verabschiedete es, gleichermaßen geschichtsbewußt wie zynisch, am 17. Juni 1962. Drei Hauptthesen zeichneten das Nationale Dokument aus: Erstens sei der Sieg des Sozialismus – auch in der Bundesrepublik – unvermeidlich; zweitens existierten zwei deutsche Staaten, die sich „feindlich“ gegenüberstünden; drittens müsse man sich auf eine längere Periode der friedlichen Koexistenz einrichten. Die geeignete Form dafür wurde in einer deutschen Konföderation gesehen; Westberlin würde als entmilitarisierte, freie und neutrale Stadt an einer Konföderation teilnehmen können. Die „Rechtmäßigkeit“ der DDR ergab sich aus der Geschichte: „Nach der Katastrophe zweier Weltkriege hat es die Geschichte unwiderlegbar bestätigt, daß eine Politik der imperialistischen Aggression Deutschland nur in sein Unglück führt und führen kann, und daß die einseitige Bindung Deutschlands an die imperialistischen Westmächte den nationalen Interessen des deutschen Volkes entgegensteht.“ In allen entscheidenden historischen Situationen habe die Großbourgeoisie das Volk verraten. Demgegenüber hätten „die klassenbewußten deutschen Arbeiter (...) in allen großen geschichtlichen Prüfungen, in denen die deutsche Bourgeoisie ihre Untauglichkeit zur Führung der Nation erwies, eine Politik vertreten, die nicht nur den Interessen der Arbeiter, sondern denen des ganzen Volkes diente. Sie haben im Interesse der Nation heldenhaft gekämpft, unzählige Opfer gebracht und sind auch standhaft geblieben, wenn es galt, gegen einen übermächtigen Strom zu schwimmen.“ Die DDR werde von diesen fortschrittlichen und humanistischen Kräften geführt, die seit der Gründung des Deutschen Reiches 1871 bewiesen hätten, daß sie Freiheit, Demokratie, Menschlichkeit, Brüderlichkeit, Gerechtigkeit und Wohlstand für alle anstrebten. Daher leite sich das „geschichtliche Recht auf Führung des deutschen Volkes“ ab. Sollte das Nationale Dokument natürlich eine Abgrenzung gegenüber der Bundesrepublik forcieren, so zielte seine Hauptstoßrichtung darauf ab, die Menschen in der DDR zu mobilisieren: Die Zukunft Deutschlands sei unwiderruflich geknüpft an den Sieg des Sozialismus in der DDR; die wirtschaftliche und politische Stärke der DDR sollte mit dem Neuen Ökonomischen System unter Beweis gestellt werden.[142]

Daß das Nationale Dokument seine Funktion rasch erfüllen würde, glaubte kaum jemand, auch nicht im Osten. Die ständige Lobpreisung des werktätigen Volkes der DDR als Avantgarde der deutschen Nation wurde im Westen gleichwohl als latente Gefahr wahrgenommen. Weil der Kommunismus versuche, so beispielsweise Erich Ollenhauer 1963, die Sehnsucht des Menschen, handelndes Subjekt zu sein, gewaltsam zu unterdrücken und absterben zu lassen, müsse im Westen der selbstbewußt handelnde Staatsbürger des demokratischen Staates weiter „herangebildet" werden. „Das politische Nahziel muß es sein, daß sich die Menschen in der Bundesrepublik Deutschland mit unserem sozialen Rechtsstaat, mit unserer Demokratie identifizieren."[143] Erste Konsequenzen ließen nicht lange auf sich warten: Auf Bundesebene wurde eine aus Wissenschaftlern zusammengesetzte „Kommission zur Beratung der Bundesregierung in Fragen der politischen Bildung" eingerichtet. Die Bundeszentrale für Heimatdienst erfuhr eine Aufgabenerweiterung, insofern war ihre Umbenennung von 1962 in Bundeszentrale für politische Bildung programmatisch. Weitere institutionelle Reaktionen schlossen sich an, vor allem war die Bereitschaft der Kultusministerien und Schulbehörden gewachsen, den Geschichtsunterricht als politische Bildungsaufgabe in der Demokratie zu begreifen.[144]

Ludwig Erhards vielzitiertes Wort vom „Ende der Nachkriegszeit", das er nur ein halbes Jahr nach den Kapitulationsfeiern des Auslandes in seiner Regierungserklärung vom 10. November 1965 formulierte, bedeutete ein weiteres Glied in dieser langen Ereigniskette, die Staatsbewußtsein generieren sollte. Erhard schwebte allerdings fast ein staatsoffizielles Geschichtsbild vor. Es war nämlich kein Zufall, daß er seine Gedanken zum Geschichts- und Staatsbewußtsein mit der „formierten Gesellschaft" zusammenbrachte. Geschichtsbewußtsein in der Bundesrepublik hielt Erhard für unabdingbar, um die „Überlegenheit der formierten Gesellschaft gegenüber dem Weg des Kommunismus" noch überzeugender zu beweisen.[145] „Formierte Gesellschaft" – hinter diesem schillernden Leitbegriff des Bundeskanzlers verbargen sich ein starkes Unbehagen an der Konkurrenzdemokratie und die Klage, daß die Gesellschaft in organisierte Gruppen zerfalle. Formierte Gesellschaft war somit das Gegenstück zur fragmentierten Gesellschaft. Staatsgesinnung, Gemeinwohlideologie und Wohlfahrt wurden gegen „egoistische Interessenverbände" gestellt.[146] Dies rief sofort scharfen Widerspruch auf seiten der Sozialdemokraten hervor, die hinter diesem Konzept nicht zu Unrecht antipluralistische Tendenzen witterten.[147]

Wichtig aber ist hervorzuheben, daß die seit Anfang der sechziger Jahre sowohl von rechts als auch von links angestellten Überlegungen bezüglich eines Staatsbewußtseins im Kern übereinstimmten: Es handelte sich auf beiden Seiten um ein geschichtspolitisches Konzept, das darauf abzielte, dem Historischen Materialismus eine Gegenidee des Westens entgegenzustellen. Außerdem reagierte man darauf, daß mit de Gaulles Rückkehr an die Macht nationalstaatliche Positionen in Europa eine Renaissance erlebten und weitere europäische Integrationsbemühungen vorerst auf Eis gelegt worden waren. Von dieser Konzeption ging aber eine erhebliche

Eigendynamik aus. Je länger nämlich eine Wiedervereinigung der beiden Teile Deutschlands auf sich warten ließ, desto mehr lief das, was ursprünglich durchaus als eine zweite – nach der ökonomischen nun ideelle – Magnettheorie gedacht war, auf ein teilstaatsbezogenes, bundesrepublikanisches Geschichtsbewußtsein hinaus.

Das historische Bezugssystem und das politische Bewußtsein der Bundesbürger wurden seit Mitte der sechziger Jahre doppelbödig, und es formte sich ein Hintergrund aus, den Karl Dietrich Bracher so treffend als „doppelte Zeitgeschichte" bezeichnet hat.[148] Nicht mehr nur der Nationalsozialismus lastete auf den Westdeutschen, sondern die Erfolgsgeschichte der Bundesrepublik gewann zunehmend an Eigengewicht und bestimmte immer mehr den Wahrnehmungs- und Erfahrungshorizont der Bürger. In der Bundesrepublik entfaltete die Wiederaufbauleistung mittlerweile eine stärkere Prägekraft in der Bevölkerung als der Provisoriumsvorbehalt. Die Bundesrepublik verfügte über ihre eigenen Gründungsmythen, etwa das Wirtschaftswunder, die D-Mark und den Volkswagen, die soziale Sicherheit, die Westintegration, die Wiederbewaffnung und die Integration der Flüchtlinge und Vertriebenen. Die erfolgreiche Gründungsphase der Republik wurde nicht zuletzt durch den Rücktritt Adenauers als Bundeskanzler im Oktober 1963 ihrerseits historisch. Eine Ära war zu Ende. Der Tod des zum populären Mythos gewordenen ersten Bundespräsidenten Theodor Heuss am 12. Dezember 1963 verstärkte noch das Bewußtsein, daß ein großes Kapitel deutscher Geschichte geschlossen wurde; zwei Tage nach Heuss starb auch Erich Ollenhauer. Die Symbolfiguren der frühen Jahre waren entweder von der politischen Bühne abgetreten oder tot.

Die meisten der westdeutschen Bürger gaben seit Mitte der sechziger Jahre einem pragmatischen Denken den Vorzug. Der Stolz auf die „Nation" bezog sich vor allem auf Leistungen und Merkmale des politischen Gemeinwesens Bundesrepublik; ihr gegenüber war die anfänglich noch vorhandene emotionale Distanz völlig gewichen. Der Kult um die deutsche Nation hatte noch greifen können, solange die Einheit als Selbstverständlichkeit und der westdeutsche Staat als zeitlich begrenzt betrachtet wurde. Aber eines konnte dieser Kult nicht leisten – und hierin unterschied sich die deutsche Situation gravierend von derjenigen in anderen Staaten, in denen sich Verfassungsordnung und Nation gegenseitig bedingten: Er vermochte nicht, den Status quo zu legitimieren. Im Gegenteil: Sein Kern war ja gerade eine an der Vergangenheit ausgerichtete Revision des Gegenwartszustandes. Eine solche Revision konnte jedoch nur dann auf massenhafte Unterstützung rechnen, wenn die Gegenwart als bedrückend oder schlecht, eben als revisionsbedürftig wahrgenommen wurde. Genau dies war seit Mitte der sechziger Jahre in der Bundesrepublik aber nicht mehr der Fall, als die deutsche Zweistaatlichkeit keinen

Störfaktor mehr für die unmittelbare Lebenszufriedenheit im Westen bedeutete. Dem Kult um den deutschen Nationalstaat wurde somit der Boden entzogen. Außerdem war in der politischen Vorstellung der Bundesbürger die DDR nicht mehr nur die „Zone“. Der 17. Juni 1953 erschien angesichts der faktischen Stabilisierung der DDR und ihrer Wahrnehmung als durchaus prosperierende Industriegesellschaft, deren Menschen sich eines immerhin bescheidenen Wohlstands erfreuten und auf ihre Leistungen mit gewachsenem Selbstbewußtsein blickten, nur mehr als Ausdruck eines rein sozialen Aufstandes in den schwierigen Anfangsjahren des zweiten deutschen Staates.[149]

Der Bedarf an einer symbolischen Heimat namens Gesamtnation war in zunehmendem Maße durch die reale, pragmatische und auch emotionale Heimat namens Bundesrepublik abgelöst worden. Die habituelle Präsenz von Symbolen, Mythen und Ritualen der Gesamtnation im öffentlichen Raum, die für gewöhnlich die Mitglieder einer politischen Gemeinschaft der Festigkeit der politischen Ordnung versichert und ihnen ein stabiles Gefühl der Zugehörigkeit gibt, griff in der Bundesrepublik nicht mehr. Dieser Staat wurde nicht mehr als Provisorium, sondern als etwas Dauerhaftes betrachtet. Angesichts der Konkurrenz mit der Bundesrepublik war die Gesamtnation für die meisten kein attraktives Sinnangebot mehr; von ihr ging keine sakralisierende Sinnperspektive mehr aus.

6. Abschaffung des „17. Juni“? – Das Dilemma der Großen Koalition

An der Großen Koalition, die zwischen Dezember 1966 und September 1969 als ein politisches Bündnis auf begrenzte Zeit bestand, schieden sich zeitgenössisch und scheiden sich bis heute die Geister. Kritiker sahen im Zusammengehen der beiden großen Parteien und einer dementsprechend verschwindend kleinen Opposition eine gefährliche Anomalie des parlamentarischen Systems. Vor allem der Sozialdemokratie warfen sie den politischen Sündenfall vor. Gemessen am Ergebnis hatte die Große Koalition aber „in einem Maße Erfolg, wie es nur wenigen so kurz amtierenden Regierungen beschieden war“.[1] Der Reformstau wurde abgebaut – das betraf die Schließung von Haushaltslücken, die Überwindung der Rezession, die Änderung der Bildungspolitik nach diagnostizierter „Bildungskatastrophe“ (Georg Picht), die Verabschiedung der Notstandsverfassung; nicht zuletzt wurde die Deutschland- und Ostpolitik flexibler. Doch die Zeit der Großen Koalition war janusgesichtig: Tiefgreifende Reformen bewirkten eine Stabilisierung der Bundesrepublik und zugleich trieb das Unbehagen am „CDU-SPD-Staat“ den Protest, die Außerparlamentarische Opposition (APO), und damit eine neue politische Instabilität hervor.

Auf dem Gebiet der deutschen Frage nahm die neue Regierung die Besorgnisse der europäischen Nachbarn ernster als ihre Vorgänger. Ablesbar war dies schon an der Prioritätensetzung, die nun lautete: Wiedervereinigung durch Entspannung und nicht mehr Entspannung durch Wiedervereinigung. Doch damit nicht genug: An der exponiertesten Stelle, die in der Bundesrepublik möglich war, beim Staatsakt zum Tag der deutschen Einheit, sagte Bundeskanzler Kurt Georg Kiesinger 1967, ein wiedervereinigtes Deutschland habe eine „kritische Größenordnung" für Europa, weshalb man andere, den europäischen Kontext berücksichtigende Optionen suchen müsse. Deutschland als Ganzes sei zu groß, „um in der Balance der Kräfte keine Rolle zu spielen, und zu klein, um die Kräfte um sich herum selbst im Gleichgewicht zu halten". Es sei daher nur schwer vorstellbar, daß sich Deutschland bei einer Fortdauer der gegenwärtigen Struktur Europas der einen oder der anderen Seite ohne weiteres zugesellen könnte. Darum könne man das Zusammenwachsen der getrennten Teile Deutschlands nur eingebettet sehen in den Prozeß der Überwindung des Ost-West-Konflikts.[2] Kiesinger hob darauf ab, daß es für die gegenwärtige weltpolitische Situation kein historisches Vorbild gebe. „Wenn das Wort 'historia magistra vitae' einmal gelten konnte – heute läßt uns die Geschichte als Lehrmeisterin im Stich; ja, es könnte sein, daß sie uns gar den Blick auf die Zukunft verstellt, die ganz neue Gedanken, ganz neue Entwürfe, neuen unbefangenen Wagemut von allen Beteiligten fordert." Man müsse – damit nahm er Alfred Webers Formulierung von 1946 auf – „Abschied von der bisherigen Geschichte" nehmen und sich von eingefahrenen Denk- und Willensbahnen lösen, „wenn wir alle die künftige Geschichte nicht als wehrloses Opfer, sondern allen Zwängen der Entwicklung zum Trotz, als ihre Gestalter erfahren wollen".[3] Der Bundeskanzler hielt den „Formelkult", der sich im letzten Jahrzehnt zur deutschen Frage herausgebildet hatte, für kontraproduktiv, denn er habe nur trügerische Hoffnungen geweckt. Man dürfe nicht warten, bis der Geschichte etwas Rettendes einfalle, daher habe sich die Regierung der Großen Koalition zu einer „neuen, beweglichen Politik gegenüber dem Osten entschlossen".[4]

Zwei Tage zuvor hatte Wirtschaftsminister Karl Schiller von der SPD vor dem American Council on Germany in New York in dasselbe Horn gestoßen. „Dieser Tag", so führte er zum 17. Juni aus, „ist kein Sedantag der glorreichen Erinnerung, er ist kein Tag der politischen Kraftmeierei und des Säbelrasselns, und er sollte kein überflüssiges Relikt des Kalten Krieges werden, kein Tag des künstlich geschürten Hasses. Wir wollen ihn auch nicht mißbrauchen zum bloßen Appell an die Weltöffentlichkeit mit der nur rituellen Pflicht, die Beschwörungsformel von der 'Einheit in Freiheit' ständig zu wiederholen. Mit dieser Gebetsmühle kämen wir heute in der Deutschlandfrage nicht einen Schritt weiter.“[5] So deutliche Worte waren bislang noch keinem Politiker in der Öffentlichkeit über die Lippen gekommen. Ein „Stachel im Herzen“,[6] darin waren sich alle Akteure der Koalition einig, mußte der 17. Juni 1953 bleiben. Aber man konnte nichts gewinnen, jedoch viel verlieren, wenn man die DDR-Führung jährlich am 17. Juni auf die Anklagebank setzte.

So trat ein, was bisher unvorstellbar gewesen war: Die Parteien der Großen Koalition verzichteten 1968 bewußt auf eine Gedenkstunde des Bundestages zum Tag der deutschen Einheit. 1969 wurde sogar versucht, eine neue Tradition zu begründen: Am 17. Juni erstattete der Bundeskanzler den „Bericht zur Lage der Nation im geteilten Deutschland“. Doch damit nicht genug; den entscheidenden Schritt wollte man auch noch tun: Weil man in den Feiern zum 17. Juni ein Relikt des Kalten Krieges sah, hatten sich CDU und SPD bereits im Februar 1967 grundsätzlich darauf geeinigt, eine Kabinettsvorlage zu erstellen, die eine Streichung des Tags der deutschen Einheit als Feiertag vorsah. Er passe, so hieß es in der Regierungsrunde, nicht mehr zu einer ostpolitischen Friedenspolitik und dürfe fürderhin nicht als Waffe gegen sie mißbraucht werden.

Selbst die oppositionelle FDP machte sich für eine Gesetzesnovelle stark, wonach die Begehung des Tages der deutschen Einheit als gesetzlicher Feiertag bis zum Tage der Wiedervereinigung ausgesetzt werden sollte. Ein gesamtdeutsches Parlament sollte dereinst über die Wiederinkraftsetzung entscheiden. Diese ungewöhnliche Einmütigkeit geriet jedoch rasch wieder unter die parteipolitischen Räder. Denn nun folgte eine fast zweijährige Debatte im Kabinett, in den Bundestagsfraktionen, im Bundestag, in diversen Ausschüssen und interfraktionellen Arbeitsgruppen.[7] Aufgrund heftiger Kritik aus dem Bundestagsausschuß für gesamtdeutsche und Berliner Fragen stellte das Bundeskabinett auf seiner Sondersitzung vom 10. März 1967 die formale Beschlußfassung eines Gesetzes vorerst zurück. Die Angelegenheit sollte zunächst unter den Fraktionen erneut diskutiert werden, um ein einhelliges Votum zu gewährleisten – man wollte keine Mehrheitsentscheidung, sondern einen Konsens. Innerhalb der Fraktionen regten sich jedoch zahlreiche Widerstände. Im April folgte das Kabinett einer Vorlage des Bundesinnenministers Paul Lücke (CDU), die beabsichtigte Gesetzesänderung wegen der fortgeschrittenen Zeit – in acht Wochen war bereits 17. Juni – weiterhin zurückzustellen. Fünf Tage nach dem Tag der deutschen Einheit 1967 brachte die FDP-Bundestagsfraktion ihren Gesetzesvorschlag, den Feiertagscharakter des 17. Juni zeitweilig außer Kraft zu setzen, im Bundestag ein.[8] Am 8. November fand die erste Lesung statt, der Antrag wurde dem Ausschuß für gesamtdeutsche und Berliner Fragen überwiesen und fand dort eine vernichtende Resonanz. Am 7. Dezember setzte der Ausschuß eine Arbeitsgruppe unter dem Vorsitz des Christdemokraten Felix von Eckardt ein. Dieser befaßte sich mit der Frage, ob der Bundestag überhaupt die Feiertagsregelung des 17. Juni mit bindender Wirkung für die Länder aufheben könne; das zuständige Bundesministerium wurde um eine gutachterliche Äußerung gebeten.[9] Dieser Vorgang zog sich bis zum Februar 1968 hin, und die Zeit bis zum 17. Juni wurde abermals knapp, weshalb der Ausschuß in einem Zwischenbericht dafür plädierte, es auch in diesem Jahr noch bei der alten Regelung zu belassen. Dem wollte jedoch das Bundeskabinett nicht mehr folgen und erteilte dem Bundesminister des Innern den Auftrag, eine Gesetzesvorlage zur Abschaffung des 17. Juni zu erarbeiten. Parallel fanden wieder Unterredungen innerhalb der Fraktionen statt. Bereits am 12. Februar lag Innenminister Lückes Entwurf auf dem Tisch. Wegen der besonderen Dringlichkeit trug er ihn auf der Kabinettssitzung zwei Tage später noch einmal mündlich vor. Gesetzestechnisch war die Änderung leicht zu bewerkstelligen, schwieriger würde die wirtschaftliche Seite zu lösen sein, denn die Umgestaltung in einen zusätzlichen Arbeitstag warf viele Probleme auf. Deshalb mußten noch Gespräche mit den Sozialpartnern geführt werden. Der Bundeskanzler persönlich sowie die zuständigen Bundesminister wollten bereits in der kommenden Woche Sondierungen aufnehmen. Das Kabinett beschloß den Gesetzesentwurf und leitete ihn dem Bundesrat zur Stellungnahme zu, womit das Gesetzgebungsverfahren eingeleitet war. Vom Präsidenten des Bundesrates kam am 22. März die Nachricht, daß von dieser Seite keine Einwände gegen den Entwurf bestünden.[10] Herbert Wehner, Minister für gesamtdeutsche Fragen, mußte sich hingegen bei seiner Berichterstattung vor dem Gesamtdeutschen Ausschuß massive Kritik gefallen lassen, die Diskussion war „sehr scharf und überwiegend ablehnend".[11] Der gesamte Prozeß geriet daraufhin ins Stocken. Eine Abstimmung im Bundestag sollte es nicht mehr geben.

„Nationalfeiertage verschwinden höchstens als Folge von Katastrophen und revolutionären Vorgängen – wie etwa der Sedanstag oder der Weimarer Verfassungstag im August. Als Fehler abgeschafft – das ist wohl bisher in der Weltgeschichte nicht passiert!" – so lautete der Kommentar des Direktors der Akademie für politische Bildung in Tutzing, Felix Messerschmidt, als die Bemühungen der Großen Koalition öffentlich bekannt wurden.[12] Die Situation war vertrackt: Den Feiertag abzuschaffen oder ihn beizubehalten – beide Möglichkeiten waren 1968/69 ein Politikum von großer Tragweite. Ost- und deutschlandpolitische Argumente bestimmten die Diskussion des Für und Wider, außerdem innenpolitische angesichts der Radikalisierung von rechts und links, die die Große Koalition unfreiwillig ausgelöst hatte, schließlich wirtschafts- und sozialpolitische – das Wort vom „sozialen Besitzstand" machte die Runde.

Daß die Beibehaltung des „17. Juni“ deutschlandpolitisch mehr Schaden als Nutzen brächte – diese Ansicht vertraten vor allem die Fraktion der Liberalen und die Mehrheit der SPD-Fraktion. In der Bundesrepublik drohte der „17. Juni“ eine Speerspitze gegen die Neue Ostpolitik zu werden.[13] Man benötigte nicht viel Phantasie, um sich vorzustellen, wie der fünfzehn Jahre zurückliegende Aufstand in der DDR gegen eine neue Deutschlandpolitik zu instrumentalisieren war. Als ständige Herausforderung des SED-Regimes stand das Datum aber insbesondere einer Politik der innerdeutschen Entspannung entgegen. Bot es nicht der SED immer wieder eine willkommene Ausrede dafür, Entspannungsbemühungen zunichte zu machen? Konnte die Bundesrepublik nicht die Initiative zurückgewinnen, wenn sie sich von einem solchen Relikt verabschiedete? Der noch im Vorfeld der Großen Koalition verabredete Redneraustausch zwischen der SPD und der SED hatte doch eines bewiesen: Wenn der Westen nur flexibel genug war, gelang es der SED kaum mehr, ihm deutschlandpolitisch den Schwarzen Peter zuzuschieben. 1966 hatte die SPD das Angebot eines Redneraustausches mit Fernsehübertragung angenommen, die Spitzen der Parteien wollten sich in Hannover und Chemnitz treffen. Dann aber machte die DDR einen „Rückzieher, der Schwäche offenbarte“.[14]

Besonders die christdemokratischen Gegner dieser Argumentation warnten vor einer „gesamtdeutschen Leisetreterei“. Man würde das Denksystem der Kommunisten völlig verkennen, wenn man hoffte, durch einseitiges Nachgeben zu Verständigungsmöglichkeiten zu gelangen. Die ostentative Abschaffung des „17. Juni“ mußte ihrer Meinung nach katastrophale Konsequenzen nach sich ziehen: Die Bundesregierung käme in den Verdacht, sich mit dem Regime im anderen Teil Deutschlands zu arrangieren, ja auf diesem Weg die totalitäre Zwangsherrschaft anzuerkennen. War dies nicht ein Ausdruck gesamtdeutscher Resignation und mußte dies nicht äußerst negative psychologische Wirkungen auf die Deutschen in Ost und West haben? Kam der Verzicht auf den „17. Juni“ nicht einer nationalen Bankrotterklärung gleich?[15] Außerdem hatten doch gerade das „Gesetz über die Staatsbürgerschaft der DDR“ und die „Ulbricht-Doktrin“ als umgekehrte Hallstein-Doktrin gezeigt, daß die DDR einzig und allein um Abgrenzung von der Bundesrepublik bemüht war. Die tschechoslowakische Tragödie, also die Niederschlagung des „Prager Frühlings“ und die Okkupation der ČSSR durch fünf Warschauer-Pakt-Staaten im Sommer 1968 untermauerten eindrücklich, daß demokratische, freiheitliche Varianten des Kommunismus von der Sowjetunion in ihrem Hegemonialbereich um keinen Preis geduldet wurden. Warum sollte der „17. Juni“ einer vernünftigen gesamtdeutschen Politik im Wege stehen? Auch aus historischer Perspektive gesehen erschien manchen dieses Argument als unsinnig. Denn viele Nationalfeiertage seien als Gegen-Feiertage konzipiert worden, also gegen anders lautende Interessen gerichtet. Die Beziehungen zwischen Amerika und Großbritannien hätten schließlich auch nicht darunter gelitten, daß die Vereinigten Staaten den 4. Juli feierten.[16] Doch solche Vergleiche hinkten natürlich.

Neben der Deutschlandpolitik schob sich auch die bundesrepublikanische Innenpolitik ins Zentrum der Debatte. Die Unterbrechung des offenen politischen Konflikts durch die Bildung der Großen Koalition hatte zu Radikalisierungen an den Rändern geführt, die sich gegenseitig wiederum hochschaukelten. Bei den hessischen und den bayerischen Landtagswahlen vom November 1966, kurz vor Bildung der Großen Koalition, war die zwei Jahre zuvor gegründete neonazistische NPD auf über 7 Prozent der Stimmen gekommen. Wenige Wochen nach den gewalttätigen studentischen Osterunruhen von 1968, die durch den Mordanschlag auf den Führer des radikalen Sozialistischen Deutschen Studentenbundes (SDS), Rudi Dutschke, ausgelöst wurden, erreichte die NPD in Baden-Württemberg 9,8 Prozent der Wählerstimmen – und dies im Musterland des Liberalismus. Die drohende Gefahr war nicht mehr zu verkennen. Aus der Streichung des 17. Juni konnte nur die im Aufwind befindliche NPD Profit schlagen. Egon A. Klepsch beispielsweise, dem Bundesvorsitzenden der Jungen Union, schwante nichts Gutes. Er befürchtete, daß „die NPD nunmehr mit besonderer Betonung als Wahrer des nationalen Gedankens auftrete(n) und die übrigen Parteien zu einer unerfreulichen Abwehrschlacht zwinge(n)“ werde.[17] Konnte es sich die CDU/CSU leisten, weiterhin Wasser auf die Mühlen der Nationaldemokraten zu leiten und damit am rechten Rand dramatisch zu verlieren? Mußte man so nicht unweigerlich mit dem Einzug der Rechtsradikalen in den nächsten Bundestag rechnen?

Auf der anderen politischen Seite formierte sich die Neue Linke und machte sich – angeheizt durch die Diskussion und die Verabschiedung der Notstandsverfassung – eine neomarxistische Fundamentalkritik an der liberal-parlamentarischen Demokratie breit. Aber man darf dabei nicht vergessen, daß die Revolte der jungen Generation ein Phänomen aller westlichen Industriegesellschaften war. Gewaltaktionen und Straßenkämpfe der APO hatte es seit dem Staatsbesuch des Schahs von Persien im Juni 1967 und dem rabiaten Vorgehen der Berliner Polizei gegen die Demonstranten, das zum Tode des Studenten Benno Ohnesorg führte, immer häufiger gegeben. Die „Berliner Inkubationszeit“[18] war zu Ende, die studentische Sammlungsbewegung expandierte über die gesamte Bundesrepublik, der SDS versuchte, die Revolution aus den Universitäten in die Gesellschaft zu tragen, dort wiederum staute sich die Aggression gegen den studentischen Protest; Westdeutschland erlebte die schwersten

Straßenschlachten seit dem Ende der Weimarer Republik. Ein kleiner Teil des Jugendprotestes mündete in den Terrorismus.[19]

Wenngleich der Kommunismus sowjetischer oder ostdeutscher Prägung stark diskreditiert war, so fand mit Blick auf den „17. Juni" in der APO doch die offizielle SED-Legende vom „faschistischen Putschversuch" Verbreitung und sei es nur, um die angeblich faschistischen Tendenzen in der Bundesrepublik nachzuweisen.[20] Mit der Gründung der DKP im April 1969 erhielt diese Legende auch in der Bundesrepublik ein „institutionalisiertes" Nischendasein. Ausgehend von einer anarchokommunistischen Gedankenwelt war aber die Entdeckung alternativer Leitfiguren in der Studentenbewegung viel bedeutsamer. Ché Guevara, Ho Chi Minh und Mao Tse-Tung wurden zu „Vorbildern", mit deren Hilfe man den Widerstand in der Dritten Welt idealisierte. Von hier aus führte der Weg zu Rudi Dutschkes Klassenkampf-Interpretation des 17. Juni, die nicht zuletzt Ausweis seiner eigenen doppelten Prägung war – nämlich seiner Herkunft aus der oppositionellen Jungen Gemeinde in der DDR während der fünfziger Jahre und der antikapitalistischen Studentenrevolte der sechziger Jahre. Dutschkes Ansicht nach war der Aufstand ein Klassenkampf der ostdeutschen Arbeiter gegen einen gesamtdeutschen Klassenfeind: Im Osten der „aufgepfropfte despotische Kommunismus mit staatskapitalistischem Unterbau", im Westen die deutsche Bourgeoisie und der „internationale Imperialismus" – beide einig in der Verhinderung einer sozialistischen, d.h. antistalinistischen Wiedervereinigung.[21] Ein grelles Schlaglicht auf die innenpolitische rechts- und linksradikale Polarisierung warf der 17. Juni 1968 in Berlin, als es vor der Kongreßhalle zu Schlägereien zwischen Anhängern beider Gruppen kam. Der NPD-Hochschulbund skandierte „Rote raus aus West-Berlin", „Wer hat uns verraten – Sozialdemokraten, wer wird uns nie verraten – Nationaldemokraten" und „DDR, permanenter Notstand", wohingegen linksgerichtete Gruppen einen Staatsvertrag mit der DDR und die Herstellung innerparteilicher Demokratie in der SPD forderten.[22]

Gegenüber solchen recht dramatischen Zuspitzungen nimmt sich der letzte Diskussionskomplex, der wirtschafts- und sozialpolitische, auf den ersten Blick fast kleinkariert aus. Die Rede vom „sozialen Besitzstand" der Arbeitnehmer – also eines bezahlten Feiertages – war selbst der Gewerkschaftsspitze um Ludwig Rosenberg und Otto Brenner peinlich, die lieber politische Gründe dafür vorschoben, daß es unmöglich sei, den 17. Juni abzuschaffen. Doch die Gewerkschaften wären bereit gewesen, ein Arrangement zu akzeptieren: Wegfall des 17. Juni bei gleichzeitiger Einführung eines Bildungsurlaubes. Unter Federführung von Kurt Gscheidle hatte der Arbeitskreis Innenpolitik der SPD-Fraktion ein Bildungsurlaubsgesetz entworfen, das die staatsbürgerlich-politische, nicht jedoch die berufliche Fort- und Weiterbildung, etwa zehn Tage pro Jahr, regelte.[23] Aber aus diesem Kompensationsgeschäft wurde nichts.

Die Chancen, doch noch zu einer Lösung des Feiertagsdilemmas zu gelangen, standen zu Beginn des Jahres 1969 denkbar schlecht. Die Koalitionspartner ließen keine Gelegenheit aus, ihre prinzipiellen Unterschiede zu betonen, sie präsentierten sich in der Öffentlichkeit immer feindlicher. Die Wahl des Bundespräsidenten im März warf ihre Schatten voraus; zudem blickten die beiden großen Parteien schon gebannt auf die Bundestagswahlen vom September und brachten ihre politischen Geschütze in Stellung. Am 23. Januar machte der Fraktionsvorsitzende der SPD, Helmut Schmidt, den letzten Vorstoß beim Bundeskanzler, um das Gesetz über den Tag der deutschen Einheit doch noch gemeinsam in der Zeit der Großen Koalition zu ändern. „Mir ist bewußt", so schrieb Schmidt an Bundeskanzler Kiesinger, „daß die Bundesregierung den Entwurf dem Bundestag vorlegt hat und er seit Wochen auf der Resteliste der zu behandelnden Gesetze steht. Ich bin jedoch immer davon ausgegangen, daß in einem der Gespräche bei Ihnen eine Verabredung dahingehend getroffen worden ist, eine Beratung dieses Gesetzes im Bundestag so lange nicht vorzunehmen, bis Sie oder Herr Bundesarbeitsminister Katzer Gespräche mit den Sozialpartnern geführt haben. Alle Beteiligten sind sich darüber einig, daß dieses Problem auch wirtschaftliche Fragen involviert und der von meiner Fraktion eingebrachte Entwurf eines Gesetzes über den Bildungsurlaub für Arbeitnehmer im Zusammenhang gesehen werden muß. Ich wäre Ihnen sehr dankbar, wenn Sie mir mitteilen würden, ob ich bei meinen Überlegungen zur weiteren Behandlung des oben erwähnten Gesetzes von richtigen Voraussetzungen ausgehe. Ich bin der Auffassung, daß bald eine Entscheidung fallen müßte, weil sonst der Gesetzesentwurf keine Aussicht auf Verabschiedung hat, der Problemkreis aber mit Gewißheit bald wiederum lebhaft in der Öffentlichkeit diskutiert wird."[24]

Eine Antwort erhielt Schmidt nicht mehr. Die Große Koalition erwies sich als handlungsunfähig und die CDU/CSU-Minister spätestens nach der Wahl Gustav Heinemanns zum Bundespräsidenten als handlungsunwillig. Heinemann, im dritten Wahlgang mit den Stimmen der SPD und FDP gegen den Kandidaten der Union, Gerhard Schröder, gewählt, hatte in einem Interview nach der Wahl davon gesprochen, dies sei ein „Stück Machtwechsel".[25] Die Noch-Koalitionäre versteiften ihre Positionen. Typisch hierfür war der Streit um den Fortbestand der Hallstein-Doktrin im Juni, als das neutrale Kambodscha – als erstes nichtkommunistisches Land – die DDR anerkannte. Die Union plädierte dafür, nach altem Muster mit einem Abbruch der Beziehungen zu reagieren, die SPD war dagegen, im Kabinett kam es zum Formel-Kompromiß eines „Einfrierens" der Beziehungen statt eines Abbruchs.[26]

War dies ein Aufschub des Problems bis nach der Bundestagswahl, so handelte es sich bei der Frage nach der Zukunft des „17. Juni" um eine gezielte Verschleppung durch die CDU/CSU; die sozialpolitische Kompensationsforderung der SPD lieferte die dafür günstigen Voraussetzungen. Der ost- und deutschlandpolitische Versuch, die „Rechnung für Hitler gemeinsam zu unterschreiben, damit für Verzicht-Verleumdungen kein Raum bleibe",[27] mißlang. Nachdem die Union im Herbst 1969 in die Opposition gegangen war, entfernte sie sich von den Einsichten der Großen Koalition und lehnte aus parteitaktischen Motiven alle Versuche ab, zu einer parteiübergreifenden Überwindung des Feiertagsdilemmas zu kommen. Der Grund war eindeutig politischer Natur: So konnte man den Sozialliberalen, denen weiter daran gelegen war, das Stigma der nationalen Unzuverlässigkeit und der Geschichtsvergessenheit anheften. Warum sollte man den „17. Juni", der nun wieder zu einer innen- und deutschlandpolitischen Waffe wurde, aus der Hand geben? Der Kult um den deutschen Nationalstaat ließ sich zwar nicht mehr wiederbeleben, dafür waren die eingetretenen Wandlungsprozesse zu einschneidend. Leitbilder über Rituale zu vermitteln, war obsolet geworden; aber über den politischen Diskurs konnte man sehr wohl politische Optionen mit historischen Traditionen verbinden. Die Sozialdemokraten hatten die Erinnerung an den Aufstand in der DDR während der fünfziger Jahre gegen Adenauers supranationale West-Politik instrumentalisiert; jetzt war das Ereignis gut geeignet, um gegen die Neue Ostpolitik der sozialliberalen Koalition ins Feld zu ziehen. Dies hatte obendrein noch den Vorteil, daß die traditionellen Zuordnungen von links und rechts wieder stimmten: die Union übernahm jetzt den nationalen Part in der Bundesrepublik Deutschland.

IV. Die politischen Diskurse über bundesrepublikanische Geschichtsbilder 1969–1989

1. „100 Jahre Deutsches Reich: Zweimal Versailles, Auschwitz, Stalingrad, bedingungslose Kapitulation" – Der Katastrophendiskurs

Am 18. Januar 1871 war im Spiegelsaal des Prachtschlosses Ludwigs XIV. in Versailles der preußische König zum deutschen Kaiser ausgerufen worden.[1] Die Proklamation an diesem Ort sollte den eben erst militärisch geschlagenen französischen Gegner zusätzlich demütigen. Auch das Datum, der 18. Januar, hatte einen besonderen Symbolwert: Auf den Tag genau 170 Jahre zuvor hatte der Sohn des Großen Kurfürsten als Friedrich I. den Thron in Preußen bestiegen und damit ein neues souveränes Königtum in Deutschland geschaffen. Die gewünschte Suggestion war perfekt: Die preußische Geschichte war offensichtlich endlich an ihrem Ziel – der Gründung des Deutschen Kaiserreichs – angelangt. Der Reichsgründungstag sollte für Generationen in Deutschland Höhepunkt nationalen Stolzes und Zentrum des Geschichtsbewußtseins sein. Er symbolisierte – wie das in unzähligen Reproduktionen weit verbreitete Gemälde des Historienmalers Anton von Werner von der prunkvollen Kaiserproklamation im Königsschloß des besiegten „Erbfeindes" veranschaulichte –[2] die preußisch-deutsche Machtentfaltung und diente später der deutschnationalen, antidemokratischen Opposition in der Weimarer Republik als Versinnbildlichung einstiger imperialer Größe, auf die sämtliche Zukunftsvisionen ausgerichtet waren.[3] Auch in der jungen Bundesrepublik hatte, wie bereits gezeigt worden ist, das Deutsche Kaiserreich bis zur Fischer-Kontroverse als eine gute und bewahrenswerte Tradition gegolten, erst danach setzte in breiterem Maße eine kritischere Sicht ein, von der aber lediglich die ohnehin historisch Interessierten Notiz nahmen.[4] Nun jedoch, am 100. Jahrestag der deutschen Reichsgründung, sollte der oberste Repräsentant der Bundesrepublik den von Fischer ausgelegten Faden aufnehmen und mit Bismarcks Schöpfung in beispielloser Art und Weise abrechnen.

Am Vorabend des 18. Januar, zur Hauptsendezeit um 20.15 Uhr, wurde Bundespräsident Gustav Heinemanns Rede zur Reichsgründung über sämtliche Rundfunk- und Fernsehanstalten ausgestrahlt. Die Zuschauer des Deutschen Fernsehens sahen dabei ein Staatsoberhaupt mit ernster Miene, das sich vor einer bildschirmfüllenden Reproduktion des erwähnten gründungsmythisch bedeutsamen Gemäldes „Die Kaiserproklamation von Versailles" plaziert hatte, in dem Wilhelm I. und Bismarck im Mittelpunkt stehen. Der Reichskanzler in weißer Gardeuniform der Kürassiere zieht gleichsam als germanische Lichtgestalt die Blicke auf sich. „Mittelalterliche Reichsidee und preußischer Machtstaatsgedanke wurden in der Ikonographie des Gründungsaktes miteinander verschmolzen, Vergangenheit und Gegenwart versöhnt in der Vorstellung einer besonderen nationalen Sendung der Hohenzollern, die am 18. Januar ihre Erfüllung gefunden habe."[5] Vor dieser prächtigen militärischen Szenerie – viele Generäle, deren Uniformen Schärpen und zahlreiche Orden zierten, hatten zum Jubel ihre Säbel oder ihre Helme in die Höhe gereckt – wirkte der „Bürgerpräsident"[6] äußerst schlicht. Am folgenden Tag sollte es nur wenige Zeitungen geben, die ihre Berichte und Kommentare nicht zusammen mit diesem, wegen seines Kontrastes so eindrucksvollen Bild abdruckten.[7] Der Gegensatz zwischen dem militärischen Zeremoniell – das an einen Hurra-Patriotismus und imperialen Herrschaftsanspruch erinnerte und verdeutlichte, daß die Reichsgründung durch Siege auf dem Schlachtfeld, nicht aber durch demokratischen Willensentscheid zustande gekommen war – und dem zivilen Staatsoberhaupt mußte jedem Betrachter sofort ins Auge springen. Vollkommen unpathetisch trug Heinemann seinen Text vor. Eine größere Diskrepanz zwischen dessen Inhalt und der historischen Kulisse konnte es nicht geben.

Distinguiert gab Heinemann kund, daß „uns" – damit wollte er alle Bürger einschließen – „nicht nach einer Hundertjahrfeier zumute" sei, denn ein Anlaß zum Feiern bestehe nicht.[8] Keiner der beiden heute existierenden deutschen Staaten könne von seiner inneren Ordnung her noch mit dem Deutschen Reich von 1871 verglichen werden. Preußen, als Staat und Idee, sei ausgelöscht, Berlin zerschnitten, „wesentliche Teile des Reichsgebietes von 1871 gehören nicht mehr zu uns".[9] Heute schieden sich an der Elbe-Werra-Linie nicht nur zwei Staatsgewalten, sondern zwei Gesellschaftssysteme von scharfer Gegensätzlichkeit. „Unsere Aufgabe ist darum anders anzusetzen als vor 100 Jahren. Sie greift ins Europäische."[10]

Äußerst hart ging Heinemann mit alten und neuen Formen des Bismarck-Kultes ins Gericht. Mögen auch noch so viele Bismarck-Denkmäler in der deutschen Landschaft stehen, der Reichskanzler gehöre ohne jeden Zweifel nicht in die schwarz-rot-goldene Ahnenreihe derer, die mit der Einheit des Volkes zugleich auch demokratische Freiheiten wollten. „Wer also die Linie von den Befreiungskriegen und der Wartburg über Hambach, Frankfurter Paulskirche und Rastatt als Endstation der Revolution von 1848/49 bis nach Sedan und Versailles zieht, verzerrt den Gang der Geschichte."[11] Als nämlich das Deutsche Reich im Spiegelsaal von Versailles ausgerufen worden sei, hätten die Achtundvierziger gefehlt, nur Fürsten, Generäle und Hofbeamten, keine Volksvertreter, seien anwesend gewesen, ja Demokraten wie Bebel und Liebknecht darbten zur gleichen Zeit in Gefängnissen. Damit habe die Reichsgründung „die Verbindung von demokratischem und nationalem Wollen zerrissen" und somit – langfristig mit äußerst verhängnisvollen Auswirkungen – „das deutsche Nationalbewußtsein einseitig an die monarchisch-konservativen Kräfte gebunden".[12] Eine innere Einheit habe es nach 1871 in Deutschland nicht gegeben, besonders aufgrund der Bismarckschen Konfliktpolitik gegenüber freiheitlichen, liberalen und demokratischen Kräften. Die drei Gruppen der Opposition gegen Bismarck – die Linksliberalen, Katholiken und Sozialdemokraten – seien es aber gewesen, die 1917 die Friedensresolution des Reichstages verfaßt und dann das zusammengebrochene Kaiserreich in der Republik von Weimar aufgefangen hätten. Die erste deutsche Republik sei an den schweren Hypotheken des Kaiserreichs, an „reaktionären und nationalistischen Kräften" zugrunde gegangen.[13] Der Bundespräsident forderte die Millionen von Fernsehzuschauern auf, ihr Geschichtsbild zu überprüfen. Denn der Weg dieses Reiches endete in einer Katastrophe, nicht nur für die Deutschen: „Hundert Jahre Deutsches Reich – dies heißt eben nicht einmal Versailles, sondern zweimal Versailles, 1871 und 1919, und dies heißt auch Auschwitz, Stalingrad und bedingungslose Kapitulation von 1945."[14]

Kaum waren die Fernsehkameras ausgeschaltet, brach ein Sturm der Entrüstung los. Die Ansprache schlug in der Öffentlichkeit ein wie eine Bombe. Seitdem Heinemann am Ende seiner Antrittsrede im Juli 1969 die seither häufig zitierten Worte vom „schwierigen Vaterland Deutschland" gesprochen hatte,[15] waren viele aufgeschreckt. Das neue Staatsoberhaupt der Bundesrepublik Deutschland hatte der Opposition gegen das „Dritte Reich" angehört und war aktives Mitglied in der Bekennenden Kirche gewesen. Heinemann war einer der umstrittensten Politiker, der die Bundesrepublik von Beginn an mitgestaltet hatte. Zunächst Mitbegründer der CDU in Essen, dann kurzzeitig Innenminister im ersten Kabinett Adenauer bis zu seinem Rücktritt 1950, hatte er 1952 der CDU den Rücken gekehrt, kurz darauf die GVP mitbegründet und war nach deren Scheitern 1957 der SPD beigetreten. Außerdem bekleidete er nach 1945 Spitzenämter in der Evangelischen Kirche Deutschlands. Daß Heinemann sich als einer der schärfsten Kritiker der West- und Deutschlandpolitik Konrad Adenauers profiliert und diesem zur Last gelegt hatte, seine Politik würde die Spaltung der Nation abgrundtief machen,[16] vergaß man in der Union und in weiten Teilen der Öffentlichkeit nicht.

Eine solche Geschichtslektion war den Deutschen öffentlich bisher noch nie erteilt worden. Heinemanns „Deutsches Reich" und Heinemanns „Bismarck" heizten die als Folge der neuen Ost- und Deutschlandpolitik ohnehin schon spannungsgeladene politische Atmosphäre in der Bundesrepublik zusätzlich an. Er hatte keine „übliche", nach allen Seiten hin abgewogene, auf Ausgleich und Integration bedachte Rede gehalten, sondern das genaue Gegenteil: Wie noch niemand vor ihm, der auf so große massenmediale Wirkung rechnen konnte und von so überragender Autorität war, hatte er den verhängnisvollen deutschen Sonderweg in wenigen Strichen, doch mit um so schärferen Konturen herausgestellt. Es ging ihm nicht um ein ausgeglichenes Geschichtsbild, sondern um einen möglichst scharfen Kontrast zu der obrigkeitsstaatlichen Perspektive früherer Geschichtsdeutungen, die sich über einen langen Zeitraum in den Köpfen der Menschen eingenistet hatte. Seine Rede war eine öffentliche Abrechnung mit dem „Reich", die bewußt Wunden aufriß – in diesem Sinne machte Heinemann aus der Geschichte eine Art moralischer Anstalt. Die Deutung der Vergangenheit sollte zur Voraussetzung für eine neue politische Gestaltung, namentlich der Ostpolitik, werden. Der Katastrophendiskurs über das Deutsche Reich sollte die Negativfolie zur Bundesrepublik und zu den im Grundgesetz festgelegten Freiheitsrechten für alle Bürger bilden. Heinemanns republikanische Würdigung des „ungerufen"[17] gekommenen Gedenktages ließ, abgesehen von der biologischen Kontinuität der Bevölkerung, keinerlei unmittelbaren Zusammenhang zwischen der Reichskonstruktion von 1871 und dem bundesrepublikanischen Leben von 1971 zu. Heinemann wollte auf diese Weise auch eine neue Sicht auf geschichtliche Traditionen befördern: Die Bundesrepublik hatte seiner Meinung nach eigenständige freiheitliche und demokratische Traditionen,[18] die aber nicht auf das Kaiserreich, sondern auf die entschiedenen Gegner dieser Art von Reichgründung „von oben" zurückgingen.

Der CDU/CSU hatte schon vor der Ansprache nichts Gutes geschwant, doch ihre schlimmsten Befürchtungen waren noch übertroffen worden. Daß es sich um eine „subjektive, um nicht zu sagen willkürliche" Deutung gehandelt habe, so Eugen Gerstenmaier, war noch das mit Abstand mildeste Urteil aus den Reihen der zahllosen Kritiker.[19] Franz Josef Strauß hielt Heinemanns Kontinuitätsthese vom Deutschen Kaiserreich zum „Dritten Reich" für sozialdemokratische Geschichtsklitterung. Für diesen unwürdigen, mit Zensuren gespickten „Polit-Essay" müßten sich die Deutschen schämen. Es sei Amtsmißbrauch, wenn der Bundespräsident die Vergangenheit beuge, um die neue Deutschland- und Ostpolitik zu rechtfertigen. „Wer historische Tatbestände, die nicht in ein vorgegebenes Bild passen, unbekümmert unter den Teppich kehrt und die Geschichte nachträglich über einen gesellschaftskritisch-moralischen Leisten schlägt, hat entweder kein Verhältnis zur Geschichte, oder er hat Grund dazu, Fakten, die ihm nicht schmecken, zu übergehen."[20] Ein Sprecher des Bundespräsidialamtes erklärte daraufhin unverzüglich, die Würde des Staatsoberhauptes verbiete es, sich mit derartigen Angriffen näher zu befassen. Strauß könne sagen und schreiben, was er wolle, mit solchen Äußerungen richte er sich aber selbst.[21]

Am Grabe Bismarcks in Friedrichsruh, an dem sich zahlreiche Angehörige der Vertriebenenverbände und Nationalliberale wie Erich Mende – der 1970 wegen der Ostpolitik die FDP verlassen hatte und in die CDU eingetreten war – einfanden,[22] betonte der Vorsitzende der CDU und Altbundeskanzler, Kurt Georg Kiesinger, daß die Reichsgründung zwar nicht mit demokratischen Mitteln geschehen sei, gleichwohl aber dem Willen des deutschen Volkes entsprochen habe. Außerdem warf der Ex-Kanzler der neuen Regierung „blanken Dilettantismus" und einen in der bisherigen Geschichte einmaligen Ausverkauf deutscher Interessen zugunsten von Moskaus Weltrevolutionsplänen vor.[23] CDU-Generalsekretär Bruno Heck bemühte sich ebenfalls, geschichtspolitisch zu mobilisieren. In einem Beitrag des Südwestfunks bezeichnete er die alte Hauptstadt Berlin noch immer als ein „lebendiges Symbol der patriotischen Beständigkeit Deutschlands", um dann mit massiver Polemik auf die aktuelle Debatte über die Oder-Neiße-Grenze zu sprechen zu kommen: „Das Mißtrauen gegenüber der Ostpolitik der Regierung Brandt ist mit Sicherheit nicht nur durch das Einschwenken auf das Konzept der Sowjetunion begründet; ich glaube, das Volk spürt die Geschichtswidrigkeit dieser Politik".[24]

Dem Bundespräsidenten wurde vorgehalten, er habe sich mit seiner Rede von Deutschland verabschiedet; das Wort von der „Reichsfeindschaft" und vom „vaterlandslosen Gesellen" machte die Runde. Außerdem bezichtigte man ihn der Verharmlosung einer kommunistischen Diktatur, weil er bezüglich der DDR den Begriff „anderes Gesellschaftssystem" verwendet hatte. Eugen Gerstenmaier ließ keinen Zweifel daran, daß in seinen Augen das Staatsoberhaupt den Boden des Grundgesetzes verlassen hatte. Mit diesem nämlich sei ein Satz wie: das Deutsche Reich habe sich „in zwei deutsche Staaten verwandelt", nicht vereinbar.[25] Diesen Vorwurf mußte sich auch Willy Brandt gefallen lassen, hatte der Kanzler doch einen Tag nach dem Reichsgründungsjubiläum vor Beginn einer Ministerbesprechung eine kurze Erklärung abgegeben, in der es hieß: „Die deutsche Nation lebt. Es gab sie lange vor dem 18. Januar 1871. Es gibt sie auch heute noch, obwohl auf dem Boden des Bismarck-Reiches nun zwei Staaten existieren."[26]

Aussagen wie diese schaukelten sich gegenseitig hoch, und die Situation spitzte sich merklich zu. Der Fraktionsvorsitzende der SPD, Herbert Wehner, erinnerte zornentbrannt daran, daß schon einmal ein deutscher Präsident Opfer einer „öffentlichen Diffamierung" und Rufmordkampagne von rechts geworden sei: Friedrich Ebert. Sollte dem zweiten Sozialdemokraten im Präsidentenamt das gleiche Schicksal widerfahren? Sogleich scholl es zurück: Gerade Wehner, der „Ex-Kommunist“, habe kein Recht, sich als Sittenwächter demokratischer Tugenden aufzuschwingen.[27] Heinemann selbst hatte knapp vierzehn Tage später Gelegenheit, öffentlich auf die gegen ihn erhobenen Vorwürfe einzugehen: In seiner Gedenkrede zum 100. Geburtstag von Friedrich Ebert warnte er mit Blick auf die Deutschlandpolitik der sozialliberalen Koalition vor einer neuen Dolchstoßlegende: Wie zur Zeit Eberts müsse die Rechnung für den verlorenen Krieg wieder von denjenigen gezahlt werden, die selbst keine Schuld auf sich geladen hätten – er spielte damit deutlich auf die Anerkennung der deutschen Zweistaatlichkeit und den Verlust der Ostgebiete an.[28] Rainer Barzel, Vorsitzender der CDU/CSU-Bundestagsfraktion, quittierte diesen Satz umgehend mit der Bemerkung, die Union gedenke Ebert als eines Mannes, der in schwerster Zeit die Einheit der Nation bewahrt habe – Heinemann hingegen gebe sie auf, so lautete die einzig logische, wenn auch unausgesprochene Konsequenz seines Diktums.[29]

Wenn man den breiteren Kontext des Konflikts von 1971 betrachtet, wird die Polarisierung erst richtig verständlich. Es war schon beinahe von symbolischer Bedeutung, daß nur wenige Wochen, bevor sich Bismarcks Reichsgründung zum hundertsten Male jährte, zwei wichtige Etappen der sozialliberalen Neuen Ostpolitik ihren vorläufigen Abschluß fanden. Am 12. August 1970 wurde der Moskauer Vertrag zwischen der UdSSR und der Bundesrepublik unterzeichnet. Die Verhandlungen hatten bereits im Dezember 1969, kurz nach dem Machtwechsel, begonnen. Der Vertrag beinhaltete ein Bekenntnis zur internationalen Entspannung und zum Frieden. Man sicherte sich gegenseitig Gewaltverzicht zu und versprach, die Beziehungen zu fördern. Die bestehenden Grenzen in Europa sollten unverletzlich[30] sein, eine Formulierung, die die Westgrenze Polens ebenso betraf wie die Grenze zwischen der Bundesrepublik und der DDR. Im „Brief zur deutschen Einheit“, den die sowjetische Seite bei der Unterzeichnung des Vertrags entgegennahm, wurden die Wiedervereinigungsbemühungen Bonns als vertragskonform abgesichert. Vier Monate später, am 7. 12., wurde der Warschauer Vertrag mit Polen unterzeichnet. Die Bundesrepublik erkannte die Oder-Neiße-Grenze an, obwohl die beiden Staaten ohne gemeinsamen Grenzverlauf waren. Diese Anerkennung sollte den Polen die Urangst vor den Deutschen nehmen.[31] Außerdem entriß sie den Staaten Osteuropas, besonders aber der DDR das Argument, Bonn sei auf Revision und Revanche aus. Solange eine Anerkennung nicht stattfand, konnte Ulbricht die DDR als notwendigen Pufferstaat zwischen der „revanchistischen“ Bundesrepublik und Polen legitimieren.

Auch die Präambel des Vertrages enthielt eine geschichtspolitische Komponente; sie wies darauf hin, daß Polen das erste Opfer der nationalsozialistischen Eroberungspolitik geworden war. Der Kniefall des Bundeskanzlers Willy Brandt vor dem Denkmal für die Opfer des Warschauer Gettos verdichtete den moralischen Aspekt der Aussöhnung mit dem Osten.[32] Die sozialliberale Regierungskoalition sah in dem Warschauer Vertrag einen historischen Wendepunkt der europäischen Geschichte, vergleichbar nur mit der Aussöhnung zwischen Deutschen und Franzosen.[33] Am Abend nach der Unterzeichnung des Vertrages, am 7. Dezember 1970, wandte sich der Bundeskanzler über das Fernsehen an die Deutschen. Er sprach von einer schweren Reise und davon, daß das Unrecht der Vertreibung der Deutschen nach 1945 nicht nachträglich legitimiert worden sei. Aber vor allem ermahnte er seine Landsleute: Sie dürften nicht einer verklärenden, nostalgischen Rückbesinnung verfallen, sondern müßten ein „klares Geschichtsbewußtsein" haben. Nicht die jetzige Koalition – so parierte er die Angriffe der Vertriebenenverbände und der Opposition –, sondern die Reichsregierung Hitlers habe den deutschen Osten auf dem Gewissen. Mit dem Moskauer Vertrag gehe nichts verloren und mit dem Warschauer Vertrag werde nichts preisgegeben, was nicht schon längst verspielt worden sei, „verspielt nicht von uns, die wir in der Bundesrepublik Deutschland politische Verantwortung tragen und getragen haben, sondern verspielt von einem verbrecherischen Regime, vom Nationalsozialismus".[34]

Die Polarisierung entstand mithin um die Frage, wo die Wurzel des deutschen Unheils zu suchen war. Brandt und Heinemann hatten den Fluchtpunkt verschoben und erinnerten beharrlich daran, daß dieses Unheil nicht erst 1945 begann, sondern 1933 mit Hitler. Dessen Aufstieg und Erfolg in Deutschland wiederum erklärten sie aus den Strukturproblemen des Deutschen Kaiserreichs.

Was Heinemanns Fernsehansprache anlangt, so waren sowohl die Kommentatoren als auch die Öffentlichkeit extrem gespalten und zerfielen in zwei gegensätzliche Lager. Bei vielen Bürgern rief die Ansprache zum 100. Jahrestag der Reichsgründung Widerspruch, bei fast ebenso vielen zumindest teilweise Zustimmung hervor. Heinemann hatte einen gewaltigen Kontrapunkt gesetzt. Denn in einer ganzen Reihe der neu erschienenen Reichsgründungs-Erinnerungs-Publizistik von 1971 wurde eine Art „demokratischer" Charakter der Reichsgründung entdeckt und Bismarck nicht nur gewürdigt, sondern geradezu glorifiziert.[35] Freilich war dies in Betrachtungen seriöser Historiker, die vor allem in den großen Tages- und Wochenzeitungen schrieben, anders. Aber auch zwischen ihnen verliefen charakteristische politisch und generationell bedingte Bruchlinien hinsichtlich der Frage, ob das Deutsche Reich zu Ende gekommen war oder doch noch fortwirkte. Für Karl Dietrich Bracher etwa bedeutete die Zerschlagung des Staatswesens von 1871 die notwendige Voraussetzung für eine neue deutsche Staatlichkeit überhaupt: „Die zweite, endlich erfolgreiche Demokratie in Deutschland ist nicht denkbar, nicht möglich, ohne das endgültige Scheitern der Reichskonzeption mit all ihren imperialen Konsequenzen.“[36] Theodor Schieder, der um eine Generation Ältere, hielt es hingegen für die schlechthin entscheidende Frage, ob die historische Wirkungskraft des Reiches so groß sei, daß sie sein Ende als Anknüpfungspunkt für neue Formen überdauern könne. Seiner Ansicht nach kam auch im Jahre 1971 alles darauf an, „das Tor nicht vorzeitig zu verschließen und die Möglichkeit nationaler Verbindung der Teile des Rest-Reiches, so wie sie sich seit 1945 gebildet haben, offenzuhalten.“[37]

Besonderen Anstoß erregte der Bundespräsident damit, daß er die Kriegspolitik des Deutschen Reiches gegen die Friedenspolitik der Bundesrepublik, insonderheit der sozialliberalen Koalition, gesetzt hatte. „Glaubt der Bundespräsident wirklich“, entrüstete sich beispielsweise Fabian von Schlabrendorff in „Die Welt“, „daß unter Bismarck der Erste Weltkrieg ausgebrochen wäre? Nein und abermals nein!“[38] Die Gegenwart dürfe kein Maßstab für die Vergangenheit sein, so argumentierten die Kritiker immer wieder, sonst müsse man am Ende bedauern, „daß die SPD nicht im Regensburger Reichstag des Heiligen Römischen Reiches Deutscher Nation vertreten gewesen ist“.[39] In verschiedenen Leserbriefen wurde das „geschichtslose Zweckdenken“ oder die „geschichtslose Funktionärsrede“ angeprangert.[40] Es sei zutiefst beschämend, einen ehrwürdigen Gedenktag „aus engstirniger parteipolitischer Sicht zu bekritteln“.[41] In einem „Offenen Brief an den Bundespräsidenten“ aus der Feder eines Oberregierungsbaurates wurde Heinemann unverhohlen als „Nestbeschmutzer“ bezeichnet. Der Verfasser des Briefes hielt es für unvorstellbar, daß ein seriöses und legales Staatsoberhaupt irgendeines anderen Volkes der Welt die eigene Vergangenheit jemals so verdunkeln würde.[42]

Die Schar derer, die auch vor persönlichen Diffamierungen nicht haltmachten, war groß. Dennoch fanden viele Bürger auch zustimmende und lobende Worte für den Bundespräsidenten. Heinemann traf den Nerv, weil er – so ein bezeichnender Leserbrief – mahnte, „die Problematik der deutschen Geschichte neu zu durchdenken, anstatt stur in den Denkschemen der Nationalliberalen oder gar der Alldeutschen zu verharren“.[43] Der Vorsitzende der Gewerkschaft Erziehung und Wissenschaft, Erich Fister, forderte sogar die Kultusminister der Bundesländer auf, Heinemanns Rede in allen Schulen zu verteilen und sie zum Gegenstand des Geschichtsunterrichts zu machen, denn sie sei eine „hervorragende, knappe, präzise und einleuchtende Darlegung der historischen Linie“ vom Kaiserreich zum „Dritten Reich“ sowie des notwendigen Neubeginns nach 1945.[44] Die Rede habe Geschichtstatsachen wie Lichtstrahlen in einem Brennglas zusammengefaßt, kommentierte „Die Zeit“. „Soviel Helligkeit schmerzt. Die geteilte Nation mochte geneigt sein, ihre Augen abzuwenden in milderes

Zwielicht, wo Schuld und Schicksal, Fügung und Zufall konturenlos ineinander übergehen."[45] Die zehn Dienstjahre des Präsidenten Heinrich Lübke hatten das Amt ins Unverbindliche und Anspruchslose gerückt; vor diesem Hintergrund mußte Heinemanns Amtsverständnis zwangsläufig Aufsehen erregen.

In der DDR war die 100. Wiederkehr des Gründungstages des Deutschen Reiches kein offizielles Thema. Am 17. Januar fand – wie alljährlich – der stundenlange Zug der Massenorganisationen zum Friedhof Berlin-Friedrichsfelde statt, um der Ermordung von Rosa Luxemburg und Karl Liebknecht im Jahre 1919 zu gedenken. SED-Politbüromitglied Albert Norden erklärte aus diesem Anlaß nur wortkarg, das Reich werde nie wieder auferstehen.[46] Bereits einen Monat zuvor hatte Walter Ulbricht in einem Referat vor der Kommission zur Vorbereitung des 25. Jahrestages der SED-Gründung ausgeführt, daß die bürgerliche deutsche Nation nicht mehr existiere; die DDR sei der sozialistische deutsche Nationalstaat.[47] Karl-Eduard von Schnitzler kommentierte Heinemanns Ansprache im „Neuen Deutschland" mit den Worten, daß sich im Westen lediglich die Mittel geändert hätten: Die Bundesrepublik strebe nach wie vor eine Neuauflage des Reiches an, da dies aber mit „Blut und Eisen" nicht mehr gehe, versuche man es jetzt mit „List und Tücke".[48]

Während aus der DDR die gewohnte Polemik erscholl und in der Bundesrepublik die Leidenschaften hochkochten und eine vernünftige Auseinandersetzung kaum mehr möglich war, sah man vom Ausland aus vieles nüchterner. Starke Aufmerksamkeit fand der Jahrestag der Reichsgründung in Frankreich, den Niederlanden, der Schweiz und in Polen. In Großbritannien und in den USA wurde das Ereignis, abgesehen von einer kurzen nachrichtlichen Erwähnung, praktisch ignoriert.[49] Die polnische Presse interpretierte Heinemanns Rede als eine Abkehr von Bismarckschen Traditionen, wie sie in der zwanzigjährigen CDU-Herrschaft dominiert hätten. Die linkskatholische Zeitung „Slovo Powszechne" war aber darüber hinaus überzeugt, daß das Problem der deutschen nationalen Einigung Europa auch in Zukunft beschäftigen werde, da der Wunsch nach Wiedervereinigung sowohl in der Bundesrepublik als auch in der DDR weiterbestehe. Wenngleich in Bonn das christdemokratische Konzept einer „Wiedervereinigung durch Unterwerfung" vom sozialliberalen einer „Wiedervereinigung durch Entspannung" abgelöst worden sei – so stimmten beide dennoch in ihrer gemeinsamen Zielsetzung, nämlich der Absorbierung der DDR, überein.[50]

Auch bei den westlichen Nachbarn gab es keinen Zweifel: die Bundesrepublik werde weiterhin nach der Einheit der Nation streben, aber in anderen Formen als im 19. Jahrhundert. Dem Bundespräsidenten wurde es hoch angerechnet, daß er den Selbstzerstörungsprozeß des Reiches so deutlich herausgestellt hatte. „Für viele Deutschen", so die niederländische Zeitung „Het Vrije Volk" treffend, „deren Denken noch im 19. Jahrhundert verhaftet ist, ist Heinemann eine Art Anti-Bismarck geworden."[51] Die bismarck- und reichstreuen Erklärungen der bundesdeutschen Opposition und der Vertriebenenverbände fanden allgemein eine scharfe Mißbilligung. Mit Heinemanns und Kiesingers Stellungnahmen zur Reichsgründung waren für die „Basler Nationalzeitung" „zwei Welten" aufeinandergeprallt. Neben Heinemanns Bereitschaft, die Realitäten aus zwei Weltkriegen endlich anzuerkennen, nähmen sich die Worte Kiesingers „erbärmlich" aus und kämen einer „Mischung aus sturer Unbelehrbarkeit und verletzter Eigenliebe" gleich. „Es wirkt bemühend zu sehen, wie sich der Exponent einer Partei, die sich noch immer mit dem Staat identifiziert, nicht mit der Niederlage abfinden kann, nicht mit jener vom September 1969 in der Bundestagswahl und – noch schlimmer – nicht mit jener von 1945."[52]

2. Politische Diskurse über Geschichtsbilder – Problem und Fragestellung

Im Gegensatz zum vorangegangenen Kapitel, in dem vor allem die rituelle Konstruktion von nationaler Identität anhand des Kultes um den deutschen Nationalstaat untersucht wurde, steht jetzt die diskursive Vermittlung im Zentrum der Analyse. Nach dem Scheitern des Kultes um den deutschen Nationalstaat und den beschriebenen, z. T. dramatischen politischen, sozialen und kulturellen Wandlungen konnte in der Bundesrepublik kollektives Selbstverständnis nicht mehr rituell, sondern nur mehr diskursiv zu bilden versucht werden.

Es ist unschwer zu erkennen, daß hinter der eben geschilderten Kontroverse um den Stellenwert und die Fortwirkung von Bismarcks Reichsgründung ein öffentlicher Kampf um Werte, Normen und Interessen stand. Solche geschichtspolitischen Konflikte machen die Konstruktionsprinzipien der Gesellschaft, aber auch Veränderungen in diesen Konstruktionsprinzipien sichtbar. Der Kampf um den Zugewinn oder die Erhaltung von Macht liegt der Logik des politischen Handelns zugrunde. In Interpretationskonflikten wird über die Akzeptanz von Handlungen und zukünftigen Optionen gestritten. Im politischen Leben stehen sich kollektive Akteure gegenüber, die Interpretationsangebote entwerfen, um politischem Handeln Bedeutung zuzuschreiben und es mit Legitimität auszustatten, hingegen konkurrierenden Möglichkeiten Legitimität zu entziehen. So findet in liberal-demokratischen Gesellschaften in der Arena der Öffentlichkeit ein argumentativer Meinungsstreit statt. Es wird um die möglichst weitgehende Durchsetzung und Geltung spezifischer Deutungen gerungen. Die politische Kultur moderner Gesellschaften setzt sich aus solchen unterschiedlichen Diskursen zusammen, und die treibenden Kräfte, die eine politische Kultur verändern, sind Deutungskonflikte.[1]

Betont man diese Macht sprachlich vermittelter Deutungen, so führt dies in den Bereich der Diskursanalyse. Die Geschichtswissenschaft ist seit einigen Jahren in immer stärkerem Maße mit einer kulturwissenschaftlichen Wende konfrontiert, deren radikalster Ausdruck im „linguistic turn" zu finden ist.[2] In der Theorie der linguistischen Wende geht es um die Auflösung aller Konstrukte von „Geschichte" in narrative Strukturen. „Gesellschaft" wird hier nicht mehr als ein System betrachtet, das sich auf „natural" aufgefaßte Faktoren in seiner Struktur zurückführen läßt, sondern als ein System, das allein auf kulturellen Strukturierungsprozessen basiert. Der Zugang zur historischen Wirklichkeit, so die These der poststrukturalistischen Diskursanalytiker, sei ausschließlich über den Text möglich. Das Bewußtsein ist dann nicht mehr das Produkt des sozialen Lebens, vielmehr bestimmt das kulturelle Bewußtsein das Sein einer Gesellschaft.

Wie es in der diskursorientierten Geschichtsschreibung mehrere Spielarten gibt,[3] so liegen auch dem Begriff „Diskurs" unterschiedliche Verständnisse zugrunde. Jürgen Habermas' emphatische Füllung des Begriffs zielt auf die Kennzeichnung einer rationalen und herrschaftsfreien Verständigung, bei der sich im Widerstreit der Argumente ein gesellschaftlicher Konsens entwickeln kann.[4] Sein Diskursbegriff ist somit machtneutral, während der wesentliche Vorteil der Foucaultschen Theorie die Koppelung von Diskurs und Macht darstellt. Für Foucault bedeutet Diskurs keine rhetorische oder formale Einheit, deren historisches Erscheinen man erklären kann; was das Aufkommen und die Ausbreitung von Diskursen auslöst, bleibt im Dunkeln. Dafür umschließt sein Diskursbegriff nicht nur die Organisation des Wissens, sondern auch dessen Produzenten, also eine Praxis; er spricht auf diese Weise nicht nur die institutionellen Rahmenbedingungen des Wissens an, sondern auch die Politik, kurz: die Kontrollen und Prozeduren, die behindern, gängeln, helfen und fördern.[5]

In der deutschen Geschichtswissenschaft hat sich, auch in Auseinandersetzung mit der amerikanischen Diskussion, ein pragmatischer Umgang mit dem Diskursbegriff eingebürgert. Danach sind Diskurse gängige, die Vorstellungen bestimmende Redeweisen; diese Redeweisen sind historisch eingrenzbar. Der Begriff „Diskurse" umfaßt sowohl die Regeln der Formierung als auch die von ihnen gestiftete Ordnung.[6] Während bei Foucault sich Diskurse durch eine gleichsam blinde Eigendynamik auszeichnen und sie zu Subjekten und Schöpfern eigener Ordnungen aufsteigen, werden bei Analysen politischer Diskurse – in der Tradition von Koselleck, Skinner, Pocock und Childers –[7] die Strategien und Interessen der Akteure nachdrücklich betont, wodurch es möglich ist, den Aufstieg und den Niedergang von Diskursen historisch-genetisch, kausal und funktional zu erklären. So werden außerdem Ideen nicht anonym, sondern im Rahmen der jeweiligen gesellschaftlichen und kulturellen Möglichkeiten von denkenden Menschen konzipiert, und der Diskurs konstituiert gleichermaßen gesellschaftliche Wirklichkeit, wie er in einer dauernden Wechselbeziehung zu ihr steht.

Für die folgende Untersuchung bietet es sich an, eine Differenzierung aufzugreifen, die in der neueren, kultursoziologisch und sprachwissenschaftlich orientierten politischen Kulturforschung Eingang gefunden hat. So soll zwischen Basiserzählung, geschichtspolitischen Diskursen und situativen Alltagsgeschichten unterschieden werden.[8] Die Basiserzählung bildet die Grundlage einer spezifischen Verständigung über die Vergangenheit in einer Gesellschaft. Sie kommt vor allem in offiziellen Veranstaltungen und an Gedenktagen zum Ausdruck. Es handelt sich um die Sedimentierung von Ereignisdeutungen, aus der die legitime Sichtweise der Vergangenheit entspringt. Dabei ist eine gewisse Variationsbreite immer in ihr angelegt, und auch Widersprüche können inkorporiert sein. Die Basiserzählung ist sowohl historisch wie gesellschaftsspezifisch. Sie organisiert die Vergangenheit einer Gesellschaft, indem sie gleichsam ein öffentliches Gut darstellt, das kollektiv geteilt wird. Dieser Basiserzählung stehen mannigfache, individuelle Geschichten gegenüber, die sich auf die Alltagssphäre beziehen. Die geschichtspolitischen Diskurse wiederum vermitteln nicht nur zwischen Alltagsgeschichten und der Basiserzählung, sondern sie sind gleichzeitig diejenige Instanz, in der das Konkurrenzverhältnis von Geschichtsbildern institutionalisiert ist. Bei diesen Diskursen handelt es sich um spezifische Lesarten der Vergangenheit und um die Auseinandersetzung darüber in den Massenmedien. In öffentlichen geschichtspolitischen Konflikten wird über die legitime Sichtweise der Vergangenheit sowie über den Status der Gegenwart gestritten. In den Diskursen versuchen also politische Akteure die Basiserzählung, die legitimatorische Funktionen für bestimmte politische Handlungsweisen erfüllt, zu gestalten, indem die Botschaften, die hier formuliert werden, potentielle Bestandteile einer jeweils modifizierten Basiserzählung bilden. Welche dieser Botschaften in die Basiserzählung aufgenommen werden, entscheidet sich in den jeweiligen Konflikten und in der Konfrontation mit alternativen Sichtweisen über die Vergangenheit. Veränderungen in der Basiserzählung als Produkt geschichtspolitischer Diskurse sind ihrerseits abhängig von sozialen, kulturellen und politischen Gegebenheiten. In diesen Diskursen spielen Codes, die die Entwürfe eingängig bündeln, eine entscheidende Rolle, weil diese – in der Art einer „Landkarte“ – die soziale Wirklichkeit mit einem Raster versehen – sie also ordnen, klassifizieren und vereinfachen.[9] Gustav Heinemanns Bündelung seiner Sicht auf das

Deutsche Reich in den katastrophischen Schlüsselbegriffen: Versailles, Auschwitz, Stalingrad und bedingungslose Kapitulation kann als Beispiel für eine solche „Codifizierung“ betrachtet werden.

Die Feststellung, daß der Ertrag einer linguistischen Diskursanalyse für die Geschichtswissenschaft umstritten ist, gehört mittlerweile zum Standardrepertoire der Historiker.[10] Um die Totalität eines gesellschaftlichen Sprech- und Deutungsmusters zu erfassen, ist die Auswertung eines immensen Textcorpus notwendig. Forschungsanspruch und -wirklichkeit klaffen daher nicht selten auseinander. Für die Zeitgeschichte ergibt sich ein weiteres Problem: Je näher man an die Gegenwart herankommt, desto mehr vergrößert sich nicht nur der Materialbestand, sondern es erhöht sich auch die Zahl der verfügbaren Diskurse, die zugleich an Verbindlichkeit und autoritativer Kraft einbüßen. Die Suche nach den epochenprägenden Gemeinsamkeiten oder Konstanten, die einer Gesellschaft den Stempel aufdrücken, wird schwieriger, je ausdifferenzierter diese ist.[11]

Trotz dieser Probleme soll im folgenden versucht werden, mit Blick auf bundesrepublikanische Geschichtsbilder typische Argumentationsfiguren, Sprachmuster, Redeweisen und Schlüsselbegriffe, die massenmediale Verbreitung fanden, herauszuarbeiten und in die sich ändernden zeithistorischen Kontexte einzubetten. Im Zentrum stehen dabei die politischen Eliten, denen in der parlamentarischen Demokratie die „Saatbeet“-Funktion im Hinblick auf die Formulierung kollektiver Selbstverständnisse zukommt, die im 19. Jahrhundert die Intellektuellen beanspruchen konnten.[12] Die grundsätzlichen Fragen lauten: Wo liegt der Ausgangspunkt einer Serie ähnlicher Aussagen? In welchen Zusammenhängen werden sie wiederholt und somit gesellschaftlich „eingeschrieben“? Welche Verbindungen und Vermittlungselemente sowie Konkurrenzen zu anderen Diskursen lassen sich aufzeigen? Vor dem Hintergrund dieser Ausgangsfragen entsteht ein Tableau der Abfolge und Überlagerung politischer Diskurse über bundesrepublikanische Geschichtsbilder zwischen 1969 und 1989/90. So können – neben dem kontrastiven Katastrophendiskurs, der im Eingangsbeispiel über den Streit um „hundert Jahre deutsche Reichsgründung“ beschrieben wurde – drei zentrale Diskurse unterschieden werden: der Freiheitsdiskurs, der Identitätsdiskurs und der ambivalente Nationsdiskurs.

Die gesamten siebziger und achtziger Jahre waren eine Aufeinanderfolge geschichtspolitischer Konflikte, deren Kern die Frage nach dem historischen Ort der Bundesrepublik darstellte. Auf welche Weise und mit welchen Folgen, so wird zu fragen sein, verschoben sich durch die Neue Ostpolitik und die Anerkennung der DDR die Legitimitätsgrundlagen der Bundesrepublik? Im folgenden, dritten Abschnitt soll herausgearbeitet werden, wie die sozialliberale Koalition zwischen 1969 und 1974 ihr Bündnis als historische Zäsur überhöhte und die Bundesrepublik in dieser Zeit als die qualitativ höchste Stufe der bisherigen Demokratiegeschichte in Deutschland herauszustellen suchte, indem man sie an die Freiheitsbewegungen in der deutschen Geschichte anband. Zu diesem Freiheitsdiskurs gehörten auch die Bestrebungen, den 17. Juni durch einen neuen Feiertag am 23. Mai zu ersetzen, was zwar scheiterte, aber dennoch wichtige Konsequenzen nach sich zog. Im anschließenden vierten Abschnitt werden die Veränderungen in der staatssozialistischen Geschichtskonstruktion der DDR zwischen 1970 und 1976 thematisiert. Es soll zum einen gezeigt werden, wie sich das SED-Regime gegenüber dem kulturnationalen Credo der Bundesrepublik abzugrenzen bemühte, indem die Theorie der „Klassennation" formuliert wurde. Zum anderen aber erscheint der Kurswechsel des SED-Regimes so wichtig, weil dieser spezifische Griff der DDR nach der Geschichte fortan massiv die bundesdeutschen geschichtspolitischen Diskurse beeinflußte. Durch die Existenz und die Politik der DDR erfolgte hier einmal mehr eine Konfliktdramatisierung.

Dies leitet über zum fünften Abschnitt, der einer Analyse der sogenannten „Tendenzwende" seit Mitte der siebziger Jahre gewidmet ist. Wo sind die politischen, gesellschaftlichen und kulturellen Gründe dafür zu suchen, daß der Freiheitsdiskurs von einem Identitätsdiskurs verdrängt werden konnte? Inwiefern lassen sich Verbindungslinien zu den großen geschichtspolitischen Konflikten der achtziger Jahre bis hin zum „Historikerstreit" ziehen? Die deutsch-deutsche Preußenrenaissance zu Beginn der achtziger Jahre, die den Auftakt des sechsten Abschnittes bildet, bedeutete einen signifikanten Wendepunkt, weil die deutsche Frage vermittels der Erinnerung an Preußen reaktualisiert und politisiert wurde. Die Folge davon war ein sich ausbildender, merkwürdig ambivalenter Nationsdiskurs, der sich in der Ära Kohl fortsetzte. Nach 1982/83 stand die Geschichtspolitik wiederum im Zeichen eines Neugründungsversuchs der Bundesrepublik. Dabei kam der Restauration des 17. Juni eine wichtige gesellschaftspolitische Funktion zu. Umkämpft war in den achtziger Jahren vor allem die Geschichte des „Dritten Reiches". Da aber die Bundesrepublik geschichtlich mit dem Nationalsozialismus verbunden und zugleich in Abgrenzung zu ihm entstanden ist, zielte die leidenschaftliche Auseinandersetzung auf die bundesrepublikanische Basiserzählung ab. Am Ende des Kapitels soll deutlich werden, warum dieser letzte geschichtspolitische Konflikt der „alten" Bundesrepublik so bedeutsam für eine affirmative bundesrepublikanische Erinnerung war.

3. Steckengebliebener Neugründungsprozeß (1969–1974) – Der Freiheitsdiskurs

a) Geschichtspolitik nach dem Grundlagenvertrag – Die freiheitlich-demokratischen Traditionen der Bundesrepublik

Die Ostverträge – ganz besonders der Grundlagenvertrag mit der DDR – führten in der Bundesrepublik über Jahre hinweg zu einer politischen Polarisierung, wie man sie seit Adenauers Westpolitik nicht mehr gekannt hatte. Für viele hatte es sogar den Anschein, daß die Innenpolitik der Bundesrepublik unaufhaltsam auf Entwicklungen zusteuerte, die schon einmal den Boden für die Zerstörung einer Demokratie bereitet hatten. „Bonn ist nicht Weimar" – der Titel von Fritz René Allemanns Buch aus dem Jahr 1956 war schon längst zu einem geflügelten Wort geworden. Aber viele fragten sich nun: Lag über Bonn nicht doch ein Hauch von Weimar?[1] Mußten gezielte Diffamierungen wie „Erfüllungspolitiker", „Verräter", „Verzichtpolitiker" nicht ungute Erinnerungen aufkommen lassen? Andererseits war das Vokabular bei genauer Betrachtung das gleiche geblieben, wie in den fünfziger Jahren. Damals hatten es Adenauers deutschlandpolitische Gegner auf der linken Seite benutzt. Nun war es zu einem Rollentausch gekommen, und die nationale Parole erscholl von rechts. Wiederum standen grundsätzlich verschiedene Politikvarianten zur Diskussion: Die sozialliberale Koalition argumentierte, man müsse die Realitäten aus dem verlorenen Krieg anerkennen, um den Frieden sicher zu machen. Nur so könne man zudem außenpolitische Handlungsfähigkeit gewinnen. Eine Atmosphäre der Entspannung und des Vertrauens wurde für nötig gehalten, um eine Politik der Aussöhnung mit Osteuropa zu befördern. Auf diese Weise sollte das westeuropäische Friedenswerk Adenauers ergänzt und fortgesetzt werden. Ohne eine Aussöhnung mit dem Osten schien eine deutsche Vereinigung – die gegen den Willen der Sowjetunion undenkbar war – nicht möglich. Allein in einer gesamteuropäischen Friedensordnung schien die Einheit der Deutschen vorstellbar. Bis dahin mußte die Einheit der Nation bestärkt, sollten menschliche Erleichterungen für die Deutschen in der DDR erreicht und zuverlässige Berlin-Regelungen gefunden werden.

Die Opposition verwahrte sich gegen eine „Preisgabe" nationaler Besitzstände. Sie glaubte, daß mit der Neuen Ostpolitik das Wiedervereinigungsziel abgeschrieben und die Teilung unwiderruflich anerkannt würde. Die ehemaligen deutschen Ostgebiete dürften nicht ohne Not aufgegeben werden. Außerdem bestritt sie, daß eine demokratische Regierung mit den Zwangsregimes im Osten – besonders mit der SED-Führung – gleichberechtigt verhandeln durfte. So würde die Grenze zwischen dem demokratischen Rechtsstaat und dem diktatorischen Unrechtsstaat verwischt. Nicht zuletzt warfen die Kritiker der Regierung eine Geheimdiplomatie und eine mangelnde Konsultierung der Opposition vor.[2]

Der Grundlagenvertrag zwischen der Bundesrepublik Deutschland und der DDR vom Dezember 1972 bedeutete einen ähnlich tiefen Einschnitt für das bundesdeutsche Selbstverständnis wie Adenauers Westpolitik in den fünfziger Jahren. Bis heute – und erst recht nach der deutschen Einheit von 1990 – scheiden sich in beiden Fällen scharf die Geister, und es wird an Legenden gestrickt.[3] In der Zeit selbst war nicht allein die innenpolitische Polarisierung um die Westbindung der Regierung Adenauer und die Neue Ostpolitik der Regierung Brandt/Scheel vergleichbar, sondern auch, daß die eingeschlagene Politik durch ein eindrucksvolles Wählervotum sanktioniert wurde. Die Bundestagswahl vom 19. November 1972 war, ebenso wie diejenige vom 6. September 1953, eine Abstimmung über den deutschlandpolitischen Kurs. Beide Male handelte es sich um eine Art Plebiszit über die Außen- und Deutschlandpolitik. Während 1953, nach den Stalin-Noten und dem Aufstand des 17. Juni in der DDR, die Bundesrepublik unter einem antikommunistischen und antinationalistischen Grundkonsens befestigt worden war und die Bundestagswahl der CDU/CSU die absolute Mehrheit an Mandaten eingebracht hatte, begründete 1972 die Aussöhnungspolitik gegenüber dem Osten und die Formel von den zwei Staaten in Deutschland, die füreinander nicht Ausland sein könnten,[4] eine Art neue Legitimität der Bundesrepublik, die von den Bürgern mehrheitlich gutgeheißen wurde. Erstmals in der Nachkriegsgeschichte stellten die Sozialdemokraten die stärkste Bundestagsfraktion und erzielten zusammen mit den Liberalen eine komfortable Regierungsmehrheit.[5]

Schon seit dem Regierungswechsel von 1969 hatte Brandt nichts unterlassen, um seine Koalition mit einem Pathos des Neuanfangs zu umgeben. Diesem Pathos auf der einen Seite standen ebenso starke Vorurteile und Diffamierungen auf der anderen gegenüber. Denn nicht allein, daß die Sozialdemokraten erstmals seit 1930, als Hermann Müller zurückgetreten war, wieder einen deutschen Kanzler stellten, bedeutete einen Einschnitt. Wichtiger noch war, daß Brandt das „andere Deutschland" verkörperte, das aus Emigration und Widerstand gegen den Nationalsozialismus kam. Durch die Überhöhung der neuen Regierung als historische Zäsur, gepaart mit dem moralischen Gestus, den der neue Kanzler pflegte und damit die Opposition reizte, verstärkte sich die Polarisierung in der Bundesrepublik Deutschland. Brandt verstand sich „als Kanzler nicht mehr eines besiegten, sondern eines befreiten Deutschland", wie er, kaum daß er gewählt war, gegenüber Journalisten verkündete. Hitler habe nun endgültig den Krieg verloren.[6] Am 8. Mai 1970 nahm erstmals eine Bundesregierung im Deutschen Bundestag offiziell zum Ende des Zweiten Weltkrieges Stellung, und der Bundeskanzler warb intensiv um Aussöhnung mit den Opfern, besonders im Osten. Die CDU/CSU hatte bereits einige Wochen zuvor „nationale" Bedenken gegen eine „Kapitulations-Würdigung" angemeldet. Es widerstrebte ihr, daß ein deutscher Bundeskanzler den Tag der deutschen Waffenniederlegung als Tag der Befreiung interpretieren könnte. Wenn Brandt eine Erklärung zu diesem Tag abgeben wolle, „so geschieht dies nicht mit unserer Zustimmung", hatte Oppositionschef Rainer Barzel verlauten lassen.[7] Niederlagen könne man nicht feiern, Schande und Schuld verdienten keine Würdigung, hatte es von den Oppositionsbänken getönt.[8]

Willy Brandt, dem im Oktober 1971 der Friedensnobelpreis verliehen worden war, stand nach der Wahl von 1972 im Zenit seiner Popularität. Seinem Ansehen hatte das nach den Übertritten von Abgeordneten der FDP und der SPD zur Union unerwartet gescheiterte konstruktive Mißtrauensvotum vom April 1972 noch genutzt und zu einer ungewöhnlich starken Wählermobilisierung im kurzen Wahlkampf geführt. Drei Tage vor Weihnachten kam es zur Unterzeichnung des „Vertrages über die Grundlagen der Beziehungen zwischen der Bundesrepublik Deutschland und der Deutschen Demokratischen Republik". Mit ihm ging eine Epoche der deutschen Nachkriegsgeschichte zu Ende, doch blieb das Vertragswerk ein Torso. Wie hätte es aufgrund der unüberbrückbaren Interessengegensätze auch anders ein sollen? Insofern waren sein Inhalt für beide Vertragspartner wenig befriedigend. Weder konnte die DDR ihr Konzept der völkerrechtlichen Anerkennung durch die Bundesrepublik durchsetzen, noch gelang es dieser, ein engeres Sonderverhältnis auf einer gemeinsamen nationalen Basis festzuschreiben. Die beiden deutschen Staaten erkannten sich zwar gegenseitig an, jedoch nicht im völkerrechtlichen Sinne. Die Bundesrepublik gab den Alleinvertretungsanspruch auf, keiner der beiden Staaten konnte den anderen international vertreten. Es sollten aber nur Ständige Vertretungen, nicht Botschaften in Bonn und Ostberlin eingerichtet werden. Ferner fand das Problem der Staatsangehörigkeit nicht die von der DDR gewünschte Regelung, denn beibehalten wurde die im Grundgesetz verankerte Bestimmung, wonach jeder Deutsche Bürgerrecht in der Bundesrepublik beanspruchen konnte. Die Uneinigkeit in der Frage der Nation wurde in der Präambel des Vertrages festgeschrieben. Die Gegenleistung der DDR für die Anerkennung der Zweistaatlichkeit bestand in der Zusage, praktische und humanitäre Fragen in einem Katalog von Abkommen zu regeln – angefangen beim gegenseitigen Handel, über Zusammenarbeit in Wissenschaft, Verkehr und Fernmeldewesen, bis hin zu Erleichterungen bei Familienzusammenführungen, also des Zusammenhalts der Nation, was der Bundesregierung besonders wichtig war. Ein großer Teil davon konnte in den folgenden Jahren erreicht werden, bevor

Rückschläge eintraten. Man darf nicht übersehen, daß die DDR weiterhin einen rigorosen Abgrenzungskurs einschlug, und das Regime die Grenzanlagen immer mehr perfektionierte. Egon Bahr, der Architekt der Neuen Ostpolitik, gab das Ausmaß des Fortschritts treffend wieder: Früher habe man gar keine Beziehungen zur DDR gehabt, jetzt gebe es immerhin schlechte Beziehungen.[9]

Nach Abschluß des Grundlagenvertrages stellte sich die Frage nach der Substanz des bundesrepublikanischen Selbstverständnisses in ganz neuen Dimensionen. Mit der neuen Deutschlandpolitik hatte man zwar mehr Bewegungsspielraum gewonnen, doch die Situation war jetzt deshalb prekär, weil über das Geschichts-, Staats- und Nationalbewußtsein der Bundesbürger nun in neuen Formen nachgedacht werden mußte. Skeptiker nannten die Bundesrepublik eine „Schönwetter-Demokratie", weil ihre Bürger den Staat zwar in starkem Maße innerlich anerkannten, aber das Selbstverständnis im wesentlichen wirtschaftlich begründet schien und damit überaus labil war.[10] Mußte es nicht eine große Schwäche sein, daß das Gemeinwesen historisch so oberflächlich verwurzelt war? Konnte in einer Identitätskrise nicht plötzlich die DDR Oberwasser gewinnen? Deren gründungsmythisches Konstrukt war ja denkbar einfach: Die DDR bedeute den Höhepunkt der Nationalgeschichte aller Deutschen. Sie sei die staatliche Verkörperung der besten Traditionen der deutschen Geschichte. Dem traditionsstiftenden Griff der DDR nach der deutschen Geschichte und ihrem politischen Mythos vom historischen Sieger sowie der Verkörperung alles Edlen, Humanistischen und Revolutionären setzte der Westen zu Beginn der siebziger Jahre lediglich Klagen über den Verlust des Geschichtsbewußtseins entgegen. Auch die in Wissenschaft und Publizistik unzählige Male gestellte Frage „Wozu noch Geschichte?" zeugte von großer Verunsicherung.[11] Der heftige fachinterne Disput über den praktischen Nutzen, die gesellschaftliche Aufgabe und die Funktion der Geschichte für die politische Praxis der gegenwärtigen Zeit stieß zunächst auf wenig gesellschaftliches Interesse.[12] Die öffentliche Reputation der Geschichtswissenschaft war rapide geschwunden. Die Folge davon schien ein verkümmertes Geschichtsbewußtsein der Bundesbürger und dieses wiederum eine latente Gefahr für den Bestand der Demokratie in der Bundesrepublik zu sein. Drohte gar die DDR mit ihrer Geschichtslegende ein Vakuum zu füllen? Wie konnte der historisch-politische Standort der Bundesrepublik definiert werden? „Mit dem Schwinden der Wiedervereinigungshoffnungen, mit der Hinnahme einer auf den Status quo der Teilung Deutschlands und Europas gegründeten Ordnung für unbestimmte Zeit erhebt sich drängender noch als bisher die Frage: Wenn die Bundesrepublik nicht Kern eines wiederherzustellenden Nationalstaats ist – was ist sie dann?" – so die bange zeitgenössische Frage von Richard Löwenthal.[13]

Die politische Identitätskrise der Bundesrepublik überschnitt sich mit einer Legitimitätskrise der Geschichtswissenschaft. Somit war die Situation für politische Inanspruchnahmen der Geschichte besonders günstig. Der Streit um die richtige Politik nach außen und die rechte politische Ordnung im Innern mündete in einen Rückgriff auf die Historie. Bestimmte, bisher vernachlässigte Sichtweisen von Geschichte sollten im politischen Bewußtsein der Bundesrepublik verankert werden. In den Jahren 1969 bis 1974 erfolgte ein geschichtspolitisch vorangetriebener zweiter Gründungsakt der Bundesrepublik, der aber infolge der innenpolitischen Opposition und neuer Krisenphänomene seit 1973 steckenblieb. Dieser Neugründungsprozeß mittels Historie und Tradition beinhaltete drei Dimensionen, eine „systemische", eine nationale und eine demokratische. Im Mittelpunkt stand eine Wiederentdeckung der Revolution von 1848/49, von der aus nun erstmals in einem breiten öffentlichen Diskurs die eigenständigen freiheitlich-demokratischen Traditionen der Bundesrepublik hergeleitet wurden.

Im deutschen Wettstreit um die bessere gesellschaftliche Ordnung – der „systemischen" Dimension – hielten es sozialliberale Politiker für unerträglich, daß sich die DDR die Revolution von 1848/49 in ihren Staatskult einverleibt hatte und sie in eine Entwicklungsstufe zum kommunistischen Zwangsstaat verfremdete. Tatsächlich hatte die Revolution für die DDR eine herausragende funktionale Bedeutung, weshalb das Regime sie zu allen Zeiten im herrschaftslegitimatorischen Klammergriff behielt und mit ihrer Hilfe seit Ende der sechziger Jahre die kulturelle Teilung Deutschlands vorantrieb. In der ideologisch bestimmten Interpretation des SED-Regimes war die Revolution von 1848/49 am „Verrat" der Bourgeoisie sowie an mangelnder politischer Einsicht, aber auch an der „Feigheit" des Kleinbürgertums gescheitert. Dergestalt zeichnete sich bereits damals ein Grundübel der deutschen Geschichte ab, das auch 1918 wieder die Revolution abgewürgt habe: der „sozialdemokratische Opportunismus". Die Polemik gegen die Paulskirche – etwa mit Hilfe Lenins Verdikt von der „Frankfurter Schwatzbude" oder Marx' vom „parlamentarischen Kretinismus" – mündete in eine permanente Diffamierung der Bonner parlamentarischen Demokratie. Einzig legitime Erbin in dieser staatssozialistischen Meistererzählung war die revolutionäre Arbeiterbewegung, und der sozialistische Staat wurzelte demnach in der revolutionären Tradition, war der historische Sieger, der sein Gesellschaftssystem in Anlehnung an das „überlegene" sowjetische umgestaltet hatte und sich für eine friedliche Koexistenz von Staaten stark machte sowie als Förderer aller Freiheitsbewegungen der Welt auftrat.[14]

Aus dieser mißbräuchlichen Indienstnahme der DDR sollte die Revolution befreit und in den Traditionsbestand der Bundesrepublik einverleibt werden. Die deutschen Freiheitsbewegungen dürften nicht der DDR überlassen, sondern sollten im Gedächtnis der Bundesrepublik verankert werden, wo sie bislang völlig unterbelichtet waren. „Wir stehen mit dem anderen deutschen Staat im Wettbewerb um die bessere Ordnung der öffentlichen Dinge, der Freiheit und Gerechtigkeit. Dazu gehört auch die Frage, wer sich mit mehr Recht auf die Freiheitsbewegungen berufen kann, und wer ihre Ziele besser verwirklicht hat oder verwirklichen wird", so Bundespräsident Heinemann anläßlich der Eröffnung der Rastatter Erinnerungsstätte für die Freiheitsbewegungen in der deutschen Geschichte, deren Gründung auf seine Initiative zurückging.[15] Heinemann hatte einen dezidiert politischen Zugang zur Geschichte; sie stellte für ihn eine Art Aktionsfeld dar, in das es gestaltend einzugreifen galt.[16] Er war zudem der erste führende bundesdeutsche Politiker, der die bestehende Bundesrepublik zum Ausgangspunkt geschichtspolitischer Aktivitäten machte, ohne einen ständigen relativierenden gesamtdeutschen Vorbehalt. Aus der Anerkennung der DDR folgte für ihn eine ungeteilte Anerkennung der Bundesrepublik. „Wir sind, wenn auch lange widerwillig, ein Staat im vollen Sinne geworden. Das aber gibt uns auch unseren Platz in der Geschichte zurück."[17] Die Epoche einer bewußt gepflegten Vorläufigkeit sollte abgeschlossen sein. „Wir haben zur Kenntnis genommen, daß für eine unbestimmte Zeit, deren Ende Gott allein kennt, zwei Staaten in Deutschland bestehen."[18] Wenngleich Deutschland teilbar war, die deutsche Geschichte war es nicht. Es mußte daher auf jeden Fall in den bisher sträflich vernachlässigten Deutungskampf um das nationale Erbe mit der DDR eingetreten werden. Konnte die Erinnerung an 1848 nicht vielleicht eine freiheitliche Dynamik gegen die Diktatur entfalten?

Zwischen der Bundesrepublik und der DDR herrschte dauerhaft eine Konkurrenzsituation auf allen Gebieten, nicht zuletzt auf dem Feld der Geschichte. Aber der Streit um das historische Erbe stellte nur einen Aspekt unter mehreren dar. Er kennzeichnete die Außenfunktion der Geschichtspolitik. Zugleich spielte die Binnenfunktion eine wesentliche Rolle: die nationalpolitische Dimension der Revolution von 1848/49, die im Zuge der Neuen Ostpolitik aufgewertet wurde, ebenso wie die demokratische Dimension und damit zusammenhängend die Überhöhung des „historischen" Bündnisses zwischen organisiertem Liberalismus und der Sozialdemokratie.

Zunächst zur nationalpolitischen Dimension: Die Kontroverse um die Neue Ostpolitik entzündete sich nicht zuletzt an dem unterschiedlichen Verständnis von Nation bei der Regierung und der Opposition.[19] Die Positionslichter bildeten die Jahre 1848 und 1871. Der Grundlagenvertrag mit der DDR, so spitzte die CDU/CSU ihre Ablehnung der Anerkennung der faktischen Zweistaatlichkeit zu, bedeute den bewußt herbeigeführten Untergang des Bismarck-Reiches im 101. Jahr seines Bestehens – freilich in den Grenzen von 1937. Sie forderte ein Festhalten an der deutschen Staatsnation, wie sie sich nach 1871 entwickelt hatte. Daß ein sozialdemokratischer Kanzler die „Liquidationsurkunde" des Reiches von 1871 ratifizierte, kam in den Augen von Herbert Kremp, dem Kommentator der „Welt", einer späten Revanche gleich: „Hier wird eine alte Rechnung mit Bismarck beglichen."[20] Hingegen argumentierte die sozialliberale Koalition mit dem Begriff der Kultur- oder auch der Bewußtseinsnation. Die historischen und vor allem freiheitlich-demokratischen Wurzeln des deutschen Nationsverständnisses wurden mit dem Revolutionsjahr 1848, kaum dagegen mit dem Datum der Reichsgründung verbunden. 1848 war deshalb so bedeutsam, weil hier die deutsche Nation erstmals als politische Willensgemeinschaft in Erscheinung trat. Die Substanz der Nation sollte bewahrt werden, aber eine Nation mußte nicht auch im gleichen Staat leben.

Lange vor 1871 habe es in Gestalt der Kulturnation ein die Kleinstaaterei überwölbendes gemeinsames Dach gegeben, ohne dessen Existenz die Reichsgründung von 1871 gar nicht vorstellbar gewesen wäre, führte Carlo Schmid in der Bundestagsdebatte zu den Ostverträgen im Februar 1972 aus. Die Debatte lieferte Musterbeispiele für die Verwendung von „Geschichte als politisches Argument".[21] Geschichte wurde von Rednern aller Fraktionen unbefangen als Beispielesammlung verwendet, sie diente fragwürdiger Analogiebildung, begann und endete jeweils dort, wo es in das politische Konzept paßte. Schmid beispielsweise berief sich in seinem historischen Kolleg über das Fundament der deutschen Nation auf das hohe Mittelalter, Nikolaus von Kues, Martin Luthers Reformation, auf den Bauernkrieg von 1525, die Klassik und den Idealismus – Goethe, Schiller, Hölderlin – auf Fichte, Marx und die Emanzipationsbewegung der Arbeiterschaft sowie nicht zuletzt auf die durch dynastischen Machtwillen gescheiterte Revolution von 1848. Die Rechtskontinuität vom Deutschen Reich zur Bundesrepublik wurde von der sozialliberalen Koalition nicht geleugnet, aber in ihrer praktischen Relevanz erheblich relativiert. „Der Fortbestand der Nation", so Herbert Wehner, „hängt nicht in erster Linie von juristischen Vorbehalten, sondern davon ab, daß auch in der nachwachsenden Generation Wille und Bewußtsein der Zusammengehörigkeit lebendig bleiben." Nicht an der rechtlichen und territorialen Form des Deutschen Kaiserreiches entzündete sich also die Kritik, sondern am politisch-sozialen Inhalt des obrigkeitsstaatlich überformten Reiches. Hinzu kam eine starke ethisch-moralische Komponente, die sich aus der historischen Verantwortung der Deutschen für den Nationalsozialismus ergab: Trotz der Spaltung den nationalen Zusammenhalt zu bewahren – dies deklarierten Sozialdemokraten und Liberale als die historische „Reifeprüfung".[22]

Diesem entstaatlichten Nationskonzept stellte die Union ein staatszentriertes gegenüber. Das Bismarck-Reich, oder stellvertretend dafür das Jahr 1871, sei für den Nationsbegriff der Deutschen unverzichtbar, meinte Richard von Weizsäcker. Staat und Gebiet, nicht nur Bewußtsein und Wille machten eine Nation aus. Man bezichtigte den jeweiligen Kontrahenten „bedrückender Geschichtslosigkeit" – etwa Rainer Barzel, CDU – oder warf ihm eine „zutiefst unhistorische Geschichtsauffassung" vor – etwa Kurt Mattick, SPD.[23] Letztlich wurden die tradierten Rechtspositionen der Bundesrepublik Deutschland im Urteil des Bundesverfassungsgerichtes (BVG) vom 31. Juli 1973, das von der Bayerischen Staatsregierung angerufen worden war, eindeutiger und restriktiver festgeschrieben, als es der Regierung zweckdienlich erschien. Zwar bestätigte das BVG, daß der Grundlagenvertrag kein Teilungsvertrag war, sondern sich mit den Verpflichtungen des Grundgesetzes – auf die Wiederherstellung der staatlichen Einheit Deutschlands hinzuwirken – vereinbaren ließ. Das Urteil verpflichtete aber alle Verfassungsorgane, ihre Politik auf eine nationalstaatliche Lösung der deutschen Frage hin auszurichten. Dies bedeutete einen Sieg für die Opposition und das von ihr vertretene staatszentrierte Nationsverständnis.[24]

Wenngleich an der Forderung des Grundgesetzes, in freier Selbstbestimmung die Einheit und Freiheit Deutschlands zu vollenden, festgehalten wurde, entbrannte der Konflikt über die deutsche Frage immer wieder daran, in welcher eigentümlichen historischen Wechselbeziehung Einheit und Freiheit zueinander standen. Aus Anlaß des 325. Jahrestages des Westfälischen Friedens von 1648, der den Dreißigjährigen Krieg beendet hatte, riß Gustav Heinemann die Wunde in der Öffentlichkeit erneut auf. Für Demokraten dürfe der Nationalstaat kein höchster Selbstzweck sein. „Einheit und Freiheit bedingen einander leider nicht. Einheit ist auch kein Wert an sich. In all den Auseinandersetzungen um die Wiedervereinigung wollte sie keiner von uns um den Preis der Freiheit."[25] Freiheit und Frieden, so lautete die Botschaft des Staatsoberhauptes an seine Mitbürger, bedeuteten höhere Werte als die Einheit. Der nationale Einheitsstaat der Deutschen – dessen 74jährige Existenz zwei Weltkriege hervorgebracht habe – sei weder der Ideal- noch der Normalfall gewesen. Der Mangel an Einheit hatte dieser Deutung zufolge die Freiheit bisweilen sogar behindert und die deutschen Freiheitsbewegungen um den Sieg gebracht. Die staatliche Vielfalt hingegen habe auch zu einer großen geistigen Vielgestaltigkeit geführt und sei politisch Verfolgten – etwa Friedrich Schiller – zugute gekommen. Daß „Einheit" schließlich auch Vereinigung unter Zwangsherrschaft und damit Unfreiheit heißen konnte, wurde in diesem Diskurs am Beispiel des Nationalsozialismus illustriert. Die „Lehre der Geschichte" und das „Gebot der Stunde" sah der Bundespräsident darin, mit der DDR in einen „Wettbewerb der Freiheit" einzutreten.[26] Doch dieser Aufruf war hochproblematisch: Hieß Wettbewerb der Freiheit nicht, daß die Konkurrenten jeder ein Quantum Freiheit mitbringen mußten, das mit dem anderen überhaupt in Wettbewerb treten konnte?[27]

Die Bundesrepublik durfte sich unzweifelhaft mit viel mehr Recht als der zweite deutsche Staat auf fortschrittliche und freiheitliche Traditionen berufen. Aber war sie sich dessen auch voll bewußt? Wie stand es wirklich um die Entwicklung demokratischer Tugenden? Hatte sich schon ein ausreichender demokratischer Bürgersinn herausgebildet? War eine solide Grundlage des Bewußtseins einer gemeinsamen historischen Identität schon vorhanden? Solche Fragen bildeten den Hintergrund von Heinemanns Vorstößen. Sie verweisen auf die demokratische Dimension dieser Art Geschichtspolitik. Die Diagnose des Bundespräsidenten war eindeutig: Solange die Geschichte weiterhin als Geschichte der nationalen Einheit und in Form von Haupt- und Staatsaktionen geschrieben, gelehrt und verbreitet würde, und nicht als Geschichte der Freiheit und der Emanzipationsbewegungen, mußte es an einem freiheitlich-demokratischen Staatsbürgerbewußtsein mangeln. Solange eine demokratische Gesellschaft, die die Grundrechte des Menschen aller staatlichen Gewalt vorgeordnet hatte, in Revolutionären nichts anderes als meuternde Rotten sehen wollte, die von der Obrigkeit schnell gezähmt und in ihre Schranken verwiesen werden mußten, stimmte etwas nicht und konnte man nicht von einem demokratischen Geschichtsbewußtsein reden.[28]

Als Heinemann am 13. Februar 1970, nur ein halbes Jahr nach seinem Amtsantritt, bei der Schaffermahlzeit im Bremer Rathaus eine unerwartet programmatische Rede über „Tradition und Geschichtsbewußtsein in Deutschland" hielt, klingelten den Teilnehmern die Ohren, und für die konservative Öffentlichkeit war der lange gehegte Verdacht zur Gewißheit geworden, daß die Republik einen „Bilderstürmer" als Präsidenten hatte. Bei der Veranstaltung, die auf eine jahrhundertealte Tradition zurückging und nach eigentümlichen Riten ablief, versammelten sich, umgeben mit dem Nimbus der Exklusivität, einige Mäzene.[29] Statt ein Loblied auf altehrwürdige Traditionen anzustimmen, ging Heinemann mit dem konservativen Traditionsverständnis ins Gericht, das er für die Stagnation der gesellschaftlichen Ordnung und für die Konservierung autoritärer Verhaltensmuster verantwortlich machte. „Traditionen sind (…) keineswegs das Privileg konservativer Kräfte. Noch weniger gehören sie in die alleinige Erbpacht von Reaktionären, obgleich diese am lautesten von ihnen reden."[30] Überall in der deutschen Geschichte fand der Bundespräsident Ereignisse, die in seinen Augen für eine Ausweitung der Partizipation und in der Tradition der Aufklärung standen. „Ich glaube, daß wir einen ungehobenen Schatz an Vorgängen besitzen, der es verdiente, ans

Licht gebracht und weit stärker im Bewußtsein unseres Volkes verankert zu werden."[31] Er hielt die deutsche Geschichte für nicht so arm an Freiheitsbewegungen, wie man gemeinhin glaubte. In diesen bis dahin wenig thematisierten, jedenfalls im kollektiven Gedächtnis der Bundesrepublik nicht präsenten freiheitlichen Regungen aus den breiten Schichten des Volkes – den Bauernaufständen im 16. Jahrhundert, dem Hambacher Fest von 1832, der Revolution von 1848/49 – sah er die Wurzeln der Demokratie in Deutschland. Diese Vorgänge hielt er in ihrer Bedeutung für wichtiger als die Kriege der Könige und Kaiser, denn hier lägen eigenständige Ursprünge der (bundes)deutschen Zivilgesellschaft, nämlich die „Kräfte, die dafür gelebt und gekämpft haben, damit das deutsche Volk politisch mündig und moralisch verantwortlich sein Leben und seine Ordnung selbst gestalten kann". Es sei an der Zeit, so belehrte der Bundespräsident, „daß ein freiheitlich-demokratisches Deutschland unsere Geschichte bis in die Schulbücher hinein anders schreibt".[32]

Damit war ein Thema auf die öffentliche Agenda gesetzt, das in den folgenden Jahren bestimmend bleiben sollte: Der im Grundgesetz der Bundesrepublik vorgezeichnete Demokratisierungsprozeß müsse endlich in Schwung gebracht werden, und dies sei mit einer „Untertanengesinnung" nicht vereinbar. Freiheitlich-demokratische Traditionen, Bürgertugenden, soziale und emanzipatorische Bewegungen – daran habe es in der Ära Adenauer gemangelt. Nicht nur die Rechts-, sondern auch die Sozialstaatlichkeit sollte nun ernstgenommen werden; nicht nur um das Bewahren, sondern um das Erstreiten von Freiheiten mußte es gehen. Die zweite deutsche Demokratie stand, so legte es die Programmatik der sozialliberalen Koalition nahe, erst am Anfang einer wirklich freiheitlichen Periode deutscher Geschichte.

Die unterschiedlichen Demokratieverständnisse hatte Willy Brandt schon vor dem Machtwechsel deutlich zu machen versucht. „Für die CDU/CSU", so führte er am 1. Mai 1969 aus, „bedeutet Demokratie eine Organisationsform des Staates. Für die SPD bedeutet Demokratie ein Prinzip, das alles gesellschaftliche Sein des Menschen beeinflussen und durchdringen muß."[33] Zum Programm erhoben wurde die bald populäre Formel „Mehr Demokratie wagen". Nach dem Wahlerfolg von 1972 setzte die Sozialdemokratie erst recht zu einem Höhenflug an. Der linke Flügel der Partei sah schon einen „antikapitalistischen Frühling" anbrechen, in dem nicht zuletzt rätedemokratische Modelle fröhliche Urständ feiern würden.[34] Die Liberalen ihrerseits mochten im Bündnis zwischen FDP und SPD sogar die Beendigung des folgenreichen Konflikts zwischen den beiden politischen Strömungen erkennen, der 1848 begonnen hatte.[35] Leidenschaftliche Verfechter der „Freiburger Thesen", die einen demokratischen und sozialen Liberalismus aus Traditionslinien von Rousseau bis

Naumann, von Kant bis Keynes herleiteten, überhöhten dieses neue Bündnis geradezu geschichtsphilosophisch. Nicht nur begriffen sie 1848/49 als freiheitliche Bürgerrechtsbewegung, sondern sie sahen eine wesentliche Errungenschaft der Revolution in einer Symbiose von rechtsstaatlichem Liberalismus und sozialradikaler Demokratie, die damals an der Unvereinbarkeit der Ideen gescheitert, in der Bonner Koalition indessen endlich auf die Erfolgsspur gelangt sei. Diese Sicht tauchte leitmotivisch immer wieder auf: Vor dem Bundeshauptausschuß der FDP hielt etwa der spätere Bundesinnenminister Werner Maihofer im September 1971 ein Referat über liberale Traditionen, in dem er von den bürgerlichen Revolutionen ausging und den Bogen zum gegenwärtigen demokratischen und sozialen Liberalismus schlug als dessen Ziele er nannte: „Menschenwürde durch Selbstbestimmung, Fortschritt durch Vernunft, Demokratisierung der Gesellschaft, insbesondere im Sinne einer funktionalen Demokratie, Reform des Kapitalismus, insbesondere gerechter Anteil am Zuwachs der Produktion und des Vermögens als Freiheits- und nicht nur Gerechtigkeitsfrage.“[36]

Dem geistigen Höhenflug innenpolitischer Reformeuphorie und dem Versuch einer inneren Neugründung der Republik standen aber immer die Mühen des Alltags gegenüber. Strukturelle Reformen stießen während der sozialliberalen Ära auf institutionelle Grenzen, da der Bundesrat durch die Unionsländer dominiert war. Außerdem entwickelte sich das Bundesverfassungsgericht zu einer Art „dritter Kammer“ und beschnitt zahlreiche Reformvorhaben, z.B. im Hochschulbereich. Der Traum von einer globalen politischen Zukunftsplanung führte überdies zu einer stetigen Überforderung des Staates und zur nahezu unverantwortlichen Überdehnung des Staatshaushaltes – ein Vorgang, den die einsetzenden wirtschaftlichen Krisen infolge des ersten Ölschocks 1973 drastisch verschärften.[37] Obendrein schürte die Opposition mit dem Hinweis auf die Gefahr radikaler Systemveränderer Angst vor einem Wandel. Der Terrorismus und die Debatte um die innere Sicherheit, die allerdings erst 1977/78 in der Ära Schmidt ihren Höhepunkt erreichen sollten, veränderten merklich die politische Atmosphäre. „Sie schränkte(n) die Reformbereitschaft der Bevölkerung ein, da diese eine gewisse Angstfreiheit voraussetzt.“[38] Wenngleich sich in historischer Perspektive das Regierungssystem als gefestigt und anpassungsfähig erwies, so herrschte doch, besonders nach dem Rücktritt Brandts im Mai 1974, der als Ende einer Ära wahrgenommen wurde, eine ausgesprochene Krisenstimmung vor, es begann die „Tendenzwende“.[39]

Der geschichtspolitische Freiheitsdiskurs als Versuch, ein neues Geschichtsbewußtsein zu generieren, diente jedoch nicht allein dazu, die sozialliberale Ära als eine qualitativ höhere Stufe der deutschen Demokratie hervorzuheben. Er sollte ebenso gegen die neomarxistische Re-Ideologisierung infolge der Studentenbewegung immunisieren, deren politisches Feindbild die parlamentarische Demokratie westlicher Provenienz darstellte. Die emanzipatorisch-kritische Sicht auf die eigenständigen freiheitlich-demokratischen Traditionen zielte so auf beide Extreme; sie wandte sich gegen links: gegen die Ansicht, einer nur von den westlichen Alliierten 1945 verordneten, defizitären Demokratiebegründung, wie sie in der Restaurationsliteratur verbreitet wurde, und gegen rechts: gegen die Behauptung, Demokratie sei ein fremdländischer Import und passe nicht zum deutschen Volkscharakter.[40]

Die häufig gestellten Fragen, wo die Gründe für den Absturz in den Nationalsozialismus lagen und wie es möglich war, daß Selbstüberhebung, Rassenwahn und Eroberungssucht in Deutschland obsiegten, hingegen bürgerliche Freiheiten, Menschenwürde und Selbstbestimmung ohne Massenwiderstand zugrunde gingen, fanden eine deutliche Antwort: In der folgsamen Untertänigkeit des Volkes gegenüber der Obrigkeit wurde ein deutsches Spezifikum erkannt. So ließ Heinemann auch beim Gedenken an den Wormser Reichstag von 1521 die Gelegenheit nicht ungenutzt verstreichen, die staatskirchliche Tradition des Protestantismus anzuprangern. Am 17. April 1521 war der damals 37jährige Martin Luther vor dem Reichstag erschienen, ohne jedoch, wie verlangt, seine Lehre zu widerrufen, womit die große Glaubensspaltung der Kirche endgültig vollzogen war. Heinemann, der ehemalige Präses der Evangelischen Kirche in Deutschland, dachte gar nicht daran, den Tag im Stil eines heroischen Protestantismus zu feiern, ganz im Gegenteil. Er kritisierte das seiner Meinung nach falsche Verständnis von den zwei Reichen bei den Lutheranern, die dadurch der gesellschaftlichen, politischen und sozialen Entwicklung nicht allein hilflos gegenübergestanden, vielmehr eine staatsbürgerliche Emanzipation behindert hätten. Er warf dem Luthertum vor, daß es seinen „Hallelujahwagen (...) an die Staatslokomotive angekoppelt" und somit vor den wichtigen Fragen dieser Welt versagt habe, besonders durch die ständige Bereitschaft, in allen weltlichen Dingen die Entscheidung „den Fürsten und Staatsmännern bis hin zum Führer" zu überlassen.[41]

Erneuerung durch Erinnerung hieß aber, daß man sich mit einer negativen Identität infolge des Nationalsozialismus nicht begnügen durfte. Die Geschichte der Bundesrepublik sollte nicht nur Folge der historischen Diskontinuität und Produkt des Endes des Sonderweges sein. Vielmehr führten zu ihr auch ältere freiheitlich-demokratische Traditionen, deren – wenn auch zarte – Wurzeln freigelegt werden mußten.

Mit diesem gleichsam von oben initiierten geschichtspolitischen Diskurs, der das Klima der Republik zu Beginn der siebziger Jahre nachhaltig bestimmte, erregte Gustav Heinemann in der politischen und in der wissenschaftlichen Arena erhebliches Aufsehen. Der Ärger über seine intellektuellen Provokationen und über seine sozialdemokratische Volkspädagogik war groß. Einige mutmaßten, der von „protestantischer Quälsucht“[42] getriebene Präsident wolle sich zum „ideologischen Papst“ der Deutschen aufschwingen. Richard von Weizsäcker, der Nachfolgekandidat der CDU für das Bundespräsidentenamt, meinte, ein Präsident sei „nicht dazu da, den Bürgern dauernd die Leviten zu lesen und sie vom Unglück ihrer Geschichte zu überzeugen“.[43] Er verkannte damit aber gerade Heinemanns Rekurs auf „positive“ Traditionen. Daß Heinemann sich als „Geschichtslehrer der Nation“ gerierte,[44] mißfiel vor allem Teilen der Historikerschaft. Sein Oberlehrerton, sein Tadel und seine ungefragten Ratschläge wurden für eine Zumutung und Beleidigung der Zunft gehalten. Man mißverstand ihn nicht nur, sondern mißdeutete ihn bewußt, zog Parallelen zur staatlich verordneten Geschichtsklitterung in der DDR und warf ihm vor, die Freiheit von Forschung und Lehre zu mißachten – was er aber keineswegs beabsichtigte noch tat. Konservative Historiker wie Theodor Schieder, seinerzeit Präsident der Historischen Kommission der Bayerischen Akademie der Wissenschaften, unterstellten dem Bundespräsidenten mit Blick auf seine Hochschätzung der 48er Revolutionäre eine Verherrlichung des Umsturzes, der von gegenwärtigen Radikalen zu einem anarchistischen Aufstand gegen den freiheitlichen Staat umfunktioniert werden könne.[45] Die Ansicht, daß eine freie Gesellschaft, um weiterentwickelt zu werden, nicht allein freimütiger, sondern auch radikaler Kritik bedürfe, ging vielen zu weit; und daß ein Bundespräsident nicht nur die Freiheitsbewegungen seit dem Mittelalter rühmte, sondern von ihrer Kehrseite her – Maßregelung, Zensur und Unterdrückung – die aktuelle Praxis des bundesdeutschen Radikalenerlasses von 1972 verurteilte, machte das Maß voll.[46]

Von rechtskonservativer Seite, die bis zu diesem Zeitpunkt öffentlich wirksame Traditionen selten der Kritik unterzogen hatte, erscholl die Klage, der Präsident kümmere sich nur um Linksradikale und demontiere die deutsche Nationalgeschichte; Geschichte sei kein „Versandhaus, aus dem Liberale und Sozialisten beliebig Traditionen beziehen können“.[47] Vielsagend waren die Vergleichs- und Bezugspunkte: Schon einmal hätten die Deutschen eine „Reeducations-Prozedur“ über sich ergehen lassen müssen – nach 1945 durch die alliierten Siegermächte –, was das Rückgrat ihres nationalen Geschichtsbewußtseins gebrochen hätte.[48] In den Reihen ernsthafter Kritiker stimmte viele, so auch Thomas Nipperdey, bedenklich, daß Geschichte unter der Forderung nach praktischem Nutzen und gesellschaftlicher Relevanz zu einer bruchlosen Vorgeschichte der Gegenwart degeneriere.[49] Golo Mann wandte sich bei seinem Vortrag zur Eröffnung des 29. Deutschen Historikertages in Regensburg 1972 ebenfalls mit Inbrunst gegen die modische Forderung nach einer emanzipatorischen „Praxisbezogenheit" von Geschichte und Geschichtswissenschaft. „Als Historiker weigere ich mich, ausschließlich der Emanzipation zu dienen, in diesem Sinn praxisbezogen zu sein, in diesem Sinn den Schlüssel zum wissenschaftlichen Verstehen aller Vergangenheit zu suchen. Ich weigere mich, die Rechtfertigung der Historie ausschließlich darin zu sehen, daß sie in ihren Resultaten handlungsbezogen sein muß."[50] Theodor Schieder pflichtete seinem Kollegen bei: „Die Geschichte ist nicht dazu da, diesen Staat zu legitimieren und zu sanktionieren."[51]

Doch genau dies war Heinemanns politisch-pädagogische Absicht. Er unternahm den Versuch, die Bonner Republik der siebziger Jahre als höchsten Ausdruck der in der deutschen Geschichte vorhandenen Freiheitsbewegungen – im Sinne einer historischen Kontinuität – darzustellen. Über die Vergangenheit wurde ein dichotomisches Ordnungsschema gestülpt, so entstanden eine helle und eine dunkle Linie deutscher Geschichte.[52] Diese Dichotomisierung diente nicht zuletzt der Breitenwirkung und sollte Verständlichkeit für jedermann gewährleisten. Geschichte war Beispielsammlung, Lehrmeisterin der Demokratie, sie sollte Vorbilder liefern, ihre politisch-gesellschaftliche Funktion erhielt sie als Legitimationsreservoir für den demokratischen Rechts- und Sozialstaat.[53] Sie sollte nicht mehr, wie im 19. Jahrhundert die Wissenschaft vom Nationalstaat sein, sondern die Wissenschaft von der freiheitlich-demokratischen Grundordnung. Der bundesrepublikanische Freiheitsdiskurs sollte Integrationskraft im Geiste von Zivilcourage und demokratischem Bürgermut entfalten. Heinemann verstand sich als Repräsentant einer endlich demokratisch gewordenen Obrigkeit, die zu Emanzipation und historischer Aufklärung ermutigte. Die Fixierung auf die bundesdeutsche Gegenwart bedeutete einerseits eine überfällige Revision alter, einseitiger Geschichtsbilder; andererseits barg sie aber auch die Gefahr einer neuen Perspektivenverengung im Zeichen der Affirmation des Status quo.

Wie war es um den Erfolg dieser geschichtspolitischen Bemühungen bestellt? Politik und Wissenschaft in der DDR erschienen die Initiativen des Präsidenten als Gefahr für den eigenen staatssozialistischen Geschichtsdiskurs. Vom sozialistischen Wissenschaftsverständnis – in dem die Politik den Forschungsbetrieb dekretierte – wurde auf dasjenige der offenen Gesellschaft in der Bundesrepublik geschlossen. „Bürgerliche" und „rechtssozialdemokratische Ideologen", so die Mutmaßung, hätten nun den Auftrag, die deutschen Freiheitsbewegungen für (national)politische Zwecke zu mißbrauchen. Die „Heinemann-Bewegung" vollführe ein „Raub" der historischen Vorbilder der DDR, um sie in das „imperialistische Geschichtsbild" der Bundesrepublik zu integrieren.[54] Marxistische Gruppen in der Bundesrepublik witterten ebenfalls einen raffinierten Trick zur Bemäntelung des „imperialistischen Systems".[55]

Wie weit dieser Freiheitsdiskurs in der bundesdeutschen Gesellschaft tatsächlich reichte, wird auf einem ganz anderen Feld deutlich: Eine historisierende Zigarettenwerbung des Tabakkonzerns BAT warb mit 1848 als Chiffre für Emanzipation und Freiheit. Wenn selbst in der professionellen Werbung Geschichte eingesetzt wird, ist dies ein untrügliches Indiz für die Virulenz des Historischen. Denn Werbung ist eine intentional auf Wirkung bedachte Form der Marktkommunikation und versucht, die Rezipienten über ihre Wünsche, Erwartungen und Interessen zu erreichen.[56]

Darüber hinaus wurde der „Gustav-Heinemann-Preis für die Schuljugend zum Verständnis deutscher Freiheitsbewegungen“ ein großer Erfolg. Der erste, von der Körber-Stiftung geförderte, Wettbewerb hatte die deutsche Revolution von 1848/49 zum Thema. Er fand so vielfältiges Echo an den Schulen – über 5000 Schüler und Schülerinnen beteiligten sich –, daß man ihn bald als Pendant zu den naturwissenschaftlichen Wettbewerben „Jugend forscht“ bezeichnete.[57] Nicht zuletzt aber konnte man eine massive Ausweitung der historischen Forschung zu Vormärz und Revolution verzeichnen, die fast zwei Jahrzehnte lang der DDR überlassen worden war.[58] Auch steuerte der ehemalige Bundespräsident selbst Vorworte bei; dies insbesondere bei Lokal- und Regionalstudien.[59] Heinemann hatte immer an ein lokales Geschichtsinteresse appelliert und gemahnt, daß auch die Chroniken der Städte und Landkreise den Freiheitsbewegungen einen breiteren Raum widmen sollten. Die junge Historiographie der kritischen Geschichtswissenschaft in der Bundesrepublik sah sich durch Heinemanns Anstöße durchaus ermutigt.[60] Das Wichtigste aber war: Die Forschungsergebnisse einer pluralistischen Wissenschaft erwiesen sich als so vielfältig, daß sie sich jedweder Traditionsstiftung versperrten. Der wissenschaftlich bedingte Zugewinn an Ambivalenz befreite die Deutung der Freiheitsbewegungen somit auf längere Sicht aus den moralisch-politischen Instrumentalisierungen.

b) 17. Juni oder 23. Mai? – National- versus Verfassungspatriotismus

Die Berufung auf eigenständige freiheitlich-demokratische Traditionen der Bundesrepublik hatte eine entscheidende Kehrseite: die erinnerungspolitische Verdrängung des „exterritorialen“ Ereignisses 17. Juni 1953. Für die sozialliberale Regierung, die die Existenz eines zweiten deutschen Staates anerkannt hatte, mußte es schwer sein, einem nationalen Gedenktag gerecht zu werden, der in seinem Sinngehalt gegen das Regierungssystem eben dieses Staates ausgerichtet war. Andererseits wäre es eine geschichtspolitische Demonstration ersten Ranges gewesen, den Tag der deutschen Einheit am 17. Juni durch einen neuen Republikgründungstag, den 23. Mai als Erinnerung an die Verabschiedung des Grundgesetzes, zu ersetzen. Genau um diese Möglichkeit wurde zwischen 1973 und 1979 jährlich gestritten. Wäre hier nicht die deutsche Einheit von den Rändern, von den Symbolen her aufgegeben worden? So jedenfalls argwöhnte die oppositionelle Union, die sich strikt gegen solche Pläne wandte und seit Beginn der Neuen Ostpolitik nationale und „vaterländische" Geschichte zur politischen und emotionalen Motivierung von gesellschaftlichen Gruppen einsetzte. Das Problem verschärfte sich für die Koalition noch dadurch, daß die DDR das Gedenken an den 17. Juni als Einmischung in ihre inneren Angelegenheiten und damit als einen Verstoß gegen den Inhalt des Grundlagenvertrages verurteilte.[61]

Es war somit vorhersehbar, sogar unvermeidlich, daß sich der Konflikt darüber, mit welchen gesellschaftlichen Leitbildern und Traditionen ein bundesdeutsches Selbstverständnis inhaltlich gefüllt werden sollte, 1973/74 zuspitzte. Die Diskurse über einen National- oder Verfassungspatriotismus standen sich schroff wie nie zuvor gegenüber, genauer gesagt: aus Gründen der politischen Profilierung spielte man die eine Form des Patriotismus gegen die andere aus. 1973 jährte sich der 17. Juni zum zwanzigsten Male. 1974 wurde das Grundgesetz 25 Jahre alt, und auch ältere Verfassungstraditionen der Frankfurter Paulskirche und der Weimarer Nationalversammlung hatten Jubiläum.

1973 wurde zum Jahr der CDU/CSU-Opposition, die gesamtdeutsche Gefühle für ihr Wählerkonto aktivieren wollte und dabei massive Unterstützung von seiten der konservativen veröffentlichten Meinung erhielt. Der gesamte Unmut über die Politik der letzten Jahre brach sich Bahn. Schon 1971 – erste Verhandlungen mit der DDR waren aufgenommen worden – hatte der Bundeskanzler zum Tag der deutschen Einheit auf einer Überseereise nur knapp und pflichtgemäß Stellung genommen. Außenminister Walter Scheels fast ebenso knappe Erklärung hatte sich darin erschöpft, den Realismus der aktuellen Ostpolitik gegenüber der vorangegangenen pathetischen „Politik der Illusionen" hervorzuheben.[62] Auch 1972 hatte, wie bereits 1971, keine Feierstunde im Bundestag stattgefunden. Nicht einmal die Erklärung des Bundestagspräsidenten war am 17. Juni abgegeben worden, sondern am Vortag.[63] Namentlich der Axel-Springer-Verlag startete 1973 einen wahren Feldzug gegen die angebliche nationale Geschichtsvergessenheit und den „Verrat an den Opfern des 17. Juni 1953".[64] Anstelle der nationalen Fahne halte die Regierung den „nassen Finger" in den Wind.[65] „Was sich bei uns in diesem Jahr an nationaler Würdelosigkeit spreizt, wäre wohl in keinem anderen Land denkbar", so kommentierte beispielsweise Rudolf Stiege in „Die Welt".[66] Der 17. Juni als nationaler Gedenktag sei der Anpassung an die Wünsche der Diktaturen im Osten zum Opfer gefallen. Sein Kollege Matthias Walden vermutete, daß „durch die Zentralkomitees von Moskau bis Ostberlin (...) ein allgemeines Schmunzeln zufriedener Geringschätzung" gehe angesichts der westdeutschen Kapitulation vor der totalitären Herrschaft –[67] so und ähnlich war der Tenor zahlreicher Kommentare in den konservativen Medien.

Dieses öffentliche (Teil-)Klima der Republik bildete den Hintergrund für spektakuläre Aktionen. Um ihre nationalpatriotische Einstellung weithin sichtbar zu unterstreichen, forderte die christdemokratische Union, am 17. Juni eine demonstrative Sitzung des Bundestages im Berliner Reichstag abzuhalten. Daß dieses Ansinnen von der Koalition – aus Furcht vor schädlichen Auswirkungen auf weitere Abkommen zur Berlin-Frage – zurückgewiesen werden mußte, stand auch für die Union außer Zweifel, bildete aber die eigentliche Grundlage dieser Idee. Erst im Jahr zuvor war das Viermächteabkommen über Berlin in Kraft getreten und hatte die Bindungen der Stadt an die Bundesrepublik vertieft – wollte man dies durch eine Provokation aufs Spiel setzen? Als die CDU/CSU-Fraktion daraufhin in Berlin alleine eine Veranstaltung abhalten wollte, sah sich die sozialdemokratische Bundestagspräsidentin Annemarie Renger gezwungen, sich diesem Wunsch zu widersetzen. Ihre Weigerung, den Reichstag freizugeben, war das gewünschte Wasser auf die Mühlen der Union. Dabei ging völlig unter, daß Renger kaum anders hätte verfahren können. Denn nach der üblichen Praxis stand der Plenarsaal nicht für einzelne Fraktionen, sondern nur für die nationale Repräsentanz des gesamten Parlaments zur Verfügung.[68] In der Charlottenburger Sporthalle, wohin die CDU/CSU auswich, konnte der neue, seit wenigen Tagen amtierende Vorsitzende der Union, Helmut Kohl, die verkommene „moralische Qualität unseres Landes" anprangern.[69]

Daß der öffentliche Konflikt nach dem erfolgten Führungswechsel in der Parteispitze von Barzel zu Kohl, der weitere personelle Veränderungen nach sich zog, bewußt gesucht wurde, um der Union wieder ein schärferes Profil zu geben, machte auch die Bundestagsdebatte vom 18. Juni deutlich, deren Rahmenthema eigentlich der Etat des Bundeskanzlers sein sollte. Die Oppositionsredner, besonders der ebenfalls neu gewählte Fraktionsvorsitzende der Union, Karl Carstens, zogen mit Blick auf den 17. Juni gegen das Umschreiben der Geschichte und gegen eine „kommunistisch-soziologische Ideologie" der Hessischen Rahmenrichtlinien für Gesellschaftslehre zu Felde.[70] Karl-Hermann Flach von der FDP witterte dahinter ein Ersatzthema mangels Stoff für eine umfassende Haushaltskritik.[71] Auch Herbert Wehner äußerte den Verdacht, daß jetzt ein öffentlichkeitswirksamer Streit über die deutsche Geschichte gesucht werde: „Man hat nicht genügend andere sachliche Differenzen, und so suchen Sie diese."[72]

Das war sicherlich nicht ganz aus der Luft gegriffen. Aber die Regierung ließ den Tag der deutschen Einheit ganz bewußt links liegen, um auf diese Weise der DDR die faktische Nichtigkeit der für das kommunistische Regime so unbequemen Erinnerung zu signalisieren. Für die meisten Sozialdemokraten und Liberalen hatte der Tag der deutschen Einheit seine Berechtigung verloren und war im Zeichen der Anerkennung des Status quo der Teilung funktionslos, ja unzeitgemäß geworden.[73] Daß die rechtsradikale NPD jeweils am 17. Juni vor einer „Bolschewisierung" Westdeutschlands warnte und Kundgebungen der Nationaldemokraten am Hermannsdenkmal wegen befürchteter gewalttätiger Ausschreitungen verboten werden mußten,[74] schien dieser Sicht der Dinge recht zu geben. Wenn die südhessischen Jungsozialisten eine Abschaffung des Feiertages und eine „vorurteilsfreie" Auseinandersetzung mit dem gesellschaftlichen System der DDR verlangten,[75] so konnte man dies noch mit dem Hinweis auf die jugendliche Radikalität abtun. Wenn aber der Regierende Bürgermeister von Berlin, Klaus Schütz (SPD), einem privaten Filmunternehmen, das um Subventionen für einen Film zum 17. Juni gebeten hatte, mitteilen ließ, daß „die gegenwärtige politische Situation in Deutschland, bei der alle Seiten um eine friedliche Koexistenz bemüht sind, es ausschließt, der 20. Wiederkehr des 17. Juni besonders zu gedenken", denn das Ereignis jener Tage sei „durch die normative Kraft des Faktischen überholt" –[76] dann war der Eindruck berechtigt, daß man Abschnitte der Geschichte streichen und die Erinnerung an sie tilgen wollte, weil die aktuelle Politik nicht mehr zu dieser Geschichte paßte.

In der Tat: Die Koalition hätte sich am liebsten endgültig vom 17. Juni verabschiedet. Sie hielt den Tag der deutschen Einheit wegen der nationalstaatlichen Verengung für untauglich, die Bundesrepublik zu repräsentieren. Als neue Basis bevorzugte sie statt dessen eine verfassungspatriotische Identifikation mit dem freien Gemeinwesen, was sich im folgenden dreifachen Verfassungsjahr 1974 unzweideutig zeigen sollte. Das Grundgesetz und damit die Bonner Republik wurde 25 Jahre alt, außerdem war vor 55 Jahren die Weimarer Verfassung und vor 125 Jahren die nie wirksam gewordene Reichsverfassung der Paulskirche verabschiedet worden. Die Grundrechte, der bürgerliche Verfassungsstaat, Parlamentarismus, ein allgemeiner Staatsbürgerbegriff, zusammengefaßt also eine zugleich liberale und demokratische Ordnung des Politischen standen das ganze Jahr über im Zentrum des politischen Diskurses. Sollte die Verwirklichung eines in der deutschen Geschichte bisher nicht gekannten Maßes an Freiheit, Demokratie und Rechtsstaatlichkeit in der Bundesrepublik nicht durch einen institutionalisierten Verfassungstag gewürdigt werden? Die Liberalen betonten, daß die deutsche Verfassungsgeschichte zugleich ein Kernstück der Geschichte des Liberalismus sei,[77] und die Sozialdemokraten verknüpften den verfassungspolitischen Rückblick mit der Erinnerung an 15 Jahre Bad Godesberger Programm und feierten sich somit als Staatspartei der zweiten formativen Phase der Bundesrepublik Deutschland.[78]

Der Weg zu einem Verfassungspatriotismus war allerdings mit Hindernissen gepflastert. Um Verfassungen als Prinzip demokratischer Lebensordnung anschaulich zu machen und namentlich das Grundgesetz den Bürgern als Magna Charta verbindender und verbindlicher Grundübereinstimmungen öffentlich vorzuführen, sollten zum Jahrestag der ersten deutschen Nationalversammlung in der Paulskirche historische Redeschlachten nachgestellt werden. Aus Furcht, Linksradikale könnten solch aufwendige Staatsfeiern stören, wurden viele Pläne aber bald wieder fallengelassen. Verschiedene Eklats bei kleineren Anlässen gaben den Befürchtungen recht. So verquickte der Schriftsteller Ernst Herhaus in einer Autorenlesung, die in der Paulskirche stattfand, revolutionäre Texte von Ferdinand Freiligrath (1810–1876) mit Angriffen gegen die Bundesregierung und parallelisierte die Verfolgung der Revolutionäre von 1848 mit der Situation der Baader-Meinhof-Gruppe. Während in der Paulskirche die Terroristen gepriesen wurden, protestierten draußen Mitglieder der verbotenen, maoistisch ausgerichteten KPD für eine Organisationsfreiheit aller politischen Gruppierungen. Frankfurts Kulturdezernent Hilmar Hoffmann (SPD) hatte alle Mühe, die Veranstaltung zu einem geregelten Ende zu bringen.[79] Angesichts einer linksradikalen Bedrohung der Freiheit scheiterte die Absicht, im öffentlichen Bewußtsein die Grundlagen des deutschen Rechtsstaates zu verankern und die Verbindung zum westlichen Republikanismus – besonders zur Virginia-„Bill of Rights“ von 1776 und zur Erklärung der Menschen- und Bürgerrechte in der Französischen Revolution 1789 – herzustellen, worum sich in ihren zahlreichen Stellungnahmen namentlich die Bundestagspräsidentin Annemarie Renger bemüht hatte.[80]

Der Vorschlag, den 17. Juni durch den 23. Mai als Verfassungstag zu ersetzen, war schon seit 1970 im Gespräch. Er erhielt jetzt aber auch breite Unterstützung von seiten der liberalen Publizistik. Hans Heigert etwa plädierte in der „Süddeutschen Zeitung“ für einen „fröhlichen Feiertag des ganzen Gemeinwesens“, denn die Bundesrepublik sei der beste deutsche Staat, den es je gab und verdiene die Identifikation seiner Bürger.[81] Auch der Politologe Kurt Sontheimer sah in einem Nationalfeiertag am 23. Mai eine „feierliche Einladung zur Identifizierung mit einem Staatswesen, das den Ansprüchen der heutigen Menschen nach Freiheit in Verbindung mit sozialer Sicherheit bisher in bemerkenswerter Weise gerecht zu werden vermochte“.[82] Bei allen Entwürfen für einen solchen Republikanismus schlug eine doppelte Stoßrichtung durch: Zum einen ging es gegen den „verzopften“ Nationalkonservatismus auf seiten der Rechten und zum anderen gegen die vulgärmarxistische Denunziation der Bundesrepublik auf seiten der Linken. Der konservativen öffentlichen Meinung indessen erschien eine Abschaffung des 17. Juni als „instinktlos" und als Signal dafür, daß die Koalition die Nation außer Dienst stelle.[83]

Bei den politischen Überlegungen, die Verfassung stärker im Bewußtsein der Menschen zu verankern, hatte man besonders die junge, in der Bundesrepublik aufgewachsene Generation im Visier. Mit dem 17. Juni 1953 verband diese Generation keine persönlichen Erfahrungen, weshalb dieses Bezugsereignis beispielsweise Willy Brandt untauglich erschien, die junge Generation auf „unseren Staat zu fixieren".[84] Davon abgesehen konnte sich die Bundesrepublik mit einem historischen Geschehen, das außerhalb Westdeutschlands stattgefunden hatte, nicht einmal im Ausland positiv präsentieren. Den Ausgleich mit den Staaten Osteuropas betrachteten die Sozialdemokraten als die größte politische und demokratische Leistung der Deutschen nach dem Zweiten Weltkrieg. Gelänge es nicht, jetzt – da die Bevölkerung mehrheitlich diese Politik akzeptiere – einen verfassungspatriotischen Wertbezug auszubilden, so würden spätere Generationen unweigerlich zum „Nationalismus und Chauvinismus" zurückkehren.[85] Mit dieser Meinung stand Gustav Heinemann bei weitem nicht allein. Aber als Bundeskanzler Brandt vorschlug, den 23. Mai fortan volksfestartig zu begehen, wurde dieser Gedanke von der Opposition in der Öffentlichkeit lächerlich gemacht.[86] Und zum angesetzten Staatsakt am 23. Mai 1974 erschienen außer dem Bundesratspräsidenten nur drei weitere Regierungsschefs der mehrheitlich CDU-regierten Länder. Dies war ein gezielter Affront.[87]

Die Vorzüge eines Verfassungspatriotismus lagen für seine Befürworter auf der Hand: Ziel war eine patriotische Identifikation der Bürger mit dem Rechtsstaat und dadurch eine Stabilisierung des freiesten und erfolgreichsten Gemeinwesens, das je auf deutschem Boden existiert hatte. Dessen Legitimation sollte nicht nur durch staatlich gewährleistete Sicherheit und sozialökonomische Wohlfahrt, also durch die Dienstleistungsqualität des Staates, hergestellt werden, sondern durch ein aktives und historisches Bewußtsein vom Wert der Bonner Demokratie vor dem Hintergrund der schwierigen deutschen Demokratiegeschichte. Entspannungspolitische Euphorie und eine zunehmende Entfernung von nationalstaatlichen Traditionen flossen in diese Ideen mit ein. Die politisch-zivilisatorische Westbindung und die politisch-moralische Aussöhnung mit dem Osten waren zwei Seiten ein und derselben Medaille. Die deutsche Einheit galt als fernes, europäisches Projekt; Priorität beanspruchte bis dahin, das eigene politische System modellhaft auszubauen.

Die Verfassungspatriotismus-Debatte war mithin schon einige Jahre in Gang, bevor Dolf Sternberger 1979 seine Würdigung des Grundgesetzes in einem vielbeachteten Leitartikel der „Frankfurter Allgemeinen Zeitung" mit „Verfassungspatriotismus" überschrieb und damit den Begriff in der breiten Öffentlichkeit bekannt machte.[88] In den achtziger Jahren hat dieses Identitätskonzept große Resonanz und einige Variationen erfahren; seine normative Bedeutung ist vor allem seit der Wiederherstellung eines deutschen Nationalstaates 1990 umstritten. Kritikern gilt der Verfassungspatriotismus als Ausdruck des postnationalen Sonderwegs der alten Bundesrepublik, die damit ihr fehlendes Nationalbewußtsein kompensiert habe. Doch gegen die Behauptung, der Verfassungspatriotismus werde lediglich als Ersatz für Nationalpatriotismus mißverstanden, haben sich viele seiner Verteidiger, außer Sternberger etwa Alexander Schwan,[89] immer gewehrt. Die prinzipielle Identifikation der Bürgerschaft mit ihren politischen Institutionen und der diesen zugrundeliegenden Ordnungsidee sowie die Ausbildung einer verfassungspatriotischen politischen Kultur mußte mit einem nationalen Bewußtsein nicht zwangsläufig kollidieren. Die strikt posttraditionale und postnationale Interpretation des Verfassungspatriotismus ist erst von Jürgen Habermas in der zweiten Hälfte der achtziger Jahre eingeführt worden, der diesen diskurstheoretisch umgedeutet und die universalistischen Implikationen auf einen abstrakten Normativismus hin ausgerichtet hat.[90] Damit wurde den Kritikern Tür und Tor geöffnet, die diesem Identitätskonzept mangelnde Emotionalität bescheinigen und ihm somit Bindekraft absprechen.[91]

Daß man sich mit Hilfe eines Verfassungspatriotismus auf die nationale Frage besinnen konnte, da das Grundgesetz zur Überwindung der deutschen Teilung verpflichtete – solche Differenzierungen wurden Mitte der siebziger Jahre in der politischen Arena allerdings wenig beachtet. Gefragt waren vielmehr scharfe Konturen und klare Alternativen. Umfrageergebnissen zufolge war die Öffentlichkeit in ihren Einstellungen zwar gespalten, aber erstmals sprachen sich mehr Menschen für einen Ersatz des 17. Juni aus als für seine Beibehaltung.[92] Daraus kann man folgern, daß die geschichtspolitischen Maßnahmen im Verfassungsjahr 1974 Wirkung zeigten. Noch im Jahr davor war nämlich nur ein Drittel der Befragten bereit gewesen, eine Streichung des Tags der deutschen Einheit hinzunehmen. Jedenfalls aber spiegelte sich in solchen Umfragewerten die Akzeptanz neuer Topoi zum 17. Juni wider. Herbert Wehner konnte bei der Mehrheit der westdeutschen Bevölkerung auf Zustimmung rechnen, wenn er ausführte: „Wir können nicht in einem Zustand permanenter Anklageverletzung nebeneinander leben. Im Gedenken an den guten Willen derer, die im Juni 1953 im anderen Teil Deutschlands demonstrierten und streikten, sollte die Achtung für die unter anderen Verhältnissen lebenden und arbeitenden Menschen des anderen deutschen Staates mitschwingen. Sie haben unter schwierigen Bedingungen Hervorragendes geleistet."[93]

Diese erinnerungspolitische Umformung, gedacht als erster Schritt zur Abschaffung des Feiertages, nahm 1974 deutliche Konturen an. Die Koalition hatte die Absicht, am Tag der deutschen Einheit im Bundestag den Gesetzesentwurf über die Mitbestimmung der Arbeitnehmer in Großunternehmen in erster Lesung zu behandeln. Dieses Gesetz stand laut Karl Wienand, dem Parlamentarischen Geschäftsführer der SPD-Fraktion, im Zusammenhang mit dem 17. Juni, weil es dabei auch um die Rechte der Arbeiter gehe.[94] Norbert Gansel, Bundestagsabgeordneter der SPD, spitzte diesen Gedanken noch zu: Der 17. Juni sei kein Wiedervereinigungsaufstand gewesen, sondern ein Aufstand für menschlichere Arbeitsbedingungen. Die Erweiterung der gesetzlichen Mitbestimmung bezeichnete er als die Antwort der Bundesregierung auf diese Forderungen, wodurch ein deutschlandpolitischer Bezug deutlich werde.[95] Zunächst zögerte die CDU/CSU. Eine halbe Stunde, bevor der Ältestenrat über die Arbeit des Parlaments befinden wollte, beschloß sie in einer kurzfristig einberufenen Sitzung allerdings, die Bundestagssitzung zu boykottieren. Zum ersten Mal in der Geschichte der Bundesrepublik drohte eine Plenarsitzung ohne Opposition stattzufinden. Mit einer gemeinsamen Reise ihrer Abgeordneten nach Berlin wollte die Unionsfraktion statt dessen an den nationalen Aufstand in der DDR erinnern. Alle Bemühungen um einen Kompromiß bezüglich der Bundestagsdebatte scheiterten. Der Streit endete damit, daß weder eine Plenarsitzung in Bonn noch die geplante Demonstrationssitzung der Union in Berlin stattfanden.[96] In der folgenden Bundestagsdebatte vom 19. Juni griff die Opposition die Regierung frontal an. „Wir lassen uns den 17. Juni als Gedenktag der deutschen Nation, und zwar der gesamten deutschen Nation, nicht nehmen“, führte Manfred Abelein, deutschlandpolitischer Sprecher seiner Fraktion, aus, „und wir lassen ihn auch nicht zum Tag der paritätischen Mitbestimmung denaturieren.“[97]

Daß die Union in den Worten Olaf von Wrangels keine „faule(n) Kompromisse“[98] einzugehen bereit war und den Tag der deutschen Einheit als nationalen Merkposten gegen die „antinationale“ Politik der sozialliberalen Koalition retten wollte, war unüberhörbar. Das Vorhaben, den 17. Juni durch den 23. Mai zu ersetzen, scheiterte am hartnäckigen Widerstand der Opposition. „Ich habe nicht die Absicht, ein Bundesrepublikaner zu werden“, brachte Rainer Barzel die vorgebliche Alternative auf den Punkt, „wir sind Deutsche und gedenken dies zu bleiben.“[99] Wie in den fünfziger Jahren, so wurden die Opfer des Standrechts vom Juni 1953 in der DDR wieder zum Eigentum einer Partei – nun der CDU/CSU und nicht mehr der SPD.

Am 2. September 1974 beschlossen die Parteipräsidien von CDU und CSU sowie die gemeinsame Bundestagsfraktion auf Vorschlag des Fraktionsvorsitzenden Karl Carstens ein „Komitee 17. Juni“ ins Leben zu rufen.[100] Unter dem Vorsitz des Bundestagsvizepräsidenten Kai-Uwe von Hassel sollten 23 prominente Personen aus Politik, Wissenschaft und Kultur – darunter befanden sich der Politikwissenschaftler Hans-Peter Schwarz sowie Manfred Klein von der Bundeszentrale für politische Bildung – ein neues Konzept zur Ausgestaltung des Nationalfeiertages ausarbeiten und damit einen Verfassungstag am 23. Mai verhindern.[101]

Den für die Öffentlichkeit bestimmten nationalpatriotischen Begleitton hatte Heinrich Lummer, eines der tatkräftigsten Mitglieder des Komitees, schon im Vorfeld angeschlagen. Er hielt es für geradezu peinlich, daß heute diejenigen für eine Beseitigung des Tags der deutschen Einheit einträten, die sich 1953 ganz besonders für ihn eingesetzt hätten. Mit Blick auf die nationalkonservative Klientel relativierte Lummer die Verbrechen des Nationalsozialismus, die im Zuge der Neuen Ostpolitik seit Beginn der siebziger Jahre ein größeres Gewicht in der kollektiven Erinnerung der Westdeutschen erhalten hatten: „Auch die Haltung zum 17. Juni ist ein Beitrag zum zwiespältigen Bild des Herrn Brandt. Darüber hinaus wird die Unredlichkeit und Schizophrenie dieser Leute erst recht deutlich, wenn man sieht, wie sie andere Ereignisse nicht vergessen. Nicht nur die Ermordeten des Warschauer Gettos verdienen Achtung und Respekt, die sich auch in einem Kniefall ausdrücken können; auch den Toten des 17. Juni 1953 gebühre, daß man sich vor ihnen verbeugt."[102] Während sich bei weiten Teilen der linken Intellektuellen und in den Reihen der Sozialdemokraten eine Abkehr vom antitotalitären Konsens der fünfziger und sechziger Jahre vollzog und faschistische und kommunistische Diktaturen nicht mehr über einen Kamm geschert wurden, versteinerte sich in der Union dieser antitotalitäre Konsens, der zuweilen aber nur mehr ein antikommunistischer war.

Das „Komitee 17. Juni" tagte zwischen dem 12. November 1974 und dem 2. Februar 1975 insgesamt viermal.[103] Alle Beteiligten waren sich von vornherein einig, daß ein verfassungspatriotischer Feiertag am 23. Mai mit allen zur Verfügung stehenden Mitteln vereitelt werden müsse. Ohnehin glaubten sie, eine Abschaffung des Feiertages würde sich mit dem Urteil des Bundesverfassungsgerichts zum Grundlagenvertrag – wonach alle Verfassungsorgane den Wiedervereinigungsanspruch im Innern wachhalten mußten – nicht vertragen. Das Grundgesetz sei als Provisorium konzipiert und dürfe nicht zum Definitivum erklärt werden.[104] Es wäre „sinnwidrig", so hieß es, das Grundgesetz zu feiern,[105] denn der 23. Mai würde nur einen Teil Deutschlands, der 17. Juni hingegen das ganze Deutschland betreffen. Auch diejenigen, die nach eigenem Bekunden ursprünglich gegen den 17. Juni als Feiertag gewesen waren, wie Franz Ludwig Graf Stauffenberg, sahen das Datum, mit dem die deutsche Frage instrumentalisiert werden konnte, nun in einem ganz anderen Licht.

Wie stark in den Beratungen des Komitees ein monumentalistisches Geschichtsverständnis zum Ausdruck kam, das Geschichte hauptsächlich unter dem Aspekt der Verehrung und nationalen Erbauung betrachtete, offenbarte sich besonders in den Überlegungen, den 17. Juni zu einem „Tag des Stolzes" aufzuwerten.[106] War ein „klassischer" Nationalstolz infolge der Geschichtslast des „Dritten Reiches" problematisch geworden, so sollte dies durch den 17. Juni in gewisser Weise kompensiert werden. Debattiert wurde in diesem Zusammenhang auch über eine Umbenennung in „Tag der Einheit des Rechts und der Freiheit", um damit eine ganz enge Verbindung zur Nationalhymne herzustellen. Die aktuelle Bedrohung durch den Kommunismus, so Manfred Klein, schaffe einen starken Gegenwartsbezug.[107] Hans-Peter Schwarz hingegen plädierte für einen Staats- statt Nationalfeiertag 17. Juni; ein solcher würde es gleichzeitig erlauben, nicht allein die deutsche Frage zu fokussieren, sondern „zu allen wesentlichen Grundsatzfragen unserer politischen Existenz Stellung zu nehmen".[108] Joachim Dorenburg machte sich für den Zusatz „Deutscher" Staatsfeiertag stark, um so die gesamtdeutsche, nationale Konzeption zu verdeutlichen. Dieser Vorschlag stieß auf allgemeine Zustimmung und wurde in den Abschlußbericht aufgenommen.[109] Das wichtigste Ergebnis dieses „brain-trust" war, daß die Union ab 1975 ihre „Basis" jeweils zum 17. Juni mobilisierte, so wie es vormals die Sozialdemokraten und die Gewerkschaften getan hatten. Die umfänglichen Musterreden zum Tag der deutschen Einheit, die jährlich an alle Redner ausgegeben wurden, beinhalteten das nationalpatriotische Programm: Während sie den Sozialdemokraten und den Liberalen vorwarf, eine geschichtsvergessene Erfüllungspolitik gegenüber dem Weltkommunismus zu betreiben, und zudem behauptete, daß wesentliche Teile der SPD eine Volksfronttaktik mit den Kommunisten anstrebten, präsentierte sich die Union als Gralshüterin der nationalen Geschichte, konnte sich aber oft nur mit Mühe von den Parolen der NPD und der Deutschen Volksunion abgrenzen.[110]

Bis zum Anfang der achtziger Jahre schwelte der Konflikt darüber, wie die Vorstellung von der inneren Ordnung der Bundesrepublik am besten öffentlich darzustellen und an welchen historischen Bezugspunkt sie rückzubinden sei, weiter, ohne daß sich die Situation grundlegend änderte.[111] Faktisch resultierte daraus schließlich eine politisch forcierte Transformation des 17. Juni seit 1974/75: Die Bundesregierung machte aus ihm eine Art Selbstvergewisserungstag der zu einem eigenen „nationalen" Bewußtsein gekommenen Bundesrepublik. War der 17. Juni wiedervereinigungspolitisch eine Niederlage, so sollte aus ihm gerade im Umkehrschluß ein aus den universellen Werten des Westens geschöpftes Gedächtnis der Bundesrepublik als „Modell Deutschland" konstruiert werden. Nicht die DDR wurde angeklagt, sondern die Bundesrepublik wurde daraufhin befragt, wieweit sie den Werten entspreche, für die der 17. Juni in einer positiven Tradition der deutschen und europäischen Geschichte stehe, nämlich Freiheit, Menschenwürde, soziale Gerechtigkeit, Solidarität, Mit- und Selbstbestimmung.[112] So wurde der 17. Juni, dessen Beseitigung politisch nicht durchsetzbar war, am Ende selbst verfassungspatriotisch aufgeladen und beförderte somit eine „Bundesrepublikanisierung“ des Geschichtsbewußtseins.

4. „Sozialistische Nation“ – Die Kurskorrekturen im Geschichtsbild der DDR

Im Unterschied zur pluralistischen Bundesrepublik, deren Historiker oft auf die „Funktionslosigkeit“ der Geschichtswissenschaft hinwiesen,[1] hatte die DDR-Geschichtswissenschaft eine besondere ideologiebildende Funktion. Sie war gleichermaßen Teil des Kampfes der SED um eine innenpolitische Stabilisierung des zweiten deutschen Staates wie auch Teil der Systemauseinandersetzung mit der Bundesrepublik Deutschland. Unter herrschaftspragmatischen Gesichtspunkten wandelte sich das Geschichtsbild im Verlauf der Existenz der DDR allerdings erheblich. Sicherlich verlief dabei der Umsetzungsprozeß der offiziellen Direktiven innerhalb der Geschichtswissenschaft keineswegs konfliktfrei; eine gewisse Binnendynamik der historischen Forschung ist ebenfalls zu veranschlagen. Doch unser Augenmerk richtet sich nicht auf die (wissenschafts)internen Mechanismen, Ordnungsgefüge und Organisationskriterien des „sozialistischen Geschichtsdiskurses“ – einer spezifischen Form der gelenkten Verständigung über die Vergangenheit, die eigenen Regeln gehorchte –,[2] sondern auf die allgemeinen geschichtspolitischen Manifestationen, die das Resultat der Planung und Kontrolle durch Staat und Partei darstellten. Diese wurden von der bundesdeutschen Politik genau verfolgt und sollten die geschichtspolitischen Diskurse in der Bundesrepublik bald erheblich beeinflussen. Daher müssen die Wandlungen im Geschichtsbild der DDR an dieser Stelle näher betrachtet werden.

Im Zeitraum zwischen 1968 und 1976 fanden bedeutsame Geschichtsbild-Korrekturen in der DDR statt. In einer ersten Phase, die nach dem VII. Parteitag der SED 1967 eingeleitet und im Laufe des Jahres 1968 umgesetzt wurde, rückte die Leitung und Lenkung der historischen Wissenschaft noch stärker als bisher in die unmittelbare Nähe der Partei. In einer zweiten Phase zwischen 1971 und 1976 machte die SED als direkte Reaktion auf die sozialliberale Ostpolitik einen radikalen Schnitt und versuchte, die deutsche Frage in ihrem Sinne abschließend zu beantworten, indem sie eine „sozialistische Nation“ DDR konstruierte.[3]

Geschichtsbild und Nationsverständnis beeinflußten sich in der DDR stets gegenseitig.[4] Seit dem Bau der Berliner Mauer relativierte die SED zwar gesamtdeutsche Gemeinsamkeiten; aber auch in den letzten Jahren der Ära Ulbricht, der oben erwähnten ersten Phase der Kurskorrekturen zwischen 1967 und 1971, ging die SED noch von der Einheit der deutschen Nation aus und bekräftigte die nationale Vorbildrolle der DDR, die in Deutschland eine Aufgabe, eine historische Mission, zu erfüllen habe. Der nationale Konkurrenzkampf mit der Bundesrepublik um die staatliche Rechtmäßigkeit und den nationalen Führungsanspruch wurde mittels eines selektiven Geschichtsbildes geführt. Im marxistisch-leninistischen Verständnis war Geschichte eine Abfolge von Klassenkämpfen. Zugleich war die Ausarbeitung des Geschichtsbildes selbst ein zentraler Bestandteil des Klassenkampfes. Da Geschichte und Geschichtswissenschaften einen von der Partei vorgegebenen Auftrag zu erfüllen hatten und vor allem funktional gedacht wurden, war der Ausgangspunkt die Gegenwart: Unter präsentistischem Blickwinkel galt es, die „Klassenlinien“ der deutschen Geschichte herauszuarbeiten und für den gegenwärtigen Antagonismus im Zeichen des Ost-West-Konflikts und der deutschen Teilung nutzbar zu machen. Den Klassengegensatz von Bundesrepublik – gleichbedeutend mit Bourgeoisie – und DDR – gleichbedeutend mit Arbeiterklasse – projizierte man in alle Bereiche der deutschen Geschichte.

Obwohl also an der Einheit der Nation grundsätzlich noch festgehalten wurde, zeichneten sich am Ende der sechziger Jahre gewisse neue strategische Vorgaben ab. Es handelte sich darum, die nationale Frage durch die soziale Frage zu überlagern. Die Emotionen der Menschen, die an ein nationales Geschichtsbild geknüpft waren, sollten „klassentheoretisch domestiziert“ und auf ein sozialistisches Geschichtsbild umgelenkt werden.[5] Die Hauptaufgabe der Gesellschaftswissenschaften war es daher, ein sozialistisches Bewußtsein herauszubilden, das innenpolitisch in Gestalt eines sozialistischen Patriotismus integrierend wirken und außenpolitisch in Form des Klassenkampfes eine Art „Abschirmungseffekt“[6] gegen die Bundesrepublik erzeugen sollte. Die SED wies der Geschichtswissenschaft dabei die Aufgabe zu, sowohl die Individuen als auch die Kollektive der sozialistischen Menschengemeinschaft mit einem konsistenten Geschichtsbild auszurüsten. Das sozialistische Bewußtsein sollte einen neuen Menschen formen. So hatte sich die DDR-Historiographie auf den Befreiungsprozeß der Arbeiterklasse und ihre Einheit zu konzentrieren. Außerdem war es ihr aufgetragen, die Leistungen der SED bei der Gründung und Entwicklung der DDR noch stärker als bisher schon herauszustreichen.[7]

In diesem Sinne sollte nicht zuletzt die flächendeckende Musealisierung der DDR die gewünschten Identitätsvorstellungen ins Bewußtsein der Bevölkerung tragen. „DDR – das Museumsland in Europa“, lautete die Überschrift eines ADN-Berichts über Museen, Mahn- und Gedenkstätten vom September 1970, in dem die „antifaschistisch-humanistische Grundlinie" der Kulturpolitik gerühmt wurde. „Die DDR besitzt 553 Museen und Gedenkstätten, die eine jährliche Besucherzahl von über 18 Millionen aufweisen. Mit der Dichte des Netzes an Museen, der hohen Besucherzahlen im Verhältnis zur Gesamtbevölkerung sowie der Intensität ihrer Breitenarbeit steht die DDR an erster Stelle in Europa."[8]

Glaubt man diesen Zahlen, so suchte Jahr für Jahr die gesamte DDR-Bevölkerung vom Säugling bis zum Greis ein Museum auf. Mit dieser Nachricht sollte vermutlich auch ein Erfolg vermeldet oder zumindest vorgetäuscht werden. Denn die Bemühungen, das sozialistische Bewußtsein in der Bevölkerung der DDR zu stärken, bedurften seit der zweiten Hälfte der sechziger Jahre erheblicher Intensivierungen: Zum einen, um den befürchteten systemneutralen Auswirkungen zu begegnen, wie sie im Westen unter dem Begriff der Konvergenztheorie diskutiert wurden – wonach sich moderne arbeitsteilig organisierte Industriegesellschaften gleich welcher politischer Systeme unweigerlich annähern würden.[9] Zum anderen, um die Bedrohungen abzuwehren, die aus dem allgemein entspannungsfreundlichen Klima und dem Beginn der bundesdeutschen Ostpolitik erwuchsen. Denn es konnte ja keinen Zweifel daran geben, daß die Neue Ostpolitik für den deutschen Teilstaat DDR ein viel größeres Risiko in sich barg als für alle anderen osteuropäischen Staaten.

Daß die sozialliberale Neue Ostpolitik mit ihrem Credo, die Substanz der Nation zu wahren, gleichsam ein Trojanisches Pferd für die DDR darstellte, wurde der SED spätestens seit dem Schock von Erfurt am 19. März 1970 vollkommen bewußt: Der überwältigende Empfang von Bundeskanzler Willy Brandt durch die ostdeutsche Menschenmenge bezeugte eindrucksvoll den Fortbestand der deutschen Nation.[10] Daran konnte auch Ulbrichts hilflos-polemische Erklärung nichts ändern, wonach die DDR ein „sozialistischer deutscher Nationalstaat", die Bundesrepublik dagegen ein „kapitalistischer NATO-Staat" sei.[11]

Die Ablösung Walter Ulbrichts durch Erich Honecker im Mai 1971 war ein in vielerlei Hinsicht einschneidendes Ereignis. Ulbrichts Absetzung dokumentierte nicht zuletzt, daß die Sowjetunion die SED mit aller Macht dazu drängte, „die nationalrevolutionäre Ambition einer deutschen Sondermission auszuklammern, um sich dem generellen Konzept der friedlichen Koexistenz vollends unterzuordnen".[12] Ulbricht hatte immer Verständnis für die besondere Lage der DDR gefordert: als Teilstaat müsse sie sich mit einem Klassengegner auseinandersetzen, der sich gleich nebenan organisiert habe; die DDR sei deshalb gezwungen, einen eigenen, besonderen Weg zum Sozialismus zu beschreiten. Das hieraus hervorgehende Nations- und Geschichtsverständnis der SED war jedoch aus Sicht der sowjetischen Führung zu einem gravierenden Störfaktor geworden.

Denn nach der ČSSR-Invasion von 1968 strebte die Sowjetunion danach, ihren Block fester zu integrieren, eine große innere Geschlossenheit herzustellen und ihren Hegemonialanspruch zu untermauern. Die künftig zu verfolgende Entspannungspolitik sollte aus einem festgefügten Verband sozialistischer Nationen, die sich hinter der Sowjetunion scharten, heraus geführt werden. Solange die DDR auf ihrem Sonderstatus als Teil einer gespaltenen Nation beharrte, fehlte dazu das zentrale Glied. Aus bündnispolitischen Zwängen einerseits und als Reaktion auf die bundesdeutsche Neue Ostpolitik andererseits ließ die SED daher mit dem Beginn der Ära Honecker die Einheit der Nation fallen, verabschiedete sich von Deutschland und internationalisierte ihr Geschichtsbild.

In dieser zweiten Phase, die sich über die Jahre 1971 bis 1976 erstreckte, umschrieb das Diktum des „revolutionären Weltprozesses“ den Kernauftrag der DDR-Geschichtswissenschaft. Diese Formel besagte nichts anderes, als daß die in Ulbrichts letzten Amtsjahren so stark betonten DDR-zentrierten Elemente zugunsten einer internationalistischen Betrachtungsweise zurückgenommen werden mußten. Wenn es nun galt, „den Nachweis zu führen, daß der innere Gang der Menschheitsgeschichte gesetzmäßig zum Sozialismus führt“,[13] so bedeutete dies für die DDR-Historiker die führende Rolle der KPdSU bzw. der UdSSR in der Vergangenheit und Gegenwart herauszuarbeiten. „In ihrer gesamten Arbeit“, so hieß es im Zentralen Forschungsplan für die Jahre 1972 bis 1975, „geht die Geschichtswissenschaft davon aus, daß das um die Sowjetunion zusammengeschlossene sozialistische Weltsystem sich als gesetzmäßiges Ergebnis des gesamten Verlaufes der Weltgeschichte herausgebildet hat und die DDR der rechtmäßige Erbe aller revolutionären, fortschrittlichen und humanistischen Traditionen der deutschen Geschichte und vor allem der deutschen Arbeiterbewegung ist.“[14]

Hier tauchte bereits die spätere These auf, daß sich die sozialistischen Nationen als Resultat gesetzmäßiger Prozesse einander annäherten. Für die deutsche Situation zeichnete sich diese „Lösung“ der nationalen Frage durch eine besondere Radikalität aus. Auf die kulturnationale Orientierung der Regierung Brandt/Scheel reagierte die SED mit einer offensiven und rigiden Abgrenzungsdoktrin, die nationstheoretisch untermauert wurde. Sie diente unverkennbar dazu, die Politik der deutsch-deutschen Annäherung, wie sie von der sozialliberalen Koalition verfolgt wurde, zu unterlaufen.[15]

Entworfen wurde jetzt die Theorie, daß sich in Deutschland nicht nur zwei Staaten, sondern zwei Nationen – Klassennationen – herausgebildet hätten, eine sozialistische im Osten und eine kapitalistische im Westen. Hatte sich die neue Verfassung von 1968 noch zur nationalen Einheit bekannt – „Die Deutsche Demokratische Republik ist ein sozialistischer

Staat deutscher Nation" –, so wurden mit der Verfassungsänderung von 1974 alle Passagen eleminiert, die auf eine deutsche Einheit hin ausgerichtet waren. Die DDR gab nun vor, „ein sozialistischer Staat der Arbeiter und Bauern" zu sein. Seit 1971 konnte es keinen Zweifel mehr daran geben, daß sie gewillt war, einen Schlußstrich unter die Frage der deutschen Nation zu ziehen. Seither wurde versucht, den Zusatz „deutsch" aus dem offiziellen Sprachgebrauch zu tilgen: Der „Deutschlandsender" wurde 1971 in „Stimme der DDR" umgetauft, die Deutsche Akademie der Wissenschaften hieß seit 1972 Akademie der Wissenschaften der DDR, die DDR-Hymne durfte wegen ihres deutschlandpolitischen Textes – „Deutschland, einig Vaterland" – nur noch gespielt, nicht mehr gesungen werden, das Leipziger „Jahresverzeichnis des deutschen Schrifttums" mutierte zum umständlichen Verzeichnis „der Verlagsschriften und einer Auswahl der außerhalb des Buchhandels erschienenen Veröffentlichungen der DDR, der BRD und Westberlins sowie der deutschsprachigen Werke anderer Länder",[16] und das Wort „Deutschland" verschwand sogar in der DDR-Ausgabe von Meyers Neuem Lexikon, es wurde unter „D" nicht mehr aufgeführt. Nicht mehr Deutsche sollten in Ostdeutschland leben, sondern Bürger der DDR.

Aber die nationale Wirklichkeit erwies sich doch als weitaus stärker als der Wille der Männer um Erich Honecker, die nur noch die Partei, aber keine Deutschen mehr kennen wollten. Zwar hatte das DDR-Regime Anfang der siebziger Jahre den Höhepunkt seiner Macht erreicht – nicht nur, weil es internationale Anerkennung fand. Wirtschaftliche und soziale Reformen der frühen Honecker-Jahre fielen zusammen mit dem Versprechen einer Liberalisierung und ließen Hoffnungen auf eine bessere Zukunft gedeihen. Die deutsche Frage jedoch war nach wie vor präsent. Vor letzten Konsequenzen schreckte das Regime zurück; so blieb der Titel „Neues Deutschland" des SED-Zentralorgans unangetastet. Der SED gelang es nicht, den Menschen in der DDR klarzumachen, daß sie plötzlich keine Deutschen mehr sein sollten. Mit der terminologischen Trennung von Nationalität und Nation gestand selbst Erich Honecker zu, wie verquer die Theorie war: „Staatsbürgerschaft – DDR, Nationalität – deutsch", mit dieser Formel versuchte er der Ratlosigkeit der Menschen zu begegnen.[17] Die theoretische Fundierung der neuen Nationstheorie durch Alfred Kosing – in der die ethnischen Qualitäten den sozioökonomischen und politischen Faktoren untergeordnet wurden – war so kompliziert, daß sie kaum jemand verstand. Zudem versuchte sie, offensichtliche Widersprüche zu verkleistern, so daß sie auch in der marxistischen Literatur umstritten blieb.[18]

Statt deutsche Einheit avancierte im Geschichtsbild also die sozialistische Gemeinschaft zum Bezugspunkt. Der gesamte Gang der Weltgeschichte hatte sich um ein Zentrum – die Entstehung der Sowjetunion infolge der Oktoberrevolution von 1917 – zu drehen, und die Entwicklung des Sowjetstaates wurde zum Maßstab der Menschheitsgeschichte erhoben. Deutsche Geschichte, genauer: die Geschichte deutscher Volksmassen, hatte sich einzuordnen in den weltrevolutionären Prozeß. Selbst verfassungsrechtlich war die DDR seit dem Jahr 1974 auf eine enge Bindung an die Sowjetunion fixiert, denn Artikel 6 der neuen Verfassung lautete: „Die Deutsche Demokratische Republik ist für immer und unwiderruflich mit der Union der Sozialistischen Sowjetrepubliken verbündet.“ 1975 trat zur verfassungsrechtlichen noch die vertragliche Fixierung hinzu. Im „Vertrag über Freundschaft, Zusammenarbeit und gegenseitigen Beistand“ zwischen der UdSSR und der DDR wurde in der Präambel die „Annäherung der sozialistischen Nationen“ prognostiziert und „Beziehungen der ewigen und unverbrüchlichen Freundschaft“ auf der Grundlage des sozialistischen Internationalismus festgelegt.[19] Damit war die Herausbildung der sozialistischen Nation zusätzlich deklamatorisch bekräftigt. Am Sieg des Sozialismus in der DDR gab es offenbar nichts mehr zu deuteln. Das neue Parteiprogramm der SED von 1976 deklarierte noch einmal die Entwicklung der sozialistischen Nation, der sozialistischen Nationalkultur, des sozialistischen Nationalbewußtseins und der sozialistischen Lebensweise. Sozialistischer Patriotismus und proletarischer Internationalismus gingen Hand in Hand und vollendeten den vorgezeichneten Prozeß der Abgrenzung der DDR von der Bundesrepublik Deutschland.[20]

Der Abgrenzungsrigorismus des SED-Regimes gegenüber der Bundesrepublik hatte seinen Höhepunkt erreicht. Der Grundlagenvertrag, dem die Aufnahme beider deutscher Staaten in die UNO 1973 folgte, bescherte der DDR zwar die langersehnte weltweite Anerkennungswelle; aber das nationale Verdienst des Grundlagenvertrags lag vor diesem geschilderten Hintergrund darin, die nationale Frage gleichsam im letzten Augenblick – also kurz vor der Eliminierung der „deutschen Nation“ in der DDR-Verfassung – offiziell festgeschrieben zu haben, und zwar in einem Vertrag, aus dem die DDR nicht herauskam und der nicht, wie die Verfassung, geändert werden konnte.[21]

Diese Entwicklung war freilich nicht die letzte Kurskorrektur in der SED-Geschichtspolitik. In einer anschließenden Phase, deren Wurzeln bis 1976 zurückreichen, wandelte sich vielmehr am Übergang von den siebziger zu den achtziger Jahren das Bild noch einmal grundlegend. Die SED rückte vom sozialistischen Internationalismus ein Stück weit ab und bemühte sich um eine Gefühlsrenaissance der nun wieder stärker „deutschen“ Nation DDR. Ausschlaggebend dafür waren neben dem offensichtlichen Fehlschlag des Konzepts der Klassennation die ins Stocken geratene osteuropäische Integration im Rahmen des RGW und ein zunehmender wirtschaftlicher Problemdruck. In der zweiten Phase der Entspannungspolitik stellte die DDR, zugespitzt formuliert, ein Land dar, das mehr existierte als lebte. Die Finalitätskrise des zweiten deutschen Staates warf bereits ihre Schatten voraus. Um von den Krisen abzulenken, das Defizit an demokratischer Legitimation zu verringern sowie die politische und ökonomische Schwäche gegenüber der Bundesrepublik zu verschleiern, wurde ein Gesamtanspruch auf die deutsche Geschichte formuliert. Die Partei verließ sich von nun an „weniger auf die Beschwörung der sozialistischen Zukunft als vielmehr auf die 'nationalen Wurzeln' der Gegenwart".[22] Ziel war es, mit Hilfe einer national-zentrierten Geschichte eine politisch-moralische Einheit des Volkes der DDR zu schaffen, was schließlich in die „Erbe und Tradition"-Konzeption am Übergang von den siebziger zu den achtziger Jahren mündete, die ein integrales und nicht mehr selektives Geschichtsbild auszeichnete.[23]

Der Griff der DDR nach der Geschichte im Sinne des sozialistischen Internationalismus, wie er zwischen 1971 und 1976 stattfand, rührte an der Verankerung der Klammern, die die Nation trotz staatlicher Teilung zusammenhielten, und ragte schon deshalb massiv in den bundesrepublikanischen geschichtspolitischen Diskurs hinein. Bei genauerer Betrachtung bedeutete diese Kurswendung jedoch keinen schlichten Abschied der DDR von Deutschland für immer. Denn es war nicht zu übersehen, daß die SED in der deutschen Frage doppelgleisig vorging: Einerseits forderte sie eine Abgrenzung vom „kapitalistischen Westdeutschland", andererseits gab sie immer wieder das Weiterbestehen der sprachlich-kulturellen und geschichtlichen Gemeinsamkeiten mit Westdeutschland zu. Die Unterscheidung zwischen der ethnisch definierten Nationalität und der sozialökonomisch definierten Nation erlaubte es der SED, die Herausbildung der „sozialistischen Nation" der DDR als einen Prozeß auszugeben, der auf den fortschrittlichen Traditionen der deutschen Geschichte basiere, mit der revolutionären Umgestaltung eines Teils der bürgerlichen deutschen Nation nach dem Kriege erst richtig in Gang gekommen und noch keineswegs als abgeschlossen zu betrachten sei. Die Entstehung und Entwicklung der DDR wurde als das gesetzmäßige Ergebnis und die Krönung des jahrhundertelangen Kampfes der fortschrittlichen Kräfte des deutschen Volkes proklamiert. Zugleich stand daneben jedoch die Voraussage, daß diese „sozialistische Nation" über kurz oder lang alle Deutschen umspannen werde. So schimmerte immer auch eine praktische Option durch: Der neue Nation-Begriff beinhaltete eine Ermächtigung, bei günstiger Gelegenheit wieder selbst die gesamtdeutsche Initiative zu ergreifen. Nicht zuletzt wegen dieser SED-Geschichtspolitik wurde in der Bundesrepublik Deutschland, wo Politik und Öffentlichkeit die Wandlungen in der DDR aufmerksam registrierten, der staatsbürgerliche Freiheitsdiskurs aus der ersten Zeit der sozialliberalen Ära von einem Identitätsdiskurs abgelöst, der Ausdruck einer großen Verunsicherung war.

5. Tendenzwende in der Bundesrepublik (1975–1978) – Der Identitätsdiskurs

In der Mitte der siebziger Jahre setzte unübersehbar eine Themenwende ein. Geltende Werte und Normen wurden hinterfragt, und vor dem Hintergrund einer sich zuspitzenden geistigen und politischen Polarisierung bildeten sich neue Wahrnehmungsmuster und Leitbilder aus. Die Debatte über den Standort der Bundesrepublik wandelte sich grundlegend. Dabei spielten sowohl internationale als auch innen- und außenpolitische Entwicklungen eine wesentliche Rolle, weil sie die politischen und gesellschaftlichen Rahmenbedingungen auf vielfältige Art und Weise veränderten. Die weltweite Diskussion über die Grenzen des Wachstums und die Zukunft der Industriegesellschaften beispielsweise trieb neue Protest- und Bürgerbewegungen hervor. Zugleich nahmen die ökonomischen Probleme, an denen die Regierung Schmidt/Genscher schließlich scheitern sollte, im Zuge der zweiten Ölpreiskrise 1979/80 zu. Die von der Bevölkerung wahrgenommene Fortschrittskrise verschärfte sich noch dadurch, daß die Zeit der Reformen abgelaufen schien. Der Bruch in den Zukunftserwartungen durchzog sämtliche Regierungserklärungen, Parteiprogramme und bestimmte zunehmend den öffentlichen Diskurs. In linksintellektuellen Situationsbeschreibungen zur politischen und geistigen Situation der Zeit vermischte sich zum Beispiel ein grassierender Kulturpessimismus mit einer nostalgischen Erinnerung an die „gute", aber unwiederbringlich verlorene Zeit des „Mehr Demokratie wagen".[1] Darüber hinaus verursachte der Terrorismus ein kollektives Angstgefühl, welches das öffentliche Klima der Republik nachhaltig bestimmte. Außen- und deutschlandpolitisch ergab sich schließlich durch die Folgen der „Konferenz für Sicherheit und Zusammenarbeit in Europa" (KSZE), die 1975 zur Schlußkonferenz in Helsinki zusammenkam, eine innere Auflockerung des Ostblocks „von unten" durch die Aktivität von Dissidenten, die sich von nun an auf die KSZE-Vereinbarungen berufen konnten. Doch gleichzeitig stagnierte die zwischenstaatliche Entspannungspolitik vor allem in Deutschland. Im Kontrast zu den geschlossenen Vereinbarungen trieb der Osten bis zum Ende des Jahrzehnts die Rüstungsspirale in bislang nicht gekannte Höhen. Auch die Europapolitik im Westen, auf die die Bundesrepublik so große Hoffnungen gesetzt hatte, kam nicht weiter voran.[2]

All diese vorhandenen oder empfundenen Krisen kulminierten bis zum Ende der siebziger Jahre in einem sich rasch selbst verstärkenden, bald übermächtigen publizistischen, wissenschaftlichen und politischen Diskurs über die „deutsche Identität". „Identität", ein Begriff der Anfang der siebziger Jahre im alltäglichen Sprachgebrauch noch weitgehend unbekannt war, avancierte innerhalb kürzester Zeit zum Schlüsselbegriff, verlagerte sich aus der Peripherie in das Zentrum des öffentlichen Bewußtseins und wurde schließlich zum Modewort, zum Sammeletikett einer Kompensation verschiedener perzipierter Defizite.[3] Der geschichtspolitische Diskurs über die Selbstanerkennung der Bundesrepublik und der staatsbürgerliche Freiheitsdiskurs aus der vorangegangenen Ära des frühen Sozialliberalismus erfuhren in diesem Krisenklima eine Überlagerung und partielle Ablösung durch einen Identitätsdiskurs.

„Identität" ist kein genuin historischer oder politischer Begriff, sondern er entstammt der Sozialpsychologie und zum Teil der Psychoanalyse. Identität, verstanden als zielsuchendes Verhalten im Sinne der Selbstfindung und als Gegenbegriff zu „Entfremdung" wurde jetzt aber von der individuellen Ebene auf soziale Systeme wie Gesellschaft, Staat oder Volk übertragen und politisch-philosophisch auf den Kontext der deutschen Frage angewandt.[4] Diese Konjunktur des Identitätsbegriffs in der Bundesrepublik Deutschland verdeutlichte die vorhandenen Unsicherheiten des historisch-politischen Standorts der Republik und bezeichnete den Wunsch, die problematische Vergangenheit und die widersprüchliche Gegenwart auf einen gültigen Nenner zu bringen.

Der Durchbruch des Diskurses in der Öffentlichkeit läßt sich zeitlich präzise benennen: Zum Standardwerk und allgemeinen Bezugspunkt des binnen kurzem inflationär gebrauchten Codes von der Identität wurde der Bericht des 8. Kolloquiums der interdisziplinären Forschungsgruppe „Poetik und Hermeneutik", die im September 1976 in Bad Homburg tagte. Dort hielt der neokonservative, vormals der SPD nahestehende Philosoph und Politologe Hermann Lübbe eine weithin beachtete Rede zur „Identitätspräsentationsfunktion von Historie", in welcher er der Geschichtsschreibung die Aufgabe zuwies, insbesondere nationale Identitäten zur Anschauung zu bringen.[5] Schon bald wurde der politische Bogen zur deutschen Frage geschlagen: Erstmals seit Beginn der sechziger Jahre verabschiedeten die bundesdeutschen Kultusminister 1978 wieder historisch-politische Empfehlungen, dieses Mal zur Behandlung der deutschen Frage im Schulunterricht. Die kontroverse Debatte darüber wurde begleitet von großen öffentlichen Anhörungen des Bundestagsausschusses für innerdeutsche Beziehungen zwischen 1977 und 1981, die den Tenor „Suche nach der verlorenen Identität" trugen.[6]

Drei unterschiedliche Ströme, die im folgenden genauer betrachtet werden sollen, vereinten sich zu diesem allgegenwärtigen Identitätsdiskurs. Die Quelle des ersten Stromes waren die innenpolitischen Krisen der

Bundesrepublik, vor allem der Terrorismus und die Debatte über die innere Sicherheit. Der zweite Strom entsprang aus der Formulierung von – nicht allein konservativen – Gegenidealen zum Freiheitsdiskurs. Der dritte Strom schließlich brach als deutschland- und geschichtspolitische Reaktion auf die Geschichtspolitik der DDR hervor.

Erstens: Den Höhepunkt der terroristischen Gewalttätigkeiten in der Bundesrepublik bildeten die Morde von 1977.[7] Die Kriegserklärung der RAF an die Republik und die darauf folgende Reaktion des Staates beherrschten seit 1974/75, als die Serie der Mordanschläge und Entführungen sowie der Prozeß gegen die bereits inhaftierten Terroristen begann, die Schlagzeilen. Die Täter der RAF repräsentierten den extremsten Zweig einer hochbrisanten Verbindung von Kapitalismuskritik, die ein weltweites Phänomen darstellte, und Kritik an der „unbewältigten" NS-Vergangenheit, die der bundesdeutschen Situation ihre außergewöhnliche Radikalität verlieh und sie so gefährlich machte. Die Terroristen, die den Staat aus den Angeln heben wollten, waren „irre geworden an der deutschen Geschichte".[8] Als Kampfparole hatte der Faschismus-Begriff Eingang in die außerparlamentarische Opposition gefunden. Durch die kritische Theorie und die marxistische Faschismusanalyse war das in den Jahrzehnten zuvor häufig benutzte Totalitarismustheorem vollständig aufgelöst und der fundamentale Gegensatz von Diktatur und Demokratie verwischt worden. Der Nationalsozialismus wurde als eine mögliche Form der bürgerlichen Gesellschaft betrachtet. Auf diese Weise konnte man nicht nur die „Restauration" der fünfziger Jahre anprangern; vielmehr sah sich ein Teil der APO mit dieser Theorie in die Lage versetzt, die „bürgerliche" Bundesrepublik als eine Fortsetzung des Nationalsozialismus und als strukturell faschistoid zu diffamieren.[9] Auf der gegenüberliegenden Seite stand die Demagogie der meinungsbeherrschenden Medien, namentlich der „Bild-Zeitung", die ihrerseits die RAF-Mitglieder als „Kinder Hitlers" bezeichnete.[10]

Solchermaßen falsche Faschismus-Analogien, die in dieser Zeit auf beiden Seiten gang und gäbe waren, erschwerten eine realistische Bewertung der Abläufe. Allenthalben waren (schiefe) Bilder des historischen Vergleichs im Umlauf. Nicht zuletzt wurden – mit ausdrücklichem Verweis auf die deutsche Vergangenheit – von ausländischen Beobachtern, besonders aus Frankreich und Großbritannien, klassische Stereotypen über die „Repression" in Deutschland und die Wiedergeburt der „spezifisch deutschen" autoritären Züge verbreitet und in die Bundesrepublik hineingetragen. Der Diskurs vom „häßlichen", „bösen", „ewigen" Deutschen entstand wieder, und der Extremistenbeschluß von 1972 sowie die Verabschiedung der Antiterrorgesetze wurden als untrügliche Zeichen eines neuen deutschen Überwachungs- und Polizeistaates in der Nachfolge des

„Dritten Reiches" interpretiert.[11] Auch in der deutschen linksintellektuellen Öffentlichkeit gipfelte die Kritik an der politischen Verfaßtheit der Bundesrepublik in historischen Parallelisierungen. Walter Jens etwa erinnerte die damalige bundesdeutsche Politik, die liberale Freiheitsrechte abbaute und den Staat „aufrüstete", an das repressive Maßnahmenbündel der Karlsbader Beschlüsse von 1819 – als oppositionelle Strömungen aufs schärfste bekämpft, eine Zensur eingeführt, die Autonomie von ohnehin spärlichen Institutionen eingeschränkt und strenge Überwachungsorgane des Deutschen Bundes eingerichtet worden waren – sowie an das Ausnahmegesetz zur Sozialistenverfolgung unter Bismarck.[12] Die Bundesrepublik erschien bei zahlreichen linken Intellektuellen in letzter Konsequenz als eine von Totalitärem unterwanderte und terrorisierte Demokratie.

Ein sichtbares Symbol für die Allgegenwärtigkeit dieses Zeitklimas war, daß Bundeskanzler Helmut Schmidt selbst in der Regierungserklärung zum 17. Juni 1977 auf den Terrorismus und die Staatskrise Bezug nahm. Schmidt wandte sich vehement gegen die Verunglimpfung der Bundesrepublik, die mit der obrigkeitsstaatlichen Vergangenheit der Deutschen in keinerlei Verbindung stehe, sondern die freiheitlich-demokratische Linie deutscher Geschichte fortsetze. Das freiheitliche System müsse weiterhin ausgebaut werden, wenngleich der Terrorismus zeige, daß „sich oft genug der Kontinuität, der Stetigkeit dieser sozialstaatlichen Freiheit, dieser rechtsstaatlichen Freiheit, dieser demokratischen Freiheit Hindernisse in den Weg stellen" können.[13] Obwohl die Bundesrepublik – von heute aus gesehen – durch den Terrorismus nie wirklich ernsthaft in Gefahr gebracht wurde, ergab sich die paradoxe Situation, daß der objektiven Stabilität des Staates eine subjektive Unsicherheit der Menschen gegenüberstand.[14] Besonders deutlich wurde diese Diskrepanz in den unzähligen Kommentaren, Aufsätzen, Büchern und Tagungen zum 30. Geburtstag der Republik im Jahre 1979, als ein resignativer Grundton die Bilanz dominierte. Die „verunsicherte Republik"[15] war der geeignete Resonanzboden für den Identitätsdiskurs.

Zweitens: Auf den überschießenden emanzipatorischen und demokratisch-kritischen Anspruch aus dem Geist der Studentenbewegung und des sozialliberalen Neugründungsprozesses der Bundesrepublik antworteten konservative Intellektuelle mit Gegenidealen. Die Signalwörter: Emanzipation, Fortschritt, kritisches Bewußtsein, Demokratisierung, innere Reformen und Entspannung wurden umfassender Kritik unterzogen. Die linke Theorie und Praxis galt angesichts ausbleibender Erfolge und neuer gesellschaftlicher Bedrohungen als abgenutzt. Die neue Stimmung im Westen förderte konservatives Denken. „Bewahren", nicht mehr „Verändern" sollte nun die erste Bürgertugend sein.

Der Terminus „Tendenzwende" reüssierte in der Folge einer prominent besetzten Tagung der Bayerischen Akademie der Schönen Künste im November 1974, auf der der Begriff erstmals eine programmatische Verwendung fand.[16] Seither brachen die bundesdeutschen Konservativen auf der Woge des gewandelten „Zeitgeistes“ zu neuen Ufern auf. Linke Intelligenz, umgeben mit der Aura einer Theoriegesättigtheit, und rechte Denkart, die diese nicht nötig zu haben schien, trennte ein tiefer ideologischer Graben. Im Zentrum des neuen konservativen Diskurses standen vor allem normative Funktionszuweisungen an die Geschichte. Wenn nun von konservativer Seite in der Öffentlichkeit immer nachdrücklicher „Mut“ zu Geschichtsbewußtsein gefordert wurde, so war damit ein nationales anstelle eines angeblich „abstrakten“ freiheitlich-demokratischen gemeint. Konservative Geschichtsdidaktiker wie Erich Kosthorst forcierten seit der Mitte der siebziger Jahre die Diskussion über die Bedeutung nationaler Identitätsfindung für den Schulunterricht und die politische Bildung, indem sie von einem psychologischen Identitätsbegriff ausgingen, eine „deutsche Identitätskrise“ diagnostizierten und davor warnten, daß ein vagabundierender Identitätsbedarf, wenn er nicht befriedigt würde, sich bei politischen Heilslehren und Utopien bedienen könnte. „Individuen und Kollektive ohne klares Identitätsbewußtsein“ seien „auf die Dauer pathologisch gefährdet und für kompensatorische Abstützungsmechanismen (z. B. Integrationsideologien, manipulatorische Dynamisierungsmythen) anfällig“.[17]

Die These vom pathologischen Zustand einer – mit Geschichtsvergessenheit einhergehenden – Identitätsunsicherheit[18] stimmte freilich nur bezüglich eines klassischen nationalstaatlichen Geschichtsbewußtseins. Kritiker warnten deshalb eindringlich vor einer Relativierung der Epoche des Nationalsozialismus, die in solchen Konzeptionen immer mitschwang, weil sie auf der Grundannahme fußten, daß eine neue Identitätsbildung nur dann gelingen konnte, wenn die „Verkrampfung“ gegenüber der deutschen (nationalsozialistischen) Geschichte gelöst würde. Insofern steckte in dem konservativen Gebrauch des Begriffes „Identität“ nicht allein die Vorstellung einer Ganzheit verbindlicher Identifikationsmuster, sondern mindestens ebenso stark eine Anklage gegenüber einer angeblich subversiven „linken“ Vergangenheitsbewältigung, die eine „endgültige“ Aufarbeitung der Vergangenheit verhindere und Identität somit unmöglich mache. Hinter „Identität“ als geschichtsdidaktischer Kategorie sahen hingegen linke Geschichts- und Gesellschaftswissenschaftler nicht zuletzt den Versuch einer Konditionierung der jungen Generation im Sinne eines konservativen Ordnungsdenkens.[19]

Dieser geschichtspolitische Konflikt ist deshalb so bedeutsam, weil es sich um ein Vorbeben der nachfolgenden großen Debatten in den achtziger Jahren bis hin zum „Historikerstreit“ 1986/87 handelte. Der Mannheimer Historikertag im Jahre 1976, auf dem der Streit um das „Geschichtsbild" ausgetragen wurde, machte dies deutlich. In einer Art programmatischer Rede forderte der Erlanger Historiker Hellmut Diwald von seinen Kollegen, der Nation ein „einheitliches Geschichtsbild" zu liefern, das durch seine „Geschlossenheit und Kontur" den Desintegrationserscheinungen der Gesellschaft entgegenwirken und sie konsensuell festigen sollte,[20] was Kritiker, etwa Heinrich August Winkler, Ernst Schulin, Jürgen Kocka und Hans Mommsen, schroff zurückwiesen, indem sie sich zur Vielfalt konkurrierender Geschichtsdeutungen und wissenschaftlicher Pluralität anstelle von starren, zumal nationalen Bildkonstruktionen bekannten. Historiker dürften sich nicht zu Geschichtsbildlieferanten degradieren lassen, denn die Geschichte der Historiographie erweise diese Wissenschaft als Bilderstürmerin, die Standbilder zertrümmere, nicht aber errichte.[21] Hier tauchte erstmals die zentrale Gegenüberstellung auf, die die (Fach-)Öffentlichkeit in der Zukunft polarisieren sollte: einheitlich-affirmatives Geschichtsbild oder demokratisch-kritisches Geschichtsbewußtsein. Zwei Spielarten des allgemeinen Rufes nach mehr Geschichte, eine national-konservative, „identitäre", und eine liberale, „emanzipatorische", standen sich gegenüber.

Ausschlaggebend für die breite öffentliche Resonanz war, daß sich politische Akteure massiv einmischten und die Debatte somit aus dem engeren wissenschaftlichen Umfeld herausgeführt wurde. Dieser Vorgang stellte ein untrügliches Indiz dafür dar, für wie bedeutsam die Frage nach Geschichte und Geschichtsbewußtsein gehalten wurde. Den erwähnten Mannheimer Historikertag eröffnete zum ersten Mal in der Geschichte deutscher Historikertage ein Bundespräsident, Walter Scheel, der ein erneuertes Geschichtsbewußtsein anmahnte. Zwei Jahre später hielt Helmut Schmidt als erster Bundeskanzler die Eröffnungsrede zum Historikertag in Hamburg. Scheel ließ künftig keine Gelegenheit mehr aus – sei es bei der Eröffnung von großen historischen Ausstellungen, beim Jubiläum des Germanischen Nationalmuseums, bei Besuchen im Bundesarchiv oder im Institut für Zeitgeschichte –, den Bundesdeutschen das Gefühl für die Notwendigkeit von Geschichte nahezubringen, weil er die Bundesrepublik „zwischen den altgeprägten Nationen als eine Technokratie ohne Gedächtnis verschwimmen" sah.[22] Der von ihm ins Spiel gebrachte Gedanke eines zentralen Museums in Bonn, in dem „der Besucher der Bundeshauptstadt die Geschichte unseres Staates anschauen kann", sollte in der Ära Helmut Kohl in das „Haus der Geschichte der Bundesrepublik Deutschland" einmünden.[23] Scheel verlangte von den Historikern, ein aufgeklärtes Geschichtsbewußtsein zu wecken und forderte von ihnen die Auflösung kollektiver Mythen, denn „auch die Millionen, die in den Ersten und den Zweiten Weltkrieg zogen, hatten ein Geschichtsbewußtsein:

Man hatte dafür gesorgt, daß sie es hatten. Eine Wiederbelebung des Geschichtsbewußtseins in der falschen Richtung könnte katastrophale Folgen für unser Land haben."[24] Im Zentrum stand für ihn eindeutig die bundesrepublikanische Geschichte, die er an eine amerikanische, westliche Tradition anband. Walter Scheel, der nicht von ungefähr „Mister Bundesrepublik" genannt wurde,[25] sah sich als selbstbewußter und stolzer Repräsentant einer beispiellosen politischen, wirtschaftlichen und sozialen Erfolgsgeschichte (West-)Deutschlands.[26]

Im Grunde handelte es sich hierbei um eine Weiterführung des bundesrepublikanischen Freiheitsdiskurses. Wie weit aber nicht mehr dieser, sondern der Identitätsdiskurs ausstrahlte, wird nicht zuletzt durch die bemerkenswerten diskurspolitischen Verbindungslinien zwischen dem konservativen Appell, zu einem „gesunden" gesamtdeutschen Nationalbewußtsein zurückzukehren und dem neuen „Identitäts"-Romantizismus im linken Spektrum der Bundesrepublik sichtbar. Dort floß die Sehnsucht nach Heimat, kollektiver Verwurzelung und einer „natürlichen" gesamtdeutschen Identifikation zusammen mit einer Spielart des Befreiungsnationalismus, der Deutschland-Ost und -West als besetztes Land rubrizierte und in Hoffnungen auf eine sozialistisch-nationale Konvergenz der beiden deutschen Staaten mündete. Das „Manifest" einer SED-internen Opposition, das Anfang des Jahres 1978 im „Spiegel" abgedruckt wurde, gab dieser Strömung erheblichen Auftrieb.[27] Die Verfasser, die sich als „Bund demokratischer Kommunisten Deutschlands" bezeichneten, plädierten – politisch ziemlich blauäugig – für eine „offensive nationale Politik, für ein Konzept, das auf Wiedervereinigung Deutschlands zielt". Während die Regierungskoalition das Dokument abwertete, griff die Union es als „ganz wichtige deutsche Realität" auf,[28] mußte sich aber vom Minister für innerdeutsche Beziehungen, Egon Franke, daran erinnern lassen, daß ein solchermaßen extremistisches, die Westbindung in Frage stellendes Wiedervereinigungskonzept mit seinen obsoleten Neutralitätsvorstellungen und einer isolationistischen Orientierung an einem eigenen deutschen Weg wohl kaum Anknüpfungspunkt für eine ernsthafte Lösung der deutschen Frage sein konnte.[29]

Als wichtiger Kristallisationspunkt dieses linken Nationalismus in der Bundesrepublik kann die „Aktion 18. März Nationalfeiertag in beiden deutschen Staaten" von 1979 angesehen werden, die unter der Schirmherrschaft der Schriftstellerin Ingeborg Drewitz und des ehemaligen Regierenden Bürgermeisters von Berlin, Heinrich Albertz, stand und viel Unterstützung erfuhr. Am 18. März 1848 hatten in Berlin Arbeiter und Bürger im Straßen- und Barrikadenkampf die Truppen des preußischen Königs besiegt. Die Märzrevolution wurde von der überparteilichen Aktion als Versuch des deutschen Volkes, zur nationalen Demokratie aufzubrechen, interpretiert. Die Initiatoren, die ausdrücklich auf das Manifest der SED-Opposition Bezug nahmen, schlugen vor, den 17. Juni, der im politischen Alltag der Bundesrepublik propagandistisch verschlissen worden sei, als gesetzlichen Feiertag abzuschaffen und statt dessen den 18. März zum gesamtdeutschen Feiertag zu erklären. Mit gleichzeitigen Veranstaltungen in Ost und West sollten das kulturelle Erbe der Märzrevolution und die Einheit der deutschen Nation wieder ins Gedächtnis der Bevölkerung gerufen werden. Wie vor 131 Jahren müsse das gesamte deutsche Volk sich die Brüderhände reichen und gegen die Obrigkeit in beiden Teilen Deutschlands zusammenstehen. Die Frage der Nation dürfe nicht reaktionären Kräften überlassen werden.[30]

An diesem Beispiel läßt sich aufzeigen, wie der Identitätsdiskurs von links gefüllt wurde. Zur Begründung der „Aktion 18. März" – die im übrigen stehenden Fußes eine CDU-gesteuerte „Aktion 17. Juni" hervorrief" –[31] zitierte man aus einem Buch von Wolfgang Venohr, einem der vehementesten Verfechter deutscher Einheit unter neutralistischem und antiwestlichem Vorzeichen. „Es ist an der Zeit", so hieß es dort, „Geschichte als Identifikationsmittel zu entdecken: als einzig brauchbare Auskunft einer 'kaputten' Nation ihre Personalität, ihre Identität wiederzugeben. Für das geteilte Volk der Deutschen ist das eine Existenzfrage; eine Angelegenheit auf Leben und Tod. Auch Völker sind Individuen, und es geht ihnen nicht anders als Menschen. Wer seine Vergangenheit vergißt, etwa infolge eines traumatischen Schocks, oder wem durch fremde Manipulation sein Gedächtnis genommen wird, gilt nach dem allgemeinen Urteil als unheilbar krank."[32] Während die DDR-Führung, so hieß es in den weithin im Umlauf befindlichen Diskussionsmaterialen, sich auf Geheiß Moskaus von der deutschen Nation verabschiedet habe, lasse sich die geschichtskulturelle Nachkriegssituation im US-amerikanisch dominierten Westen Deutschlands auf den Nenner „Coca-Cola statt Goethe" bringen. Beides hatte in den Augen der Verfasser zu einem Defizit an selbstbewußter Identität geführt. Antiamerikanismus paarte sich also mit der Wiederentdeckung eines gesamtdeutschen Kulturgutes, und die Westbindung avancierte zum Gegenbegriff einer diffusen deutschen Identität. Die Folge dieses Bedürfnisses „nach geschichtlicher Überwindung des Zustandes Bundesrepublik", so Martin Walser, der den Aufruf mitunterzeichnete,[33] war ein romantisierendes, stark emotional ausgerichtetes und tendenziell antiaufklärerisches, jedenfalls antiwestliches Geschichtsbild, auf das sich in den achtziger Jahren anläßlich der NATO-Nachrüstungsdebatte vor allem die Friedensbewegung berufen sollte.[34]

Drittens: Die Geschichtspolitik des SED-Regimes, die in dem Versuch gipfelte, eine sozialistische und eine kapitalistische deutsche Nation herzuleiten und voneinander zu trennen, löste in der Bundesrepublik zuerst Erschrecken, dann Verunsicherung, schließlich heftige Gegenreaktionen aus. Es war auffällig, daß allenthalben wieder stärker auf die Nation, die nationale Identität und die offene deutsche Frage rekurriert wurde. Die doppelgleisige Geschichtspolitik der SED – eine Kombination aus rigoroser Abgrenzungspolitik und nationalkommunistischer gesamtdeutscher Zukunftsoption – bildete den wichtigsten Hintergrund für den Beschluß der bundesdeutschen Kultusministerkonferenz (KMK) vom 23. November 1978 über die „Deutsche Frage im Unterricht".[35] Dies war der vierte Beschluß in einer Reihe von Stellungnahmen zu Einzelfragen des historisch-politischen Unterrichts in der Bundesrepublik Deutschland. Ihm gingen die „Empfehlungen zur Ostkunde" von 1956, der „Beschluß über die Behandlung der jüngsten Vergangenheit im Geschichtsunterricht" von 1960 und die „Richtlinien für die Behandlung des Totalitarismus" im Jahre 1962 voraus.[36] Diese älteren „ex cathedra"-Verkündungen, die zwar kaum Argumente, dafür um so mehr bündige Anweisungen enthielten und verbindliche Sichtweisen festschrieben, waren vor allem bei Unterrichtspraktikern höchst umstritten, umgab sie doch eine sakrosankte Aura obrigkeitsstaatlicher Weisheit. Der KMK-Beschluß von 1978 war ein Kind des – durch die SED-Geschichtspolitik noch zusätzlich verunsicherten – Identitätsdiskurses. Er sollte die jenseits aller Differenz liegende deutschlandpolitische Konsenszone in der Bundesrepublik Deutschland abstecken. Aber das erwies sich als überaus schwierig.

Im Vorfeld der 25. Wiederkehr des 17. Juni 1953 herrschte ein vergiftetes Klima; zwei Geschichtsbilder konkurrierten 1978 miteinander. Aus dem Regierungslager hörte man zwar so lautstark wie schon lange nicht mehr, daß die deutsche Frage im europäischen Zusammenhang offen sei. Das Streben nach Einheit stellte in dieser Argumentation ein in die Zukunft gerichtetes europäisches Friedensziel dar und sollte von einer rückwärts gewandten Reichsromantik vollkommen getrennt werden.[37] Der 17. Juni erfuhr eine ganz neue Interpretation als Grundstein des KSZE-Vertragsgebäudes, das 1975 in Helsinki errichtet worden war – er wurde von sozialliberaler Seite zum Bahnbrecher der Menschenrechtspolitik umfunktioniert.[38] Scharfe Angriffe gegen die Union flankierten diese geschichtspolitische Deutung, die als Rechtfertigung der sozialliberalen „Friedens- und Aussöhnungspolitik" gedacht war. Die Union hatte seinerzeit beantragt, die KSZE-Schlußakte abzulehnen – und hatte dabei in ganz Europa allein gestanden, abgesehen vom zweifelhaften Beistand der albanischen Kommunisten. So hielt etwa Egon Bahr der CDU, die sich den 17. Juni unter nationalpolitischen Vorzeichen einzuverleiben versuchte, eine groteske Verdrehung der Geschichte vor und klassifizierte deren Rekurs auf die Deutschlandpolitik Adenauers als eine bewußte Irreführung und Selbsttäuschung. Vermittels eines Überangebotes an deutschnationalen Demonstrationen bemühe sie sich krampfhaft, ihre deutschlandpolitischen Versäumnisse seit den fünfziger Jahren zu kaschieren. Hatte die Union, so fragte Bahr, in Wirklichkeit Ostdeutschland nicht immer den Rücken zugewandt? Sprach aus den heutigen Deklamationen nicht eine Art Wiedergutmachungsbedürfnis angesichts historischer Schuld?[39] Horst Ehmke, der stellvertretende SPD-Fraktionsvorsitzende, verglich den 25. Jahrestag des 17. Juni sogar mit einem „rechten Propagandafeldzug". Nicht genug damit, daß der deutschnationale Konservatismus der CDU/CSU seine Wurzeln, die im Deutschen Kaiserreich lägen, niemals gekappt habe; schlimmer noch: wie damals werde auch jetzt wieder versucht, „das liberale Bürgertum im Namen der Nation zu spalten und es der gesellschaftlichen Reaktion dienstbar zu machen".[40]

Während in diesem gern gepflegten sozialdemokratischen Geschichtsbild die Bundesrepublik seit 1969 als „Friedensmacht" erschien und die Alternative sich darin als säbelrasselnde Großmachtpolitik und als ein Rückfall in den Kalten Krieg darstellte, entwarfen die Kritiker dieser apologetischen Historisierung der Neuen Ostpolitik ein ganz anderes Bild. Überall sahen sie linke Systemveränderer und ideologische Verfälscher der deutschen nationalen Geschichte am Werk. Die „geschichtslosen Sozialisten" im Westen, so wetterte der „Bayernkurier", hätten den ausgesprochen „geschichtlich denkenden Sozialisten" im Osten mit der Entspannungspolitik zu denkbar größten Erfolgen verholfen.[41] In den Augen von Unionspolitikern drohte die „sozialistische Nation" des SED-Regimes eine Sogkraft auf die Bundesrepublik auszuüben. Im März 1977 hatte der CDU-Parteitag eine Resolution zur Deutschlandpolitik verabschiedet, die die vordringliche Aufgabe darin sah, das gesamtdeutsche Geschichtsbewußtsein zu vertiefen, die geistigen und kulturellen Gemeinsamkeiten der Nation zu bewahren und somit dem Griff der DDR nach der Vergangenheit Paroli zu bieten. Dem Wiedervereinigungspostulat sollte endlich wieder der Rang gegeben werden, der ihm von der Verfassung wegen zukam.[42] Alfred Dregger, der Landesvorsitzende der hessischen Union und Vertreter des rechten Parteiflügels, strich am 17. Juni 1978 den Zusammenhang von Geschichtsunterricht und Wiedervereinigung heraus: „Der Kampf um guten Geschichtsunterricht an unseren Schulen ist zugleich ein Kampf für die deutsche Einheit."[43]

Beim KMK-Beschluß zur Behandlung der deutschen Frage im Schulunterricht stand folglich vor allem für christdemokratische Bildungspolitiker nicht nur die befürchtete nationale Sogwirkung der DDR-Geschichtspolitik Pate. Man wollte überdies dem Erosionsprozeß im gesamtnationalen Geschichtsbewußtsein in der Bundesrepublik Einhalt gebieten. Seit der Verabschiedung des Grundlagenvertrages glaubte nämlich eine Reihe von linksliberalen Wissenschaftlern – aus ihrer Sicht begrüßenswerte –

Anzeichen einer zunehmenden „Bi-Nationalisierung“ Deutschlands gefunden zu haben. Unter Berufung auf Karl W. Deutschs Theorie der Nation als Kommunikationsgemeinschaft, nach der eine Nation durch eine hohe Innenkommunikation auf allen Gebieten charakterisiert wird, ließen sich für die Bundesrepublik unzweifelhaft gute Gründe dafür finden, daß die Bevölkerung in ihr einen voll ausgebildeten Nationalstaat erblickte. Die nationale Tradition des Deutschen Reiches war – darauf wiesen die empirischen Studien deutlich hin – bei einer großen Zahl der Bevölkerung entpolitisiert und hatte einer Bi-Nationalisierung im Sinne einer staatsgesellschaftlichen Integration der Bundesrepublik oder sogar transnationalen Integrationsprozessen Platz gemacht, wenngleich es dabei weiterhin große Unterschiede zwischen den Generationen gab.[44]

Als höchst problematisch erwiesen sich allerdings die Untersuchungen bezüglich ähnlicher Entwicklungen in der DDR. Denn anstelle empirischer Grundlagen konnte man hier lediglich auf journalistische Beschreibungen und subjektive Impressionen zurückgreifen. Die These, es entwickle sich zunehmend ein auf die DDR bezogenes Nationalbewußtsein, das die fortdauernde Existenz Deutschlands als Bewußtseinsnation immer stärker in Frage stelle,[45] stand nicht nur auf sehr wackeligen Beinen, sondern war wissenschaftlich überhaupt nicht belegbar. Die Befürworter einer Bi-Nationalisierung ließen sich von der Erfindung einer „sozialistischen Nation“ durch das SED-Regime blenden und verwechselten den Anspruch, den die Staatspartei verfolgte, mit der Wirklichkeit in Deutschland. In Wahrheit stellte sich die Situation – wie 1989 bewies – ganz anders dar. Der Tendenz zu einer separaten Nationsbildung im Westen entsprach mitnichten eine vergleichbar starke Tendenz im Osten. „In der Bundesrepublik hatte sich eine ‘Staatsnation’ entwickelt, der nichts fehlte als das offizielle Bewußtsein, eine zu sein. In der DDR hingegen fehlte zur ‘Staatsnation’ alles außer dem Anspruch der Offiziellen, eine solche zu vertreten.“[46]

Unbestreitbar war jedoch, daß in der jungen westdeutschen Generation die Bundesrepublik längst den selbstverständlichen Bezugsrahmen bildete. Mehrheitlich identifizierte sie Deutschland mit der Bundesrepublik, wie die Ergebnisse von Felduntersuchungen aus der damaligen Zeit nahelegten. Aufsätze von dreizehn- bis vierundzwanzigjährigen Schülern aus 98 Klassen aller Schularten des gesamten Bundesgebietes, in denen die Vorstellungen von den Ereignissen des 17. Juni und von der Einheit der Nation thematisiert werden sollten, förderten freilich vor allem erschreckende und zum Teil groteske Fehleinschätzungen zutage. Differenzierte Aussagen über die DDR fanden sich kaum, der zweite deutsche Staat wurde offenbar, wenn überhaupt, nur als „Anti-Staat“ wahrgenommen, den man benötigte, um das eigene Selbstwertgefühl zu steigern. Die

Ursachen der deutschen Teilung waren für die meisten Schüler vollkommen unklar. Die Initiatoren dieser Feldstudien standen oft selbst im Bann der These von einer „Bi-Nationalisierung", und sie erblickten das eigentliche Notstandsgebiet politischer Bildung nicht im Fehlen eines „Wiedervereinigungs-Unterrichts", der im Gegenteil sogar abgelehnt wurde, sondern darin, daß trotz sozialliberaler Entspannungspolitik gegenüber der DDR nach wie vor Leitvorstellungen und Feindbilder des Kalten Krieges vorherrschten, die es abzubauen gelte.[47]

Mahnten viele der Initiatoren und Verfasser solcher Untersuchungen also an, endlich unzweideutig den Weg zur „Nation" Bundesrepublik einzuschlagen und die DDR auch innerlich mit allen Konsequenzen – bis hin zu einer Respektierung einer DDR-Staatsbürgerschaft – anzuerkennen, so scholl diesem Ansinnen von seiten der Kritiker der Vorwurf einer verfassungsmäßigen Ungebührlichkeit entgegen. In Anbetracht des BVG-Urteils zum Wiedervereinigungsgebot waren solche Ergebnisse Wasser auf die Mühlen gesamtnationaler Bildungspolitiker.

Im Beschluß der Kultusministerkonferenz wurde zwar festgestellt, daß „die Behandlung der Deutschen Frage im Unterricht (...) nach Lage der Dinge keine Wiedervereinigungslehre" sein könne.[48] Solange die konkreten Erfolge einer auf die Wiedervereinigung ausgerichteten Politik nicht sichtbar seien, komme es jedoch darauf an, „den politischen, rechtlichen und humanitären Anspruch auf die deutsche Einheit und auf die freie Selbstbestimmung aller Deutschen langfristig wachzuhalten".[49] Die Behandlung der deutschen Frage sollte durch das Grundgesetz, den Deutschlandvertrag, die Ostverträge, den Grundlagenvertrag, die Briefe zur deutschen Einheit, die Rechtsprechung des Bundesverfassungsgerichts und durch die gemeinsame Entschließung aller Fraktionen des Bundestages vom 10. Mai 1972 maßgeblich bestimmt sein. Der Beschluß bettete diese außerdem in den europäischen Kontext ein und betonte die verschiedenen Ursachen der fortbestehenden Teilung ebenso wie die Rechtmäßigkeit des Strebens nach nationaler Einheit. Zwar konzedierte er ein wachsendes Selbstbewußtsein der Deutschen in der DDR aufgrund ihrer eigenen Aufbauleistung, dennoch setzte er ihren weiteren Willen zur deutschen Einheit voraus. „Solange nur ein wesentlicher Teil der Bevölkerung der DDR politische und humanitäre Erwartungen an uns richtet, können wir uns diesem Anspruch nicht entziehen."[50] Sodann erteilten die Kultusminister den „Bi-Nationalisierungs"-Befürwortern eine klare Absage: „Deutschland ist mehr als die Bundesrepublik" hieß es im letzten Paragraphen.[51] Schließlich wiesen die Bildungspolitiker mit Blick auf die potentielle Kritik schon im Beschluß den Vorwurf entschieden zurück, daß die Behandlung der deutschen Frage ein Rückfall in den Kalten Krieg sei und eine Friedensgefährdung, die ein Klima der Irredenta schaffe.

Die zentrale Intention des KMK-Beschlusses war es, der SED-Geschichtspolitik entgegenzutreten. Allein hierin kann man den gemeinsamen Nenner der verschiedenen politischen Lager erkennen. Vor dem Hintergrund einer anscheinend verunsicherten Identität der Bundesbürger fürchteten die Bildungspolitiker eine Art nationalkommunistischen Verführungsversuch: War nicht eine politische Konstellation denkbar, in der allein noch Kommunisten die Forderung nach deutscher Einheit erhoben? Würde dies der SED nicht erstmals die Chance eröffnen, in größeren Teilen der westdeutschen Bevölkerung auf Sympathie zu stoßen? Der seit 1971 regierungsamtlich geförderte „System-Vergleich" wurde nun ausdrücklich als bedenklich eingestuft, sofern er sich nicht ohne jede Einschränkungen am „Wertmaßstab des Grundgesetzes" orientierte, sondern die DDR nur aus ihrem eigenen Selbstverständnis heraus zu erklären versuchte.[52]

„Chauvinismus in der Schule" – auf diese Zuspitzung brachten die linksliberalen Kritiker ihre zum Teil völlig überzogenen Bedenken gegen die Empfehlungen der KMK.[53] Die entscheidende Schwäche des Beschlusses war es in der Tat, daß er in der zentralen Frage, was eine Nation, und im Besonderen die deutsche Nation, ist, unklar und verworren blieb. So hieß es zunächst: „Die deutsche Nation existiert als Sprach- und Kultureinheit weiter." Da aber der Begriff der „Kulturnation" als unzureichend und unscharf betrachtet wurde, fuhr der Beschluß fort: „Die deutsche Nation existiert auch als Staatsvolk weiter, das keinen gemeinsamen Staat hat, dessen Angehörige aber – unbeschadet separater Regelungen in der DDR – die einheitliche deutsche Staatsangehörigkeit besitzen."[54] Diese Reduzierung der Nation auf das „Staatsvolk" eines nicht mehr existierenden Staates tat zwar dem BVG-Urteil Genüge; aber daß ein solcher Begriff, der hauptsächlich ein politisches Anliegen ausdrückte, pädagogisch auch zu vermitteln war, konnte mit Recht bezweifelt werden. Die Kritik bezog sich ferner darauf, daß das Wiedervereinigungsgebot eine historische Formel sei, deren Rechtscharakter zwar nicht abgestritten wurde, die aber nicht unbefristet in die Zukunft verlängert werden könne. Außerdem müsse die deutsche Teilung als Preis für die Hegemonialpolitik der politischen Eliten des Deutschen Reiches akzeptiert werden. Das Festhalten an einer gesamtdeutschen Option schließlich stehe der deutsch-deutschen Entspannung und menschlichen Erleichterungen in der DDR im Wege.[55]

Der eigentliche Vorwurf indessen lautete, daß die künstliche Kultivierung eines gesamtdeutschen Bewußtseins die Gefahr nationalistischen Denkens heraufbeschwören und einen bundesdeutschen Nationalismus heranzüchten könne, „der sich über den Nachbar und Bruderstaat DDR erhebt".[56] Im Kern war dies dasselbe Argument, das auch bei der Wiederherstellung der deutschen Einheit 1990 Verwendung fand, nun allerdings mit dem Begriff des „DM-Nationalismus".[57]

Insgesamt war die Tendenzwende zwischen 1975 und 1978 die entscheidende Inkubationszeit für die kommenden Ereignisse der achtziger Jahre. Viele Fragen waren aufgeworfen, Themen benannt, Argumentationsmuster geprägt worden, aber die geschichtspolitischen Konflikte waren noch nicht entschieden. „Identität" avancierte zum Kernbegriff sowohl im politischen Diskurs als auch in einer neuen Konjunktur der Geschichte, die viele Alltagsbereiche umfaßte und beispielsweise den Topos „Heimat" als authentisches Erlebnisfeld hervorbrachte. Diese neue historische Faszination soll zu Beginn des folgenden, ersten Unterabschnittes kurz betrachtet werden. Im Mittelpunkt steht dann aber die Preußen-Renaissance in den beiden deutschen Staaten, die schnell eine andere als nur nostalgische Qualität annahm und ein wichtiger Knotenpunkt war, weil hier geschichtspolitisch die deutsche Frage reaktualisiert wurde. Wie „Identität" zu füllen sei, blieb in den bisherigen Kontroversen noch unentschieden. Warum sollte sich Identität nicht in Spannungen bewähren und entfalten können? Mußte man einer Eindeutigkeit und Harmonisierung anhängen? Waren nicht auch Mehrfachidentitäten möglich? Andererseits: Konnte eine nachdrückliche Betonung gesamtnationaler Traditionen nicht doch eine ebenfalls gesuchte bundesdeutsche Identität untergraben? Vor diesen Problemen ging der Identitätsdiskurs in den achtziger Jahren in einen eigenartigen, ambivalenten Nationsdiskurs über, der sich in der Ära Kohl – hiervon handelt der zweite Unterabschnitt – aber immer stärker auf die Bundesrepublik bezog, die als „normale Nation" mit einer neuen Basiserzählung ausgestattet werden sollte.

6. Gesamtdeutsche oder bundesrepublikanische Erinnerung (1980–1989)? Der ambivalente Nationsdiskurs

a) Geschichtskonjunktur in Ost und West – Streit um das Erbe Preußens

Eine Konjunktur der Geschichte und der Erinnerung gehört zu den bemerkenswerten Erscheinungen in nahezu allen westlichen Gesellschaften seit dem Ende der siebziger Jahre. Überall kam es zu einer glanzvollen Inszenierung der Kultur, und viele Gesellschaften haben eine Art „Selbst-Archäologisierung"[1] durchlebt. „Geschichte" stieg zu einer Massenaktivität der Alltagskultur auf. Sichtbar wurde die Erbe-Obsession, die Erinnerungsmanie und die allgegenwärtige Dimension des „pastifying" – so ein treffender Ausdruck aus der britischen Debatte – beispielsweise im modischen retro-chic, in „authentischen" Häuserrenovierungen, im Denkmalschutz und in einer wahren Welle historisierender Kinofilme.[2]

Die Bundesrepublik bildete hierbei keine Ausnahme; auch in ihr brach ein vormals für unmöglich gehaltenes Geschichtsfieber aus. Während in den fünfziger Jahren der „Verlust der Geschichte" und die „Flucht aus der Geschichte" beklagt wurden,[3] sah man sich nun mit einem völlig gegenläufigen Prozeß einer „Faszination der Geschichte" und einer „Flucht in die Geschichte" konfrontiert. Ein neuer Hang zur Geschichtlichkeit breitete sich aus. Es war eine unübersehbare Grundtendenz der kulturellen Entwicklung der bundesdeutschen Gesellschaft, daß sich ein breites öffentliches Interesse an Geschichte bemerkbar machte, das in ganz unterschiedlichen Formen und Funktionen praktisch wirksam wurde. Die Gegenwart war noch nie derart vergangenheitsbezogen gewesen. So entstanden in Form von Geschichtswerkstätten und der Alltagsgeschichte neue, vor allem lokale Geschichtsbewegungen; auch eine florierende „Flohmarkt-Nostalgie" wies auf ein eigentümliches populäres Interesse an der Vergangenheit hin.[4] Die amerikanische TV-Serie „Holocaust", die vom 22. bis 26. Januar 1979 in der ARD gesendet wurde, war ein Medienereignis sondergleichen.[5] Eines ähnlich großen Zuspruchs erfreute sich die deutsche TV-Serie „Heimat" im Jahre 1985, die – jedenfalls was die Filme zum „Dritten Reich" anlangte – als eine Art alltagsgeschichtliches, bukolisches Pendant zum Film „Holocaust" betrachtet werden kann. Ohnehin stieg der Begriff „Heimat" seit den achtziger Jahren zur Leitformel antimodernistischer oder melancholischer Erinnerung auf,[6] nicht zuletzt vorangetrieben durch eine neue Heimatliteratur, zu der auch bekannte Autoren beitrugen, wie etwa Siegfried Lenz mit „Heimatmuseum" oder Martin Walser mit „Heimatlob". Offenbar weitaus mehr als „Vaterland" oder „Staat" vermochte „Heimat" den Wunsch nach einem Gemeingefühl zu befriedigen.

Die Verlagsproduktion zu historischen Themen wuchs beständig. Die Popularhistorie wurde bestsellerfähig; eine Flut von biographischer Literatur verwies darauf, daß individuelle Geschichten statt prozeßhafte Geschichte gefragt waren.[7] All dies stellte ebenso einen Indikator für die Geschichtskonjunktur dar wie die erheblich zunehmende Intensität historischer Tagungen.[8] Am augenfälligsten manifestierte sich die Veränderung allerdings im Museums- und Ausstellungsbereich, der von einem wahren Boom erfaßt wurde. Bereits 1976 hatte der Kölner Museumsfachmann Hugo Borger mit Verwunderung einen anhaltenden Trend festgestellt: Im Jahre 1974 konnten erstmals in der Geschichte der Bundesrepublik die historischen Museen mehr Besucher verzeichnen als alle Fußball-Bundesligaspiele der Saison zusammen.[9] Doch damit stand die neue Museumsmode erst am Anfang.

Die Zahlen für den gesamten deutschsprachigen Raum sprechen für sich: Zählte man zwischen 1960 und 1965 in der Bundesrepublik, der DDR, Österreich und der Schweiz rund 70 historische Ausstellungen, so waren es im Zeitraum zwischen 1975 und 1980 bereits 600 und in der folgenden Fünfjahresspanne fast 1400.[10] Anlässe für diese „Schaufenster in die Vergangenheit“ waren häufig Jubiläen, denn begleitet wurde der Ausstellungsboom von einer „Ära der Gedenkfeiern“,[11] die um 1980 einsetzte. Angesprochen wurde von den Museen und Institutionen unterschiedlicher Ausrichtung nicht nur ein wissenschaftlich vorgebildetes Publikum, sondern die geschichtsinteressierten Laien. Sie frequentierten die von Fremdenverkehrsmanagern geschickt lancierten Expositionen in Scharen. Als die größten Publikumsmagneten in der Bundesrepublik bis zu Beginn der achtziger Jahre erwiesen sich „Die Zeit der Staufer“ (Stuttgart 1977), „Tendenzen der zwanziger Jahre“ (Berlin 1977), „Wittelsbach und Bayern“ (München 1980) und „Preußen – Versuch einer Bilanz“ (Berlin 1981).[12]

Das neue Geschichtsinteresse in der Bundesrepublik Deutschland korrespondierte zeitlich mit einer politisch motivierten Neujustierung der Historiographie in der DDR, die bis zum Zusammenbruch des zweiten deutschen Staates beibehalten werden sollte. Unter dem Signum „Erbe und Tradition“ wurde dort eine „populäre“, neuartige Geschichtsperspektive und Geschichtspropaganda konzipiert, die den Übergang zu einem integralen, differenzierteren und interpretationsfähigeren Geschichtsbild markierte.[13] Der unmittelbare Anlaß für die neue Konzeption war die Vorbereitung auf den 30. Jahrestag der Gründung der DDR. Das Erbe-und-Tradition-Programm kann als angestrengter Mobilisierungsversuch interpretiert werden, mit dem die SED auf gesellschaftliche und ökonomische Krisen reagierte. Hinter der „Reemotionalisierung“ der Geschichte und der „Gefühlsrenaissance“ der „Nation DDR“[14] standen auch Appelle an eine neue „nationale“ Kraftanstrengung. Mit der Aufwertung der Territorialgeschichte und des landesgeschichtlichen Erbes ging das Bemühen einher, einen Patriotismus und eine Heimatliebe jenseits der Klassenlinie zu erzeugen.[15] Das Erbe-und-Tradition-Programm bot Raum für eine vollständige deutsche Nationalgeschichte des Volkes der DDR. Erbe – das war alles in der Geschichte Existente, die gesamte Geschichte in ihrer ganzen Widersprüchlichkeit; Tradition – das bezog sich auf die positiven, bewahrenswerten Ereignisse und Normen. Die Unterscheidung zwischen Erbe und Tradition erlaubte es der DDR-Geschichtswissenschaft, ihren Forschungsgegenstand – die deutsche Geschichte – in seiner Gänze zu untersuchen; es boten sich nun gewisse Freiräume, und die ideologische Starrheit ließ nach. Schließlich umfaßte der Traditionsbegriff auch die positiven Resultate des Wirkens der „Ausbeuterklassen“ Adel und Bürgertum, mithin die gleichsam unbeabsichtigten Folgen ihrer Handlungen, die dem historischen Fortschritt dienten.[16]

Ungefähr zeitgleich setzte in den beiden deutschen Staaten also eine stärkere Besinnung auf die deutsche Geschichte ein. Diese historische Faszination in der Bundesrepublik und in anderen westlichen Gesellschaften hat vielfältige Erklärungsversuche erfahren. So kann man im Verlust an utopischen Potentialen, in der Fortschrittskritik und im Schwund an Vertrautheit in einer sich rasch verändernden, unwirtlichen Gegenwart wesentliche Gründe für diese Begeisterungswelle sehen. Darüber hinaus förderte die Zukunftsangst ein Interesse an vergangenen Lebenswelten, vor allem an der scheinbar konfliktfreien Vormoderne. Das Hauptcharakteristikum des gesamten Geschichtsbooms wurde darin gesehen, daß ein politisches Traditionsbekenntnis fehlte, statt dessen die Geschäftstüchtigkeit der Erinnerungsindustrie im Übermaß vorhanden war.[17] Diese Ökonomisierung des nationalen Gedächtnisses ist sicherlich nicht von der Hand zu weisen; nicht weniger stark zeigt sich bei genauerer Betrachtung, gerade am deutschen Fall, eine Politisierung der Erinnerung.

Mit Blick auf die deutsche Frage verschränkten sich Geschichte und Politik am offensichtlichsten in der deutsch-deutschen Preußen-Renaissance am Übergang von den siebziger zu den achtziger Jahren. Die Preußen-Renaissance war keineswegs nur Teil der großen Nostalgiewelle, die sich in einem grandiosen Ausstellungsboom Bahn brach. Die Staufer, Wittelsbacher oder Tutenchamun konnten einem staunenden Publikum tatsächlich nostalgische, idyllische oder exotische Genüsse verschaffen, und ausweislich der hohen Besucherzahlen taten sie es hunderttausendfach. Aber Preußen vermochte diese Wirkung kaum zu bieten, dazu war es viel zu politisch bzw. wegen seiner politischen Nachwirkungen ein heißes Eisen. Tröstungen hielt Preußen nicht bereit, sondern es beinhaltete vielerlei Probleme. Die Aktualität Preußens für die Bundesrepublik und die DDR lag im Politischen. Hier waren offenbar Antworten auf die Frage nach dem Verhältnis von Teilstaatlichkeit und nationaler Einheit zu finden. Preußen wurde zum Prüfstein gegenwärtiger Ein- und Vorstellungen, es bekam somit eine aktuelle politische Tragweite. Die Diskussion in Ost und West schwappte über das Nostalgische hinaus ins Politische. Besorgten ausländischen Kommentatoren in Frankreich, England oder Polen schien es, als sei die deutsche Frage unversehens wieder auf die Tagesordnung gesetzt worden – und zwar von den unruhigen Deutschen in Ost und West selbst.[18]

Im Konflikt um die Preußen-Renaissance entstand in der Bundesrepublik ein ambivalenter Nationsdiskurs, der zu dem vorherrschenden Kennzeichen der achtziger Jahre aufsteigen sollte. Damit ist folgender Zusammenhang gemeint: Je nachdem, welche Dimension Preußens beleuchtet wurde, diente dieser Staat dazu, entweder die Erinnerung an die gesamtdeutsche Nation oder an die bundesrepublikanische „Nation" für sich in Anspruch zu nehmen. Diese beiden nationalen Diskurse diffundierten fortan ständig und konnten nicht mehr präzise voneinander geschieden werden – daher kann man, wie im folgenden empirisch gezeigt werden soll, von einem ambivalenten Nationsdiskurs sprechen.

Am 28. Juni 1977 hatte der Regierende Bürgermeister von Berlin, Dietrich Stobbe (SPD), den Vorschlag gemacht, im Reichstag eine Ausstellung, vorläufig betitelt „Die Preußen", zu erarbeiten.[19] In den folgenden vier Jahren bis zum 200. Geburtstag des preußischen Baumeisters Karl Friedrich Schinkel, zu dem die Ausstellung eröffnet werden sollte, brach über die Bundesrepublik eine in den Ausmaßen bis dahin kaum vorstellbare historisch-politische, in jeder Phase öffentliche Debatte herein, eine Springflut an Veranstaltungen, ein üppiger Programmlieferant für die Massenmedien.[20] Das politische Echo auf Stobbes Vorschlag 1977 in der Bundesrepublik und in Berlin war gewaltig. So kündigte der CDU-Vorsitzende Helmut Kohl sogleich seine volle Unterstützung an; Berlin als ehemalige Hauptstadt Preußens sei besonders berufen, das Geschichtsbewußtsein der Deutschen zu fördern.[21] Auch Willy Brandts Partei, die regierende Sozialdemokratie, war in der Sache, wenn auch aus unterschiedlichen Motiven heraus, aufgeschlossen; in Anlehnung an das Wort des Generals von Schlieffen forderte sie aber, den „linken Flügel" Preußens stark zu machen.[22] Selbst aus Bayern vernahm man Erfreuliches über Preußen. Ministerpräsident Franz Josef Strauß zeigte sich hocherfreut über das wiedererwachte Interesse an der deutschen Nationalgeschichte; freilich befürchtete er, es könne ein linksideologisches Zerrbild vermittelt werden.[23] Daß Prinz Louis Ferdinand von Preußen, der Lieblingsenkel des letzten deutschen Kaisers, die Idee ausgezeichnet fand, verwundert nicht.[24] Skeptisch zeigten sich anfangs viele Liberale und – eine merkwürdige Koalition – konservative rheinisch-katholische Publizisten, denen Preußen freilich traditionell ein Dorn im Auge war.[25]

Das Massenblatt „Bild am Sonntag" hingegen applaudierte stürmisch und hielt die geplante Preußen-Ausstellung für eine „kühne Idee, haarscharf an der Grenze zwischen Nostalgie und aktueller Politik". – „Wird Preußen", so spekulierte das Blatt, „zur deutschen Demonstration?" Immerhin, so die „Bild"-Zeitung weiter, suchten die Menschen Halt in der Kälte des Industrie- und Sozialstaates, in denen sie zu Backsteinen wildgewordener Systemveränderungs-Architekten degradiert seien. Die Menschen hätten das ewige Werden satt, sie wollten endlich wieder sein: „Deutsche zum Beispiel, nicht Sozialisten (...) sie wollen nicht Gleichheit, sie suchen Bedeutung." Daher sei die Besinnung auf preußische Tradition, auf Preußens Glanz und Gloria, nur zu verständlich. Denen, die bis zu diesem Punkt die Botschaft noch nicht verstanden hatten, erläuterte es der Kommentar in stupender Grobschlächtigkeit: „Bürger flüchten in die Geschichte, Linke in den Eurokommunismus, Extremisten in den Terrorismus. Wenn das Vaterland geteilt, alle Reformen gestoppt und die Werte relativiert sind, muß das wohl so sein."[26]

In der Preußen-Renaissance gab es auffällige deutsche Parallelen. Die erste Parallele war natürlich, daß auch die DDR, die auf dem Kerngebiet des ehemaligen Preußen lag, dieses Staatswesen wiederentdeckte, und bald beide deutschen Staaten wetteiferten, wer besser in Preußens Schuhe passe. Außerdem hielt man sich gegenseitig vor, mit historischen Konstruktionen aktuelle, vor allem deutschlandpolitische Ziele zu verfolgen.[27] Weitere wichtige Parallelen traten hinzu: Für beide deutsche Staaten hatte die Auseinandersetzung mit dem 1947 von den alliierten Siegermächten aufgelösten Staat eine doppelte Funktion: Zum einen war die Debatte selbstreflexiv nach innen gerichtet, hatte also eine Binnenfunktion für den jeweiligen Teilstaat; zum anderen war die Debatte auf den jeweils anderen deutschen Staat gerichtet, womit ihr eine gesamtnationale Komponente, eine Außenfunktion zuwuchs. Außerdem konzentrierte sich – auch dies bedeutete eine Gemeinsamkeit – der historisch-politische Diskurs auf das vornationalstaatliche Preußen, ja auf das Preußen vor der Bildung des Deutschen Bundes 1815. Gemeinsam waren schließlich grundsätzliche Parallelen, die den historischen Staat mit den beiden aktuellen deutschen Staaten verbanden: Die Bundesrepublik wie auch die DDR waren, in freilich unterschiedlichen Ausmaßen, Kunstgebilde; beide umfaßten Territorien mit einer problematischen Mittellage; beide stellten Staaten ohne eine aus der Tradition geschöpfte Staatsidee dar; beide waren auf Erfolg programmierte Leistungsgesellschaften, Technokratien; beide Staaten traten als Wirtschaftsmächte auf und galten als „Musterknaben" mit hoher Modernisierungsfähigkeit. Trotz dieser Gemeinsamkeiten war die Brücke zwischen Preußen und der Bundesrepublik, die im Hafen einer westlichen, liberalen Zivilgesellschaft angekommen war, sehr schmal, viel schmaler jedenfalls als die zwischen Preußen und der antiwestlichen, doktrinären DDR.[28]

Zunächst soll die binnenpolitische Funktion der Preußen-Kontroverse in der Bundesrepublik betrachtet werden. Bettet man die Debatte in die vielfältigen Krisen-Beschreibungen ein, die den Übergang von den siebziger zu den achtziger Jahren begleiteten – Kulturkrise (Richard Löwenthal), Sinnkrise (Helmut Schelsky), Bindungskrise (Ralf Dahrendorf), Motivationskrise (Jürgen Habermas) –, so können die Funktionalisierungen nicht verwundern. Von der konservativen Seite wurde Preußen als Kronzeuge für eine autoritärere Ordnung entdeckt. Hier konnte sich Kritik an der permissiven westlich-liberalen Gesellschaftsordnung artikulieren. Linksliberale hingegen sahen in der Preußenwelle einen weiteren Ausdruck der konservativen Tendenzwende, den Anfang des Abbaus demokratischer Gleichheits- und Mitbestimmungsrechte.[29] Die politische Rechte verband mit der Chiffre Preußen eine z. T. hämische Kritik am inneren Zustand der Bundesrepublik. Preußen avancierte für das rechte politische Lager mit der griffigen Formel „Einem Staatswesen muß Ordnungssinn zugrunde liegen“[30] zu einer positiven rückwärtsgewandten Utopie, war Kontrastbild zur Bundesrepublik der sozialliberalen Ära. Die politische Linke hingegen zeigte sich beunruhigt über weiterbestehende Ähnlichkeiten in der politischen Physiognomie der Bundesrepublik, die an Preußen erinnerten. Als Beispiele hierfür wurden angeführt: Das Schwanken zwischen Bürgerdemokratie und Untertanenstaat, das Fehlen einer Staatsidee, die Reduktion auf eine effiziente Technokratie, die Überbetonung von Sekundärtugenden und obrigkeitsstaatliche Tendenzen in Bürokratie, Polizei und Justiz. Preußen war in dieser Sicht das Negativbild; vor ihm galt es, die demokratische und freiheitliche Grundordnung der Bundesrepublik weiter auszubauen.[31]

Ganz umgekehrte Fronten entstehen allerdings dann, wenn man statt der Binnen- die Außenfunktion der Debatte betrachtet. Hier kam Preußen als deutscher Teilstaat zu neuen Ehren. Wenn die Wiedervereinigung Deutschlands für absehbare Zeit nicht auf der Tagesordnung stand und außerdem supranationale europäische Perspektiven wieder in die Ferne rückten, was seit Mitte der siebziger Jahre, als der Ausbau der europäischen Gemeinschaft ins Stocken geriet, der Fall war, dann konnte Preußen als deutscher Teilstaat Interesse finden.

Diese teilstaatliche Attraktivität Preußens barg zwei unterschiedliche Dimensionen in sich: Der Rekurs auf Preußen konnte einerseits verstanden werden als Aufforderung, befriedigende, dauerhafte teilstaatliche Grundlagen für die Bundesrepublik – bei Anerkennung einer fortbestehenden gesamtdeutschen Kulturnation – zu finden. Wäre angesichts der Katastrophe des deutschen Nationalstaats das deutsche Geschick bei einer Art verdoppelten preußischen Ordnung – überwölbt vom kulturnationalen Credo – nicht gut aufgehoben? Preußen konnte aber auch zur Wiederbelebung eines deutschen nationalstaatlichen Bewußtseins im Sinne eines Festhaltens am Nationalstaat von 1871 und des Wiedervereinigungsgedankens herangezogen werden, wenn man die Führungsrolle Preußens – seinen vielbeschworenen „deutschen Beruf“ – innerhalb der Nation betonte.[32] So wurde Preußen für die Gegner der sozialliberalen Deutschlandpolitik attraktiv. Doch die Linien konnten zuweilen auch quer zu der üblichen Ordnung verlaufen: Bei Sozialdemokraten und Liberalen fand Preußen nicht zuletzt dann Gefallen, wenn sie gegen ein Rheinbund-Denken der Konservativen, beispielsweise in der Nachfolge Konrad Adenauers, ritten.[33]

Im Rahmen der Erbe-und-Tradition-Konzeption in der DDR seit der zweiten Hälfte der siebziger Jahre konnte das Preußenbild mit Blick auf eine „eigene deutsche Nationalgeschichte des Volkes der DDR"[34] modifiziert und auf die Preußenwelle in der Bundesrepublik reagiert werden.[35] Eine Binnenfunktion hatte Preußen für die DDR immer gehabt – anfangs ex negativo, denn gründungsmythisch war die DDR gegen Preußen, die Ausgeburt des Militarismus, gerichtet. Aber von Beginn an hatte es in der DDR auch eine partielle Rehabilitierung einzelner preußischer Persönlichkeiten gegeben. Clausewitz, Blücher und vor allem Scharnhorst gehörten in die Ahnengalerie der DDR – sie konnten über das Argumentationsmuster: „Diener des Fortschritts" und „Förderer der Aktivitäten der Volksmassen" vereinnahmt werden –, dann die Reformer Freiherr vom Stein und Hardenberg und – nicht unproblematisch – der Altpreuße General York, der 1812 mit Diebitsch die Tauroggener Neutralitätskonvention geschlossen und auf diese Weise die vielbeschworene Freund- und Waffenbrüderschaft mit Rußland begründet hatte, auf die man jetzt in Gestalt der Sowjetunion angewiesen war. Dreh- und Angelpunkt in der frühen geschichtspolitischen Herleitung der DDR waren seit 1952 – ein Jahr vor dem 140. Jahrestag der Völkerschlacht in Leipzig – die Befreiungskriege gewesen. Mit ihren „Lehren" im Marschgepäck schien man im zeitgenössischen Kalten Krieg gut gerüstet: Der Waffenbrüderschaft mit der Sowjetunion konnte eine historische Traditionslinie unterlegt werden; indirekt lieferte sie zugleich die Begründung, die DDR zu verteidigen und eigene Streitkräfte aufzubauen. Eingeschlossen waren ferner sowohl die antiwestliche Ausrichtung der DDR als auch ihr steter Kampf für die deutsche Einheit. Vor der Negativfolie Preußen blieben so, wenngleich recht schemenhaft und vermittels der Befreiungskriege, preußische Traditionen präsent. Aber das „andere", das „rote" und „progressive" Gesicht Preußens wurde geschichtspolitisch in breitem Umfange erst seit Ende der siebziger Jahre entdeckt und nahm immer stärker affirmative Züge an.

Binnenpolitisch war Preußen für das SED-Regime aus mehreren Gründen attraktiv: Die DDR konnte, wie Preußen, im Vergleich zu seinen östlichen Nachbarn als ein dynamisches Staatswesen erscheinen. Sie verfügte über nur knappe Ressourcen und war angesichts ökonomischer Probleme auf die äußerste Anspannung der Kräfte angewiesen. Dies wiederum vermochte den autoritären Grundzug des Staates zu rechtfertigen. Herrschaftsstabilisierung, Appell zur nationalen Kraftanstrengung und Erzeugung einer Art „Wir-Gefühl" anläßlich des bevorstehenden 30. Jahrestages der DDR 1979 gingen Hand in Hand. Der fünfteilige Film „Scharnhorst", der Ende 1978 vom DDR-Fernsehen ausgestrahlt wurde, zielte ebenfalls darauf, preußische „progressive" Traditionen in sozialistische Grundhaltungen umzumünzen.[36] Der Rekurs auf Preußen stützte schließlich auch die Militarisierung der Gesellschaft der DDR ab. Infolge des Wettrüstens vor allem Anfang der achtziger Jahre wurde die Zivilverteidigung landesweit extensiv ausgebaut und der Wehrkundeunterricht in den Schulen eingeführt.

Aber auch in der DDR gab es nicht nur Binnenfunktionen der Preußenrenaissance, sondern ebenso zwei wesentliche Außenfunktionen. Der Rekurs auf „progressive" nationale Traditionen war erstens ein Element der Existenzsicherung und der Selbstbehauptung gegenüber der Übermacht der hegemonialen Sowjetunion sowie der Oktoberrevolution von 1917. Mit Preußens vornationaler Geschichte konnte zweitens eine Absage an Gesamtdeutschland begründet werden. „Der traditionslose SED-Staat und das separatistische Preußen reichen sich über Jahrhunderte und Klassenschranken hinweg die Hand zum Bruderbund, um jedem Nationalstaatsgedanken abzuschwören" – so meinten bestürzte westliche Beobachter pathetisch.[37]

Doch die „List der Geschichte" triumphierte über die Intentionen des DDR-Regimes. Die Hoffnung der SED, durch eine Vermehrung der zugelassenen historischen Bestände an Personen und Ereignissen einem sozialistischen Geschichtsbewußtsein die Tore zu öffnen, erfüllte sich nicht. Ganz im Gegenteil: Durch die Hintertür trat in Gestalt der Kulturnation plötzlich wieder ein historisch vermitteltes gesamtdeutsches Zusammengehörigkeitsgefühl herein. Bei der Wiederaufstellung des Reiterstandbildes von Christian Daniel Rauch auf der Straße Unter den Linden nannte Erich Honecker 1981 den Preußenkönig „den Großen", eine Bezeichnung, die bis dahin in der DDR strikt abgelehnt worden war.[38] Schon drei Jahre zuvor hatte Bundespräsident Walter Scheel bei der Eröffnung der Staatsbibliothek Preußischer Kulturbesitz in Berlin ausgeführt, daß auch ein Demokrat Friedrich II. trotz seiner problematischen Züge guten Gewissens „den Großen" nennen könne.[39] Die von der Bundesrepublik anhebende gewaltige Preußenwelle, so kann man bilanzieren, überspülte nicht nur den westlichen Teil Deutschlands, sondern erfaßte auch eine bereits in Gang befindliche Neukomposition des Preußenbildes in der DDR. Diese entfaltete eine erhebliche Eigendynamik und höhlte die DDR-Geschichtskonstruktion aus. Die ostdeutsche Geschichtswissenschaft und mit ihr die SED büßten durch die Revision des Preußenbildes ihre orthodoxe Unschuld ein. So ging die zentrale distinktive Botschaft verloren, wonach die DDR der gute, zukunftsträchtige Teil Deutschlands sei, und die Bundesrepublik der böse, der aus der Geschichte nichts gelernt habe und dazu verdammt sei, sie zu wiederholen. Die einsetzende, generationell bedingte Auszehrung des sinnstiftenden Antifa-Mythos durch einen Rückgriff auf nationale Traditionen aufzuhalten, barg die Gefahr, den eigenen Gründungsmythos zu dementieren, Werte zu verkehren und dadurch das Legitimationssystem zu destabilisieren. Nicht nur, daß Preußen „heimgeholt" und seine als positiv deklarierten Teile als „Legitimationsvehikel des SED-Herrschaftssystems unter herrschaftspragmatischen Aspekten in die ideologische Verfügung des Machtapparats eingestellt" wurde,[40] eigentümlich am neuen Geschichtsbild war auch, daß der Zukunftsbezug als zentrale Kategorie der marxistisch-leninistischen Geschichtsauffassung nicht nur abnahm, sondern auf den Zeithorizont des Hier und Jetzt schrumpfte.

Der Preußen-Diskurs ließ sich, ebenso wie der Luther-Diskurs, der sich seit dem Martin-Luther-Jahr 1983 anschloß,[41] nicht mehr einfach nach Ost und West sortieren, sondern umfaßte plötzlich das gesamte Deutschland. Wenn sich Deutsche in Ost und West am gleichen Sujet mit der gemeinsamen Vergangenheit beschäftigten, mußten sie früher oder später auf gemeinsame Erfahrungen und Werte stoßen. Zumal in der DDR bewirkte dies eine unterschwellige Stimulation gesamtdeutscher Emotionen und Solidarität. So gesehen war dort die Preußen-Renaissance – weniger in ihrer Intention als vielmehr in ihrer Wirkung – ein geschichtspolitisches Symptom für die Einheit der deutschen Nation. In der Bundesrepublik war Preußen nicht zuletzt eine Appellationsinstanz für die Deutungseliten. Im Zeichen eines ambivalenten Nationsdiskurses konnte Preußen, je nach Bedarf, beides sein: Symbol der Einheit des gesamtdeutschen Vaterlandes oder Symbol einer Affirmation des Vaterlandes Bundesrepublik. Wie sich indessen nach der „Wende" von 1982/83 dieser ambivalente Nationsdiskurs in einem widersprüchlichen Prozeß, der über verschiedene Stufen, Anlässe und Konflikte führte, zusehends auf ein bundesrepublikanisches Geschichtsbild hin verengte – soll jetzt abschließend gezeigt werden.

b) Restauration des „17. Juni" und Affirmation der Bundesrepublik

Nach dem Sturz von Bundeskanzler Helmut Schmidt und der Bildung einer christlich-liberalen Koalition im Frühjahr 1983, die mit dem Anspruch einer grundlegenden politischen wie auch geistig-moralischen Wende ihre Amtsgeschäfte aufnahm,[42] kam es zu einer umfassenden Restauration des 17. Juni. Die erste der bald zahlreichen geschichtspolitischen Handlungen der neuen Bundesregierung unter Kanzler Helmut Kohl war, daß 1983 der 17. Juni in traditioneller Form wieder in den Symbolhaushalt der Bundesrepublik zurückkehrte. Im Rückgriff auf die antikommunistische Diktion und auf die Inszenierungen der fünfziger Jahre zielte die Union darauf, die national-pädagogische und nicht mehr – wie in den siebziger Jahren – die allgemein-emanzipatorische Orientierungsfunktion des Gedächtnisortes herauszustellen. Diese Restauration des 17. Juni konnte auch als der erste Versuch verstanden werden, Identität wieder stärker rituell und symbolisch und weniger diskursiv zu konstruieren.

Schon seit dem Jahr 1980 – dem Beginn des „zweiten kalten Krieges“, der durch die sowjetische Afghanistan-Intervention ausgelöst wurde – hatten die Union und ihr nahestehende Medien den 17. Juni wieder vehement als antikommunistischen Code aufgegriffen. Die amtierende Bundesregierung war eines unerträglichen „Friedensgetöses“ bezichtigt worden, das der Bevölkerung ein Leben auf der „Entspannungsinsel“ vorgaukle.[43] „Um des lieben Friedens willen“, so hatte man beispielsweise im „Deutschen Monatsblatt“ lesen können, habe man sich in der Bundesrepublik an die Feldzüge Moskaus zwischen 1953 und 1979/80 – Berlin, Budapest, Warschau, Prag, Afghanistan – nahezu gewöhnt.[44] Als symbolische Anklage gegen das moskauhörige SED-Regime hatten Aktivisten der Jungen Union und des Rings Christlich-Demokratischer Studenten in zahlreichen Städten „Berliner Mauern“ errichtet,[45] womit sie sich die bald zwanzig Jahre zurückliegenden Aktionen der Jungsozialisten angeeignet hatten.[46]

Auch in den Reihen der Sozialdemokraten waren die erinnerungspolitischen Überlegungen weitergegangen. Hier war jedoch nicht mehr nur der Ruf nach Abschaffung des Tags der deutschen Einheit erschollen – besonders aus dem Munde von Bundesjustizminister Jürgen Schmude.[47] Obendrein waren auf dem linken Flügel der Sozialdemokratie geschichtspolitische Ideen zur Repräsentation des deutschen kollektiven Gedächtnisses entstanden, die vollkommen ausblendeten, daß es sich beim SED-Regime nicht um eine demokratisch gewählte Regierung handelte. So hatte etwa Freimut Duve, der sozialdemokratische stellvertretende Vorsitzende des Bundestagsinnenausschusses, einen „Tag für zwei Republiken nach 1945“ vorgeschlagen: „Unser Tag der Republik ist durch die Restauration des Geschichtsbewußtseins der Weimarer Republik und durch die Nazis aus dem Gedächtnis gepreßt worden: Der denkwürdige 9. November 1918 – an dem die Republik gleich zweimal ausgerufen wurde: morgens die sozialistische von Karl Liebknecht – wie es sich gehört vom Balkon des Berliner Schlosses, und nachmittags die liberal-demokratische von Philipp Scheidemann – wie es sich gehört im Sitzungssaal des Reichstages. Ein Tag für zwei Republiken nach 1945: Der eine knüpft an Liebknecht, der andere an Scheidemann an. Wir hätten mit diesem 9. November einen Tag, der dem heutigen Zustand entspricht – zwei deutsche Republiken auf dem Boden des ehemaligen Kaiserreichs.“[48] Das Bedenkliche dieser Idee von der Geschichtsnation war nicht allein die fragwürdige These vom Ursprung der deutschen Spaltung 1918, sondern die Implikationen hinsichtlich der DDR, denn Duve hatte seine erinnerungspolitischen Überlegungen als Chance für die DDR verstanden wissen wollen, mit ihren Bürgern ins reine zu kommen.

Wie zur öffentlichen Demonstration, daß mit solchen Ideen nun Schluß sein sollte, erging nach dem Regierungswechsel in den Wochen vor dem Tag der deutschen Einheit 1983 in den Massenmedien ein wahres Trommelfeuer über die Bundesdeutschen. Der 17. Juni erfuhr die stärkste Rethematisierung in den Massenmedien seit 1963.[49] In unzähligen Interviews und Verlautbarungen nahezu aller Kabinettsmitglieder und Spitzenpolitiker der Union wurde mit der Deutschlandpolitik der vorangegangenen Regierung abgerechnet und der postulierte Neubeginn bekräftigt. Dem Abbau von Wertetraditionen abendländischer, christlicher und nationaler Überlieferung sollte ein Ende gesetzt, das nationale Erbe rehabilitiert und die Störung des deutschen Nationalbewußtseins behoben werden. Otto von Habsburg, christsozialer Europaparlamentarier, begrüßte es zum Beispiel euphorisch, „daß unsere neue Bundesregierung der Feier des 17. Juni wieder jenen Platz zugewiesen hat, den ihm die Apostel der Entspannungsillusion und der Vorleistung ohne Gegenleistung nehmen wollten".[50] Helmut Kohl sah im 17. Juni weniger einen historischen als vielmehr einen aktuellen politischen Tag. Für Franz Josef Strauß war die nationale Geschichtsvergessenheit eine Hypothek der „vergangenen dreizehn Jahre liberalsozialistischer Ost- und Deutschlandpolitik".[51] Auch der seit Mai 1979 amtierende Bundespräsident Karl Carstens gab Schützenhilfe und plädierte dafür, den 17. Juni wieder mit vaterländischem Stolz zu begehen.[52] Die Vertriebenenverbände witterten Morgenluft und riefen zu machtvollen Demonstrationen am Tag der deutschen Einheit auf, um den Politikwechsel öffentlich zu bekunden. Selbst der Bund der Deutschen Katholischen Jugend schrieb seine in 39 Verbände untergliederten 500000 Mitglieder im selben Sinne an.[53] Die wenigen mahnenden Stimmen liberaler Politiker, auch des weiterhin als Außenminister amtierenden Hans-Dietrich Genscher, die Errungenschaften der Deutschlandpolitik nicht mit erinnerungspolitischem Säbelrasseln leichtfertig aufs Spiel zu setzen, gingen unter.[54]

Die Restauration des 17. Juni kennzeichnete mehrere Aspekte. Die Wiederkehr von Ritualen und der symbolischen Politik der Stärke stellte den ersten Aspekt dar. Mahnfeuer und Demonstrationszüge wurden auf breiter Front wiederbelebt und um zeitgenössische Formen wie Wiedervereinigungs-Rockkonzerte für die Jugend ergänzt.[55] Viele dieser Aktionen gerieten aber unversehens in das Fahrwasser selbsternannter rechtskonservativer Erneuerer, die sich endlich am Beginn einer neuen nationalen Ära wähnten. So veranstaltete die „Konservative Aktion" um Ludek Pachmann und Gerhard Löwenthal am 17. und 18. Juni 1983 in Berlin einen „Freiheitskongreß", auf dem die inneren und äußeren Feinde markiert wurden. Deren Kundgebungen an der Mauer veranlaßten den Regierenden Bürgermeister von Berlin, Richard von Weizsäcker (CDU), eine eindringliche Warnung vor den „Kreuzzüglern" auszusprechen. Doch die Demonstrationen waren nicht nur direkt gegen den Osten, sondern auch gegen seine „Filialen" im Westen sowie gegen andere „Bedrohungen" gerichtet: Vor sowjetischen Einrichtungen in Berlin postierte man Mahnwachen und vor von Autonomen besetzten Häusern hielt man Demonstrationszüge ab. Besonderen Anstoß erregte die gleichzeitig organisierte „Aktion Heimkehr", mit der ein „Türkenexodus aus Kreuzberg" initiiert werden sollte; türkische Bürger wurden mit Flugblättern zur Rückkehr in ihre Heimat aufgefordert. Die angekündigte Teilnahme führender Unionspolitiker wie des Bundesfinanzministers Gerhard Stoltenberg oder des Ministerpräsidenten von Schleswig-Holstein Uwe Barschel gab der Veranstaltung der „Konservativen Aktion" erst das erwünschte Medienecho. Franz Josef Strauß, der in den Programmheften noch als Hauptredner aufgeführt worden war, sagte in letzter Minute ab.[56]

Außerdem konnten unzählige gemeinsame Veranstaltungen von CDU und den Vertriebenenverbänden verzeichnet werden, etwa am „Kreuz des deutschen Ostens" in der Nähe von Bad Harzburg, auf den 550 Meter hohen Uhlenklippen, wo das Kreuz 1950 als Mahnmal gegen die Vertreibung errichtet worden war.[57] Herbert Hupka, Vertriebenensprecher der CDU, forderte den Nachvollzug der politischen Wende auch von den öffentlich-rechtlichen Fernsehanstalten ein, die auf ihren Landkarten das ganze Deutschland, einschließlich der Ostgebiete zeigen sollten – was allein das Bayerische Fernsehen seit jeher tat.[58] Um den deutschland- und geschichtspolitischen Aufbruch zu perpetuieren, wurde schließlich von der CDU/CSU im Verbund mit den Überresten des KUD, dem Bund der Vertriebenen, dem Bund der Mitteldeutschen sowie den diversen Landsmannschaften dazu aufgerufen, eine „Bürgerinitiative 17. Juni" zu gründen, die an die machtvollen Demonstrationen des Kuratoriums „Unteilbares Deutschland" am Ende der fünfziger Jahre anknüpfen sollte.[59] Eine mächtige Bürgerinitiative entstand freilich nicht, vielmehr nutzten nicht zuletzt rechtskonservative und rechtsradikale Kreise die offizielle Restauration des „17. Juni" als ein Forum für ihre militant antikommunistischen Aktionen – etwa Burschenschaftstreffen in Sichtweite des Brandenburger Tors mit anschließenden „Brandanschlägen" auf die Mauer.[60]

Ein zweiter, den Wandel demonstrierender Aspekt, bildeten parlamentarische Rituale und ostentative Publikationen. In vielen Landesparlamenten nutzten die Unionsfraktionen die Öffentlichkeitsfunktion des Parlaments zu Großen Anfragen über die Bedeutung des 17. Juni und die von der jeweiligen Landesregierung geplanten Aktionen zum Tag der deutschen Einheit.[61] Ferner wurden nicht nur neue Broschüren zum 17. Juni unter die Bevölkerung gebracht, sondern das Bundesministerium für innerdeutsche Beziehungen entschloß sich zu einem faksimilierten Nachdruck einer Denkschrift, die 1953 vom damaligen Ministerium für gesamtdeutsche Fragen herausgegeben worden war und nun in hoher Auflage wieder erschien. In Anbetracht des Schicksals dieser Denkschrift handelte es sich hierbei um einen ganz besonders demonstrativen geschichtspolitischen Akt. Denn 1968 war die Materialsammlung zwar erneut, allerdings „bereinigt", veröffentlicht worden: Die ursprüngliche Einleitung und das Vorwort von Jakob Kaiser hatte man seinerzeit gestrichen und durch eine entspannungspolitische Rede zur Neuen Ostpolitik ersetzt, die jetzt ihrerseits kommentarlos weichen mußte.[62] Nicht zu übersehen war darüber hinaus, daß in den regierungsamtlichen und unionsnahen Veröffentlichungen das Totalitarismustheorem zu neuen Ehren kam. Zum 17. Juni 1953 wurden auffallend häufig Gedanken an den 20. Juli 1944 geäußert.[63] Diese Parallelisierung konnte wiederum an die fünfziger Jahre anknüpfen. War damals allerdings mit Hilfe des 17. Juni eine Aufwertung des 20. Juli angestrebt worden, so hatte sich dieses Verhältnis jetzt geradezu umgekehrt: Der 20. Juli war in hohem Maße etabliert, dafür war seit der Neuen Ostpolitik der 17. Juni höchst umstritten. Nun wurde versucht, diesen seinerseits mit der Anbindung an den 20. Juli ins Geschichtsbewußtsein zu heben.

Als dritten Aspekt müssen die wieder fest institutionalisierten Gedenkreden vor dem Deutschen Bundestag und die verordneten Schulfeiern in den CDU-regierten Bundesländern zum Tag der deutschen Einheit genannt werden. Nicht nur der bayerische Kultusminister Hans Maier wies die Schulleiter seines Landes an, dafür zu sorgen, daß der 17. Juni in besonderer Weise begangen werde. Die Schule dürfe an vitalen nationalen Problemen nicht vorbeigehen, sondern müsse der deutschen Frage eine herausragende Stellung im Unterricht und im Schulleben einräumen. Am 16. Juni sollte eine feierliche Gedenkstunde abgehalten und mit dem gemeinsamen Singen der deutschen Nationalhymne beendet werden.[64] Auch die Senatorin für Schulwesen, Jugend und Sport in Berlin, Hanna-Renate Laurien (CDU), forderte von ihren Lehrern eine engagierte und gründliche Information der Schüler über den 17. Juni, die im Dienste einer nationalen geschichtlichen Identität zu stehen hatte.[65]

Indessen waren die nun wiedereingeführten Reden vor dem bundesdeutschen Parlament zum Tag der deutschen Einheit – von wenigen Ausnahmen abgesehen – blutleere Stilübungen; es herrschte eine merkwürdige Sterilität des politischen Abfeierns.[66] Bezeichnenderweise erzeugten diejenigen beiden Reden viel Wirbel, die sich den deklamatorischen Bekundungen zur deutschen Einheit entzogen. Der Ansprache des amerikanischen Historikers deutsch-jüdischer Abstammung Fritz Stern 1987 hefteten Konservative das Etikett „fragwürdig" an, weil er den 17. Juni 1953 nicht als Aufstand für die Wiedervereinigung, sondern als ein Aufbegehren für mehr Menschlichkeit und ein freieres und besseres Leben in der Tradition des deutschen Vormärzes und der Revolution von 1848 interpretierte.[67] Einem skandalträchtigen Paukenschlag kam die Rede von Bundespräsident a.D. Walter Scheel 1986 gleich. Entgegen den wieder üblich gewordenen Erwartungen erwähnte er in seinen Ausführungen nicht ein einziges Mal das Wort „Wiedervereinigung". In einer politischen Situation, in der die moderate Ostpolitik des Außenministers Hans-Dietrich Genscher seit Monaten von der nationalkonservativen „Stahlhelm-Fraktion" in der CDU öffentlich angefeindet wurde, erinnerte Genschers Parteifreund und Vorgänger im Auswärtigen Amt an die Verdienste der Entspannungspolitik, mahnte ihre Weiterführung an und mochte sogar Fortschritte bei der Menschenrechtssituation im Ostblock erkennen. Die Reaktorkatastrophe von Tschernobyl war in Scheels Augen ein unübersehbares Zeichen, daß es weitaus wichtigere Dinge als die deutsche Frage gab. Zu all dem rühmte er noch Karl Marx als großen, in der Tradition des Humanismus stehenden Deutschen. Die versteinerten Mienen vieler CDU/CSU-Abgeordneten, von denen einige sogar den Plenarsaal verließen, dokumentierten, daß man Scheels Ausführungen als Provokation empfand, und das Echo in den konservativen Medien bewegte sich hart am Rande eines Rufmordes.[68]

Diese auf solch breiter Front betriebene Restauration des 17. Juni seit 1982/83 als wesentlicher Bestandteil der Geschichtspolitik in der Ära Kohl ist bislang vollkommen übersehen worden. Aber der öffentliche Rekurs auf die Gesamtnation und die geschichtspolitische Affirmation der Bundesrepublik, die gleich näher behandelt werden soll, bildeten, so widersprüchlich dies auf den ersten Blick scheinen mag, die beiden Seiten ein und derselben Medaille. Wie ist das zu erklären?

Zum deutschlandpolitischen Kennzeichen der christlich-liberalen Bundesregierung sollte, wie die Forschung herausgestellt hat, ein charakteristisches Zusammenspiel von „operativer Kontinuität" zur sozialliberalen Koalition bei gleichzeitigem „deklamatorischen" Wandel werden.[69] Die Wende von 1982/83 bedeutete in der Deutschlandpolitik keinen wirklichen Einschnitt, vielmehr wurde die Regierungspolitik des Kabinetts Schmidt fast nahtlos fortgeführt. In der Öffentlichkeit unterlegte die Union ihre Politik allerdings mit einem gesamtnational gestimmten Begleitton. Die Neuorientierung kam im deklamatorisch-normativen Gewand daher. Aber die Diskrepanz zwischen dem Bild, das die Unionsparteien öffentlich abgaben, und der internen Sicht der Dinge war enorm. Die Zusammenarbeit mit der DDR-Regierung erreichte ein Höchstmaß, angefangen beim Milliardenkredit für das SED-Regime, den Franz Josef Strauß 1983 einfädelte und der deshalb von der ganz rechten Klientel des „Verrats" geziehen wurde,[70] bis hin zum Staatsbesuch Erich Honeckers in der Bundesrepublik im Jahre 1987, den dieser als „Krönung seines Lebenswerkes“ empfand, bedeutete der offizielle Empfang doch eine „de-facto Zuerkennung einer Art Legitimität für das Honecker-Regime“, auf die die SED so erpicht war.[71] Zwar wurde an der Formel aller Bundesregierungen festgehalten, daß die deutsche Frage offen sei, doch war man sich einig, daß die Wiedervereinigung nicht auf der Tagesordnung der Weltpolitik stehe, ja das Zurück zum traditionellen Nationalstaat wurde bis weit in die Reihen der CDU hinein grundsätzlich in Zweifel gezogen.[72]

Es wäre zu einfach, die erinnerungspolitische Restauration des 17. Juni nur als ein Zugeständnis an den rechten Flügel der Unionsparteien zu interpretieren. Dieser Maßnahme kam eine viel größere Tragweite zu: Die „Rückkehr“ des 17. Juni war der signifikante Ausdruck einer gewünschten innenpolitischen Rückbesinnung auf die fünfziger Jahre. Dahinter stand die Absicht, den Aufstand in der DDR auch für eine autoritärere Formierung der bundesdeutschen Politik und Gesellschaft zu nutzen. Der geschichtspolitische Konflikt drehte sich somit um die Bundesrepublik selbst. Es ging um die Bewertung der Zeit vor 1982/83. Helmut Kohl stellte in seinen Reden die Wende wie eine zweite „Stunde Null“ dar. Welche historische Erinnerung an die siebziger Jahre sollten bleiben? Was von dem, das in der ersten Phase der sozialliberalen Koalition geschaffen wurde, sollte weiterhin Bestand haben? Unverkennbar war das Bemühen der Union und der ihr nahestehenden Publizisten, den Aufbruchsmythos des frühen Sozialliberalismus (Reformpolitik, Zweite Aufklärung, Mehr Demokratie wagen) zu entzaubern. Vor allem über eine Apologie des offenbar kongenialen Gründungskanzlers Konrad Adenauer kehrten Versatzstücke der fünfziger Jahre in die öffentliche Diskussion zurück. Doch nicht nur das Bild vom ersten Regierungschef der Bundesrepublik verklärte sich in der Erinnerung, auch verschönte man die „Fünfziger“ allgemein mit Blattgold, erkannte in ihnen eine Zeit des gesellschaftlichen Konsens, der Stabilität, Sinnerfüllung und Zukunftsgewißheit. Ihre angebliche Vitalität erinnerte im nachhinein an die (vermeintlichen) „Goldenen Zwanziger“.[73]

Der Kampf um die Kontrolle der politischen und kulturellen Diskurse bezog sich somit darauf, die bundesrepublikanische „Erfolgsnation“ Adenauerscher Prägung in die Ära Kohl hinein zu verlängern und die „Leistung“ Bundesrepublik für die Konservativen zu reklamieren, indem man deren Geschichte begradigte und dem frühen Sozialliberalismus eine Abirrung vom geraden Weg bescheinigte. Mit dem 17. Juni – der Achillesferse der sozialliberalen Regierung – konnte diese, besonders aber ihre Deutschlandpolitik öffentlich inkriminiert werden. Dieser neuerlichen Verbindung von Nation und Emotion – die in das Gewand der fünfziger Jahre gehüllt war, an dem die Sozialdemokraten damals selbst so kräftig mitgestrickt hatten – konnte die SPD jetzt nichts Entsprechendes entgegensetzen. Die Sozialdemokraten sahen sich vollkommen in die Defensive gedrängt. Ihre reichlich akademischen „Thesen" über die Entspannungs- und Friedenspolitik sowie zum 17. Juni 1953, etwa aus der Feder von Susanne Miller, der Vorsitzenden der Historischen Kommission der SPD, wirkten überaus hilflos.[74] Deutsch-deutsche Dialoge, so ein Gespräch zwischen Egon Bahr, dem Architekten der Ostpolitik, und Stefan Heym, dem bekannten Schriftsteller aus der DDR, im Berliner Veranstaltungszentrum „Urania", gedacht als Kontrastprogramm zum „hohlen Pathos" der Regierung, waren außerdem leicht in den Geruch der fortgesetzten Kumpanei mit der SED zu bringen. Damit wurde dem Vorwurf Tür und Tor geöffnet, die SPD, die schon immer historisch angelegte Schwierigkeiten mit dem Nationalstaat gehabt habe, verlasse die Gemeinsamkeit der Demokraten in der Deutschlandpolitik und kehre zu ihren Ursprüngen: Ablehnung der Westbindung und der militärischen Verteidigung, zurück.[75]

Die erinnerungspolitische Attraktivität des 17. Juni wuchs für die konservative Seite sogar noch aufgrund der zweiten, aus der Opposition heraus geführten und heftig umstrittenen Ostpolitik der Sozialdemokraten – einer „Nebenaußenpolitik" –, also ihren Überlegungen zur „Sicherheitspartnerschaft", dem SED-SPD-Papier „Der Streit der Ideologien und die gemeinsame Sicherheit" von 1987, der innerparteilich äußerst kontroversen Diskussion über eine Streichung der Präambel des Grundgesetzes sowie einer Anerkennung der DDR-Staatsbürgerschaft.[76] All dies verdichtete sich zu einem öffentlichen Bild, das nahelegte, daß die Sozialdemokratie mit der Nation nichts mehr im Sinn habe und die Freiheit vernachlässige – indem von ihr der Ost-West-Konflikt als bloßer Machtkonflikt und nicht als wertbezogener Systemkonflikt betrachtet wurde –, kurz: „daß die Masse der Funktionäre wie der Mitglieder eine Neuvereinigung Deutschland nicht einmal mehr als Möglichkeit denken konnte".[77]

Aber erst eine weitere Funktionalisierung des 17. Juni rundet das Bild vollends ab. In den zahlreichen politischen Interpretationskontroversen über das deutsche Geschichtsbild, über die „Natürlichkeit" des Nationalstaats und über die „Normalisierung" der Nation, die seit 1983 die politische Kultur der Bundesrepublik prägten, war wie selbstverständlich die westdeutsche Republik als „Nation" gemeint. Im konservativen Geschichtsbild bedeutete die DDR ein Anhängsel außerhalb des realen deutschen Nationalstaats. Diese Abkoppelung von der deutschen Gesamtnation wurde jedoch durch die Restauration des Tages der deutschen Einheit kompensiert mit dem zusätzlichen Gewinn, daß gleichzeitig ein Restpotential einer nostalgischen Wiedervereinigungshoffnung im historischen Gedächtnis und somit der Bezug auf die Nation ambivalent blieb.

Die schon bald einsetzenden nationalapologetischen Revisionsbemühungen hinsichtlich des deutschen Geschichtsbildes zielten darauf ab, die Bundesrepublik Deutschland nach fast vierzig Jahren stabiler Demokratie als „normale Nation“ zu begründen und den prosperierenden westdeutschen Nachfolgestaat des Deutschen Reiches mit einem zustimmungsfähigen Traditionsreservoir auszustatten, in dem der Nationalsozialismus zwangsläufig relativiert werden mußte. Insofern wäre es eine argumentative Verkürzung, in der Geschichtspolitik der Regierung Kohl lediglich eine Art Stellvertreterkonflikt zu sehen, um von den vielen Skandalen seit 1982/83 abzulenken – vor allem die „Flick-Bestechungsaffäre“, in die Spitzenpolitiker der FDP und der CDU verwickelt waren, aber auch die Wörner-Kießling-Affäre sowie eine Kette weiterer Skandale –,[78] die die beschworene geistige und moralische Wende vollkommen konterkarierten, die moralische Reputation der Regierung Kohl nahezu aufbrauchten und der Öffentlichkeit statt dessen den Eindruck einer Entmoralisierung der Politik vermittelten.

Nicht um einen Stellvertreterkonflikt handelte es sich, sondern um einen gesellschaftspolitischen Hauptkonflikt, der im Kern auf die Basiserzählung der Bundesrepublik zielte. „Sagen wir unserer Jugend, daß die Geschichte unseres Volkes nicht zwölf, sondern zwölfhundert Jahre ausmacht, daß die übrigen elfhundertachtundachtzig Jahre mindestens ebensogut waren wie die Geschichte anderer Völker und daß in den zwölf braunen Jahren die Verbrechen weniger nicht der Wille aller waren“, schrieb Alfred Dregger im „Express“ und verlieh damit der nun oft gestellten Forderung Ausdruck, endlich aus dem Schatten Hitlers und Auschwitz' herauszutreten.[79] In geschichtspopulistischer Manier wurden seit Beginn der achtziger Jahre die Codewörter für eine neue Legitimierungsstrategie verbreitet: Eine „Entkriminalisierung“ der deutschen Geschichte sowie ein Ende der Vergangenheitsbewältigung als gesellschaftliche „Dauerbüßeraufgabe“ wurde als die notwendige Voraussetzung eines neuen Patriotismus postuliert, der auf einer affirmativen Beziehung zur eigenen Vergangenheit basieren sollte. Die Deutschen sollten „mehr aufrechten Gang“ praktizieren,[80] denn die deutsche Geschichte sei kein „Verbrecheralbum“.[81]

„Statt sich mit der Vergangenheit auseinanderzusetzen und die streckenweise kriminalisierte deutsche Geschichte unbefangen aufzuarbeiten, um das eigene geschichtliche Herkommen zu klären, demonstriert man für Umweltschutz, besetzt Häuser oder protestiert in sogenannten Friedensmärschen gegen die Politik der eigenen Regierung (…) Die dunkle Vergangenheit des Staates verfinstert sich in den Augen dieser Zeitgenossen noch durch ihre getrübte Sicht auf seine Gegenwart“, so Alfred Schikel, der seinen programmatischen Artikel „Der Deutsche und sein Vaterland“ mit den Sätzen schloß: „Es wird daher mannigfacher Anstrengungen unserer Historiker, Pädagogen und Politiker bedürfen, um den Deutschen wieder einen natürlichen und unbefangenen Zugang zu Geschichte, Staat und Vaterland zu ermöglichen (...) Schließlich wurde nicht wenig geistiger Schutt auf Geschichte, Staat und Vaterlandsbegriff in den letzten Jahrzehnten abgeladen."[82] Unverhohlen unterstellte man linksliberalen „Sonderwegs"-Historikern, die fast allesamt in die Tradition der 68er hineingepreßt wurden, Geschichtsklitterung und eine Art Fremdsteuerung mit dem Ziel, das deutsche Selbstwertgefühl für ewig zu traumatisieren.[83] In einer angeblich verbreiteten „Antifa-Mythologie" glaubte man den Keim der Zerstörung eines „normalen" Geschichtsbildes zu erkennen.

Diese Invektive von Alfred Schikel war nicht zufällig 1982, kurze Zeit vor der Wende und im Anschluß an die 150. Wiederkehr des Hambacher Nationalfestes von 1832 geschrieben worden. Das Hambach-Jubiläum warf ein bezeichnendes Licht auf die geschichtskulturelle Situation in der Bundesrepublik. Insbesondere die Ökologie- und Friedensbewegung knüpfte an das Erbe dieser ersten bürgerlichen Massendemonstration an – sehr zum Unwillen der offiziellen Veranstalter, besonders der CDU-Landesregierung von Rheinland-Pfalz. Die bundesdeutsche Alternativbewegung nutzte die radikaldemokratische Tradition, um ihren Widerstand gegen angeblich drohende Gefahren wie Atomkrieg oder die Umweltzerstörung mit historischen Argumenten zu untermauern. Darin sah sie die konsequente Weiterentwicklung des früheren Streitens für bürgerliche Freiheiten. Die Menschen, so hieß es in einem Aufruf der Grünen, schlössen sich zusammen, „um dem in den Industriegesellschaften innewohnenden Drang zur Vernichtung entgegenzuwirken. Nicht zuletzt durch den Kampf der Hambacher Rebellen haben wir heute zumindest in der Bundesrepublik und in anderen Ländern des Westens die Freiheit, gegen das anzukämpfen, was Mensch und Natur bedroht. Nutzen wir diese Freiheit, um für das Leben zu kämpfen."[84] Während Willy Brandt, auf den alten Code zurückgreifend, meinte, auf Hambach dürfe sich nur berufen, wer das Prinzip „Mehr Demokratie wagen" teile, setzte Erhard Eppler vom friedenspolitischen Flügel der Sozialdemokratie „Hambach" mit der Friedensbewegung gleich. Eppler forderte seine Partei auf, sich nicht so zu verhalten, wie die Fürsten der deutschen Einzelstaaten damals; die SPD müsse sich fragen, warum der Geist von Hambach aus ihr ausgetreten sei und nun – in Gestalt einer neuen Partei und Volksbewegung – von außen wieder an sie herantrete. Für die Konservativen hingegen avancierte die Geschichte zum Stichwortgeber für das Erreichte. Das, was 1832 in Hambach seinen Anfang genommen hatte, sei in Rheinland-Pfalz 1947 und in der Bundesrepublik Deutschland 1949 Verfassungswirklichkeit geworden. „Im freien Staat ehrt ein Volk immer zugleich sich selbst", so Landtagspräsident Albrecht Martin, „indem es den Repräsentanten seines Staates Vertrauen und Respekt entgegenbringt."[85] Die in der Geschichte enthaltenen Hoffnungen und Utopien waren in dieser geschichtspolitischen Version entweder erfüllt oder widerlegt, sie selbst nur mehr Staffage für die Reflexion darüber, wie gut die Gegenwart sei.

Zum besseren Verständnis des geschichtskulturellen Zeitklimas der achtziger Jahre empfiehlt sich ein Blick über die politische Sphäre hinaus. Wie schon mehrfach erwähnt, hatte es seit etwa einem Jahrzehnt einen erkennbaren intellektuellen Trend gegeben, den man als Rückeroberung konservativer Geschichtsdeutungen bezeichnen kann, angefangen bei der Kritik an der Sozialgeschichte über die Wiederentdeckung Rankes und die Ausbildung eines Neohistorismus bis hin zu den neuen Ansätzen einer Alltagsgeschichte des „Dritten Reiches", die von konservativen Befürwortern einer „Normalisierung" in Beschlag genommen wurde. Anfang der achtziger Jahre wurde das veränderte Verhältnis zur Geschichte bereits als „Paradigmarevision" apostrophiert.[86] Zu diesem geistigen Umfeld, das als Katalysator der geschichtspolitischen Konflikte wirkte, gehörte vor allem auch die scharfe, zunächst von ausländischen Stimmen dominierte Kritik an der Sonderwegsthese, die als mythisches Gebilde angeprangert wurde. Dies verband sich mit einer Renaissance geopolitischer Denkströmungen.[87]

Sonderwegsthese und Geopolitik, also die „Raumgebundenheit" aller politischen Vorgänge, stellten rivalisierende historische Paradigmen dar, die beide allerdings von einem Quasi-Determinismus hinsichtlich der deutschen Geschichte ausgingen. Während die erstere auf gesellschaftliche Strukturen abhob und die deutsche Geschichte als (verhängnisvolle) Fallgeschichte behandelte, bezog sich die letztere auf die Mittellage Deutschlands, auf eine Art Fluch der Geographie. Deutschland, im 19. Jahrhundert eingekreist geboren, fehlte in dieser Interpretation im Vergleich zu anderen Nationen der Ellbogenraum. Nicht eine exzeptionelle Aggressivität, nicht atavistische Eliten oder die Ungleichzeitigkeit zwischen wirtschaftlicher und politischer Modernisierung, sondern die spezifische geographische Lage „mitten in Europa" – so der programmatische Titel einer im Siedler Verlag erschienenen und weitverbreiteten „Deutschen Geschichte", die die Entwicklung von den Kelten bis zur Regierung Kohl zusammenfaßt –, ja die Einkreisung der zu spät gekommenen Großmacht gereichte Deutschland in dieser – statischen – Sicht zum Verhängnis.[88] Ließ die Sonderwegsthese zu wenig Raum für den verändernden Einfluß von „normalen Krisen", weil jedwede Reform zu einer Scheinreform im Dienste der Machterhaltung der alten Eliten geriet,[89] so konnte die geopolitische Argumentation schnell als generelle Exkulpation Deutschlands verstanden werden, da sie die Offenheit der Geschichte extrem reduzierte. Beiden Deutungsmodellen war mithin eine erhebliche politische Funktion zu eigen – und Vertreter beider Richtungen betrieben nicht selten Geschichtspolitik und Volkspädagogik, sei es, daß sie die Deutschen von einem „allzu“ negativen Geschichtsbild entlasten wollten, sei es, daß die These vom Sonderweg und seinem Ende 1945 als unabdingbarer Bestandteil des bundesrepublikanischen politischen Bewußtseins betrachtet wurde, der gar nicht mehr hinterfragt werden durfte.[90]

Auf anderen Ebenen traten weitere Akzentverschiebungen im Verhältnis zur Geschichte hinzu. So verschoben sich zum Beispiel die Zeitdimensionen: Die traditionskritische Funktion historischen Denkens trat zugunsten einer utopiekritischen Funktion zurück, und die Plausibilität von Zukunftserwartungen wurde davon abhängig gemacht, in welchem Ausmaß sie sich mit den Erfahrungen der Vergangenheit vereinbaren ließen.[91] Nicht mehr Hoffnung auf eine Emanzipation oder Reform war der Treibsatz historischer Erinnerung, sondern der Wunsch nach Bewahrung und Halt; die „Verflüssigung“ von Selbstverständlichkeiten, die die Kraft einer kritischen Geschichtswissenschaft in aufklärerischer Tradition ausmachte,[92] drohte abgelöst zu werden durch ein Modell, das in den Geisteswissenschaften eine Art Kompensations- und Reparaturbetrieb angesichts modernisierungsbedingter Sinnverluste erblickte. Die damit zusammenhängende Aufwertung des Erzählens als historiographischer Darstellungsform, ja das „Vergnügen an der Geschichte“,[93] das einhergehen konnte mit einem Verzicht auf das Argumentationspotential analytischer Methoden, historischer Theorien und strenger Begrifflichkeit, schien den Historikern aus den Reihen der kritischen Geschichtswissenschaft als Symptom eines neuen Irrationalismus und einer Grenzverwischung zwischen wissenschaftlicher Geschichtsschreibung und fiktionaler Literatur.[94]

Zu diesem geistigen und wissenschaftlichen Umfeld ist überdies eine weitere wichtige Entwicklung hinzuzuzählen. Das „Historischwerden der Zeitgeschichte“[95] und der Zugang zu den Archiven innerhalb einer Sperrfrist von dreißig Jahren – bzw. der viel umfassendere exklusive Zugriff einiger konservativer Historiker auf die Archive und Hinterlassenschaften der Adenauerzeit –[96] mündete seit Beginn der achtziger Jahre nicht nur in eine reichhaltige Literatur zur (Früh-)Geschichte der Bundesrepublik, sondern vor allem in eine prononciert teilstaatliche Geschichtskonzeption gerade unter eher konservativen Historikern. In ihr kam eine gesamtdeutsche Nachkriegsgeschichte entweder nicht mehr vor, oder Ereignisse in der DDR wurden nur dann wahrgenommen, wenn sie zum Verständnis der westdeutschen Republik notwendig erschienen.[97] Einer solchermaßen dezidiert bundesrepublikanischen Identitätsstiftung war besonders die voluminöse fünfbändige, lebendig geschriebene, reich bebilderte und äußerst repräsentativ gestaltete „Geschichte der Bundesrepublik Deutschland“

verpflichtet, deren Einband nicht von ungefähr in staatstragendem Schwarz-Rot-Gold gehalten war. Den namhaften Herausgebern und Autoren ging es unbestreitbar darum, ein bundesrepublikanisches Geschichtsbewußtsein zu entwickeln und die lange gepflegte Vorläufigkeit der zweiten Republik zu verabschieden.[98]

Es war auffällig, wie stark diese „kleinstdeutsche" Geschichtskonzeption mit den frühen Plänen zum „Haus der Geschichte der Bundesrepublik Deutschland" in Bonn korrespondierte. Im Entwurf für das Haus der Geschichte von 1983 fand eine gesamtdeutsche Geschichte ebenfalls keinen Raum mehr. Die Bundesrepublik sei, „unbeschadet des übergreifenden nationalen Bewußtseins, mehr und mehr zur Basis des historischen Selbstverständnisses der hier lebenden Menschen" geworden. Kernziel des geplanten Museums sollte es daher sein, „jenes historisches Selbstverständnis einerseits zu festigen, es andererseits in den Rahmen der nationalen und internationalen Bezüge zu verankern, in denen die Bundesrepublik steht und von denen ihr politisches Leben aufs stärkste bestimmt wird".[99]

Die Museumspläne der Bundesregierung setzten starke politische Emotionen frei, bis hin zu Verdächtigungen und Verschwörungstheorien linksliberaler Kritiker solcherart nationalpädagogischer Institutionen. Die Nichtbeteiligung der Oppositionsparteien am Bonner Planungsverfahren führte zum Vorwurf einer Sinnstiftung im Parteiinteresse und einer unzureichenden Repräsentation der in der Bundesrepublik vertretenen historisch-politischen Positionen. Höchst umstritten war überdies die Zusammensetzung der Kommissionsmitglieder, die als „Regierungshistoriker" im Solde eines neokonservativen Revisionismus verunglimpft wurden. Das ganze Projekt identifizierte man ausschließlich mit der Regierung Kohl, obwohl die ersten Überlegungen weiter zurückreichten.[100] Die Erwartungen an das Projekt schwankten zwischen einem nebulösen historischen Mystizismus und einem reaktionären Mißbrauch der Geschichte, in dem die Vergangenheit vor 1945 keine Rolle mehr spielte. Leidenschaftliche Kritiker wie Hans Mommsen wähnten gar den Großteil der Historie auf „Wendekurs". Der Versuch, mit Mitteln staatlicher Regulative ein staatsorientiertes Geschichtsbewußtsein zu schaffen, erinnerte ihn fatal an den Borussianismus des 19. Jahrhunderts.[101] Die 1984 hinzukommenden Pläne, neben dem „Haus der Geschichte der Bundesrepublik Deutschland" in Bonn auch ein „Deutsches Historisches Museum" in Berlin zu gründen, verstärkten diese Befürchtungen noch, konnte es doch scheinen, daß in Berlin ein Denkmal des toten, gescheiterten gesamtdeutschen Nationalstaates errichtet und in Bonn eine propagandistische Selbstdarstellung der lebendigen, erfolgreichen „Nation" Bundesrepublik etabliert werden sollte.[102]

Je konkreter das Bonner Museum wurde, desto mehr versachlichte sich der Ton. Die Eröffnung im Juni 1994 fand in großer Harmonie statt, freilich nicht zuletzt deshalb, weil die Wiederherstellung der deutschen Einheit den Konflikt entschärft hatte. Mittlerweile ist dem „Haus der Geschichte der Bundesrepublik Deutschland" ein durchschlagender Erfolg beschieden, und es hat auch internationale Anerkennung gefunden.[103] Die ständige Ausstellung fordert zur Identifikation mit der Bundesrepublik, wie sie seit 1949 entstanden ist, auf. Anfangs nicht vorgesehen, ist heute auch die DDR-Geschichte in starkem Maße präsent. Die Wiedervereinigung 1990 erhält als Apotheose großes Gewicht. Dies überdeckt heute die ursprüngliche teilstaatliche Intention: In der „alten" Bundesrepublik war Bonn der zentrale Ort konservativer Geschichtspolitik. Die Stadt am Rhein sollte zum geistig-kulturellen Zentrum ausgebaut und zum nationalen Symbol des westdeutschen Erfolgsmodells gemacht werden. Die in zahlreichen Bundesländern geplanten und z.T. gegründeten Häuser der Geschichte[104] stützten diesen Prozeß mit dem Verweis auf die regionalen Identitäten und föderativen Traditionen noch zusätzlich ab.

Aber nicht nur die Museen sollten eine bundesrepublikanische Erinnerung stimulieren und strukturieren. Viel wichtiger und vor allem massenwirksamer waren die symbolischen Erinnerungsgesten und der namentlich von Bundeskanzler Helmut Kohl initiierte geschichtspolitische Diskurs, die auf eine Aussöhnung der Deutschen mit ihrer Vergangenheit abzielten. Hinter Kohls Worten von der „Gnade der späten Geburt", die er in einer Ansprache in der israelischen Knesset am 25. Januar 1984 formulierte, stand der Versuch, die Last der NS-Vergangenheit von sich abzuladen, und zwar mit dem Verweis auf das Nachwachsen einer neuen, unbelasteten Generation in Deutschland sowie der Betonung der deutsch-israelischen Freundschaft.[105] Die Bitburg-Affäre, die nur ein gutes Jahr nach dem Konflikt über Kohls Israelreise begann, verdeutlichte, daß es dem Kanzler und seinen Beratern darum ging, den Besuch des amerikanischen Präsidenten Ronald Reagan dazu zu nutzen, die Bundesrepublik in den Stand eines „normalen" Staates zu heben.[106] Der Jahrestag der deutschen Kapitulation wurde 1985 erstmals nach vierzig Jahren zum Ausgangspunkt einer vehementen öffentlichen Reflexion sowohl über das Verhältnis der Bundesrepublik zum Nationalsozialismus als auch über ihre Position im westlichen Bündnis. Vorausgegangen war das – als entwürdigend empfundene – demonstrative Übergehen der bundesdeutschen Repräsentanten bei den Feiern zum 40. Jahrestag der alliierten Landung in der Normandie, das Befürchtungen entstehen ließ, die Alliierten könnten am 8. Mai eine Siegesfeier auf deutschem Boden veranstalten.[107] 1985 wurden grundsätzliche Fragen deutscher Politik thematisiert: War die Bundesrepublik gleichberechtigter Partner im westlichen Bündnis oder immer noch der mißtrauisch beäugte Kriegsgegner von gestern? In welchem Verhältnis standen die zwölf Jahre des „Dritten Reiches" zu den vierzig Jahren stabiler bundesrepublikanischer Demokratie? Mußte die Bundesrepublik weiter mit dem „obsessiven" Rückverweis auf die NS-Vergangenheit leben, oder konnte sie den Anspruch auf ihre Lernleistung geltend machen? Schließlich: Wie konnte der deutschen Kriegsopfer im Verhältnis zu den Opfern des Völkermords gedacht werden?

Versöhnung, demonstrative Verbundenheit und der Blick nach vorn standen auf dem Programm der Inszenierung auf dem Soldatenfriedhof in Bitburg, Kritisches sollte ausgeklammert werden.[108] Mit ihrem Drängen, an Bitburg festzuhalten – obwohl bekannt wurde, daß dort auch Angehörige der Waffen-SS begraben lagen – und diese Geste lediglich durch einen anschließenden Besuch in der Gedenkstätte Bergen-Belsen abzufedern, stürzte die Bundesregierung den amerikanischen Präsidenten Reagan in seine schwerste innenpolitische Krise. In der Bundesrepublik selbst war die Bitburg-Affäre deshalb so brisant, weil sich mehrere politische Themenkomplexe überschnitten. Zunächst überlappten sich der Ost-West-Konflikt mit dem Antiamerikanismus der deutschen Friedensbewegung und der nachdrücklichen Betonung der deutsch-amerikanischen Freundschaft seitens der Bundesregierung. Diese wollte im Verein mit der konservativen Presse – zugespitzt formuliert – die Bundesrepublik retrospektiv zu einem Mitglied der Westalliierten machen, womit der 8. Mai als Schlüsseldatum verschwand. Daran schloß sich der Themenkomplex: demokratische Gegenwart versus nationalsozialistische Vergangenheit an. Bedenkt man, daß Moskau von konservativer Seite unterstellt wurde, den 8. Mai zur Disziplinierung der Deutschen zu „besetzen",[109] so schlugen zwei gegensätzliche Geschichtsbilder durch: Der Zukunftsorientierung West stand die Rückwärtsgewandtheit Ost gegenüber. Dieser Zusammenhang wiederum wurde in das bundesdeutsche Rechts-links-Schema gepreßt. So lauteten die oppositionellen Codewörter des Diskurses: vierzig Jahre Demokratie – Nationalsozialismus; Versöhnung – Erinnerung; Kriegstote – Täter; Freunde des Westens – Nazienkel; Selbstbewußtsein – „Büßerhaltung". Die letzten Reste der „Bewährungsfrist für eine historische moralische Schuld", so urteilt Charles S. Maier treffend über die Regierungspläne, sollten symbolisch ausgelöscht werden.[110] Die negative Vergangenheit sollte zu diesem Zweck zwar nicht geleugnet, aber durch die Ehrung auch der deutschen Kriegsopfer ausbalanciert werden. Nach den Intentionen der konservativen Medien und des Bundeskanzleramtes sollte die Bitburg-Feier ein Ende der Diskurse um die Vergangenheitsbewältigung bedeuten und die Bundesrepublik mit einem rein positiven Gründungsmythos einer rechtsstaatlichen Demokratie nach westlichem Muster unter weitmöglicher Ausklammerung der NS-Vergangenheit ausstatten.

Im Ergebnis erwies sich dieses geschichtspolitische Unterfangen als kontraproduktiv. Die Bitburg-Affäre löste geradezu einen erneuten Thematisierungsschub zur NS-Vergangenheit aus; weltweit und zumal in der Bundesrepublik stellten sich Fragen nach der Qualität der deutschen Vergangenheitsbewältigung nun wieder brennender. Indessen: Umfragen zufolge hieß eine Zweidrittelmehrheit der bundesdeutschen Bevölkerung das Festhalten am Programmpunkt „Bitburg“ gut.[111] Insofern hier also die konservative Vermutung, daß der Bevölkerungsmeinung eine „linke Medienhegemonie“ gegenüberstand, Nahrung fand,[112] lassen sich durchaus Verbindungslinien zum eineinhalb Jahre später ausgetragenen „Historikerstreit“ ziehen, der nichts anderes darstellte als der letzte Höhepunkt des Kampfes um die Kontrolle der politischen und kulturellen Diskurse in der Bundesrepublik.

Der „Historikerstreit“ ist häufig als das Gegenbild einer historischen Kontroverse beschrieben worden[113]: Er war kein „Legendenkiller“, in dem neues empirisches Material die historische Wahrnehmung und den Interpretationsrahmen erweitert hätte, wodurch sich beispielsweise die Fischer-Kontroverse ausgezeichnet hatte oder die Debatte über die Täterschaft und die historische Bedeutung des Reichstagsbrandes 1933. Es handelte sich auch nicht um eine Horizontverschiebung, wie sie im Rahmen methodischer und methodologischer Innovationskonflikte möglich war und ist, z.B. im Lamprecht-Streit am Übergang vom 19. zum 20. Jahrhundert über die Kulturgeschichtsschreibung oder in den Kontroversen über die Alltagsgeschichte bzw. die kulturwissenschaftliche Erweiterung der Sozialgeschichte heute. Im „Historikerstreit“ wurde keine einzige neue Quelle erschlossen, keine Tatsache der Vergangenheit neu erforscht und keine neuen methodischen Zugriffsweisen erprobt. Er war mit den Mitteln der Geschichtswissenschaft nicht zu entscheiden; überdies kümmerten sich beide Seiten im Konflikt wenig um wissenschaftliche Standards. Der „Historikerstreit“ war von vornherein öffentlichkeitsbezogen und stellte eine politisch motivierte „Arbeit am Mythos“ dar – im Sinne einer Reinterpretation des bundesrepublikanischen Ursprungsmythos. Der Streit bedeutete die „letzte große intellektuelle, sogar staatsbürgerliche Auseinandersetzung in der alten Bundesrepublik“.[114] Es sollen im folgenden nicht der gesamte Streit oder die Struktur der Kontroverse abermals nachgezeichnet werden – die publizistische Produktivität dieses Ereignisses war enorm, und die Nachbetrachtungen sind Legion.[115] Knapp und thesenhaft soll statt dessen umrissen werden, in welcher durchaus widersprüchlichen Art und Weise er zur geschichtspolitischen Affirmation der Bundesrepublik beigetragen hat, was in unserem Zusammenhang der entscheidende Aspekt ist.

Konflikte über die NS-Zeit bewegten sich in der „alten“ Bundesrepublik immer auf der Ebene elementarer Wertungen und tangierten konstitutive Elemente des demokratischen Selbstverständnisses. Im „Historikerstreit" wurde die zentrale Frage einer Normalisierung der westdeutschen Republik als Nation ausgefochten. Den konservativen Herausforderern ging es darum, mit den Botschaften ihres Diskurses die Basiserzählung der Bundesrepublik – also die als Ergebnis einer Kumulation von Ereignisdeutungen weithin akzeptierte, legitime Sichtweise der Vergangenheit – zu verändern und durch eine neue zu ersetzen. Der Kern der bundesdeutschen Basiserzählung war seit den ausgehenden sechziger Jahren die Vernichtung der europäischen Juden im Nationalsozialismus; gäbe es Auschwitz nicht bzw. könnte man es im Hinblick auf vergleichbare Perioden anderer Nationen relativieren, dann wäre das nationalsozialistische Regime nur noch eines unter vielen in der jüngsten Vergangenheit. Angesichts einer Regierung, die dazu bereit schien, einen Schlußstrich unter die Vergangenheit zu ziehen, und angesichts einer verbreiteten, politisch erzeugten Stimmung, daß die Deutschen auf den größten Teil ihrer Geschichte stolz sein könnten, entledigte sich eine Reihe von Historiker jener Beschränkungen, die bestimmte Formulierungen bislang tabuisiert hatten. Ziel war es, die NS-Vergangenheit im Dienste eines funktionalistischen nationalpädagogischen Konzepts zu neutralisieren und eine selbstkritische Aufarbeitung deutscher politischer Tradition zugunsten einer nationalen Sinnstiftung aufzugeben. Ein zustimmungsfähiges Geschichtsbild, das die Nationalgeschichte nicht beständig als Unheilsgeschichte überlieferte, sollte als Legitimierungsstrategie die politische Zukunft gewinnen helfen. Die radikalste geschichtspolitische Variante vertrat dabei bekanntlich Ernst Nolte, der den Holocaust als angstgeborene Überreaktion auf eine „asiatische Tat" des Bolschewismus relativierte. Mit diesem Konstrukt konnte letztlich auch der Nationalsozialismus in neuartiger Weise in die deutsche Identität eingeordnet werden: nicht mehr allein als absolutes Negativum, sondern als – auf den Ost-West-Konflikt vorausweisenden – Kampf gegen den bolschewistischen Menschheitsfeind.[116]

Die von Jürgen Habermas eingeleitete Gegenoffensive zeitigte widersprüchliche Wirkungen. Denn die Einschätzung, wonach die Wachsamkeit einer kritischen Öffentlichkeit den nationalapologetischen Revisionismus abgeschmettert habe,[117] blendete ihrerseits aus, daß auch die gemäßigte bundesrepublikanische Linke massiv Geschichtspolitik betrieb. Zum Fundament der Bundesrepublik gehörte auch nach dem „Historikerstreit" die kritische Auseinandersetzung mit der neueren Geschichte, besonders mit dem Nationalsozialismus. Die Last der deutschen Geschichte wurde nicht aus der Erinnerungskultur entfernt. Die kritische Holocaust-Identität, basierend auf einem aufgeklärten Geschichtsbewußtsein, wurde vielmehr an die geistige Westbindung gekoppelt und dem konservativen Unterfangen gegenübergestellt. Dieses zielte darauf, die infolge ihres schuldbeladenen Gedächtnisses „verletzte Nation“ durch die bindende Identität des Nationalstaats zu kurieren. Der Stolz auf die eigene Nation sollte gefördert werden; wenn die Bundesrepublik in dieser Hinsicht kein „normaler“ Staat werde, könne das Vertrauen in ihre Institutionen in Mitleidenschaft gezogen werden.[118] In den Augen neokonservativer Zeitkritiker war nur durch einen Ausgleich des nationalen Konsensdefizits die kollekive Handlungsfähigkeit der Gesellschaft zu erhalten und zu stärken.

Das Entscheidende aber war: Beide konkurrierenden Diskurse bewirkten letztlich eine Affirmation der Bundesrepublik – der eine Diskurs, indem er die „Normalität des Nationalstaats“, der andere, indem er die „Logik der Geschichte“ beschwor. Doch während die erste Variante über eine gesamtdeutsche „Hintertür“ verfügte, konnte die letztgenannte Variante der Kritiker im „Historikerstreit“ zu einer Apologie der deutschen Teilung führen. Diese wurde nicht mehr mit einer Anerkennung der politischen Realitäten oder mit europa-, friedens- oder sicherheitspolitischen Argumenten erklärt, sondern mit einem geschichtspolitisch motivierten imperativen Moralismus gerechtfertigt. „Auschwitz“ blieb so nicht nur weiterhin Konstituens bundesdeutschen Selbstverständnisses und Wertehorizonts, vielmehr entstand eine aus Auschwitz abgeleitete Verzichtsethik, die die Teilung als „gerechte Strafe“ klassifizierte und im Umkehrschluß auch noch die DDR-Diktatur durch ihre „antifaschistische Staatsräson“ indirekt zu legitimieren vermochte. Die gemäßigte Linke entdeckte im „Historikerstreit“ so nachhaltig wie nie zuvor die Bundesrepublik aufgrund ihrer geistigen, politischen und kulturellen Westbindung als „ihre“ Republik. Folge war bei vielen ein De-facto-Verzicht auf eine etwaige Wiedervereinigung. Als die Einheit unverhofft kam, wurde sie dementsprechend als Störfall wahrgenommen, und nach 1990 setzte sich die „Mentalreservation“ gegenüber Deutschland als Ganzem fort;[119] es verstärkte sich nicht selten sogar ein retrospektiver altbundesrepublikanischer Patriotismus.[120] Demgegenüber schlug auf der konservativen Seite ein doppelter Vorteil durch: Die deutschlandpolitischen Deklamationen der vergangenen Jahre – die mit der operativen Politik nichts gemein hatten – und die Restauration des 17. Juni – die lediglich die Affirmation des „normalen Nationalstaates“ Bundesrepublik symbolisch kompensieren sollte – hatten im Einigungsprozeß insofern eine unverkennbare Bedeutung, als die Union argumentativ an beides anknüpfen und sich als Partei der Einheit darstellen konnte.[121]

In Wahrheit aber hatte die Bundesrepublik die höchste Stufe der Selbstanerkennung paradoxerweise in ihrer letzten Stunde 1989 erklommen – ein halbes Jahr vor dem Fall der Berliner Mauer und der dramatisch beschleunigten Transformation der internationalen Lage durch die Revolution von oben, die Michail Gorbatschow im kommunistischen Lager einleitete. Kurz vor ihrem Ende schien die Bundesrepublik an ihrem Ziel. Die unzähligen Bilanzen und Inszenierungen zum vierzigsten Geburtstag der Republik im Mai 1989 bestätigten, daß die Bundesrepublik als „Nation" akzeptiert war. Seinen vierzigsten Geburtstag feierte dieser Staat in einem Ausmaß, als handelte es sich um ein gründungsmythisches Jahrhundertereignis. Politische Beobachter verglichen die Feierlichkeiten mit denen zum 200. Jahrestag der amerikanischen Unabhängigkeitserklärung in den USA 1976 und mit dem Bicentenaire der Französischen Revolution in Frankreich 1989.[122]

Hierin dokumentierte sich eine über die Zeit gewonnene historische Reife und ein gewachsenes Selbstbewußtsein, schließlich nicht zuletzt die stolze Bejahung der rechts- und sozialstaatlichen Ordnung sowie der liberalen politischen Kultur. Ein Staat schien endlich im sicheren Hafen angekommen zu sein – während gleichzeitig ungarische Grenzsoldaten damit begannen, den Eisernen Vorhang niederzureißen, und sich in der DDR unübersehbar ein rapider Autoritätsverlust des SED-Regimes vollzog. Schon bald sollte der Massenexodus aus der DDR einsetzen und sich – für die meisten unfaßbar – die „unerhoffte Einheit" Deutschlands (Konrad H. Jarausch) anbahnen.

Die Bundesrepublik, so wie sie sich 1989 präsentierte, wurde gleichermaßen als das Werk Adenauers wie der Linken, wurde als Definitivum, nicht als Provisorium gefeiert.[123] Noch hieß es nirgends, daß der Verzicht auf die Wiedervereinigung zur Lebenslüge der Bundesrepublik geworden sei. Ganz im Gegenteil: Die „Wiedervereinigung ist längst zur Lebenslüge der Bundesrepublik geworden. Niemand glaubt mehr daran, aber keiner wagt es laut zu sagen. Wollen wir sie überhaupt noch? Wäre sie gut für Europa und die Welt? Nützte sie dem Frieden?", so faßte die Illustrierte „stern" bereits 1987 die Einschätzung des bundesdeutschen Publikums zusammen.[124] Den Tag der deutschen Einheit zu begehen sei etwa so, als ob die DDR den Streik in Rheinhausen feiern würde, meinte 1989, durchaus nicht unrepräsentativ, eine Leserbriefschreiberin.[125] Umfängliches demoskopisches Datenmaterial zum historisch-politischen Selbstverständnis belegt, daß die Bundesbürger – trotz eines abstrakten Festhaltens am Wiedervereinigungsgebot des Grundgesetzes – an die Realität Gesamtdeutschlands im Grunde nicht mehr glaubten, und die DDR sogar aus dem, was man in der Bundesrepublik für „deutsch" hielt, zusehends ausgeklammert wurde. Die Eigenstaatlichkeit der DDR zog man nicht in Zweifel. Eine Revision der politischen Ordnung wurde weithin abgelehnt, das Wunschmodell stellte die in die westliche Welt eingebundene, pluralistische Bundesrepublik dar. Als deren herausragende Leistungen galten: die persönliche Freiheit der Menschen, die Westbindung, die Friedens- und

Entspannungspolitik sowie die politische und betriebliche Mitbestimmung und der erreichte Wohlstand. Die Verfassungsprinzipien galten viel, man schätzte die Wirtschafts- und Sozialordnung; dem Parteienstaat und dem Parlamentarismus standen nur Minderheiten ressentimentbeladen gegenüber. Der Stolz der Bundesbürger und ihr Geschichtsbewußtsein bezogen sich auf die „Nation“ Bundesrepublik, gesamtdeutsche oder kulturnationale Aspekte spielten eine weit untergeordnete Rolle.[126]

Am entscheidenden Knotenpunkt der Auseinandersetzung um die Zukunft der deutschen Frage, an dem in den vergangenen Jahrzehnten mit zunehmender Verkrampfung die Debatte über den historisch-politischen Standort der Bundesrepublik Deutschland geführt worden war, nämlich am 17. Juni, manifestierte sich 1989 der bundesrepublikanische Grundkonsens am deutlichsten. Es war kein Zufall, daß gerade hier der Schlußstrich unter die jahrzehntelangen, erbitterten deutschlandpolitischen Streitigkeiten der Bonner Republik gezogen wurde. Erhard Eppler (SPD), der ehemalige Mitstreiter von Gustav Heinemanns Gesamtdeutscher Volkspartei, formulierte die Versöhnung, die sich aus folgenden Bestandteilen zusammensetzte: Gegenüber einem Einheitsstreben hatten Frieden und Freiheit Vorrang; nationale Identitäten bedurften nicht mehr des Nationalstaats als Kristallisationspunkt und mußten auch nicht mehr auf ihn abzielen; das Recht auf Selbstbestimmung galt auch für Deutsche; deutsche Geschichte war ebenso offen wie die Geschichte aller anderen Völker; angesichts eines weltpolitischen Gezeitenwechsels – einer zusehends dramatischen, aber noch sehr widersprüchlichen, ja unberechenbaren Entwicklung – war es absurd, einer Grabesruhe der deutschen Frage das Wort zu reden; aber je souveräner deutsche Politik werde, „desto weniger bedarf sie des souveränen Nationalstaates, um die Einheit der Deutschen darzustellen und zu festigen“; denn die Freiheit der Deutschen und die Einheit Europas seien keine Gegensätze, sondern Produkte ein und derselben Politik.[127]

Er habe, so führte Eppler vor dem Bundestag weiter aus, „heute wesentlich mehr Verständnis für die Motive, das Geschichtsbild und die Vision Konrad Adenauers und damit auch für seine Geradlinigkeit, die grandiose Einseitigkeit und Härte seines Handelns“. Adenauers Grundsatzentscheidung sei zwar weder die einzig mögliche noch die denkbar beste gewesen, „wohl aber eine geschichtlich legitime, vor der deutschen und europäischen Geschichte verantwortbare (...) Und vielleicht könnte die Union hinzufügen: Im Grunde verhält es sich mit Brandts Ostpolitik ganz ähnlich. Sie war nicht der Vollzug eines Sachzwangs, über den sich nicht streiten ließe, aber sie war eine legitime Form deutscher Friedenspolitik, die Form, in der Willy Brandt glaubte, im Interesse der Deutschen Konsequenzen aus ihrer Geschichte ziehen zu müssen, und zwar nicht nur aus der Geschichte von 1933 bis 1945, sondern auch aus den Grundentscheidungen, die mit dem Namen Adenauers verbunden sind."[128] Das uneingeschränkt zustimmende politische und öffentliche Echo führte es eindringlich vor Augen: Die politische Linke hatte nachhaltig den Westen entdeckt und die Konservativen endlich auch den Osten.[129] Alle Tendenzen waren jetzt im Brennglas „17. Juni" gebündelt worden: Westintegration und Ostpolitik, wachsende posttraditionale Identität und eigenständige demokratische Traditionsbestände der zweiten deutschen Republik hatten sich zu einer „Bundesrepublikanisierung" der Erinnerung verdichtet.

Zusammenfassung und Ausblick: Der Weg zur bundesrepublikanischen Erinnerung

Im Jahre 1989 war die Bundesrepublik Deutschland bei ihrer vollen historischen und politischen Selbstanerkennung angelangt. Der Weg dorthin war langwierig und mühsam sowie mit zahlreichen Konflikten gepflastert gewesen. Eine historisch-politische Orientierung gestaltete sich deshalb von Beginn an so problematisch, weil die (West-)Deutschen nach der nationalsozialistischen Katastrophe 1945 im Unterschied zu anderen Völkern und Staaten kaum mehr positive, selbstverständliche historische Bezugspunkte und Überzeugungen besaßen. Neben dem nachwirkenden NS-Erbe war die Teilung der Nation das wichtigste Hindernis, sich selbst zu begreifen. Zudem potenzierte die Konkurrenzsituation mit der DDR den internen bundesrepublikanischen Streit. Um den geschichtskulturellen Weg zur bundesrepublikanischen Erinnerung und die dramatischen Veränderungen in der (west)deutschen Identität nachzuzeichnen, erwies sich der 17. Juni 1953 als geeigneter Seismograph. Er stellte das entscheidende historische Ereignis dar, an dem sich die Selbstverständnisse formierten, an dem Realitätserfahrungen, Deutungs- und Sinnangebote vermittelt, aber auch gestaltet, an dem um Traditionen gestritten und neue Denk- und Handlungsmöglichkeiten erschlossen wurden.

Es war beileibe kein anonymer Vorgang, daß sich in der Bundesrepublik über den Verlauf von vierzig Jahren hinweg ein eigenes Traditionsfundament herausbildete, das die Freiheit gegenüber der gesamtnationalen Einheit als Wert privilegierte, die normative kulturell-politische Westbindung einem deutschen Sonderbewußtsein vorzog, eine selbstreflexiv-kritische Identität hervorbrachte und allgemein traditionelle deutsche Denkmuster sowie obrigkeitsstaatliche Prägungen abgeschliffen wurden. Vielmehr haben in diesen vierzig Jahren die politischen Eliten mit unterschiedlichem Erfolg immer wieder versucht, Traditionen zu bilden und Erinnerung zu gestalten. In öffentlichen Konflikten über die deutsche Vergangenheit ist um die grundlegenden Vorstellungen, Normen und Werte der Bundesrepublik gestritten worden. Damit wurde in dieser Untersuchung ein Politik- und Handlungsfeld in der Demokratie angesprochen, das bislang wenig beachtet worden ist: die Geschichtspolitik. „Erfundene Traditionen", Ritualisierungen und politische Diskurse über Geschichtsbilder beeinflußten die Geschichtskultur nachhaltig und führten – in Perspektive gesehen – zu einem spezifischen bundesrepublikanischen Geschichtsbewußtsein. Der Weg zur bundesrepublikanischen Erinnerung verlief dabei über vier entscheidende Phasen.

Die erste Phase zwischen 1948/49 und 1953 kennzeichnete eine bisweilen hilflose Suche nach anknüpfungsfähigen Traditionssträngen, wie in dieser Studie anhand konstruktivistischer Theorien zu den „erfundenen Traditionen" herausgearbeitet wurde; am Ende dieser Phase war der Gedächtnisort „Tag der deutschen Einheit" etabliert. Die ungewöhnlich erfolgreiche institutionelle Neuschöpfung eines westdeutschen Staates zwischen 1945 und 1949 stellte nur die eine Seite der Verwandlung vom Reich zur Bundesrepublik dar. Die Kehrseite bildeten die vielfach gebrochenen Erfahrungen der Menschen, eine gesellschaftliche Desorientierung und die – selbst in der professionellen Historikerschaft vorherrschende – Empfindung, nach der Katastrophe des „Dritten Reiches" in einer „geschichtslosen Zeit" zu leben. Wenn das „Tausendjährige Reich" sich als Erfüllung und Vollendung der deutschen Nationalgeschichte ausgegeben hatte – was blieb dann nach dessen Untergang, nach der Auflösung Preußens und der Aufteilung Deutschlands noch übrig? Während im Osten Deutschlands die SED zum hundertjährigen Revolutionsjubiläum 1948 die Gründungsmythen des entstehenden zweiten deutschen Staates in aufwendigen Inszenierungen präsentierte und den Antifaschismus, die Einheit des Volkes sowie das Kommunistische Manifest als antizipierte Geburtsurkunde der DDR herausstrich, agierte man im Westen zurückhaltend. Als Basiskonsens der Demokraten kristallisierte sich das „Erbe der Paulskirche" heraus: Verfassungsstaat, Freiheit und Parlamentarismus. Daß sich jedoch dieser normative und ideelle Gehalt der Gründung der Bundesrepublik im Bewußtsein der meisten Menschen weniger stark einprägte als die praktisch erfahrene Währungsreform, lag nicht zuletzt in den gründungsmythischen Dissonanzen, denen ein ebenso großes Gewicht beigemessen werden muß, wie dem häufig betonten pragmatischen Konsens der Gründerjahre. Jenseits des Basiskonsenses zeigten sich nämlich die politischen Akteure höchst uneinig über den Sinn und den Zweck der Bundesrepublik. Mit den Stalin-Noten von 1952 und dem Aufstand vom 17. Juni 1953 in der DDR kulminierte die Kontroverse.

An der Verarbeitung des 17. Juni 1953 läßt sich ablesen, daß es in der zweiten Phase auf dem Weg zu einer bundesrepublikanischen Erinnerung, die sich bis Mitte der sechziger Jahre erstreckte, zu einer gespaltenen Erinnerungskultur und zu einer scharfen Konkurrenz von Geschichtsbildern kam. Während im konservativen Spektrum eine spezifische, „abendländische" Vorstellung vom endlich hinter sich gelassenen deutschen Sonderweg entstand, die in der westorientierten Bundesrepublik folgerichtig das „wahre Vaterland" erkannte, wurde von Sozialdemokraten, Liberalen, Gewerkschaften und Vertriebenenverbänden, aber auch vom nationalprotestantischen Flügel der Union ein massenwirksamer Kult um den gesamtdeutschen Nationalstaat ins Leben gerufen. Aus der Eruption des 17. Juni, die die westdeutschen Zuschauer emotional stark bewegte, wurden sofort überzeitliche Orientierungswerte abgeleitet. Noch während seines Verlaufs erfuhr der ostdeutsche Aufstand im Westen eine Historisierung, und es bildete sich ein Revolutions- und ein Nationsmythos aus. Politiker, Journalisten und Wissenschaftler zerrissen ein hochkomplexes Ereignis in seine untrennbaren Bestandteile, nahmen jeweils bestimmte Segmente für sich in Anspruch und paßten sie in ihr historisch-politisches Koordinatensystem ein. Die Politik der Erinnerung war seither auch ein öffentlicher Kampf um deutschlandpolitische Konzepte. Im sozialdemokratischen und gewerkschaftlichen Geschichtsbild, das man auf den Nenner „Arbeiter und Nation" bringen kann, bedeutete der Aufstand eine Art sozialdemokratische Doppelrevolution: gegen die SED-Diktatur im Osten und gegen die „kleinstdeutsche", „klerikal-restaurative" Kanzlerdemokratie im Westen. Die SPD sah die Bundesrepublik in Umkehrung des geflügelten Bismarck-Wortes als „nicht saturiert" an.[1] Die Einheit der Nation wurzelte für sie in der Klassensolidarität der Arbeiter. Ebenfalls einem Deutungsinventar aus dem 19. Jahrhundert entlehnt war die liberale Interpretation einer „echten Volkserhebung", eines ostdeutschen „Opfergangs" für die Einheit und Freiheit Deutschlands in der Tradition von 1848.

Adenauer und weite Teile der CDU hingegen warteten mit einer völlig anderen Sichtweise auf und interpretierten den 17. Juni als ein Plebiszit für die Westbindung. Die geschichtspolitische Attraktivität dieser Deutung lag für die Bundesbürger darin, daß sie einen von allen historischen Belastungen befreiten politischen Neuanfang an der Seite des starken Westens suggerierte. Die oft benutzte Metapher „Orientierung am freiheitlichen Westen" versprach das Ende des verhängnisvollen deutschen Sonderwegs. Freiheit und Einheit wurden dabei unter den konkreten Bedingungen des Ost-West-Konflikts zur Antithese erhoben. Eine antinationale Identitätsofferte an die Westdeutschen stieß angesichts der Niederschlagung des Aufstandes vom 17. Juni durch die Sowjetunion auf große Zustimmung, und daß diese schließlich gegen die Politikoption der Sozialdemokratie formuliert werden konnte, verstärkte ihre Wirkung vor allem im Bürgertum noch zusätzlich. Die Arbeit am kollektiven Gedächtnis erfolgte bei Adenauer nicht unter der Prämisse einer nationalpädagogischen Erinnerung oder gar nationalpolitischen Mobilisierung, sondern ihm ging es darum, die westorientierte Bundesrepublik ungeachtet aller Kontingenzen als ein historisch notwendiges, sinnvolles und die dereinstige Wiedervereinigung verbürgendes Gebilde darzustellen. Der 17. Juni verstärkte das abstoßende Erscheinungsbild des sowjetischen und ostdeutschen Kommunismus und förderte so insgesamt eine prowestliche Grundstimmung in der Gesellschaft, die mehr und mehr ideelle Überzeugungskraft erhielt.

Die „Adenauer-Wahl" vom September 1953, die die CDU zur Staatspartei werden ließ, stabilisierte die Bundesrepublik in entscheidendem Maße. Gleichwohl gab es 1953 einen unerwarteten gesamtnationalen Solidarisierungsschub, den letzten vor dem Mauerbau 1961 und der Wiedervereinigung 1989/90. Der Aufstand in der DDR bewies den Westdeutschen, daß die vermutete Sowjetisierung ihrer Landsleute fehlgeschlagen war, daß die Sozial-Mentalität der Menschen im Osten trotz aller Eingriffe des SED-Regimes derjenigen im Westen noch ähnelte und sich die Ostdeutschen gegen gewaltsame Umstrukturierungen von oben zur Wehr setzten. Die Verbindung von Nation und Emotion erfuhr infolge des 17. Juni für kurze Zeit eine Renaissance, doch das Ergebnis nahm eine überaus ambivalente Gestalt an: Im Westen verband sich die nationale Aufwallung mit einem erhöhten Verlangen nach Sicherheit vor den Sowjets an der Seite der amerikanischen Schutzmacht, was nach Lage der Dinge eine nationalstaatliche Einheit ausschloß. Die Solidargemeinschaft aller Deutschen blieb als Idee zwar vorhanden, aber in der Erinnerung vieler Bundesdeutschen wurde der 17. Juni 1953 zu einer Art politischem und moralischem Sieg Westdeutschlands umfunktioniert.

Bis zum Bau der Berliner Mauer 1961 entfaltete sich in der Bundesrepublik ein umfassender Kult um den deutschen Nationalstaat, der hauptsächlich von Adenauers deutschlandpolitischen Gegnern organisiert wurde und dessen institutioneller Kristallisationskern die nationalpolitische Sammlungsbewegung Kuratorium „Unteilbares Deutschland" darstellte. Die Mythen und Symbole, Ritualisierungen und Inszenierungen sind in der Untersuchung mit Hilfe kulturanthropologischer Theorien erschlossen worden. Ziel der nationalen Geschichtspolitiker war es, mit möglichst ganzjährigen plebiszitären Aktivitäten die Aufbruchstimmung vom Juni 1953 zu perpetuieren, das Postulat der Wiedervereinigung emotional und symbolisch zu verankern, einen nationalpolitischen Stillstand und die Stabilisierung der Bundesrepublik zu verhindern sowie alles daranzusetzen, daß die Erinnerung an den deutschen Nationalstaat nicht verblaßte oder schlimmer noch: durch ein bundesrepublikanisches Geschichtsbewußtsein abgelöst wurde. In einer zunächst stark parteipolitisch ausgerichteten, gespaltenen Memorialkultur versuchte man, gesamtdeutsche Identität rituell zu konstruieren, indem auf das geschichtspolitische Formen- und Inszenierungsarsenal der deutschen Nationalbewegung, vor allem aus der Zeit der Befreiungskriege 1813–1815, zurückgegriffen wurde. Man beabsichtigte, ein nationales Gemeinschaftsgefühl zu wecken – mit Festen am Hermannsdenkmal, Feuerinszenierungen, Stafettenläufen und nationalpädagogischen Reden, die sich auf das freiheitliche und nationale Pathos von Arndt, Fichte, Jahn, Kleist, Körner und Schiller bezogen. An diesem Kult beteiligte sich intensiv auch die führende Garde der professionellen Historiker, die sich als „Volkspädagogen“ begriffen und die politische Aufgabe der Geschichtswissenschaft darin sahen, einer durch den antitotalitären Aufstand des 17. Juni „rehabilitierten Nation“ die erforderlichen national-konservativen Geschichtsbilder zu liefern.

Außerdem sollten in Wort und Bild gesamtnationale Gedächtnisorte auf dem Boden der DDR und in den ehemaligen deutschen Ostgebieten dem drohenden Vergessen entrissen werden. Schließlich entstanden ikonische Verdichtungen des kollektiven Gedächtnisses in Form von unzähligen lokalen Denkmälern. Den räumlichen Bezugspunkt all dieser Aktivitäten bildete die Reichsnation. Die Untersuchung dieses Kultes hat gezeigt, daß die Geschichte der Bundesrepublik in den fünfziger und frühen sechziger Jahren in der These einer raschen kulturellen Verwestlichung nicht aufgeht, und Vorsicht gegenüber Interpretationen geboten ist, die eine geradlinige Aufstiegsgeschichte zeichnen. Zwar waren der gigantische Staatskult des „Dritten Reiches“ und die sozialistische Neuauflage in der DDR als negative Vergleichsfolien immer präsent, aber manche Geschichtspolitiker im Westen machten noch Vorstellungen von der Mobilisierung der Volksgemeinschaft zum Bezugspunkt ihrer Aktionen.

Die bundesrepublikanische Memorialkultur, in der das kollektive Gedächtnis rituell inszeniert wurde, war pluralistisch. Nicht der Staat organisierte die Erinnerung, sondern Parteien, Verbände und Gruppen. Trotz der Vielgestaltigkeit transportierte diese Memorialkultur einen Kanon an politischen Normen und Werten in das kollektive Gedächtnis der Westdeutschen. Dabei spielte eine besondere Rolle, daß der Tag der deutschen Einheit als Symbol antitotalitärer Gesinnung begangen wurde. Die Totalitarismustheorie konnte populär werden, weil man im antitotalitär-antikommunistischen Kampf der Aufständischen des 17. Juni eine Art Wiedergutmachung für deutsches Versagen im „Dritten Reich“ sah. Nicht vergessen werden darf in diesem Zusammenhang, daß der Tag der deutschen Einheit die Trauer über den Verlust des Nationalstaates darstellbar machte, ohne den Nationalsozialismus in den Mittelpunkt rücken zu müssen.

Der Kult um den deutschen Nationalstaat erwies sich überdies noch in anderer Hinsicht als doppelbödig. Er sollte ein „geläutertes“ Nationalbewußtsein der (West-)Deutschen über die Zeit der Teilung hinweg aufrechterhalten, hatte aber – unbeabsichtigt – erheblichen Anteil an der Konsolidierung der Bundesrepublik. Denn er kanalisierte einen nach wie vor latenten Nationalismus, bevor dieser in dem Maße aufgebraucht war, in dem seit Anfang der sechziger Jahre das Legitimitätseinverständnis und die Demokratiezufriedenheit in der Bundesrepublik anwuchsen, der Durchbruch zur Konsum- und Freizeitgesellschaft stattfand und die Gesamtnation als historisch-politischer Bezugsrahmen langsam, aber beständig in den Hintergrund trat. Somit federte der nationale Kult den Übergang zur „postnationalen Demokratie“ ab, der nicht schockartig kam, sondern sich allmählich und aus der Einsicht in die weltpolitischen Gegebenheiten, aber auch in das problematische deutsche historische Erbe, vollzog.

In der anschließenden dritten Phase auf dem Weg zur bundesrepublikanischen Erinnerung, die bis 1974 reichte, bildete sich ein bundesrepublikanisches Staatsbewußtsein aus und etablierte sich zugleich eine neue, „linke“ Sonderweg-These. Lebensweltlich gingen das gesamtnationale Ritual und die Nationalpädagogik zusehends an den Erfahrungen, Wahrnehmungen und Erwartungen der Westdeutschen vorbei. Bereits seit Ende der fünfziger Jahre konnte man einen zunehmend extremer werdenden Hiatus zwischen den alten politischen Eliten und der Mehrheit der bundesrepublikanischen Bevölkerung feststellen. Nation und Wiedervereinigung enthielten für die Westdeutschen nicht nur einen Zukunfts- und Hoffnungsüberschuß, der kurz- oder mittelfristig politisch nicht einzulösen war, sondern mehr noch: Der Kult zielte auf eine an der Vergangenheit ausgerichtete Revision des Gegenwartszustandes. Aber diese Gegenwart wurde von vielen Bürgern gar nicht mehr als revisionsbedürftig wahrgenommen, und die apokalyptischen Bilder vom Verlust einer gesamtdeutschen Erinnerung, die Teile der Politik malten, berührten sie immer weniger. Die Beteiligung an einem Kult, der nicht – wie in anderen Staaten – den Status quo legitimierte, sondern ihn gerade überwinden wollte, ließ dramatisch nach. Durch den Schock des Mauerbaus erlebte der Kult eine letzte kurze Blüte, brach dann aber in kürzester Zeit vollständig zusammen.

Das historisch-politische Koordinatensystem der Bundesrepublik Deutschland veränderte sich im Laufe der sechziger Jahre aus mehreren Gründen. So beschleunigten beispielsweise die spektakulären nationalen und internationalen NS-Prozesse kollektive Lernprozesse. Die NS-Vergangenheit wurde in der Öffentlichkeit nun zusehends als Skandalon betrachtet. Zur gleichen Zeit riefen Politik und öffentliche Meinung immer lautstärker nach einem bundesrepublikanischen, aus der Geschichte und den westdeutschen Aufbauleistungen geschöpften Staatsbewußtsein, um dem – als Bedrohung empfundenen – Historischen Materialismus des SED-Regimes eine freiheitliche und rechtsstaatliche Idee entgegenzusetzen, was nicht zuletzt institutionelle Reaktionen im Bereich der politischen Bildung nach sich zog, aber auch in Vorstellungen von einer „formierten Gesellschaft“ münden konnte. In das Zentrum des politischen Deutungsfeldes „Nation“ schob sich somit nicht nur mehr und mehr der Topos der Freiheit, sondern ein teilstaatsbezogenes Geschichtsbewußtsein, dessen Basis die „Erfolgsgeschichte“ der Bundesrepublik darstellte. Diese

– und nicht mehr der Gesamtnationalstaat – bestimmte den Wahrnehmungs- und Erfahrungshorizont der Bundesbürger. Die Republik verfügte über eigene starke und überaus geläufige, fest im kollektiven Gedächtnis verankerte, wirtschaftliche, politische und „personale" Gründungsmythen. Wenn die Bundesdeutschen nun „stolz" auf die Nation waren, so bezog sich dies in erster Linie auf die Leistungen und Merkmale der Bundesrepublik; sie wurde in zunehmendem Maße emotional anerkannt.

Parallel zu internationalen und nationalen, politischen, gesellschaftlichen und kulturellen Wandlungsprozessen verlief seit Anfang der sechziger Jahre eine Transformation des Geschichtsbildes und der Erinnerung. Erst diese verlieh der deutschlandpolitischen Desillusionierung, der wachsenden Kritik an einer zum Stereotyp gewordenen Wiedervereinigungsrhetorik und der Vorstellung von einer Europäisierung der deutschen Frage die volle Durchschlagkraft. Besonders wichtig waren dabei die Jaspers- und die Fischer-Kontroverse. Für die Spaltung der Nation machte Jaspers 1960 die Deutschen selbst – und nur sie – verantwortlich. In Form einer neuaufgelegten Geschichtsmetaphysik sah er in ihr sogar eine gerechte, immerwährende Strafe für die Herbeiführung der Weltkatastrophe. In dieser Sicht mußte man sich vom Westen aus zwar für die Freiheit der Ostdeutschen einsetzen. Aber eine Wiedervereinigung zu fordern war angesichts des Ost-West-Konflikts nicht nur politisch irreal, sondern aus moralisch-ethischen Gründen heraus geradezu ungebührlich. Wer jedes Recht in der Vergangenheit vernichtet habe, dem stehe es nicht zu, aus der Geschichte irgendwelche nationale Rechtsansprüche abzuleiten.

Die philosophischen Gedanken gewannen gesellschaftspolitisches Gewicht und waren seither – bis zu den Wiedervereinigungsdebatten von 1989/90 – aus dem geschichtspolitischen Diskurs nicht mehr wegzudenken, weil sie in der Fischer-Kontroverse – der historiographischen Schlüsseldebatte der „alten" Bundesrepublik – empirisch unterfüttert wurden. Wie niemals zuvor sah sich Mitte der sechziger Jahre der Nationalstaat der Deutschen von 1871 bis 1945 einer massiven Kritik ausgesetzt. Das alte geschichtspolitische Gebäude, das immer schon Risse gezeigt hatte, stürzte bis zum Ende des Jahrzehnts vollkommen ein. Bisher hatte man einen dicken Trennungsstrich zwischen den „guten" Traditionen des Deutschen Kaiserreichs und den „schlechten" des „Dritten Reiches", zwischen einem „maßvollen" Nationalismus vor 1933 und einem „pervertierten" danach gezogen. Die deutsche Schuld an der Entfesselung des Zweiten Weltkrieges konnte nicht ernsthaft bestritten werden, aber die Vorstellung von der relativen oder gar absoluten Unschuld Deutschlands am Ersten Weltkrieg war konstitutiv für das (west)deutsche Geschichtsbewußtsein gewesen und von Politikern von rechts bis links nie angezweifelt worden. Daß beide Weltkatastrophen aus Fehlentwicklungen der deutschen Geschichte resultieren könnten – diese Ansicht war aus geschichtspolitischen Motiven heraus als undenkbar zurückgewiesen worden, entsprach sie doch dem kommunistischen Geschichtsbild des SED-Regimes.

Die langfristige Wirkung der Fischer-Kontroverse war nicht nur deshalb so bedeutsam, weil das bisherige nationalapologetische Geschichtsbild von einer jüngeren Historikergeneration einer grundsätzlichen Revision unterzogen wurde. Als wichtiger noch erwiesen sich die politischen Implikationen: Neben der alten konservativen Vorstellung vom Sonderweg Deutschlands bildete sich eine neue, „linke" Sonderweg-These aus, die nicht am gesellschaftlichen Status quo orientiert war, sondern im Gegenteil an einer umfassenden Demokratisierung der Gesellschaft. Insofern bedeutete dieser öffentliche Konflikt auch einen entscheidenden Einschnitt für die westdeutsche Geschichtskultur – denn er bahnte den Weg für eine erstmals von „links" ausgehende Selbstanerkennung der Bundesrepublik, die mit der „Bundesrepublikanisierung" der sozialdemokratischen Deutschland- und Außenpolitik seit 1960 begonnen hatte und dann in der zweiten formativen Phase dieses Staates bis 1974 ihre volle Gestalt annehmen sollte.

Die Erinnerung an 1933 bis 1945 als Ursprung der verlorenen Einheit, der auf den deutschen Eigenanteil hinwies, erhielt seit der beginnenden Studentenbewegung in der zweiten Hälfte der sechziger Jahre, vor allem aber im Zuge der Neuen Ostpolitik außerordentliche, breitenwirksame Relevanz und führte zu dramatischen Veränderungen im vorherrschenden Geschichtsbild, das jetzt nicht mehr über Ritualisierungen, sondern über politische Diskurse gestaltet wurde. Im Zeitraum zwischen 1969 und 1989 konnten vier dominierende Diskurse über bundesrepublikanische Geschichtsbilder unterschieden werden: Zunächst der kontrastive Katastrophendiskurs über das Deutsche Reich, vom dem sich die Bundesrepublik abhob, und sodann der Freiheitsdiskurs, der Identitätsdiskurs und schließlich der ambivalente Nationsdiskurs.

Für die Formung einer bundesrepublikanischen Erinnerung war die Ostpolitik der sozialliberalen Koalition so bedeutsam, weil sie lange bestehende Tabus brach, die Fluchtpunkte verschob und beharrlich an 1933 als der Wurzel des deutschen Unheils erinnerte, dessen Keim aber viel früher, mindestens im Kaiserreich erkannt wurde. Der Untergang des Reiches bedeutete so gesehen die notwendige Voraussetzung für eine endlich erfolgreiche Demokratie in (West-)Deutschland nach 1945. Die Bundesrepublik, das „Modell Deutschland", erschien als „Friedensmacht" und setzte sich von der Hegemonial- und Kriegspolitik des Deutschen Reiches ab. Der zwischen 1969 und 1974 mittels Historie und Tradition vorangetriebene Neubegründungsprozeß der Bundesrepublik, der auf große Resonanz in der Bevölkerung stieß, grenzte sich von der nationalstaatlichen Vergangenheit Deutschlands deutlich ab und bezog sich – etwa mit dem Code „Mehr Demokratie wagen" – auf die Traditionen der Freiheitsbewegungen in der deutschen Geschichte, die als Ursprünge der bundesdeutschen Zivilgesellschaft das kollektive Gedächtnis bestimmten sollten. Diese Geschichtspolitik, die nach dem Grundlagenvertrag mit der DDR die Bundesrepublik historisch stärker verwurzeln wollte, wies nicht nur auf frappierende Defizite der bundesdeutschen Historiographie hin, sondern veränderte das öffentliche Geschichtsbewußtsein in starkem Maße. Seit der Gründung der Bundesrepublik war „Freiheit" eine der wichtigsten Legitimationsressourcen gegenüber dem Osten. „Freiheit" bezeichnete dabei jedoch fast ausschließlich das Gebot, den Totalitarismus abzuwehren. Erst in der zweiten formativen Phase der Bundesrepublik weitete sich der Freiheits-Begriff erheblich aus, und er bedeutete nun, die demokratischen Partizipationsmöglichkeiten in allen gesellschaftlichen Bereichen auszubauen.

Ein unter umgekehrten Vorzeichen „polarisiertes Geschichtsbild" (Hans Mommsen) bestimmte schließlich die vierte und letzte Phase auf dem Weg zu einer bundesrepublikanischen Erinnerung zwischen 1975 und 1989. Der Machtwechsel von 1969 und die Neue Ostpolitik waren einhergegangen mit der Umkehrung der politischen Fronten in der nationalen Frage. Während in der frühen Bundesrepublik die gemäßigte Rechte um Bundeskanzler Adenauer eine supranationale Integrationspolitik betrieben und die gemäßigte Linke vehement den Primat der deutschen Einheit vertreten hatte,[2] kam es nun zu einem Rollentausch, der die traditionellen Zuordnungen wiederherstellte. „Wiedervereinigung" wurde zu einer „rechten", gegen den Pragmatismus der sozialliberalen Koalition gerichteten Formel. Geschichtspolitisch bemächtigten sich die Konservativen des Tages der deutschen Einheit, den die sozialliberale Regierung aus der Erinnerung abgedrängt hatte und durch eine Verfassungsfeier ersetzen wollte. Verschiedene internationale und bundesrepublikanische Krisen, gesellschaftliche Fortschrittszweifel, die Suche nach Gemeinschaftsbindungen in der Vergangenheit, eine Flucht aus der Gegenwart, ferner ein – die neuen sozialen Bewegungen kennzeichnender – antiwestlicher linker Geschichtsromantizismus in Form einer „Befreiungshistorie", vor allem aber die Erfindung der „sozialistischen Nation" durch das SED-Regime als Antwort auf das kulturnationale Credo der Regierung Brandt/Scheel führten Mitte der siebziger Jahre zu einem eklatanten geschichtspolitischen Umschwung. Im Zuge der Tendenzwende kam die Vergangenheit in ganz neuer Form in Mode. „Identität" avancierte zum Kernbegriff, überlagerte den Freiheitsdiskurs, führte auch in der Geschichtswissenschaft zu Paradigmenwechseln und warf seine Schatten bis zu den großen Debatten der achtziger Jahre voraus.

Mit der „Wende" von 1982/83 erfolgte zunächst ein geschichtspolitischer Generalangriff auf die siebziger Jahre und deren Aufbruchsmythos – was sich bereits in der Preußen-Renaissance von 1977 bis 1981 angekündigt hatte –, bevor wiederum versucht wurde, die Bundesrepublik mit einer modifizierten Basiserzählung auszustatten. Der konservative Nationsdiskurs beinhaltete zwar durch die Restauration des 17. Juni ein Restpotential an nostalgischer Wiedervereinigungshoffnung, zielte aber in erster Linie auf die Bundesrepublik selbst ab, die nach vierzig Jahren erfolgreicher Demokratie aus dem Schatten der NS-Vergangenheit und der Fixierung auf den Holocaust heraustreten und mit einer „Normale-Nation-Identität" ausgestattet werden sollte. Geschichte war dabei Bestätigung und Schatz der Nation. Diesem „konservativen" Identitätsentwurf stand die „linksliberale" „Holocaust-Identität" gegenüber, in der Geschichte Mahnung und Bürde der Nation war. So weit beide Diskurse auch auseinanderlagen, so zeichntete sie doch eine wesentliche Gemeinsamkeit aus: jeder auf seine Weise führte in der historischen Erinnerung dazu, daß die bestehende Bundesrepublik bestätigt und gefestigt wurde.

Die Wiedervereinigung von 1990 hat nicht nur die vierzigjährige getrennte Geschichte der beiden deutschen Staaten zusammengebunden. Es sind auch zwei Gesellschaften zueinander gekommen, deren Denken, Mentalität und Erfahrungshorizonte von antagonistischen Leitvorstellungen und Geschichtsbildern zutiefst geprägt waren. Das betraf die wendungsreichen Diskurse über die deutsche Frage, die im Westen zu einem Verfassungspatriotismus und im Osten zu einem sozialistischen Patriotismus führen konnten, sich also systemimmanent an den politisch-kulturellen Leitbildern des jeweiligen Blocks ausrichteten. Andererseits blieb in weiten Teilen der DDR-Gesellschaft die traditionelle Idee der Nation lebendig, während das Geschichtsbewußtsein in der Bundesrepublik sich auf die gefestigte westdeutsche Demokratie verengt hatte und die nationalstaatlichen Traditionen im Sinne einer Kontinuität des Bismarckstaates abgeschliffen worden waren. Noch komplizierter gestaltete sich die neue Lage zwischen West und Ost, weil spiegelbildliche Verzerrungen und Projektionen fortbestanden. Diese erstreckten sich besonders auf die unterschiedlichen Formen der „Vergangenheitsbewältigung" und die Erinnerung an Nationalsozialismus und Holocaust. Im Westen wurde die Geschichte der Bundesrepublik alles in allem als großartige „Erfolgsstory" betrachtet, die sich von der deutschen Geschichte vor 1945 emanzipiert hatte, während bei der Vorstellung von der DDR das dunkel gezeichnete Bild vom totalitären Nachfolger des NS-Regimes weiter wirkte und zur Stabilisierung bzw. Selbstbestätigung des westdeutschen Staates beitrug. Im Osten hingegen wurde häufig ein verzerrtes und erstarrtes Propagandabild von der Bundesrepublik als Hort von Faschismus, Kapitalismus und Reaktion konserviert. Die Denkfigur des „besseren", weil „antifaschistischen“ Deutschland – das angeblich Schutz vor der Wiederkehr des Faschismus bot, das Freiheit von Ausbeutung versprach sowie Gleichheit und Sicherheit zu garantieren vorgab – war bis zum Ende der DDR weit verbreitet, gleichviel, ob man sich affirmativ oder kritisch zum zweiten deutschen Staat verhielt. Das Alltagshandeln der Deutschen in Ost und West war auf die vorgegebenen Rahmenbedingungen ausgerichtet, die, täglich reproduziert, auf die Verhaltensweisen abfärbten – ob man der Bundesrepublik und der DDR nun ergeben-loyal, kritisch oder weitgehend ablehnend gegenüberstand. So erschwerten die unterschiedlichen Orientierungsmuster und divergierenden Mentalitäten die Schaffung der inneren Einheit nach 1989. Noch heute gibt es in der Haltung zum politischen System der Bundesrepublik gravierende Unterschiede zwischen West- und Ostdeutschland, die nicht zum geringsten Teil aus dem nach wie vor gespaltenen Geschichtsbewußtsein resultieren.[3]

Ost- und Westdeutsche verbinden heute auch mit dem 17. Juni 1953 jeweils andere Erinnerungen und Erfahrungen. Im letzten Jahr der DDR kam es, vorangetrieben von der ostdeutschen Bürgerrechtsbewegung, zu einer Enttabuisierung des Aufstandes vom 17. Juni 1953. Er ist seither der wichtigste historische Bezugspunkt dafür, die vom SED-Regime gestohlene Erfahrung von Einigkeit und Recht und Freiheit auszudrücken. Wie ein seltsamer Irrtum mutet es daher an, daß gleichzeitig mit der Wiederherstellung der deutschen Einheit das geschehen ist, was in der „alten“ Bundesrepublik niemals möglich war: Der Tag der deutschen Einheit am 17. Juni wurde durch einen neuen Nationalfeiertag am 3. Oktober ersetzt. Ein einheitsstiftender Start in die neue Berliner Republik schien mit dem alten Tag der deutschen Einheit infolge der jahrzehntelangen geschichtspolitischen Kontroversen, die sich im kollektiven Gedächtnis der westdeutschen Bundesbürger tief eingegraben hatten, nicht mehr möglich.

Welche Formen wird die Erinnerung an die „alte“ Bundesrepublik und an die ehemalige DDR künftig annehmen? Die Suche nach Gründungserzählungen des vereinten Deutschland dauert an. So ist im geschichtspolitischen Diskurs der neuen Bundesrepublik mittlerweile die Tendenz unübersehbar, den 17. Juni 1953 nicht nur als erste demokratische Regung im sozialistischen Lager, sondern vielmehr als Beginn eines historischen Emanzipationsprozesses der DDR-Gesellschaft auszudeuten, der alternativlos und quasi teleologisch in den 9. November 1989 mündete. Es scheint, als würden sich der Revolutionsmythos und der Nationsmythos, die in der Bundesrepublik bereits 1953 entstanden waren, zu einem neuen Großmythos vereinen, wonach der 17. Juni Vorbote der Wiedervereinigungs-Revolution von 1989/90 gewesen sei.[4] So gesehen ist die geschichtspolitische Relevanz des 17. Juni 1953 auch für den Kampf um die Erinnerung in der heutigen Bundesrepublik noch längst nicht aufgebraucht.

Anmerkungen

Einleitung

1 Bundestagsrede vom 12. 1. 1956, abgedruckt in: Das Parlament 18. 1. 1956. Siehe auch die als kleine Broschüre veröffentlichte Stuttgarter Parteitagsrede „10 Jahre Politik für Deutschland", AcdP, NL Gerstenmaier, I-210–069/1 (danach das Zitat).

2 Gustav Heinemann, Die Freiheitsbewegungen in der deutschen Geschichte, in: GWU 25 (1974), S. 601–610, hier S. 602 f.

3 Vorbemerkung der Herausgeber (Karl Dietrich Bracher, Theodor Eschenburg, Joachim C. Fest, Eberhard Jäckel) im Band 1 des fünfbändigen Werkes: Theodor Eschenburg, Jahre der Besatzung 1945–1949, Stuttgart 1983, S. 7. Zu den weiteren Bänden, die in den folgenden Jahren herauskamen, sowie zu dem Kontext dieser „Entdeckung" der Geschichte der Bundesrepublik Deutschland, unten, Kapitel IV. 6b).

4 Eine Diskussion über die Dimensionen von Geschichtskultur und Geschichtspolitik in der Demokratie erfolgt im ersten Kapitel dieser Untersuchung.

5 In der Einleitung soll lediglich eine Anfangsorientierung über die Forschungsliteratur gegeben werden. Die Einzelliteratur zur Geschichte der Bundesrepublik ist zu zahlreich, als daß sie hier auch nur annähernd adäquat vorgestellt werden könnte; sie wird an Ort und Stelle, in den einzelnen Kapiteln und Untersuchungsschritten, eingeflochten.

6 Die beiden zentralen älteren Werke sind: Conze/Lepsius (Hrsg.), Sozialgeschichte der Bundesrepublik Deutschland; mit Blick auf die Kontinuität und Diskontinuität der politischen Kultur: Greiffenhagen, Ein schwieriges Vaterland. Zu den „langen" fünfziger Jahren siehe Schildt/Sywottek (Hrsg.), Modernisierung im Wiederaufbau. Zum Ort der drei deutschen Staaten – der „alten" Bundesrepublik, der DDR und der Bundesrepublik nach der Vereinigung – in der Geschichte jetzt: Ritter, Über Deutschland. Er zeichnet die strukturellen Veränderungen von Wirtschaft und Gesellschaft, von Parteiensystem, Massenmedien, Eliten und sozialen Milieus nach.

7 So auch der Befund im neuesten Forschungsbericht von Frei, Treibhaus des Westens, S. 278.

8 Siehe z. B. den Bericht über die Institutionen und Themenfelder der DDR Zeitgeschichtsforschung von Kleßmann/Sabrow, Zeitgeschichte in Deutschland nach 1989; sowie Kocka (Hrsg.), Historische DDR-Forschung; Bessel/Jessen (Hrsg.), Die Grenzen der Diktatur; Kaelble/Kocka/Zwahr (Hrsg.), Sozialgeschichte der DDR.

9 Vgl. Doering-Manteuffel, Deutsche Zeitgeschichte nach 1945, S. 28 f.; Hockerts, Zeitgeschichte in Deutschland, S. 18 f. Dieses Problem wird auch in neuen Studien zur Ideenlandschaft nach 1945 aufgeworfen, die den spezifischen Spannungsver-

hältnissen zwischen deutschen Denktraditionen und westlichen Werten in gesellschaftlich bedeutenden Intellektuellenkreisen nachgehen; siehe Hochgeschwender, Freiheit in der Offensive?; Sauer, Westorientierung im deutschen Protestantismus? In den neuesten historischen Bilanzen zum 50. Jahrestag der Gründung der Bundesrepublik Deutschland spielt dies ebenfalls eine wichtige Rolle, siehe Görtemaker, Geschichte der Bundesrepublik Deutschland, und Sontheimer, So war Deutschland nie.

[10] Danyel (Hrsg.), Die geteilte Vergangenheit; Herf, Divided Memory; Bosworth, Explaining Auschwitz; Buruma, Erbschaft der Schuld; Reichel, Politik mit der Erinnerung; Diner, Kreisläufe; Herz/Schwab-Trapp, Umkämpfte Vergangenheit.

[11] Siehe Steinbach, Widerstand im Widerstreit; ders., „Stachel im Fleisch der deutschen Nachkriegsgesellschaft"; ders./Tuchel (Hrsg.), Widerstand gegen den Nationalsozialismus; Ueberschär (Hrsg.), Der 20. Juli 1944.

[12] Gemeint ist mit diesem Begriff „nicht irgendeine Vergangenheit, sondern die Zeit des Nationalsozialismus und der Umgang mit dessen katastrophalen Folgen durch die Deutschen in der Nachkriegszeit" – so heißt es in einem bekannten Lexikon zur Zeitgeschichte; vgl. Benz (Hrsg.), Legenden, Lügen, S. 180. Neuere, materialreiche Gesamtüberblicke zur „Vergangenheitsbewältigung": von Hehl, Kampf um die Deutung; König, Das Erbe der Diktatur; Faulenbach, NS-Interpretationen und Zeitklima. Forschungskontroversen über die Geschichte und Bewertung der bundesdeutschen Vergangenheitsbewältigung haben die Republik immer begleitet. In der jüngsten Zeit befindet sich die seit jeher umstrittene These Hermann Lübbes von 1983 erneut auf dem Prüfstand, wonach das „Beschweigen" der NS-Vergangenheit in der Bundesrepublik der fünfziger Jahre das „sozialpsychologisch und politisch nötige Medium" einer geglückten Verwandlung der einstigen NS-Volksgenossen in die Bundesbürger gewesen sei. Vgl. ders., Der Nationalsozialismus im historischen Bewußtsein, S. 334. Norbert Frei hat sich vehement gegen diese affirmative und funktionalistische Sicht gewandt, die die Probleme bereits vor der Analyse entsorge, und er betont die politischen und moralischen Kosten, die sich aus einer weitreichenden, parteiübergreifenden Integrations- und Amnestiepolitik im ersten Jahrfünft der Bundesrepublik ergaben und den späteren Vorwurf einer „unbewältigten Vergangenheit" begründeten. Vgl. ders., Vergangenheitspolitik; ähnlich Brochhagen, Nach Nürnberg; die Gegenposition bei Kittel, Die Legende von der „Zweiten Schuld". Zur methodischen Abgrenzung von Vergangenheitspolitik und Geschichtspolitik unten, Kapitel I. 2b).

[13] Vgl. Lepsius, Das Erbe des Nationalsozialismus.

[14] Vgl. mit weiterführender Literatur die neuere Darstellung von Albrich, „Es gibt keine jüdische Frage".

[15] Vgl. Overesch, Buchenwald und die DDR; Meuschel, Legitimation und Parteiherrschaft, S. 29ff.; Lemke, Instrumentalisierter Antifaschismus. Die DDR-Bürger bekamen allmählich das Gefühl, mit dem Nationalsozialismus nichts zu tun zu haben. „Hitler, so schien es, ist ein Westdeutscher gewesen", so formuliert Bender, Deutsche Parallelen, S. 48.

[16] Reichel, Politik mit der Erinnerung, S. 40.

[17] Vgl. Habermas, Aufarbeitung der Geschichte; Obenaus, NS-Geschichte nach dem Ende der DDR; Kleßmann, Das Problem der „doppelten Vergangenheits-

bewältigung"; Positionen bezüglich eines Vergleichs der „Vergangenheitsbewältigung" nach 1945 und nach 1989/90 bei Hoffmann, Stunden Null?; ferner Wengst, Geschichtswissenschaft und „Vergangenheitsbewältigung". Das ausdrückliche Ziel der Enquete-Kommission „Aufarbeitung von Geschichte und Folgen der SED-Diktatur in Deutschland" war es, einen Beitrag zur Stabilisierung des politischen Systems zu leisten und zur „inneren Einigung Deutschlands" beizutragen. Die Enquete-Kommission sollte durch ihre Arbeit das demokratische Bewußtsein sowie die gemeinsame politische Kultur in Deutschland weiterentwickeln und zur Entstehung eines neuen Zusammengehörigkeitsgefühls nach der Teilung beitragen. Diese Aufgabe macht deutlich, welch hoher Stellenwert der Geschichte von seiten der Politik beigemessen wurde. Vgl. Deutscher Bundestag (Hrsg.), Materialien der Enquete-Kommission, Bd. 1, besonders S. 154 ff. (Beschlußempfehlung und Bundestagsdebatte). Zu deren Arbeit siehe Bock, Von der Tribunal-Idee.

18 Von Beginn an stand die deutsche Frage im Mittelpunkt der Politik der Bundesrepublik. Dementsprechend umfangreich ist die Literatur zur Deutschlandpolitik. Vgl. die Literaturberichte bei Doering-Manteuffel, Die Bundesrepublik Deutschland in der Ära Adenauer, S. 36 ff. und bei Morsey, Die Bundesrepublik Deutschland, S. 230 ff.; diese Darstellung reicht bis 1969. Für die Zeit danach v. a. Garton Ash, Im Namen Europas; Blumenwitz/Zieger (Hrsg.), Die deutsche Frage im Spiegel der Parteien; Korte, Deutschlandpolitik in Helmut Kohls Kanzlerschaft, sowie – v. a. als Abbild der Bandbreite an Themen, Meinungen und Forschungsstandpunkten – die drei Bände zur Deutschlandpolitik, vorgelegt von der Enquete-Kommission „Aufarbeitung und Folgen der SED-Diktatur in Deutschland". In jüngster Zeit sind noch eine Reihe akteursbezogener Studien hinzugekommen: Morsey, Heinrich Lübke; Weber, Carlo Schmid; Wengst, Thomas Dehler; Vogtmaier, Egon Bahr und die deutsche Frage. Siehe die Besprechung: Wolfrum, Die Geschichte der Bundesrepublik anhand von Biographien.

19 Dieses Problem hat die Bundesrepublik immer begleitet. Bereits 1970 schrieb der Zeithistoriker und Politologe Waldemar Besson sein Buch, Die Außenpolitik der Bundesrepublik, in dem Bewußtsein, daß die Bundesrepublik nach zwanzig Jahren im Begriff sei, „sich selbst historisch zu begreifen" und eine eigene Tradition auszubilden (S. 460). Aufgrund historischer Erfahrungen und weltpolitischer Ereignisse habe die Bundesrepublik nicht deutsche, sondern westdeutsche Politik betrieben und von den Erfordernissen des eigenen Staates her gedacht und gehandelt. Doering-Manteuffel bemerkte in seiner erstmals 1983 erschienenen Darstellung, Die Bundesrepublik Deutschland in der Ära Adenauer, daß sich bereits im Verlauf der fünfziger Jahre Ansätze zu einer „eigenen Staatsräson" der Bundesrepublik herausgebildet hätten (S. 6).

20 In einem eher essayistischen Beitrag stellte Gall 1984 heraus, daß die Bundesrepublik eine eigene Kontinuität in der deutschen Geschichte geschaffen habe, „die das Geschichtsbild heute weitaus stärker bestimmt, als man vielfach noch meint"; vgl. ders., Die Bundesrepublik in der Kontinuität, S. 607. Winkler, Nationalismus, Nationalstaat und nationale Frage, hat mittlerweile einige der wichtigsten Debatten in ihren Grundzügen nachgezeichnet.

21 Seit Beginn der achtziger Jahre ist in zahlreichen kleineren Arbeiten das Problem der Teilung Deutschlands für die politische Kultur und das Geschichtsbe-

wußtsein erörtert worden. Diese Betrachtungen können heute nicht nur kritisch überprüft, sondern häufig als zeitgenössische Quellen gelesen werden. Vgl. Weidenfeld (Hrsg.), Die Identität der Deutschen; ders. (Hrsg.), Politische Kultur und deutsche Frage; ders. (Hrsg.), Geschichsbewußtsein der Deutschen; Jeismann (Hrsg.), Einheit – Freiheit – Selbstbestimmung; ders., „Identität“ statt „Emanzipation“; Weigelt (Hrsg.), Heimat – Tradition und Geschichtsbewußtsein; Hättich, Geschichtsbewußtsein in der Demokratie; Raulff (Hrsg.), Vom Umschreiben der Geschichte; H. Mommsen, Geschichtsbewußtsein in der Bundesrepublik; Habermas, Geschichtsbewußtsein und posttraditionale Identität.

[22] Loth, Die Deutschen und die deutsche Frage, S. 214.

[23] Vgl. Jarausch, Die postnationale Nation, S. 30.

[24] Vgl. vor allem Hacker, Deutsche Irrtümer; tendenziell aber auch Schwarz, Mit gestopften Trompeten; Grundzüge der Debatte bei Morsey, Die Bundesrepublik Deutschland, S. 171 ff.

[25] In besonders frappierender Weise zeigt sich dies, wenn man die Kommentare aus Publizistik, Politik und Wissenschaft zum vierzigsten Jahrestag der Gründung der Bundesrepublik 1989 vergleicht mit den Diskussionen und Kontroversen, die nach der Wiedervereinigung geführt wurden und an denen sich dieselben Persönlichkeiten beteiligten. Dazu im einzelnen Roth, Die Idee der Nation, S. 340 ff.; Beispiele einer Umwertung der „alten“ Bundesrepublik und einer Annullierung all jener Versuche, ein genuin bundesrepublikanisches Selbstbewußtsein herauszubilden, bei Naumann, „Neuanfang ohne Tabus“; siehe auch unten, Kapitel IV. 6b).

[26] In diesem Tenor besonders einige Beiträge in Rammstedt (Hrsg.), BRD ade!, namentlich derjenige von Tenbruck, Der Anfang vom Ende, S. 41–61.

[27] Beispiele der Debatte bei Jarausch, Normalisierung oder Re-Nationalisierung. Zum Streit über neue deutsche Identitäten die Beiträge in: ders. (Hrsg.), After Unity; siehe auch den Besprechungsessay von Winkler, Westbindung oder was sonst?

[28] Dies entgeht der Dissertation von Krämer, Der Volksaufstand vom 17. Juni 1953, vollkommen, die lediglich erwähnt werden muß, weil sie neueren Datums ist. Analytisch und selbst vom Deskriptiven her betrachtet, handelt es sich hierbei um eine völlig unzureichende Arbeit. Im ersten Teil wird der Aufstand in der DDR geschildert, im schmalen zweiten Teil erschöpft sich Krämers Vorhaben, das Echo in der Bundesrepublik nachzuzeichnen, darin, daß er ohne eine spezifische Fragestellung bruchstückhaft die Reden zum 17. Juni referiert. In abgeschwächter Weise gilt dieses Urteil im übrigen auch für die aus juristischer Perspektive verfaßte Dissertation von Sütterlin, Der Tag der deutschen Einheit. Im Unterschied zu diesen Dissertationen geht es in vorliegender Untersuchung nicht um eine schlichte Rezeptionsgeschichte des Aufstandes in der DDR und schon gar nicht um den Nachweis von „richtigen“ und „falschen“ Interpretationen. Der 17. Juni wird vielmehr als ein Paradigma betrachtet, um Antworten auf übergreifende Fragestellungen zu erhalten.

[29] Diesen Ansatz verfolgt auch dezidiert Schildt, Moderne Zeiten, in seiner Untersuchung über die bundesdeutsche Sozialkultur der fünfziger Jahre.

[30] Vgl. Kleßmann, Verflechtung und Abgrenzung; ders./Sabrow, Zeitgeschichte in Deutschland nach 1989; Doering-Manteuffel, Deutsche Zeitgeschichte nach 1945, v. a. S. 27 ff.; Hockerts, Zeitgeschichte in Deutschland; Jarausch/Siegrist (Hrsg.),

Amerikanisierung und Sowjetisierung, v.a. deren Einleitung; Müller, Doppelte Zeitgeschichte; Bauerkämper/Sabrow/Stöver (Hrsg.), Doppelte Zeitgeschichte. – Die Möglichkeiten und Grenzen verschiedener Ansätze, nach 1989/90 deutsche Nachkriegsgeschichte zu schreiben, lotet Kocka, Die Geschichte der DDR als Forschungsproblem, aus. Er unterscheidet vier Positionen: 1. eine gemeinsame Geschichte im Zeitalter der Teilung, 2. eine supranationale Geschichte, die Europa als Rahmen nimmt, 3. eine Beziehungs- und Wechselwirkungsgeschichte, 4. eine vergleichende Geschichte.

31 Näheres zu den Besonderheiten dieses – ungleichen – Verhältnisses unten, Kapitel I. 2c).

32 Das gilt ganz besonders für die deutsch-deutsche Parallelgeschichte von Bender, Episode oder Epoche?

33 In einzelnen Fällen konnten Sondergenehmigungen erwirkt werden; außerdem gilt diese Frist bekanntlich nicht für die BStU-Akten.

34 Da politische Kultur öffentliche Kultur ist, bildet die Presse eine Hauptquelle für Informationen über die normativen Konturen einer Gesellschaft. Durch die Erörterung wird der Gegenstand erst erzeugt. Die Presse darf aber nicht nur als Spiegel der Politik betrachtet werden, denn der öffentlichen Meinung kommt häufig eine mitgestaltende Rolle zu. Außerdem verändern die Medien, besonders das Fernsehen, die Rahmenbedingungen für die Gestaltung von Politik; siehe dazu Jäger, Fernsehen und Demokratie.

35 Die Zitierweise zeigt an, welche wissenschaftlichen Werke als Quellen benutzt wurden: Während die Sekundärliteratur durchgängig nur mit Kurztitel zitiert wird, findet bei der Primärliteratur eine Zitierung des vollständigen Titels statt.

I.1. Geschichte, Erinnern, Vergessen

1 Siehe z.B. Luks/O'Sullivan (Hrsg.), Die Rückkehr der Geschichte; Burrichter/Schödl (Hrsg.), „Ohne Erinnerung keine Zukunft"; außerdem das Themenheft von Transit. Europäische Revue 2 (1991).

2 Siehe Werle, Neue Wege: Die südafrikanische Wahrheitskommission.

3 Vgl. Gersmann/Kohle (Hrsg.), Frankreich 1815–1830. – Die Autoren der Beiträge versuchen zu erfassen, wie die Gesellschaft der Restauration mit dem Erbe der Revolution verfahren ist und welche bewußtseinsprägenden Nachwirkungen das Zäsurereignis Revolution hinterlassen hat. Das grundsätzliche Dilemma der Restaurationsgesellschaft bestand, wie bei allen „Nachfolgegesellschaften", darin, daß die positiven wie negativen Errungenschaften der Französischen Revolution aus der politischen Praxis nicht mehr wegzudenken waren, man also mit diesen Zäsurerfahrungen umgehen mußte. Interessanter als die historiographischen Nachwirkungen der Revolution ist ihr Nachleben im politischen Prozeß selbst. Versteht man die Revolution – Umwälzungen, soziale Umbrüche, Entmachtungen, Emigrationen – als Belastung und Impuls praktischer Politik, dann besteht der Bedarf nach Bewältigung, „wenn der Versuch unternommen wird, die so revolutionierte Gesellschaft in ein neues Gleichgewicht zu bringen, ihr eine neue Ordnung zu geben, die Dauerhaftigkeit verspricht". Die Bewältigung der Folgen – Strafen

für Besiegte, Entschädigung von Opfern, Erinnerung von Verbrechen, Monumentalisierung der Helden etc. – zwingt zur entschiedenen politischen Stellungnahme. „In solchen Entscheidungssituationen verdichtet sich das komplexe Geflecht revolutionärer Handlungsstränge und ihrer Bewertung auf die simple Kernfrage: der Diskurs über die Revolution wird dann zum Prozeß über die Geschichte." Zitate ebd., S. 18 und 19 (Beitrag von Winfried Schulze). – Diese Probleme werden in einen größeren intertemporalen und internationalen Kontext eingeordnet bei Steinbach, Vergangenheitsbewältigung in vergleichender Perspektive.

[4] Vgl. Nippel, Bürgerkrieg und Amnestie: Athen 411–403; Loraux, Das Vergessen in der Erinnerung der athenischen Demokratie.

[5] So jedenfalls läßt sich das Buch von Huntington, Kampf der Kulturen, auch interpretieren.

[6] Fukuyama, Das Ende der Geschichte.

[7] Lübbe, Zeit-Verhältnisse, S. 9f. Ähnlich argumentiert Pierre Nora in Frankreich, dazu unten, Kapitel II.2.

[8] Vgl. Luhmann, Das Kunstwerk und die Selbstproduktion.

[9] Vgl. Raphael, Theatres of Memory. „History as a mass activity" bedeutet für ihn in erster Linie weniger ein Symptom der Krise als vielmehr einen Zugewinn an Demokratie. Sein „ethnographic approach" läßt ihn zu der Ansicht gelangen, daß die Geschichtsaneignung der „gemeinen Leute" eine demokratische Alltagskultur hervorbringe.

[10] Die optimistische ältere These, daß das Zeitalter des Nationalismus in Europa sich gegenüber dem Trend nach transnationaler Identitätsbildung in einer chancenlosen Defensivposition befinde, ist jedenfalls obsolet geworden.

[11] Dazu Reinprecht, Nostalgie und Amnesie.

[12] Vgl. Höpken, Geschichte und Gewalt.

[13] Quattrocchi-Woisson, Un nationalisme de déracinés; Riekenberg (Hrsg.), Politik und Geschichte in Argentinien und Guatemala. Die meisten hispanoamerikanischen Länder machten seit den 1880er Jahren zunächst eine Periode forcierter Modernisierungsanstrengungen durch, gefolgt von einer national-reformerischen, populistischen Entwicklungspolitik in den frühen dreißiger Jahren des 20. Jahrhunderts, die schließlich in eine überaus konfliktbeladene Entwicklung hin zur Demokratisierung mündete. Hatte im 19. Jahrhundert noch eine sehr große Heterogenität in den Geschichtsvorstellungen geherrscht, die durch spezifische Struktureigentümlichkeiten bedingt war – z. B. massive Immigration in Argentinien, konfliktbeladenes Verhältnis von Region und Nation in Kolumbien, ethnisch-kulturelle Konflikte in Guatemala, so zog der umfassende Strukturwandel auch einen Schub der Institutionalisierung der Geschichtserforschung und -vermittlung nach sich. Dessen Charakteristikum war, daß er unter massiven politischen Funktionszuweisungen, insonderheit einer Nationalisierungs- und Homogenisierungsfunktion, litt. Die Untersuchungen verdeutlichen, wie die politischen Führungen bestrebt waren, konkurrierende Geschichtsbilder einzuebnen, was sich nicht zuletzt in Schulbüchern als Medium offiziöser, regierungsamtlicher Geschichtsinterpretation niederschlug. Geschichte wurde in lateinamerikanischen Ländern vollständig für politische Zwecke in Anspruch genommen – es kam zu einem wechselseitigen Prozeß der „Politisierung der Geschichte" und der „Historisierung der Politik".

[14] Vgl. v.a. den Sammelband von Smith/Emrich (Hrsg.), Vom Nutzen des Vergessens. Hier finden sich Beiträge aus kulturwissenschaftlicher, literaturhistorischer, psychoanalytischer, historiographischer und philosophischer Sicht. Eine Kulturgeschichte des Vergessens hat Weinrich, Lethe, vorgelegt.

[15] Lämmert, Vom Nutzen des Vergessens, S. 14.

[16] Gesine Schwan, Politik und Schuld, hat mit Blick auf die deutsche Gesellschaft nach dem Nationalsozialismus die moralischen und psychischen Folgen von Beschweigen und nicht verarbeiteter Schuld herausgearbeitet und kommt zum Schluß, daß diese noch die folgenden Generationen und den Grundkonsens einer Demokratie beschädigen.

[17] Vgl. Hunt, Symbole der Macht; Furet/Ozouf (Hrsg.), The Transformation of Political Culture 1789–1848; Speth, Nation und Revolution, S. 361 ff.

[18] Reichardt, Von der politisch-ideengeschichtlichen zur sozio-kulturellen Deutung; Koselleck/Reichardt (Hrsg.), Die Französische Revolution als Bruch des gesellschaftlichen Bewußtseins; jetzt v.a. die neue Gesamtdarstellung des Umbruchs von 1789: Reichardt, Das Blut der Freiheit.

[19] Dörner, Politischer Mythos und symbolische Politik, S. 98 ff.

[20] Immanuel Kant, Der Streit der Fakultäten, zit. nach: Koselleck, Historia Magistra Vitae, S. 209.

[21] Siehe z.B. Furet, Das Ende der Illusion; Hobsbawm, Das Zeitalter der Extreme.

[22] Siehe Oexle (Hrsg.), Memoria als Kultur; Aleida Assmann/Harth (Hrsg.), Mnemosyne.

[23] Sellin, Mentalität und Mentalitätsgeschichte, S. 576.

[24] Vgl. Koselleck, Vergangene Zukunft.

[25] Hardtwig, Geschichtsstudium, Geschichtswissenschaft und Geschichtstheorie, S. 31.

[26] Koselleck, Geschichte, Historie, S. 692.

[27] Vgl. Demandt, Geschichte als Argument.

[28] Dazu unten, Abschnitt 2c).

[29] Vgl. Jeismann, „Geschichtsbewußtsein“; ders., Geschichte als Horizont der Gegenwart.

[30] Siehe Knigge, „Triviales“ Geschichtsbewußtsein.

[31] V.a. von Borries, Geschichtslernen und Geschichtsbewußtsein; ders./Rüsen (Hrsg.), Geschichtsbewußtsein empirisch. – Konstitutiv für die Kategorie des Geschichtsbewußtseins ist ihre Anbindung an das Konzept der Lebenswelt, das die phänomenologisch verfahrende Wissenssoziologie in Anlehnung an Edmund Husserl und Alfred Schütz entwickelt hat. Die „Wirklichkeit“ gilt hier als gesellschaftlich organisiert, und die „Wirklichkeit par excellence“ stellt darin die Lebens- und Alltagswelt dar, die mittels Sprache zu einem sinnhaften Ganzen integriert und über Sozialisationsprozesse an die nachfolgenden Generationen vermittelt wird. Dazu Berger/Luckmann, Die gesellschaftliche Konstruktion.

[32] Vgl. Nietzsche, Vom Nutzen und Nachteil der Historie für das Leben, S. 15 ff.

[33] Vgl. mit vielen Einzelnachweisen jetzt Lorenz, Konstruktion der Vergangenheit, S. 413; dazu auch Gesine Schwan, Politik und Schuld.

[34] Vgl. Rüsen, Historische Orientierung, S. 3 ff.

[35] Der Terminus „historical culture" findet sich schon 1986 bei Sande Cohen, der ihn allerdings lediglich heranzieht, um den Diskurs der Fachhistorie mit dem Mittel einer dezidiert postmodernen wissenschaftskritischen Argumentation zu analysieren. Vgl. Cohen, Historical Culture.

[36] Hardtwig, Geschichtskultur und Wissenschaft, S. 8f. – Die Folgen der nationalpädagogischen, zweckorientierten und den politischen Nutzen über das Wahrheitsinteresse stellenden Geschichtsschreibung des Borussianismus waren erheblich: Der Borussianismus überhöhte die kleindeutsche Lösung als Erfüllung der Geschichte und festigte die Führungsrolle Preußens im Kaiserreich; er untermauerte den Machtstaatsgedanken nach innen und außen; er propagierte den Superioritätsanspruch Deutschlands bis hin zur deutschen Weltmission; er förderte durch eine irrationale Glorifizierung der Hohenzollern den Hang zur Personalisierung von Herrschaft und Politik und legitimierte schließlich den Vorrang des Protestantismus im deutschen Nationalstaat. Vgl. Hardtwig, Von Preußens Aufgabe in Deutschland, S. 146ff. Siehe dazu auch die geschichtstheoretischen Arbeiten (zu Droysen, Burckhardt und Max Weber) von Jaeger, Bürgerliche Modernisierungskrise; außerdem von Haltern, Geschichte und Bürgertum; sowie die politische Biographie von Langer zum tagespolitischen Agitator des Borussianismus, Heinrich von Treitschke. – Es darf aber darüber hinaus nicht ausgeblendet werden, daß auch in der Frankfurter Paulskirche 1848/49 die Hegelsche Geschichtsphilosophie eine bedeutende Rolle für die historisch-politischen Argumentationsmuster und historische Analogiebildungen im politischen Tageskampf spielte. Siehe Faber, Nationalität und Geschichte. Beim Sybel-Ficker-Streit über die mittelalterliche Kaiserpolitik wiederum, der ein Jahrzehnt lang bis zur Reichsgründung von 1871 ausgetragen wurde, handelte es sich um einen Historikerstreit, in dem es nicht um wissenschaftliche Tatsachen, sondern um präsentistische politische Wertungen ging – kurz um eine jeweils historische Herleitung der kleindeutschen oder der großdeutschen Variante – und der weit in den Bereich der politischen Meinungsbildung ausstrahlte – man könnte ihn somit als Vorläufer des „Historikerstreits" von 1986 bezeichnen. Zum damaligen Konflikt: Gollwitzer, Zur Auffassung; Schulze, Gibt es überhaupt eine deutsche Geschichte?, S. 49. – Allgemein zu den Spezifika und Folgen deutscher Deutungsmuster im 19. Jahrhundert: Bollenbeck, „Bildung" und „Kultur". Wie sehr das 19. Jahrhundert zur Werkstatt nationalhistorischer Mythen wurde, ist in einer Reihe von Forschungen zu Denkmälern und zur Denkmalspflege untersucht worden, siehe Tacke, Denkmal im sozialen Raum; Bauer, Gehalt und Gestalt; Speitkamp, Die Verwaltung der Geschichte; Aleida Assmann, Arbeit am nationalen Gedächtnis.

[37] Rüsen, Historische Orientierung, S. 235.

[38] Rüsen, Geschichtskultur, S. 515f. „'Geschichtskultur' soll als Kategorie gerade nicht das Historische im Ästhetischen, sondern das Ästhetische im Historischen zum Vorschein bringen (…) Die ästhetische Dimension von Geschichtskultur muß dort wahrgenommen und ausgelegt werden, wo es um genuin historische Erinnerung geht, also z. B. in den Werken der Historiker selber."

[39] Rüsen, Historische Orientierung, S. 239.

[40] Vgl. ebd., S. 244.

[41] Vgl. Rüsen, Geschichtskultur, S. 519.

I.2. Geschichtspolitik als Forschungsthema

1 Einen neuen Überblick, der es erübrigt, an dieser Stelle viele Einzelbeispiele zu nennen, gibt Cornelißen, Geschichtswissenschaft und Politik im Gleichschritt?

2 Siehe Thelen (Ed.), Memory and American History; Lipsitz, Time Passages; Glassberg, American Historical Pageantry; Bodnar, Remaking America. V.a. Kammen hat zwischen 1978 und 1991 ein vierbändiges Gesamtwerk vorgelegt, in zeitlicher Reihenfolge: A Season of Youth; A Machine that Would Go of Itself; Selvages & Biases; Mystic Chords of Memory. – Die Beschäftigung mit amerikanischen Traditionen hatte nicht zuletzt ihren Grund darin, daß seit der Präsidentschaft Ronald Reagans (1980), der mehr als seine Vorgänger die Gegenwart historisierte, ein neues Pathos des Patriotismus entstand, welches den Vereinigten Staaten – auch infolge sozialer Konflikte – eine neue Amerikaschwärmerei und ein über die Maßen romantisiertes Geschichtsbild beschert hat. Kammen widmet sich auch den Eigentümlichkeiten der amerikanischen Erinnerungskultur im Vergleich zu anderen pluralistischen Gesellschaften. Er benennt vier Kategorien, die spezifisch sind für „the dynamics of tradition and the role of collective memory in the American culture (...): the role of gouvernment as an custodian of tradition; the extent to which historical issues are publicy contested; the need or disirability of reconciling tradition with a democratic ethos; and the never ending dialectic between tradition and progress“. Weit stärker als die Regierung wache der private Sektor über Traditionsbestände – in den USA existiert kein Kultusministerium. Außerdem sei die Neigung zur Amnesie in den USA viel größer als in allen anderen westlichen Staaten, was Kammen insbesondere auf eine Erbschaft des Civil War zurückführt: Um zu versöhnen und Konflikte zu vermeiden, sei damals das Muster für eine Entpolitisierung der Vergangenheit entworfen worden. Konsens und Stabilität erhielten seither oberste Priorität. Ein „Fortschritts“-Ideal wirke schließlich permanent als Antithese zur Tradition, die dadurch zusätzlich eine öffentliche Konflikt- und Komplexitätsreduktion erfährt. Vgl. ders., Mystic Chords of Memory, S. 700.

3 Siehe Namer, Bateilles pour la mémoire; Rousso, Le syndrome de Vichy; Conan/ders., Vichy: un passé qui ne passe pas; Kantin/Manceron (Ed.), Les échos de la mémoire; Lavabre, Le fil rouge; dies; Usages du passé. Stärker als in allen anderen westlichen Ländern Nachkriegseuropas wurde in Frankreich nach der Befreiung 1944 die Geschichte in den Dienst des nationalen und integrativen Prinzips gestellt. Noch 1984 während der Präsidentschaft Mitterrands galt der gaullistische Geschichtsmythos, wonach Frankreich aus eigener Kraft 1944 die deutschen Besatzer vertrieben und Pétains État français eine Parenthese in der französischen Geschichte dargestellt habe, für dessen Beteiligung am Holocaust man keine Haftung zu übernehmen brauche. Mit de Gaulles neuerlichem Eintritt in die politische Arena im Jahre 1958 hatte sich der Geschichtsmythos in seiner ganzen Pracht entfaltet. De Gaulle hatte einen wahren Exorzismus mit der Geschichte betrieben und Vichy als einen unbedeutenden Zwischenfall heruntergespielt. Als im Dezember 1964 die Asche Jean Moulins, des verehrten Widerstandskämpfers, ins Pantheon überführt wurde, war die historisch hergeleitete Grandeur Frankreichs auch für die Weltkriegsjahre mit offiziellen Weihen versehen. Um so traumatischer wirkte sich die Kurskorrektur der Jahre nach 1968 aus. Von dem Film „Le Chagrin et la Pitié“

vorangetrieben, entstand eine Art Gegenmythos, zeigt er doch die Franzosen als Volk niederträchtiger Landesverräter. Nachdem er jahrelang nicht im französischen Fernsehen ausgestrahlt werden durfte, sprach sich 1981, kurz vor der Sendung, die bekannte Politikerin Simone Veil in typischer, dem nationalen Prinzip verpflichteter Weise gegen den Film aus: Da dieser sich als ganzheitliche Vision des besetzten Frankreich präsentiere, sei es unerträglich, alle Franzosen als „salauds" darzustellen. Das sei Masochismus. Vgl. Rousso, Le syndrome de Vichy, S. 129ff.

[4] Courtois u. a., Le Livre noir. Der sozialistische Premierminister, Lionel Jospin, griff in die intellektuelle Debatte ein und dekretierte in der Nationalversammlung gewissermaßen die offizielle Geschichtsversion, als er – unter Tumulten der rechten Parteien – ausführte: „Der französische Kommunismus hat lange gebraucht, den Stalinismus zu verurteilen, aber er hat es doch getan. Für mich gehört der Kommunismus ins Kartell der Linken, in die Volksfront, in die Kämpfe der Résistance. Er hat niemals die Hand gegen die Freiheit erhoben. Er ist in meiner Regierung vertreten, und darauf bin ich stolz." Zit. nach: Süddeutsche Zeitung, 28.11.1997, „Überhört die Signale".

[5] Dies wurde bereits in der Einleitung ausgeführt.

[6] Vgl. Machtan, Bismarck und der deutsche Nationalmythos; Parr, „Zwei Seelen wohnen ach!". Zwischen 1890 und 1914 zählt Machtan an die 500 Bismarck-Denkmalsprojekte. – Auch diese Forschungen sind durch das Epochenjahr 1989/90 angeregt worden. Sie wenden sich explizit dagegen, daß mit dem neuen „unverhofften" Nationalstaat der Deutschen auch die alte Ikone Bismarck unkritisch als Reservoir nationaler Gefühle wiederbelebt wird. Sie befürchten eine Wiederauflage des Traditionsbestandes, aus dem sich das politische Selbstverständnis der deutschen Nation lange Zeit gespeist hat.

[7] Die eingesetzte parlamentarische Kommission, die die Kriegsursachen untersuchte, unterstützte im großen und ganzen ein Geschichtsbild, das die politische und soziale Realität Vorkriegsdeutschlands verklärte. Vor diesem Hintergrund mußte der Weimarer Staat zwangsläufig als ephemeres Notinstitut erscheinen. Aufgrund ihrer Vergangenheitsorientierung war zudem deutsche Revisionspolitik tendentiell immer auch innenpolitische Restaurationspolitik. Vgl. Heinemann, Die verdrängte Niederlage, hier S. 258; Dreyer/Lembcke, Die deutsche Diskussion um die Kriegsschuldfrage 1918/19; Winkler, Von der Revolution zur Stabilisierung, S. 206ff.

[8] Zu den einzelnen Geschichtsvorstellungen in der Weimarer Republik siehe Schirmer, Mythos – Heilshoffnung – Modernität. Diese führten zu einem „Bürgerkrieg der Erinnerungen", so Nolte, Die Deutschen und ihre Vergangenheiten, S. 36.

[9] Vgl. Burkhardt u. a., Lange und kurze Wege in den Ersten Weltkrieg. – Wie die geschichtliche Erinnerung instrumentalisiert wurde und man im Kaiserreich den „degenerierten" Ideen von 1789 den „Geist von 1914" als langersehnten Wiederbeginn eines eigenen deutschen Weges gegenüberstellte, ist schon seit einiger Zeit bekannt. Siehe W. J. Mommsen, Der Geist von 1914; zeitgenössisch (1916 erschienen) Plenge, 1789 und 1914; perspektivisch Faulenbach, Ideologie des deutschen Weges.

[10] Daniel/Siemann (Hrsg.), Propaganda; Diesener/Gries (Hrsg.), Propaganda in Deutschland; Ekert/Kowalczuk/Stark (Hrsg.), Hure oder Muse. Mit dem Ge-

schichtsbild und den Geschichtswelten des „Dritten Reiches" hat sich neuerdings Kroll befaßt und streicht als charakteristisches Strukturmerkmal sämtlicher Ausprägungen nationalsozialistischer Geschichtsauffassungen das „strikt instrumentale, subjektiv-zweckbezogene Verhältnis zur Vergangenheit" heraus. Vgl. ders., Geschichte und Politik im Weltbild Hitlers, S. 352; siehe auch ders., Utopie als Ideologie.

11 Dazu v. a. Schöttler (Hrsg.), Geschichtsschreibung als Legitimationswissenschaft; Kröger/Thimme, Die Geschichtsbilder.

12 V.a. Füßmann u. a. (Hrsg.), Historische Faszination; Seidensticker, Werbung mit Geschichte; Gries/Ilgen/Schindelbeck, Gestylte Geschichte; Schörken, Geschichte in der Alltagswelt.

13 Vgl. Faber, Zum Einsatz historischer Aussagen; ders., Zur Instrumentalisierung historischen Wissens; Bach, Geschichte als politisches Argument. An ausgewählten Debatten des Deutschen Bundestages wird die Frequenz historischer Argumente untersucht, und es werden verschiedene Verständnisse von Geschichte (als: Prozeß, Ereignis, Metapher, Instanz sowie Absage an die Geschichte als Argumentationsmittel) herausgearbeitet sowie an zwei exemplarischen Reden – K. G. Kiesinger, 15. 12. 1954 und C. Schmid, 25. 2. 1972 – interpretiert. Wie sehr die Arbeit der Zeit verhaftet ist und gegen einen „Verlust der Geschichte" (A. Heuss) anschreibt, machen die Schlußsätze deutlich: „Man mag historisches Wissen verwerten wie man will, 'geschichtslos' oder 'geschichtsbewußt'. Fest steht: Mit Geschichte wird politisch argumentiert. Die Gegenwart ist als Argumentationshorizont zu eng. So gesehen, so untersucht, ist Geschichte nicht 'verloren'." Ebd., S. 139. Siehe auch die Nachfolgestudien von Oehler, Geschichte in der politischen Rhetorik; dies., Glanz und Elend. – Der 41. Deutsche Historikertag in München 1996, der unter dem Motto „Geschichte als Argument" stand, nahm gleichsam die Debatte aus den siebziger Jahren wieder auf, aber im Zeichen einer neuen Selbstsicherheit. Der damalige Vorsitzende des Verbandes der Historiker Deutschlands, Lothar Gall, führte zur Eröffnung aus: „Das Rahmenthema unseres Kongresses – 'Geschichte als Argument' – und vor allem das Echo, das es innerhalb wie auch außerhalb unseres Faches in der Öffentlichkeit gefunden hat, signalisieren, nicht zuletzt mit dem fehlenden Fragezeichen, das neue, das wiedergewonnene Selbstbewußtsein der Historiker – als derjenigen, die sich als die legitimen, ja als die eigentlich allein legitimen Verwalter des in Frage stehenden Gegenstandes, also der Geschichte, verstehen." Vgl. Verband der Historiker Deutschlands (Hrsg.), 41. Deutscher Historikertag, S. 1.

14 Siehe auch Steinbach, Erinnerung und Geschichtspolitik; ders., Streit um Geschichte; ders., Stachel im Fleisch, S. 4; ders., Zur Geschichtspolitik (mit Blick auf die DDR).

15 Jeismann, „Identiät" statt „Emanzipation"?, S. 4.

16 Vgl. etwa Habermas: „Sobald die Sicht des analysierenden Beobachters mit der Perspektive verschmilzt, die die Teilnehmer an Selbstverständigungsdiskursen einnehmen, degeneriert Geschichtswissenschaft zur Geschichtspolitik." Laudatio für Daniel J. Goldhagen, Die Zeit, 14.3.1997; wiederabgedruckt in: Blätter für deutsche und internationale Politik 42 (1997), S. 408–416.

17 Schieder, Politisches Handeln aus historischem Bewußtsein.

[18] An den Reden der Bundespräsidenten von Heuss bis Carstens hat dies Rensing, Geschichte und Politik, aufgezeigt.

[19] H. Mommsen, Geschichte und politische Legitimation in der Bundesrepublik, S. 233. Siehe auch die grundsätzlichen Überlegungen – am Beispiel der Goldhagen-Debatte – bei Dipper, Warum werden deutsche Historiker nicht gelesen?

[20] Vgl. Finkielkraut, La mémoire vaine, S. 40.

[21] Siehe Gerhards/Neidhardt, Strukturen und Funktionen moderner Öffentlichkeit.

[22] Siehe dazu auch Schwarz, Geschichtsschreibung und politisches Selbstverständnis, S. 14.

[23] Siehe dazu die explizit konflikttheoretisch angelegte Studie von Bergmann, Antisemitismus in öffentliche Konflikten.

[24] W. J. Mommsen, Nation und Geschichte, S. 177.

[25] Habermas, Aus der Geschichte lernen?, S. 15

[26] Vgl. Oexle, „Wissenschaft“ und „Leben“, S. 155 f.

[27] Vgl. Lübbe, Wer kann sich historische Aufklärung leisten?, S. 311.

[28] Der Politiker, so hat dies der Journalist Horst Stern 1972 einmal zum Ausdruck gebracht, ist kein Historiker, sondern ein Histrione. Zit. nach: Bach, Geschichte als politisches Argument, S. 137.

[29] Dazu auch Weidenfeld, Geschichte und Politik.

[30] Durch ihre Eigendynamik entzieht sich symbolische Politik dabei zu einem gewissen Grade der Intentionalität.

[31] Charles S. Maier hat diesen Zusammenhang mit Blick auf den „Historikerstreit“ treffend ausgedrückt: „Historische Deutungen müssen zugleich politische Deutungen sein, weil sie bestimmte Vorstellungen von der Wirkungsweise der Macht unterstützen und andere nicht. Aber sie müssen keine politisierten Deutungen sein; sie müssen nicht zu Waffen in den aktuellen ideologischen Auseinandersetzungen werden. Im Falle des Historikerstreits sind historische Deutungen politisiert und zu Waffen in einem Kampf geschmiedet worden.“ Vgl. ders., Die Gegenwart der Vergangenheit, S. 42.

[32] Dazu unten, Abschnitt 2c).

[33] Vgl. Offe, Der Tunnel am Ende des Lichts, S. 187 ff. Dazu jetzt auch die Dissertation über das letzte Jahr der DDR von Bock, Vergangenheitspolitik im Systemwechsel.

[34] Mit „Vergangenheitspolitik“, die zwischen 1950 und 1955 in der Bundesrepublik betrieben wurde, meint Frei „einen politischen Prozeß, der sich ungefähr über eine halbe Dekade erstreckte und durch hohe gesellschaftliche Akzeptanz gekennzeichnet war, ja geradezu kollektiv erwartet wurde. In erster Linie ging es dabei um Strafaufhebung und Integrationsleistungen zugunsten eines Millionenheeres ehemaliger Parteigenossen, die fast ausnahmslos in ihren sozialen, beruflichen und staatsbürgerlichen – nicht jedoch politischen – Status quo ante versetzt wurden, den sie im Zuge der Entnazifizierung, Internierung oder der Ahndung ‘politischer’ Straftaten verloren hatten. In zweiter Linie, gewissermaßen flankierend, ging es um die politische und justitielle Grenzziehung gegenüber den ideologischen Restgruppen des Nationalsozialismus; dem jeweiligen Bedarf entsprechend, wurde der antinationalsozialistische Gründungskonsens der Nachkriegsdemokratie dabei punktu-

ell neu kodifiziert. Was als Vergangenheitspolitik verstanden und untersucht werden soll, konstituiert sich somit aus den Elementen Amnestie, Integration und Abgrenzung." Vgl. ders., Vergangenheitspolitik, S. 14f. Siehe zudem Steinbach, Vergangenheitsbewältigungen in vergleichender Perspektive.

35 Dementsprechend knapp werden die Anmerkungen gehalten.

36 Den Terminus hat zuerst Lüdtke in die Diskussion eingeführt, vgl. ders., Die DDR als Geschichte, S. 12; er ist dann v. a. von Kocka, Ein deutscher Sonderweg, S. 104ff. aufgenommen worden. Zum Streit um eine angemessene Begrifflichkeit zur Charakterisierung der DDR und zu den verschiedenen Vorschlägen siehe Jarausch, Realer Sozialismus.

37 Vgl. Lepsius, Die Institutionenordnung als Rahmenbedingung; ebenso Meuschel, Legitimation und Parteiherrschaft, passim.

38 Sabrow, Historia militans in der DDR, S. 18.

39 So heißt es in einer DDR-Publikation von 1966, Eckermann/Mohr (Hrsg.), Einführung in das Studium der Geschichte, S. 34.

40 Vgl. Sabrow, Der staatssozialistische Geschichtsdiskurs, S. 40.

41 Es handelt sich um die 3. Auflage von Eckermann/Mohr (Hrsg.), Einführung in das Studium der Geschichte, S. 19.

42 Siehe Sabrow, Parteiliches Wissenschaftsideal, ders., Geschichtskultur und Herrschaftslegitimation; ders., „Beherrschte Normalwissenschaft"; Jarausch, Die DDR-Geschichtswissenschaft. Die Adjektive vor dem Substantiv „Normalwissenschaft" variieren bei beiden Autoren. „Normalwissenschaft" rekurriert auch darauf, daß es auch in der DDR wesentliche Charakteristika des Wissenschaftsbetriebs gab – Monographien, Zeitschriften, Quelleneditionen, Festschriften, Rezensionen, Verbände etc. Siehe auch die kontroverse Diskussion in: Jarausch/Iggers/Middell/Sabrow (Hrsg.), Die DDR-Geschichtswissenschaft; daneben Erdmann, Der gescheiterte Nationalstaat.

43 Siehe z. B. den Sammelband Fischer/Heydemann (Hrsg.), Geschichtswissenschaft in der DDR; sowie Heydemann, Geschichtswissenschaft und Geschichtsverständnis.

44 Siehe z. B. Eckert/Kowalczuk/Stark (Hrsg.), Hure oder Muse; in etwas abgeschwächter Weise: Neuhäußer-Wespy, Geschichtswissenschaft unter der SED-Diktatur.

45 Sabrow, Geschichtskultur und Herrschaftslegitimation, S. 10.

46 Vgl. Lepsius, Die Teilung Deutschlands und die deutsche Nation.

47 Dazu unten, Punkt 4.

48 So auch selbstkritisch Kocka, Die Geschichte der DDR als Forschungsproblem, S. 87.

49 Jarausch/Siegrist (Hrsg.), Amerikanisierung und Sowjetisierung, S. 30; sowie Doering-Manteuffel, Dimensionen der Amerikanisierung.

50 Vgl. Sabrow, Geschichtskultur und Herrschaftslegitimation, S. 15, der – im Rekurs auf Überlegungen von Hannah Arendt zum Zerfall totalitärer Denksysteme am Beispiel des NS-Staates – von der Erzeugung eines „Zwischenreiches" spricht, das Einstellungen, Deutungen und Erfahrungshorizonte hervorgebracht habe.

51 So die Kritik von Fulbrook, Methodische Überlegungen, an der Darstellung von Mitter/Wolle, Untergang auf Raten.

[52] Dazu unten, Kapitel IV. 6a).
[53] Vgl. Lemke, Kampagnen gegen Bonn.

II.1. Das Erbe der Revolution von 1848 – Der Beginn deutsch-deutscher Geschichtspolitik im Jahr 1948

[1] Dazu die zeitgenössischen Friedensdeutungen in der Jubiliäumsschrift: Ernst Hövel (Hrsg.), Pax optima rerum. Beiträge zur Geschichte des westfälischen Friedens 1648, Münster 1948.

[2] Vgl. dazu die entsprechenden Beiträge im ersten Kapitel „Revolutionsbilder und das Nachleben der Revolution" des Sammelbandes von Dipper/Speck (Hrsg.), 1848. Revolution in Deutschland. Zu den Märzfeiern im Kaiserreich v.a. auch Schneider, Politische Festkultur im 19. Jahrhundert, S. 276 ff.; sowie Bouvier, Die Märzfeiern.

[3] Friedrich Meinecke, 1848 – eine Säkularbetrachtung, hrsg. vom Magistrat von Groß-Berlin, Berlin 1948, wieder abgedruckt u. a. in: Langewiesche (Hrsg.), Die Deutsche Revolution von 1848/49, S. 39–58. Daraus wird im folgenden zitiert. Öffentliche, gutbesuchte Vorträge zur Revolution waren überaus zahlreich, so sprach Fritz Hartung in der Zehlendorfer Volkshochschule über „Woran 1848 alles scheiterte". Vgl. Der Kurier, 16. 3. 1948, „Woran 1848 alles scheiterte". Noch politischer als Meineckes Betrachtung war die von Hans Rothfels, die in den USA 1948 erschien und erst 1972 in deutscher Übersetzung: 1848 – One hundred years after, in: The Journal of Modern History 20 (1948), S. 291–319. Weitere Hinweise zur überaus breiten Jubiläumsliteratur innerhalb und außerhalb Deutschlands bei Schieder, Vom Deutschen Bund zum Deutschen Reich, S. 107 f.

[4] Meinecke, 1948, S. 40. Unversehrt geblieben seien eigentlich nur die großen Werte des deutschen Geistes, womit Meinecke schon auf das Goethe-Jahr 1949 verwies, das tatsächlich in Ost und West gleichermaßen mit bemerkenswertem Aufwand begangen werden sollte, bot es doch die Möglichkeit, das durch NS-Herrschaft diskreditierte Ansehen der Deutschen mit der Besinnung auf humanistische Kultur zu heben. 1949 wurde Thomas Mann in Ost- und in Westdeutschland ein Goethe-Preis verliehen. Die positiven Eindrücke, die der „doppelte Goethe-Preisträger" von seiner Reise in die Ostzone gab, führten im Westen zu sehr kritischen Kommentaren. Vgl. Die Zeit, 23. 6. 1949, „Thomas Mann: Goethe-Preisträger östlich und westlich" und Die Zeit, 20. 10. 1949, „Alter schützt vor Torheit nicht. Thomas Mann glaubt, was er sieht, und sieht, was er glaubt". Allgemein dazu: Schwab, Zum Goethe-Kult; Meier, Goethe in Trümmern. Anläßlich des Goethe-Jahres versuchte die SED, aus der deutschen Klassik Legitimation zu schöpfen. Der Wiederaufbau des Weimarer Nationaltheaters etwa sollte das Bekenntnis der SED unterstreichen, daß der Kultur bei der Überwindung der geistigen Folgen des „Dritten Reiches" ein hoher Stellenwert zukomme. Außerdem konnte man so auch auf bürgerliche Schichten zielen, die noch von der antibürgerlichen Attitüde der Nationalsozialisten verschreckt waren und die ein alleiniger Traditionsbezug auf „linke" kulturelle Leistungen aufs neue verschreckt hätte. Schließlich sollte der Wiederaufbau des Gebäudes der Weimarer Nationalversammlung die Offenhal-

tung einer propagierten gesamtdeutschen Politikvariante dokumentieren. Um ihren Führungsanspruch ideologisch unanfechtbar zu machen, erklärte sich die SED zur „Vollstreckerin“ Goethes. Vgl. Manifest zur Goethe-Feier der deutschen Nation. Dokumente der Sozialistischen Einheitspartei Deutschlands (2. Aufl.) Bd. II, Berlin (Ost) 1951, S. 332.

5 Meinecke, 1848, S. 46.

6 Ebd., S. 50.

7 Ebd., S. 58.

8 Alfred Meusel, Die deutsche Revolution von 1848, Berlin (Ost) 1948.

9 Werner Meyer, Schicksalsjahr 1848, Berlin (Ost) 1948. Vgl. auch Berliner Zeitung, 13. 3. 1948, „Klarheit und Verwirrung um 1848“.

10 Der Kurier, 19. 3. 1948, „Berlin und die ‘unvollendete Revolution’“.

11 Berliner Zeitung, 16. 3. 1948, „Ganz Deutschland blickt auf Berlin“.

12 Neues Deutschland, 17. 3. 1946, „Der Aufmarschplan für morgen“.

13 Neues Deutschland, 18. 3. 1948, „Unsterblicher Geist des 18. März“.

14 Berliner Zeitung, 16. 3. 1948, „Ganz Deutschland blickt auf Berlin“.

15 In einem Literaturbericht zur DDR-Revolutionsforschung von 1980, der auch auf diese Traditionsweiterführung durch die SED einging, hörte sich das so an: Die „propagandistische Tätigkeit der SED“ habe an das Geschichtsbild der KPD in der Weimarer Republik angeknüpft. Die Märzfeiern seien seither eingeordnet gewesen „in den Kampf um die Weiterführung der antifaschistisch-demokratischen Umwälzung und gegen die imperialistische Spaltungspolitik. Die SED weckte das historische Verständnis dafür, daß mit der sozialen Neugestaltung in der sowjetischen Besatzungszone unter neuen Bedingungen das Vermächtnis von 1848/49 Erfüllung fand“. Vgl. Hofmann/Schmidt, Forschungen zur Geschichte der Revolution von 1848/49, S. 167 f.

16 Unter dem alleinigen Blickwinkel der Folgen für die Geschichtswissenschaft vgl. Heydemann, Die deutsche Revolution von 1848/49 als Forschungsgegenstand, S. 492; ebenso Schradi, DDR-Geschichtswissenschaft und bürgerliches Erbe, S. 20 ff.

17 Parolen abgedruckt in: Der Kurier, 19. 3. 1948, „Berlin und die ‘unvollendete Revolution’“ und Berliner Zeitung, 20. 3. 1948, „Berlin hat sich für die Einheit entschieden“.

18 Neues Deutschland, 20. 3. 1948, „Der historische Marsch der Hunderttausend“ und Der Kurier, 19. 3. 1948, „Berlin und die ‘unvollendete Revolution’“.

19 Auszüge aus der Rede in: Der Kurier, 19. 3. 1948, „Berlin und die ‘unvollendete Revolution’“.

20 Neues Deutschland, 20. 3. 1948, „Der historische Marsch der Hunderttausend“.

21 Berliner Zeitung, 20. 3. 1948, „Berlin hat sich für die Einheit entschieden. Die machtvollste Demonstration seit Jahren – Hunderttausende mit dem Deutschen Volkskongreß gegen die Frankfurter Spalter“.

22 Berliner Zeitung, 16. 3. 1948, „Berlin rüstet zur großen Märzfeier 1948“.

23 Ebd.

24 Abgebildet in: Berliner Zeitung, 17. 3. 1948.

25 Berliner Zeitung, 18. 3. 1948, „Hundert Jahre Kampf um Deutschlands Einheit“.

26 Neues Deutschland, 18. 3. 1948, „Unsterblicher Geist des 18. März", auch Süddeutsche Zeitung, 20. 3. 1948, „'Gesamtdeutsche Vertretung' gefordert".

27 Ebd., Süddeutsche Zeitung.

28 Vgl. Naimark, Die Russen in Deutschland, S. 386.

29 Nach der Gründung der DDR ging die Volkskongreßbewegung in der „Nationalen Front des Demokratischen Deutschland" auf. Vgl. Weber, Die DDR 1945–1990, S. 29.

30 Berliner Zeitung, 17. 3. 1948, „Des deutschen Volkes heiliges Recht".

31 Reden abgedruckt in: Neues Deutschland, 18. 3. 1948, „Vier große Referate hörte der Volkskongreß". Siehe auch Otto Grotewohl, Die Lehren der Märzrevolution, Berlin (Ost) 1948.

32 Ein Auszug aus dem Aufruf vom 11. 6. 1945 ist beispielsweise abgedruckt in: Steininger, Deutsche Geschichte seit 1945, Bd. 1, S. 188.

33 Vgl. Weber, Die DDR 1945–1990, S. 21 ff.; Meuschel, Legitimation und Parteiherrschaft, S. 41 ff.

34 Vgl. Hurwitz, Die Stalinisierung der SED.

35 Berliner Zeitung, 17. 3. 1948, „Die deutsche Bauernbefreiung und das Jahr 1848".

36 Neues Deutschland, 18. 3. 1948, „Die Lehren von 1848".

37 Die Welt, 20. 3. 1948, „Berlin feiert Revolutionstag", Frankfurter Rundschau, 20. 3. 1948, „Märzfeier in Berlin".

38 Ebd., Die Welt.

39 Ebd.

40 Der Kurier, 19. 3. 1948, „Berlin und die 'unvollendete Revolution'". – Die westliche und die östliche alliierte Vormacht unterstützten die jeweiligen Interpretationen der Deutschen in ihrem Einflußbereich und verstärkten sie noch. So steuerte die amerikanische Militärregierung eine offizielle Erklärung zum Revolutionsfeiertag bei, versicherte die westlichen Demokraten auf dem Vorposten der freien Welt der moralischen Unterstützung und zeigte sich beeindruckt von den Freiheitsidealen eines erneuerten Deutschland. Marschall Sokolowski, Oberster Chef der SMAD, rühmte im Gegenzug die Revolutionäre von 1848 als Kämpfer gegen reaktionäre Kräfte und als Bannerträger für die „Einheit und die Volksdemokratie in Deutschland". Eine Amnestie für Verurteilte bis zu einem Jahr gab es als „Feiertagsgeschenk" sowohl von der amerikanischen wie auch von der sowjetischen Besatzungsmacht, aber dies war die einzige Gemeinsamkeit, zwei Tage, bevor der Alliierte Kontrollrat im Streit auseinanderbrach. Vgl. Frankfurter Rundschau, 20. 3. 1948, „OMGUS zum Revolutionsfeiertag"; Neues Deutschland, 18. 3. 1948, Abdruck der SMAD-Erklärung.

41 Vgl. Kühne, Die Reichsverfassung der Paulskirche, S. 144 ff., Zitat von Bergsträßer, S. 146.

42 Vgl. Stadtkanzlei Frankfurt, Büro Paulskirche (Hrsg.), 1848–1948. Deutschlands Paulskirche. Mahnmal den Lebenden, Rufer nach Freiheit, Demokratie, Weltbürgertum, Frankfurt a. M. 1947/48. Diese Denkschrift dokumentiert die einzelnen Phasen der Rekonstruktion in Wort und Bild. Jetzt auch Bartetzko, Denkmal für den Aufbau Deutschlands.

43 Alexander Abusch, Der Irrweg einer Nation. Ein Beitrag zum Verständnis der

deutschen Geschichte, Berlin 1946. Dazu auch Meuschel, Legitimation und Parteiherrschaft, S. 60 ff.

44 Zit. nach: Naimark, Die Russen in Deutschland, S. 548.

45 Vgl. Meuschel, Legitimation und Parteiherrschaft, S. 67.

46 Protokoll der Verhandlungen der 2. Parteikonferenz der Sozialistischen Einheitspartei Deutschlands vom 9. bis 12. Juli 1952 in Berlin, Berlin 1952, S. 122.

47 Ebd.

48 Dies weitete sich später enorm aus und mündete Ende der siebziger Jahre in die „Preußen-Renaissance". Dazu unten, Kapitel IV. 6a).

49 Siehe aus poststrukturalistischer Sicht auch Jarausch, Die DDR-Geschichtswissenschaft, v. a. S. 28.

50 Mit Bezug auf die oben erwähnte 2. Parteikonferenz der SED 1952: Jürgen von Hehn, Die Sowjetisierung des Geschichtsbildes in Mitteldeutschland, in: Europa-Archiv 9 (1954), S. 6938.

51 Dazu unten, Abschnitt 4.

52 Heuss in einer Berliner Rede, vgl. Bulletin des PuIA, Nr. 109, 23. 6. 1959, S. 1099.

II.2. Gedächtnisorte und „erfundene Traditionen" – Problem und Fragestellung

1 Im Sinne von Max Webers viel zitiertem Satz: „Interessen (materielle und ideelle), nicht: Ideen, beherrschen unmittelbar das Handeln der Menschen. Aber: die 'Weltbilder', welche durch 'Ideen' geschaffen wurden, haben sehr oft als Weichensteller die Bahnen bestimmt, in denen die Dynamik der Interessen das Handeln fortbewegte." Vgl. ders., Die Wirtschaftsethik der Weltreligionen, 1920, S. 252. Vgl. dazu auch das Kapitel „Sozialstruktur, Kultur und politisches Verhalten" bei Rohe, Wahlen und Wählertraditionen in Deutschland, S. 14 ff.

2 Nora, Das Abenteuer der Lieux de mémoire, v. a. S. 91. Zum Konzept: ders., Zwischen Geschichte und Gedächtnis. Zur Ausführung: ders. (Hrsg.), Les lieux de mémoire, 7 Bde., Paris 1984–92. Nora wurde damit zum Architekten einer Nationalgeschichte „zweiten Grades". Herausgegriffen wurden Elemente der französischen Mythologie, des Organisations- und Repräsentationssystems, z. B. Museen, Archive, Friedhöfe, Denkmäler, Feste, Jahrestage, Verträge. Gedächtnisorte als Resultat eines Modernisierungsprozesses sind, so Nora, „die Bräuche einer Gesellschaft ohne Brauchtum; flüchtige Heiligtümer in einer Gesellschaft der Entheiligung; besondere Bindungen in einer Gesellschaft, die alle Besonderheiten schleift; faktische Differenzierungen in einer Gesellschaft, die aus Prinzip nivelliert, Erkennungszeichen und Merkmale der Gruppenzugehörigkeit in einer Gesellschaft, die dazu tendiert, nur noch gleiche Individuen anzuerkennen." Vgl. ders., Zwischen Geschichte und Gedächtnis, S. 17. – Zur Schweiz: Marchael/Mattioli (Hrsg.), Erfundene Schweiz/La Suisse imaginée. Erste Überlegungen zu einem „lieux de mémoire"-Projekt für Deutschland bei François, Von der wiedererlangten Nation zur „Nation wider Willen"; sowie ders. (Hrsg.), Lieux de mémoire. D'un modèle français à un projet allemand. Vgl. auch allgemein die Beiträge in: ders./Siegrist/Vogel (Hrsg.), Nation und Emotion.

[3] Vgl. Lüsebrink/Reichardt, Die „Bastille".

[4] Rüsen, Was ist Geschichtsbewußtsein?, S. 11.

[5] Vgl. Gregory, The silence of memory; dazu auch: Koselleck/Jeismann (Hrsg.), Der politische Totenkult; Mosse, Fallen Soldiers; im weiteren Kontext auch die ältere Arbeit von Fussel, The Great War and the Modern Memory.

[6] Nora beließ es allerdings nicht bei der wissenschaftlichen Erforschung von Gedächtnisorten. Daß sein voluminöses Projekt bewußt auch zur nationalen Sinnstiftung im Frankreich der 1980er und 1990er Jahre beitragen wollte und ihm eine implizite Verherrlichung der Nation nicht abgesprochen werden kann, ist eine ernstzunehmende Kritik, weil sich Geschichtswissenschaft und Geschichtspolitik hier überkreuzen. Dazu z. B. Schrader, Comment une histoire nationale est-elle possible?; auch Tacke, Denkmal im sozialen Raum, S. 14 f.

[7] Halbwachs, Das Gedächtnis und seine sozialen Bedingungen; ders., Das kollektive Gedächtnis. Weitere Hinweise zu Halbwachs' Schriften und der Rezeptionsgeschichte bei Große-Kracht, Gedächtnis und Geschichte; eine Interpretation bei Burke, Geschichte als soziales Gedächtnis.

[8] Auf Jan Assmann geht die Einstufung als „sozial-konstruktivistisch" zurück. Vgl. ders., Das kulturelle Gedächtnis, S. 47.

[9] Vgl. Hobsbawm/Ranger (Ed.), The invention of tradition.

[10] Dazu auch Haupt/Tacke, Die Kultur des Nationalen, S. 264 f.

[11] Vgl. verschiedene Beispiele aus der v. a. britischen Geschichte bei Hobsbawm/Ranger (Ed.), The invention of tradition. Zur Fragerichtung der einleitende Beitrag von Hobsbawm, Inventing traditions. Diesen konstruktivistischen Ansatz verfolgen auch Anderson, Die Erfindung der Nation sowie einzelne Beiträge in: Fontana (Ed.), The invention of the modern republic.

[12] Diese Frage wird im III. Kapitel – in dem die rituellen Dimensionen und die Formen eigenwilliger Aneignungen vor dem Hintergrund einer Zeit des Wertewandels untersucht werden – wiederaufgenommen und eingehender behandelt als in diesem Kapitel, in dem es hauptsächlich um die Momentaufnahme des Jahres 1953 geht.

[13] Angelehnt an Heehs, Myth. History and theory, S. 3. – Es existiert eine ganze Bandbreite an Konzepten – aus der Philosophie, Theologie, Philologie, Psychologie und Ethnologie. Neuerdings ist – vor allem geschult an der breiten amerikanischen Forschung seit den zwanziger Jahren – verschiedentlich versucht worden, zu einer Politologie des Mythos zu gelangen. Siehe Dörner, Politischer Mythos und symbolische Politik. Rezipiert werden dabei v. a. die wichtigen Arbeiten von: Delaisi, Political Myths and Economic Realities; Elliot, The Constitution as the American Social Myth; Lassel/Kaplan, Power and Society; Edelman, Politik als Ritual; Nimmo/Combs, Subliminal Politics. In den Kontext sehr umfangreicher deutscher und französischer Konzepte zum Mythos-Begriff bettet Speth seine Untersuchung ein, vgl. ders., Nation und Revolution.

[14] Vgl. Speth, Nation und Revolution, S. 122 ff.

[15] Münkler, Politische Mythen und nationale Identität, S. 27.

[16] Vgl. Koselleck, „Erfahrungsraum" und „Erwartungshorizont"; hier werden die beiden metahistorischen Kategorien entwickelt; sowie ders./Jeismann (Hrsg.), Der politische Totenkult; hier werden die Kategorien empirisch validiert.

[17] Jan Assmann, Frühe Formen politischer Mythomotorik, S. 40; siehe auch Münkler, Politische Mythen und nationale Identität.

[18] Blumenberg, Arbeit am Mythos.

[19] Dazu v. a. Münkler, Siegfrieden. Aufschlußreich zu dem unterschiedlichen Gebrauch von Mythen bis zur deutschen Vereinigung 1989/90 auch von Krockow, Von deutschen Mythen. Aus literaturwissenschaftlicher Sicht ist dies auch an den Metamorphosen des Stalingrad-Mythos dargestellt worden. Vgl. Kumpfmüller, Die Schlacht von Stalingrad. Er folgt dem von Roland Barthes formulierten Begriff des Mythos, wonach dieser einen Text darstellt, der in der Ordnung der Worte eine neue Wirklichkeit produziert, die sich dem Leser in Erzählstrukturen und Bedeutungsgehalten mitteilt.

[20] Vgl. Lipp, Politische Kultur oder das Politische und Gesellschaftliche in der Kultur, S. 88.

[21] Dieser herrschaftsrelevante Zusammenhang wird noch klarer, wenn man politische Kultur als einen Speicher von Sinneinheiten und ein Regelwerk für ihre Anwendung faßt, aus dem, wer immer politisch denkt, fühlt, handelt, sich bedient. In Anlehnung an das Habitus-Konzept von Pierre Bourdieu wird politische Kultur mittlerweile einerseits als Ressource – an politischen Vorstellungen und Symbolen – der Stiftung subjektiven Sinns, der Deutung von Politik, konzipiert und gleichzeitig als eine Art kulturelle Institution, die die Modi und Resultate politischen Denkens objektiv koordiniert. Vgl. Gilcher-Holtey, Kulturelle und symbolische Praktiken: das Unternehmen Pierre Bourdieu; sowie Schirmer, Mythos – Heilshoffnung – Modernität, passim.

II.3. Gründungsmythische Dissonanzen – Die Bundesrepublik bis zu den Stalin-Noten

[1] Siehe auch Doering-Manteuffel, Die Bundesrepublik Deutschland in der Ära Adenauer, S. 22 ff.

[2] Zu den einzelnen Konzeptionen nach wie vor Schwarz, Vom Reich zur Bundesrepublik.

[3] Vgl. Schwengler, Das Ende des „Dritten Reiches“, S. 185 f.

[4] Vgl. Winkler, Nationalismus, Nationalstaat und nationale Frage, S. 12 ff.

[5] Vgl. Henke, Die Trennung vom Nationalsozialismus, S. 31; ders., Die amerikanische Besetzung, S. 795 ff.

[6] Vgl. den Forschungsüberblick bei Wolfrum, Zwischen Geschichtsschreibung und Geschichtspolitik. Ackermann, Der „echte“ Flüchtling, S. 78, weist (in Anlehnung an die Arbeiten von Hermann Lübbe) auf die „Wortgebrauchspolitik“ hin: Mit dem in der frühen Bundesrepublik geprägten Wort „Heimatvertriebene“ war ein politischer Anspruch verbunden. Das Wort verband die Erinnerung an die Heimat mit der Betonung der „illegitimen Gewaltsamkeit des Exodus“ und konservierte so in Verbindung mit dem politischen Neologismus „Heimatrecht“ den Anspruch auf Rückkehr in die Ostgebiete des Deutschen Reiches. Zu Adenauers politischen Konstanten und zu seinem taktischen Umgang mit der deutsch-polnischen Grenzfrage siehe Frohn, Adenauer und die deutschen Ostgebiete.

[7] Conze, Staats- und Nationalpolitik, S. 442.

[8] Dazu Gabbe, Parteien und Nation, S. 54 ff.

[9] Vgl. Loth, Rettungsanker Europa?; ders., Die Europa-Bewegung.

[10] Vgl. Kiefer, Auf der Suche nach nationaler Identität.

[11] Schwarz, Die Ära Adenauer 1949–1957, S. 463.

[12] Die Neue Zeitung, 8.9.1952, „Der Gedenktag".

[13] Siehe dazu Broszat/Henke/Woller (Hrsg.), Von Stalingrad zur Währungsreform.

[14] Schulze, Deutsche Geschichtswissenschaft nach 1945, S. 18.

[15] Rede veröffentlicht in: Deutsche Zeitung und Wirtschaftszeitung, 1. 10. 1949, „Neue Sicht im Schutt der Geschichte".

[16] Hermann Heimpel, Geschichte und Geschichtswissenschaft, in: VfZ 5 (1957), S. 1–17, hier S. 17. Ausführlicher zur Rolle und Funktion sowie zu den Wandlungen der Geschichtswissenschaft in den fünfziger und sechziger Jahren unten, Kapitel III. 4d) und 5b).

[17] Siehe dazu auch Lepsius, Die Bundesrepublik Deutschland in der Kontinuität und Diskontinuität.

[18] Verh. d. Dt. Bt., Sten. Ber. 1. WP, 7. 9. 1950, S. 3086.

[19] Dieses Feld ist gut erforscht. Siehe v. a. Lehnert/Megerle (Hrsg.), Politische Identität; Schirmer, Mythos – Heilshoffnung – Modernität; Paul, Der Aufstand der Bilder.

[20] So Heuss in seiner Rede zur Hundert-Jahr-Feier des Germanischen Nationalmuseums in Nürnberg, Die Neue Zeitung, 23./24. 8. 1952. Abgedruckt in: Stölzl (Hrsg.), Deutsches Historisches Museum, S. 25 ff. Der Bundespräsident sah nicht nur mit Blick auf die Flüchtlinge und Vertriebenen das Germanische Nationalmuseum vor einem neuen „Geschichtsauftrag", nämlich „Fluchtburg der deutschen Seele zu sein". Daß Nürnberg – die Stadt der NS-Parteitage, der Rassegesetze und der alliierten Kriegsverbrecherprozesse – auch ganz andere Traditionen aufwies, diesen Umstand wendete Heuss offensiv: „(…) wir gehören auch gar nicht zu denen, die meinen, die Gnade des Vergessen-Könnens zur Schnell-Technik des Vergessen-Sollens ausbilden zu dürfen." Vgl. ebd.

[21] Heuss zum Nationalen Gedenktag, Verh. d. Dt. Bt., Sten. Ber., 1. WP., 7. 9. 1950, S. 3087. – Bereits nach seiner Wahl zum Bundespräsidenten am 12. 9. 1949 betonte Heuss vor der Bundesversammlung: „Wir stehen vor der großen Aufgabe, ein neues Nationalgefühl zu bilden."

[22] Heuss in seiner Rede zur Hundert-Jahr-Feier des Germanischen Nationalmuseums in Nürnberg, Die Neue Zeitung, 23./24. 8. 1952. Abgedruckt in: Stölzl (Hrsg.), Deutsches Historisches Museum, S. 25.

[23] Der von Heuss initiierte Versuch, das „Deutschlandlied" durch eine neue Hymne zu ersetzen, stieß in der Öffentlichkeit auf keine Zustimmung. Als Adenauer am 18. 4. 1950 erstmals nach Berlin reiste, forderte er am Ende seiner Kundgebungsrede im „Titania-Palast" die Menge auf, „das, was uns alle bewegt, zum Ausdruck zu bringen, indem wir gemeinsam die 3. Strophe des Deutschlandliedes anstimmen: Einigkeit und Recht und Freiheit für das deutsche Vaterland". Er sprach den ganzen Text vor – gegenüber der ersten Strophe war den meisten Deutschen die dritte eher unbekannt – und stimmte dann selbst mit ein. Das Echo in

Deutschland gab Adenauers Initiative Recht und läutete das Ende der Debatte ein, die 1952 – mit Zustimmung auch Kurt Schumachers zur dritten Strophe – endgültig abgeschlossen wurde. Der französische Hochkommissar François-Poncet hingegen war entsetzt. Er glaubte, der Europäer Adenauer sei zu einem Nationalisten geworden. Der Vorfall ist in seinen Monatsberichten dokumentiert. Vgl. Les Rapports mensuels d'André François-Poncet, Haut Commissaire en Allemagne 1949–1955, Paris 1996, S. 82. Zu einem Flaggenstreit wie in der Weimarer Republik kam es in der Bundesrepublik nicht. Aber noch 1955 sprachen sich in einer Repräsentativbefragung 43 Prozent der Befragten für die Farben Schwarz-Weiß-Rot aus, und lediglich 38 Prozent präferierten die Farben Schwarz-Rot-Gold. Vgl. Schwarz, Die Ära Adenauer 1949–1957, S. 461.

24 Vgl. Heuss zum Nationalen Gedenktag 1950, Verh. d. Dt. Bt., Sten. Ber., 1. WP., 7. 9. 1950, S. 3086.

25 Ebd.

26 Süddeutsche Zeitung, 9. 5. 1950, „Ostzone feiert 'Tag der Befreiung'".

27 Vgl. die Beiträge in Ueberschär (Hrsg.), Der 20. Juli 1944.

28 Vgl. Reichel, Politik mit der Erinnerung, S. 269.

29 Auch Theodor Heuss' Rede zum ersten Volkstrauertag 1952 muß als sehr ambivalent gelten. Er sprach auf der einen Seite von einem Pathos der Totenfelder und von der „Poesie des Soldatengrabes", zog dann aber auch die Grenze dieses Heroisierens: „Er, der Soldat, trug auch aufs schwerste daran, daß er nicht nur den Boden der Heimat zu schirmen hatte – das tat er gern –, sondern daß auf diesem Boden die Verdrängung von Redlichkeit und Recht durch Zynismus und plumpe Gewalt den inneren Sinn des 'gerechten Krieges' ausgehöhlt hatte, der doch Schutz des Mensch-Seins will. Die Soldatenrevolte vom Juli 1944 hatte hier, gerade hier ihren tiefsten Quell." Vgl. die als selbständige Veröffentlichung erschienene „Ansprache von Bundespräsident Th. Heuss in der Feierstunde anläßlich des Volkstrauertages am 16. November 1952 im Plenarsaal des Bundeshauses in Bonn" (1952). – Ludwig Schneider, der aus den Reihen der FDP kommende Vizepräsident des Deutschen Bundestages, fand hingegen am 20. November 1955 anläßlich einer Feierstunde auf dem Ehrenfriedhof im lybischen Tobruk, wo über 6000 Gefallene des deutschen Afrikakorps zusammengebettet sind, keine abwägenden Worte. „Diese Toten", so führte er „im Auftrag des Deutschen Bundestages und damit im Namen des deutschen Volkes" aus, „waren nicht verantwortlich für das Geschick, das sie traf. Sie erfüllten als tapfere Soldaten gegenüber ihrem Volk die Pflicht, die ihnen den zaudernden Zweifel verbietet und von ihnen die Tat verlangt. Sie besiegelten ihre Treue zum Volk mit dem Opfer ihres Lebens. Über ihren Gräbern summt der Wüstenwind ein unvergängliches Ruhmeslied. Aus fremdem Munde drang die Kunde zu uns, wie ritterlich die Männer um Rommel in diesem Zeitalter unritterlicher Waffen gekämpft haben. Ihr Beispiel, das im härtesten Kampf nie gegen den Adel der Menschlichkeit verstieß, wird heute in den Parlamenten ihrer Gegner gerühmt, wenn von edlem Soldatentum die Rede ist." Vgl. fdk, 17. 11. 1955, „Deutsche Soldatengräber in Tobruk". – Zum 140. Jahrestag der Stiftung des Eisernen Kreuzes plädierte am 10. 3. 1953 Erich Mende dafür, dieses Symbol soldatischer Tugend wieder öffentlich zu tragen und verwahrte sich gegen eine herabsetzende Kritik: „Das Eiserne Kreuz dürfte heute ebensowenig wie vor 140 Jahren als

eine Provokation empfunden werden können, sei es mit oder ohne das kleine, fast unsichtbare Hakenkreuz." Anstelle des königlichen Namenszugs war im „Dritten Reich" in die Mitte des Eisernen Kreuzes das Hakenkreuz eingraviert worden. Vgl. fdk, 10. 3. 1953, „140 Jahre Eisernes Kreuz". Zur „vergangenheitspolitischen Obsession" hinsichtlich der Kriegsverbrecher-Frage und der Wehrmacht zu Beginn der fünfziger Jahre und deren langfristige Folgen siehe Frei, Vergangenheitspolitik, v. a. S. 304 ff.

30 Süddeutsche Zeitung, 6. 9. 1952, „Nachdenklicher Tag". Welcher Kalendertag für eine Feier überhaupt in Betracht kommen sollte, war höchst umstritten. Der 23. Mai 1949, an dem das Grundgesetz verkündet wurde, und der 24. Mai, an dem es in Kraft trat, wurden wegen des Provisoriumscharakters gar nicht diskutiert. Auch der 14. August 1949, der Tag der Wahl zum ersten Deutschen Bundestag, schien ungeeignet für eine staatszeremonielle Selbstdarstellung. So blieben der 7., 12., 15. und 20. September 1949, jeweils Tage, an denen sich die Bundesorgane formierten. Der 7. September, der Tag, an dem Bundestag und Bundesrat zum ersten Mal zusammentraten, und der 12. September, der Tag der Wahl des ersten Bundespräsidenten, standen in den ersten Jahren im Vordergrund der Suche nach Identität. 1950 und 1952 lud die Bundesregierung jeweils am 7. und 1951 am 12. September zur Feier des „Nationalen Gedenktages des deutschen Volkes" in den Bundestag ein. Aber zur Einführung eines arbeitsfreien Tages konnte sich die Bundesregierung nicht entschließen. Die Bevölkerung hatte zu den Gedenkfeiern keinen Zugang. Ein gesetzlicher Feiertag war der 7. September nicht, intern wurde er als „Interims-Feiertag" bezeichnet. Allerdings begingen ihn alle Bundesländer mit Festivitäten, und die Schulen waren gehalten, die Bedeutung des Tages zu würdigen. Die Warnung vor „totalitären Elementen" war der Grundtenor aller Ansprachen. Vgl. auch Die Welt, 6. 9. 1952, „Zum 7. September", Süddeutsche Zeitung, 6. 9. 1952 „Nachdenklicher Tag".

31 Vgl. Heuss zum Nationalen Gedenktag 1950, Verh. d. Dt. Bt., Sten. Ber., 1. WP., 7. 9. 1950, S. 3086.

32 Ebd.

33 Zit. nach: Die Neue Zeitung, 6. 7. 1953, „Der 'Tag der deutschen Einheit'".

34 So etwa Hermann Veit, stellvertretender Ministerpräsident und Wirtschaftsminister von Baden-Württemberg. Vgl. den ausführlichen Bericht über alle Aktivitäten in: Die Neue Zeitung, 8. 9. 1952, „Bundesrepublik feiert Nationalen Gedenktag des deutschen Volkes".

35 Siehe auch Schwarz, Die Ära Adenauer 1949–1957, S. 459.

36 Ebd., S. 271.

37 Forschungsüberblicke bei: Morsey, Die Bundesrepublik, S. 155 ff.; Loth (Hrsg.), Die deutsche Frage; Herbst/Bührer/Sowade (Hrsg.), Vom Marshall-Plan zur EWG; Herbst, Option für den Westen; Doering-Manteuffel, Die Bundesrepublik Deutschland in der Ära Adenauer, S. 36 ff.; Kleßmann, Die doppelte Staatsgründung, S. 223 ff.

38 Vgl. Baring, Im Anfang war Adenauer, S. 106; Winkler, Das Ende der Nachkriegszeit, S. 268.

39 Steininger, Deutsche Geschichte, Bd. 2, S. 198.

40 Die erste Sichtweise etwa bei Herbst, Option für den Westen, S. 110; am kri-

tischsten und mit der Unterstellung „Westintegration statt Wiedervereinigung“: Die Einleitung von Foschepoth, in: ders.. (Hrsg.), Adenauer und die deutsche Frage. Die zweite Sichtweise mit starker Affinität zu Adenauers Politik: Morsey, Deutschlandpolitik Adenauers; ders., Die Bundesrepublik, S. 26 ff. Ausgewogener: Schwarz, Das außenpolitische Konzept. Vgl. auch das Aufeinanderprallen der Positionen in den Berichten, Expertisen und Gutachten, die der Enquete-Kommission „Aufarbeitung von Geschichte und Folgen der SED-Diktatur in Deutschland“ vorgelegt wurden, in: Materialien der Enquete-Kommission, Bd. V, 1, 2, 3. – Die französische Diplomatie jedenfalls war zu Beginn der fünfziger Jahre überzeugt, daß der Kanzler sich sichtbar bemüht zeige, die Hindernisse auf dem Weg zur Wiedervereinigung zu vermehren, vgl. Lohse, Östliche Lockungen, S. 55.

41 Umfassend: Schwarz, Adenauer. Der Staatsmann, S. 7 ff.

42 Siehe Doering-Manteuffel, Adenauer – Kaiser – Heinemann; Zitelmann, Adenauers Gegner. Zu Kaiser auch unten, Abschnitt 6 .

43 Vgl. Wengst, Thomas Dehler, S. 202 ff. Pfleiderers Denkschrift „Vertragsentwurf und Wiedervereinigung“, die er dem Auswärtigen Ausschuß des Bundestages vorlegte, stieß bei der CDU wie auch bei seiner eigenen Partei auf Ablehnung. Je mehr sich die FDP später von der CDU distanzierte, desto mehr nahm sie Pfleiderers Grundgedanken in ihr deutschlandpolitisches Konzept auf. Durch Pfleiderer wurde zum ersten Mal von einem Liberalen eine grundsätzliche Alternative zur Politik Adenauers formuliert. Pfleiderers Meinung nach war das sowjetische Sicherheitsbedürfnis der Dreh- und Angelpunkt für die Frage der deutschen Wiedervereinigung und ebenso berechtigt wie das französische Sicherheitsbedürfnis, das auch Adenauer akzeptierte. Daher müsse ein Kompromiß zwischen der Zugehörigkeit Deutschlands zum westlichen Verteidigungssystem und der Befriedigung des Sicherheitsbedürfnisses der UdSSR gefunden werden. Die Westintegration müsse gekoppelt werden mit einer aktiven Außenpolitik nach Osten. Pfleiderer schlug ein bündnisfreies Deutschland ohne fremde Truppen zwischen Rhein und Oder vor, das aber eigene Nationalstreitkräfte unterhalten sollte. Vgl. Schollwer, Liberale Opposition gegen Adenauer, S. 12 f. (Einleitung von Monika Faßbender).

44 So hieß es im Dortmunder Aktionsprogramm von 1952, vgl. Groh/Brandt, Vaterlandslose Gesellen, S. 267, dort auch das weitere Zitat aus dem Munde Schumachers.

45 Ebd., S. 268; allgemein: Schmitz, Deutsche Einheit sowie Klotzbach, Der Weg zur Staatspartei.

46 Ausführlich dazu (aus der Perspektive eines internen Kritikers der SPD-Europapolitik): Weber, Carlo Schmid, S. 417 ff.; Lappenküper, Der Schuman-Plan.

47 Siehe die Beiträge in: Volkmann/Schwengler (Hrsg.), Europäische Verteidigungsgemeinschaft.

48 Dazu ausführlich aus der jeweiligen Sicht der beiden politischen Hauptkontrahenten, Arndt und Bundesjustizminister Dehler: Gosewinkel, Adolf Arndt, S. 296 ff. und Wengst, Thomas Dehler, S. 202 ff.

49 Ebd.

50 Vgl. Kiefer, Die Reaktion auf die Stalin-Noten.

51 Paul Sethe, Zwischen Bonn und Moskau, Frankfurt a. M. 1956.

[52] Vgl. Wengst, Thomas Dehler, S. 309 ff.; auch Weber, Carlo Schmid, S. 597.

[53] Besson, Die Außenpolitik der Bundesrepublik, S. 129.

[54] Auf diesem moralischen Nährboden wuchert bis heute die geschichtspolitische Debatte. – Vertreter der „Propaganda-These“: Graml, Nationalstaat oder westeuropäischer Teilstaat; ders., Die Legende; ders., März-Note; Schwarz (Hrsg.), Die Legende; Kittel, Genesis einer Legende; Wettig, Die sowjetische Deutschland-Note; ders., Die Stalin-Note als geschichtswissenschaftliches Problem; ders., Die Stalin-Note auf der Basis diplomatischer Akten. Vertreter der „Angebots-These“ ist v. a. Steininger. Vgl. ders., Die Stalin-Note; ders., Eine Chance zur Wiedervereinigung?; auch Herbst, Option für den Westen, S. 117 ff. – Die Debatte hat mittlerweile nicht nur eine geschichtspolitische, sondern eine fast geschichtsneurotische Dimension angenommen, vgl. den Exkurs zu den Reaktionen auf sein Buch „Die Stalin-Note“ bei Steininger, Deutsche Geschichte, Bd. 2, S. 198 ff.

[55] Vgl. Larres, Neutralisierung oder Westintegration?, v. a. S. 578 ff.

[56] Vgl. Larres, Politik der Illusionen, S. 174.

[57] Vertreten wurde die These von der wirklichen Chance zur Lösung der Deutschlandfrage in diesen wenigen Monaten v. a. von Löwenthal im Vorwort zu Baring, Der 17. Juni; sowie ders., Vom kalten Krieg zur Ostpolitik S. 619 f. – Die Fronten der Kontroverse sind verhärtet: Daß die Entlassung der DDR aus dem sowjetischen Machtbereich damals auch von Berija nicht ins Kalkül gezogen wurde, meinen in der jüngsten Auseinandersetzung Wettig, Zum Stand der Forschung über Berijas Deutschlandpolitik; ebenso Görtemaker in seinem Beitrag auf dem internationalen Symposium „Das Krisenjahr 1953 und der Kalten Krieg in Europa“, 10.–12. 11. 1996 in Potsdam (die Akten stehen vor der Veröffentlichung), vgl. Bericht in: DA 30 (1997), S. 291–293; hingegen sehen Loth – so in seinem Beitrag auf dem Symposium – und Larres, Neutralisierung oder Westintegration?, Anzeichen für eine mögliche Weichenstellung in Richtung auf eine Revision der sowjetischen Deutschlandpolitik. Siehe jetzt auch: Adomeit, Imperial Overstrech; neue Dokumente zu den deutschlandpolitischen Positionen der Sowjetunion nach dem Tod Stalins bei Scherstjanoi, Die sowjetische Deutschlandpolitik.

II.4. Der 17. Juni 1953 als Ereignis im Osten und die Sinnstiftung des Augenblicks im Westen

[1] Die wichtigsten wissenschaftlichen Monographien und Sammelbände sind: Baring, Der 17. Juni 1953; Hagen, DDR – Juni '53; Diedrich, Der 17. Juni 1953; Spittmann/Fricke (Hrsg.), 17. Juni 1953; Kowalczuk/Mitter/Wolle (Hrsg.), Der Tag X; Krämer, Der Volksaufstand. Auch in Gesamtdarstellungen wird der 17. Juni eingehend gewürdigt, vgl. v. a. Mitter/Wolle, Untergang auf Raten, S. 27–162; Weber, Die DDR 1945–1990, S. 39 ff.; Staritz, Geschichte der DDR, S. 100 ff.; Kleßmann, Die doppelte Staatsgründung, S. 277 ff.; Steininger, Deutsche Geschichte seit 1945, Bd. 2, S. 219 ff. Vgl. auch die Materialien der Enquete-Kommission „Aufarbeitung von Geschichte und Folgen der SED-Diktatur in Deutschland“, Bd. II/1, S. 746 ff. Zu den neuesten Forschungsschwerpunkten (internationale Zusammenhänge, Ablauf in der DDR-Provinz, soziale Trägerschichten) vgl. die Podiumsdiskussion: Der

17. Juni – vierzig Jahre danach, in: Koka/Sabrow (Hrsg.), Die DDR als Geschichte, S.40–66 sowie den Konferenzbericht von Weichlein, Der 17. Juni, und schließlich die Akten des Potsdamer Kolloquiums „Krisenjahr 1953" (stehen vor der Veröffentlichung). Zum Ablauf der Ereignisse aus der Sicht des Ministeriums für Staatssicherheit: Mitter, Die Ereignisse im Juni 1953; zur Rolle der akademischen Intelligenz: Kowalczuk, Die Historiker und der 17. Juni; zu den neuerlich stark diskutierten Abläufen in der Provinz: Roth, Der 17. Juni 1953 im damaligen Bezirk Leipzig; weitere Einzelaspekte bei Buchheim, Wirtschaftliche Hintergründe des Arbeiteraufstandes; Haupts, Die Blockparteien in der DDR und der 17. Juni; zur Ost-CDU: Wengst, Der Aufstand am 17. Juni; Originaldokumente des Politbüros in der Dokumentation von Hansel/Kaiser/Nakath/Nicolaus/Wieczorek (Hrsg.), Der 17. Juni 1953.

2 Es gibt inzwischen zahlreiche neue Vorschläge für einen charakterisierenden Namen des „17. Juni". Vgl. die Definitionsversuche bei Hagen, DDR – Juni '53 und bei Diedrich, Der 17. Juni 1953, beide sprechen von „Erhebung" bzw. „Aufstand". Mitter präferiert in seinen Schriften die Bezeichnung „Revolution", noch häufiger „gescheiterte Revolution", findet damit aber wenig Anklang. Vgl. Karl Wilhelm Fricke, Der 17. Juni – wirklich eine gescheiterte Revolution?, in: Das Parlament, Nr.24, 11. 6. 1993. Monika Kaiser faßt das Ergebnis globaler als „Höhepunkt einer revolutionären Situation", die den ganzen sowjetischen Machtbereich 1952/53 erfaßt habe. Sie verweist dabei auch auf Protestbewegungen in Städten anderer osteuropäischer Staaten, so Anfang Juni 1953 in Csepel, Ozd, Diogyör und auf die durch eine Währungsreform ausgelösten Unruhen in Pilsen im Sommer 1953. Vgl. dies, Entstalinisierungskrise (Skript des Postdamer Kolloquiums). – „Erhebung" und „Aufstand" werden von mir im folgenden synonym gebraucht, und zwar nicht als wertende, sondern als nüchtern-neutrale Benennungen der Ereignisse.

3 Auf diese bislang wenig beachteten Zusammenhänge hat Diedrich mit seinen Arbeiten hingewiesen. Vgl. v.a. ders., Der 17. Juni 1953.

4 Vgl. Stulz-Herrnstadt (Hrsg.), Das Herrnstadt-Dokument.

5 Zahlenangaben in allen der oben genannten Arbeiten zum 17. Juni 1953. Hier nach Diedrich, Der 17. Juni, S.288.

6 Vgl. Hagen, DDR – Juni '53, S.200.

7 Lebenslänglich: 3; 10–15 Jahre: 13; 5–10 Jahre: 98; 1–5 Jahre: 791; unter einem Jahr: 534.

8 Siehe Roth, Der 17. Juni 1953 im damaligen Bezirk Leipzig.

9 Der Ablauf war überall mehr oder weniger der gleiche. Die Belegschaften erklärten sich solidarisch mit den Berliner Bauarbeitern, wählten einen Streikrat, entmachteten Funktionäre des FDGB und der Betriebsleitungen.

10 Weber, Die DDR 1945–1990, S.41.

11 Vgl. Staritz, Geschichte der DDR, S.127.

12 Mitter/Wolle, Untergang auf Raten, S.500.

13 Vgl. Diedrich, Putsch – Volksaufstand – Arbeitererhebung; Spittmann, Der 17. Juni im Wandel der Legenden. Dazu auch unten, Kapitel III. 4e).

14 Vgl. Niethammer in seinen einführenden Bemerkungen zur Podiumsdiskussion, in: Kocka/Sabrow (Hrsg.), Die DDR als Geschichte, S.46ff. Er unterscheidet vier Erinnerungstypen: 1. Die SED-Mitglieder fanden ideologischen Rückhalt in

der staatsoffiziösen Legende eines von Faschisten und westlichen Imperialisten eingefädelten Putschversuchs. 2. Viele Nicht-Genossen schmückten das Ereignis aus, ohne politisch Stellung zu beziehen. Niethammer nennt dies „Choreographie informierter Unbeteiligtheit". Dieser Typus ist bereits in den fünfziger Jahren in seiner Mischung aus hohem Informationsgrad und geringer Affektivität und Partizipation als charakteristisches Vermächtnis des Totalitarismus bezeichnet worden. 3. Extrem selten war ein positives Bekenntnis zum 17. Juni. 4. Die Erinnerung von Juden in der DDR zeichnete sich durch spezifische Inhalte einer positiven Bezugnahme aus.

15 Wie problematisch eine präzise Antwort auf die Frage der Medienwirkung ist, hat die Medienforschung herausgestellt. Einigkeit besteht jedoch darin, daß es einen Zusammenhang zwischen Massenmedien und öffentlicher Meinung gibt. Dabei ist allerdings ein Wechselspiel zu beachten: einerseits stellen die Medien öffentliche Meinung dar, andererseits formen sie diese auch. Gerade in der frühen Bundesrepublik waren die Presseerzeugnisse nicht nur Spiegel des Zeitgeschehens, sondern Zeitungen waren auch politische Akteure, v. a. beim Thema deutsche Frage – man denke nur an so unterschiedliche Positionen von Redakteuren und Herausgebern wie Paul Sethe (bis 1955 Frankfurter Allgemeine Zeitung), Hans Zehrer (Die Welt), Rudolf Augstein (Der Spiegel) oder Marion Gräfin Dönhoff (Die Zeit). Vgl. Noack, Öffentliche Meinung und Außenpolitik; Noelle-Neumann, Öffentliche Meinung.

16 Das dokumentieren alle Presseausschnittsammlungen, z. B. im AcdP, AdL und AdsD; vgl. auch Hagen/Wendorf, Film, Foto- und Tonquellen zum 17. Juni in Berlin.

17 Die Welt brachte z. B. vom 15. 7.–4. 8. 1953 eine 15teilige Serie „Menschen im Aufstand", der DDR-Korrespondent der Zeit schrieb bis in den November ausführliche Berichte über das Leben nach dem 17. Juni 1953.

18 Der Stern, 28. 6. 1953, „Berlin: Das Volk steht auf. 7 Seiten Bilder bringt Der Stern".

19 Der Volksaufstand vom 17. Juni 1953. Denkschrift über den Juni-Aufstand in der sowjetischen Besatzungszone und in Ostberlin, hrsg. vom Bundesministerium für gesamtdeutsche Fragen, Bonn 1953.

20 Allein 1953 kamen über 330000 Menschen aus der DDR in den Westen. Der 17. Juni bestimmte auch das Bild der „Sowjetzonen-Flüchtlinge", die in der Bundesrepublik als Märtyrer und Helden der Freiheit betrachtet wurden. Vgl. Ackermann, Der „echte" Flüchtling, S. 50 ff.; Heidemeyer, Flucht und Zuwanderung, S. 162 ff., S. 45 eine Tabelle zu den jährlichen Flüchtlingszahlen.

21 Z.B. Ein dokumentarischer Bericht: Der Aufstand im Juni. Mit einem Geleitwort von Bundespräsident Prof. Dr. Theodor Heuss, Berlin 1954; Arno Scholz/Werner Nieke, Der 17. Juni. Die Volkserhebung in Ostberlin und in der Sowjetzone, Berlin 1953; Stefan Brandt (d.i. Klaus Harpprecht)/Klaus Bölling, Der Aufstand. Vorgeschichte, Geschichte und Deutung des 17. Juni 1953, Stuttgart 1953; Rainer Hildebrandt, Was lehrte uns der 17. Juni? Eine Denkschrift, Berlin 1954; ders., Als die Fesseln fielen. Neun Schicksale in einem Aufstand, Berlin 1956; Curt Rieß, Der 17. Juni, Berlin 1954; Joachim G. Leithäuser, Der Aufstand im Juni. Ein dokumentarischer Bericht, Berlin 1954.

22 Vgl. die Beprechung in: Die Zeit, 17. 6. 1954, „Mit falschem Pathos“.

23 Die erste literarische Bearbeitung, in der Menschen in ihrer ganzen Widersprüchlichkeit vorkommen und nicht nur Arbeiterheroen und SED-Satrapen, wie in den „Tatsachenberichten“, stammte bezeichnenderweise von einer aus der DDR geflüchteten Schriftstellerin, Johanna Moosdorf, Der Himmel brennt, 1955. Vgl. Besprechung von Thilo Koch in: Die Zeit, 16. 6. 1955, „Der Himmel brennt“. – Eine Zusammenstellung der literarischen Texte, in denen der 17. Juni 1953 thematisiert oder zumindest erwähnt wird, bei Pernkopf, Der 17. Juni in der Literatur beider deutscher Staaten, S. 318f. Daneben Mohr, Der 17. Juni als Thema der Literatur in der DDR. – Die angesprochenen Texte: Günter Grass, Die Plebejer proben den Aufstand. Ein deutsches Trauerspiel, 1966; Ingeborg Drewitz, Das Karussell, 1962. Ein Kennzeichen der deutschen Nachkriegsliteratur war ihr häufig gesamtdeutscher Bezug: Ist z. B. Uwe Johnsons „Das dritte Buch über Achim“, 1961, in dem der 17. Juni erwähnt wird, bundesrepublikanische Literatur? Johnson war erst zwei Jahre zuvor in die Bundesrepublik gekommen. Kann man Stefan Heyms „Fünf Tage im Juni“, 1974, als DDR-Literatur bezeichnen, obwohl das Buch nur in der Bundesrepublik erscheinen konnte? Von einem Teil der DDR-Autoren wurde die parteioffizielle Legende vom „faschistischen Putsch“ mit literarischen Weihen versehen, so bei: Stephan Hermlin, Die Kommandeuse, 1954, Anna Seghers, Das Vertrauen, 1968, Hermann Kant, Das Impressum, 1972. – Anläßlich einer Lesung aus seinen Werken in München bekannte Hermlin im September 1958 aber freimütig, daß es sich beim Aufstand des 17. Juni um eine „Konterrevolution von Hunderten und Tausenden von Arbeitern und Bauern“ gehandelt habe, nicht aber um eine „amerikanische und faschistische Verschwörung“, wie die offizielle Lesart der DDR lautete, vgl. Der Spiegel, 24. 9. 1958. – Bekannt und oft zitiert ist die Reaktion Bertolt Brechts auf den Aufruf des damaligen 1. Sekretärs des DDR-Schriftstellerverbandes Kurt Barthel, genannt Kuba. Er gab im Neuen Deutschland vom 20. 6. 1953 vor, sich für die streikenden Arbeiter zu schämen, da sie das Vertrauen der Partei mißbraucht hätten. Brecht empfahl daraufhin der Partei in seinem Gedicht „Die Lösung“, das Volk mangels Vertrauen aufzulösen und sich ein neues zu wählen. Weniger bekannt sind andere Gedichte von Brecht aus den „Buckower Elegien“, die zu seinen Lebzeiten nicht veröffentlicht wurden. Diese beziehen sich zwar auch auf den 17. Juni, dokumentieren aber in erster Linie die Schwierigkeit des Dichters, seinen Standpunkt zum Ereignis zu finden.

24 Auffallend ist, wie z. B. zwei so unterschiedliche Politiker wie Egon Bahr und Franz Josef Strauß in ihren Erinnerungen zu ähnlichen Einschätzungen gelangen. Vgl. Bahr, Zu meiner Zeit, S. 75ff. Mit Blick auf den von ihm eingefädelten Milliardenkredit an die DDR 1983 formuliert Strauß: Ich ließ „mich auch von den Erfahrungen der jüngsten Geschichte leiten. 1953, 1956, 1968, 1980/81, ob in der DDR, in Ungarn, in der Tschechoslowakei oder zuletzt in Polen – niemals, wenn es zu Aufständen in einem der Ostblockstaaten kam, hat der Westen eingegriffen. Wegen der damit verbundenen Gefahr lebensgefährlicher, kriegerischer Verwicklungen konnten und können Volkserhebungen in den Staaten des Warschauer Paktes nicht unterstützt werden. Es hat deshalb keinen Sinn, die Notsituation dort so zu verschärfen, daß die Belastungen für die Menschen unerträglich werden und es zur Explosion kommt. Während der Westen auf den Bänken gesicherten Wohlstands sich auf

die Zuschauerrolle beschränkt, gibt es drüben Tote, Verwundete, massive Strafen und Verfolgungen. Ich jedenfalls konnte und kann aufgrund meiner von christlichem Gewissen geprägten Grundhaltung eine solche Politik nicht hinnehmen oder gar fördern." Vgl. Strauß, Die Erinnerungen, S. 527f.

[25] Das Allensbacher Institut für Demoskopie ermittelte, daß es 44% waren. Vgl. Jahrbuch der öffentlichen Meinung 1947–1955, S. 313.

[26] Dazu Schwarz, Ära Adenauer 1949–1957, S. 461; Kiefer, Auf der Suche; Hallwirth, Auf der Suche.

[27] Vgl. Adolph, Die Anfänge des Forschungsbeirats für Fragen der Wiedervereinigung.

[28] Die vielen Rundfunk-Kommentare sind gesammelt im BA, NL Kaiser, 314.

[29] Die Zeit, 25. 6. 1953, „Die Flammenzeichen rauchen noch".

[30] Süddeutsche Zeitung, 24.3.1949, „Die deutsche Ostzone – Ohne Animositäten betrachtet".

[31] Frankfurter Allgemeine Zeitung, 3. 1. 1950, „Das ‘andere' Deutschland. Eindrücke von einer Reise durch die Ostzone".

[32] Süddeutsche Zeitung, 24. 3. 1949.

[33] Die Welt, 22. 8. 1951, „Wo liegt Weimar?".

[34] Die Welt, 30. 4. 1953, „Neuer Name".

[35] Süddeutsche Zeitung, 6./7. 5. 1950, „Besttraktorin Lisa".

[36] Ebd.

[37] Die Zeit, 25. 6. 1953.

[38] Der Tagesspiegel, 17. 6. 1953, „Geduldete Proteste?".

[39] Radiomeldung vom 17. 6. 1953, BA, NL Kaiser, 314; auch Frankfurter Allgemeine Zeitung, 18. 6. 1953, „Aufruhr".

[40] Dies berichtete Herbert Wehner im Rückblick; vgl. sein Manuskript „Die Arbeiter brachen das Eis", 1954, AdsD, NL Wehner, GA 74,268.

[41] Vgl. Hagen, DDR – Juni '53, S. 93ff.

[42] Dazu unten, Kapitel II. 5a).

[43] Mit vielen Bürgerkriegsbildern besonders; Metall, 24.6.1953, „Das Volk steht auf".

[44] Abgedruckt und analysiert ist die Rede bei: Fetscher, Joseph Goebbels im Berliner Sportpalast 1943; siehe auch Bergsdorf, Herrschaft und Sprache, S. 62. Seit 1921 hatte die NSDAP ihre Wahlplakate mit dem Körner-Zitat versehen, vgl. Abbildung bei Behrenbeck, Der Kult um die toten Helden, S. 416.

[45] Karl Grampp in: Radio Saarbrücken, 17. 6. 1953, BA, NL Kaiser, 314.

[46] WDR-Sendungen zwischen dem 16. und 18. 6. 1953, DRA, 53–3635.

[47] RIAS, 17. 6. 1953, DRA, 85 U 4060/4.

[48] RIAS, 17. 6. 1953, DRA, 66 U 3054/14.

[49] WDR, 17. 6. 1953, DRA, Dok. 412/9.

[50] SWF, 17. 6. 1953, DRA, 595 0189.

[51] Etwa der elfminütige Film „Der 17. Juni in Berlin". Er schildert, so der Inhaltsvermerk, „die Ereignisse des 17. und 18. Juni in Ostberlin, als es zu einem Aufstand gegen die kommunistischen Machthaber in der DDR kam. Gebäude der Sicherheitspolizei wird in Brand gesteckt, Kioske gehen in Flammen auf, die Sowjet-Fahne vom Brandenburger Tor wird heruntergeholt und durch die Fahne der Bun-

desrepublik ersetzt. Russische Panzer fahren auf, Truppen gehen in Stellung. Schüsse fallen, es gibt Tote und Verletzte (…).“ DRA, 0060011.

52 Die Welt, 18. 6. 1953, „Kriegsrecht in Ostberlin. Panzer feuern auf Arbeiter“.

53 Basler Nationalzeitung, 20. 6. 1953, BA, NL Kaiser, 314.

54 Die Zeit, 25. 6. 1953, „Die Flammenzeichen rauchen noch“; dort auch das vorherige Zitat. Gräfin Dönhoff bezog sich mit dieser Überschrift ebenfalls auf Theodor Körner, der in den antinapoleonischen Kriegen gedichtet hatte: „Frisch auf, mein Volk, die Flammenzeichen rauchen“. Der Bastille-Vergleich findet sich auch in der Memoirenliteratur, etwa bei Carlo Schmid, Erinnerungen, S. 543.

55 Die Zeit, 8. 10. 1953, „Die schwere Stunde des Sozialismus“.

56 Speth, Nation und Revolution, S. 353 ff.

57 Dazu Lenk, Zum westdeutschen Konservatismus, S. 642.

58 José Ortega y Gasset, Der Aufstand der Massen, Stuttgart 1956 u. ö. (spanische Erstveröffentlichung 1930).

59 Vgl. Schulze, Deutsche Geschichtswissenschaft nach 1945, S. 77ff.; Daniel, Die Politik der Propaganda.

60 Vgl. z. B. Eugen Gerstenmaier, Präsident des Deutschen Bundestages: „Vor zwei Jahren geschah in der sowjetisch besetzten Zone Deutschlands ein ‘Aufstand der Massen’, aber nicht im Sinne Ortega y Gassets, sondern im Stile der klassischen Freiheitskämpfe unserer Geschichte.“ Bulletin des PuIA, Nr. 110, 18. 6. 1955, S. 914. Vgl. dazu auch unten, Abschnitt 5c).

61 Bulletin des PuIA, Nr. 110, 16. 6. 1954, S. 983. Ähnlich, neben vielen anderen, auch Carlo Schmid in einem Südwestfunk-Interview. Der 17. Juni „hat viele Flecken hinweggewaschen, mit denen das ruchlose Regime des Nationalsozialismus unseren Namen beschmutzt hat. Dies gibt uns Deutschen wieder das Recht, auch in der Mitte von Völkern, die ihren Kampf um die Freiheit schon längst gewonnen haben, das Haupt hoch zu tragen.“ Abschrift des Interviews, 17. 6. 1956, AdL, NL Dehler, N 1–3054.

62 In gewisser Hinsicht erklärt dies das Ausbleiben einer umfassenden „Vergangenheitsbewältigung“ in der Ära Adenauer.

63 So auch noch in der von Le Monde am 21./22. 7. 1963 zitierten Umfrage.

64 Der Spiegel, 8. 7. 1953, Leserbriefseite.

65 Christ und Welt, 1. 7. 1954, „Leitbilder unserer Zeit“.

66 Bereits bei den Gedenkstunden zum 20. Juli 1953 wurde eine Nähe der Hitler-Attentäter zu den ostdeutschen Aufständischen hergestellt. Anläßlich der Enthüllung eines Denkmals für die Opfer des 20. Juli 1944 im Hof des ehemaligen OKW in der Bendlerstaße, führte Ernst Reuter am 20. 7. 1953 aus: „Der Bogen vom 20. Juli 1944 spannt sich heute, ob wir es wollen oder nicht, zu dem großen Tage des 17. Juni 1953, zu dem Tage, an dem sich ein gepeinigtes und gemartertes Volk in Aufruhr gegen seine Unterdrücker und gegen seine Bedränger erhob und der Welt den festen Willen zeigte, daß wir Deutschen frei sein wollen.“ Vgl. ders., Schriften, Reden, Bd. 4, S. 755 ff., Zitat S. 757.

67 Dazu auch unten, Kapitel III. 4.

68 Abschrift des Beitrags BA, NL Kaiser, 314.

69 Die Tat, 22. 6. 1953, BA, NL Kaiser, 314.

70 Jean Grandmougin im Luxemburger Rundfunk, 25. 6. 1953, BA, NL Kaiser, 314.

[71] Vgl. New York Times, 18. 6. 1953, New York Herald Tribune, 18. 6. 1953, News & World Report, 26. 6. 1953, BA, NL Kaiser, 314.

[72] Vgl. z. B. die große Artikelserie, die am 6. 7. 1953 in Le Figaro begann („Une zone de 18 millions d'hommes s'est révoltée contre Moscou").

[73] Z.B. Die Neue Zeitung, 6. 7. 1953, „Massenkundgebung in Paris für die Sowjetzone".

[74] Siehe Hüser, Frankreichs „doppelte Deutschlandpolitik", passim.

[75] Vgl. Die Neue Zeitung, 6. 7. 1953, „Massenkundgebung in Paris für die Sowjetzone".

[76] Mittlerweile ist dies als Lüge der SED entlarvt worden: Bei der Frau, die wir unter dem Namen Erna Dorn kennen – was wohl nicht ihr richtiger Name war –, handelte es sich offenbar um eine Verwirrte, die sich mit ihren Aussagen um Kopf und Kragen redete und von der SED, die „geeignete" Todesurteile brauchte, zur ehemaligen KZ-Wächterin aufgebauscht wurde, wofür es allerdings in den Akten keinerlei Bestätigung gibt. Vgl. zum gesamten hallensischen Kontext: Angelika Klein, Der Arbeiteraufstand im Bezirk Halle.

[77] Le Figaro, 6. 7. 1953, „Une zone des 18 millions".

[78] Die Zeit, 23. 7. 1953, „Kein Tag X für die Freiheit der Welt".

[79] Die Neue Zeitung, 6. 7. 1953, „Massenkundgebung in Paris für die Sowjetzone".

[80] Ebd.

[81] Meldung in: Die Welt, 18. 6. 1953, „Sitzung des Stadtparlaments".

[82] Der Spiegel, 24. 6. 1953, „Ein Fetzen Fahnentuch".

[83] Ebd.

[84] Originalbriefe und Abschriften, die ihm andere Politiker gaben, bei Herbert Wehner, AdsD, NL Wehner, Korr. 19.

[85] Vgl. Berghahn/Friedrich, Otto A. Friedrich, ein politischer Unternehmer.

[86] Abschrift des Briefes von Friedrich an Heuss, 22. 6. 1953, AdsD, NL Wehner, Korr. 19.

[87] Neben vielen anderen z. B. Sontheimer, Die Adenauer-Ära, S. 38; Steininger, Deutsche Geschichte, Bd. 2, S. 219; Hattenhauer, Deutsche Nationalsymbole, S. 37; Krämer, Der Volksaufstand, S. 174 ff. – Die Legende wurde insbesondere von konservativen Publizisten seit den siebziger Jahren verbreitet, womit gleichzeitig eine Verurteilung der Neuen Ostpolitik, die als opportunistisch angeprangert wurde, verbunden war. Vgl. z. B. Die Welt, 16. 6. 1973, „Ein Gedenktag, der der Anpassung zum Opfer fiel".

[88] Der Spiegel, 24. 6. 1953, „Juni-Aufstand".

[89] Wehner an den Unternehmer Otto A. Friedrich, 8. 7. 1953, AdsD, NL Wehner, Korr. 19.

[90] Sitzung des Ausschusses für Angelegenheiten der inneren Verwaltung und des Ausschusses für gesamtdeutsche Fragen, Prot. vom 2. 7. 1953, Dt. Bt., PA, Gesetzesdokumentation I-479. Als alternative Namen tauchten auf: Tag der deutschen Freiheit (so der Vorschlag von Leuchtgens, DP), Nationaltag des deutschen Volkes (so der Vorschlag von Feldmann, CDU). – Der SPD-Antrag datiert vom 29. 6. 1953. Er sah die Schaffung eines „Nationalfeiertages des deutschen Volkes" vor, mit Feiertagsschutz und Lohnfortzahlung. Der Antrag der Regierungsfraktionen vom 30. 6.

1953 hingegen plädierte für einen „nationalen Gedenktag" ohne Feiertagsschutz. Vgl. Dt. Bt. 1. WP., Drucksache, Nr. 4624 und 4625.

91 Prot. v. 2. 7. 1953, Dt. Bt., PA, Gesetzesdokumentation I-479.

92 Edith Knappe an Franz Neumann, 24. 6. 1953, FNA, NL Neumann, Ordner 17. Juni.

93 Vgl. Verh. d. Dt. Bt., Sten. Ber., 1. WP., 281. Sitz., 3. 7. 1953, S. 14070 f.

II.5. Geschichtspolitische Mythenbildungen im Widersteit

1 Verh. d. Dt. Bt., Sten. Ber., 1. WP., 278. Sitz., 1. 7. 1953, S. 13873.

2 Vgl. Drucksache Nr. 4444.

3 Verh. d. Dt. Bt., Sten. Ber., 1. WP., 278. Sitz., 1. 7. 1953, S. 13875.

4 Ebd.

5 Ebd.

6 Ebd., S. 13876.

7 Ebd., S. 13880.

8 Ebd., S. 13881.

9 Ebd., S. 13883.

10 Ebd.

11 Willy Brandt, Arbeiter und Nation, hrsg. vom Vorstand der SPD, Bonn 1954. Der Band vereint Reden Brandts mit allgemeinen politischen Analysen zum 17. Juni.

12 Damit wurde an das Nationsverständnis der sozialdemokratischen „Jungen Rechten" der Weimarer Republik angeknüpft, das vor allem von Hermann Heller beeinflußt war. Vgl. ders., Sozialismus und Nation, in: ders., Gesammelte Schriften, Bd. 1, Leiden 1971, S. 437–526. Dazu auch H. Mommsen, Arbeiterschaft und nationale Frage; Werth, Sozialismus und Nation. Zu den Auswirkungen von Hellers Thesen auf die Sozialdemokratie, Weber, Carlo Schmid, S. 43 ff.

13 Verh. d. Dt. Bt., Sten. Ber., 1. WP., 278. Sitz., 1. 7. 1953, S. 13883.

14 Ebd., S. 13886.

15 Ebd., S. 13887.

16 Ebd., S. 13900.

17 Dazu unten, Abschnitt 5 b).

18 Verh. d. Dt. Bt., Sten. Ber., 1. WP., 278. Sitz., 1. 7. 1953, S. 13895.

19 Ebd., S. 13900.

20 Ebd., S. 13903.

21 Ebd., S. 13910.

22 SPD-Pressedienst, 1. 7. 1953; ebenso Jahrbuch der SPD 1952/53, S. 12.

23 DGB-Kreisausschuß Herford, Juni 1953, in: AdsD, SPD-PV, Ostbüro.

24 Bulletin des PuIA, Nr. 117, 25. 6. 1953, S. 989. Dies war auch der Tenor in zahlreichen privaten Briefen Reuters. Vgl. Ernst Reuter, Schriften, Reden, Bd. 4. Reden, Artikel, Briefe 1949 bis 1953, Berlin 1975, S. 734 ff.

25 Brandt, Arbeiter und Nation, S. 28.

26 Jahrbuch der SPD 1952/53, S. 82. Der Stolz auf die „vorwiegend sozialdemokratisch gesinnten Arbeiter" wird auch formuliert im Telegramm von der Lan-

deskonferenz der Sozialistischen Partei Kärntens, 27. 6. 1953, AdsD, SPD-PV, Ostbüro.

[27] Gewerkschaftliche Monatshefte, Nr. 4, Juli 1953, Michael Freund, „Revolution über Deutschland".

[28] Brandt im Bundestag, vgl. Verh. d. Dt. Bt., Sten. Ber., 1. WP., 278. Sitz, 1. 7. 1953, S. 13883. Auch ders., Arbeiter und Nation, S. 6.

[29] Extrablatt der SPD o. D., AdsD, SPD-PV, Ostbüro.

[30] Heine an die SPD-Bezirke, 25. 6. 1953, AdsD, SPD-PV, Ostbüro.

[31] So schon Wehner im Bundestag, vgl. Verh. d. Dt. Bt., Sten. Ber., 1. WP., 278 Sitz, 1. 7. 1953, S. 13877. Mit weiteren Anleihen bei der Russischen Revolution von 1905, ders., „Die Unterdrückten siegen. Arbeiterfäuste rütteln an den volksdemokratischen Kulissen", in: Berliner Stimme, 20. 6. 1953.

[32] Heine an die SPD-Bezirke, 25. 6. 1953, AdsD, SPD-PV, Ostbüro.

[33] Jahrbuch der SPD 1952/53, S. 102.

[34] Dazu Buschfort, Das Ostbüro der SPD, S. 92–108. Weitere kleinere, der SPD nahestehende Gruppen waren im Widerstand gegen die SED ebenfalls wichtig, besonders die „Kampfgruppe gegen Unmenschlichkeit", die 1948 von Rainer Hildebrandt gegründet worden war. Vgl. Merz, Kalter Krieg und antikommunistischer Widerstand.

[35] Entschließung des ZK der SED auf der 14. Tagung am 21. 6. 1953, zit. nach Jahrbuch der SPD 1952/53, S. 102.

[36] Besonders prägnant und daraus das Zitat: Sozialistische Monatshefte, Nr. 11, Juni 1956, hrsg. von den deutschsprachigen Sozialisten in Mexiko (Auslandsgruppe der SPD), AdsD, SPD-PV, Ostbüro.

[37] Berliner Stimme, 27.6.1953, „Aufstand der Massen".

[38] Pressedienst der SPD, 14. 6. 1954.

[39] Neuer Vorwärts, 17. 6. 1954, „Das Lied vom 17. Juni".

[40] Karl Mommer, „Der 17. Juni und das Saargebiet", in: Das kommende Deutschland. Beiträge zur Politik unserer Zeit, 8. 7. 1953.

[41] Zu Fritz Erlers Verdikt über die „Bundesrepublik als eine Art vergrößertem Rheinland" vgl. Groh/Brandt, „Vaterlandslose Gesellen", S. 268. – Daß die Sozialdemokraten versuchten, den 17. Juni so stark in ihre „Parteijacke" zu zwängen, brachte ihnen von zahlreichen Bürgern Kritik ein. So schrieb etwa Richard Jakobs aus Berlin am 11. 7. 1953 an den Bundespräsidenten, den Bundeskanzler und die Fraktionsvorsitzenden. Er beklagte sich darüber, daß Parteibürokraten „sich mit der 'Gloriole' des ostdeutschen Freiheitskampfes umgeben. Es ist direkt instinktlos, wenn die SPD heute dazu übergeht, den Tag des 17. Juni zu ihrem parteipolitischen Geschäft zu machen". Abschrift in: BA, BMFG, B 137, 1047.

[42] Dazu unten, Kapitel III. 4b).

[43] Pressemitteilung der SPD. 14. 6. 1954, „Die geschichtsbildende Kraft der deutschen Arbeiterschaft", AdsD, NL Wehner, GA 100, 367.

[44] Die Zeit, 2. 7. 1953, „Tönende Propaganda".

[45] Die Zeit, 30. 7. 1953, „Demagogie".

[46] Reuter, Schriften, Reden, Bd. 4, Reden, Artikel, Briefe 1949–1953, S. 754.

[47] Abschrift des WDR-Gesprächs vom 3. 7. 1953, AdsD, NL Wehner, GA 66, 235.

[48] Dazu Frei, Vergangenheitspolitik, S. 361 ff.

[49] Vgl. Wengst, Thomas Dehler, S. 266 ff.

50 Vgl. Herbert, Best, S. 465.

51 Vgl. Gabbe, Parteien und Nation, S. 73.

52 Vgl. Matz, Reinhold Maier, S. 398 ff.

53 Gabbe, Parteien und Nation, S. 75.

54 Vgl. Wengst, Thomas Dehler, S. 235 ff.; zu den verschiedenen Flügeln der FDP in den fünfziger Jahren auch Albertin, Das theoriearme Jahrzehnt der Liberalen; außerdem Rütten, Der deutsche Liberalismus 1945–1955; auf die Gründungskonstellationen verweisend: Hein, Zwischen liberaler Milieupartei und nationaler Sammlungsbewegung.

55 „Das Mahnwort für Lübeck", Rednerschnellbrief, Nr. 32/53, 22. 6. 1953, AdL, D2/12. Auch fdk, 18. 6. 1953, „Opfergang für die Freiheit".

56 Protokoll der Sitzung des Hauptausschusses, AdL, A 12–10.

57 So auch noch einmal in der „Grußadresse an die Deutschen der Sowjetzone" des Wiesbadener FDP-Parteitages vom März 1954, vgl. fdk, 9. 3. 1954.

58 Entschließung des FDP-Bundesausschusses, fdk 20. 6. 1953.

59 Rednerschnellbrief, Nr. 32/53, 22. 6. 1953, AdL, D2/12.

60 Mende, Die neue Freiheit, S. 274.

61 Schäfers Rede ist abgedruckt im Rednerschnellbrief, 19. 7. 1954 (Sondernummer), AdL, D2/12.

62 Redenotizen der Parteitagsrede ebd.; siehe auch Maier, Erinnerungen, S. 509 ff.

63 Vgl. Matz, Reinhold Maier, S. 426.

64 Rednerschnellbrief, Nr. 33/52, 25. 6. 1953.

65 „Hochachtung, Kamerad Arbeiter!", fdk, 25. 6. 1953. Mende formulierte mit Blick auf die eigene Klientel: „Wenn sich das politisch müde und oft uninteressierte sogenannte Bürgertum nicht aus der Geschichtsentwicklung freiwillig ausschalten will, dann sollte es sich, besonders in der Bundesrepublik, ein Beispiel nehmen an der Haltung des einfachen Arbeiters in Mitteldeutschland."

66 Vgl. Bulletin des PuIA, Nr. 115, 23. 6. 1953, S. 977 f.

67 Theodor Heuss, 1848. Werk und Erbe, Stuttgart 1948.

68 Ebd., S. 165.

69 Heuss hatte 1919 formuliert: „Wenn wir heute staatsrechtlich neu denken sollen, so nehmen wir den Verfassungsentwurf des Jahres 1849 aus der Schublade und buchstabieren dort weiter, wo unsere Großväter aufgehört haben." Zit. nach: Valentin, Geschichte der deutschen Revolution, Bd. 2, S. 605. – Der Dreikönigsparteitag der DVP Württemberg-Badens vom 6.1.1948, auf dem Heuss und Maier sprachen, stand unter dem Motto: „Wir suchten Deutschland 1848 – Wir suchen Deutschland 1948", vgl. Matz, Reinhold Maier, S. 320.

70 Theodor Heuss, 1848, Werk und Erbe, Stuttgart 1948, S. 17.

71 Bulletin des PuIA, Nr. 115, 23. 6. 1953, S. 978. Ebenso im Vorwort zur Broschüre: Ein dokumentarischer Bericht: Der Aufstand im Juni, Berlin 1954.

72 Rednerschnellbrief, 22. 6. 1953, AdL, D2/12. Auch Radio Free Europe hatte am 22.6.1953 kommentiert: „Genau so wie in der CSSR haben die ostdeutschen Arbeiter gegen die Verräter in der sozialdemokratischen Partei laut protestiert." BA, NL Kaiser, 314.

73 Ebd., Rednerschnellbrief.

74 Ebd.

75 Schwennickes Rede ebd.

76 Ebd.

77 Rinnés Kommentar ebd.

78 Vgl. Köhler, Adenauer, S. 771 f.

79 Bulletin des PuIA, Nr. 112, 18. 6. 1953, S. 949.

80 Dazu Köhler, Adenauer, S. 772.

81 Ebd.

82 Schreiben von Heinrich v. Brentano an Adenauer, 17. 6. 1953, BA, NL Blankenhorn 161.

83 Otto Lenz, Im Zentrum der Macht. Das Tagebuch von Staatssekretär Otto Lenz 1951–1953. Bearb. v. Klaus Gotto u. a., Düsseldorf 1989, S. 652.

84 Vgl. Köhler, Adenauer, S. 773.

85 So Schwarz, Adenauer. Der Staatsmann, S. 84.

86 Fränkisches Volksblatt, 24. 6. 1953, „Bundeskanzler Adenauer: 'Wir sind stolz auf die Helden der Freiheit'".

87 Ebd. Alle bundesdeutschen Tageszeitungen berichteten von dieser Trauerfeier, auch fotografisch ist sie gut dokumentiert, vgl. Landesbildstelle Berlin.

88 Bulletin des PuIA, 24. 6. 1953, Nr. 116, S. 985.

89 Fränkisches Volksblatt, 24. 6. 1953, „Bundeskanzler Adenauer: 'Wir sind stolz auf die Helden der Freiheit'".

90 Lenz, Im Zentrum der Macht, S. 656.

91 Zit. nach: Schwarz, Adenauer. Der Staatsmann, S. 84.

92 Telegramme Adenauers vom 21. 6. 1953 an Eisenhower, Churchill und Mayer: Bulletin des PuIA, Nr. 115, 23. 6. 1953, S. 978 f. Antworttelegramm Eisenhowers vom 26. 6. 1953 in: U.S. Archiv-Dienst, IV Jg., 6. Heft, Juni 1953, S. 217. Dort auch – S. 239 – folgende Dokumente: Protestschreiben der Alliierten Kommandanten von Berlin gegen die von sowjetischen Behörden getroffenen Maßnahmen anläßlich der Freiheitsdemonstrationen vom 17. Juni (18. Juni); Schreiben der Alliierten Kommandanten von Berlin an den sowjetischen Kommandanten, Generalmajor Dibrowa, in Beantwortung seines Briefes vom 20. Juni 1953 (23. Juni 1953); Schreiben des amerikanischen Hochkommissars, Dr. James B. Conant, an den sowjetischen Hohen Kommissar in Deutschland, Wladimir Semjonow, in dem die Normalisierung des Lebens in Berlin gefordert wird (27. Juni 1953).

93 Vgl. Die Kabinettsprotokolle der Bundesregierung, Einleitung, S. 57.

94 Verh. d. Dt. Bt., Sten. Ber., 1. WP., 278. Sitz, 1. 7. 1953, S. 13881 f.

95 Dazu Gabbe, Parteien und Nation, S. 54 ff.

96 Einige Hinweise zum Zusammenhang zwischen Adenauers Geschichtsverständnis und seiner unbedingten Westintegration in der (diffusen) Studie von Poppinga, Konrad Adenauer. Geschichtsverständnis, Weltanschauung und politische Praxis, S. 152 ff.

97 CDU-Bundesvorstandsprotokolle 1950–1953, S. 596 f.

98 Ebd., S. 645.

99 Ebd., S. 648 f.

100 Ebd., S. 652.

101 Ebd., S. 653.

[102] Vgl. Ostermann, „Keeping the Pot Simmering". Sein Fazit: „The meaning of the uprising to the United States, then, was instrumental in that it offered an opportunity to reinforce, by bolder rhetoric and means, Western policies which aimed, in the short run, at achieving a position of strength in the Cold War through West European military integration." Ebd., S. 80. In leicht veränderter Fassung ders., „Die Ostdeutschen an einen langwierigen Kampf gewöhnen".

[103] Vgl. Larres, Neutralisierung oder Westintegration, das Zitat, S. 584. Auch Lohse, Östliche Lockungen, S. 36 f. und 60 ff.

[104] Vgl. Doering-Manteuffel, „Verzicht ist Verrat", S. 120 ff.

[105] Der Tag, 28. 6. 1953, „Bessere Sicht".

[106] Der Tag, 19. 6. 1953, „Der Freiheitskampf begann". Wieder abgedruckt in: Johann Bapist Gradl, Für deutsche Einheit. Zeugnisse eines Engagements, hrsg. u. eingel. v. Karl Willy Beer, Stuttgart 1975, S. 72 ff. Dazu auch Spittmann, Der 17. Juni im Wandel der Legenden, S. 596.

[107] Vermerk vom 10. 7. 1953, „Betr. Politische Unterrichtung der SBZ", BA, BMGF, B 137, 1047.

[108] Der Spiegel, 24. 6. 1953, „Die Briten an die Front" von Jens Daniel, damaliges Pseudonym von Rudolf Augstein.

[109] Vgl. Köhler, Adenauer, S. 775 ff.

[110] Vgl. Schmidtchen, Die befragte Nation. Darin das ausklappbare Schaubild zu den Umfrageergebnissen 1950–1959 (o. S.); die Frage lautete: „Sind Sie im ganzen mit der Politik Adenauers einverstanden oder nicht einverstanden?"

[111] Siehe auch Köhler, Adenauer, S. 776.

[112] Vgl. Thränhardt, Geschichte der Bundesrepublik Deutschland, S. 93.

[113] Brandt, Arbeiter und Nation, S. 62; Jahrbuch der SPD 1952/53, S. 295.

[114] Vgl. Köhler, Adenauer, S. 782.

[115] Bundesministerium für gesamtdeutsche Fragen, Auszug aus dem Fernschreiben Nr. 3642 vom 22. 8. 1953, BA, NL Kaiser 306.

[116] Vgl. Mende, Die neue Freiheit, S. 278.

[117] Abgedruckt ist Eisenhowers Brief vom 23. 7. 1953 in Konrad Adenauer, Erinnerungen, Bd. 2, 1953–1955, Stuttgart 1966, S. 229 ff. Das Dankesschreiben Adenauers an Eisenhower vom 27. 7. 1953 und der Hinweis, daß er den Brief des Präsidenten zuerst auf einer Versammlung in Dortmund vor mehr als 20000 Zuhörern verlesen habe, was lebhaften Beifall eingebracht habe, in: Konrad Adenauer, Briefe 1951–1953, hrsg. v. Rudolf Morsey und Hans-Peter Schwarz, Berlin 1987, S. 417.

[118] Zit. nach: Köhler, Adenauer, S. 780.

[119] Ebd., S. 777.

II.6. Memorialisierung des Geschehens oder Mobilisierung der Westdeutschen? Das Kuratorium „Unteilbares Deutschland"

[1] Vgl. Statistisches Bundesamt (Hrsg.), Statistische Berichte VIII/5/9 v. 17. 10. 1953.

[2] Vgl. Müller, Die Gesamtdeutsche Volkspartei, S. 316.

[3] Ebd., S. 323.

[4] Helene Wessel an Gerhard Glende, 18. 12. 1953, und an Ludwig Brückmann gleichen Datums, AdsD, NL Wessel, 234 I.

[5] Herbert Wehner, Manuskript für den Sozialdemokratischen Pressedienst „Zum Wahlergebnis und zu den nächsten politischen Entwicklungen", 15. 9. 1953, AdsD, NL Wehner PV 224, 978.

[6] Ebd.

[7] Zit. nach: Schwarz, Die Ära Adenauer 1949–1957, S. 197.

[8] Ebd.

[9] Zit. nach: Frei, Vergangenheitspolitik, S. 394.

[10] Darauf verweisen bereits im Titel ihres Buches Kowalczuk/Mitter/Wolle (Hrsg.), Der Tag X. 17. Juni 1953. Die „innere Staatsgründung" der DDR als Ergebnis der Krise von 1952/54.

[11] Sämtliche Vorschläge aus den Ministerien, besonders dem Psychological Strategy Board, bei Ostermann, „Keeping the Pot Simmering", S. 68 ff.

[12] So hieß es in einem US-Memorandum, das im Herbst 1953 im amerikanischen Außenministerium kursierte, vgl. Ostermann, „Die Ostdeutschen an einen langwierigen Kampf gewöhnen", S. 368.

[13] Vgl. Elfert, Bestehende Denkmäler, S. 78.

[14] Die Neue Zeitung, 31. 7. 1953, „Volksbund will Mahnmal an der Zonengrenze errichten".

[15] Dazu Rüß, Anatomie einer politischen Verwaltung.

[16] Vgl. Brief von Franz Thedieck an den Volksbund vom 1. 8. 1953 nach einer Besprechung vom 24. 7. 1953, BA, BMGF, B 137, 1047.

[17] Es bestand auch die Furcht davor, daß Aktivitäten an der Zonengrenze das DDR-Regime oder sogar die Sowjetunion provozieren und somit Zwischenfälle auslösen könnten. Vgl. Vermerk von Dellingshausens vom 25. 5. 1954 über eine geplante „Lautsprecherkundgebung" des Bundes der Vertriebenen an der innerdeutschen Grenze. BA, BMGF, B 137, 1047.

[18] Vgl. v. a. die Bestände BA, BMGF, B 137, 1046 und 1047.

[19] So Richard Jakobs aus Berlin, 11. 7. 1953, BA, BMGF, B 137, 1047.

[20] So Bernhard Schmidt aus Braunlage, 3. 6. 1954, BA, BMGF, B 137, 1046.

[21] Diese, so ein Vorschlag von Hermann Erhard aus Berlin, sollten dann mit Trauerflor bedeckt werden, der erst bei einer Wiedervereinigung abzunehmen sei. Von 1871 bis 1918 hatte man in Frankreich das Denkmal für Elsaß-Lothringen mit Trauerflor versehen, worauf der Briefschreiber hinwies. Vgl. ebd. Schreiben vom 31. 5. und 18. 6. 1954.

[22] So Arthur Meyer aus Fallingbostel, 7. 5. 1954. Vgl. ebd.

[23] Vermerk von Ernst Liebrich an Jakob Kaiser, o. D. (vom Minister am 3. 3. abgezeichnet), BA, NL Kaiser, 230.

[24] Ebd. Zur Problematik des Tannenberg-Denkmals siehe Fischer, Tannenberg – Denkmal und Hindenburgkult.

[25] Vermerk von v. Dellingshausen, 3. 3. 1954, BA, NL Kaiser, 230. Schon am 27. 7. 1950 war in der Zeitung Christ und Welt für einen Abriß des frankophoben Niederwalddenkmals plädiert worden.

[26] Vgl. Gall, Germania. Eine deutsche Marianne?; ders., Die Germania als Symbol nationaler Identität.

27 Vgl. BA, NL Kaiser, 230 (20. 2. 1954).

28 Vgl. Rupieper, Die Berliner Außenministerkonferenz von 1954.

29 Besson, Die Außenpolitik der Bundesrepublik, S. 148.

30 BA, NL Kaiser, 230.

31 Ebd.

32 „Es wäre zu erwägen, ob nicht entsprechend dem von der Bundesrepublik Österreich staatlich geförderten Film 'Erster April 2000' vom Dezember 1952, der die Selbständigkeit Österreichs sehr volkstümlich und erfolgreich propagierte, auch ein Film über Deutschland hergestellt werden sollte. Je nach der Qualität könnte dieser Film – ganz abgesehen von allen psychologischen Wirkungen – mehr Geld einspielen als die Herstellung beanspruchte." Ebd.

33 Ebd.

34 So Vermerke aus dem Kaiser-Ministerium; der erste in dieser Hinsicht datiert vom 5. 8. 1953, BA, BMGF, B 137, 1047.

35 Von Dellingshausen in einem abschlägigen Antwortschreiben an die Stadtvertreter von Vienenburg, 3. 12. 1953, die mit Unterstützung des gesamtdeutschen Ministeriums ein Freiheitsmahnmal mit Leuchtzeichen bauen wollten. BA, BMGF 137, 1046.

36 Vgl. Bulletin des PuIA, Nr. 110, 16. 6. 1954, S. 981, Ansprache von Kaiser.

37 Dies bezog sich nicht allein auf die Westdeutschen. Die vielen „Propagandaaktionen", die in den Akten des gesamtdeutschen Ministeriums überliefert sind, sollten die Ostdeutschen emotional an die Aktivitäten im Westen anbinden. Mit finanzieller Unterstützung des Ministeriums startete beispielsweise zwischen dem 10. und 20. Juni 1954 die SPD eine „Ballon-Aktion". Mit 960 meteorologisch geprüften Registrierballons von je 7,5 Kilogramm Tragfähigkeit wurden von elf Startplätzen zwischen Lübeck und Hof 20 Millionen Flugblätter in der DDR verbreitet. – Auf Anregung der Amerikanischen Hohen Kommission gab es beim Pfingsttreffen 1954 der FDJ „Propagandaaktionen" mit illegalen Zeitungen, Flugblättern, Fernsehsendungen und Kleinballons. Vgl. BA, BMGF, B 137, 1047.

38 Sämtliche Schreiben, auch die Vorentwürfe, BA, NL Kaiser, 236. Protokolle von Besprechungen mit Vertretern der politischen Parteien, des DGB, der Arbeitgeberverbände, verschiedener Landsmannschaften, mit Politikern, Wissenschaftlern und Künstlern, BA, NL Kaiser, 38.

39 Mit diesem inhaltlichen, geschichtspolitischen Aspekt beschäftigt sich Kreuz, Das Kuratorium, nicht. Sein Erkenntnisinteresse hebt v. a. auf eine „Analyse der institutionellen Eigenart der 'Organisation KUD'" (S. 14.) ab.

40 Vgl. Protokoll der Besprechung zur „Gesamtdeutschen Aktion" vom 6. 3. 1954, BA, NL Kaiser, 230.

41 Vgl. Die Stimme, 21. 3. 1954, „'Bewegung' oder 'Volksbund'?". Des weiteren: Der Tag, 28. 2. 1954, „Gesamtdeutsche Aktion gefordert", Süddeutsche Zeitung, 1. 3. 1954, „Bewegung für Wiedervereinigung", Frankfurter Allgemeine Zeitung, 1. 3. 1954, „Kaiser fordert Volksbewegung", Die Welt, 1. 3. 1954, „Aktion für die Einheit", Christ und Welt, 4. 3. 1954, „Wir dürfen sie nicht verlassen", Deutsche Zeitung, 6. 3. 1954, „Kaisers Bewegung", Rheinischer Merkur, 19. 3. 1954, „Gesamtdeutsche Bewegung?".

42 Vgl. Rundfunkansprache von Heuss, 12. 9. 1959, abgedruckt in: Welchert (Hrsg.), Theodor Heuss Lesebuch, S. 404.

[43] Vgl. Prot. BA, NL Kaiser, 230. U.a. nahmen teil: Ernst Lemmer, Johann Baptist Gradl, Herbert Wehner, Ludwig von Hammerstein, Wilhelm Wolfgang Schütz, Paul Sethe, Karl Silex, Ernst Eichelbaum, Alfred Gerigk.

[44] Ebd.

[45] Ebd.

[46] Ebd.

[47] Vgl. Schreiben von Heuss an Kaiser, 26. 3. 1954. Abschrift im AdL, NL Dehler, N 1–3377.

[48] Sozialdemokratischer Pressedienst, 10. 3. 1954, „Gesamtdeutsche Bewegung". Der Vorstand der SPD entschloß sich am 1. April 1954 dafür, die „Volksbewegung für die Wiedervereinigung" zu unterstützen, und drängte Kaiser, die Arbeit gleich mit konkreten Aktionen zu beginnen. Vgl. Schreiben von Ollenhauer an Kaiser, 9.4.1954, AdsD, Bestand Ollenhauer, 414.

[49] Schreiben von Heinemann an Kaiser, 2. 3. 1954, BA, NL Kaiser, 460.

[50] Ebd.

[51] Neues Vaterland, 25. 3. 1954, „Gesamtdeutsche Bewegung".

[52] Abdruck des Gründungsmanifests im Bulletin des PuIA, Nr. 110, 6. 6. 1954, S. 984. Vgl. auch Unteilbares Deutschland. Die Konstituierung der Volksbewegung für die Wiedervereinigung. Reden und Dokumente, Bonn Juni/Juli 1954. Kaiser hatte in seiner kurzen Ansprache (vgl. Bulletin) noch einmal auf die Feststellung Wert gelegt, daß das Kuratorium keine bundesministerielle Angelegenheit sei: „Ich selbst habe als Staatsbürger Jakob Kaiser an diesem Zusammenschluß für die Wiedervereinigung gearbeitet." Jetzt trete er zurück in den Kreis der übrigen Mitglieder. – Aus rechtlichen und finanziellen Gründen war ein kleiner Verein gegründet worden, dessen Vorstand fünf Mitglieder angehörten: Thomas Dehler, Walter Freitag, Jakob Kaiser, Erich Ollenhauer und Friedrich Spennrath. Namenlisten der Mitglieder, deren Zahl rasch anstieg, BA, NL Kaiser, 230. Das Kuratorium lebte vor allem von Spenden, der DGB und die Arbeitgeberverbände waren die wichtigsten Geldgeber.

[53] Schreiben von Kaiser an Dehler, 17. 5. 1954, AdL, NL Dehler, N 1–3377.

[54] Vgl. Jakob Kaiser „Unteilbares Deutschland", in: Union-Pressedienst, August 1954.

[55] Vgl. Kreuz, Wilhelm Wolfgang Schütz.

[56] Institutionalisierte Ausschüsse waren: Aktionsausschuß, Politischer Ausschuß, Betreuungsausschuß, Erziehungsausschuß, Finanzausschuß. Hinzu traten immer wieder Ad-hoc-Ausschüsse von kurzer Lebensdauer.

[57] Zit. nach: Kreuz, Das Kuratorium, S. 197.

[58] „Lagebericht über die sich bildende Einheitsfront gegen Adenauer" (1956), o.V. Das Kuratorium könnte eines Tages eine gefährliche Rolle spielen: Es könnte, „wenn die Zeit reif ist, dabei helfen, die Bundesrepublik mit dem Köder 'Wiedervereinigung' in die sowjetische Falle zu locken". BA, NL Kaiser, 172.

[59] Notiz von Kaiser über ein Gespräch mit Lenz, 27. 6. 1956, BA, NL Kaiser, 172.

[60] Hans Zehrer im Kommentar der Welt, 15. 5. 1954, „Einheit e.V."

[61] Lutz Niethammer in einem Radio-Beitrag von 1964, zit. nach: Kreuz, Das Kuratorium, S. 53.

[62] Zit. nach: Kreuz, Das Kuratorium, S. 59 und S. 148.

[63] Das KUD hat später eine eher negative Würdigung erfahren, wobei nicht allein abfällige Wertungen anzutreffen sind, sondern auch solche, die ganz offensichtlich den historischen Tatsachen widersprechen. So schreibt Egon Bahr in seinen Memoiren, daß Kaiser sein „Spielzeug" bekommen habe. Allerdings fügt Bahr hinzu, daß die Menschen, die sich im Kuratorium zusammentaten, es ehrlich mit ihrem gesamtdeutschen Anliegen meinten. Vgl. ders., Zu meiner Zeit, S. 81 f. Zweifellos büßte das KUD seit Ende der sechziger Jahre an Einfluß und Ansehen ein, es wurde als ein Relikt des Kalten Krieges betrachtet und geriet zum großen Teil in Vergessenheit. Aber es greift doch zu kurz, die Bewegung aus der deutschlandpolitischen Perspektive der siebziger und achtziger Jahre oder aber aus einer Verteidigung der Adenauerschen Perspektive heraus als belanglos, irrelevant und wirkungslos einzuschätzen, was sie in den fünfziger und frühen sechziger Jahre sicherlich nicht war. Das Urteil beispielsweise, daß die Mitarbeiter des Kuratoriums sich auf „bekenntnishafte Appelle beschränkten, ohne etwa Machbarkeitsfragen zu stellen", verkürzt den Sachverhalt und blendet die Intentionen der Akteure aus, nämlich einer mentalen Vertiefung der deutschen Teilung entgegenzuwirken und eine gesamtdeutsche Solidarität aufrechtzuerhalten bzw. die Menschen in der DDR nicht abzuschreiben und eine aktive Ostpolitik, an der es in der Adenauerzeit ohne Zweifel mangelte, anzumahnen. Das KUD wirkte auch als Stachel im Fleisch einer selbstzufriedenen und auf sich selbst bezogenen Bundesrepublik. Vgl. das abschätzige Zitat bei Thränhardt, Geschichte der Bundesrepublik, S. 99. Für Schwarz war der Geschäftsführer des KUD eine Art „Manager der Wiedervereinigungsillusionen"; vgl. ders., Die Ära Adenauer 1957–1963, S. 74. Differenzierter Dann, Nation und Nationalismus, S. 338 f., der den Versuch einer nationalpolitischen Bewußtseinsbildung hervorhebt.

[64] Vgl. Bulletin des PuIA, Nr. 110, 16. 6. 1954, S. 984.

[65] Der Spiegel, 12. 11. 1958, S. 13.

[66] Deutsche Zeitung und Wirtschaftszeitung, 6. 3. 1954, „Kaisers Bewegung".

[67] Ost-Dienst der FDP, hrsg. vom Ostbüro der FDP, 12. 4. 1954, AdsD, NL Wehner, GA 100/367.

[68] Auf der konstituierenden Tagung des Kuratoriums am 14. Juni hatte der Schriftsteller Stefan Andres die Ansprache gehalten und war mit dem „Bewußtseinszustand des ewigen Provisoriums" der Bundesdeutschen hart ins Gericht gegangen. „Die Lage war fatal, die D-Mark aber stabil – und aus dieser allerdings schwermütig stimmenden und widerspruchsvollen Seelenlage eines Volkes entstand die Sage vom deutschen Wunder." Text BA NL Kaiser 236.

[69] Rheinischer Merkur, 19. 3. 1954, „Gesamtdeutsche Bewegung?".

[70] Basler Nationalzeitung, 21. 6. 1953, „Unteilbares Deutschland".

[71] Time and Tide, 11. 9. 1954, „Bundeskanzler und Kaiser", Übersetzung BA, NL Kaiser 172.

[72] Vgl. Frankfurter Allgemeine Zeitung, 16. 6. 1954, „Zwiespältiges Echo der Volksbewegung".

[73] Sammlung der Stellungnahmen aus der DDR zur Ankündigung und zur Gründung des Kuratoriums BA, NL Kaiser, 236. Die Kommentare im Ostberliner Rundfunk vom 1. 3. 1954, im Neuen Deutschland vom 2. 3. 1954 und in der Täglichen Rundschau vom 30. 9. 1954 hatten den Tenor, daß unter der Regie des Kaiser-Mini-

steriums ein neuer Tag X im Verbund mit alten SS-Einheiten vorbereitet und ein deutsch-deutscher Bruderkrieg geplant sei.

74 Ebd., Neue Zeit, 19. 6. 1954.

75 Ost-West-Kurier, Nr. 28, 2. Juli-Ausgabe 1954, „Aufregung über 'Unteilbares Deutschland'".

76 Am 7. 1. 1954 war in Ostberlin der „Ausschuß für Deutsche Einheit" gebildet worden und am 25. 3. hatte die UdSSR eine Erklärung über die Anerkennung der Souveränität der DDR veröffentlicht. Kaum hatte das „Unteilbare Deutschland" das Licht der Welt erblickt, ging auch schon ein Schreiben vom ostdeutschen Ausschuß ein, in dem der Vorsitzende Hans Loch versicherte, der Ausschuß werde „im Interesse der Wiedervereinigung dafür eintreten, daß auch Westdeutschland seine Souveränität erhält und die ausländischen Kräfte ausgeschaltet werden, die den EVG-Vertrag an die Stelle der friedlichen Wiedervereinigung Deutschlands setzen möchten". Schreiben von Hans Loch an verschiedene Mitglieder des Kuratoriums, o.D. (Eingang 22. 6. 1954) BA, NL Kaiser, 233.

77 Schreiben von Helmut Kirchner an das Ministerium für gesamtdeutsche Fragen, 2. 6. 1954, BA, BMGF, B 137, 1046.

III.1. „Das Reich wird kommen!" – Politisches Fest am Hermannsdenkmal

1 Dies war tatsächlich der Name der Abteilung des Parteisekretärs Erik Rinné.

2 Aktenvermerk des Propagandareferats für Herrn Bundesminister Dr. Hermann Schäfer, 10. 5. 1954, AdL, NL Dehler N1–3054.

3 Ebd.

4 Ebd.

5 Kopien der Schreiben an zahlreiche Chefredakteure sowie der Briefe an Walter Steigner, Nordwestdeutscher Rundfunk, Eberhard Schütz, RIAS und Dr. Wiers, Neue Deutsche Wochenschau/Welt im Bild, AdL, NL Dehler N1–3054.

6 Die einzelnen Aktenvermerke und Briefwechsel dazu AdL, NL Dehler N-1 3054.

7 Vgl. Illustrierte Beilage zum Rednerschnellbrief Nr. 57, 24. 6. 1954: „Freiheitskundgebung am 17. Juni 1954 am Hermannsdenkmal im Teutoburger Wald", AdL, NL Dehler, N1–3054.

8 Ebd.

9 Die Diskussion um „Zivilreligion" geht von einem Religionsbegriff aus, der sich auf ein transzendentes Ziel des politischen Prozesses richtet und so den Sinnhorizont für das Gemeinwesen konstituiert. Praktisch kann man unter Zivilreligion denjenigen Teil der politischen Kultur verstehen, der Sinnfragen und letzte Begründungen, also das „Warum" und „Wozu" eines politischen Verbandes, betrifft. Zivilreligion beinhaltet eine nicht verfügbare, den einzelnen und das Gemeinwesen transzendierende Kategorie; sie gründet auf einem gemeinsamen Grundwertekonsens, garantiert aber Liberalität und Offenheit für Fragen der Ethik. Ihre öffentlich-repräsentativen Handlungen bestehen in politischen Reden und in einer mythischen Vergegenwärtigung von Geschichte. Vgl. Bellah, Zivilreligion in Amerika;

Lübbe, Staat und Zivilreligion. Eine Diskussion über die Abgrenzung zwischen Zivilreligion und politischer Religion bei Behrenbeck, Der Kult um die toten Helden, S. 21 ff.

10 Illustrierte Beilage zum Rednerschnellbrief Nr. 57, 24. 6. 1954: „Freiheitskundgebung am 17. Juni 1954 am Hermannsdenkmal im Teutoburger Wald", AdL, NL Dehler, N1–3054.

11 Schreiben von Dehler an Hans Freudenstein, Bezirksvorsitzender der FDP, 21.6.1954, und an Bürgermeister Kirchhoff, 22. 6. 1954, AdL, NL Dehler N1–3054.

12 „Was sagen Sie dazu? Das freie Wort am runden Tisch der Freien Demokraten. Informationen des Kreisverbandes Remscheid", Nr. 2. Juli 1956, „FDP-Kundgebung zur Wiedervereinigung" AdL, NL Dehler N1–3054.

13 Schreiben des Propagandareferats an den Bezirksverband Ostwestfalen-Lippe, 26. 5. 1955, AdL, NL Dehler N1–3054.

14 Vgl. fdk, 21. 6. 1955, „Volksfest".

15 Zum Hermannsmythos und zur Denkmalsbewegung erschienen 1995 gleich zwei anregende Studien, eine aus geschichtswissenschaftlicher Sicht (Tacke, Denkmal im sozialen Raum), eine aus politikwissenschaftlicher Sicht (Dörner, Politischer Mythos und symbolische Politik). Auf diese beiden Arbeiten stützen sich die folgenden Ausführungen zum Hermannsmythos im 19. Jahrhundert. – Tacke analysiert bis 1909 bzw. 1903 im deutsch-französischen Vergleich (Hermann vs. Vercingetorix) die Unterschiede und die Gemeinsamkeiten in den nationalen Denkmalsbewegungen und zeigt, wie sich im Prozeß der Denkmalserrichtung vom geselligen Umgang im Verein bis zur kollektiven Repräsentation im Fest die kulturelle Praxis des französischen und des deutschen Bürgertums gestaltete. Dörner exemplifiziert seine theoretische Auseinandersetzung mit diversen Mythos-Konzeptionen empirisch am Hermannsmythos (eigentlich aber nur anhand der jeweiligen Rezeption von Kleists Drama „Die Hermannsschlacht") von den Befreiungskriegen bis nach 1945. Wegen seiner Beschränkung auf die literarische Quelle des Kleist-Dramas – eine doch äußerst schmale Quellenbasis – entgehen Dörner aber die politischen Neuaneignungen in den fünfziger Jahren des 20. Jahrhunderts vollkommen. Die nur 16seitigen Bemerkungen zur Nachkriegszeit sind nicht mehr als ein (mißglückter) Epilog zu einer ansonsten hochinteressanten Arbeit. Zur Rezeptionsgeschichte der Arminius-Gestalt, die seit dem Humanismus alle folgenden Epochen der deutschen Geschichte begleitet hat und die seit Ulrich von Hutten über Frischlin, Moscherosch, Lohenstein, Schlegel, Möser, Wieland und Klopstock bis zu Heinrich von Kleist nationalbewußte Dichter zur literarischen Behandlung gereizt hat, siehe Wiegels/Woesler (Hrsg.), Arminius und die Varusschlacht.

16 Nipperdey, Nationalidee und Nationaldenkmal, S. 570.

17 Fotografien des Denkmals bei Dörner, Politischer Mythos und symbolische Politik, v. a. S. 238. Das aufgerichtete Schwert der riesigen Hermannsfigur, die auf einem trutzigen Unterbau steht, trägt die Inschrift: „Deutsche Einigkeit meine Stärke / Meine Stärke Deutschlands Macht". Der linke Arm ist auf einen großen Schild gestützt mit der Inschrift: „Treu fest". Der linke Fuß ruht in der Pose des Siegers auf den Insignien der römischen Macht, dem Legionsadler und den Rechtssymbolen (Faskes und Liktorenbeil). Wenngleich das Denkmal in dieser Symbolik historisch bleibt, so kann doch der Betrachter per Analogiebildung andere, neue

Gegner hineinlesen. Die verschiedenen Inschriften am Unterbau weisen ihm die Richtung; sie beziehen sich vor allem auf die napoleonischen Befreiungskriege und auf den Deutsch-Französischen Krieg von 1870/71.

18 Tacke, Denkmal im sozialen Raum, S. 40.

19 Vgl. Dörner, Politischer Mythos und symbolische Politik, S. 265.

20 Ebd., S. 295 ff.

21 Mitglieder des ostwestfälischen Friedensringes wollten 1950, zum 75jährigen Bestehen des Hermannsdenkmals, aus ihm einen Ort der Völkerverständigung machen – was aber auf ganz geringe Resonanz stieß. Vgl. Tacke, Denkmal im sozialen Raum, S. 203.

22 Propagandareferat: Betr. Feldgottesdienst anläßlich der Kundgebung am Hermannsdenkmal, 7. 6. 1955, AdL, NL Dehler N1–3054.

23 Vgl. Abdruck der Rede in: „Was sagen Sie dazu? Das freie Wort am runden Tisch der Freien Demokraten. Informationen des Kreisverbandes Remscheid", Nr. 2, Juli 1956, „FDP-Kundgebung zur Wiedervereinigung", AdL, NL Dehler N1–3054.

24 Rede ebd.

25 „Der deutschen Legion, den Heldenbrüdern, von heimischer Erde. / Als Deutschland fränkisches Joch trug, / verband, beharrlich in zwölfjährigem Kampfe gegen Napoleon Bonaparte, / den Weltbedrücker …"

26 Vgl. Rundschreiben des Propagandareferats (Rinné), 26. 5. 1956, AdL, NL Dehler N1–3054.

27 Vgl. Lippische Landeszeitung, 20. 6. 1955, „Das ist nicht wahr!".

28 fdk, 21. 6. 1955, „Heilige Ungeduld. Zur Kundgebung am Hermannsdenkmal".

29 Ebd.

30 Ebd.

31 Vgl. allgemein Langewiesche, Reich, Nation und Staat; einzelne Beiträge bei Hardtwig, Nationalismus und Bürgerkultur; Wehler, Deutsche Gesellschaftsgeschichte, Bd. 3, S. 938–961.

32 Zur Virulenz der Reichsidee in der frühen Bundesrepublik siehe unten, Abschnitt 4b).

33 Theodor Heuss konnte der FDP-Kundgebung am Hermannsdenkmal nie etwas abgewinnen. 1959 weigerte er sich auch, dort zur 1950-Jahr-Feier zu sprechen. „Man hatte mich, jubiläumssüchtig, wie die Deutschen nun einmal sind, um der Tradition willen gebeten, eine Rede zur 1950. Wiederkehr der Schlacht vom Teutoburger Wald am Hermannsdenkmal zu halten. Ich habe sofort abgelehnt, ungeachtet der dramatischen Belebung und Verklärung des Geschichtsvorganges durch Kleist und Grabbe, weil ich doch keinen Vortrag über die traditionelle Uneinigkeit der deutschen Stämme halten wollte und der Meinung bin, daß solche Art 'Traditionspflege' ganz einfach zur Banalisierung romantischer Gefühle führt, mit künstlichem Bildungsaffekt." Frankfurter Allgemeine Zeitung, 27. 6. 1959, „Die Suche nach Traditionen" (Theodor Heuss). Heuss spielte auf die Dramen „Die Hermannsschlacht" von Heinrich von Kleist (1777–1811) und Christian Grabbe (1801–1836) an – beides folgenreiche Vertextungen des Mythos.

34 Manuskript der Rede Dehlers vom 17. 6. 1954, AdsD, NL Wehner, GA 100, 367. – „Thing" waren die Volks- und Gerichtsversammlungen der Germanen, aber

der Begriff war im 19. Jahrhundert auch für völkische Kundgebungen innerhalb der Jugendbewegung verwendet worden. Im „Dritten Reich" war das „Thingspiel" – ein kultisches Freilichtspiel mit Sprech- und Bewegungschören – eine genuin nationalsozialistische Form des Theaters. Vgl. Behrenbeck, Der Kult um die toten Helden, S. 242 ff.

III.2. Inszenierung, Ritual und Kult – Problem und Fragestellung

1 Der Begriff „postnational" geht auf Karl Dietrich Bracher zurück, der ihn, wie er in einem Gespräch ausführte, erstmals 1976 im Schlußsatz seines Buches „Die deutsche Diktatur" verwendete. Vgl. Karl Dietrich Bracher im Gespräch mit Werner Link, S. 271.

2 Schwarz, Die Ära Adenauer 1949–1957, S. 382. Diese Beschreibung muß auch als eine Antwort auf die „Restaurationsthese" aus den 70er Jahren gesehen werden. Zur allgemeinen Forschungsentwicklung siehe Doering-Manteuffel, Deutsche Zeitgeschichte nach 1945; Schildt, Nachkriegszeit; Erker, Zeitgeschichte als Sozialgeschichte; Hockerts, Zeitgeschichte in Deutschland.

3 Morsey, Bundesrepublik Deutschland, S. 45. Mit ähnlichem Tenor Möller, Zeitgeschichte, S. 14 sowie Gall, Die Bundesrepublik in der Kontinuität, passim.

4 Kleßmann, Ein stolzes Schiff, Zitat S. 485 sowie v. a. die zahlreichen Beiträge in: Schildt/Sywottek (Hrsg.), Modernisierung im Wiederaufbau; dies., „Wiederaufbau" und „Modernisierung".

5 Schildt, Moderne Zeiten.

6 Schwarz, Die Ära Adenauer 1957–1963, S. 382.

7 Winkler, Abschied von den Sonderwegen, S. 131.

8 Beispielhaft W. J. Mommsen, Wandlungen der nationalen Identität.

9 James, Deutsche Identität 1770–1990, S. 219 ff.; Baring, Deutschland, was nun?, S. 175; Krokow, Von deutschen Mythen, S. 141 ff.

10 Münkler, Das kollektive Gedächtnis, S. 460.

11 Vgl. z. B. Winkler, Nationalismus, Nationalstaat und nationale Frage, S. 17 f.; Thränhardt, Geschichte der Bundesrepublik Deutschland, S. 88 ff.; besonders auch die Beiträge im Sammelband von Foschepoth (Hrsg.), Adenauer und die Deutsche Frage.

12 Vgl. z. B. Podlech, Repräsentation, in: Brunner/Conze/Koselleck, Geschichtliche Grundbegriffe. Bd. 5, S. 509–548; Chartier, Die unvollendete Vergangenheit, S. 7–20; Göhler (Hrsg.), Macht der Öffentlichkeit – Öffentlichkeit der Macht.

13 Steininger, Deutsche Geschichte seit 1945, Bd. 2, S. 219.

14 Allerdings muß der Befund, diese seien wenig beeindruckend und bar jeden politischen Sinns gewesen, insoweit präzisiert werden, als in den ersten zehn Jahren nach dem 17. Juni 1953 die Staatsakte im Bundestag durchaus einer wohldurchdachten Choreographie folgten. Prägenden Charakter für alle künftigen Staatsakte hatte der erste am 16. 6. 1954. Der Bericht im Bulletin des Presse- und Informationsamtes der Bundesregierung vermerkte dazu: „Die Veranstaltung hatte einen betont feierlichen Rahmen. Die Regierungstribüne einschließlich der Tribüne des

Bundesrates war mit Blumen geschmückt. Die hintere Wand schloß ein Band von Lorbeerbäumen ab, rechts und links der Bundesflagge befanden sich die Flaggen der Bundesländer und die der deutschen Länder hinter dem Eisernen Vorhang. Die Abgeordnetenbänke waren voll besetzt, ebenso die Diplomatenloge, auf der die drei Hochkommissare dem Staatsakte beiwohnten. Auch die Publikumsbühne war bis auf den letzten Platz gefüllt. Im Vorraum des Plenums befand sich eine Ausstellung von Aufnahmen aus den Tagen des Aufstands in Berlin und der Sowjetzone. Sie vermittelte nochmals ein lebendiges Bild von dem Kampf des deutschen Volkes gegen seine Unterdrücker in den von der Roten Armee besetzten Gebieten. Nachdem das vom Städtischen Orchester gespielte Adagio aus der VI. A-Dur-Sinfonie von Anton Bruckner verklungen war, betrat Bundeskanzler Dr. Adenauer die Rednertribüne und nahm zu folgender Ansprache das Wort …“, Bulletin des PuIA, Nr. 111, 19. 6. 1954, S. 993.

[15] Vgl. Vermerk (v. Dellingshausens), 6. 4. 1954 über eine Ressortbesprechung im Bundesministerium des Innern (Teilnehmer waren Staatssekretäre, Ministerialdirigenten und leitende Beamte aus dem BMI, dem Bundeskanzleramt, dem Auswärtigen Amt, dem BMGF, dem Presse- und Informationsamt der Bundesregierung und der Bundeszentrale für Heimatdienst), BA, BMGF, B 137, 1047. Außerdem Protokoll der 31. Kabinettssitzung, 5. 5. 1954, vgl. Die Kabinettsprotokolle der Bundesregierung.

[16] Rituale als kommemorative Praktiken sind beschrieben bei Connerton, How societies remember. Zum Fest als Medium des kollektiven Gedächtnisses siehe v. a. Jan Assmann, Der zweidimensionale Mensch.

[17] Wichtige Arbeiten zum 19. Jahrhundert: Hettling/Nolte (Hrsg.), Bürgerliche Feste; Schneider, Politische Festkultur; Tacke, Denkmal im sozialen Raum; Vogel, Nationen im Gleichschritt. Maurer, Feste und Feiern, versucht dabei eine systematische Unterscheidung zwischen Fest und Feier. Diese wird aber nur in einem Teil der Forschungsliteratur befürwortet, weil es im Grunde genommen keine überzeugenden Abgrenzungskriterien gibt.

[18] Mosse, Nationalisierung der Massen, S. 20.

[19] Paul, Aufstand der Bilder, S. 13 und passim. Dazu auch Vondung, Magie und Manipulation; Reichel, Der schöne Schein des „Dritten Reiches“; Thamer, Verführung und Gewalt.

[20] Vgl. Behrenbeck, Der Kult um die toten Helden. Diese Arbeit betrachtet den nationalsozialistischen Totenkult erstmals ausführlich als religiöses Phänomen und versteht die Geschichten von den toten Helden als Mythen, die Zeremonien ihnen zu Ehren als Riten, die Festarchitektur, Kultbauten und Requisiten als Symbole dieses Systems, das in Anlehnung an die Arbeit von Eric Voegelin von 1938 als „politische Religion“ interpretiert wird. Siehe Voegelin, Die politischen Religionen; zur Analyse der Sammelband von Maier (Hrsg.), „Totalitarismus“ und „Politische Religionen“.

[21] Schwarz, Die Ära Adenauer 1957–1963, S. 345.

[22] Zur „Vergemeinschaftung“ siehe Max Weber, Wirtschaft und Gesellschaft, Tübingen (5) 1980, S. 22. Dort steht neben der typusbildenden Familie auch die „nationale“ Gemeinschaft als Form der „Vergemeinschaftung“.

[23] Siehe Durkheim, Die elementaren Formen des religiösen Lebens; Alexander

(Ed.), Durkheimian sociology; Edelman, The Symbolic Uses of Politics; ders., Politics as Symbolic Action (auf deutsch „Politik als Ritual"). Allerdings wird bei Edelman das Verhältnis von politischer Symbolik und objektiver Realität zu stark vereinfacht, wenn er die symbolische Ebene als Ausdruck einer Scheinpolitik und als bloße Fassade für wirkliche Entscheidungen decouvrieren zu können glaubt. Ähnlich auch Meyer, Die Inszenierung des Scheins.

[24] Kertzer, Ritual, Politics and Power, S. 67.

[25] Das folgende nach Abélès, Politische Inszenierungen und Rituale in kritischer Sicht. Vgl. auch das programmatische Postulat in der Einleitung zu dem Band von Abélès/Rossade (Hrsg.), Politique symbolique en Europe, S. 22: „Es wird deutlich, daß in unserer Zeit der Neufassung politischer Konfigurationen (Muster) und politischer Räume auf eine Analyse politischer Rituale nicht verzichtet werden kann, namentlich der Vielfalt von Zelebrierungen und Gedenkfeiern, wofür die Französische Revolution das schlagendste Beispiel geliefert hat. Status und Funktion des Rituals in den Praktiken politischer Repräsentation verdienen spezifische Aufmerksamkeit. Was das allgemeinere Thema politische Repräsentation betrifft, so läßt sich feststellen, daß der komparatistische und multidisziplinäre Ansatz (...) drei Orientierungen einschließt: auf den politischen Diskurs und die Bedingungen seiner Äußerungen (die Orte der Rede), auf komplexe Artikulation der politischen Räume und auf die Frage der Identitäten."

[26] Vgl. Turner, The Ritual Process.

[27] Siehe dazu Hahn, Kultische und säkulare Riten.

[28] Kocka, Faszination und Kritik, S. 391 f. In eine ähnliche Richtung zielt auch die kritische Einleitung von Hardtwig/Wehler (Hrsg.), Geschichtskultur Heute.

[29] Die Scheu vor einer Anwendung „ethnologischer" Konzepte und Methoden auf komplexe Gesellschaften versucht MacClancy mit einer Analyse des royalistischen Karlisten-Rituals im spanischen Navarra der Franco-Zeit zu korrigieren. Über die Arbeiten Turners hinausweisend verdeutlicht er, wie stark Rituale in einen gesamtgesellschaftlichen Zusammenhang eingebettet sind. Mit jährlichen Massentreffen, einer Mischung aus religiöser Wallfahrt und politisch-militärischer Kundgebung, gedenkt die royalistische Karlistenbewegung in Spanien seit 1939 auf dem Berg Montejurra ihrer Toten und beschwört ihre Ideale. Die schöne Fassade bekommt aber beim näheren Hinsehen tiefe Risse, und MacClancy deckt nicht allein Vetternwirtschaft auf, vielmehr sind die Konflikte so stark, daß sie zu blutigen Auseinandersetzungen zwischen den verschiedenen Strömungen führten. Vgl. ders., An approach to political ritual.

[30] Vgl. Lukes, Political Ritual and Social Integration.

[31] Kertzer, Ritual, Politics and Power, S. 68.

[32] Dazu Geertz, Dichte Beschreibung.

[33] An ganz anderen Untersuchungsfeldern ist dies bereits dargestellt worden. Vgl. v. a. Traube, Ordnung und Ereignisse. Sie arbeitet die Wahrnehmung und Bearbeitung der portugiesischen Kolonialherrschaft durch die Eingeborenen auf Ost-Timor heraus und zeigt, wie diese neue Situation in ein vielschichtiges System von Bedeutungen integriert wurde.

[34] Vgl. Sirinelli, Politische Kultur und nationale Emotionen.

[35] Giesen, Die Intellektuellen, S. 236 ff. Aus dieser letztgenannten Identität „ex

negativo" entstand in den Augen von Kritikern ein „Umkehrnationalismus", also ein im Vergleich zu anderen Staaten übersteigerter antinationaler Affekt. So Meyer, Prinzip Nation, S. 48 ff.

III.3. Der Staatskult und die Selbstlegitimation der DDR

[1] Vgl. Staritz, Geschichte der DDR, S. 44.

[2] Vgl. Schwarz, Die Ära Adenauer 1949–1957, S. 70.

[3] Siehe Rossade, Gesellschaft und Kultur, S. 340 ff.

[4] Vgl. Sauer, Rituel et mythe.

[5] Siehe Rytlewski/Kraa, Politische Rituale in der Sowjetunion und in der DDR; Rytlewski/Sauer/Treziak, Politische und soziale Rituale in der DDR; Kraa, Sozialistische Rituale und kulturelle Überlagerung in der DDR; Sauer, „Es lebe der 1. Mai in der DDR!".

[6] Vgl. die Fotodokumentation in: Vorsteher (Hrsg.), Parteiauftrag: Ein neues Deutschland, S. 112 ff.

[7] Vgl. Gibas/Gries, „Vorschlag für den Ersten Mai", S. 482.

[8] Ebd.

[9] Vgl. ebd., S. 484.

[10] Ebd., S. 489.

[11] Ebd., S. 490.

[12] Fulbrook, Methodische Überlegungen, S. 291.

[13] Vgl. insbesondere Danyel, Politische Rituale als Sowjetimporte.

[14] Ebd., S. 68.

[15] Ebd.

[16] Ebd., S. 69.

[17] Ebd., S. 71.

[18] Gibas, „Die Republik, das sind wir!", S. 223.

[19] Danyel, Politische Rituale als Sowjetimporte, S. 80.

[20] Siehe Behrenbeck, Der Kult um die toten Helden, passim.

[21] Danyel, Politische Rituale als Sowjetimporte, S. 76.

[22] Vgl. Overesch, Buchenwald und die DDR.

[23] Ebd., S. 325.

[24] Vgl. Niethammer (Hrsg.), Der „gesäuberte" Antifaschismus. Geschwiegen werden mußte darüber, daß der Widerstandserfolg der Kommunisten „ohne Zusammenarbeit mit der SS nicht zu haben war, daß er viele Opfer unter den Häftlingen anderer Kategorien und Nationen gekostet hatte, daß die Häftlingsgesellschaft keine egalitäre Solidargemeinschaft gewesen war, sondern eine vom Terror der SS entmenschte Wolfsgemeinschaft, in deren harten Hierarchien es jedoch verschiedene Solidargemeinschaften gab und die deutschen Kapos eine privilegierte Oberschicht mit erheblicher Macht über die anderen Häftlinge darstellten, daß die übergreifende antifaschistische Kameradschaft im Kern das Überleben der kommunistischen Kader bedeutete und daß die Volksfront der KPD im Überlebenskampf des Lagers kaum über die Rolle eines taktischen Zugeständnisses hinausgekommen war" (S. 16).

[25] Vgl. Münkler, Das kollektive Gedächtnis, S. 466 f.

[26] Dazu Meuschel, Legitimation und Parteiherrschaft. Sie stützt sich auf die Quellenbasis der „veröffentlichten Meinung der gesellschaftswissenschaftlichen Intelligenz" (S. 27). In weiten Teilen der Intelligenz hat der Antifaschismus bis zum Ende der DDR Legitimitätsglauben gestiftet und gefestigt, vgl. ebd., S. 29.

[27] Vgl. die Beiträge in: Bessel/Jessen (Hrsg.), Grenzen der Diktatur.

[28] Das trifft vor allem für den kirchlichen Bereich zu; siehe Pollack, Kirche in der Organisationsgesellschaft.

[29] Die Symbolpolitik in der DDR erwies sich in den achtziger Jahren als ineffektiv, und der Gründungsmythos schlug schließlich fehl. Dazu unten, Kapitel IV. 6a).

[30] Lüdtke bündelt in seinem Beitrag, Die DDR als Geschichte, seiner Ansicht nach neue und bisher vernachlässigte Forschungsfragen nach Verhaltensweisen und sozialkulturellen Selbstdeutungen der Menschen im Zeitverlauf. Er schlägt auch für die Erforschung der DDR vor, das Konzept von „Herrschaft als soziale Praxis" anzuwenden und Fragen nach Eigeninteressen und Eigen-Bedürfnissen der Menschen, ihr alltägliches „Sicheinfügen und Durchschlängeln" (S. 14) in den Mittelpunkt zu rücken.

III.4. Nationalerziehung und symbolische Vergemeinschaftung in der Bundesrepublik

[1] Erst für 1958 liegen Zählungen und Schätzungen des KUD vor; BA, KUD, B 254, 11.

[2] Bundesinnenminister an die Ministerpräsidenten der Länder, 23. 4. 1954, Abschrift in: BA, BMGF, B 137, 1047.

[3] Tatsächlich war die Abhaltung von Schulfeiern am 17. Juni bis zum Jahre 1964 nur in Nordrhein-Westfalen gesetzlich geregelt worden, in allen anderen Ländern dagegen nicht. Vgl. Vermerk aus dem Bundesministerium für gesamtdeutsche Fragen, 5. 2. 1964, BA, BMGF, B 137, 2337.

[4] Es handelte sich hierbei um folgende Organisationen: Deutscher Bundesjugendring, Ring Politischer Jugend, Verband Deutscher Studentenschaften, Aktion Heimatvertriebener Katholischer Jugend, Deutscher Sportbund, Luftsportjugend im Deutschen Aeroclub.

[5] Klagen in den verschiedenen Nachlässen und Beständen, v. a. AdL, Bestand Mende A/026–0477.

[6] Siegfried Hübner an das BMGF, 15. 4. 1958, BA, BMGF, B 137, 1046.

[7] Innenminister von Nordrhein-Westfalen an Bundesinnenminister, 8. 4. 1958, Abschrift, BA, BMGF, B 137, 1046. Ähnlich schon im Jahr zuvor, vgl. Frankfurter Allgemeine Zeitung, 14.6.1957, „Kein gemeinsamer Aufruf zum 17. Juni. Die Sozialdemokraten lehnen den Entwurf der Union ab".

[8] Vgl. zahlreiche Fotodokumentationen von SPD-Veranstaltungen in der Landesbildstelle Berlin.

[9] Franz Neumann, „Zum 17. Juni", in: Mitteilungsblatt der SPD in Steglitz, Nr. 6, Juni 1957, FNA, NL Neumann, Ordner 17. Juni.

[10] Vgl. mehrere solcher Programmabläufe für die fünfziger Jahre, FNA, NL Neu-

mann, Ordner 17. Juni. – Dieser typische Ablauf war beileibe kein Berliner Spezifikum; eine Veranstaltung mit 5000 Menschen in Braunschweig zum Beispiel – auf der Erich Ollenhauer, Paul Löbe, Luise Schröder und Hinrich Wilhelm Kopf auftraten – lief ähnlich ab. Vgl. Bericht im Niedersachsen-Spiegel, 13. 6. 1955, BA, NL Kaiser, 212.

[11] Vgl. Informationsbericht des Ministeriums für Staatssicherheit, das zahlreiche Großveranstaltungen beobachten ließ, Nr. 94/57, 18. 6. 1957, BStU, MfS, ZAIG 53.

[12] Vgl. verschiedene Vermerke im Bundesministerium für gesamtdeutsche Fragen, etwa den vom 28. 6. 1954 (v. Dellingshausen) über Auslassungen des niedersächsischen Ministerpräsidenten Kopf (SPD).

[13] fdk, 12. 6. 1957, „Wolfgang Döring zum 17. Juni".

[14] Rede von Reinhold Maier vor dem FDP-Bundeshauptausschuß, 5. 9. 1957, AdL, A 12–26.

[15] Vgl. Schwarz, Die Ära Adenauer 1949–1957, S. 232 ff.

[16] Schnelldienst des Deutschen Industrieinstituts, Nr. 45, 11. 6. 1954, in: AdL, NL Dehler N1-3054.

[17] 1954 hatten sich der Verband der Landsmannschaften, der Bund der vertriebenen Deutschen, die Vereinigten Landsmannschaften der Sowjetzone, die Deutsche Jugend des Ostens und einige kleinere Vereinigungen auf gemeinsame Richtlinien geeinigt. Folgende Programmpunkte sollten berücksichtigt werden: Beflaggung, Gottesdienst, Glockengeläut, Singen bekannter Volkslieder, Heimatsprüche, Singen des Deutschlandliedes, gesellige Heimatveranstaltungen. Als wichtigen Grundsatz strich man heraus: „Festlichkeit und Geselligkeit können voll zum Ausdruck kommen, doch darf der ernste und würdige Charakter des Tages dadurch nicht verwischt werden; es ist daher unbedingt notwendig, die feierliche Kundgebung eindeutig in den Mittelpunkt zu stellen und den Verlust der ostdeutschen Heimatgebiete, das Recht auf sie und den Willen zu ihrer Rückgewinnung nachdrücklich herauszustellen; ebenso muß die Verbundenheit mit den 18 Millionen Deutschen in der Sowjetzone eindringlich betont werden." Vgl. BA, NL Kaiser, 131.

[18] Verband der Landsmannschaften (Geschäftsführung) an die Hauptgeschäftsführungen der Landsmannschaften, 7. 5. 1954, BA, BMGF, B 137, 1047. Dazu auch unten, Abschnitt 4b).

[19] Vgl. Der Spiegel, 10. 4. 1957, „Rekruten-Verpflichtung".

[20] Auf die Gewaltherrschaft des Nationalsozialismus nahm Bundespräsident Lübke keinen Bezug, sondern führte bei der Einweihung aus: „Im Gedenken an die Opfer des Volksaufstandes vom 17. Juni 1953 habe ich diesen Kranz niedergelegt. Er soll ein Zeichen sein, daß wir die Toten nicht vergessen und deshalb bereit sind, uns ebenfalls ganz einzusetzen für ein Leben aller Völker in Frieden und Freiheit. Mit diesem Akt übergebe ich das Ehrenmal, das stets an die Opfer der Kriege und der Gewaltherrschaft erinnern soll, seiner Bestimmung." Bulletin des PuIA, Nr. 94, 16. 6. 1964, S. 880.

[21] Das fiel schon zeitgenössischen Kritikern auf, vgl. Neue Presse, 16. 6. 1955, „Nationalfeiertage und ihr Wesen".

[22] Der Spiegel, 1. 2. 1956, „Unteilbare D-Mark".

[23] Doering-Manteuffel untersucht die „Tabuisierung und Funktionalisierung der Grenze im nationalpolitischen Diskurs" der beiden Nachkriegsjahrzehnte in der

Bundesrepublik. Seine zentrale These lautet, daß das Bemühen der Politik, die Grenze zu transzendieren, nur auf der Ebene der Propaganda angesiedelt gewesen sei und das „Korrektiv zum politischen Prozeß (darstellte), der durch rigorose Abschottung nach Osten die Bedingungen dafür schaffen sollte, daß der seit dem Ende der vierziger Jahre immer häufiger beschworene 'Magneteffekt' einer politisch und wirtschaftlich liberalen, rechtsstaatlichen und demokratischen Ordnung in der Bundesrepublik auf die DDR einwirken konnte." Vgl. ders., Die innerdeutsche Grenze, hier S. 127 und 128. Für die ganzen fünfziger Jahre gesehen scheint mir diese These aber zu einseitig auf der Adenauerschen Sichtweise zu fußen.

24 Notiz in: Die Tat, 24. 6. 1953.

25 General-Anzeiger, 3. 7. 1953, „Hitzige Debatte um Straßenumbenennung".

26 Um- und Rückbenennungen von Straßennamen hat es immer und überall gegeben – im Deutschland des 20. Jahrhunderts anläßlich der Systembrüche aber häufiger als anderswo. Azaryahu hat sich damit am intensivsten beschäftigt, vgl. ders., What is to be remembered (über die Weimarer Republik); Street names and political identity (über die DDR); Renaming the past (über Deutschland und Österreich 1945–47). Zum neusten Umbenennungsstreit infolge des Zusammenbruchs der DDR: Boockmann, Alte Straßen, neue Namen.

27 Leitsätze im Rundbrief des KUD, Mai 1958, AdsD, NL Wehner, GA 97, 350; siehe auch fdk, 6. 5. 1958, „Kuratorium bedarf einer gemeinsamen Deutschlandpolitik". Die wichtigsten inhaltlichen Punkte der Leitsätze waren: „1. (...) ist es notwendig, den 17. Juni sorgfältig vorzubereiten und den Veranstaltungen einen konkreten Inhalt, würdige Ausgestaltung und überzeugende Form zu geben. 2. Die Ausgestaltung der Feiern sollte je nach den örtlichen Bedingungen, Gegebenheiten und Traditionen begangen werden (...) 3. Es ist erforderlich, mit den Vorbereitungen sofort zu beginnen, da erfolgreiche Veranstaltungen nicht improvisiert werden können. 4. Alle Parteien und Verbände ebenso wie die führenden Vertreter der Städte, Kreise und Gemeinden sollten gemeinsam an Vorbereitung, Ausgestaltung und Durchführung der Veranstaltungen mitwirken (...) 5. Eine besondere Aufgabe für den Tag der deutschen Einheit fällt den Behörden, insbesondere den Bürgermeistern, Landräten und Stadtverwaltungen zu. Diese sollten den Bemühungen der Parteien und Verbände volle Unterstützung gewähren (...) 6. Von ausschlaggebender Bedeutung kann die Initiative, Mitwirkung und Unterstützung der zuständigen Landesministerien sein (...) 7. Die Schuljugend sollte bereits in den Wochen vor dem 17. Juni in allen dafür geeigneten Unterrichtsstunden auf das deutsche Schicksal und die Bedeutung des Tages hingewiesen werden (...) 8. Um dem Tag eine besondere Note zu geben, wird empfohlen, die Veranstaltungen im gesamten Bundesgebiet möglichst auf die Vormittagsstunden von 10–12 und auf abendliche Feiern zu konzentrieren. 9. Den Feiern und Veranstaltungen kann durch Vorführungen von Filmen über Mittel- und Ostdeutschland bzw. über das Geschehen am 17. Juni 1953 ein besonderer Inhalt gegeben werden (...) 10. Um dem Tag der deutschen Einheit den ihm gemäßen Charakter zu erhalten, wird es erforderlich sein, alle lauten Vergnügungen und Tanzveranstaltungen zu unterlassen (...) 11. (...) Sammelgenehmigungen können (...) eingeholt werden (...) 12. Presse, Rundfunk und Wochenschauen werden gebeten, Inhalt und Bedeutung des Tages der deutschen Einheit rechtzeitig vor dem 17. Juni zu behandeln und die jeweiligen

Veranstaltungen publizistisch vorzubereiten. 13. Die Veranstalter in allen Städten, Gemeinden und Kreisen können wesentlich dazu beitragen, die öffentliche Meinung auf den Tag der deutschen Einheit hinzulenken, wenn sie sich aufs engste mit der örtlichen Presse und den Rundfunkanstalten in Verbindung setzen (...) 14. Buchhandlungen und Bibliotheken, Kaufhäuser und andere Ladengeschäfte können die Aufmerksamkeit der Öffentlichkeit durch besondere Auslagen in Vorbereitung auf den Tag der deutschen Einheit wecken. 15. In einigen Städten wird die Errichtung eines Mahnmals zum Tag der deutschen Einheit vorbereitet (...) 16. Es ist zu empfehlen, zu einer eindrucksvollen Veranstaltung am Tag der deutschen Einheit die Vertreter ausländischer Staaten wie auch private Besucher aus dem Ausland als Gäste einzuladen."

[28] Vgl. Aufruf im Bulletin des PuIA, Nr. 106, 14. 6. 1958, S. 1070.

[29] Der Spiegel, 6. 1. 1960, Überschrift auf der Leserbriefseite.

[30] So bereits 1955 die Forderung von Jakob Kaiser, vgl. Bulletin des PuIA, Nr. 110, 18. 6. 1955, S. 916.

[31] Wütende Kritik mußte sich 1963 der neue Minister für gesamtdeutsche Fragen, Rainer Barzel, gefallen lassen. In einer von seinem Ministerium geförderten Broschüre versuchte ein Soziologe unter dem Pseudonym Karlheinz Meiler nachzuweisen, daß die Arbeiterschaft keineswegs Träger des Aufstandes vom 17. Juni gewesen sei. In der Schrift hieß es: „Nur Schichten, die geistige Verantwortung tragen mußten, denen man Urteil und Kritik zutraute, nur elitäre Elemente also, die gesellschaftspolitisch wichtig schienen, wurden jeweils von den totalitären Ordnungen gefürchtet, verfolgt oder 'umgeschult', korrumpiert und zu ideologischen Fahnenjunkern des herrschenden Systems gepreßt. Auf ihnen lastete der Druck der Unfreiheit jeweils am schwersten." Hingegen müsse die Arbeiterschaft am wenigsten unter dem sowjetgenormten Alltag leiden – „wie sie überhaupt in jedem totalitären System von ideologischen Zumutungen am ehesten verschont, am wenigsten gescholten, ja mitunter auch wohl geradezu poussiert wurde". Die Umdeutung zugunsten „elitärer Elemente" stieß auch bei Barzels Amtsvorgänger, Ernst Lemmer, auf zornigen Protest, und er warf Barzel Instinktlosigkeit vor. „Die Tatsache, daß es Arbeiter waren, die den Aufstand machten", so Lemmer, „gab ja erst der Erhebung ihre ungeheure Bedeutung." Vgl. Der Spiegel, 10. 4. 1963, „Umgeschult". – Mit Barzels Ernennung war im übrigen die gesamtdeutsche Symbolfigur Lemmer zerschlagen worden und das parteiübergreifende Amtsverständnis ging verloren.

[32] fdk, 24. 11. 1959, „Probleme eines Kongresses".

[33] Dieser Vorschlag, der skurrilste unter allen, stammte von einem Künstler aus Heidelberg, der auf diese Weise Konrad Adenauers Rütli-Schwur vor dem Schöneberger Rathaus von 1953 (vgl. oben, Kapitel II. 5c) gestalterisch zum Ausdruck bringen wollte. Am Deutschen Eck solle ein Mahnmal für alle Deutschen und ein „Gruß an die 18 Millionen" in der DDR entstehen. „So sehe ich dort am Rhein eine Schwurhand sich hochrecken als Sinnbild der Treue und als Gelöbnis, die Brüder jenseits der Elbe nicht zu vergessen. Diese Hand soll allen, die auf und längs des Stroms reisen, von deutschem Willen künden und weithin grüßen, wo deutsche Menschen in Bedrängnis dem Tag ihrer Befreiung entgegenharren." Vgl. Gerhard Schäfer an das Bundesministerium für gesamtdeutsche Fragen (und den Oberbürgermeister von Koblenz), 30. 5. 1955, BA, BMGF, B 137, 1046.

[34] Vgl. Frankfurter Rundschau, 18./19. 6. 1960, „Selbstbestimmung für alle Deutschen gefordert".

[35] So der Stadtdirektor von Helmstedt in einem Schreiben an Jakob Kaiser, 14. 4. 1954, in dem er für die Abhaltung einer Veranstaltung in Helmstedt, dem „sinnfälligen Symbol für die Zerreißung Deutschlands", wirbt. BA, NL Kaiser, 138.

[36] Frankfurter Allgemeine Zeitung, 18. 6. 1954, „Die Bundesrepublik gedenkt des 17. Juni".

[37] Vgl. Mogge/Reulecke, Hoher Meißner 1913. Die Hohe-Meißner-Formel vom 11. 10. 1913 lautete: „Die Freideutsche Jugend will zu ihrer eigenen Verantwortung, nach eigener Bestimmung unter allen Umständen geschlossen sein. Zur gegenseitigen Verständigung werden Freideutsche Jugendtage abgehalten. Alle gemeinsamen Veranstaltungen der Freideutschen Jugend sind alkohol- und nikotinfrei." Ebd., S. 52. Zum Kontext auch Pross, Jugend – Erotik – Politik.

[38] Bulletin des PuIA, Nr. 111, 21. 6. 1960, S. 1093.

[39] Vgl. Bulletin des PuIA, Nr. 111, 20. 6. 1962, S. 957.

[40] Vgl. die verschiedenen KUD-Schriften und Ausgaben des Ost-West-Kuriers, AdsD, Bestand Ollenhauer; ebenso AdL, Bestand Mende A/031–0165.

[41] Dem Volksbund für Frieden und Freiheit e.V. verweigerten die zuständigen Bundesministerien und die Bundesbahndirektion aber die Erlaubnis, ebenfalls ein Plakat aufzuhängen. Statt des ursprünglichen Entwurfs, der einen Adler mit der Inschrift „Wiedervereinigung in Frieden und Freiheit" auf den Flügeln zeigt und in den Farben Schwarz-Rot-Gold gehalten ist, präsentierte der Volksbund schließlich ein Plakat, auf dem ein gewaltiger gelber Blitz einen Sowjetstern zertrümmert, was – laut Volksbund – ein Fanal für die Freiheit darstellen sollte. Vor allem für das Bundesverkehrsministerium trug das Plakat einen zu aggressiv-politischen Inhalt, und es fürchtete eine unnötige Belastung der bisher guten Zusammenarbeit mit der ostdeutschen Reichsbahn. Vgl. Briefwechsel zwischen dem 12. 6 und dem 1. 8. 1957, BA, BMGF, B 137, 1049.

[42] Schreiben von Wilhelm Wolfgang Schütz an Thomas Dehler, 1. 9. 1959, AdL, NL Dehler N 1–3378.

[43] Fünfter Jugend-Wettbewerb der Mitteldeutschen Berichte zum 10. Jahrestag der Volkserhebung vom 17. Juni 1953, Exemplar, AdL, Bestand Mende A/031–0165.

[44] Im Rundbrief „Unteilbares Deutschland", Mai 1959, wurde für eine solche Deutschlandfibel geworben: „Knappe Texte leiten die einzelnen Kapitel, die in herrliche Bilder und zahlreiche gut ausgewählte Texte aus Werken der Dichtung aufgelöst sind, ein. Der erste Eindruck ist geradezu bezaubernd und läßt einen entzückt und sogleich entsetzt ausrufen: Ach, wie schön ist doch unser Vaterland, wäre es nur nicht geteilt und verstümmelt! Liest man das Buch von der ersten bis zur letzten der knapp 160 Seiten und läßt man vor allem auch die Bilder länger auf sich wirken, dann bleibt es nicht bei diesem ästhetischen Grundgefühl und der Klage des Schmerzes, dann wird man den Stachel nicht mehr los, nach besten Kräften mit Hand anzulegen, damit die gegenwärtigen Verhältnisse nicht zu einem Dauerzustand werden, sondern nur ein Provisorium bleiben." Exemplar, FNA, NL Neumann, Ordner 17. Juni.

[45] Vgl. ebd. Neben Filmen zum 17. Juni 1953 v. a.: „Luthergedenkstätten", über

die Städte Wittenberg, Eisleben und Eisenach; „Dresden – die verschwundene Stadt"; „Bundesstraße 5", eine Fahrt mit dem Auto von Hamburg durch die DDR nach Berlin; „Mitten durch Deutschland", eine Fahrt entlang der Grenze von Hof bis Lübeck; „Berlin – Stadt ohne Beispiel", über die Hauptstadt Deutschlands.

[46] Zur Stellung Berlins und den verschiedenen Initiativen bis 1958 siehe Schwarz, Die Ära Adenauer 1957–1963, S. 68 ff.

[47] Wiedergabe von Stellungnahmen im Bericht des Landeskuratoriums „Unteilbares Deutschland" von Baden-Württemberg, März 1963, BA, KUD, B 254, 24.

[48] Der Spiegel, 4. 3. 1955, „Wer reist nach Berlin?".

[49] Diese wurde vom Bundestagsvizepräsident Carlo Schmid geleitet, der beim abendlichen Diner einen Toast auf Berlin sprach, „die Seele und den drängenden Geist, das Herz und das Haupt des getrennten und des wiedervereinigten Deutschland". Bulletin des PuIA, Nr. 111, 21. 6. 1955, S. 922.

[50] Berichte und Zahlungsverfügungen, BA, BMGF, 137, 1046.

[51] Zit. nach: Ackermann, Integration – Begriff, Leitbilder, Probleme, S. 14.

[52] Vgl. Ackermann, Der „echte" Flüchtling, S. 98 f.

[53] Vgl. Heidemeyer, Flucht und Zuwanderung, S. 241. Eine Bestandsaufnahme der neuen Forschungsergebnisse zu Flucht, Vertreibung, Flüchtlingspolitik und Integrationsproblemen bei Beer, Im Spannungsfeld von Politik und Zeitgeschichte; sowie Wolfrum, Zwischen Geschichtsschreibung und Geschichtspolitik; siehe auch die Notiz über ein Forschungskolloquium von Hoffmann, Die Integration von Flüchtlingen und Vertriebenen.

[54] So in einer Stellungnahme gegenüber dem KUD aus dem Jahre 1955, zit. nach: Kreuz, Das Kuratorium, S. 127.

[55] Vgl. Bilddokumentation in der Landesbildstelle Berlin.

[56] Vgl. Doering-Manteuffel, „Verzicht ist Verrat", S. 120

[57] Zit. nach: Morsey, Heinrich Lübke, S. 502, Anm. 130.

[58] Vgl. Dann, Nation und Nationalstaat, S. 308 ff.

[59] Langewiesche, Reich, Nation und Staat, S. 379, meint, daß die Reichsidee „weithin vernichtet" worden sei.

[60] So spricht etwa Dann von einer „signifikante(n) Distanzierung der Deutschen nach 1945 von dem Begriff des Reiches". Vgl. ders., Nationale Fragen in Deutschland, S. 76.

[61] Vgl. Gabbe, Nation und Nationalbewußtsein, S. 79 f.

[62] Reinhold Maier vor dem Bundeshauptausschuß der FDP, 5. 9. 1957, AdL, A 12–26.

[63] Zit. nach: Wengst, Thomas Dehler, S. 209.

[64] Vgl. Abdruck seiner kurzen Ansprache in: „Was sagen Sie dazu? Das freie Wort am runden Tisch der Freien Demokraten. Informationen des Kreisverbandes Remscheid", Nr. 2. Juli 1956, „FDP-Kundgebung zur Wiedervereinigung" AdL, NL Dehler N1–3054.

[65] Vgl. fdk, 23. 3. 1956, „Mißverstandener Reichsgedanke".

[66] Basler Nachrichten, 12. 9. 1959, „Die Protestanten unter dem Notdach Bundesrepublik".

[67] Dazu auch der Überblick von Nowak, Protestantismus und Nationalstaat im 20. Jahrhundert.

68 So der Göttinger Historiker Hermann Heimpel in der Frankfurter Allgemeinen Zeitung, 25. 6. 1955, „Nicht bequem machen. Die Wiedervereinigung im Spiegel der Geschichte" (Beilage „Bilder und Zeiten"). Der Vortrag wurde zuerst vor dem KUD in Braunschweig gehalten.

69 Die Welt, 19. 1. 1961, „'Keine Totenklage um das Reich'".

70 Johann Baptist Gradl an Kai-Uwe von Hassel, Ministerpräsident von Schleswig-Holstein, 25. 5. 1961, AdcP, NL Gradl, I-294–064/1.

71 Vgl. Bulletin des PuIA, Nr. 111, 19. 6. 1954, S. 998.

72 Frankfurter Allgemeine Zeitung, 18. 6. 1954, „Die Bundesrepublik gedenkt des 17. Juni"; ebenso Die Welt, 17. 6. 1954, „Der 17. Juni 1954. Das freie Deutschland gedenkt der Sowjetzone. Mahnfeuer entlang der Zonengrenze"; seither jährlich, z. B. Die Welt, 18. 4. 1955, „Fackeln und Feiern zum 17. Juni", Die Zeit, 14. 6. 1956, „Drei Jahre danach", Frankfurter Allgemeine Zeitung, 13. 8. 1958, „Wieder Leuchtfeuer an der Zonengrenze", Die Welt, 17./18. 6. 1959, „Mahnfeuer an den Grenzen Berlins", Die Welt, 18. 6. 1960, „Fackeln leuchten an der Zonengrenze", Die Zeit, 21. 6. 1963, „Fackeln der Ohnmacht".

73 So, wie viele gleichlautende Bekundungen, Schreiben der Jungen Europäischen Föderalisten, Kreisverband Fulda, an das Bundesministerium für gesamtdeutsche Fragen, 22. 5. 1958, BA, BMGF, B 137, 1046. Vgl. zu den zahlreichen Aktionen die alljährlichen Berichte des DDR-Ministeriums für Staatssicherheit, BSTU, MfS, ZAIG 53 ff.

74 Rede Kaisers vor dem Schöneberger Rathaus in Berlin am 17. 6. 1956, Bulletin des PuIA, Nr. 111, 20. 6. 1956, S. 1091.

75 Frankfurter Allgemeine Zeitung, 18. 6. 1956, „Eisenhower spricht den Deutschen Mut zu. Eine Botschaft zum 17. Juni an Heuss. Die Feiern in der Bundesrepublik".

76 Frankfurter Allgemeine Zeitung, 18. 6. 1957, „Den in der Zone Ausharrenden helfen".

77 Frankfurter Rundschau, 18. 6. 1954, „Die freie Welt gedachte des Aufstandes gegen das SED-Regime".

78 Vgl. Frankfurter Allgemeine Zeitung, 18. 6. 1954, „Die Bundesrepublik gedenkt des 17. Juni".

79 Vgl. Zusammenstellungen sämtlicher Mahnfeuer in Berlin, FNA, NL Neumann, Ordner 17. Juni. Feuer wurden demnach u. a. entzündet: vor dem Reichstag, am Ernst-Reuter-Platz, im Fritz-Schloß-Park (ehem. Poststadion), im Humboldthain (am Fuße des Bunkerberges), auf allen Rathaustürmen der Bezirke, auf dem Messeberg, auf dem Trümmerberg am Teufelsee, auf dem Kaiser-Wilhelm-Turm an der Havel, am Fehrbelliner Platz, auf zahlreichen Schultürmen, auf dem „Insulaner", auf dem Müllberg, auf den Schuttkippen in Marienfelde und in Rudow, auf einem Floß im Dorfteich Lichtenrade, im Volkspark Hasenheide, auf der Borsigdammbrücke, auf dem Dach des ehemaligen Luftwaffenlazaretts in Frohnau, auf einem Hochleitungsmast in Lübars.

80 Darauf wurde auch in den Gremien des KUD immer wieder Bezug genommen. Feuer und Fackelzüge, so Karl Mommer (SPD) auf einer Sitzung des politischen Ausschusses am 29. 6. 1960, seien immer geeignet, „Menschen in Be-

wegung zu bringen und hier ganz besonders die Jugend". Prot. AcdP, NL Gradl, I-294–030/2.

[81] Ernst Moritz Arndt, Ein Wort über die Feier der Leipziger Schlacht, Frankfurt a.M. 1814, S.11f. Dazu auch Düding, Das deutsche Nationalfest von 1814. – Arndt und Jahn hatten diese Inszenierungen aber nicht erfunden, sondern waren nur die „Kopisten des französischen Revolutionsfestes", ebd., S.82.

[82] Vgl. Behrenbeck, Der Kult um die toten Helden, S.325ff.

[83] Die Welt 18. 6. 1960, „Fackeln leuchten an der Zonengrenze".

[84] Ebd.

[85] Vgl. Siemann, Krieg und Frieden. Damals – auf dem Höhepunkt der öffentlichen Festkultur – hatten sich 43000 Menschen aktiv beteiligt. Zum Ablauf des Jahrestages der Leipziger Schlacht vom 18. Oktober auch Schneider, Politische Festkultur im 19.Jahrhundert, S.332ff.

[86] Vgl. Dörner, Politischer Mythos und symbolische Politik, S.197 und S.344f.

[87] Vgl. dpa-Meldung, 17. 6. 1959, AdsD, Presseausschnittsammlung.

[88] Vgl. Frankfurter Allgemeine Zeitung, 18. 6. 1958, „Feierliches Gedenken der Opfer des 17. Juni".

[89] Vgl. die jährlichen Übersichten über die „Hetzkundgebungen" und „Veranstaltungen und Provokationen des Gegners", BStU, MfS ZAIG, z.B. 157, 610.

[90] Eine Übersicht über die Fahnenstafetten mit Startpunkten, Routenverläufen und Zielorten von 1959–1967, BA, Findbuch KUD, B 254. In dem Bestand selbst finden sich Karten und Schaubilder. 1960 waren es beispielsweise folgende Start- und Zielorte: Helgoland–Lauenburg; Westerland–Heide; Kupfermühle–Lauenburg; Burg auf Fehmarn–Lauenburg; Emden–Zicherie; Aachen–Helmstedt; Saarbrücken–Hoher Meißner; Lörrach–Neustadt/Coburg; Mittenwald–Hof.

[91] Bulletin des PuIA, Nr.110, 15. 6. 1960, S.1082.

[92] Vgl. Übersicht BA, Findbuch KUD.

[93] Bulletin des PuIA, Nr.82, 22. 5. 1964, S.752.

[94] Ministerialrat Dr. Vogel vom Düsseldorfer Innenministerium in einer Besprechung von Beamten aller Innenministerien der Länder über eine mögliche künftige Gestaltung des Tags der Deutschen Einheit, 6. 4. 1959. Prot. BA, BMGF, B 137, 1049.

[95] Diese waren parteiübergreifend zustande gekommen, wurden aber meist von den Vereinigten Landsmannschaften Mitteldeutschlands lanciert. Vgl. Bulletin des PuIA, Nr.110, 15. 6. 1960, S.1081.

[96] Vgl. Bulletin des PuIA, Nr.105, 13. 6. 1959, S.1040. Weiterhin z.B. Die Welt, 18. 6. 1965 über Gedenkfeiern im Ausland. In neun amerikanischen Bundesstaaten – Arkansas, Lousiana, Michigan, Nebraska, Oregon, Texas, Washington, Wisconsin und Vermont – hatten die Gouverneure den 17. Juni zum Tag der deutschen Einheit proklamiert. In dieser Zeitungsausgabe außerdem Berichte über die Feiern in Madrid, Rom und Zürich. – Botschaften und Telegramme zum Tag der deutschen Einheit gingen aus der ganzen Welt ein und wurden immer in zahlreichen Tageszeitungen und vor allem im Bulletin des PuIA veröffentlicht. Der amerikanische Präsident schrieb jährlich. Auffällig waren die Unterschiede in den frühen Botschaften der drei Hohen Kommissare. Während der britische Hochkommissar, Sir Frederick Hoyer Hillar, und sein amerikanischer Kollege, James B. Conant, von

dem Ziel der Wiedervereinigung sprachen, bekundete Frankreichs Hochkommissar, André François-Poncet, seine Ehre vor denen, „die für die Verteidigung der Grundfreiheiten gefallen sind", erwähnte aber eine deutsche Wiedervereinigung mit keinem Wort. Vgl. Bulletin des PuIA, Nr. 111, 19. 6. 1954, S. 998.

[97] Sie befinden sich im Bundesarchiv.

[98] General-Anzeiger, 8. 6. 1966 „Mahnung auf Pergament".

[99] Aachener Nachrichten, 2. 6. 1967, „Mit Fahnen zur Zonengrenze". Die Urkunde der Stafettenrolle, die Roland Siegel der Fahnenstafette überreichte, trug den Text: „Die IX. Deutsche Fahnenstaffel zum Tag der deutschen Einheit 1967, die heute vom historischen Rathaus der alten deutschen Krönungsstadt Aachen zur Zonengrenze startet, ist wiederum getragen von dem Glauben und der Zuversicht der Jugend. Wir wissen, daß die heißersehnte Wiedervereinigung des deutschen Volkes uns nicht als mühelos gewährtes Geschenk zufällt. Sie muß vielmehr erlitten werden über Enttäuschungen und Rückschläge hinweg. Nie erlahmender Mut, illusionslose Nüchternheit und Geduld müssen sich vereinen, um das große Ziel zu erreichen." Vgl. ebd.

[100] Bulletin des PuIA, Nr. 67, 6. 4. 1962, S. 564 (hier die Zahlen von 1961).

[101] Wilhelm Wolfgang Schütz im Schreiben an sämtliche Regierungsstellen vom Bund bis hinunter zu den kommunalen Ebenen, 12. 3. 1963, BA, KUD, B 254, 15.

[102] Bericht des Landeskuratoriums von Bayern, 27. 7. 1966, BA, KUD, B 254, 65.

[103] BMGF-Schreiben an verschiedene Privatpersonen, 31. 1. 1963, BA, BMGF, B 137, 236.

[104] Die volksfestartigen Feiern fanden am 18. und 19. Oktober statt.

[105] Vgl. Reinhold Maiers Rede in Ulm, 17. 6. 1957, AdL, Rednerschnellbrief. Der Vortrag von Arndt-Gedichten gehörte zum festen Bestandteil der SPD-Feiern in Berlin, vgl. Programmabläufe, FNA, NL Neumann, Ordner 17. Juni.

[106] Sozialdemokrat, Nr. 63/1963, AdsD, SPD-Ostbüro, 0434b. – Erbauliche Arbeiterlyrik aus der Feder von Amateurschriftstellern kann ebenfalls dazugezählt werden. Vgl. etwa das Gedicht „Ostzone – 17. Juni 1953": „Es waren Arbeiter / mit waffenlosen Händen / aber ihre Herzen / von Bedrückung schwer / wurden mit einmal / groß und voll. // Und die Arbeiter mit den leeren Händen / und den Herzen voll Mut / wuchsen zu einem Strom / der riesengroß anschwoll // und die Dämme der Macht / weit überspülte / urmächtig / rauschte der Strom / und die Welt / hielt den Atem an. // Dann kamen die Henker / mit Panzern und Waffen / und sie schossen / die mit den leeren Händen / und dem grenzenlosen Mut / in die Unsterblichkeit. // Denn die leeren Hände / schrieben mit ihrem Blut / ein neues Blatt / in die strahlende / immerwährende / Geschichte der Freiheit." Vgl. Programmablauf für die Feierstunde am 16. Juni 1963, FNA, NL Neumann, Ordner 17. Juni.

[107] „Die Kundgebung", so und ähnlich endeten unzählige Berichte, „schloß mit dem Rütli-Schwur und dem Deutschlandlied". Bulletin des PuIA, Nr. 111, 19. 6. 1954, S. 998.

[108] BStU, MfS, ZAIG, 157, Bericht vom 20. 6. 1958.

[109] Vgl. dpa-Meldung, 17. 6. 1959, AdsD, Presseausschnittsammlung.

[110] Mitteilung des KUD-Präsidiums 1963, AdL, Bestand Mende, A/026–0487.

[111] Vgl. dpa-Meldung, 17. 6. 1959, AdsD, Presseausschnittsammlung.

[112] BStU, MfS, BdL/Dok, Nr. 003975, Schreiben vom 8. 6. 1962.

[113] Ministerialrat Dr. Schultheiß aus dem Bundesministerium des Innern bemerkte auf einer Sitzung des Ministeriums vom 22. 7. 1958, die Kirchen hätten in einer Ressortbesprechung, die 1954 zur Vorbereitung des 17. Juni stattgefunden habe, übereinstimmend erklärt, „daß sie wegen der Auswirkung auf die SBZ für politische Feiertage weder Glocken läuten noch Gottesdienste abhalten könnten". Prot., BA, BMGF, B. 137, 1049.

[114] Im 19. Jahrhundert war dies ganz anders, dazu Lepp, Protestanten feiern ihre Nation.

[115] Vgl. Schreiben von Margulies an Erich Mende, 22. 6. 1960, AdL, Bestand Mende A/031–0063.

[116] Dies galt selbst dann noch, wenn die Sakralität kritisiert und eine „heilige Nüchternheit" eingefordert wurde. Vgl. Schreiben des KUD Lüneburg an KUD-Bundesgeschäftsstelle 1967 (genaues Datum fehlt), BA, KUD, B 254, 84.

[117] Vgl. dpa-Meldung, 17. 4. 1960, AdsD, Presseausschnittsammlung.

[118] DIN A 2-Plakat, BA, KUD, B254, 66. Zu dieser Zeit reichte allerdings weder die Prominenz des Redners noch die Anrufung Gottes dazu aus, die Menschen auf die Versammlung zu bringen. Auf dem Plakat waren daher zwei weitere Programmpunkte genannt: eine große Illumination vor dem Rathaus und die Einweihung eines Ehrenmals „Unseren Toten der Kriege".

[119] Bulletin des PuIA, Nr. 111, 21. 6. 1960, S. 1097.

[120] Die Vorbereitungen und der gesamte Ablauf sind dokumentiert, AdsD, NL Wehner, GA 66/236.

[121] Ebd.

[122] Walter Tiemann an Herbert Wehner, 8. 6. 1962, AdsD, NL Wehner, GA 66/236.

[123] Ebd. – Am nächsten Tag um 11 Uhr sprach Wehner dann in Essen; hier war der Ablauf ähnlich: Vor der dritten Strophe des Deutschlandliedes gab es ein Gedicht, „Mein Herz der Heimat", dann einen Mahnruf, „Mein Heimatland, wach auf". Als musikalische Umrahmung wurde die Ouvertüre zu Iphigenia in Aulis vom Essener Jugend-Symphonie-Orchester gespielt. Vgl. Programmablauf ebd.

[124] Vgl. Staritz, Geschichte der DDR 1949–1990, S. 48ff.

[125] Zit. nach: Der Spiegel, 18. 5. 1955, „Schiller-Reden. Wer ist der Moor?".

[126] Vgl. Berliner Zeitung, 10. 5. 1955, „Schiller-Ehrung begann in ganz Deutschland".

[127] Vgl. Nationalzeitung, 11. 5. 1955, „Schiller ist nichts für Separatisten".

[128] Frankfurter Rundschau, 15. 6. 1955, „Zahlreiche Feiern zum 17. Juni".

[129] Womit an die historischen Schiller-Feiern angeknüpft werden sollte, besonders an die von 1859 zum 100. Geburtstag des Dichters, und die von 1905 zum 100. Todestag. Zum 10. Jahrestag von Kriegsende und Befreiung wurde allerdings nichts gesagt.

[130] Programmheft der Veranstaltung, AcdP, NL Johann Baptist Gradl I-294.

[131] Karl Brammer von der Presse- und Informationsabteilung des BMGF, an von Hammerstein, 9. 5. 1955, BA, NL Kaiser 338.

[132] Der Spiegel, 18. 5. 1955, „Schiller-Reden. Wer ist der Moor?".

[133] Weber, Carlo Schmid, S. 9.

[134] Der Spiegel, 18. 5. 1955, „Schiller-Reden. Wer ist der Moor?".

[135] So Ernst Reuter bei der Eröffnung des Berliner Schiller-Theaters 1952. Zit. nach: Der Telegraf, 10. 5. 1955, „Schillers Geist ist unteilbar!“.

[136] Ebd.

[137] So Heuss in seiner Stuttgarter Schiller-Rede 1955, zit. nach: Der Spiegel, 18.5.1955, „Schiller-Reden. Wer ist der Moor?“.

[138] Vgl. dpa-Meldung, 11. 6. 1959, AdsD, Presseausschnittsammlung.

[139] BA, BMGF, B 137, 2327, Prot. der Besprechung vom 5. 2. 1964.

[140] So verstreut in: BA, Akten des KUD.

[141] Vgl. Leserbrief des KUD-Geschäftsführers W.W. Schütz, Der Spiegel, 4. 3. 1959 (Leserbriefseite).

[142] Vgl. Bulletin des PuIA, Nr. 103, 15. 6. 1961, S. 1044.

[143] Vgl. ebd.

[144] Vgl. Aufträge an die Firma Lipp, Formenbau und Industriegravierungen, BA, KUD, B 254, 15.

[145] Frankfurter Allgemeine Zeitung, 28. 12. 1961, „21 Millionen Abzeichen 'Macht das Tor auf'“. Der Reinerlös aus dem Verkauf kam auch der DDR-Flüchtlings- und Spätaussiedlerbetreuung zugute. Er wurde einem Fonds zugeführt, den Hans Constantin Paulssen, Präsident der Bundesvereinigung der Deutschen Arbeitgeberverbände, Willi Richter, Vorsitzender des DGB, und der Geschichtsprofessor Hermann Heimpel gemeinsam verwalteten.

[146] Vgl. Bulletin des PuIA, Nr. 67, 6. 4. 1962, S. 564.

[147] Zit. nach: Kreuz, Das Kuratorium, S. 107.

[148] Der Spiegel, 4. 2. 1959, Leserbriefseite. – „Aber die ganze Geschichte mit den Abzeichen und so erinnert mich noch immer an das Winterhilfswerk aus der Nazizeit. Das ist hart gesagt, aber es tut mir leid, daß uns noch nichts Besseres und nichts Attraktiveres eingefallen ist“, so Eugen Gerstenmaier in einem WDR-Interview mit Peter Bender, 6. 4. 1963, Abschrift, AdcP, NL Gerstenmaier, I-210–080/2.

[149] Abbildung im KUD-Rundbrief, Nr. 18, Mai 1959, FNA.

[150] Wilhelm Wolfgang Schütz in einem Leserbrief an den Spiegel, 20. 1. 1960: „Die Politik der Wiedervereinigung hat es eben mit einem Kolonialimperium im Osten zu tun (…) Über eines sind wir uns im Klaren, daß kein Kolonialreich seinen Besitzstand je aufgegeben hat, weil die eigenen Statthalter es gefordert haben, sondern nur dann, wenn der Freiheitswille der Völker sich mit der Freiheitsforderung der Weltöffentlichkeit verband.“

[151] Der Spiegel, 18. 2. 1959, Leserbriefseite. Dort auch weitere negative Stellungnahmen.

[152] So der Geschäftsführer des Kuratoriums, Wilhelm Wolfgang Schütz, 1966, zit. nach: Kreuz, Das Kuratorium, S. 94.

[153] Die Welt, 16. 6. 1964, „Ratsherren wollen nicht sammeln“.

[154] Karin Leithe-Jasper an Gerd Honsálek, 7. 7. 1966, über eine völlig mißlungene Aktion des Landeskuratoriums München, BA, KUD, 254, 65. Im Bestand 66 Schilderungen ähnlich negativer Erfahrungen, bis hin zu Handgreiflichkeiten empörter Passanten, die sich Schülerinnen und Schüler der 8. Klasse aus Bremen gefallen lassen mußten.

[155] Es handelte sich dabei um freiwillige Arbeiten in Landwirtschafts- und Forst-

betrieben; das erwirtschaftete Geld sollte auf das Sonderkonto „Selbstbestimmung“ eingezahlt werden.

[156] Wer sich nicht beteilige, so der Verband 1961, leiste einer Entwürdigung und Verfälschung des 17. Juni Vorschub, arbeite dem sowjetzonalen System in die Hände, was einer Anerkennung der Zwei-Staaten-Theorie gleichkomme. Jeder, der abseits stehe, trage Mitschuld an der Vertiefung der Spaltung Deutschlands. Vgl. Bulletin des PuIA, Nr. 107, 14. 6. 1961, S. 1032.

[157] Die Zeit, 21. 6. 1963, „Fackeln der Ohnmacht“.

[158] Prot. der Sitzung des politischen Ausschusses des KUD, 29. 6. 1960, AcdP, NL Gradl, I-294–030/2.

[159] Vgl. KUD-Mitteilungsblatt zum Tag der deutschen Einheit 1964, ADL, NL Dehler, N 1–3386.

[160] Diers stellt die Frage, ob im Zeitalter der ästhetischen Moderne, deren Kennzeichen im Anschluß an Baudelaire als das „Transitorische, das notorisch Flüchtige“, als Ephemeres und Kontingentes zu fassen sei, das erinnerungskulturelle Medium Denkmal mit seinem dauerhaften, auf Ewigkeit ausgerichteten Impetus nicht überholt sei. Vgl. ders., Ewig und drei Tage; siehe auch Mittig, Das Denkmal.

[161] Vgl. Mittig, Zur Geschichte politischer Denkmäler.

[162] Süddeutsche Zeitung, 22. 7. 1953, „Das Holzkreuz vor dem T 34“.

[163] 1954 weihten die SPD und Flüchtlingsverbände auf dem Kreuzberg einen Gedenkstein ein. 1955 wurde auf dem Friedhof Seestraße im Bezirk Wedding, wo Opfer des Aufstandes begraben liegen, ein Denkmal „Opfer des 17. Juni“ errichtet. Es zeigt einen überlebensgroßen, entblößten Mann, der mit aller Kraft einen von oben hereinbrechenden Fels wegzustemmen scheint und an die Sagengestalt Atlas erinnert; er soll die Auflehnung gegen die übermächtige Unterdrückung symbolisieren. Ebenfalls im Jahre 1955 wurde ein Mahnmal mit ewiger Flamme „Freiheit – Recht – Friede“ auf dem Berliner Reichskanzlerplatz (später Theodor-Heuss-Platz) errichtet. Zum 10. Jahrestag des Aufstandes wurde im Bezirk Reinickendorf eine abstrakte Granitstele aus dem Stein der Westtreppe des Reichstages aufgestellt. Seit 1967 erinnert ein Denkmal in Tegel an die Hennigsdorfer Stahlarbeiter. Vgl. Elfert, Bestehende Denkmäler.

[164] Vgl. Mittig, Zur Geschichte politischer Denkmäler.

[165] Vgl. dpa-Meldung, 17. 6. 1959, AdsD, Presseausschnittsammlung.

[166] „Die Mauer von Esslingen“, SPD-Pressedienst, 18. 6. 1962, AdsD.

[167] Der Spiegel, 26. 6. 1963, „Hohlspiegel“.

[168] RIAS-Interview, 30. 5. 1963, mit W.W. Schütz zur Gestaltung des Tages der deutschen Einheit; Manuskript, AdsD, Presseausschnittsammlung.

[169] Ebd.

[170] Ebd. – Mit einem anderen Vorschlag anläßlich des Kennedy-Besuchs konnte sich Schütz aber durchsetzen: In Bonn, Frankfurt und Berlin, den Stationen der Präsidentenvisite, wurden entlang der offiziellen Route nach jeweils 50 Metern Plakate angebracht, um vor dem amerikanischen Präsidenten und der Weltöffentlichkeit für das Selbstbestimmungsrecht aller Deutschen zu demonstrieren. Auf schwarz-rot-goldenem Grund trugen sie die Aufschriften „17. Juni – Unteilbares Deutschland“ und „Selbstbestimmung für alle Deutschen“.

[171] Rundschreiben vom 1. 12. 1961, AdL, NL Dehler N1–3380. Im christlichen

Kult stellt das Abbrennen von Kerzen eine symbolische Handlung dar, die eine Übertragung des Opferritus in die private Sphäre der Familie erlaubt.

172 Rundschreiben von Schütz, 12. 11. 1963, AdL NL Dehler N1–3385.

173 So der Bundesminister für gesamtdeutsche Fragen, Ernst Lemmer, im „Ost-West-Kurier" zum Tag der deutschen Einheit 1960.

174 Ebd.

175 Die Aktionen für die Jahre 1955–1963 sind im einzelnen dokumentiert, BA, NL Kaiser, 212, AdsD, NL Wehner, GA 27, GA 66/235, GA 66/236, GA 74/268.

176 Vgl. Protokoll der 3. Sitzung des Aktionsausschusses des KUD, 22. 10. 1954, AdsD, NL Schmid, 1843.

177 Vgl. Dokumentation der Sendungen sämtlicher ARD-Anstalten zwischen 1953 und 1994 im DRA.

178 SWF, 10. 6. 1960, DRA, 60–3632.

179 NDR, 17. 6. 1961, DRA, 61–813/F.

180 Als Beispiele: Sendungen des NDR, 17. 6. 1958, DRA, 58–192/F; 17. 6. 1959, DRA, 59–502/F; 19. 6. 1960, DRA, 60–490/F; Sendungen des SDR, 24. 5. 1961, DRA, 61–999/F; 19. 6. 1961, DRA, 61–1012/F; Sendung des BR, 16. 6. 1961, DRA, 61–172/F; Sendung des SFB, 17. 6. 1963, DRA, 63–487/F.

181 Sendung des WDR, 15. 6. 1964, DRA, 64–417/F.

182 Sendung des WDR, 17. 6. 1966, DRA, 66–875/F.

183 Sendung des SFB, 13. 8. 1963, DRA, 63–502/F.

184 Zwischen 1954 und 1967 fanden am 17. Juni im Deutschen Bundestag jeweils Staatsakte statt; dann brach diese Tradition ab und wurde erst 1981 – mit der einzigen Ausnahme des Jahres 1978 – wiederaufgenommen. Der Innenminister schlug der Bundesregierung, nach Absprache mit den Fraktionen, die jeweiligen Redner vor. Es sprachen im einzelnen: 1954 Franz Böhm (1895–1977), Jura-Professor an der Universität Frankfurt a. M. und 1953–1965 MdB (CDU); 1955 Gerhard Ritter (1888–1967), 1925–1956 Professor für Geschichte an der Universität Freiburg i. Br.; 1956 Bundestagspräsident Eugen Gerstenmaier; 1957 Theodor Litt (1880–1960), Professor für Philosophie und Pädagogik, 1919–1937 an der Universität Bonn, 1945–1947 Universität Leipzig, 1947–1952 Universität Bonn; 1958 Hanns Seidel (1901–1961), Ministerpräsident des Landes Bayern 1957–1960, CSU-Vorsitzender 1955–1961; 1959 Werner Conze (1910–1986), Professor für Geschichte an der Universität Heidelberg; 1960 Ulrich Mann (1915), 1957–1962 Privatdozent, dann Professor für Theologie an der Universität Tübingen, seit 1963 an der Universität Saarbrücken; 1961 Hans Wenke (1903–1971), ab 1947 Professor für Erziehungswissenschaften an der Universität Hamburg; 1962 Helmut Thielicke (1908–1986), Professor für evangelische Theologie, 1945–1954 an der Universität Tübingen, ab 1954 an der Universität Hamburg; 1963 Hans Peters (1896–1966), Jura-Professor, 1946–1949 an der Universität Berlin, ab 1949 an der Universität Köln; 1964 Theodor Schieder (1908–1984), 1942 Professor für Geschichte an der Universität Königsberg, ab 1948 an der Universität Köln; 1965 Karl Dietrich Erdmann (1910–1990), ab 1953 Professor für Geschichte an der Universität Kiel, 1966 Werner Weber (1904–1976), Jura-Professor an der Universität Göttingen; 1967 Bundeskanzler Kurt Georg Kiesinger (CDU). Alle Reden sind abgedruckt im Bulletin des PuIA; zahlreiche weitere Reden, v. a. von Politikern, sind gesammelt in: Hupka

(Hrsg.), 17. Juni. Der Band wurde 1964 erstmals von der Bundeszentrale für politische Bildung herausgegeben und war binnen weniger Wochen vergriffen. Ausgewertet wurden im folgenden ferner Ansprachen von (Geschichts-)Wissenschaftlern, die anschließend in den großen Tageszeitungen eine Veröffentlichung fanden. Weitere Manuskripte von Historiker-Reden, die auf KUD-Veranstaltungen gehalten wurden, finden sich (verstreut) in den KUD-Akten des BA.

[185] Theodor Schieders Rede beim Staatsakt zum 17. Juni, Bulletin des PuIA, Nr. 96, 20. 6. 1964, S. 898.

[186] Die Welt, 18. 6. 1965, „'Die Einheit kommt nicht von selbst'. Auszüge aus der Rede Bundespräsident Heinrich Lübkes in Helmstedt".

[187] Schulin, Traditionskritik und Rekonstruktionsversuch, S. 40. Zur Entwicklung der Historiographie in der Nachkriegszeit bis Anfang der sechziger Jahre außerdem Schulze, Deutsche Geschichtswissenschaft.

[188] Gerhard Ritter, Carl Goerdeler und die deutsche Widerstandsbewegung, Stuttgart 1954; ders., Staatskunst und Kriegshandwerk. Das Problem des „Militarismus" in Deutschland, 3 Bde., 1954–1960; ders., Von der Unteilbarkeit deutscher Vaterlandsliebe, in: Wilhelm Wolfgang Schütz (Hrsg.), Bewährung im Widerstand, Stuttgart 1956.

[189] Siehe Schwabe/Reichardt (Hrsg.), Gerhard Ritter, S. 97 ff.

[190] Abgedruckt in: Historische Zeitschrift 170 (1950), S. 1–22, „Die gegenwärtige Lage und die Zukunftsaufgaben deutscher Geschichtswissenschaft".

[191] Siehe die Edition von Schwabe/Reichardt (Hrsg.), Gerhard Ritter.

[192] Abgedruckt in: Hupka (Hrsg.), 17. Juni.

[193] Ebd., S. 42.

[194] Ebd., S. 43.

[195] Ebd., S. 45.

[196] Ebd., S. 40.

[197] Hermann Heimpel, Kapitulation vor der Geschichte? Gedanken zur Zeit, Göttingen 1956. (In diesem Sammelbändchen auch der gleichnamige Beitrag.)

[198] Wiederabgedruckt in: ebd. Es handelt sich um die 17.-Juni-Rede einer am 15. 6. 1954 vom Heimatdienst Südwürttemberg-Hohenzollern in Tübingen veranstalteten Gedenkstunde.

[199] Wiederabgedruckt in: ebd. Aus diesem Sammelbändchen wird im folgenden zitiert. Zunächst gehalten in Braunschweig am 11. 6. 1955 vor einer Versammlung des KUD, dann veröffentlicht u. a. in: Die Sammlung, 10 (September 1955), S. 425–429, Frankfurter Allgemeine Zeitung, 25. 6. 1955, Deutsche Kommentare, 2. 7. 1955.

[200] So der Tenor bei Boockmann, Der Historiker Hermann Heimpel. Siehe auch Schulin, Hermann Heimpel und die deutsche Nationalgeschichtsschreibung.

[201] Heimpel, Gedanken zu einer Selbstbesinnung der Deutschen, S. 19 f.

[202] Heimpel, Kapitulation vor der Geschichte?, S. 9 f.

[203] Margret Boveri, Die Deutschen und der Status quo, in: Der Spiegel, Nr. 26, 23. 6. 1954; dies., in: Merkur 76 (1954), S. 583.

[204] Siehe dazu Schildt, Deutschlands Platz in einem „christlichen Abendland"; Fäßler, Badisch, christlich und sozial, S. 37 ff.

[205] Heimpel, Gedanken zu einer Selbstbesinnung der Deutschen, S. 23.

[206] Zit. nach: ebd., S. 25.

207 Heimpel, Die Wiedervereinigung im Spiegel der Geschichte, S. 30.

208 Ebd., S. 29.

209 Ebd., S. 25.

210 Dazu unten, Kapitel IV. 3a).

211 Erst jüngste Forschungen betonen nicht mehr lediglich die personelle Kontinuität der deutschen Geschichtswissenschaft vom „Dritten Reich" zur Bundesrepublik, vielmehr ist mittlerweile bekannt geworden, in welch starkem Maße führende Nachkriegshistoriker zentrale inhaltliche Grundsätze der NS-Ideologie gutgeheißen und wie weit sie sich mit dem Regime eingelassen hatten. Ritter und Heimpel bildeten dabei eine seltene Ausnahme – Ritter, weil er dem national-konservativen Widerstand angehört hatte, Heimpel, weil er – wie nur ganz wenige – nach 1945 auf der Höhe seines Ansehens das Lager der kollegialen Diskretion verließ und zumindest von der Schuld seiner Generation sprach, wenngleich er sich mit der eigenen Rolle im „Dritten Reich" und seinem persönlichen politischen Standort nur ungenügend auseinandersetzte. Heimpel war 1941–1944 Ordinarius an der „Reichsuniversität Straßburg", aber schon 1933 begrüßte er vehement die Machtübernahme der Nationalsozialisten. Vgl. jetzt Matthiesen, Verlorene Identität. Vgl. auch Volkmann, Deutsche Historiker, S. 871. Theodor Schieder, Werner Conze und Karl Dietrich Erdmann haben über ihre Verstrickungen geschwiegen, ihr Verhalten in der Diktatur war ein Tabu-Thema. Neuere Studien deckten ihre Lebenslügen auf. Schieder empfand die Anfangserfolge des NS als Erfüllung seines Wunsches nach Erneuerung Deutschlands, er legitimierte Deutschlands Aufgabe als „Ordnungsmacht" im Osten, entwarf eine siedlungspolitische Denkschrift, machte schon während des „Dritten Reiches" Karriere und wurde 1942 Professor in Königsberg. Werner Conze trat mit kruden antisemitischen und germanozentrischen Argumentationen hervor, wurde 1943 an die Reichsuniversität Posen berufen, lehrte dort aber nicht, weil er als Offizier im Krieg war. Karl Dietrich Erdmann legitimierte – freilich als sehr junger Mensch, er war damals noch Student – wichtige Grundsätze des NS-Regimes und arbeitete später an einem nationalsozialistischen Geschichtslehrbuch mit. Vgl. – mit weiteren Literaturhinweisen – Kröger/Thimme, Die Geschichtsbilder, S. 105 ff.

212 Dies arbeitet Gallus, Der 17. Juni im Deutschen Bundestag, heraus.

213 Karl Dietrich Erdmanns Rede beim Staatsakt zum 17. Juni, Bulletin des PuIA, Nr. 104, 19. 6. 1965, S. 834 ff.

214 Im Vergleich zu den späteren Reden seit 1981, die regelmäßig Skandale provozierten, fällt dies besonders auf.

215 Werner Conzes Rede beim Staatsakt zum 17. Juni, Bulletin des PuIA, Nr. 108, 20. 6. 1959, S. 1975. In Buchform: Ders., Der 17. Juni. Tag der deutschen Freiheit und Einheit, Frankfurt a. M. 1960.

216 Theodor Schieders Rede beim Staatsakt zum 17. Juni, Bulletin des PuIA, Nr. 96, 20. 6. 1964, S. 896.

217 Ebd.

218 Ebd.

219 Dazu Faulenbach, „Deutscher Sonderweg", S. 13 f.

220 Helmut Thielickes Rede beim Staatsakt zum 17. Juni, Bulletin des PuIA, Nr. 111, 20. 6. 1962, S. 961.

[221] Vgl. Schildt, Ende der Ideologien?, S. 631.

[222] Ulrich Manns Rede beim Staatsakt zum 17. Juni, Bulletin des PuIA, 21. 6. 1960, Nr. 111, S. 1098.

[223] Vgl. Schulze, Deutsche Geschichtswissenschaft, S. 224 ff. Hallmann (Hrsg.), Revision des Bismarckbildes; Gall (Hrsg.), Das Bismarck-Problem.

[224] Da bislang der Blick der Forschung auf die fachinterne Debatte beschränkt blieb, ist dieser Zusammenhang noch nicht hergestellt worden. Die verschiedenen Forschungsthesen zur deutschen Geschichtswissenschaft in den ersten eineinhalb Dekaden nach dem Zweiten Weltkrieg faßt am besten zusammen: Schulze, Der Neubeginn der deutschen Geschichtswissenschaft.

[225] Dazu unten, Abschnitt 5b).

[226] Eugen Gerstenmaier beim Staatsakt zum 17. Juni, Bulletin des PuIA, Nr. 110, 19. 6. 1956, S. 1077.

[227] Dazu unten, Abschnitt 5b).

[228] Gerstenmaier auf dem CDU-Parteitag von 1956 in Stuttgart, AdcP, NL Gerstenmaier I-210–069/1.

[229] Bulletin des PuIA, Nr. 106, 21. 6. 1960, S. 1101. – Auf dieser Linie lag dann auch, daß der Staatssekretär im Bundesministerium für gesamtdeutsche Fragen, Franz Thedieck, im Bulletin des PuIA unter der Überschrift „Immer noch Hitler-Diktatur. Dreißig Jahre Totalitarismus in Mitteldeutschland" ausführte: „Maidanek, Auschwitz und Theresienstadt fanden ihre Fortsetzung in Bautzen, Waldheim und Torgau." Bulletin des PuIA, Nr. 21, 1. 2. 1963, S. 175.

[230] Erhard, Bulletin des PuIA, Nr. 81, 21. 6. 1966, S. 637.

[231] Rainer Barzel in der Zeitschrift „Unteilbares Deutschland", Ausgabe Juni 1964 , „Unser nationaler Gedenktag. Eine Umfrage an die Parteien des Bundestages". – Hanns Seidel, Bayerns Ministerpräsident, hatte schon 1958 ausgeführt: „Wenn je eine Nation die Methode des gewaltlosen Widerstands wirklich durchgeübt hat, dann ist es die deutsche in der sowjetischen Besatzungszone." Vgl. Bulletin des PuIA, Nr. 107, 19. 6. 1958, S. 1093.

[232] Vgl. Groh/Brandt, „Vaterlandslose Gesellen", S. 284.

[233] Theodor Litts Rede beim Staatsakt zum 17. Juni, Bulletin des PuIA, Nr. 110, 19. 6. 1957, S. 1005.

[234] Siehe dazu Faulenbach, NS-Interpretationen und Zeitklima, S. 21 ff.; von Hehl, Kampf um die Deutung, S. 412 ff.

[235] Zu den verschiedenen Konzepten siehe Jesse, Die Totalitarismusforschung.

[236] Vgl. Abdruck der Richtlinien in: Borcherding, Wege und Ziele der politischen Bildung, S. 99 ff.

[237] Marienfeld/Overesch, Deutschlandbild und Deutsche Frage, S. 6.

[238] Ebd., S. 17 ff.

[239] Ebd., S. 37.

[240] Ebd., S. 40.

[241] Ebd., S. 58 f.

[242] „Bericht über den 5. Jahrestag des sogenannten 'Tages der deutschen Einheit' am 17. Juni 1958", 20. 6. 1958, BStU, MfS, ZAIG 157.

[243] „Katalog über Grundkenntnisse über die einzelnen Zentren der politisch-ideologischen Diversion" (1965), BStU, MfS, HA XX/1, Nr. 123.

244 „Verhinderung feindlicher Handlungen und Provokationen in der Deutschen Demokratischen Republik anläßlich des 17. Juni 1968“, 11. 6. 1968, BStU, MfS-BdL/Dok., Nr. 004235.

245 „Sicherungsmaßnahmen zur Verhinderung von Provokationen und Störmanövern gegen die Deutsche Demokratische Republik am 17. Juni 1960“, 8. 6. 1960, BStU, MfS-BdL/Dok., Nr. 003049.

246 „Verhinderung feindlicher Provokationen, v. a. verbrecherischer Anschläge durch den Gegner anläßlich des 17. Juni 1965“, 1. 6. 1965, BStU, MfS-BdL/Dok., Nr. 004059.

247 Vermerk über die Dienstbesprechung der Chefs der Bezirksverwaltungen, Hauptabteilungs- und Abteilungsleiter, 14. 6. 1955, BStU, MfS, ZAIG 4840.

248 Ebd.

249 Ebd., auch die Berichte der Folgejahre.

250 „Feindtätigkeit und Provokationen auf dem Gebiet der DDR und des demokratischen Sektors von Berlin“, 20. 6. 1958, BStU, MfS, ZAIG 157.

251 Ebd.

252 Ebd.

253 Vgl. Die Zeit, 19. 6. 1958, „Mord an Nagy“.

254 Jährliche Kurzmeldung in „Neues Deutschland“ am Tag nach dem 17. Juni.

255 „Verhinderung feindlicher Haltungen und Provokationen in der Deutschen Demokratischen Republik anläßlich des 17. Juni 1973“, 29. 5. 1973, BStU, MfS-BdL/Dok., Nr. 004564.

256 „Katalog über Grundkenntnisse über die einzelnen Zentren der politisch-ideologischen Diversion“ (1965), BStU, MfS, HA XX/1, Nr. 123.

257 Frankfurter Allgemeine Zeitung, 18. 6. 1954, „Die Bundesrepublik gedenkt des 17. Juni“.

258 Der Spiegel, 23. 6. 1954, „Die Opfer des 17. Juni“.

259 Frankfurter Rundschau, 18./19. 6. 1955, „Die Vopo hatte Großalarm“.

260 Ebd.

261 Die Fahnen wurden nicht mitgeführt, weil die Sudetendeutschen 1937 nicht zum Deutschen Reich gehörten. Vgl. Stellungnahmen in: AdL, Bestand Mende, A/031–0172.

262 Der Spiegel, 18.6.1958, Hohlspiegel.

263 Frankfurter Allgemeine Zeitung, 19. 6. 1956, „Doch Couleur am 17. Juni“; Die Zeit, 21. 6. 1963, „Fackeln der Ohnmacht“.

264 Dokumentiert in: AdL, Bestand Mende, A/031–0096. „Die deutschen Burschenschaften“, so Mende zu seiner Rechtfertigung, „sangen bereits im vorigen Jahrhundert und singen seitdem – und auch auf allen Veranstaltungen nach dem 2. Weltkrieg – die drei Strophen des Deutschlandliedes. Es handelt sich dabei demnach um eine alte Tradition. Ich habe keinen Anlaß gesehen, als Gast der Korporationen diesen von langer Tradition getragenen Brauch zu brüskieren.“ Schreiben von Mende an den Landesverband der FDP Baden-Württemberg, 29. 1. 1962, ebd.

265 Frankfurter Rundschau, 8. 5. 1965, „Mende: Künftig alle drei Strophen“.

266 Frankfurter Rundschau, 18. 6. 1958, „Deutschland gedachte der Opfer“.

267 Der Spiegel, 4. 6. 1958, S. 64. Zu Schmid als frühem Verfechter der Oder-Neiße-Grenze siehe Weber, Carlo Schmid, S. 551 f.

[268] Der Spiegel, 29. 6. 1960, Leserbriefseite.

[269] Johann Baptist Gradl an Bundespräsident Heinrich Lübke, 20. 5. 1961, AdcP, NL Gradl, I-294–064/1. Dort auch das Schreiben von Gradl an von Hassel, 25. 5. 1961, und dessen Antwortschreiben, 8.6.1961, in dem sich das angeführte Zitat findet.

[270] Bulletin des PuIA, Nr.96, 20. 6. 1964, S.893.

[271] Die Zeit, 15. 6. 1962, „Wir wollen keine Sedanfeier“.

[272] Der Spiegel, 21. 10. 1959, „Kuli-Aufstand“ (Zitate von Johann Baptist Gradl und Ernst Lemmer).

[273] Volks-Wirtschaft. Sozialdemokratischer Pressedienst, 12. 5. 1959, „Das Festtags-Geschäft“, AdsD.

[274] Die Welt, 17. 4. 1959, „17. Juni soll stiller Feiertag sein“.

[275] Die Welt, 27. 4. 1959, „Innenminister schämt sich für Wirte“.

[276] Der Spiegel, 24. 6. 1959, Hohlspiegel; empörte Leserbriefe darauf, Der Spiegel, 15. 7. 1959.

[277] Anzeige in der Hamburger Bild-Zeitung, 14. 6. 1966: „Kreuzfahrt durch die dänische Inselwelt am 17. Juni 1966 mit der stolzen MS ‘Alte Liebe’. Tagesreise mit Einkaufsbummel in Svendborg. Zollfreie Alkoholika an Bord.“ Kritik gesammelt in: BA, KUD, B 254, 66.

[278] Der Spiegel, 23. 8. 1961, Hohlspiegel.

[279] Frankfurter Rundschau, 18. 6. 1960. Dort berichtete ein Journalist, was Menschen über den Tag der deutschen Einheit dachten: „Auf der Bockenheimer Landstraße steigt eine Dame aus dem Sportwagen. Riesiger Hut, Handschuhe. Duft der weiten Welt. Sieht zauberhaft aus. Ich mache eine tiefe Verbeugung. ‘Interessiert mich nicht’, sagt sie von irgendwo ganz oben herab. Schade, denke ich. Sehe ihr nach, wippender Petticoat, Lady aus dem Modejournal gesäbelt. ‘Interessiert mich nicht.’“ – „‘Dem fetten Wirtschaftswunderling, dem ist das völlig piepe’, erklärte mir eine Werkstattschreiberin. ‘Mir nicht, aber ich bin da ja manchmal so rührselig. Und für Feiertag bin ich immer.’ Pausenlos rede man von der Wiedervereinigung. ‘Da glaubt doch bloß der Weihnachtsmann dran und der Vertriebenenminister, und der auch nicht.’“ – „Ein Bekannter, Chemiker, Doktor, sagte mir: ‘Weißt du, das ist ein Tropfen auf den heißen Stein. Für die Regierung war es das bequemste. Etwas mußte ja getan werden.“ – Zwei Studenten: „‘Die Leute gehen doch nur zum Baden oder in die Kneipen.’ Aber abschaffen könne man den Feiertag natürlich auch nicht. Das wäre ein Politikum, ein Eingeständnis. Der andere ist Medizinstudent, selbst von drüben. ‘Ich habe das Gefühl, daß durch diese Feiertage die ganze Geschichte auf das Niveau einer Propagandasache heruntergedrückt wird. So macht man es den Leuten doch nur noch schwerer.’“ – Der Spiegel, 15. 6. 1960, hingegen hielt einigen Bonner Politikern eine äußerst zwiespältige nationale Einkehr vor: Innenminister Gerhard Schröder zum Beispiel ließ sich als 17.-Juni-Redner in den Rhön-Luftkurort Hilders, CDU-Schatzmeister Wilhelmi in den „Rhein-Wein-Ort“ Rüdesheim verpflichten.

[280] Regierungsdirektor Prof. Dr. Neuling aus dem schleswig-holsteinischen Innenministerium, Abschrift des Protokolls vom 6. 4. 1959, BA, BMGF, B 137, 1049.

[281] Der Spiegel, 23. 12. 1959, „Unheilbares Deutschland“; Der Spiegel, 1. 2. 1956, „Unteilbare D-Mark“.

[282] Die Welt, 18. 6. 1965, „Brandt nennt Ulbrichts Schießbefehl kriminell".

[283] Der Spiegel, 21. 8. 1963, „Der Sach gedenke".

[284] Der Spiegel, 4. 5. 1955, „Wer reist nach Berlin?".

[285] Reinhold Maier vor der Bundesversammlung der FDP, 5. 9. 1957, AdL, A 12–26.

[286] Thomas Dehler an Wilhelm Wolfgang Schütz, 18. 8. 1959, AdL, NL Th. Dehler, N1–3378.

[287] Schütz am 17. 6. 1963, zit. nach: Hupka (Hrsg.), Reden zum Tag der Deutschen Einheit, S. 152f.

[288] So etwa Carlo Schmid, vgl. dpa-Meldung, 17. 6. 1959, AdsD, Presseausschnittsammlung.

[289] Ausführlicher dazu unten, Abschnitt 5.

[290] Beteiligt waren die Innenministerien, diverse Bundestagsausschüsse, v. a. der Gesamtdeutsche Ausschuß, die Parteien, die Sozialpartner und das KUD. Protokolle und Briefwechsel v. a. AdsD, NL Wehner, GA 66, 236.

[291] Walter Raymond, Zur Problematik des 17. Juni (o.D.), AdL, NL Dehler, N 1–3056.

[292] Dehler hatte Hans-Dietrich Genscher schon am 22. 8. 1958 darum gebeten, er möge sich Gedanken machen, „wie man den Feiertag in einen Tag des nationalen Opfers" umwandeln könne. AdL, NL Dehler, N-1–3055.

[293] So im Schreiben von Theodor Oberländer an Karl Mommer, 28. 1. 1958, AdsD, NL Wehner, GA 100, 352. Vgl. auch die Stellungnahme des DGB vom 7. 2. 1963: „Es war die einheitliche Meinung unserer Kollegen, daß nachdem einmal ein solcher Tag zu einem nationalen Gedenktag gemacht worden ist, er nicht abgeschafft werden dürfe, da er schließlich der einzige Tag sei, an dem das ganze deutsche Volk sich zu seiner Einheit, Selbstbestimmung und demokratischen Staatsform bekennen soll. Die Abschaffung eines solchen Gedenktages würde nach unserer Meinung als Verzicht dieses öffentlichen Bekenntnisses angesehen werden, den Gegnern der Demokratie Anlaß zu bösartiger Propaganda bieten und der Weltöffentlichkeit die Meinung eines unerschütterlichen Bekenntnisses zur deutschen Einheit nehmen." Abdruck in: Tag der deutschen Einheit. Eine Denkschrift, hrsg. vom KUD, Bonn 1967, AdsD, NL Schmid, 1845.

[294] Johann Baptist Gradl an den CDU/CDU-Fraktionsvorsitzenden Heinrich Krone, 20. 12. 1957, AdcP, NL Gradl, I-294–064/1.

[295] Theodor Oberländer, Der Sinn des 17. Juni. Exposé o. D. (1958), BA, BMGF, B 137, 1048.

[296] Die Möglichkeit der Einrichtung einer solchen Stiftung wurde im Bundesjustizministerium zwar geprüft, man konnte sich aber nicht über den genauen Stiftungszweck einigen. Vgl. Vermerk der Unterkommission „17. Juni" des Bundestagsausschusses für gesamtdeutsche Fragen, 3. 5. 1961, AdL, Bestand Mende, A/031–0040.

[297] Vgl. Schreiben von Wilhelm Hahn an Wilhelm Wolfgang Schütz, 4. 7. 1963, AdcP, NL Gradl, I-294–064/1.

[298] Vgl. Auszug aus der Niederschrift über die Sitzung der Ständigen Konferenz der Innenminister der Bundesländer, 15./16. 2. 1962, BA, BMGF, B 137, 2325.

[299] Ebd.

300 Exposé aus dem BMGF, 5. 2. 1964, BA, BMGF, B 137, 2327.

301 Ebd.

302 Bundesjustizminister Ewald Bucher an den gesamtdeutschen Minister Rainer Barzel, 9. 5. 1963, BA, BMGF, B 137, 2326. Dort auch der weitere Briefwechsel, v. a. Heusinger an Bucher, 31. 10. 1963.

303 Ebd., Barzel an Bucher, 14. 10. 1963.

304 SPD-Landesverband Baden-Württemberg an SPD-Parteivorstand, 27. 3. 1963, AdsD, NL Wehner, GA 66, 236.

305 Bundesgesetzblatt, Nr. 31, 24. 6. 1963, S. 397 f. – Zuvor, Anfang 1963, war das Allensbacher Institut für Demoskopie mit einer Repräsentativumfrage zu den „Auffassungen der Bevölkerung über den Nationalfeiertag" betraut worden. Die Ergebnisse lauteten: 1. Die Bedeutung des 17. Juni war der Masse der Bevölkerung (71%) geläufig. Allerdings wußte jeder vierte Erwachsene in der Bundesrepublik nicht, aus welchem Grund der 17. Juni zu einem Feiertag wurde. 2. Die Hälfte der Bevölkerung setzte sich dafür ein, daß der 17. Juni in „würdiger Form" begangen werde (50% gegenüber 31% „nicht so ernst" und 19% „unentschieden"). Flüchtlinge und Vertriebene wünschten dies in wesentlich größerem Umfang (63%). 3. Der Gedanke, am 17. Juni zu arbeiten, wobei die Firmen den Gewinn des Tages für die Flüchtlingshilfe zur Verfügung stellen würden, fand nur geringen Anklang (32%). Das Allensbacher Institut zog das Fazit: „Man kann diesen Befunden entnehmen, daß es der Bevölkerung in der Bundesrepublik, insbesondere den politisch Aufgeschlosseneren, überzeugend erschiene, den 17. Juni zu einem würdigen, eindrucksvollen Feiertag zu gestalten." Vgl. BA, BMGF, B 137, 2326.

306 Die Zeit, 14. 6. 1963, „17. Juni 1953".

307 Eugen Gerstenmaier in seiner Rede zum 17. Juni 1963 in New York, in: Hupka (Hrsg.), Reden zum Tag der Deutschen Einheit, S. 136 ff.

308 Dies war der 14. Juli in Frankreich natürlich nicht von Beginn an, sondern auch er war und blieb heftig umkämpft, was die bundesdeutschen Akteure allerdings ausblendeten.

309 Helmut Thielicke, Gedenkredner 1962, vgl. Bulletin des PuIA, Nr. 111, 20. 6. 1962, S. 961.

310 Bulletin des PuIA, Nr. 110, 19. 6. 1956, S. 1077.

311 Bulletin des PuIA, Nr. 110, 20. 6. 1960, S. 1062.

312 Bulletin des PuIA, Nr. 110, 19. 6. 1962, S. 949.

313 So das Fazit eines 18seitigen Exposés aus dem BMGF, 5. 2. 1964, BA, BMGF, B 137, 2327.

314 Willy Brandt, Regierender Bürgermeister von Berlin, in seiner Rede am 17. 6. 1964 vor dem Schöneberger Rathaus, in: Hupka (Hrsg.), Reden zum Tag der Deutschen Einheit, S. 160.

315 Der Spiegel, 23. 12. 1959, „Unheilbares Deutschland".

316 Vgl. Bender, Die „Neue Ostpolitik", S. 115.

317 Exposé aus dem BMGF, 5. 2. 1964, BA, BMGF, B 137, 2327.

318 Fragen und Gedanken des Intendanten des Westdeutschen Rundfunks, Klaus von Bismarck, vgl. dessen vertrauliches Schreiben an Gradl, 26. 4. 1962, AdcP, NL Gradl, I-294–064/1.

319 Das war die Wirkung, keineswegs aber die Intention der Initiative von Hein-

rich Lübke. Zu seiner eigentlichen Absicht – das nationale Gewissen der Westdeutschen aufzurütteln – siehe Morsey, Heinrich Lübke, S. 313 ff.

III.5. Epochenwechsel und Einstellungswandel – Das Scheitern des Kultes

1 Der Spiegel, 24. 6. 1965, Beiheft, S. 2–12, Zitat S. 2.

2 Baring, Der 17. Juni.

3 Der Spiegel, 24. 6. 1965, Beiheft, S. 12.

4 Dazu oben, Kapitel II.5c).

5 Der Spiegel, 24. 6. 1965, Beiheft, S. 3.

6 Ebd., S. 11.

7 Ebd., S. 12.

8 Vgl. Hentschel, Ludwig Erhard, S. 443 ff.

9 Vgl. Löwenthal, Vom kalten Krieg zur Ostpolitik, S. 604 f.

10 Aber es kam in einem sich wechselseitig beeinflussenden Prozeß auch zu einer „Germanisierung der europäischen Frage", wie Timothy Garton Ash betont. Eher listig hätten die Deutschen ihr eigenes nationales Interesse mit dem europäischen gleichgesetzt und Europa immer dann im Munde geführt, wenn sie etwas verlangten, was sie im eigenen Namen nicht zu fordern wagten. Vgl. ders., Im Namen Europas, S. 44 ff.

11 Mit unterschiedlichen Gewichtungen im einzelnen: Schwarz, Die Ära Adenauer 1957–1963, S. 19 ff.; Hildebrand, Von Erhard zur Großen Koalition, S. 83 ff.; Doering-Manteuffel, Die Bundesrepublik Deutschland in der Ära Adenauer, S. 36 ff.; Garton Ash, Im Namen Europas, passim; Bender, Die „Neue Ostpolitik".

12 Was die Verbündeten nur hinter vorgehaltener Hand vorbrachten, drückte der indische Ministerpräsident Nehru unverblümt aus: Keine deutsche Regierung wolle die Wiedervereinigung zu den Bedingungen, zu denen sie zu haben sei. „In der Theorie wollen die Leute die Wiedervereinigung schon, sie wollen sie ideell. Aber die Anerkennung bestimmter Tatsachen und die Furcht vor gewissen Konsequenzen führt dazu, daß die Leute sie eben nicht wollen. Wenn ich sage: nicht wollen, so heißt das natürlich, daß jeder eine Lösung nach seinen Vorstellungen will und dabei hundertprozentig gewiß ist, daß sie auf diese Weise nicht kommen wird. So kommt es, daß man keine Lösung will." Nehru, der angesehenste Staatsmann unter den blockfreien Ländern, hatte ausgesprochen, was Politiker aller Nationen dachten. Als der deutsche Botschafter in Neu-Delhi protestierte, mußte er sich vom indischen Staatssekretär Subimal Dutt sagen lassen, sein Regierungschef habe nicht erklärt, die Bundesregierung wolle die Wiedervereinigung nicht, sondern dieser Wille komme in ihren Handlungen nicht zum Ausdruck. Vgl. Der Spiegel, 23. 12. 1959, „Unheilbares Deutschland".

13 Siehe zum Gesamtzusammenhang Lemke, Die Berlinkrise 1958 bis 1963.

14 Krone, Aufzeichnungen, S. 154.

15 1. Anwesenheit westlicher Truppen in Berlin, 2. Freier Zugang nach Berlin, 3. Freiheit und Lebensfähigkeit Berlins.

16 Morsey, Die Bundesrepublik Deutschland, S. 63.

17 Vgl. Schwabe/Reichardt (Hrsg.), Gerhard Ritter, S. 117.

[18] Krone, Aufzeichnungen, S. 162 f.

[19] Bracher, Europa in der Krise, S. 368.

[20] So Schollwer, in: fdk, 14. 6. 1960, „Sieben Jahre danach. Zum Tag der deutschen Einheit".

[21] Vgl. Weidenfeld/Glaab, Die deutsche Frage (= Materialien der Enquete-Kommission, Bd. V/3), S. 2862 ff.

[22] Zit. nach: Bender, Die „Neue Ostpolitik", S. 63.

[23] Vgl. Stuttgarter Zeitung, 21. 6. 1963, „Gerstenmaier gegen Wiedervereinigungs-Illusionen". Das Presseecho war gewaltig, so gab es ähnliche Berichte gleichen Datums z. B. im Weserkurier, „Gerstenmaier warnt vor Illusionen", General-Anzeiger, „Gerstenmaier warnt vor Illusionen", in der Westdeutschen Allgemeinen Zeitung, „Gerstenmaier warnt vor Illusionen", und der Rhein-Zeitung, „Bei den Grenzen von 1937 hören die Gespräche auf".

[24] Brandt, Begegnungen und Einsichten, S. 44.

[25] Weber, Carlo Schmid, S. 622.

[26] Abgedruckt in: Der Spiegel, 15. 4. 1959; dort auch ein Interview mit dem Hauptverfasser des Plans, „Mit Wehner in den Abgrund?".

[27] Weber, Carlo Schmid, S. 622.

[28] Siehe Groh/Brandt, Vaterlandslose Gesellen, S. 277; Bender, Die „Neue Ostpolitik", S. 77.

[29] Zit. nach: Meißner, Die deutsche Ostpolitik, S. 45. Eine Analyse von Bahrs Tutzinger Rede bei Vogtmaier, Egon Bahr und die deutsche Frage, S. 59 ff.

[30] Ebd. (Meißner), S. 46.

[31] Vgl. Groh/Brandt, Vaterlandslose Gesellen, S. 282.

[32] Vgl. Engelmann, Brüchige Verbindungen, S. 13 ff. Zum mühsamen innerparteilichen Reformprozeß seit dem Übergang zu den sechziger Jahren, der innerhalb eines Jahrzehnts zu einer grundlegenden Neuorientierung liberaler Deutschlandpolitik führte, jetzt auch Siekmann, Restauration oder Reform.

[33] Schollwer, Aufzeichnungen 1957–61, S. 158.

[34] Zit. nach: Bender, Die „Neue Ostpolitik", S. 136.

[35] Dazu im einzelnen mit weiterführender Literatur Morsey, Die Bundesrepublik Deutschland, S. 169 f.

[36] Besson, Die Außenpolitik der Bundesrepublik, S. 336. – „Früher", so Besson in seinem wichtigen Buch von 1970, „hatte das Bewegungsgesetz der Bundesrepublik verlangt, sich gegen den Osten abzuschließen, um das westdeutsche Provisorium möglichst rasch in den westeuropäischen Bundesstaat einzubringen. Nun sollte dagegen die Bundesrepublik selbst der Ausgangspunkt einer eigenständigen sich nach Osten öffnenden Politik werden." Vgl. ebd., S. 332. Für Besson bezogen sich nationale Interessen nicht nur auf die Wiedervereinigung, sondern auch auf die westdeutsche Selbstbehauptung in der Weltpolitik. Besson war einer der einflußreichsten Wissenschaftler und Publizisten, die seit Mitte der sechziger Jahre öffentlich die Revision des bestehenden Geschichtsbildes vorantrieben, dazu unten, Abschnitt 5b).

[37] „Mit schonungsloser Offenheit" sprach Strauß dies seit Mitte der sechziger Jahre wiederholt aus: „Ich glaube nicht an die Wiederherstellung eines deutschen Nationalstaates, auch nicht in den Grenzen der vier Besatzungszonen." Vgl. ders.,

Entwurf für Europa, S. 50 f. Vgl. auch Interview in: Die Zeit, 8. 4. 1966, „Zurück ins Kabinett?". Nationalstaaten hielt Strauß im heutigen Europa für anachronistische Gebilde, allein schon aufgrund ihrer Größenordnung und Bevölkerungszahl; Nationalstaaten hätten sich gegenüber leistungsfähigeren Großraumsystemen überlebt.

[38] Erler in seinem Referat zum „Tag der Menschenrechte" auf der Jahrestagung des Kuratoriums „Unteilbares Deutschland", 9.–11. 12. 1965, Prot. BA, KUD, B 254.

[39] Zur zeitgenössischen Debatte Henkys (Hrsg.), Deutschland und die östlichen Nachbarn. Le Monde, 17./18. 10. 1965, forderte, jetzt auch in der Politik bisherige Tabus zu brechen; The Times, 18. 10. 1965, sprach von einem „mutigen Dokument", ebenso die Neue Zürcher Zeitung, 19. 10. 1965, und auch die Warschauer Zeitung Trybuna Ludu, 19. 10. 1965, die aber vor allem auf den Proteststurm der Vertriebenenorganisationen abhob. Vgl. die Pressesammlung, BA, KUD, B 254, 16. – Bereits am 26. Februar 1962 ist das Memorandum der „Tübinger Acht" (Hellmut Becker, Joachim Beckmann, Klaus von Bismarck, Werner Heisenberg, Günter Howe, Georg Picht, Ludwig Raiser, Carl-Friedrich von Weizsäcker) in der Süddeutschen Zeitung veröffentlicht worden. Darin hieß es: „Wir sagen nichts Neues, wenn wir die Absicht aussprechen, daß zwar die Freiheit der in Berlin lebenden Menschen ein von der ganzen Welt anerkanntes Recht ist, daß aber das nationale Anliegen der Wiedervereinigung in Freiheit heute nicht durchgesetzt werden kann, und daß wir den Souveränitätsanspruch auf die Gebiete jenseits der Oder-Neiße-Linie werden verloren geben müssen." Siehe auch Heck, EKD und Entspannung.

[40] Die Welt, 25. 1. 1966, „Verzichten – ja oder nein?". Dort hieß es: „Nie und nimmer kann es der Auftrag einer Kirche sein, politische Sachentscheidungen zu präjudizieren. Eine Kirchenkanzel ist kein politisches Kabinett und eine Kirchenkammer kein politisches Parlament."

[41] Zit. nach: epd, Nr. 35, 1. 9. 1966, „Demokratische Spielregeln". Der Verfasser, Erwin Wilkens, quittierte Mendes Äußerung mit der Bemerkung: „Wir leben nun einmal nicht in einem Zeitalter, in dem ein Volk seine eigenen politischen Ziele ohne Berücksichtigung der Weltlage mit dogmatischer Starrheit einseitig und isoliert verfolgen kann. Daran ändert sich auch dann nichts, wenn man dieses Ziel noch so eindrucksvoll moralisch und rechtlich begründet." Ebd.

[42] Protokolle der Jahrestagung vom 9.–11. 12. 1965, BA, KUD, B 254.

[43] Vgl. Stuttgarter Zeitung, 8. 12. 1969, „Ein Kuratorium sucht nach neuen Aufgaben". Die Einzelheiten der Debatte BA, KUD, B 254, 84.

[44] Bayernkurier, 27. 7. 1974, „Honoratioren-Posse".

[45] Thomas Dehler, Der nationale Gedanke heute. Vortrag vor dem Landeskuratorium „Unteilbares Deutschland" München, 29. 4. 1965, AdL, NL Dehler, N1–3175.

[46] Alfred Heuss, Verlust der Geschichte, Göttingen 1959.

[47] Reinhard Wittram, Anspruch und Fragwürdigkeit der Geschichte, Göttingen 1959.

[48] Norbert Tönnies, Der Staat aus dem Nichts. Zehn Jahre deutscher Geschichte, Stuttgart 1954.

[49] Vgl. etwa die Beiträge des Tagungsbandes von Karl Forster (Hrsg.), Gibt es ein

deutsches Geschichtsbild? Studien und Berichte der katholischen Akademie in Bayern, Würzburg 1961 (mit Beiträgen von Alain Clément, Hans Buchheim, Ludwig Dehio, Theodor Schieder, Karl Bucheim). Zum Symposium auch der Bericht in Deutsche Zeitung, 1. 6. 1960, „Gibt es ein deutsches Geschichtsbild?". Michael Freund, Geschichtsprofessor aus Kiel, holte auf der Tagung zu einem Frontalangriff aus: „Es gibt seit 1945 kein Deutschland mehr, es gibt keine deutsche Geschichte mehr, und Völker, die keine Geschichte haben, haben keine Geschichtskonzeption (...) Wir sind in eine Situation des reinen Nichts geraten." Die anderen Teilnehmer suchten vor allem nach einem Filter, der wertvolle Traditionen von wertlosen trennen konnte. Mit Blick auf das „Dritte Reich" wandte man sich aber einhellig gegen eine Selbstanklage. Über den Begriff der Nation war man sich uneins. Ludwig Dehio, Marburg, wagte sich am weitesten vor und plädierte für Meineckes Begriff der Kulturnation.

[50] Vgl. Tagungsbericht und Pressestimmen zum Symposium „Was bedeuten uns heute noch Volk, Nation, Reich" in Bad Soden vom 26. bis 28. 1. 1961: Frankfurter Allgemeine Zeitung, 30. 1. 1961, „Deutsches Gespräch", Die Welt, 31. 1. 1961, „Was ist unsere Geschichte heute noch wert?", Deutsche Zeitung, 31. 1. 1961, „Nationalgefühl im Zeitalter der Machtblöcke". Diese und weitere gesammelt in: AdL, NL Dehler, N1–3175.

[51] Theodor Schieder, Erneuerung des Geschichtsbewußtseins, in: ders., Staat und Gesellschaft im Wandel unserer Zeit. Studien zur Geschichte des 19. und 20. Jahrhunderts, München 1958, S. 188–207.

[52] Vgl. Die Welt, 27. 1. 1959, „Geschichtsbilder nach Rezept?". Siehe auch Hans Freyer, Theorie des gegenwärtigen Zeitalters, Stuttgart 1955.

[53] Richard F. Behrendt, Problem und Verantwortung des Abendlandes in einer revolutionären Welt, Tübingen 1956; ders., Der Mensch im Licht der Soziologie, 2. Aufl. Stuttgart 1963, S. 68 f.; Helmut Schelsky, Der Mensch in der wissenschaftlichen Zivilisation, Köln/Opladen 1961.

[54] Vgl. Arnold Gehlen, Studien zur Anthropologie und Soziologie, Neuwied/Berlin 1962, S. 322 ff.; ders., Die Seele im technischen Zeitalter. Sozialpsychologische Probleme in der industriellen Gesellschaft, Reinbek 1957. Allgemein zur Posthistorie-Debatte im 20. Jahrhundert: Niethammer, Posthistoire.

[55] Theodor W. Adorno, Was bedeutet Aufarbeitung der Vergangenheit?, in: Gesellschaft, Staat, Erziehung 5 (1960), S. 5.

[56] Wolfgang J. Mommsen, Historisches Denken der Gegenwart, in: Waldemar Besson (Hrsg.), Geschichte (Das Fischer Lexikon), Frankfurt a. M. 1961, S. 92–102 , hier S. 93.

[57] Ebd., S. 94.

[58] Siehe z. B. Karl Popper, The Poverty of Historicism, London 1957.

[59] W. J. Mommsen, Historisches Denken der Gegenwart, S. 100. Diese zeitgenössische Einschätzung ist in den achtziger Jahren von Hermann Lübbe wieder aufgenommen worden; vgl. ders., Der Nationalsozialismus im historischen Bewußtsein.

[60] Die Frage nach dem Geschichtsbild selbst in Frage zu stellen, blieb ausländischen Deutschlandkennern vorbehalten. Alain Clément, Deutschlandkorrespondent von Le Monde, hielt die Klage über die „ungeistige Geschichtslosigkeit" für typisch deutsch. Die deutsche Geschichtswissenschaft kenne so etwas wie eine

„Jammertradition", ja dies sei eigentlich die einzige Verbindungslinie, die die deutsche Geschichte wie ein roter Faden durchlaufe. Vgl. ders., Das deutsche Geschichtsbewußtsein in der Sicht eines ausländischen Beobachters, in: Forster (Hrsg.), Gibt es ein deutsches Geschichtsbild?, S. 13–35, hier S. 30.

61 Frankfurter Allgemeine Zeitung, 17. 8. 1960, „Nur die Freiheit – allein darauf kommt es an" (Das Gespräch mit Jaspers im Fernsehen im Wortlaut). Eine Zusammenfassung in: Die Zeit, 19. 8. 1960, „Der Streit um Jaspers".

62 Das Presseecho war gewaltig. Vgl. z. B. Der Spiegel, 17. 8. 1960, „Da tritt der Philosoph herein", 31. 8. 1960, „Karl Jaspers. Der Bodenlose" (Titelgeschichte); Süddeutsche Zeitung, 11. 8. 1960, „Jaspers – Wiedervereinigung irreal"; Die Welt, 13. 8. 1960, „Das Provisorium der Nation"; Frankfurter Allgemeine Zeitung, 11. 8. 1960, „Jaspers stellt die Freiheit in den Vordergrund"; Frankfurter Rundschau, 11. 8. 1960, „Jaspers: Forderung nach Wiedervereinigung ist irreal", 13. 8. 1960, „Der Basler Philosoph"; Die Zeit, 7. 10. 1960, „Haben die Deutschen das Recht auf Einheit verwirkt? Paul Sethe, Adolf Arndt, Johann B. Gradl und Erich Mende antworten auf Jaspers".

63 Fünfteiliges Dossier in: Die Zeit zwischen dem 26. 8. und dem 23. 9. 1960, „Freiheit und Wiedervereinigung". Vgl. auch Karl Jaspers, Freiheit und Wiedervereinigung. Über Aufgaben deutscher Politik, München 1960; ders., Wohin treibt die Bundesrepublik? Tatsachen, Gefahren, Chancen, München 1966, S. 177 f.: „Die Lüge im Fundament des faktischen Staatsbewußtseins".

64 Die Stellungnahmen sind gesammelt in: Süddeutsche Zeitung, 12. 8. 1960, „Parteien widersprechen Jaspers"; Die Welt, 12. 8. 1960, „Parteien widersprechen Jaspers"; Frankfurter Allgemeine Zeitung, 12. 8. 1960, „Jaspers stößt bei den Parteien auf heftigen Widerspruch"; Frankfurter Rundschau, 12. 8. 1960, „Gegen 'Endlösung Bundesrepublik'".

65 Süddeutsche Zeitung, 12. 8. 1960, „Parteien widersprechen Jaspers". Karl Jaspers, Die Atombombe und die Zukunft der Menschheit. Politisches Bewußtsein in unserer Zeit, München 1958.

66 Leserbriefseiten in: Der Spiegel, 14. 9. 1960 und 28. 9. 1960; Die Welt, 19. 8. 1960 und 24. 8. 1960; Frankfurter Allgemeine Zeitung, 20. 8. 1960 und 31. 8. 1960; Frankfurter Rundschau, 18. 8., 22. 8., 27. 8. und 31. 8. 1960; Die Zeit, 14. 10. 1960.

67 Jens Daniel (d.i. Rudolf Augstein) im Spiegel, 17. 8. 1960, „Da tritt der Philosoph herein".

68 Seit 1958 hatte es im Bundeskabinett Überlegungen gegeben, auf die Forderung nach Wiederherstellung der nationalstaatlichen Einheit zumindest zeitweise zu verzichten und eine Österreich-Lösung für die DDR zu akzeptieren. Adenauer enthüllte seine geheimen Bemühungen um eine Österreich-Lösung für die DDR erst 1967 im dritten Band seiner Erinnerungen. Aber entsprechende Zitate des Bundeskanzlers, des Außenministers Heinrich von Brentano und des Verteidigungsministers Franz Josef Strauß ließen sich auch in der öffentlichen Debatte finden. Vgl. Frankfurter Rundschau, 13. 8. 1960 „Der Basler Philosoph". Franz Josef Strauß in der Bundestagsdebatte vom 20. März 1958: „Ist es denn wirklich die Wiedervereinigung, die uns in erster Linie drängt, quält, bedrückt und treibt? Es ist doch weniger die Wiedervereinigung im Sinne der Wiederherstellung der staatlichen Einheit Deutschlands. Es ist doch mehr das Herzensanliegen der Wie-

derherstellung demokratischer und menschenwürdiger Zustände in diesem Gebiet."

[69] Frankfurter Rundschau, 12. 8. 1960, „Gegen 'Endlösung Bundsrepublik'".

[70] Vgl. Schwarz, Die Ära Adenauer 1957–1963, S. 52 ff.

[71] Vgl. Der Spiegel, 4. 2. 1959, „Freiheit e.V.".

[72] fdk, 28. 1. 1959, „Die geistige Aufrüstung der Nation läßt uns bestehen".

[73] Der ganze Vorgang ist geschildert im Schreiben von Wuermeling an den FDP-Fraktionsvorsitzenden Erich Mende, 25. 1. 1961, AdL, Bestand Mende, A/031–0040.

[74] fdk, 10. 8. 1960, „Provisorium Bundesrepublik. Das Wort vom 'wahren Vaterland'".

[75] Die Welt, 13. 8. 1960, „Das Provisorium der Nation".

[76] Fritz Fischer, Griff nach der Weltmacht. Die Kriegszielpolitik des kaiserlichen Deutschland 1914/18, Düsseldorf 1961. Das Buch erlebte innerhalb weniger Jahre vier Auflagen, 1964 erschien es als Taschenbuch, 1967 in einer vom Autor gekürzten Sonderausgabe, zahlreiche Übersetzungen folgten. – Die Literatur zur Fischer-Kontroverse ist mittlerweile Legion. Die wichtigsten Werke sind: Geiss, Die Fischer-Kontroverse; Sywottek, Die Fischer-Kontroverse; einen weiteren Zusammenhang stellt her Jäger, Historische Forschung und politische Kultur; einen guten neuen Gesamtüberblick bieten Peter/Schröder, Einführung in das Studium der Zeitgeschichte, S. 69 ff.; aus der Vielzahl ausländischer Beiträge sticht heraus: Bosworth, Explaining Auschwitz, S. 53 ff.

[77] Siehe Heinemann, Die verdrängte Niederlage; Dreyer/Lembcke, Die deutsche Diskussion um die Kriegsschuldfrage.

[78] Zu den Stellungnahmen und Rezensionen von Gerhard Ritter, Ludwig Dehio, Egmont Zechlin, Hans Herzfeld, Golo Mann und vielen anderen siehe Geiss, Die Fischer-Kontroverse, S. 125 ff.

[79] Vgl. Jäger, Historische Forschung und politische Kultur, S. 107 f.

[80] Schwabe/Reichardt (Hrsg.), Gerhard Ritter, S. 152.

[81] Die Welt, 12. 8. 1964, „Erhard zum Kriegsausbruch".

[82] Christ und Welt, 2. 9. 1964, „Die Last des Vorwurfs. Zweimal deutsche Kriegsschuld".

[83] Vgl. Hildebrand, Von Erhard zur Großen Koalition, S. 161.

[84] Vgl. Geiss, Die Fischer-Kontroverse, S. 125.

[85] Zur Rolle Ritters bei diesem Vorgang vgl. Schwabe/Reichhardt (Hrsg.), Gerhard Ritter, S. 588 ff.

[86] Vorwärts, 26. 8. 1964, „Angst vor der Wahrheit".

[87] Süddeutsche Zeitung, 15./16. 6. 1963, „Die Ansprüche der Deutschen. Eine politische Bilanz zehn Jahre nach dem 17. Juni".

[88] Ebd.

[89] Ebd.

[90] Frankfurter Rundschau, 18. 6. 1964, „Die nackte Wahrheit".

[91] Vgl. W. J. Mommsen, Die deutsche Kriegszielpolitik, S. 74. Ebenso Jacques Droz in seinem Vorwort zur französischen Ausgabe von Fischers „Griff nach der Weltmacht" von 1970.

[92] Ralf Dahrendorf, Gesellschaft und Demokratie in Deutschland, München 1965, S. 39.

93 Vgl. Faulenbach, Der „Deutsche Sonderweg", S. 15f.

94 Berghahn, Fritz Fischer, S. 145ff.

95 Schwabe/Reichardt (Hrsg.), Gerhard Ritter, S. 152.

96 Siehe Steinbach, Nationalsozialistische Gewaltverbrechen; ders./Weber (Hrsg.), Vergangenheitsbewältigung durch Strafverfahren?; Werle/Wandres, Auschwitz vor Gericht; Bergmann, Antisemitismus in öffentlichen Konflikten, S. 279ff.

97 Zur Medienresonanz und zu den Umfragen vgl. Bergmann, Antisemitismus in öffentlichen Konflikten, S. 250ff.

98 fdk, 9. 3. 1965, „Mit Mördern leben".

99 Morsey, Heinrich Lübke, S. 505ff.

100 Rolf Hochhuth, Der Stellvertreter. Mit Essays von Jaspers, Muschg, Piscator und Golo Mann, Reinbek bei Hamburg 1997, S. 7.

101 Ebd., S. 12.

102 Vgl. Bergmann, Antisemitismus in öffentlichen Konflikten, S. 277.

103 Baring, Machtwechsel, S. 197.

104 Winkler, Nationalismus, Nationalstaat und nationale Frage, S. 18.

105 Doering-Manteuffel, Deutsche Zeitgeschichte, S. 1.

106 Vgl. Korte, Eine Gesellschaft im Aufbruch, S. 137ff.

107 Vgl. Doering-Manteuffel, Dimensionen der Amerikanisierung, S. 19ff. Zur Rolle der Amerikanisierung im politischen, wirtschaftlichen, sozialen und kulturellen Wandel der fünfziger und sechziger Jahre und zur allgemeinen Orientierung an den USA siehe Schildt, Moderne Zeiten, S. 398–423; ferner Jarausch/Siegrist (Hrsg.), Amerikanisierung und Sowjetisierung, besonders deren Einleitung.

108 Vgl. Löwenthal, Kulturwandel und Generationenwechsel; Meulemann, Wertewandel in der Bundesrepublik.

109 Vgl. Lutz, Empirisches Datenmaterial, S. 165.

110 Gesamtdeutsches Barometer vom 4. 12. 1967, BA, BMGF, B 137, 3677.

111 Vgl. die umfänglichen Auswertungen zahlreicher Umfragen bei Weidenfeld/Glaab, Die deutsche Frage (= Materialien der Enquete-Kommission, Bd. V/3), S. 2844ff.

112 Ebd. Die Weimarer Republik schnitt immer sehr schlecht ab.

113 Ebd., S. 2851f.

114 Dazu Lutz, Empirisches Datenmaterial, S. 151f.

115 Siehe oben, Abschnitt 5b).

116 Vgl. Hans Rothfels, Otto von Bismarck-Rede bei der Gedenkfeier anläßlich des 150. Geburtstages des Reichskanzlers Otto von Bismarck im Bundeshaus am 1. April 1965, Bulletin des PuIA, Nr. 59, 2. 4. 1965, S. 6–20; fdk, 1. 4. 1965, „Bismarck – Gedanken zum Gedenken". – Bismarck war vor allem eine Ikone der Außenpolitik. Aus Anlaß seines Geburtstages lud 1965 Carl Carstens, Staatssekretär des Auswärtigen Amts zu einer Gedenkfeier ein. Vgl. Auswärtiges Amt (Hrsg.), Gedenkfeier zum 150. Geburtstag des Reichskanzlers Fürst Otto von Bismarck, Bonn 1965.

117 Frankfurter Rundschau, 25. 5. 1959, „Grundgesetz – die große Tat". Ebenso Theodor Eschenburg in: Die Zeit, 22. 5. 1959, „Zensur nach zehn Jahren: Bewährt" und Dolf Sternberger in: Frankfurter Allgemeine Zeitung, 20. 5. 1959, „Das Grundgesetz in der Probe des Lebens".

118 Süddeutsche Zeitung, 22. 5. 1959, „Ein hoffnungsvoller Jubilar".

[119] Prot. vom 6. 3. 1959 betr. Gedenkfeiern am 23. Mai und am 17. Juni 1959, BA, BMGF, B 137, 1049.

[120] Gibas, „Die Republik, das sind wir!", S. 233.

[121] Süddeutsche Zeitung, 7. 10. 1959, „Protesterklärung des Bundestags: DDR-Feiern verewigen Spaltung".

[122] Süddeutsche Zeitung, 3. 7. 1964, „Gedenken an den 20. Juli", 18./19. 7. 1964, „Regierung würdigt Widerstandskämpfer" und 20. 7. 1964, „Der 20. Juli".

[123] Ansprache des Kanzlers auf der Hauptversammlung des Deutschen Industrie- und Handelstages, in: Die Welt, 7. 5. 1965, „Erhard: Wir brauchen ein klares Bewußtsein unserer Geschichte".

[124] Süddeutsche Zeitung, 8./9. 5. 1965, „Erhard zum 20. Jahrestag der Kapitulation".

[125] Frankfurter Allgemeine Zeitung, 3. 5. 1965, „Brandt: Zwanzig Jahre sind genug" und Die Welt, 8. 5. 1965, „Brandt: Zwanzig Jahre sind genug".

[126] Ebd.

[127] Süddeutsche Zeitung, 10. 5. 1965, „Die Siegesfeiern in Ost und West".

[128] Frankfurter Allgemeine Zeitung, 8. 5. 1965, „Moskau vergleicht Wiedervereinigung mit Hitlers Machtantritt".

[129] Süddeutsche Zeitung, 10. 5. 1965, „Die Siegesfeiern in Ost und West".

[130] Ebd.

[131] Der Spiegel, 12. 5. 1965, „Kapitulationstag. Lieber ins Grüne".

[132] Süddeutsche Zeitung, 10. 5. 1965, „Ulbricht läßt Kanonen auffahren".

[133] Süddeutsche Zeitung, 10. 5. 1965, „Keine Propaganda in Paris".

[134] Süddeutsche Zeitung, 24./25. 4. 1965, „Frankreich war gegen Deutschland-Erklärung am 8. Mai"; Frankfurter Allgemeine Zeitung, 5. 5. 1965, „Bonn über Pariser Haltung besorgt".

[135] Siehe Hentschel, Ludwig Erhard, S. 443 ff.

[136] Frankfurter Rundschau, 10. 5. 1965, „Ulbricht beglückwünscht de Gaulle".

[137] Die Zeit, 9. 10. 1959, „Pankow feiert".

[138] Vgl. Bergmann, Antisemitismus in öffentlichen Konflikten, S. 235 ff.

[139] Hans Peters Rede beim Staatsakt zum 17. Juni 1963, Bulletin des PuIA, Nr. 104, 19. 6. 1963, S. 925. Siehe auch F. Rodens, Wandlung und Pflege des Geschichtsbildes, in: Politische Welt. Monatsschrift für Information und Diskussion 5 (1962), S. 18–23.

[140] Ebd. (Peters).

[141] Ernst Lemmer am 17. 6. 1962, Bulletin des PuIA, Nr. 110, 19. 6. 1962, S. 951.

[142] Vgl. Staritz, Geschichte der DDR, S. 211. Zit. nach: dem Abdruck des Dokuments in: VLM (Vereinte Landsmannschaften Mitteldeutschlands)-Informationsdienst, 4. 5. 1962, AdsD, Presseausschnittsammlung. Abgedruckt auch in: Neues Deutschland, 27. 3. 1962.

[143] „Unser Beitrag zur Wiedervereinigung", in: Mitteldeutsche Berichte, Juni 1963, AdsD, Bestand Ollenhauer, 304.

[144] Dazu im einzelnen Rohlfes, Geschichtsunterricht und Geschichtsdidaktik.

[145] Die Welt, 7. 5. 1965, „Erhard: Wir brauchen ein klares Bewußtsein unserer Geschichte".

[146] Vgl. Hentschel, Ludwig Erhard, S. 561 ff.

147 Die Welt, 10. 5. 1965, „Erler appelliert an Bürgersinn“. Fritz Erler, SPD-Fraktionsvorsitzender, stellte dem Erhardschen Programm als Ziel der SPD entgegen, „Deutschland zu einer gerechten Heimstatt freier Menschen zu machen“.

148 Bracher, Die Bewährung der Zweiten Republik, einleitender Essay zu Hildebrand, Von Erhard, S. 10.

149 Aufsehen erregte damals eine zweiwöchige Reise von drei Redakteuren der Zeit durch den kommunistisch regierten Teil Deutschlands, woraus eine Zeit-Serie entstand, die auch als Buch erschien: Marion Gräfin Dönhoff/Rudolf Walter Leonhardt/Theo Sommer, Reise in ein fernes Land. Bericht über Kultur, Wirtschaft und Politik in der DDR, Hamburg 1964. Dort heißt es etwa auf S. 104f.: „Die Mauer als Beruhigungsfaktor – es ist eine paradoxe Vorstellung, aber sie erklärt manches: den ökonomischen Aufschwung, eine gewisse Nonchalance, die das Regime heute an den Tag legt, weil sein Sicherheitsgefühl gewachsen ist, und jene Erscheinung, die im Parteijargon ‘Festigung des Staatsbewußtseins’ heißt. In der Tat ist in der DDR ein solches Staatsbewußtsein im Entstehen. Viele meiner Gesprächspartner, auch Kritiker des Regimes, sprachen wie selbstverständlich von ihrer ‘Republik’ (...) Psychologisch ist das durchaus erklärlich. Die Mehrzahl der Menschen verharrt nun einmal nicht auf unbestimmte Zeit in Trotzpose und Widerstandshaltung; sie arrangiert sich mit ihrer Umwelt, wenn diese Umwelt unabänderlich zu sein scheint. Die Menschen in der DDR mögen auch nicht die Leistungen, die sie trotz aller äußeren und inneren Schwierigkeiten im Laufe der Zeit vollbracht haben, verlachen oder verspotten; schließlich sind es ihre eigenen Leistungen. Aus dem Schöpferstolz wird so eine gewisse Identifizierung, aus der Identifizierung am Ende das Sich-Abfinden. Nicht, daß dies Sich-Abfinden sie zu Kommunisten machte – das sind sie nicht und werden sie nicht. Aber ihre gesonderte Existenz hat über die Jahre hinweg doch dazu geführt, daß viele auch dem westlichen System distanziert gegenüberstehen. Sie beneiden den Westen in vielem, aber sie wünschen ihn nicht in allem nachzuahmen.“ – Daß sich die Medien – jenseits solch differenzierter Beobachtungen wie die eben zitierte von Theo Sommer – auch ein falsches, arg beschönigendes Bild von der DDR-Wirklichkeit machten, ist mittlerweile klargeworden. Dazu Hacker, Deutsche Irrtümer, S. 394ff.

III.6. Abschaffung des „17. Juni“? – Das Dilemma der Großen Koalition

1 Hildebrand, Von Erhard zur Großen Koalition, S. 241. Mit Blick auf die Wirtschaftssteuerung und das Krisenmanagement der Großen Koalition siehe Ellwein, Krisen und Reformen, S. 42ff. Zur zeitgenössischen Debatte über das Regierungsbündnis: Rummel (Hrsg.), Die Große Koalition 1966–1969; Schneider, Große Koalition – Ende oder Neubeginn?

2 Vgl. Bulletin des PuIA, Nr. 64, 20. 6. 1967, S. 542.

3 Ebd.

4 Ebd.

5 Bulletin des PuIA, Nr. 64, 20. 6. 1967, S. 545.

6 Vgl. Bulletin des PuIA, Nr. 64, 20. 6. 1967, S. 542 (Rede von Kiesinger).

[7] Die Beschlüsse und Abläufe lassen sich anhand der Unterlagen im Nachlaß von Herbert Wehner rekonstruieren, AdsD, NL Wehner, PV 26/112.

[8] Vgl. Deutscher Bundestag, 5. Wahlperiode, Drucksache V/1907.

[9] Vgl. den Vermerk aus dem Ministerium für gesamtdeutsche Fragen, 4. 3. 1968 (Chronologie), AdsD, NL Wehner, PV 26/112.

[10] Vgl. Bundesminister des Innern an den Chef des Bundeskanzleramtes, 12. 2. 1968; Stenographische Notizen von Herbert Wehner zur Kabinettssitzung vom 14. 2. 1968; Protokoll der 24. Sitzung des Bundestagsausschusses für gesamtdeutsche und Berliner Fragen, 15. 2. 1968; Präsident des Bundesrates an Bundeskanzler, 22. 3. 1968; alles AdsD, NL Wehner, PV 26/112.

[11] Herbert Wehner an Bundeskanzler Kurt-Georg Kiesinger, 9. 3. 1968, AdsD, NL Wehner, PV/112.

[12] Schreiben an das KUD, 31. 8. 1967, abgedruckt in: Kuratorium Unteilbares Deutschland (Hrsg.), Tag der deutschen Einheit. Eine Denkschrift, Bonn 1967.

[13] Rudolf Hauck (SPD), Protokoll der 24. Sitzung des Bundestagsausschusses für gesamtdeutsche und Berliner Fragen, 15. 2. 1968, AdsD, NL Wehner, PV 26/112.

[14] Thränhardt, Geschichte der Bundesrepublik Deutschland, S. 184.

[15] Stellungnahmen von Johann Baptist Gradl, Edelhard Rock, Johannes Müller, Maria Stommel, Lambert Huys, Protokoll der 24. Sitzung des Bundestagsausschusses für gesamtdeutsche und Berliner Fragen, 15. 2. 1968, AdsD, NL Wehner, PV 26/112.

[16] So Johannes Gross, Leiter der Abteilung Politik und Zeitgeschehen beim WDR. Vgl. Deutschlandfunk, 17. Juni 1968. Eine Diskussion, AdsD, Presseausschnittsammlung.

[17] Protokoll der 24. Sitzung des Bundestagsausschusses für gesamtdeutsche und Berliner Fragen, 15. 2. 1968, AdsD, NL Wehner, PV 26/112.

[18] Baring, Machtwechsel, S. 83.

[19] Mittlerweile liegen systematische Untersuchungen zu '68 vor. Siehe v. a. den Sammelband von Gilcher-Holtey (Hrsg.), 1968; dort für unseren Zusammenhang besonders die Beiträge: Richter, Die Außerparlamentarische Opposition; Schmidtke, Reform, Revolte oder Revolution; Wieviorka, 1968 und der Terrorismus.

[20] Vgl. dpa-Meldung, 17. 6. 1967, „Berliner Studenten kritisieren Feiern zum 17. Juni", AdsD, Presseausschnittsammlung.

[21] Rudi Dutschke, Der Kommunismus, die despotische Verfremdung desselben und der Weg der DDR zum Arbeiteraufstand vom 17. Juni 1953, in: ders./Manfred Wilke (Hrsg.), Die Sowjetunion, Solschenizyn und die westliche Linke, Reinbek bei Hamburg, 1975, S. 122.

[22] dpa-Meldung, 17. 6. 1968, AdsD, Presseausschnittsammlung.

[23] Hans Matthöfer an Herbert Wehner, 23. 2. 1968, AdsD, NL Wehner, PV 26/112. – Dabei wurde vorgerechnet, daß die Unternehmer – unterstelle man eine recht hohe Quote von acht bis zehn Prozent Bildungswilliger – immer noch „günstiger" führen als mit einem bezahlten Feiertag.

[24] Abschrift des Schreibens, AdsD, NL Wehner, PV 26/112.

[25] Vgl. Baring, Machtwechsel, S. 120.

[26] Thränhardt, Geschichte der Bundesrepublik Deutschland, S. 185.

[27] Bender, Die „Neue Ostpolitik", S. 154.

IV.1. „100 Jahre Deutsches Reich: Zweimal Versailles, Auschwitz, Stalingrad, bedingungslose Kapitulation" – Der Katastrophendiskurs

1 Die Szenerie und den rasch entstehenden Gründungsmythos beschreibt Ullrich, Die nervöse Großmacht, S. 19ff.

2 Abbildung ebd., S. 23.

3 Dazu Schirmer, Mythos – Heilshoffnung – Modernität.

4 Dazu oben, Kapitel III. 5b).

5 Ullrich, Die nervöse Großmacht, S. 24.

6 So Heinemanns Selbstbezeichnung, zit. nach: Kleßmann, Zwei Staaten, eine Nation, S. 287.

7 Die in Heinemanns Nachlaß gesammelten Zeitungsberichte der regionalen und überregionalen Presse dokumentieren dies. AdsD, NL Heinemann, 0223.

8 Abdruck der ganzen Rede – zusätzlich zu der Wiedergabe zentraler Passagen in wohl allen Tageszeitungen – v. a. Bulletin des PuIA, Nr. 5, 19. 1. 1971, S. 33ff. und Bundeszentrale für politische Bildung (Hrsg.), Gustav W. Heinemann: Zur Reichsgründung 1871. Zum 100. Geburtstag des ersten Deutschen Reichspräsidenten Friedrich Ebert, Bonn 1971; danach wird im folgenden zitiert, hier S. 1.

9 Ebd.

10 Ebd., S. 5.

11 Ebd., S. 2.

12 Ebd.

13 Ebd., S. 3.

14 Ebd., S. 4.

15 „Es gibt schwierige Vaterländer. Eines davon ist Deutschland. Aber es ist unser Vaterland." Zit. nach: Kleßmann, Zwei Staaten, eine Nation, S. 288.

16 Siehe Koch, Heinemann und die Deutschlandfrage.

17 Ebd., S. 1.

18 Siehe dazu unten, Abschnitt 3a).

19 So Eugen Gerstenmaier einen Tag später in seiner Rede zum Reichsgründungstag – „Bismarck und die Gegenwart" – in München. Manuskript AcdP, NL Gerstenmaier I-210, 083.

20 Franz Josef Strauß, „Bismarck, die Erben und Heinemann", in: Bayernkurier, 23. 1. 1971.

21 Wiesbadener Kurier, 24. 1. 1971, „Strauß greift Heinemann massiv an".

22 Vgl. dpa, 17. 1. 1971, „Vertriebene und Nationalliberale gedachten der Reichsgründung", AdsD, Presseausschnittsammlung; Die Zeit, 22. 1. 1971, „Pilgern zum Reichsahn. Bismarck-Feier mit Glanz und Gloria".

23 Neue Zürcher Zeitung, 19. 1. 1971, „Deutsche Rückblicke auf die Reichsgründung".

24 Ebd.

25 Rede in München. Manuskript AcdP, NL Gerstenmaier I-210, 083. Tatsächlich vertrugen sich die Formulierungen nicht mit der juristischen Identitätstheorie, welche die Bundesrepublik Deutschland und das Deutsche Reich rechtlich gleichsetzte, die aber zusehends unter politischen und juristischen Beschuß geraten war.

[26] Frankfurter Rundschau, 13. 1. 1971, „Brandt: Die deutsche Nation wird weiter leben".

[27] Bild-Zeitung, 21. 1. 1971, „CDU: Da staunen doch wohl selbst die Genossen".

[28] Bundeszentrale für politische Bildung (Hrsg.), Gustav W. Heinemann: Zur Reichsgründung 1871. Zum 100. Geburtstag des ersten Deutschen Reichspräsidenten Friedrich Ebert, Bonn 1971.

[29] Süddeutsche Zeitung, 5. 2. 1971, „Heinemann warnt vor 'Dolchstoßlegende'".

[30] Nicht „unverrückbar" – Grenzänderungen blieben möglich, sofern sie im Einverständnis der Beteiligten erfolgten. Dies konnte etwa eine deutsche Vereinigung oder einen westeuropäischen Bundesstaat betreffen.

[31] Wegen der vehementen Kritik legte die Bundesregierung dem Bundestag die Verträge von Moskau und Warschau allerdings mit einer Einschränkung zur polnischen Westgrenze vor: Nach einer Wiedervereinigung Deutschlands sollte eine Überarbeitung möglich sein, da die Bundesrepublik keine Entscheidungen fällen dürfe, die einem vereinigten Deutschland vorbehalten sei. Erst nach starkem internationalen Druck war die Regierung Kohl 1989/90 bereit, die Oder-Neiße-Grenze endgültig als unverletzbare polnische Westgrenze anzuerkennen.

[32] Zu den Verträgen siehe Hacke, Die Außenpolitik, S. 148ff.; Bender, Die „Neue Ostpolitik", S. 174ff.; Bracher/Jäger/Link, Republik im Wandel, S. 179ff.

[33] Vgl. fdk,16. 11. 1970, „Der Vertrag mit Polen – An einem Wendepunkt europäischer Geschichte". Dort schrieb der Bundesgeschäftsführer der FDP, J. F. Volrad Deneke, polemisch: „Es ist aber eine besondere Problematik der CDU/CSU, wenn sie nun in der Opposition Osteuropa gegenüber den nationalistischen Weg beschreitet, während ihr verstorbener großer Kanzler Adenauer im Westen bereit war, nicht erforderliche territoriale Opfer für den Frieden in Europa zu bringen. Willentlich und wissentlich macht sich die CDU/CSU heute zu einer rechtsnationalistischen Sammlungsbewegung und tritt offen das Erbe der Deutschnationalen an. Seltsame Wandlung zweier Parteien, deren eine mit weiß-blau karierter und deren andere mit separatistischer Außenpolitik begann."

[34] Presse- und Informationsamt der Bundesregierung (Hrsg.), Bundeskanzler Brandt. Reden und Interviews, Melsungen 1971, S. 380.

[35] Frankfurter Rundschau, 25. 2. 1971, „Der gute Onkel Bismarck und die bösen Buben". Andererseits förderte die Bundesregierung zum 100. Jahrestag der Reichsgründung zwei historische Ausstellungen unter dem Titel „1871 – Fragen an die deutsche Geschichte". Sie wurden in Berlin im wiederhergestellten Reichstagsgebäude und in Frankfurt am Main in der Paulskirche gezeigt. Eröffnet wurden beide Ausstellungen an bedeutenden Gedenktagen der Parlamentsgeschichte: Am 100. Jahrestag der Eröffnung des ersten Deutschen Reichstags, dem 21. März 1971, in Berlin, und am Jahrestag der Eröffnung des Paulskirchen-Parlaments von 1848, dem 18. Mai, in Frankfurt. Die Schirmherrschaft übernahm der Bundespräsident, für die wissenschaftliche Vorbereitung und Leitung zeichnete der Gießener Professor Lothar Gall verantwortlich. Aus Anlaß des 25jährigen Bestehens der Bundesrepublik und des 25. Jahrestages der Konstituierung des Deutschen Bundestages wurde die Ausstellung unter dem allgemeineren Titel „Fragen an die deutsche Geschichte" in erweiterter Form wiedereröffnet. Standen in der ersten Ausstellung – zu sehen vom März 1971 bis zum August 1974 – das 19. Jahrhundert und die politi-

schen Wege zur Reichsgründung im Zentrum, so bezog die erweiterte Ausstellung das Jahrhundert von 1871 bis zur zeitgenössischen Gegenwart in die Darstellung ein. Der Blick blieb indes auf die Bundesrepublik beschränkt, die DDR kam nur vermittels der Neuen Ostpolitik knapp vor.

36 Bracher in: Die Zeit, 15. 1. 1971, „Ein zerstörter Mythos".

37 Schieder in: Die Zeit, 15. 1. 1971, „Hoffnung für die Zukunft?".

38 Die Welt, 6. 2. 1971, „Heinemann und das Deutsche Reich".

39 Tölzer Kurier, 19. 1. 1971, „1871 in SPD-Sicht".

40 Die Welt, 5. 3. 1971, Leserbriefseite.

41 Münchner Merkur, 30. 1. 1971, Leserbriefseite.

42 Neue Cuxhavener Zeitung, 2. 6. 1971.

43 Die Welt, 22. 2. 1971, Leserbriefseite.

44 Vgl. Stuttgarter Zeitung, 19. 1. 1971, „Heinemanns Ansprache", ebenso Vorwärts, 21. 1. 1971, „Ernste Prüfung der Geschichte"; Zitat Fisters aus dem Kommentar von Winfried Martini im Bayerischen Rundfunk, 21. 1. 1971, Manuskript AdsD, NL Heinemann, 0223.

45 Die Zeit, 22. 1. 1971, „Heinemanns Sicht".

46 Neue Zürcher Zeitung, 19. 1. 1971, „Deutsche Rückblicke auf die Reichsgründung".

47 Dazu unten, Abschnitt 4.

48 Neues Deutschland, 19. 1. 1971, „Heinemann zur 'Reichsgründung'".

49 Diese Kommentare aus dem Ausland waren für die Bundesregierung und das Bundespräsidialamt deshalb von besonderem Interesse, weil in ihnen die Meinungen über Deutschland klarer und grundsätzlicher zum Ausdruck kamen als bei den allgemeinen Stellungnahmen zu aktuellen politischen Ereignissen. Vgl. die „Analyse der Auslandkommentare zum Reichsgründungstag", erstellt vom Presse- und Informationsamt der Bundesregierung, 26. 1. 1971, AdsD, NL Heinemann, 0223.

50 Ebd.

51 Ebd.

52 Ebd.

IV.2. Politische Diskurse über Geschichtsbilder – Problem und Fragestellung

1 Besonders eindrucksvoll hat dies Bergmann, Antisemitismus in öffentlichen Konflikten, über den gesamten Zeitraum der Existenz der alten Bundesrepublik dargestellt. In der westdeutschen Gesellschaft fand ein zäher, über öffentliche Konflikte verlaufender kollektiver Lernprozeß statt, in dem antisemitische Vorurteile zurückgedrängt wurden. – Überlegungen zur Bedeutung öffentlicher Konflikte für die politische Kultur ebd., S. 14 ff.; siehe auch Herz, Politische Kultur im neuen Staat, v. a. S. 48 f.

2 Vgl. Iggers, Zur „Linguistischen Wende"; Hanisch, Die linguistische Wende.

3 Iggers, Zur „Linguistischen Wende", unterscheidet fünf Richtungen in der diskursorientierten Geschichtsschreibung mit abnehmender „Radikalität": 1. Die Vertreter einer Historischen Kulturanthropologie (Clifford Geertz, Robert Darnton), 2. Die Vertreter, die eine kritische feministische Geschichtskonzeption auf Jacques

Derridas Dekonstruktion der sozialen und gesellschaftlichen Sprache fundieren (Joan Wallach Scott), 3. Die Vertreter, die den Primat des Diskurses vor sozialen Strukturen einräumen, aber beides miteinander in Beziehung setzen (Lynn Hunt, François Furet), 4. Die Vertreter, die versuchen, mit dem politischen Diskurs den sozialen Strukturen und Prozessen näherzukommen (Thomas Childers), 5. Die Vertreter, die den politischen Diskurs als politisches Denken in Fortführung der Ideen- und Begriffsgeschichte untersuchen (Reinhart Koselleck, Quentin Skinner, John Pocock).

[4] Vgl. besonders Habermas, Diskursethik – Notizen zu einem Begründungszusammenhang; ders., Strukturwandel der Öffentlichkeit, S. 11 ff.

[5] Vgl. Foucault, Die Ordnung des Diskurses (sowie das in der deutschen Ausgabe von 1991 enthaltene essayistische Nachwort zu Foucaults Denken von Ralf Konersmann).

[6] Zum breiteren Kontext der amerikanischen „Writing-Culture"-Diskussion und deren Überlegungen zur Diskursanalyse vgl. Sarasin, Subjekte, Diskurse, Körper, besonders S. 141 ff.; siehe auch Link/Link-Heer, Diskurs/Interdiskurs.

[7] Vgl. Koselleck, Geschichte, Historie; Skinner, The Foundation of Modern Political Thought; Pocock, Politics, Language and Time; Childers, The Social Language of Politics in Germany.

[8] Das Folgende in Anlehnung an die Einzelfallanalysen zu Konflikten über die NS-Vergangenheit in der Bundesrepublik bei Herz/Schwab-Tapp, Umkämpfte Vergangenheit, besonders deren theoretische Passagen, S. 217 ff. und S. 249 ff. Ich möchte diesem Modell der beiden Soziologen aber nicht in allen Punkten folgen. Ihre weitgehenden theoretischen Überlegungen finden auf der schmalen empirischen Basis ihrer untersuchten Einzelfälle nicht immer eine Entsprechung. Auch sprechen sie nicht nur von „Basiserzählung" – als dem Fundament kultureller Ordnung –, sondern ebenso von „Basisdiskurs" und „Basisgeschichten", was mir – schon auf der begrifflichen Ebene – nicht einsichtig erscheint. Aber die grundsätzliche Unterscheidung der drei „narrativen" Grundformen ermöglicht es doch, politische Diskurse über Geschichtsbilder genauer zu erschließen.

[9] Vgl. Giesen, Die Intellektuellen und die Nation, S. 30: „Codes können mit Landkarten verglichen werden, die den Akteur bei seiner Reise mit Instruktionen über das versehen, was er noch zu erwarten hat. Ähnlich wie Landkarten niemals die Vielfalt der wirklichen Landschaft wiedergeben können, sondern diese in bestimmter Hinsicht abstrahieren, liefern auch Codes immer eine willkürliche Vereinfachung der Situation, und ähnlich wie Landkarten können auch Codes mehr oder weniger präzise ausfallen und der Wirklichkeit mehr oder weniger angemessen sein. Ohne elementare Landkarte im Kopf können wir uns nicht sinnvoll bewegen, und ohne Codes läßt sich die soziale Wirklichkeit nicht wahrnehmen."

[10] Vgl. etwa die Einleitung von Hardtwig und Wehler zu dem von ihnen herausgegebenen Sammelband Kulturgeschichte Heute, S. 10.

[11] Dazu auch Raphael, Diskurse, Lebenswelten und Felder, S. 171. Ein gelungenes Beispiel von Diskursanalyse zwischen 1871 und 1945 bietet Radkau, Das Zeitalter der Nervosität. – Wegen des Problems der Vielfalt von Diskursen stoßen auch zwei jüngere Arbeiten zur Bundesrepublik rasch an ihre Grenzen: Korte, Der Standort der Deutschen, listet lediglich die Deutschlandbilder seit den siebziger

Jahren auf. Roth, Die Idee der Nation, geht immerhin der Frage nach, inwieweit der nationale Gedanke in der politischen Diskussion der Bundesrepublik zwischen Neuer Ostpolitik und Wiedervereinigung eine Rolle gespielt hat. Aber er ist der Materialfülle ausgeliefert und vermag sie bisweilen kaum analytisch zu bändigen. Beide Arbeiten lesen sich wie eine Aneinanderreihung von öffentlichen Debatten.

12 Dazu Giesen, Die Intellektuellen und die Nation, S. 24f., Anm. 22. Vor allem die siebziger Jahre waren die hohe Zeit des Einflusses und der Reichweite bundesdeutscher Parteien. Bei den Bundestagswahlen von 1972, 1976 und 1980 wurden die höchsten Wahlbeteiligungen erreicht, die es in freien Wahlen in Deutschland je gegeben hat. Dabei konzentrierten sich die Stimmen wie nie zuvor und niemals mehr auf CDU/CSU, SPD und FDP; erst der Wahlerfolg der Grünen bei der Bundestagswahl 1983 änderte dies. Die „klassischen" Parteien hatten auch einen hohen Mitgliederzuwachs zu verzeichnen; damit wuchs im selben Zeitraum die Politisierung und Durchdringung aller gesellschaftlicher Bereiche an. Vgl. Thränhardt, Geschichte der Bundesrepublik Deutschland, S. 223ff. Niemals zuvor und danach gingen gesellschaftspolitische Debatten – auch um Geschichte und Geschichtsbewußtsein – so stark von den Parteien aus. Verbunden war deren Attraktivität mit einer harten Konfrontation untereinander. Daraus ergab sich häufig eine Verdichtung und Entdifferenzierung der Konflikte. Nicht zuletzt führte dies zu einem „polarisierten Geschichtsbild" (Hans Mommsen) in Politik, Publizistik, aber auch in der Wissenschaft. Siehe dazu auch Jeismann, „Identität" statt „Emanzipation".

IV.3. Steckengebliebener Neugründungsprozeß (1969–1974) – Der Freiheitsdiskurs

1 fdk, 2. 6. 1970, „Ist Bonn doch Weimar?".

2 Vgl. Roth, Die Idee der Nation, S. 55ff. Die Bundestagsdebatte über die Ostverträge hatte Ende Februar 1972 begonnen, im Mai waren der Moskauer und der Warschauer Vertrag ratifiziert worden. Daß sich die CDU/CSU-Fraktion in der Bundestagsabstimmung der Stimme enthalten hatte und nur wenige ihrer Parlamentarier gegen die Ostverträge votiert hatten, bot angesichts der beschworenen Überlebensfrage der Nation kein überzeugendes Bild.

3 Zur Kontroverse um die Westbindung oben, Kapitel II.3. – Welcher Stellenwert kommt der Neuen Ostpolitik mit Blick auf die Vereinigung Deutschlands zu, lautet die seit 1990 vielfach aufgeworfene Frage, um die sich (partei)politische Geschichtsbilder gruppieren. Dahinter verbirgt sich natürlich der Streit darüber, wem der Lorbeer der deutschen Einheit zusteht. War das Konzept eines „Wandels durch Annäherung" eine subversive Tat gegen die kommunistische Diktatur in der DDR? In dieser Lesart hing das Regime – nachdem die Neue Ostpolitik die Bundesrepublik aus der Sackgasse christdemokratischer Deutschlandpolitik herausgeführt habe – am „goldenen Angelhaken", den die bundesdeutsche Politik ausgelegt hatte und der die DDR in einen ruinösen Wandel trieb, an dem sie schließlich zugrunde ging. Vgl. Bender, Der goldene Angelhaken; ders, Episode oder Epoche, S. 205; Merseburger, Die Ostpolitik war erfolgreich. Der „Angelhaken-Theorie" steht die „Konsolidierungs-Theorie" gegenüber. Ihr zufolge hat die Neue Ostpoli-

tik eine Vereinigung Deutschlands verzögert, weil sie den Status quo verfestigt und die alten Machtstrukturen im Osten stabilisiert hat. Mehr noch – nicht die DDR, sondern die Bundesrepublik sei unterwandert worden, wobei einige Autoren hinzufügen: mit Billigung weiter Kreise der Sozialdemokratie, die sich auf dem Marsch in den Sozialismus befunden habe. Vgl. Plück, Lebenslügen der SPD; Frankfurter Allgemeine Zeitung, 13. 1. 1990, „Jetzt muß man auseinanderhalten, was nicht zusammengehört. Brandts Ostpolitik und die osteuropäische Revolution" (Martin Kriele). Ein zusätzliches Problem dieser in weiten Teilen geschichtspolitischen Debatte entsteht freilich daraus, daß – ähnlich wie eine „post-Adenauersche Linke" entstand – sich auch eine „post-Brandtsche Rechte" entwickelt hat. Die Regierung Kohl setzte die Ostpolitik bemerkenswert konsequent fort, man kann von einer operativen Kontinuität sprechen. Dazu unten, Abschnitt 6. Den Streit in der Bundesrepublik seit 1990 dokumentieren auch die Vorträge in: Materialien der Enquete-Kommission „Aufarbeitung von Geschichte und Folgen der SED-Diktatur in Deutschland", Bd. V, S. 434 ff. Aus der höheren Warte eines unbeteiligten ausländischen Beobachters wird der Konflikt analysiert bei Smith, Ostpolitik since Reunification.

4 Bundeskanzler Brandt in seiner Regierungserklärung vom 28. 10. 1969. Vgl. Presse- und Informationsamt der Bundesregierung (Hrsg.), Bundeskanzler Brandt. Reden und Interviews, Melsungen 1971, S. 14.

5 Die SPD erreichte 45,8 Prozent (1969: 42,7 Prozent), die CDU/CSU 44,9 Prozent (1969:46,1 Prozent), die FDP 8,4 Prozent (1969: 5,8 Prozent). Vgl. Bracher/Jäger/Link, Republik im Wandel, S. 421 ff. Einer Umfrage zufolge, die vor der Neuwahl 1972 stattfand, befürworteten 82 Prozent der Bevölkerung die sozialliberale Ostpolitik, vgl. ebd., S. 70. Man wird solch hohe Werte zu Recht als den Ausdruck eines psychologischen Bedürfnisses interpretieren können, „nach den Jahrzehnten des Schreckens, dessen man sich nach der Verdrängung in den fünfziger Jahren nun erinnerte, ein positives Verhältnis zu den Nachbarvölkern zu finden", so Thränhardt, Geschichte der Bundesrepublik Deutschland, S. 195.

6 Willy Brandt, Erinnerungen, Berlin/Frankfurt a. M. 1994, S. 186.

7 Der Spiegel, 27. 4. 1970, „Gedenktag: Nur drücken".

8 Vgl. Reichel, Politik mit der Erinnerung, S. 278.

9 Vgl. Löwenthal, Vom kalten Krieg zur Ostpolitik, S. 690, dort auch die Paraphrase von Bahrs „Stoßseufzer". Zum allgemeinen Zusammenhang siehe Bender, Die „Neue Ostpolitik"; Garton Ash, Im Namen Europas.

10 Siehe dazu Ellwein, Krisen und Reformen, S. 43 ff.

11 Koselleck, Wozu noch Historie?; Die Zeit, 3. 3. 1972, „Wozu noch Geschichte?" (Jürgen Kocka); siehe auch den Sammelband von Oelmüller (Hrsg.), Wozu noch Geschichte?

12 Jürgen Habermas hat die bekannte Formel geprägt, daß der historische Erinnerungsprozeß von den Interessen der Gegenwart bestimmt sei, aber das geschichtliche Wissen umgekehrt auch für die politische Praxis genutzt werden müsse; vgl. ders., Erkenntnis und Interesse, Frankfurt a. M. 1968. Die Zeit, 13. 10. 1972, „'Ohne Geschichte leben?' Eröffnungsvortrag auf dem 29. Historikertag in Regensburg" (Golo Mann); Die Zeit, 27. 4. 1973, „Geschichte wird wieder wichtig" (Wolfgang J. Mommsen). Die Sozialwissenschaften, so der Tenor, begännen die Geschichte wie-

der neu zu entdecken, weil nur der Rückgriff auf die Vergangenheit die Chance biete, der Gefahr zu entgehen, sich in systemimmanenten Analysen von begrenzter Reichweite zu erschöpfen. Siehe auch den zeitgenössischen Sammelband von Jäckel/Weymar (Hrsg.), Die Funktion der Geschichte in unserer Zeit.

[13] Löwenthal, Vom kalten Krieg zur Ostpolitik, S. 693.

[14] Vgl. aus DDR-Sicht: Illustrierte Geschichte der deutschen Revolution von 1848/49; Hoffmann/Schmidt, Forschungen zur Revolution von 1848. Analysen dieser Geschichtsdeutung aus bundesdeutscher Sicht: Dorpalen, 1848 im Geschichtsbild der DDR; Wollstein, 1848 – Streit um das Erbe.

[15] Gustav W. Heinemann, Die Freiheitsbewegungen in der deutschen Geschichte, in: GWU 25 (1974), S. 601–606. Seit 1970 schwebte Heinemann eine solche Institution vor, die in seinen kühnsten Träumen sogar in Konkurrenz mit dem Ostberliner Museum für deutsche Geschichte treten sollte. Die ersten konkreten Überlegungen konzentrierten sich auf das Hambacher Schloß. Vgl. dpa-Meldung, 22. 4. 1970, „Gedenkstätte für freiheitliche Bewegung gesucht", AdsD, NL Heinemann, 0222. Die Erinnerungsstätte wurde 1974 in Rastatt eingerichtet, wo die badische Mairevolution von 1849 begonnen hatte und später – nach dem Ende der Reichsverfassungskampagne – Revolutionäre von preußischen Truppen standrechtlich erschossen worden waren. Dies, so bemerkte Heinemann schon 1970, könnte „etwas Symbolträchtiges hergeben" (dpa). Heinemanns Vorfahren hatten an der Aufstandsbewegung teilgenommen. Die Finanzierung der Erinnerungsstätte übernahmen der Bund und das Land Baden-Württemberg. Die Leitung oblag dem Bundesarchiv, die Historiker Werner Conze und Eberhard Jäckel standen beratend zur Seite. Die Kritik an der Erinnerungsstätte war erheblich. Hartmut Boockmann spitzte sie – auch hinsichtlich des Katalogvorwortes – zu: „Größtenteils nicht Zusammengehöriges verknüpfend, suggeriert es eine kontinuierliche Freiheitsbewegung, einen im 11. Jahrhundert beginnenden und bis in die Gegenwart reichenden Prozeß, der bis zur 'Notwendigkeit der fortwährenden Verteidigung der freiheitlichen Grundordnung' in 'unserer Zeit' reicht. Ein gröberer Fall von eindimensionaler Geschichtskonstruktion läßt sich schwerlich denken." Vgl. ders., Die „Erinnerungsstätte für die Freiheitsbewegungen in der deutschen Geschichte, S. 286.

[16] Dazu auch Rensing, Geschichte und Politik, S. 113 ff.

[17] Heinemann, Die Freiheitsbewegungen, S. 603.

[18] Ebd.

[19] Siehe dazu Niclauß, Kontroverse Ostpolitik, S. 115 ff.; Roth, Die Idee der Nation, S. 97 ff.

[20] Die Welt, 10. 11. 1972, „Freude oder Trauer".

[21] Vgl. Bach, Geschichte als politisches Argument, S. 120 ff.

[22] Zit. nach: Groh/Brandt, „Vaterlandslose Gesellen", S. 303.

[23] Zit. nach: Niclauß, Kontroverse Deutschlandpolitik, S. 123.

[24] Entscheidungen des Bundesverfassungsgerichts, Bd. 36, Tübingen 1974, S. 1–36.

[25] Bulletin des PuIA, Nr. 140, 30. 10. 1973, S. 1392. Republikweite Presseberichte mit dem Schlagzeilen-Tenor: Freiheit vor Einheit z. B. Die Welt, 26. 10. 1973, „Heinemann: Die Einheit hat nicht nur Vorteile"; Siegener Zeitung, 25. 10. 1973, „Heinemann: Freiheit und Friede mit Vorrang"; Kölnische Rundschau, 26. 10. 1973, „Einheit kein Wert an sich"; Fuldaer Zeitung, 26. 10. 1973, „Heinemann: Wettbe-

werb der Freiheit"; Frankfurter Rundschau, 16. 10. 1973, „Heinemann: Freiheit und Frieden gehen vor Einheit"; Westdeutsche Allgemeine Zeitung, 26. 10. 1973, „Heinemann: Freiheit und Friede wichtiger als Wiedervereinigung"; Ludwigsburger Kreiszeitung, 26. 10. 1973, „Heinemann: Freiheit vor Einheit".

[26] Zitate ebd. (Bulletin). In der restaurierten Dominikanerkirche von Osnabrück eröffnete Heinemann eine „Friedensausstellung", die aus zwei Teilen bestand. Mit Dokumenten und Fotos wurde im ersten Teil an die vier gesamteuropäischen Kriege und Friedensschlüsse erinnert: den 30jährigen Krieg und den Friedensschluß von 1648, die napoleonischen Kriege und den Wiener Kongreß von 1815, den Ersten Weltkrieg mit dem Friedensschluß in Versailles von 1919 und den Zweiten Weltkrieg mit Kapitulation und dem Potsdamer Abkommen. Der zweite Teil wies unter dem Titel „Friede ist mehr" auf die sozialen Zusammenhänge hin und war fast ausschließlich auf Deutschland bezogen. Stichworte waren Wohnungsbau, Gastarbeiter, Hunger und staatliche Gewalt (Mauerbau). Vgl. Stader Tageblatt, 24. 10. 1973, „Westfälischer Frieden wurde vor 325 Jahren geschlossen".

[27] Die Welt, 26. 10. 1973, „Der Bundespräsident und die Freiheit".

[28] So Heinemann mehrfach, etwa auch im Südwestfunk-Interview vom 30. 9. 1973, vgl. Bulletin des PuIA, Nr. 122, 2. 10. 1973, S. 1205.

[29] Die Schaffermahlzeit entstand aus einem feierlichen Abschiedsessen nach der Winterpause für Bremer Reeder und Schiffer. Veranstalter ist die Stiftung „Haus Seefahrt", eine Art Versorgungseinrichtung der Seeleute. Zur traditionellen Schaffermahlzeit werden Stockfisch und ein dick eingebrautes, unangenehm schmeckendes Bier gereicht. Pfeffer und Salz liegen allerdings in handgefalteten Papiertütchen bereit, weil die Veranstalter es ihren Gästen heute nicht mehr zumuten wollen, selbst Gewürze in den Taschen mitzubringen.

[30] Bulletin des PuIA, Nr. 21, 17. 2. 1970, S. 203 ff. Ebenfalls in: Stölzl (Hrsg.), Deutsches Historisches Museum, S. 28; danach wird zitiert.

[31] Ebd.

[32] Ebd., S. 29 f. – Das Presseecho war wiederum gewaltig; z. B. Frankfurter Rundschau, 14. 2. 1970, „Traditionen nicht den Konservativen überlassen"; Neue Ruhr Zeitung, 14. 2. 1970, „Heinemann: Zuwenig Geschichtsbewußtsein"; Süddeutsche Zeitung, 14./15. 2. 1970, „Rüge für deutsches Geschichtsbewußtsein"; Rheinischer Merkur, 20. 2. 1970, „Geschichte umschreiben"; Badische Zeitung, 22. 2. 1970, „Salpeterer – noch bekannt?".

[33] Zit. nach: Ellwein, Krisen und Reformen, S. 86.

[34] Vgl. Jäger, Die Innenpolitik, in: Bracher/Jäger/Link, Republik im Wandel, S. 204.

[35] Vgl. die Ausführungen des Bundesinnenministers Hans-Dietrich Genscher anläßlich der Eröffnung der Ausstellung „1871 – Fragen an die deutsche Geschichte" am 21. 3. 1971, abgedruckt in: Stölzl (Hrsg.), Deutsches Historisches Museum, S. 30 f.

[36] AdL, Akten des Bundeshauptausschusses, A/12, Sitzung vom 25. 9. 1971 in Bremerhaven.

[37] Dazu Jäger, Die Innenpolitik, in: Bracher/Jäger/Link, Republik im Wandel, passim; Ellwein, Krisen und Reformen, S. 86 ff.

[38] Thränhardt, Geschichte der Bundesrepublik Deutschland, S. 207.

[39] Dazu unten, Abschnitt 5.

[40] Die Welt, 22. 2. 1970, „Die Deutschen, ihr Präsident und das Geschichtsbewußtsein". Dort führte H.-G. von Studnitz aus: „Die Deutschen waren in der Vergangenheit mit ihrer Obrigkeit zufrieden und fühlten sich kaum unterdrückt."

[41] Bulletin des PuIA, Nr. 59, 20. 4. 1971, S. 613 ff. – Abgesehen von der Deutschen Zeitung/Christ und Welt, 23. 4. 1971 „Luther einseitig" und Bayernkurier, 8. 5. 1971, „Mutmaßungen über Luther" – beide Artikel stammten aus der Feder von Hans Roser, dem Landesvorsitzenden des Evangelischen Arbeitskreises der CSU und MdB – war die Berichterstattung überwiegend positiv, vgl. Welt am Sonntag, 18. 4. 1971, „Heinemann und Luther"; Saarbrücker Landeszeitung, 19. 4. 1971, „Heinemann: Mehr Aufmerksamkeit für geschichtliche Tatsachen"; Frankfurter Rundschau, 19. 4. 1971, „Versagen des Luthertums in Fragen dieser Welt". Ärger löste der Bundespräsident aber durch einen Seitenhieb auf christliche Politik aus: „Wir sehen deutlicher die Gefahren, die der Kirche aus einer allzu selbstverständlichen Verflechtung mit dem Staat und den ihn tragenden Kräften erwachsen. Wir haben erkannt, daß es eine christliche Politik und einen christlichen Staat nicht geben kann, wissen aber andererseits, daß es Aufgabe des Christen ist, Gehorsam gegen Gottes Wort auch im politischen Handeln zu üben."

[42] Die Welt, 26. 10. 1973, „Der Bundespräsident und die Freiheit".

[43] Zit. nach: Jäger, Die Innenpolitik, in: Bracher/Jäger/Link, Republik im Wandel, S. 159.

[44] „Der Bundespräsident ist nicht der Geschichtslehrer der Nation" – so replizierte Heinemann, vgl. ders., Die Freiheitsbewegungen in der deutschen Geschichte, in: GWU 25 (1974), S. 601–610, hier S. 602.

[45] Deutsche Zeitung/Christ und Welt, 27. 2. 1970, „Hat Heinemann recht?".

[46] Vgl. Gustav W. Heinemann, Freimütige Kritik und demokratischer Rechtsstaat, in: APUZ B 20 (1976), S. 3–7.

[47] Die Welt, 22. 2. 1970, „Die Deutschen, ihr Präsident und das Geschichtsbewußtsein".

[48] Ebd.

[49] Vgl. Thomas Nipperdey, Über Relevanz, in: GWU 23 (1972), S. 577–596, hier S. 593 ff.

[50] Abdruck in: Die Zeit, 13. 10. 1972, „Ohne Geschichte leben?". Zu Golo Manns Geschichtsverständnis siehe jetzt auch die „intellektuelle Biographie" von Jeroen Koch, Golo Mann und die deutsche Geschichte.

[51] Deutsche Zeitung/Christ und Welt, 27. 2. 1970, „Hat Heinemann recht?" (Theodor Schieder).

[52] Eine chronologische Ordnung der von Heinemann erwähnten freiheitlichen Bewegungen ergibt folgende Positivlinie: Der Aufstand der Stedinger Bauern gegen den Bremer Erzbischof 1234, die Freiheits- und Selbständigkeitsaktionen mittelalterlicher Stadtgesellschaften des 13. und 14. Jahrhunderts, der Aufstand der 104 Männer in Bremen Anfang des 16. Jahrhunderts, der Tübinger Vertrag 1514, der Bauernkrieg 1525, die Salpetereraufstände des 18. Jahrhunderts gegen den Fürstabt von St. Blasien, die deutschen jakobinischen Strömungen, die demokratischen Bewegungen des 19. Jahrhunderts – Hambacher Fest, Barrikadenkämpfe in Elbersfeld, allgemein die deutsche Revolution 1848/49, die Entstehung der libera-

len und demokratischen Parteien, der emanzipatorische Gehalt der Arbeiterbewegung –, die Aufnahme solcher freiheitlichen Tendenzen im 20. Jahrhundert – Weimarer Verfassung, 20. Juli 1944, Grundgesetz der Bundesrepublik Deutschland, schließlich auch der Regierungswechsel von 1969 als Beweis für die Lebensfähigkeit der Demokratie. Der 17. Juni 1953 kam als „exterritoriales" Ereignis nur ganz am Rande vor, wurde dann aber ebenfalls unter der Freiheits- und Bürgerrechtsbewegung rubriziert. Dazu der folgende Abschnitt, 3b).

[53] Die Kontroverse über die praktische Verwertbarkeit der Geschichte fand besonders in der heftig geführten Curriculumsdiskussion ihren Niederschlag. Dazu Fischer/Rohlfes/Süssmuth, Welchen Beitrag kann der Geschichtsunterricht zur politischen Bildung leisten?; Conze (Hrsg.), Theorie der Geschichtswissenschaft und Praxis des Geschichtsunterrichts.

[54] Vgl. Horst Bartel/Walter Schmidt, Neue Probleme der Geschichtswissenschaft in der DDR. Zur bisherigen Auswertung des VIII. Parteitages der SED durch die Historiker, in: ZfG (1972), S. 817.

[55] Vgl. Hessische Allgemeine Zeitung, 19. 5. 1973, „Scharfe Angriffe auf Heinemann und Genscher bei Feier in der Paulskirche".

[56] Vgl. Seidensticker, Werbung mit Geschichte, S. 81.

[57] Vgl. Weichmann, Der Gustav-Heinemann-Preis; Boockmann, „Die Erinnerungsstätte", S. 285. Eine Zusammenstellung der allein an südwestdeutschen Realschulen und Gymnasien entstandenen 177 Wettbewerbsarbeiten in: Haus der Geschichte Baden-Württemberg (Hrsg.), Bibliographie zur Revolution von 1848/49.

[58] Vgl. die Literaturberichte von Langewiesche, Die deutsche Revolution von 1848/49, Teil I 1981 und Teil II 1991. Zur Forschungsentwicklung auch die Beiträge in: Dowe/Haupt/Langewiesche (Hrsg.), Europa 1848; Hardtwig (Hrsg.), Revolution in Deutschland und Europa.

[59] Z.B. Klaus Goebel/Manfred Wichelhaus (Hrsg.), Aufstand der Bürger. Revolution 1849 im westdeutschen Industriezentrum. Mit einem Vorwort von Gustav Walter Heinemann, Wuppertal 1974.

[60] Vgl. Geiss, Geschichte bis in die Schulbücher.

[61] dpa-Meldung, 17. 6. 1978, „DDR hielt 17. Juni für Vertragsverletzung", AdsD, Presseausschnittsammlung.

[62] WDR, 16. 6. 1971, „Echo des Tages", Erklärung des Bundeskanzlers und des Außenministers. Manuskript AdsD, Presseausschnittsammlung.

[63] Berliner Morgenpost, 17. 6. 1972, „Arbeitsfrei – wofür?".

[64] Bild-Zeitung, 18. 6. 1973, „Die Nation darf nicht preisgegeben werden"; zum 20. Jahrestag des 17. Juni hatte der Axel-Springer Verlag eine Dokumentation geplant und verschiedene Verbände und Parteien gebeten, ihrerseits zum „Verrat" des 17. Juni durch „linksorientierte Kreise" Stellung zu nehmen. Schreiben an das KUD, 14. 5. 1973, AcdP, NL Gradl I-294/032/1.

[65] Die Welt, 16. 6. 1973, „Die Mauern stehen sprachlos und kalt".

[66] Die Welt, 17. 6. 1973, „20 Jahre danach".

[67] Die Welt, 23. 6. 1973, „Der Tag der Einheit stört die neuen Realitäten"; Frankfurter Allgemeine Zeitung, 16. 6. 1973, „Die Unfähigkeit zu feiern".

[68] Renger im Interview des ZDF-Magazins, 13. 6. 1973, Manuskript AdsD, Presseausschnittsammlung.

[69] Frankfurter Rundschau, 18. 6. 1973, „Führende Politiker gedenken des Aufstandes vom 17. Juni 1953".

[70] Verh. d. Dt. Bt., Sten. Ber., 7. WP, 44. Sitz., 18. 6. 1973, S. 2461 f. Viele Jahre schwelte dieser bildungspolitische Konflikt. Die Einordnung des Faches Geschichte in den Bereich der Sozialkunde bedeutete den Versuch, „das Geschichtsverständnis auf eine neue Weise der Entwicklung einer erhofften Zukunftsgesellschaft dienstbar zu machen", so Jeismann, „Identität", S. 8. Dazu und zum Folgestreit in Nordrhein-Westfalen auch Wehler, Antiquierte Aversionen gegen Geschichte?

[71] Vgl. ebd. (Verh. d. Dt. Bt.), S. 2503.

[72] Ebd., S. 2469.

[73] Aufgabe des Tages könne es nicht sein, so beispielsweise die Berliner SPD-Zeitung Der Telegraf, 16. 6. 1973, „die Version aufrechtzuerhalten, daß es möglich sein wird, in naher Zukunft wieder ein Gesamtdeutschland zu schaffen". – Egon Franke, Bundesminister für innerdeutsche Beziehungen, relativierte die Bedeutung des 17. Juni bezeichnenderweise dadurch, daß er ihn mit dem 8. Mai 1945 und den Gründungsdaten der beiden deutschen Staaten, den 23. Mai und den 7. Oktober 1949, verband. Damit unterstrich er, daß ein „Tag der deutschen Einheit" in den Augen der Koalition überholt war. Vgl. Pressemitteilung des Bundesministeriums für innerdeutsche Beziehungen, 14. 6. 1974, AdsD, Presseausschnittsammlung.

[74] Deutsche Nachrichten, 23. 6. 1972, „Allein die NPD erhob Protest".

[75] Hessischer Rundfunk, 17. 6. 1972, Stellungnahme von Heidemarie Wieczorek-Zeul, Vorsitzende der südhessischen Jungsozialisten, Manuskript AdsD, Presseausschnittsammlung.

[76] Die Welt, 16. 6. 1973, „Ein Gedenktag, der der Anpassung zum Opfer fiel".

[77] Vgl. fdk, 11. 4. 1974, „Harald Hofmann: Deutsche Verfassungsgeschichte auch Geschichte der Liberalen in Deutschland"; fdk, 20. 5. 1974, „Hildegard Hamm-Brücher appelliert an Verfassungsverständnis der Bürger"; fdk, 22. 5. 1974, „Genscher: Lebendige Kraft der Verfassung beruht auf dem Respekt der Bürger".

[78] Vgl. Herbert Wehners Rede, 15. 11. 1974, „15 Jahre Godesberger Programm", AdsD, NL Wehner, PV 22/102.

[79] Vgl. Frankfurter Rundschau, 21. 5. 1973, „Ruhesitz. Paulskirchen-Revolutionsfeier 1973"; Hessische Allgemeine Zeitung, 19. 5. 1973, „Scharfe Angriffe auf Heinemann und Genscher bei der Feier in Paulskirche".

[80] Vgl. z. B. Das Parlament, 19. 5. 1973, „Annemarie Renger: Beginn einer neuen Epoche unserer Geschichte". Volksfeste am Verfassungstag fanden nur in Stuttgart und Bonn statt, vgl. Frankfurter Rundschau, 22. 5. 1973, „Ragtime aus den USA und Dixieland aus Krakau". Im Parlament sprach der Bundespräsident zum Grundgesetzjubiläum; er warnte vor einer politischen Polarisierung und hob den Hauptauftrag der Verfassung hervor, nämlich die Freiheit der Bürger zu verteidigen, Frankfurter Rundschau, 25. 5. 1974, „Heinemann: Grundgesetz nicht aufs Spiel setzen".

[81] Süddeutsche Zeitung, 15. 3. 1974, „Ein Tag zum Feiern".

[82] Die Zeit, 12. 3. 1974, „Ein nationaler Feiertag".

[83] Bonner Rundschau, 15. 6. 1974, „Instinktloser Vorschlag"; Rheinischer Merkur, 14. 6. 1974, „Nation a.D.?"; Bild-Zeitung, 18. 6. 1974, „17. Juni muß Feiertag bleiben".

[84] Brandt während einer Sitzung des KUD-Präsidiums am 16.6.1973 im Bundeskanzleramt. Prot. AcdP, NL Gradl I-294/032/1.

[85] Ebd. und nochmals auf der Sitzung des KUD-Präsidiums beim Bundespräsidenten, 15. 11. 1974, Prot. ebd.

[86] Vgl. Die Zeit, 1. 2. 1974, „Ein Fest des Volkes".

[87] So erinnert sich Theodor Graf Finck von Finckenstein, der damals für das Protokoll zuständig war, vgl. Die Zeit, 12. 5. 1989, „Feiern – aber was?".

[88] Frankfurter Allgemeine Zeitung, 23. 5. 1979, „Verfassungspatriotismus" (Dolf Sternberger); einen guten Überblick über die ganze Debatte, auch mit Hinweisen auf Sternbergers weitere Schriften zum Thema, vermittelt Gebhardt, Verfassungspatriotismus.

[89] Vgl. A. Schwan, Verfassungspatriotismus, S. 143: „Wenn das bundesdeutsche Staatsbewußtsein als Verfassungspatriotismus sich auf das Grundgesetz und die mit ihm etablierte freiheitliche demokratische Ordnung bezieht, so hat es sein Augenmerk folglich auch ganz ausdrücklich auf das im Grundgesetz festgeschriebene Wiedervereinigungsgebot und überdies auf die im Grundgesetz angezielte Einheit Europas zu richten."

[90] Vgl. Habermas' Beiträge in: ders., Eine Art Schadensabwicklung.

[91] Als (zu) „rationales Konstrukt" (Karl-Rudolf Korte), „dünnblütige, wenn auch wohlmeinende Professorenfiktion" (Hans-Peter Schwarz) oder „ätherisches Gebilde" (Hermann Lübbe) ist der Verfassungspatriotismus bezeichnet worden. Die Argumente der Befürworter und der Kritiker werden ausführlich betrachtet bei Roth, Die Idee der Nation, S. 293 ff., dort auch die Zitate, S. 306 ff.

[92] In einer Umfrage der Wickert-Institute von 1974 votierten 53 Prozent aller Wahlberechtigten für eine Abschaffung des 17. Juni als Feiertag, 43 Prozent für seine Beibehaltung. Je jünger die Befragten, desto größer war die Zustimmung zur Abschaffung. 1973 waren nur 32 Prozent für eine Streichung des Feiertags gewesen, 1965 nur 16 Prozent. Jeder dritte Befragte wußte aber 1974 nicht, warum der 17. Juni arbeitsfrei war. Vgl. dpd-Meldung, 12. 6. 1974, AdsD Presseausschnittsammlung.

[93] Informationen der sozialdemokratischen Fraktion im Deutschen Bundestag, 17. 6. 1974.

[94] Süddeutsche Zeitung, 12. 4. 1974, „Tag der Einheit entzweit das Parlament".

[95] So in der Fernsehsendung „Panorama", 17. 6. 1974, Manuskript AdsD, Presseausschnittsammlung.

[96] Informationen der Sozialdemokratischen Fraktion im Deutschen Bundestag, 13. 6. 1974. Karl Wienand warf der Union, in der sich die „Kalten Krieger" durchgesetzt hätten, „kalte Obstruktionspolitik" vor. Vgl. Interview im Sender Freies Berlin, 15. 6. 1974, Manuskript AdsD, Presseausschnittsammlung.

[97] Verh. d. Dt. Bt., Sten. Ber., 7. WP., 109. Sitz., 19. 6. 1974, S. 7345.

[98] Ebd., S. 7353.

[99] Verh. d. Dt. Bt., Sten. Ber., 7. WP., 14. Sitz., 15. 2. 1973, S. 542.

[100] Schreiben von Karl Carstens an Johann Baptist Gradl, 8. 10. 1974, AcdP, NL Gradl I-294/064/2.

[101] Teilnehmerliste im Anhang des Schreibens von Kai-Uwe von Hassel an Johann Baptist Gradl, 29. 10. 1974, AcdP, NL Gradl I-294/064/2. Mitglieder waren:

Manfred Abelein, MdB, Ursula Bendix, MdB, Joachim Dorenburg, Staatssekretär und Bevollmächtigter des Landes Schleswig-Holstein beim Bund, Johann Baptist Gradl, MdB, Kai-Uwe von Hassel, Bundestagsvizepräsident, Ludolf Herrmann, Deutsche Zeitung, Manfred Klein, Bundeszentrale für politische Bildung, Gerhard Kunz, MdB, Heinrich Lummer, CDU-Fraktionsvorsitzender im Berliner Abgeordnetenhaus, Gerd Langguth, RCDS, Boris Meißner, Professor für Ostrecht, Erich Mende, MdB, Franz Prikl, Bayerischer Staatsminister für Arbeit und Sozialordnung, Hans-Peter Schwarz, Professor für Politikwissenschaft, Franz Seume, Alfred Seidl, CSU-Fraktionsvorsitzender im Bayerischen Landtag, Franz Ludwig Stauffenberg, MdB, Theo Waigel, MdB, Matthias Wissmann, Bundesvorsitzender der Jungen Union, Fritz Wittmann, MdB, Heinrich Windelen, MdB, Jürgen Wohlrabe, MdB, Olaf Baron von Wrangel, MdB.

102 Die Welt, 13. 6. 1974, „Lummer: 17. Juni soll ausgehöhlt werden" (Vorabdruck eines Beitrags für die Zeitschrift „Deutsches Monatsblatt").

103 Sitzungsprotokolle AcdP, NL Gradl I-294–064/2.

104 Heinrich Windelen, Prot. der Sitzung vom 12. 11. 1974, ebd.

105 Schreiben Kai-Uwe von Hassels an Helmut Kohl, 13. 3. 1975, ebd.

106 Prot. der Sitzung vom 12. 11. 1974, ebd.

107 Ebd.

108 Ausarbeitung von Hans-Peter Schwarz „Ein neues Konzept für den 17. Juni: Nationalfeiertag bzw. Staatsfeiertag", ebd.

109 Prot. der Sitzung vom 3. 12. 1974, ebd.

110 Vgl. Original einer „Musterrede zum 17. Juni" in: BStU, MfS, ZAIG 10793. Die rechtsradikalen Gruppierungen riefen am 17. Juni zu Deutschlandtreffen auf; vgl. Deutsche Nationalzeitung, 16. 5. 1975, „Gemeinsam für Deutschlands Zukunft".

111 Als im April 1975 publik wurde, daß in einem Schrifterlaß aus dem Auswärtigen Amt alle diplomatischen und konsularischen Vertretungen der Bundesrepublik Deutschland angewiesen worden waren, repräsentative Jahresempfänge am 23. Mai zu veranstalten, sah die Union darin eine Herabminderung des 17. Juni. Der Staatsminister im Auswärtigen Amt, Karl Moersch, mußte im Bundestag klarstellen, daß der 17. Juni nationaler Gedenktag und nicht Nationalfeiertag sei: „Leider hat das deutsche Volk keinen Tag, an dem es eine gelungene demokratische Revolution feiern könnte. (Beifall von der SPD) Deshalb haben wir Schwierigkeiten mit dem Finden eines Tages, der uns die Möglichkeit gibt, unsere eigene Vorstellung von der inneren Ordnung darzustellen. Daß eines Tages wie des 17. Juni gedacht wird, ist völlig unbestritten. Aber Sie werden mir doch zugeben, daß das – oder etwa den 20. Juli, den könnten Sie genausogut nehmen – wohl kein Grund zum Feiern sein kann im Sinne dessen, was die Franzosen an ihrem Nationalfeiertag tun, nämlich festzustellen, daß an diesem Tage eine Revolution oder ein Aufstand im demokratischen Sinne gelungen ist. Meiner Ansicht nach wäre es der Welt schwer verständlich zu machen, daß wir einen solchen Tag gleichsetzen wollen mit einem Nationalfeiertag, der in demokratischen Staaten begangen wird als Ausdruck einer gelungenen Demokratisierung, nämlich einer gelungenen demokratischen Revolution, eines Aufstandes gegen Obrigkeitsstaaten jeder Prägung. (Beifall bei der FDP und der SPD)." Verh. d. Dt. Bt., Sten. Ber., 7. WP., 167 Sitz., 24. 4. 1975, S. 11682.

112 Z.B. Egon Franke, Minister für innerdeutsche Beziehungen, in der Rundfunk- und Fernsehansprache zum 17. 6. 1975, Vgl. Bulletin des PuIA, Nr. 77, 19. 6. 1975, S. 987; und Helmut Schmidt 1977, vgl. Bulletin des PuIA, Nr. 64, 21. 6. 1977, S. 903. Schon 1974 hatte der nordrhein-westfälische Ministerpräsident Heinz Kühn (SPD) vorgeschlagen, jedes Jahr zum 17. Juni im Bundestag solche Gesetzesanträge zu behandeln, in denen sichtbar wird, „daß der freiheitliche Grundgesetzauftrag wieder ein Stück mehr erfüllt worden ist“, dpa-Meldung, 17. 6. 1974, „17. Juni als Tag der Gesetzgebung“, AdsD, Pressausschnittsammlung.

IV.4. „Sozialistische Nation“ – Die Kurskorrekturen im Geschichtsbild der DDR

1 Z.B., wie oben schon erwähnt, Golo Mann in: Die Zeit, 13. 10. 1972, „Ohne Geschichte leben?“.

2 Dazu Sabrow, Geschichtskultur und Herrschaftslegitimation; ders., „Beherrschte Normalwissenschaft“; ders., Das Wahrheitsproblem. Aus diskursgeschichtlicher Perspektive, so argumentiert Sabrow, könne die vierzigjährige Existenz der DDR-Historiographie weder als bloße Legitimationsideologie noch als Wissenschaft westlichen Typs beschrieben werden: „Nicht politischer Terror oder ideologische Verklärung sicherten die Linientreue der sozialistischen Geschichtswissenschaft, sondern die Macht des Diskurses, der seine Akteure kaum weniger band als ein anderes, nicht oktroyiertes Geschichtsdenken ihrer westlichen Kollegen“ (Das Wahrheitsproblem, S. 257).

3 Siehe Heydemann, Geschichtswissenschaft im geteilten Deutschland, S. 163 ff. Zum Gesamtkomplex jetzt auch Neuhäußer-Wespy, Die SED und die Historie.

4 Dazu Erdmann, Der gescheiterte Nationalstaat.

5 Meuschel, Legitimation und Parteiherrschaft, S. 275.

6 Erdmann, Der gescheiterte Nationalstaat, S. 140.

7 Vgl. Heydemann, Geschichtswissenschaft im geteilten Deutschland, S. 165 ff.

8 ADN-Bericht, 14. 9. 1970, AdsD, Ostbüro 0285.

9 Siehe dazu z. B. (mit weiterführender zeitgenössischer Literatur) Peter Christian Ludz, Die DDR zwischen Ost und West. Politische Analysen von 1961–1977, München 1977.

10 Dazu Bender, Die „Neue Ostpolitik“, S. 185.

11 So Ulbrichts Reaktion am 19. Januar 1970 auf Willy Brandts Bericht zur Lage der Nation. Vgl. Walter Ulbricht, Erklärung auf einer internationalen Pressekonferenz am 19. 1. 1970, in: DA 2 (1970), S. 179–195, hier S. 181.

12 Kregel, Außenpolitik und Systemstabilisierung, S. 77.

13 Horst Bartel/WalterSchmidt, Neue Probleme der Geschichtswissenschaft der DDR. Zur bisherigen Auswertung des VIII. Parteitages der SED durch die Historiker, in: ZfG 20 (1972), S. 797–817, hier S. 801.

14 Zentraler Forschungsplan der marxistisch-leninistischen Geschichtswissenschaften der DDR 1972–1975, in: Einheit 27 (1972), S. 169 ff.

15 Siehe Meuschel, Legitimation und Parteiherrschaft, S. 274 ff.

16 Vgl. Der Spiegel, 2. 4. 1973, „Gestrichenes D“.

17 Staritz, Geschichte der DDR 1949–1990, S. 290.

18 Alfred Kosing, Nation in Geschichte und Gegenwart. Studie zur historisch-materialistischen Theorie der Nation, Ostberlin 1976. Zur Einordnung dieser Nationstheorie in das marxistisch-leninistische Geschichtsverständnis und zur Kritik dieser Interpretation in der marxistisch-leninistischen Literatur siehe Erdmann, Der gescheiterte Nationalstaat, S. 181 ff. Ferner Meißner/Hacker, Die Nation in östlicher Sicht; Neuhäußer-Wespy, Nationen neuen Typs.

19 Zit. nach: Erdmann, Der gescheiterte Nationalstaat, S. 162,

20 Vgl. Meuschel, Legitimation und Parteiherrschaft, S. 279.

21 Vgl. Link, Außen- und Deutschlandpolitik, in: Bracher/Jäger/Link, Republik im Wandel, S. 224.

22 Meuschel, Legitimation und Parteiherrschaft, S. 284.

23 Dazu unten, Abschnitt 6a).

IV.5. Tendenzwende in der Bundesrepublik (1975–1978) – Der Identitätsdiskurs

1 Vgl. Jürgen Habermas, Stichworte zur „Geistigen Situation der Zeit", Bd. 1: Nation und Republik, Bd. 2: Politik und Kultur, Frankfurt a. M. 1979. Zu den Tendenzen des Zeitgeistes in den siebziger Jahren siehe auch Bracher, Politik und Zeitgeist, in: ders./Jäger/Link, Republik im Wandel 1969–1974.

2 Dazu insgesamt Jäger/Link, Republik im Wandel 1974–1982. Zur Außenpolitik: Hanrieder, Deutschland, Europa, Amerika, S. 199 ff. und S. 309 ff.; sowie Hacke, Die Außenpolitik, S. 197 ff. Versuche von Bilanzen der siebziger Jahre: Glaeßner (Hrsg.), Die Bundesrepublik in den siebziger Jahren; Bickerich (Hrsg.), Die 13 Jahre.

3 Vgl. Bracher, Das Modewort Identität und die deutsche Frage.

4 Dazu auch Teppe, Das deutsche Identitätsproblem.

5 Hermann Lübbe, Zur Identitätspräsentationsfunktion von Historie, in: Odo Marquard/Karlheinz Stierle (Hrsg.), Identität, München 1979, S. 277–292.

6 Zum KMK-Beschluß unten. Die öffentlichen Anhörungen: 1977: Deutschlandpolitik, in: Zur Sache 1977, Nr. 4; 1978: Die deutsche Frage in der politischen Bildung, in: Zur Sache 1978, Nr. 2; 1981: Deutsche Geschichte und politische Bildung, in: Zur Sache 1981, Nr. 2.

7 Zusammen mit Mitgliedern seiner Sicherheitsbegleitung wurde am 7. April Generalbundesanwalt Siegfried Buback auf einer Straße in Karlsruhe erschossen. Am 30. Juli ermordeten Terroristen Jürgen Ponto, den Sprecher der Dresdner Bank. Am 5. September wurde Hanns-Martin Schleyer, der Vorsitzende des BDI und des BDA, entführt. Die Entführer forderten die Freilassung der inhaftierten RAF-Gründer Andreas Baader, Gudrun Ensslin und Jan-Karl Raspe. Am 13. Oktober kam es zur Entführung der Lufthansa-Passagiermaschine „Landshut" durch palästinensische Terroristen, welche damit die Schleyer-Entführer unterstützen wollten. Fünf Tage später gelang in Mogadischu die Befreiung der Passagiere durch die deutsche Antiterroreinheit GSG 9. In Stammheim verübten daraufhin Baader, Ensslin und Raspe Selbstmord. Am Tag darauf, den 19. Oktober, fand man die Leiche von Hanns-Martin Schleyer in einem Auto im elsässischen Mühlhausen.

[8] Vgl. Kallscheuer/Sontheimer (Hrsg.), Einschüsse, S. 11.

[9] Vgl. von Hehl, Kampf um die Deutung, S. 421 ff.; Faulenbach, NS-Interpretationen und Zeitklima, S. 23.

[10] Vgl. Kallscheuer/Sontheimer (Hrsg.), Einschüsse, S. 24 ff.

[11] Vgl. Korte, Der Standort der Deutschen, S. 58 ff.

[12] Walter Jens, Wider die Isolation, in: ders., Republikanische Reden, München 1976, S. 139–146.

[13] Bulletin des PuIA, Nr. 64, 21. 6. 1977, S. 598.

[14] 53 Prozent der Bundesbürger stimmten 1977 folgender Aussage zu: „Unser demokratisches System ist zu schwach und nicht in der Lage, wirklich mit dem Terrorismus fertig zu werden." Im gleichen Jahr ermittelte die Gesellschaft für deutsche Sprache die „Wörter des Jahres", es waren: Terrorismus, Sympathisantenszene und Staatsverdrossenheit. Vgl. Korte, Der Standort der Deutschen, S. 61.

[15] Sontheimer, Die verunsicherte Republik. Weitere „Jubiläumsliteratur": Becker (Hrsg.), 30 Jahre Bundesrepublik; Decher (Hrsg.), 30 Jahre Bundesrepublik Deutschland; Merten/Morsey, 30 Jahre Grundgesetz; Scheel (Hrsg.), Die Bundesrepublik Deutschland. Siehe auch die Stellungnahmen in der Presse, z. B. Frankfurter Allgemeine Zeitung, 19. 5. 1979, „Unerfüllt und nicht ganz erfüllbar"; Süddeutsche Zeitung, 19./20. 5. 1979, „Im Rückblick auf die Vergangenheit sich selbst gefunden"; die tageszeitung, 23. 5. 1979, „30 Jahre Grundgesetz – kein Grund zum Feiern".

[16] Clemens Graf Podewils (Hrsg.), Tendenzwende. Zur geistigen Situation der Bundesrepublik (Vorträge bei der Bayerischen Akademie der Schönen Künste, November 1974 in München), Stuttgart 1975; siehe z. B. auch Gertrud Höhler, Eintrübung der kritischen Vernunft, in: Deutsche Zeitung, 30. 12. 1977.

[17] Erich Kosthorst in: Die deutsche Frage in der politischen Bildung. Öffentliche Anhörung des Ausschusses für innerdeutsche Beziehungen des Deutschen Bundestages 1978, in: Zur Sache 2 (1978), S. 34 f. Ders., Die Teilung Deutschlands und die Entstehung zweier deutscher Staaten, in: APUZ B 2 (1977), S. 36–44, hier S. 37.

[18] Ebd. (in beiden Veröffentlichungen).

[19] Vgl. etwa einen der vehementesten Kritiker: Hans Mommsen, Nationalismus und transnationale Integrationsprozesse in der Gegenwart, in: APUZ B 9 (1980), S. 3–14. Ders., Geschichtsunterricht und Identitätsfindung der Bundesrepublik, in: Geschichtsdidaktik 4 (1978), S. 291–300.

[20] Hellmut Diwald, Geschichtsbild und Geschichtsbewußtsein im gegenwärtigen Deutschland, in: Saeculum 28 (1977), S. 23–30. Den stärksten Bruch in der deutschen Geschichte sah Diwald im Jahr 1945 – aber nicht etwa, weil hier der deutsche Sonderweg zu Ende gegangen wäre, sondern weil durch die Umerziehungspolitik der Siegermächte das deutsche Geschichtsbewußtein zerstört und die historischen Traditionen Deutschlands moralisch entwertet worden seien. Diwald lieferte mit seinem Buch: Geschichte der Deutschen, Frankfurt a. M. 1978, die erste – von einem angesehenen Verlagshaus (Propyläen) herausgegebene – revisionistische Beschönigung des „Dritten Reiches", die man bis dahin nur aus neonazistischen Konventikelschriften gekannt hatte.

[21] Vgl. Karl Dietrich Erdmann, Die Frage nach dem „Geschichtsbild", in: GWU 28 (1977), S. 157–159, hier S. 159. Dort auch die Stellungnahmen der erwähnten Historiker.

22 Zit. nach: Die Zeit, 17. 6. 1977, „Eine Technokratie ohne Gedächtnis“.

23 Dazu unten, Abschnitt 6b). Siehe zu dieser Vorgeschichte und sämtlichen anderen Aktivitäten Scheels die Quellendokumentation von Stölzl (Hrsg.), Deutsches Historisches Museum; hier auch die zitierte Rede Scheels vom 6. 9. 1978 beim Besuch des Bundesarchivs in Koblenz, das anläßlich des 30. Jahrestags der Gründung der Bundesrepublik eine Ausstellung im Wissenschaftszentrum in Bonn konzipiert hatte, S. 49f.

24 Ansprache Scheels zum 25. Jahrestag des 17. Juni 1953, Bulletin des PuIA, Nr. 66, 20. 6. 1978, S. 628. Ganz ähnlich auch Schmidt auf dem Historikertag 1978: „Es kann in der offenen Gesellschaft kein einheitliches, kein richtiges Geschichtsbild geben. Die beiden Male in diesem Jahrhundert, die beiden kurzen Epochen, in denen sich Deutschland im Besitze des ‘richtigen’ Geschichtsbildes glaubte, sind uns und der Welt sehr schlecht bekommen. Es waren der nationalistischen Ideologie entsprechende Geschichtsbilder.“ Zit. nach: Texte zur Deutschlandpolitik, Reihe II/Band 5, Bonn 1979, S. 17.

25 Arnulf Baring, Politik und Zeitgeschichte. Mr. Bundesrepublik: Walter Scheel, in: Hans-Dietrich Genscher (Hrsg.), Heiterkeit und Härte. Festschrift zum 65. Geburtstag von Walter Scheel, Stuttgart 1984, S. 19–46.

26 Vgl. Rensing, Geschichte und Politik, S. 193.

27 Vgl. Der Spiegel, 2. 1. 1978, S. 21–24 und 9. 1. 1978, S. 26–30. Daß nach der Veröffentlichung das Spiegel-Büro in Ostberlin geschlossen werden mußte, wertete im Westen die Thesen des Manifest noch auf.

28 Helmut Kohl, Verh. d. Dt. Bt., 8. WP., Sten. Ber., 65. Sitz., 19. 1. 1978, S. 4976.

29 Egon Franke, Verh. d. Dt. Bt., 8. WP., Sten. Ber., 67. Sitz., 24. 1. 1978, S. 5244.

30 Abdruck des Aufrufs und der Unterzeichnerliste (die den Querschnitt der Gesellschaft dadurch widerspiegeln sollte, daß vom Taxifahrer bis zum Universitätsprofessor alle Berufsgruppen vertreten waren) in Frankfurter Rundschau, 2. 1. 1979; zumindest kurze Meldungen gab es auch in vielen anderen Tageszeitungen, z. B. Frankfurter Allgemeine Zeitung, 3. 1. 1979.

31 In Form von Wandzeitungen, Flugblättern und über die Tageszeitungen Die Welt und Frankfurter Allgemeine Zeitung richtete der Vorsitzende der Union, Helmut Kohl, an alle Mitbürger den Brief „Aktion 17. Juni“. Er sollte dokumentieren, daß allein die CDU/CSU Hüterin der deutschen Gesamtnation sei. Flugblatt-Exemplar vom 7. 6. 1979, AdsD, Presseausschnittsammlung.

32 Venohr/Kabemann, Brennpunkte Deutscher Geschichte 1450–1850, zitiert nach dem „Material für die Diskussion“ der Aktion 18. März, Pressearchiv des Otto-Suhr-Instituts der Freien Universität Berlin, Mappe D 320. Beträchtliches Aufsehen erregte Venohr vor allem 1982 mit dem von ihm herausgegebenen Buch: Die deutsche Einheit kommt bestimmt, weil es ihm dort gelungen war, sowohl konservative Autoren wie Hellmut Diwald als auch dezidiert linke wie Peter Brandt, Herbert Ammon oder Theodor Schweisfurth in der Kritik an der Westintegration der Bundesrepublik zusammenzuführen.

33 Martin Walser, Händedruck mit Gespenstern, in: Jürgen Habermas (Hrsg.), Stichworte zur „Geistigen Situation der Zeit“, Bd. 1, Frankfurt a. M. 1979, S. 39–50, hier S. 50.

34 Siehe dazu Ludwig, Neue oder deutsche Linke?, die die Debatte in den diver-

sen K-Gruppen und innerhalb der Grünen nachzeichnet. – Es war im übrigen kein Zufall, daß der neuerliche Vorstoß des Bundeskanzlers Helmut Schmidt, einen Verfassungstag in der Bundesrepublik einzuführen, sowohl von dieser linken Seite wie auch von der christdemokratischen Union fast wortgleich als „Verrat an der Nation" gebrandmarkt wurde. Schmidt hatte im Mai 1978 vor dem Forum des DGB-Kongresses in Hamburg angeregt, den 17. Juni durch einen Verfassungstag zu ersetzen. Er wollte damit dem verunsicherten Identitätsdiskurs eine eindeutige (bundes)republikanische Richtung geben, weil er davon ausging, daß die Bundesrepublik Deutschland für absehbare Zeit das Staatswesen sein würde, in dem der Bürger seine Persönlichkeit verwirklichen würde. Vgl. Süddeutsche Zeitung, 23. 5. 1978, „Schmidt schlägt den 23. Mai als nationalen Feiertag vor"; zur Reaktion der Union: Deutschland-Union-Dienst, 24. 5. 1978, „Bestürzende Geschichtslosigkeit. Zum Kanzler-Vorschlag, einen Verfassungstag einzuführen"; Deutschland-Union-Dienst, 26. 5. 1978, „Abschaffung des 17. Juni"; dort kommentierte Olaf von Wrangel diese Überlegung mit den Worten, der Bundeskanzler beabsichtige, die Einheit Deutschlands auf den Scheiterhaufen der Geschichte zu werfen. In den Diskussionsmaterialien der Aktion 18. März konnte man die Mutmaßung lesen, Schmidt wolle der Spaltung Deutschlands in zwei Staaten die Spaltung in zwei Nationen hinzufügen.

[35] Die Deutsche Frage im Unterricht. Beschluß der Kultusministerkonferenz vom 23.November 1978, in: GWU 30 (1978), S.343–356.

[36] Dazu oben, Kapitel III. 4b).

[37] Ansprache von Bundespräsident Walter Scheel zum 17. Juni 1978, Bulletin des PuIA, Nr.66, 20. 6. 1978, S.625ff.

[38] Egon Höhmann, Parlamentarischer Staatssekretär im Bundesministerium für innerdeutsche Beziehungen, im Sozialdemokratischen Pressedienst, 16. 6. 1978, „Der 17. Juni und die Menschenrechte. Vor 25 Jahren wurde der Grundstein für Helsinki gelegt".

[39] Bahr im „Interview zum Zeitgeschehen" des Südwestfunks, 12. 6. 1977, Manuskript AdsD, Presseausschnittsammlung.

[40] Sozialdemokratischer Pressedienst, 28. 6. 1978, „Ein Nachwort zum 17. Juni".

[41] Bayernkurier, 19. 6. 1976, „Gewalt statt Moral".

[42] Vgl. Roth, Die Idee der Nation, S.159.

[43] Rede von Alfred Dregger in Philippsthal/Werra, zit. nach: Richard Zimmermann, Alfred Dregger und die Geschichte. Mythen statt Realitäten, in: Neue Gesellschaft 8 (1978), S.654.

[44] Erich Kitzmüller/Heinz Kuby/Lutz Niethammer, Der Wandel der nationalen Frage in der Bundesrepublik Deutschland. Nationalstaat oder Nationalökonomie?, in: APUZ B 33 (1973), S.3–30. Die zeitgenössische Literatur zur Bi-Nationalisierungsthese ist schier unüberschaubar. Eine Bestandsaufnahme aus der Zeit heraus bietet: Jürgen Heß, Die Bundesrepublik auf dem Wege zur Nation?, in: NPL 26 (1981), S.292–324.

[45] Gebhard Schweigler, Nationalbewußtsein in der BRD und der DDR, Düsseldorf 1972. Ders., Nationalbewußtsein in der DDR, in: APUZ B 28 (1973), S.23–38.

[46] Winkler, Nationalismus, Nationalstaat und nationale Frage, S.23.

[47] So vor allem die Untersuchung von Dieter Boßmann (Hrsg.), Schüler über die

Einheit der Nation. Ergebnisse einer Umfrage. Mit einem Vorwort von Dirk Sager, Frankfurt a.M. 1978. – Der 17. Juni wurde von den Schülern u.a. als kirchlicher oder internationaler Feiertag wahrgenommen, außerdem als der Tag des Kriegsendes oder des Mauerbaus sowie besonders häufig als der Tag, „an dem Deutschland die DDR und die Nebengebiete verlor". Insgesamt wurden bundesweit über 2200 Aufsätze von Schülern ausgewertet (687 Hauptschüler, 592 Realschüler, 551 Gymnasiasten, 386 Berufsschüler). Die Aufsätze waren unvorbereitet geschrieben und auf vorherige inhaltliche Erläuterungen des Themas seitens der Lehrer war verzichtet worden; die Schüler wußten, daß die Arbeiten nicht zensiert werden würden und daß sie anonym blieben. Insgesamt gesehen ergab die Auswertung in Umrissen eine Wissenshierarchie: Gymnasiasten – Realschüler – Berufsschüler – Hauptschüler sowie eine Altershierarchie; doch generell muß das Ergebnis als niederschmetternd bezeichnet werden.

48 Die Deutsche Frage im Unterricht. Beschluß der Kultusministerkonferenz vom 23. November 1978, in: GWU 30 (1979), S.343–356, hier S.353.

49 Ebd., S.343.

50 Ebd., S.352.

51 Ebd., S.354.

52 Ebd., S.349.

53 Karl-Heinz Janßen, „Chauvinismus in der Schule. Die deutsche Frage im Unterricht: Schablonen aus Bonn", in: Die Zeit, 8. 12. 1978; ebenso Ehmke, „Was ist des Deutschen Vaterland?", S.64f.

54 Die Deutsche Frage im Unterricht, in: GWU 30 (1979), S.350.

55 Eine Zusammenstellung der Kritik bei Heß, Die Bundesrepublik Deutschland auf dem Wege zur Nation?, S.323; sowie Heinrich Bodensieck, Das Wiedervereinigungsgebot im westdeutschen Geschichtsunterricht, in: GWU 31 (1980), S.205–229. – Die Umsetzung des Beschlusses in den Bundesländern und den Schulen stand im übrigen auf einem ganz anderen Blatt. Daß die von der SPD regierten Länder den Beschluß nur ungenügend umsetzen würden, kritisierten konservative Presse und Politik sehr bald. Auch in den meisten Schulbüchern schlugen sich die Empfehlungen kaum nieder; der Blick auf die DDR blieb häufig „geschönt". Dazu Hacker, Deutsche Irrtümer, S.407f.

56 Die Zeit, 8. 12. 1978, „Chauvinismus in der Schule".

57 Jürgen Habermas, Der DM-Nationalismus, in: Die Zeit, 30. 3. 1990.

IV.6. Gesamtdeutsche oder bundesrepublikanische Erinnerung (1980–1989)? Der ambivalente Nationsdiskurs

1 Maier, Die Gegenwart der Vergangenheit, S.154.

2 Vgl. Samuel, Theatres of Memory (dort häufig der Ausdruck „pastifying"); Lowenthal, The Past is a Foreign Country; ders., The Heritage Crusade.

3 Dazu oben, Kapitel III. 5b).

4 Vgl. Volker Fischer, Nostalgie. Geschichte und Kultur als Trödelmarkt, Luzern/Frankfurt a.M. 1980; Füßmann u.a. (Hrsg.), Historische Faszination. Zu den neuen alltagsgeschichtlichen Trends siehe den Spiegel-Report über die neue Geschichts-

bewegung in der Bundesrepublik, Der Spiegel, 6. 6. 1983, „'Ein kräftiger Schub für die Vergangenheit'"; beißende Kritik an den „Barfußhistorikern" in: Die Zeit, 3. 5. 1985, „Geschichte – von unten gesehen" (Hans-Ulrich Wehler); eine Methodendiskussion bei Brüggemaier/Kocka (Hrsg.), Geschichte von unten; sowie bei Lüdtke (Hrsg.), Alltagsgeschichte; ein Überblick über Aktivitäten von Geschichtswerkstätten bei Lindenberger/Wildt, Radikale Pluralität; zur Bilanz der Alltagsgeschichte siehe die Beiträge des Sammelbandes von Schulze (Hrsg.), Sozialgeschichte, Alltagsgeschichte.

[5] Dazu im einzelnen Bergmann, Antisemitismus in öffentlichen Konflikten, S. 351 ff.

[6] Beispiele bei Korte, Der Standort der Deutschen, S. 107 ff. Die Wandlungen des Begriffs „Heimat" zwischen dem Ende der napoleonischen Kriege und den 60er Jahren des 20. Jahrhunderts untersucht Applegate, A Nation of Provincials. Ihre These lautet, daß in Deutschland Nationalidee und Heimatgefühl nicht einander entgegengesetzt sind, sondern sich vielmehr gegenseitig bedingen.

[7] Buchmark-Trends und Zahlen bei Pehle, Geschichtswissenschaft, Buchproduktion und Öffentlichkeit.

[8] Zahlenmaterial zu den größeren politischen Akademien in der Bundesrepublik bei Korte, Der Standort der Deutschen, S. 140.

[9] Vgl. Niederschrift des Auswertungskolloquiums zur „Erinnerungsstätte für die Freiheitsbewegungen in der deutschen Geschichte" in Rastatt, das am 19. Juni 1976 im Bundesarchiv Koblenz stattfand, in: Stölzl (Hrsg.), Deutsches Historisches Museum, S. 48.

[10] Vgl. Müller, Historische Ausstellungen 1960–1990.

[11] François, Von der wiedererlangten Nation, S. 94. Die wichtigsten Gedenkanlässe in zeitlicher Abfolge waren: das Preußenjahr 1981, die 150. Wiederkehr des Hambacher Festes von 1832, der 50. Jahrestag des 30. Januar 1933, der 30. Jahrestag des 17. Juni 1953; der 500. Geburtstag von Martin Luther, der 35. Jahrestag der Gründung der Bundesrepublik Deutschland und der DDR; der 40. Jahrestag des 20. Juli 1944; der 60. Jahrestag des Beginns des Ersten Weltkrieges, der 40. Jahrestag des Endes des Zweiten Weltkrieges; der 750. Jahrestag der Gründung Berlins 1987; der 40. Jahrestag der Gründung der Bundesrepublik Deutschland und der DDR.

[12] Vgl. Müller, Historische Ausstellungen 1960–1990.

[13] Vgl. Meuschel, Legitimation und Parteiherrschaft, S. 283 ff.; Heydemann, Geschichtsbild und Geschichtspropaganda in der Ära Honecker; Erdmann, Der gescheiterte Nationalstaat, S. 195 ff.

[14] Meuschel, Legitimation und Parteiherrschaft, S. 283.

[15] Vgl. Neues Deutschland, 28. 11. 1981, „Brief der Gesellschaft für Heimatgeschichte an das ZK: Das Nationalbewußtsein mit unserer Tätigkeit festigen". Die Gesellschaft für Heimatgeschichte im Kulturbund der DDR war im Januar 1979 gegründet worden. Außerdem: Walter Schmidt, Nationalgeschichte der DDR und das territorialstaatliche historische Erbe, in: ZfG 5 (1981), S. 399 ff.; des weiteren die seither ständig im SED-Zentralorgan erscheinenden „Erfolgsmeldungen", z. B. Neues Deutschland, 8. 3. 1982, „Lebendiges revolutionäres Erbe"; Neues Deutschland, 30. 4. 1982, „Fortschritte bei der Pflege von Tradition und Erbe"; Neues Deutschland, 14. 7. 1984, „Erbe und Tradition in der Geschichte unserer Republik".

16 Als Beispiel einer Würdigung dieser positiven Resultate der „Ausbeuterklasse“: Ingrid Mittenzwei, Friedrich II. von Preußen. Biographie, (Ost-)Berlin 1979. Mit dem Erscheinen der Bismarck-Biographie des DDR-Historikers Ernst Engelmann 1985 wurde die Rehabilitierung herausragender Persönlichkeiten der deutschen Geschichte und ihr Einbau in das Geschichtsbild der DDR konsequent fortgesetzt.

17 Eine Zusammenstellung der Erklärungsansätze bei Grütter, Warum fasziniert die Vergangenheit?

18 Vgl. zahlreiche Kommentare aus den genannten Ländern in: Der Spiegel, 25. 3. 1979, „Die deutsche Frage ist wieder da“; außerdem Neue Zürcher Zeitung, 14. 1. 1979, „Sozialistische Denkmalspflege und preussische Vergangenheit“, International Herald Tribune, 20. 12. 1978, „German Roots Revival Leads to Prussia“.

19 Vgl. die Senatsprotokolle und Anhörungen umfassende Zusammenstellung: Presse- und Informationsamt des Landes Berlin (Hrsg.), Dokumentation. Preußen. Berlin 1981. Ausstellung und Preußenbild im Spiegel der Medien, Bd. 1 (1977–1979), Berlin o. J.

20 Über eine halbe Million Besucher sollten die Preußen-Ausstellung sehen, die nach langem Hin und Her unter dem endgültigen Titel „Preußen – Versuch einer Bilanz“ schließlich im Berliner Gropiusbau gezeigt wurde und nicht im Reichstag. Es gab keinen namhaften Verlag, der nicht ein eigenes Preußen-Programm projektierte. Populärhistorische Preußen-Bücher – wie die von Bernt Engelmann, Preußen. Land der unbegrenzten Möglichkeiten, München 1979 und Sebastian Haffner, Preußen ohne Legende, Hamburg 1978 – wurden zu gewinnträchtigen Bestsellern. Zu den vielen Veröffentlichungen, Vorträgen, Symposien, Matinéen und Soiréen, Fernseh- und Radiosendungen siehe: Joachim Rohlfes, Das Interesse an Preußen. Eine Nachlese zum „Preußenjahr“, in: GWU 33 (1982), S. 523–549 sowie zuvor schon den Beitrag von Hagen Schulze, Preußen – Bilanz eines Versuchs, in: GWU 32 (1981), S. 649–663. Preußen-Nippes jeglicher Art – vom Bierdeckel bis zum Autoaufkleber „Ich bin ein Preuße“ – überschwemmte die Bundesrepublik.

21 Vgl. die Politiker-Befragung in: Die Welt, 5. 7. 1977, „Das Echo auf Stobbes Preußen-Vorschlag“.

22 Ebd. Die SPD dachte anfangs stärker an das demokratische „Bollwerk Preußen“ unter dem Ministerpräsidenten Otto Braun (SPD) während der Weimarer Republik. Später, als Stobbes Initiative ein „enthusiastisches Echo gerade bei der Rechtspresse gefunden“ hatte, traten doch sehr kritische Stimmen auf, die die „unglückseligen“ Wirkungen Preußens und preußischer Tugenden auf die jüngere deutsche Geschichte hervorhoben. Vgl. die SPD-Zeitung Berliner Stimme, 30. 7. 1977, „Die Preußen sind längst da“.

23 Die Welt, 5. 7. 1977, „Das Echo auf Stobbes-Preußen-Vorschlag“.

24 Vgl. ebd.

25 Vgl. Berliner Liberale Zeitung, 6. 8. 1977, „Gegen eine nostalgische Historienschau“. Erst als man gewahr wurde, daß die DDR ihrerseits versuchte, „Preußen als Idee und Wirklichkeit zugunsten des totalitären SED-Staates zu enteignen“, schreckte beispielsweise der Rheinische Merkur am 17. 11. 1978, „Die Enteignung Preußens“, auf und forderte im Westen ein „genaues Preußenbild“.

[26] Bild am Sonntag, 10. 7. 1977, „Preuße sein ist besser".

[27] Vgl. Manuskript der Sendung „Stimme der DDR", 11. 5. 1978, in: Presse- und Informationsamt des Landes Berlin. Man könne von einer „regelrechten Preußen-Welle" sprechen, dürfe aber nicht vergessen, daß es in der Bundesrepublik „nicht wenige Kräfte gibt, die mit Preußen heute noch einen gesamtdeutschen Anspruch verknüpften, Forderungen nach Wiederherstellung Deutschlands in den Grenzen von 1937 verbinden". Noch immer existierten die „revanchistischen Landsmannschaften", außerdem gebe es „148 neofaschistische Organisationen, 14 militaristische Verbände, mehr als 500 reaktionäre Traditionsvereine".

[28] Siehe auch Rudolf von Thadden, Das Preußeninteresse in der Bundesrepublik und in der DDR. Ein Vergleich, in: Preußen: Seine Wirkung auf die deutsche Geschichte. Vorlesungen von Karl Dietrich Erdmann u.a., Stuttgart 1985, S. 324–328.

[29] Vgl. die wichtigsten zeitgenössischen Betrachtungen: Karl Dietrich Erdmann, Preußen – von der Bundesrepublik her gesehen, in: GWU 31 (1980), S. 335–353; Hans-Ulrich Wehler, Preußen ist wieder chic ... Der Obrigkeitsstaat im Goldrähmchen, in: ders., Preußen ist wieder chic. Politik und Polemik in zwanzig Essays, Frankfurt a.M. 1983, S. 11–18. V.a. Martin Greiffenhagen, Die Aktualität Preußens. Fragen an die Bundesrepublik, Frankfurt a.M. 1981. Vgl. auch Hannoversche Allgemeine Zeitung, 16. 10. 1980, „Wie preußisch ist die Bundesrepublik?" über eine Tagung in der Evangelischen Akademie in Loccum sowie die Titelgeschichte über Preußen in: Der Spiegel, 5. 1. 1981.

[30] So z.B. der kulturpolitische Sprecher der Berliner CDU, Dieter Biewald, laut Der Tagesspiegel, 4. 8. 1977, „Preußen – ohne Nostalgie und Gloria?". Auch das Zeitmagazin vom 18. 5 1979 widmete sich ganz der Preußen-Renaissance, dieser wohl „denkwürdigste(n) Renaissance unserer Nachkriegs-Geschichte", und ließ Persönlichkeiten des öffentlichen Lebens zu Wort kommen. Olaf Baron von Wrangel schrieb den Bundesdeutschen dabei ins Stammbuch: „Wir werden preußische Tugenden, etwa Sparsamkeit, noch sehr brauchen"; Philipp von Bismarck, christdemokratisches Mitglied des Bundestages, meinte sybillinisch: „Wir brauchen preußische Gesinnung für eine europäische Vision."

[31] Vgl. Greiffenhagen, Die Aktualität Preußens, passim.

[32] Auch Prinz Louis Ferdinand wurde nicht müde zu betonen: „Wenn die Preußen-Ausstellung dem Wiedervereinigungsgedanken nützt, würde ich das sehr begrüßen." Vgl. Zeitmagazin, 18. 5. 1979.

[33] Sie taten dies insbesondere unter Verweis auf Walter Rathenau, der 1918 in seiner Schrift „Der neue Staat" geschrieben hatte: „Vergleicht das Heilige Römische Reich und das Deutsche Reich: Was bleibt? Preußen. Vergleicht Österreich und Deutschland: Was bleibt? Preußen. Zieht Preußen von Deutschland ab: Was bleibt? Der Rheinbund. Ein verlängertes Österreich. Eine klerikale Republik." Siehe auch Manfred Rexin (Hrsg.), Preußen und die Sozialdemokratie, Berlin 1981.

[34] Horst Bartel/Walter Schmidt, Sozialismus und historisches Erbe in der DDR, in: Einheit 2 (1984), S. 111.

[35] Den Auftakt bildete ein Artikel von Ingrid Mittenzwei, Abteilungsleiterin der Akademie der Wissenschaften in Ostberlin, in der FDJ-Zeitung Forum vom 16. 10. 1978. In dem Beitrag unter dem Titel „Die zwei Gesichter Preußens" wird darauf

verwiesen, daß der Blick auf den Hohenzollernstaat lange Zeit durch die Polemik verstellt gewesen sei, welche die revolutionäre Arbeiterbewegung im 19. und 20. Jahrhundert mit dem reaktionären Preußentum habe führen müssen. Heute lasse sich in der DDR jedoch differenzierter urteilen. Die Beschäftigung mit Preußen sei v. a. deshalb notwendig, weil der DDR-Bürger auf Schritt und Tritt steinernen Zeugen preußischer Geschichte begegne. „Was so viele Spuren bis in unsere Geschichte hinterließ, und seien sie auch nur aus Stein, bedarf der Erklärung, soll nicht Verwirrung aufkommen." Als weiterer Grund für die Hinwendung zur Geschichte wird die in der Bundesrepublik zu beobachtende „Neuauflage des Preußen-Kultes" genannt, die jedoch eindeutig reaktionär motiviert sei. Da auch die DDR-Bürger über das West-Fernsehen mit solchen Legenden konfrontiert würden, bedürfe es eines eigenen, materialistisch-dialektischen Bildes von der preußischen Geschichte. – Damit war der Startschuß für westliche Veröffentlichungen zum gewandelten Preußenbild in der DDR und zur Frage nach den Motiven gefallen. Einige der wichtigsten in der Reihenfolge ihres Erscheinens: Eckart Förtsch, Revision des Preußenbildes? Ein neuer wissenschaftlicher Ansatz in der DDR, in: DA 12 (1979), S. 168–173; Fritz Kopp, Ändert die SED ihr Preußenbild?, in: Deutsche Studien 18 (1980), S. 269–280; Ulrich Neuhäußer-Wespy, Zur Neuorientierung der DDR-Geschichtswissenschaft seit 1971, in: GWU 31 (1980), S. 172–177; Andreas Dorpalen, Rückschau auf Preußen. Zur Position der DDR-Geschichtswissenschaft, in: Dirk Blasius (Hrsg.), Preußen in der deutschen Geschichte, Königstein 1980, S. 79–91; Veronika Roeder, Preußische Geschichte in der sozialistischen Schule. Die preußischen Reformen und die Befreiungskriege im Geschichtsunterricht der DDR, in: GWU 32 (1981), S. 400–423; Marianne Regensburger, Preußisch-rot. Mythenaneignung in der DDR, in: Rexin (Hrsg.), Preußen und die Sozialdemokratie, S. 112–126; Iring Fetscher, Rot-Preußen?, in: Neue Gesellschaft 28/1 (1981), S. 25–28; Jörg Bernhard Bilke, Preußentum und DDR-Sozialismus. Zum Geschichtsbild der DDR, in: APUZ B 52–53 (1981), S. 23–37; Jürgen Ruhle, Preußen scharzweiß und rot, in: DA 14 (1981), S. 903–906; Michael Stürmer, Ein Preußen für die DDR. Umstrittenes Erbe, in: GWU 33 (1982), S. 582–598; Johannes Kuppe, Kontinuität und Wandel in der Geschichtsschreibung der DDR. Das Beispiel Preußen, in: APUZ B 20–21 (1986), S. 17–26. Monographisch dem Thema gewidmet haben sich z. B. Eberhard Kuhrt/Henning von der Löwis, Griff nach der deutschen Geschichte. Erbeaneignung und Traditionspflege in der DDR, Paderborn usw. 1988. Siehe neben diesen zeitgenössischen auch die neueren Studien: Brinks, Die DDR-Geschichtswissenschaft auf dem Weg zur deutschen Einheit; Krauß, Die Rolle Preußens in der DDR-Historiographie.

[36] Vgl. Neues Deutschland, 1. 11. 1978, „Vom Bauernsohn zum bürgerlichen Reformer. 'Scharnhorst', historische Serie des DDR-Fernsehens". Neues Deutschland 6.12.1978, „Ein großes Erbe lebendig angeeignet. Gedanken zur fünfteiligen Fernsehserie 'Scharnhorst'". Der gemeinsame Tenor der vielen Beiträge, Kommentare und Analysen im Westen war, daß das neue Preußenbild der DDR eine ernsthafte Herausforderung für die Bundesrepublik sei, deren politische Kultur von einem fortschreitenden Geschichtsverlust geprägt sei. Eine Gefahr wurde v. a. deshalb gesehen, weil die Bundesdeutschen gegenüber ihrer eigenen Geschichte eine große Verhaltensunsicherheit an den Tag legten.

[37] Bilke, Preußentum, S. 37.

[38] Vgl. Fetscher, Rot-Preußen?, S. 25. 1951. Zwei Jahre nach der Gründung der DDR war das Denkmal von Friedrich dem Großen weggeräumt worden; dreißig Jahre später wurde es wieder aufgestellt. Diese inszenierte Rückkehr scheint von heute aus gesehen wie das symbolische Ende des staatssozialistischen Projekts vom anderen, besseren Deutschland, fast ein Jahrzehnt vor seinem realen Kollaps.

[39] Vgl. Berliner Morgenpost, 16. 12. 1978, „Auszug aus der Rede Bundespräsidents Walter Scheel zur Eröffnung der Staatsbibliothek: Wir sollten uns das Bild Preußens nicht verdunkeln lassen".

[40] Kuppe, Kontinuität, S. 23.

[41] Vgl. zeitgenössisch (mit zahlreichen Kommentaren aus dem politischen Bereich gespickt) Hans Süssmuth, Luther 1983 in beiden deutschen Staaten. Historische Rezeption oder ideologische Vereinnahmung?, in: ders. Das Luther-Erbe in Deutschland. Vermittlung zwischen Wissenschaft und Öffentlichkeit, Düsseldorf 1985, S. 10–40; eine neuere Untersuchung nach dem Untergang der DDR: Brinks, Einige Überlegungen zur politischen Instrumentalisierung Martin Luthers.

[42] Vgl. Regierungserklärung des neuen Bundeskanzlers Helmut Kohl, in: Presse- und Informationsamt der Bundesregierung (Hrsg.), Programm der Erneuerung, Bonn 1983.

[43] Frankfurter Allgemeine Zeitung, 18. 6. 1980, „Auf der Entspannungsinsel".

[44] Deutsches Monatsblatt, Juni 1982, „17. Juni – 17. Juni? – 17. Juni 1953–1982".

[45] Vgl. dpa-Meldung, 17. 6. 1981, AdsD, Presseausschnittsammlung.

[46] Dazu oben, Kapitel III. 4c).

[47] Schmude tat seine Bestrebungen in vielen Beiträgen kund, etwa: Deutsches Allgemeines Sonntagsblatt, 18. 8. 1981, „13. August und 17. Juni – zwei deutsche Tage. Niederlagen feiern?"; Recht. Eine Information des Bundesministers der Justiz, 3. 6. 1982, „Bundesjustizminister Jürgen Schmude: Den 17. Juni mit einem Arbeitstag würdig begehen", Frankfurter Rundschau, 4. 6. 1982, „Zur Person: Jürgen Schmude und der 17. Juni"; Frankfurter Allgemeine Zeitung, 4. 6. 1982, „Schmude für 17. Juni als Arbeitstag"; zur Kritik z. B.: Express, 11. 6. 1981, „17. Juni – sein Sinn gerät in Vergessenheit" (Alfred Dregger); Deutschland-Union-Dienst, 13. 5. 1981, „17. Juni – Fehlanzeige" (Herbert Hupka); Rheinische Post, 17. 6. 1982, „Geschichtslos?"; Deutsche Nationalzeitung, 11. 6. 1982, „SPD gegen 17. Juni".

[48] Sozialdemokratischer Pressedienst, 16. 6. 1982, „Den Gedenktag besser nutzen".

[49] Vgl. Wilke, Rethematisierung von Zeitgeschichte, S. 188 f.

[50] Weltbild, 10. 6. 1983, „Den 17. Juni abschaffen?". Hier auch, neben der einzigen „Pro"-Stimme zu der von Jürgen Schmude gestellten Frage, „Contra"-Beiträge von Unions-Politikern wie Peter Lorenz, parlamentarischer Staatssekretär im Bundeskanzleramt, Herbert Hupka, Vorsitzender der Union der Vertriebenen und Flüchtlinge, Herbert Czaja, Präsident des Bundes der Vertriebenen, Alfred Dregger, Vorsitzender der CDU/CSU-Bundestagsfraktion, Richard Stücklen, Vizepräsident des Deutschen Bundestages, Franz Josef Strauß, Bayerischer Ministerpräsident, Helmut Kohl, Bundeskanzler, Friedrich Zimmermann, Bundesinnenminister, Heinrich Windelen, Bundesminister für innerdeutsche Beziehungen, Manfred Wörner, Bundesverteidigungsminister. Außerdem: Deutschland-Union-Dienst, 14. 6. 1983,

„17. Juni mahnt an Wiedervereinigungsgebot"; Deutschland-Magazin, Juni 1983, „Was bedeutet der 17. Juni für uns heute?" (Stellungnahmen von Kohl, Strauß, Zimmermann, Windelen, Wörner); Saarländischer Rundfunk, 16. 6. 1983, Interview mit Rainer Barzel, Präsident des Deutschen Bundestages, zum 17. Juni, Manuskript AdsD, Presseausschnittsammlung.

[51] Ebd. (Stellungnahmen im Deutschland-Magazin).

[52] Vgl. Interview im Ersten Deutschen Fernsehen, 23. 5. 1983, Manuskript AdsD, Presseausschnittsammlung; Welt am Sonntag, 12. 6. 1983, „Carstens plädiert für den Tag der deutschen Einheit".

[53] Vgl. dpa-Meldungen, 14. 6. 1983, AdsD, Presseausschnittsammlung.

[54] Vgl. fdk, 10. 6. 1983, „Zusammenarbeit und Dialog statt Konfrontation und Spannung".

[55] Vgl. Flugblatt der Berliner CDU zu den öffentlichen Veranstaltungen am 17. Juni, AdsD, Presseausschnittsammlung; Süddeutsche Zeitung, 20. 6. 1983, „Das Wort 'Freiheit' – leise und lautstark. Berlin erlebt um den Tag der deutschen Einheit Dutzende von politischen Veranstaltungen unterschiedlichster Art und Richtung"; die tageszeitung, 20. 6. 1983, „Nach der Wende der Aufmarsch von rechts. Polittourismus der Konservativen"; das Medienecho war gespalten, so bezeichnete der Deutschlandfunk die Demonstrationen in einem Kommentar vom 17. 6. 1983 als „Geschichtsklitterung" und „törichte Polemik gegen die SPD", vgl. AdsD, Presseausschnittsammlung.

[56] Vgl. Süddeutsche Zeitung, 14. 6. 1983, „Peinliche Töne einer Liebeserklärung. Mit antikommunistischen Kampfparolen zum 17. Juni sorgt in Berlin die 'Konservative Aktion' für Unruhe"; die tageszeitung, 16. 6. 1983, „Strauß 'im Geiste' dabei"; SPD-Pressedienst, 7. 6. 1983, „Rechtskonservative machen Berlin unsicher. CDU soll sich von Provokationen zum 17. Juni distanzieren"; Vorwärts, 23. 6. 1983, „Zweimal Löwenthal"; Vorwärts, 23. 6. 1983, „17. Juni: Nachdenklichkeit war kaum gefragt", hier auch die Warnung Richard von Weizsäckers.

[57] Vgl. Vorwärts, 23. 6. 1983, „Vertriebene am 'Kreuz des deutschen Ostens'. Gedenkfeier zum 17. Juni nach Art der Landsmannschaften: Erinnerungen an Reich und Nation".

[58] Ebd. Auch in den beiden zurückliegenden Jahren hatte die Union Medienschelte geübt. 1981 hatte es einen kleinen Medienskandal gegeben, weil beide öffentlich-rechtlichen Fernsehanstalten es versäumt hatten, die Feierstunde des Bundestages zum 17. Juni zu übertragen. Nach Ansicht des medienpolitischen Sprechers der CDU, Christian Schwarz-Schilling, hatte das ZDF – dem in diesem Jahr turnusgemäß die Berichterstattung oblag – gegen die Verpflichtung aus dem Staatsvertrag verstoßen, wonach seine Sendungen unter anderem dem Ziel der Wiedervereinigung Deutschlands in Frieden und Freiheit dienen sollten. Vgl. Neue Ruhr Zeitung, 19. 6. 1981, „Wirbel um 17. Juni-Feier". 1982 war der Deutschlandfunk nicht auf den Tag der deutschen Einheit eingegangen, vgl. Deutschland-Union-Dienst, 14. 6. 1982, „Deutschlandfunk verschläft 17. Juni. Sender wird seinem Auftrag nicht gerecht".

[59] Vgl. Deutschland-Union-Dienst, 22. 3. 1983, „'Bürgerinitiative 17. Juni' – Tag der deutschen Einheit ist jedermanns Sache".

[60] Vgl. dpa-Meldung, 17. 6. 1988, AdsD, Presseausschnittsammlung. Das Ministe-

rium für Staatssicherheit in der DDR war seither wieder in erhöhte Alarmbereitschaft versetzt; es registrierte minutiös alle „Hetzveranstaltungen" und seien es auch nur kleinere Skinhead-Treffen. Vgl. die Aufzeichnungen im BStU, MfS, Abt. XII, Nr. 572; MfS, Abt. XII, Nr. 576; MfS, Sekr. Neiber, Nr. 421.

61 Vgl. Deutschland-Union-Dienst, 14. 6. 1983, „17. Juni mahnt an Wiedervereinigungsgebot".

62 Vgl. Karl Wilhelm Fricke, Der 17. Juni 1953 – wirklich eine gescheiterte Revolution?, in: Das Parlament, 11. 6. 1993.

63 Vgl. Die Welt, 16. 6. 1983, „Zum 17. Juni Gedanken an den 20. Juli"; Ost- und Mitteldeutsche Vereinigung der CDU/CSU (Hrsg.), 17. Juni 1953, Bonn 1983. Der Staatsbürger – Beilage der Bayerischen Staatszeitung, Juni 1983, „Vor dreißig Jahren: Der 17. Juni 1953".

64 Informationen des Bayerischen Staatsministeriums für Kultus und Unterricht, 25. 5. 1983.

65 Vgl. Landespressedienst Berlin, 31. 3. 1983.

66 Dies galt für die Ansprache des Bundespräsidenten Karl Carstens von 1983, in der er auf die Symbole deutschen Nationalbewußtseins abhob (vgl. Bulletin des PuIA, Nr. 64, 21. 6. 1983, S. 593–597), für die Ausführungen des ehemaligen Bundesministers Gerhard Schröder (CDU) 1984, der sich selbstbewußte Deutsche wünschte, die sich durch die Schatten der NS-Vergangenheit nicht erpressen lassen dürften (vgl. Bulletin des PuIA, Nr. 72, 20. 6. 1984, S. 637–639), für die Worte Georg Lebers (SPD) von 1985, ebenfalls früherer Bundesminister, der forderte, die Diskussion über die Abschaffung des Feiertages endlich zu beenden (vgl. Bulletin des PuIA, Nr. 68, 19. 6. 1985, S. 569–574) und galt schließlich auch für die Rede des Präsidenten des Bundesverfassungsgerichts Roman Herzog (CDU) im Jahre 1988, die sich mit dem moralischen Appell, die Deutschen in der DDR nicht einfach abzuschreiben, ganz auf einer Konsenslinie bewegte. „Ich denke", so Herzog, „wenn ich mich mit der deutschen Nation befasse, weder an die Düppeler Schanzen noch an den Spiegelsaal von Versailles. Schon gar nicht läuft mir ein frommer Schauer den Rücken hinunter, wenn ich an die deutsche Nation denke. Für mich ist diese Frage zuallererst ganz primitiv moralischer Natur." Vgl. Bulletin des PuIA, Nr. 84, 21. 6. 1988, S. 793–797. Auf die Rede Erhard Epplers von 1989 wird am Ende des Abschnitts eingegangen.

67 Vgl. Bulletin des PuIA, Nr. 62, 23. 6. 1987, S. 541–548. Die Frankfurter Allgemeine Zeitung bemängelte am 19. 6. 1987, daß Stern mehrfach seine Distanz zum Verlauf der deutschen Geschichte und insbesondere zu den Entwicklungen des 19. Jahrhunderts habe erkennen lassen: Die Einigung der Deutschen unter Bismarck habe er zu negativ bewertet.

68 Vgl. Bulletin des PuIA, Nr. 73, 19. 6. 1986, S. 613–619. Auf nachhaltigen Protest stießen v. a. folgende Passagen der Rede: „Ich sprach von den 'Deutschen in der DDR'. Erinnern sie sich: Viele Jahre sprachen wir alle von unseren 'Brüdern und Schwestern' dort. Das in solchen Formulierungen enthaltene Pathos will uns nicht mehr so recht über die Lippen (…) Gewiß, es ist nicht schwer, sie (die westlichen Freunde, E. W.) zu Bekenntnissen zur deutschen Einheit zu veranlassen. Und da man nichts dafür tun kann, braucht man auch nichts dafür tun. Das Bekenntnis kostet nichts. (…) Haben wir nicht auch andere Sorgen, Sorgen, wie sie etwa das Reaktor-

Unglück in Tschernobyl ausgelöst hat? Ist es nicht wichtiger, internationale Regelungen für Kernsicherheit zu finden, als Reden über die deutsche Einheit zu halten? (...) Auch Karl Marx war ein guter Deutscher, dessen Gedankengebäude – im Gegensatz etwa zum Nationalsozialismus – in der Tradition des deutschen Humanismus steht." Die Empörung über Scheel war groß; Unionsabgeordnete und Heimatvertriebene warfen ihm vor, er habe in provokativer Weise sein Thema verfehlt; auch wurde gemutmaßt, Scheel plane und betreibe eine Rückwende der FDP zur Sozialdemokratie. „Wir dachten", so ein CSU-Abgeordneter, „der blöde Scheel wolle die Koalition aufkündigen." Vgl. Der Spiegel, 23. 6. 1986, „Wie ein Fanal". Die Welt, 18. 6. 1986, „Deutsches", hielt Scheel einen „nostalgischen Schmelz eines an der Entspannungspolitik Beteiligten" vor; seine Bemerkung zu Marx hätte auch von DDR-Ministerpräsident Willi Stoph stammen können. Die Frankfurter Allgemeine Zeitung, 18. 6. 1986, „Am Thema vorbei", stellte Scheel als vertrottelten „alten Herrn" dar.

69 Vgl. Zimmer, Nationales Interesse, passim; Potthoff, Die „Koalition der Vernunft", S. 13 ff.; Hacke, Die Außenpolitik, S. 279ff.; Korte, Deutschlandpolitik in Helmut Kohls Kanzlerschaft.

70 Vgl. Strauß, Erinnerungen, S. 521 ff.

71 Potthoff, Die „Koalition der Vernunft", S. 24.

72 Ebd., S. 44. Ein auf dem Wiesbadener CDU-Parteitag von 1988 zunächst vorgelegter Kommissionsentwurf zur deutschen Frage gab der europäischen Einigung den Vorrang und erwähnte die Wiedervereinigung nicht einmal mehr. Erst in letzter Minute fand die Wiedervereinigung in der charakteristischen deklamatorischen Art und Weise doch noch Eingang in das Parteitagspapier.

73 Siehe die zahlreichen Beispiele bei Gries/Ilgen/Schindelbeck, Gestylte Geschichte, besonders S. 129 ff.

74 Vgl. Sozialdemokratischer Pressedienst, 16. 6. 1983, „Thesen zum 17. Juni 1953".

75 Vgl. Berliner Stimme, 25. 6. 1983, „17. Juni: 30 Jahre danach. Bahr (West) und Heym (Ost) im Gespräch"; zur Kritik: Kommentar des Deutschlandfunks, 19. 6. 1983, „Törichte Polemik gegen die SPD", AdsD, Presseausschnittsammlung. Auch der Aufruf des Bundes Westdeutscher Kommunisten und der Marxistischen Gruppe in der tageszeitung, 3. 6. 1983, zu einer Demonstration in Bonn „Gegen den BRD-Imperialismus. Gegen die gewaltsame deutsche Wiedervereinigung im NATO-Weltkrieg" konnte von der Union trefflich genutzt werden. Gleiches gilt für die Stellungnahmen der Grünen. So bezeichnete der Berliner AL-Abgeordnete Jaenicke den Aufstand als eine Revolte gegen die „Perversion des Sozialismus im Lande von Marx und Rosa Luxemburg". Ohne die sozialistischen Traditionen der deutschen Arbeiterbewegung sei der Aufstand vom 17. Juni 1953, in dem es um einen „wahren Sozialismus" gegangen sei, gar nicht zu erklären. Vgl. Der Tagesspiegel, 11. 3. 1983, „Weizsäcker: die Gräben überwinden".

76 Vgl. Garton Ash, Im Namen Europas, S. 462 ff.; Vogtmeier, Egon Bahr und die deutsche Frage, S. 222; Potthoff, „Koalition der Vernunft", S. 47 ff.

77 Groh/Brandt, „Vaterlandslose Gesellen", S. 333 f.

78 Dazu im einzelnen Thränhardt, Geschichte der Bundesrepublik Deutschland, S. 275 ff. Die Einordnung in den Kontext einer „Geschichtswende" bei Steinbach, Der Historikerstreit.

[79] Express, 11. 6. 1981, „17. Juni – sein Sinn gerät in Vergessenheit“.

[80] Vgl. etwa Franz Josef Strauß’ Rede in der Freiheitshalle in Hof, im Wortlaut abgedruckt in Frankfurter Rundschau, 14. 6. 1987, „‘Mehr aufrechten Gang’“.

[81] So der Generalsekretär des Bundes der Vertriebenen, Koschyk, Die Welt, 17. 11. 1987, „‘Deutsche nicht aus der Geschichte vertreiben’“.

[82] Bayernkurier, 12. 6. 1982, „Der Deutsche und sein Vaterland“.

[83] Es habe kaum eine andere Periode in der Geschichte gegeben, so Franz Josef Strauß, die „mit so viel Voreingenommenheit, auch so viel Heuchelei dargestellt wurde wie die deutsche und europäische Geschichte zwischen 1914 und 1945“. Schuld und Unschuld würden nicht zwischen Besiegten und Siegern aufgeteilt, und nur ein Zyniker könne behaupten, daß die Millionen deutscher Soldaten umsonst gestorben seien. Bayernkurier, 23. 11. 1985, „Nichts ist entsetzlicher als der Krieg“.

[84] Dokument + Analyse, Juni 1982, in: Pressearchiv des Otto-Suhr-Instituts der Freien Universität Berlin.

[85] Ebd. sowie Frankfurter Rundschau, 17.5.1982, „Brandt: Hambach verschenkt“; Frankfurter Rundschau, 22. 5. 1982, „Der Katastrophenschutz steht bereit“; Frankfurter Rundschau, 24. 5. 1982, „‘Was ist das für eine Demokratie?’“; Der Spiegel, 24. 5. 1982, „Deutscher Mai“; Frankfurter Allgemeine Zeitung, 24. 5. 1982, „Scheel: Das Hambacher Fest ein Datum demokratischer Tradition“; The Times, 26. 5.1982, „Birth of German democracy: Squabbles mark the celebrations“.

[86] Irmline Veit-Brause, Tendenzwende oder Paradigmarevision in der deutschen Geschichtswissenschaft, in: David Roberts (Hrsg.), Tendenzwenden. Aspekte des Kulturwandels der siebziger Jahre, Frankfurt a. M. 1984, S. 69–90.

[87] David Blackbourn/Geoff Eley, Mythen deutscher Geschichtsschreibung. Die gescheiterte bürgerliche Revolution von 1848, Frankfurt a. M. usw. 1980; in abgewandelter Form wurde die Kritik aufgegriffen von Helga Grebing, Der „deutsche Sonderweg“ in Europa 1806–1945. Eine Kritik, Stuttgart usw. 1986; erregte Kritik an Blackbourn und Eley von Hans-Ulrich Wehler, „Deutscher Sonderweg“ oder allgemeine Probleme des westlichen Kapitalismus?, in: Merkur 35 (1981), S. 478–487, wieder abgedruckt in: ders., Politik in der Geschichte, S. 78–92; ähnlich Heinrich August Winkler, Der deutsche Sonderweg: eine Nachlese, in: Merkur 35 (1981), S. 793–804. Außerdem Dieter Langewiesche, Die Entmythologisierung des „deutschen Sonderwegs“ oder auf dem Weg zu neuen Mythen, in: AfS 21 (1981), S. 527–532. Eine ausgewogene Bestandsaufnahme: Jürgen Kocka, German History before Hitler: The Debate about the German „Sonderweg“, in: Journal of Contemporary History 23 (1988), S. 3–16. Zur Geopolitik: David P. Calleo, Legende und Wirklichkeit der deutschen Gefahr. Neue Aspekte zur Rolle Deutschlands in der Weltgeschichte von Bismarck bis heute, Bonn 1980; abermals die Kritik sowie die Einordnung des ursprünglich amerikanischen Buches in den deutschen Wissenschaftskontext bei Hans-Ulrich Wehler, Renaissance der „Geopolitik“, in: Der Monat 284 (1982), S. 64–67, wieder abgedruckt in: ders., Politik in der Geschichte, S. 92–98. Den Gesamtzusammenhang stellt am besten dar: Maier, Die Gegenwart der Vergangenheit, S. 121–151.

[88] Hartmut Boockmann/Heinz Schilling/Hagen Schulze/Michael Stürmer, Mitten in Europa. Deutsche Geschichte, Berlin 1984. Auf die große Bedeutung der Geographie wird auch in einigen Bänden der Reihe „Die Deutschen und ihre Na-

tion" abgehoben, v.a. Michael Stürmer, Das ruhelose Reich. Deutschland 1866–1918, Berlin 1983 und Hagen Schulze, Weimar. Deutschland 1917–1933, Berlin 1982.

89 Vgl. Maier, Die Gegenwart der Vergangenheit, S.140.

90 „Aber wer den deutschen Sonderweg nicht wahrhaben will, wird erneut in die Irre gehen" – schrieb Heinrich August Winkler, vgl. ders., Der deutsche Sonderweg: eine Nachlese, in: Merkur 35 (1981), S.793–804, hier S.804. Kurt Sontheimer plädierte sogar dafür, die Sonderwegsthese „aus politischen Gründen" zu bewahren; vgl. ders., Ein deutscher Sonderweg?, in: Werner Weidenfeld (Hrsg.), Die Identität der Deutschen, München/Wien 1983, S.324–335, hier S.333.

91 Vgl. Jörn Rüsen, Geschichte und Utopie, in: Klaus Bergmann u.a. (Hrsg.), Handbuch der Geschichtsdidaktik, Düsseldorf 1985, S.50–54, hier S.53.

92 Vgl. hierzu mit weiteren Nachweisen die Beiträge von Jürgen Kocka, Geschichte und Aufklärung, Göttingen 1989.

93 Hagen Schulze, Vom Vergnügen an der Geschichte, in: ders., Wir sind, was wir geworden sind. Vom Nutzen der Geschichte für die deutsche Gegenwart, München/Zürich 1987, S.17–30.

94 Vgl. Jürgen Kocka, Zurück zur Erzählung? Plädoyer für historische Argumentation, in: GG 10 (1984), S.395–408. Zur Debatte Siegfried Quandt/Hans Süssmuth (Hrsg.), Historisches Erzählen. Formen und Funktionen, Göttingen 1982.

95 Frankfurter Rundschau, 28. 3. 1984, „Historischwerden der Zeitgeschichte. Die Ära Adenauer. Der zweite Band der Darstellung von Hans-Peter Schwarz".

96 Besonders Hans-Peter Schwarz konnte mit Zugangsgenehmigungen der Eigentümer private Nachlässe zur Adenauerzeit nutzen, die anderen Forschern noch nicht zugänglich waren. Vgl. ders. im Nachwort zum zweiten Band seiner Adenauer-Biographie (Adenauer. Der Staatsmann: 1952–1967), S.993.

97 Siehe den Forschungsbericht von Doering-Manteuffel, Deutsche Zeitgeschichte nach 1945, besonders S.10ff.; zudem Hockerts, Zeitgeschichte in Deutschland, S.12ff.; Kleßmann, Verflechtung und Abgrenzung, S.31ff.

98 Vgl. Band 1: Theodor Eschenburg, Jahre der Besatzung 1945–1949, Stuttgart 1983; Band 2: Hans-Peter Schwarz, Die Ära Adenauer 1949–1957; Band 3: Hans-Peter Schwarz, Die Ära Adenauer 1957–1963; Band 4: Klaus Hildebrand, Von Ehrhard zur Großen Koalition 1963–1969; Band 5/I: Karl Dietrich Bracher, Wolfgang Jäger, Werner Link, Republik im Wandel 1969–1974. Die Ära Brandt; Band 5/II. Wolfgang Jäger, Werner Link., Republik im Wandel 1974–1982. Die Ära Schmidt. Dieses teilstaatliche Geschichtskonzept wurde im übrigen besonders von Hans-Peter Schwarz, nicht zuletzt auch in seiner Adenauer-Biographie – vertreten, der nach der Wiedervereinigung die linksliberalen „Zweistaaten-Historiker" besonders scharf angriff; vgl. ders., Mit gestopften Trompeten. Zu Schwarz' Darstellung der Adenauerzeit in der obigen Reihe: Karl-Dietrich Erdmann, Eine Geschichte der Bundesrepublik – vom übrigen Deutschland abgesehen, in: HZ 236 (1983), S.97–103. – Eine solchermaßen teilstaatliche Geschichtskonzeption wurde auch von der DDR-Geschichtswissenschaft goutiert. Die seit 1982 im Berliner Siedler-Verlag erschienene „Neue Deutsche Geschichte in sechs Bänden – Die Deutschen und ihre Nation" wurde im Börsenblatt für den Deutschen Buchhandel der DDR mit den Worten gewürdigt, diese erhebe mit Recht den Anspruch, „eine National-

geschichte der BRD zu sein". Mit der „Deutschen Geschichte in zwölf Bänden" des VEB Deutscher Verlag der Wissenschaften und dem westdeutschen Sechsbänder mit der geplanten Erweiterung auf zehn Bände lägen nunmehr wissenschaftliche Unternehmungen vor, die unter einem zentralen Aspekt vergleichbar seien: „Einerseits gibt es jetzt eine Nationalgeschichte der DDR und andererseits ist der Anspruch gerechtfertigt, von einer Nationalgeschichte der BRD zu sprechen." Das im Siedler-Verlag erschienene Werk münde in der Erkenntnis, „daß die nationale Einheit in der Form des Nationalstaats als ein Zwischenspiel in der deutschen Geschichte anzusehen ist" und bringe gleichzeitig zum Ausdruck, „daß der Begriff der 'Geschichtsnation' das Verbindende zwischen beiden deutschen Staaten sein sollte". Vgl. Frankfurter Rundschau, 30. 8. 1985, „Begriff der Geschichtsnation als 'das Verbindende' empfohlen".

[99] Überlegungen und Vorschläge zur Einrichtung eines „Hauses der Geschichte der Bundesrepublik Deutschland" in Bonn. Gutachten, erstellt von Lothar Gall, Klaus Hildebrand, Ulrich Löber und Horst Möller (Hektogr.) 1983.

[100] Dazu oben, Abschnitt 5.

[101] Vgl. den Bericht der SPD-Fachtagung über die Polarisierung des Geschichtsbildes in der Bundesrepublik, Vorwärts, 9. 3. 1985, „Historie auf Wendekurs"; außerdem die Bilanz der Tagung „Zwischen den Zeiten. Geschichts- und Gegenwartsbewußtsein in den achtziger Jahren" der nordrhein-westfälischen Landeszentrale für politische Bildung, Das Parlament, 31. 10. 1987, „'... den politischen Rhetorikern die Schelle umhängen'".

[102] Zur Kritik v. a.: Hans Mommsen, Suche nach der „verlorenen Geschichte". Bemerkungen zum historischen Selbstverständnis der Bundesrepublik, in: Merkur 9–10 (1986), S. 864–874; Arnulf Baring, „Im Märchenwald des deutschen Gemüts". Spiegel-Interview mit dem Historiker Arnulf Baring über die geplanten Museen für Geschichte, in: Der Spiegel, 1. 5. 1987; ausgewogener Jürgen Kocka, Ein Jahrhundertunternehmen zum 750. Geburtstag, in: Das Parlament, 17. 5. 1986; Die Zeit, 10. 1. 1986, „Die Qual mit der Geschichte. Streit um zwei Deutschland-Museen". Gegen die Kritiker: Michael Stürmer, Dissonanzen des Fortschritts. Essays über Geschichte und Politik in Deutschland, München/Zürich 1986. Zahlreiche unterschiedliche Stellungnahmen sind abgedruckt in: Stölzl (Hrsg.), Deutsches Historisches Museum; aus der höheren Warte eines amerikanischen Deutschlandkenners wird die Debatte nachgezeichnet bei Maier, Die Gegenwart der Vergangenheit, S. 152 ff.; aus der eines französischen Deutschlandexperten bei François, Naissance d'une nation. – Im Vergleich zu der Einrichtung der Rastatter „Erinnerungsstätte für die Freiheitsbewegungen in der deutschen Geschichte" Mitte der siebziger Jahre handelte es sich freilich bei beiden Häusern – in Bonn und in Berlin – um einen ausgesprochen demokratischen Entscheidungsprozeß. Bundespräsident Heinemann hatte damals einen Wunsch, und eine weisungsgebundene Behörde, das Bundesarchiv, hatte in kurzer Zeit die Ausführung besorgt – ohne öffentliche Debatte und verfassungspolitische Bedenken.

[103] Dem Haus der Geschichte der Bundesrepublik Deutschland wurde 1995 der Museumspreis des Europarates verliehen, der seit 1977 jährlich an ein Museum vergeben wird, „das im europäischen Rahmen einen herausragenden Beitrag zum Verständnis der europäischen Kultur und zur Auseinandersetzung mit der Ge-

schichte leistet". Kenneth Hudson, Direktor des European Museum of the Year Award Comitee und Jury-Vorsitzender, meinte, noch nie habe es einen würdigeren Preisträger gegeben. Vgl. Stiftung Haus der Geschichte der Bundesrepublik Deutschland, Tätigkeitsbericht 1995–1996, S. 6f. Siehe auch Hermann Schäfer, Begegnungen mit unserer Geschichte. Zur Eröffnung des Hauses der Geschichte der Bundesrepublik Deutschland am 14. Juni 1994, in: APUZ B 23 (1994), S. 11–22; Haus der Geschichte der Bundesrepublik Deutschland (Hrsg.), ZeitRäume. Konzept, Architektur, Ausstellungen, Bonn 1993/94; (konstruktive) Kritik der Ausstellungskonzeption bei Schneider, Ein Zeitalter zu besichtigen.

104 Vgl. z. B. Ministerium für Kultus und Sport Baden-Württemberg (Hrsg.), Haus der Geschichte Baden-Württemberg. Bericht über das Symposion vom 23. 10. 1986.

105 Die Wendung „Gnade der späten Geburt" hatte als erster Günter Gaus formuliert. Zwar wurde ihre Übernahme durch Helmut Kohl von seinen politischen Gegnern teilweise bewußt fehlinterpretiert (dazu von Hehl, Kampf um die Deutung, S. 426); aber Kohls Motive speisten sich auch aus handfesten ökonomischen Interessen eines Waffengeschäftes mit Saudi-Arabien: Wenn es gelänge, so das Kalkül, den Beziehungen zwischen der Bundesrepublik Deutschland und Israel den Anschein von Normalität zu verleihen, dann wäre die Basis für eine von der Vergangenheit unbelastete Politik im Nahen Osten gegeben und besondere Rücksichten aufgrund eines speziellen, historisch bedingten Verhältnisses wären obsolet; mithin könnten die von Saudi-Arabien gewünschten Panzer geliefert werden. Die typischen Argumentationsfiguren in der Bundesrepublik im Streit um Kohls Israelreise untersucht Schwab-Trapp, Pleiten, Pech und Pannen.

106 Die nachfolgende Darstellung stützt sich auf die m. E. beste Analyse des politischen und des Mediendiskurses über die Bitburg-Affäre bei Bergmann, Antisemitismus in öffentlichen Konflikten, S. 391–423. Außerdem Funke, Bitburg, Jews and Germans.

107 Vgl. Süddeutsche Zeitung, 15. 12. 1984, „Bonn gegen Siegesfeier der Westalliierten am 40. Jahrestag der deutschen Kapitulation"; Frankfurter Rundschau, 14. 12. 1984, „Der Tag der Kapitulation bereitet Bonn Kopfzerbrechen. Bundesregierung möchte Feiern der Alliierten am 8. Mai auf deutschem Boden verhindern".

108 Die Welt, 17. 12. 1984, „Kohl will Versöhnungsgeste am 8. Mai".

109 Z.B. Die Welt, 17. 10. 1984, „Wie Moskau die Gedenkfeier des 8. Mai vorbereitet. Ein wichtiges Thema wird zu Disziplinierungszwecken 'besetzt'".

110 Maier, Die Gegenwart der Vergangenheit, S. 16.

111 Vgl. Bergmann, Antisemitismus in öffentlichen Konflikten, S. 423. Je nach politischer Orientierung variierte die Zustimmung von 86 Prozent bei den CDU/CSU-Sympathisanten bis zu 24 Prozent bei denen der Grünen; nur 17 Prozent aller Befragten übten an „Bitburg" Kritik.

112 Vgl. ebd.

113 Siehe v. a. Niethammer, Über Kontroversen in der Geschichtswissenschaft.

114 Maier, Die Gegenwart der Vergangenheit, S. 8.

115 Textsammlung zur Debatte, die nicht in historischen Fachorganen, sondern in der Tages- und Wochenpresse ausgetragen wurde: „Historikerstreit". Die Dokumentation der Kontroverse um die Einzigartigkeit der nationalsozialistischen Ju-

denvernichtung, München 1987; außerdem: Dan Diner (Hrsg.), Ist der Nationalsozialismus Geschichte? Zu Historisierung und Historikerstreit, Frankfurt a. M. 1987; Klaus Hildebrand (Hrsg.), Wem gehört die deutsche Geschichte?, Köln 1987; Reinhard Kühnl (Hrsg.), Vergangenheit, die nicht vergeht. Die „Historiker-Debatte" – Darstellung, Dokumentation, Kritik, Köln 1987; Hans-Ulrich Wehler, Entsorgung der deutschen Vergangenheit? Ein polemischer Essay zum „Historikerstreit", München 1988; Imanuel Geiss, Die Habermas-Kontroverse. Ein deutscher Streit, Berlin 1988; ders., Der Hysterikerstreit, Bonn/Berlin 1991; Christian Meier, 10 Jahre nach Auschwitz, München 1987; Richard J. Evans, The New Nationalism and the Old History: Perspectives in the West German Historikerstreit, in: Journal of Modern History 59 (1987), S. 76ff.; Jürgen Kocka, Deutsche Identität und historischer Vergleich. Nach dem Historikerstreit, in: APUZ B 40/41 (1988), S. 15–28; siehe auch Bosworth, Explaining Auschwitz and Hiroshima, S. 73ff.; eine der neuesten Reflexionen: Dipper, Zwischen „Historikerstreit" und der Debatte über „Nationalsozialismus und Moderne".

116 Zur Kritik an dem Fragehorizont der „Entsorger" und „Normalisierer" jetzt auch Dipper, Warum werden deutsche Historiker nicht gelesen?, S. 95ff.

117 So Hans-Ulrich Wehler, Entsorgung der deutschen Vergangenheit, S. 282. Habermas' Gegner sahen allerdings in seiner Philippika den Versuch, die Wissenschaft einer Zensur von links zu unterwerfen. Der einzige Pluralismus, den Habermas wirklich verteidige, sei der auf der Linken. Imanuel Geiss sah im Ergebnis des „Historikerstreits" den Beweis für die Übermacht einer linken Öffentlichkeit, die sich als neue Orthodoxie zwar hegemonial durchgesetzt habe, aber den „gesunden Menschenverstand" der Bevölkerung nicht widerspiegele. Vgl. Geiss, Die Habermas-Kontroverse. Behutsamer fiel die Kritik von Peter Graf Kielmansegg, Lange Schatten. Vom Umgang der Deutschen mit der nationalsozialistischen Vergangenheit, Berlin 1989, aus, der das Bedenkliche des Streits in dem Versuch erkannte, den national geprägten Konservatismus aus dem demokratischen Konsens der Republik auszugrenzen und vom gemeinsamen Legitimitätspodest herunterzustoßen.

118 So lauteten die Befunde des regierungsnahen Instituts für Demoskopie in Allensbach, das in einer vergleichenden europäischen Untersuchung zu dem Schluß gekommen war, daß bei den Deutschen der Stolz auf die eigene Nationalität am geringsten ausgeprägt sei. Die Frage aber, inwiefern es überhaupt angemessen ist, das Kriterium des geringen Nationalstolzes zum Angelpunkt einer überaus weitgehenden Interpretation zu machen – nämlich darin das Symptom für „Verletzlichkeit" zu sehen –, wurde nicht gestellt. Vgl. Elisabeth Noelle-Neumann/Renate Köcher, Die verletzte Nation. Über den Versuch der Deutschen, ihren Charakter zu ändern, Stuttgart 1987. Im Tenor ähnlich schon Werner Weidenfeld, Ratlose Normalität. Die Deutschen auf der Suche nach sich selbst, Zürich 1984.

119 Vgl. Heinrich August Winkler, Kehrseitenbesichtigung. Zehn Jahre danach: Ein Rückblick auf den deutschen Historikerstreit, in: Frankfurter Rundschau, 29. 10. 1996; selbstkritisch gegenüber seinen früheren Positionen, in denen er auf die „Logik der Geschichte" abhob und die unbegrenzte Fortdauer der Teilung verlangte, ders., Abschied von den Sonderwegen. Die Deutschen vor und nach der

Wiedervereinigung, in: ders., Streitfragen der deutschen Geschichte, S. 123–147. Die Argumentationsmuster der Kritiker einer Wiedervereinigung in den achtziger Jahren analysiert – oft in einer belehrenden Attitüde desjenigen, der den Ausgang der Geschichte kennt – Roos, Das Wiedervereinigungsgebot des Grundgesetzes.

120 Das betraf besonders den antinationalen Effekt der „Enkel-Generation" in der SPD, denen Europa, Supranationalität und soziale Frage vorrangig war, ebenso wie den negativen Nationalismus – die Rede vom „Vierten Reich" oder von der Nation als gefährlichem Wahnbild – im weiter links liegenden politischen Spektrum. Siehe dazu Roth, Die Idee der Nation, S. 340 ff.

121 Gegenüber dem linken Alarmismus hatten die Konservativen zudem den weiteren Vorteil, daß sie die Vereinigung als Chance begreifen konnten, zu einer „normalen Bundesrepublik" zu gelangen, die ihre „Verkrampfungen" gegenüber der Vergangenheit zu lösen und die „Identitätsneurose" zu überwinden in der Lage war. Zwar dehnte sich die Bundesrepublik auf die DDR aus, doch anders als die „Bonner Republik" steht die „Berliner Republik" nicht mehr in der unmittelbaren Nachfolge des „Dritten Reiches".

122 Vgl. Die Zeit, 12. 5. 1989, „Feiern – aber was? Die Suche nach Identität: Die Bundesrepublik und ihr Geburtstag". Siehe auch die Analyse der 344 Fernsehsendungen zum Gründungsjubiläum der Bundesrepublik bei Quandt, 40 Jahre Bundesrepublik Deutschland im Fernsehen. Diese beispiellose Fülle von Fernsehbeiträgen dürfte das Geschichtsbewußtsein der Menschen nachhaltig geformt haben. Sämtliche Sendungen porträtieren den einmaligen historischen Erfolg der Bundesrepublik Deutschland.

123 Das ganze Jahr über wurde gefeiert, mit Festveranstaltungen, Kongressen, Tagungen, Symposien, Wettbewerben, Sportveranstaltungen, mit Publikationen und Filmen, mit der Wanderausstellung des Bundesarchivs „Vierzig Jahre Bundesrepublik", mit der Herausgabe einer Gedenkmünze und einer Sonderbriefmarke. Die Feiern waren keine exklusive Sache des Staates; natürlich gab es am 23. Mai einen Staatsakt und im September folgte ein Bundesfest in den Bonner Rheinauen; aber auch private und öffentliche Institutionen, Parteien, Verbände, Wirtschaftszweige, soziale und kulturelle Einrichtungen beteiligten sich – kurz das ganze Panorama einer pluralistischen Gesellschaft war vertreten. Nur einige Hinweise auf den Mediendiskurs: Die Zeit, 19. 5. 1989, „Die erste Republik von Dauer"; Süddeutsche Zeitung, 20./21. 5. 1989, „Ein Staat ist angekommen"; Frankfurter Allgemeine Zeitung, 20. 5. 1989, „Die alte und die neue deutsche Freiheit. Der lange Weg zur selbstbewußten Demokratie".

124 Stern, 16. 6. 1987, „Schafft den 17. Juni ab!".

125 Der Spiegel, 12. 6. 1989, „Trotz alledem".

126 Vgl. Korte, Erinnerungsspuren: Das neue Gesellschaftsbewußtsein, S. 65–79; Jansen, Zwei deutsche Staaten – zwei deutsche Nationen?, S. 1132–1143; sowie Weidenfeld/Glaab, Deutsche Frage im westdeutschen Bewußtsein, besonders S. 2958 ff.

127 Vgl. Bulletin des PuIA, Nr. 64, 20. 6. 1989, S. 566–570.

128 Ebd., S. 568. Eppler rief zu einer vorwärtsgewandten, von überholten Begriffen geläuterten Deutschlandpolitik auf. Bei dem Begriff „Wiedervereinigung" würden die Nachbarn Deutschlands immer nur das Wort „wieder" hören, als solle alles so werden wie in den 74 Jahren, in denen es einen deutschen Nationalstaat gab.

129 Vgl. die Berichte und Kommentare, z.B. Süddeutsche Zeitung, 19. 6. 1989, „Eppler: Vom Begriff 'Wiedervereinigung' Abstand nehmen", Frankfurter Rundschau, 19. 6. 1989, „Nachlese"; Die Welt, 19. 6. 1989, „Noch immer votieren die Deutschen täglich füreinander. Epplers große Rede zum 17. Juni und die Konsequenzen"; Die Zeit, 23. 6. 1989, „Eine Deutschstunde nach der anderen". Hatte es aus den Reihen der Union anfangs starke Bedenken gegen Eppler als Redner gegeben – vom Hauptverantwortlichen des SPD-SED-Papiers war ein polarisierendes Statement befürchtet worden –, so wurden seine Worte nun überparteilich in den Rang einer „patriotischen Tat" gehoben. Bundeskanzler Helmut Kohl und der Fraktionsvorsitzende der FDP, Otto Graf Lambsdorff, gratulierten Eppler unmittelbar nach der Rede. Eine symbolische Belohnung hatte selbst Alfred Dregger parat, sein bislang schärfster Kritiker, der Eppler – weil er eine bedeutende und versöhnende Rede gehalten habe – einen Patrioten und Demokraten nannte; vgl. Süddeutsche Zeitung, 19. 6. 1989. Eppler war auch mit der realitätsblinden Selbstgefälligkeit der SED-Führung ins Gericht gegangen und hatte die DDR-Bürger aufgefordert, sich in die inneren Angelegenheiten ihres Staates einzumischen. Aus SED-Kreisen wurde ihm daraufhin vorgeworfen, daß er die „staatsfeindliche Betätigung sogenannter oppositioneller Kräfte in der DDR, also die Unterminierung der sozialistischen Ordnung" unterstütze; vgl. die Auszüge in Süddeutsche Zeitung, 20. 6. 1989, „DDR-Zeitung kritisiert Rede Epplers zum 17. Juni".

Zusammenfassung und Ausblick: Der Weg zur bundesrepublikanischen Erinnerung

1 So Willy Brandt 1955 im Deutschen Bundestag, zit. nach: Groh/Brandt, „Vaterlandslose Gesellen", S. 267.

2 Darauf hat zeitgenössisch bereits Fritz René Allemann in seinem Buch: Bonn ist nicht Weimar, Köln 1956, S. 274 hingewiesen.

3 Vgl. die Ergebnisse demoskopischer Untersuchungen über west- und ostdeutsche Geschichtsbilder bei Kocka, Geteilte Erinnerungen. Zu den Mentalitäten in Ost und West nach der Vereinigung auch Ritter, Über Deutschland, S. 241. Viel zu wenig wird dieses historische Erbe berücksichtigt bei Pollack/Pickel, Die ostdeutsche Identität. Sie vertreten die kaum überzeugende, ahistorische These, daß allein die neuartigen Erfahrungen mit dem westlichen System die heutigen Einstellungen der ostdeutschen Bevölkerung zu Demokratie und Politik prägen.

4 1989 sei vollendet worden, was 1953 begann – dies war der Kernsatz der 17.-Juni-Rede des Konsistorialpräsidenten der Evangelischen Kirche in Berlin-Brandenburg, Manfred Stolpe, in der gemeinsam von Bundestag und Volkskammer veranstalteten Feier im Berliner Reichstag von 1990. Vgl. Bulletin des PuIA, Nr. 78, 20. 6. 1990, S. 669 ff. Joachim Gauck, Bundesbeauftragter für die Stasi-Unterlagen, sah es 1998 genauso. Vgl. Zeitmagazin, 2. 7. 1998, „Eine Niederlage, vorerst. Was am 17. Juni 1953 begann, haben Joachim Gauck und seine Mitkämpfer 1989 vollendet". Nach dem Willen der Enquete-Kommission „Aufarbeitung von Geschichte und Folgen der SED-Diktatur in Deutschland", die Mitte 1998 ihren Abschlußbericht vorlegte, soll der 17. Juni wieder stärker in das öffentliche Bewußtsein geho-

ben werden, um an Opposition und Widerstand in der DDR zu erinnern. Über ein zentrales Denkmal in Berlin gibt es im Vorfeld der Realisierung heftige Kontroversen. Vgl. Der Tagesspiegel, 17. 6. 1998, „Der 17. Juni soll mehr Bedeutung bekommen"; Der Tagesspiegel, 9. 12. 1998, „Streit um ein Denkmal: Wie soll an den 17. Juni 1953 erinnert werden?".

Verzeichnis der Abkürzungen

AA	Auswärtiges Amt
AcdP	Archiv für christlich-demokratische Politik
a.D.	außer Dienst
AdL	Archiv des Deutschen Liberalismus
ADN	Allgemeiner Deutscher Nachrichtendienst
AdsD	Archiv der sozialen Demokratie
AfS	Archiv für Sozialgeschichte
AHR	American History Review
APO	Außerparlamentarische Opposition
APUZ	Aus Politik und Zeitgeschichte
ARD	Arbeitsgemeinschaft der Rundfunkanstalten Deutschlands
BA	Bundesarchiv
BBC	British Broadcasting Corporation
BDA	Bundesvereinigung Deutscher Arbeitgeberverbände
BDI	Bundesverband der Deutschen Industrie
BdV	Bund der Vertriebenen
BHE	Block der Heimatvertriebenen und Entrechteten
BMGF	Bundesministerium für gesamtdeutsche Fragen
BMI	Bundesministerium des Innern
BPA	Archiv des Presse- und Informationsamtes der Bundesregierung
BR	Bayerischer Rundfunk
BStU	Der Bundesbeauftragte für die Unterlagen des Staatssicherheitsdienstes der ehemaligen Deutschen Demokratischen Republik
BtA	Parlamentsarchiv des Deutschen Bundestages
BT	Bundestag
BvD	Bund der vertriebenen Deutschen
BVG	Bundesverfassungsgericht
CDU	Christlich-Demokratische Union
ČSSR	Tschechoslowakische Sozialistische Republik
CSU	Christlich-Soziale Union
DA	Deutschland Archiv
DDR	Deutsche Demokratische Republik
DFU	Deutsche Friedensunion
DGB	Deutscher Gewerkschaftsbund

DHM	Deutsches Historisches Museum
DKP	Deutsche Kommunistische Partei
DM	Deutsche Mark
DP	Deutsche Partei
dpa	Deutsche Presse-Agentur
dpd	Deutscher Pressedienst
DRA	Deutsches Rundfunkarchiv
EKD	Evangelische Kirche Deutschlands
epd	Evangelischer Pressedienst
EVG	Europäische Verteidigungsgemeinschaft
FDGB	Freier Deutscher Gewerkschaftsbund
FDJ	Freie Deutsche Jugend
fdk	freie demokratische korrespondenz
FDP	Freie Demokratische Partei
FH	Frankfurter Hefte
FNA	Friedrich-Naumann-Archiv
FR	Fraktion
GA	Gesamtdeutscher Ausschuß des Deutschen Bundestages
GG	Geschichte und Gesellschaft
GVP	Gesamtdeutsche Volkspartei
GWU	Geschichte in Wissenschaft und Unterricht
HA	Hauptabteilung
HJb	Historisches Jahrbuch
HZ	Historische Zeitschrift
IfZ	Institut für Zeitgeschichte
IWK	Internationale Wissenschaftliche Korrespondenz zur Geschichte der deutschen Arbeiterbewegung
KMK	Kultusministerkonferenz
Korr.	Korrespondenz
KPD	Kommunistische Partei Deutschlands
KSZE	Konferenz für Sicherheit und Zusammenarbeit in Europa
KUD	Kuratorium „Unteilbares Deutschland“
KZ	Konzentrationslager
LB	Landesbildstelle Berlin
LDPD	Liberal-Demokratische Partei Deutschlands
MdB	Mitglied des Bundestages
MfS	Ministerium für Staatssicherheit
NATO	North Atlantic Treaty Organization
NDR	Norddeutscher Rundfunk
NG	Neue Gesellschaft
NG/FH	Neue Gesellschaft/Frankfurter Hefte
NL	Nachlaß

NPD	Nationaldemokratische Partei Deutschlands
NPL	Neue Politische Literatur
NS	Nationalsozialismus
NSDAP	Nationalsozialistische Deutsche Arbeiterpartei
NVA	Nationale Volksarmee
o.D.	ohne Datum
Prot.	Protokoll
PuIA	Presse- und Informationsamt der Bundesregierung
PV	Parteivorstand
PVS	Politische Vierteljahresschrift
RAF	Rote Armee Fraktion
RCDS	Ring Christlich-Demokratischer Studenten
RGW	Rat für Gegenseitige Wirtschaftshilfe
RIAS	Rundfunk im amerikanischen Sektor (von Berlin)
SBZ	Sowjetische Besatzungszone
SDR	Süddeutscher Rundfunk
SDS	Sozialistischer Deutscher Studentenbund
SED	Sozialistische Einheitspartei Deutschlands
SFB	Sender Freies Berlin
Sekr.	Sekretariat
SMAD	Sowjetische Militäradministration in Deutschland
SPD	Sozialdemokratische Partei Deutschlands
SS	Schutzstaffel
Sten. Ber.	Stenographische Berichte
SWF	Südwestfunk
UdSSR	Union der Sozialistischen Sowjetrepubliken
UNO	United Nations Organization
USA	United States of America
VdL	Verband der Landsmannschaften
VEB	Volkseigener Betrieb
VfZ	Vierteljahrshefte für Zeitgeschichte
VLM	Vereinte Landsmannschaften Mitteldeutschlands
WDR	Westdeutscher Rundfunk
WEU	Westeuropäische Union
WP	Wahlperiode
ZAIG	Zentrale Auswertungs- und Informationsgruppe
ZDF	Zweites Deutsches Fernsehen
ZfG	Zeitschrift für Geschichtswissenschaft
ZfP	Zeitschrift für Politik
ZK	Zentralkomitee

Quellen- und Literaturverzeichnis

1. Archivalien

Archiv für christlich-demokratische Politik (AcdP), Konrad-Adenauer-Stiftung, St. Augustin

- NL Eugen Gerstenmaier
  018/1, 068/1, 069/1, 071/2, 073/2, 075/1, 076/2, 077/1, 077/2, 079/1, 082/2, 083, 084/3, 086/2, 088/2, 090/2, 092/2, 093/1, 095/2
- NL Johann Baptist Gradl
  009/3, 011/1, 011/3, 013/3, 022/2, 030/2, 031/1, 031/2, 031/3, 032/1, 032/2, 033/1, 034/1, 034/2, 034/3, 034/4, 076/2
- NL Ernst Lemmer
  K051/6, K010/3, K120/1
- Forschungsbeirat für Fragen der Wiedervereinigung Deutschlands
  009/1, 009/2, 011/1, 013/3, 035/2, 035/3, 036/2, 036/3, 037/1, 037/2, 038/2, 039/2, 040/1, 041/1, 063/6, 064/1, 064/2
- Gesamtdeutsche Stimmen. Forum für deutsche Einheit. Mitteilungsblatt der Exil-CDU

Archiv des Deutschen Liberalismus (AdL), Friedrich-Naumann-Stiftung, Gummersbach

- NL Thomas Dehler
  N1: 2209, 2216, 2229, 2767, 2839, 2855, 2857, 2916, 3054, 3055, 3056, 3175, 3377, 3378, 3380, 3381, 3382, 3384, 3385, 3386, 3387, 3388
- Bestand Erich Mende
  A/03: 0003, 0034, 0040, 0053, 0060, 0063, 0096, 0121, 0130, 0140, 0143, 0157, 0165, 0172; A/026: 0038, 0039, 0156, 0168, 0201, 0207, 0284, 0288, 0289, 0316, 0318, 0348 0408, 0425, 0445, 0450, 0451, 0475, 0477, 0487, 0533, 0534
- Depositum Walter Scheel
  0184, 0179
- Protokolle der F.D.P.-Bundestagsfraktion
  A/40–755
- Akten des Bundeshauptausschusses
  A/12: 10, 26, 29, 43, 91, 99
- Rednerschnellbrief der FDP 1953–1957
- Bonner Depesche (bis 1971, danach:) Die neue Bonner Depesche

Archiv der sozialen Demokratie (AdsD), Friedrich-Ebert-Stiftung, Bonn

- NL Gustav W. Heinemann
  0218, 0222, 0223, 0224, 0225, 0228, 0454, 0455

- NL Carlo Schmid
  176, 184, 205, 212, 243, 280, 332, 333, 334, 335, 336, 375, 958, 973, 1843, 1844, 1845, 1846
- NL Herbert Wehner
  GA: 1/1, 2/7, 31/123, 31/124, 53/192, 54/193, 66/235, 66/236, 74/268, 75/274, 75/276, 79/291, 82/301, 96/348, 97/350, 97/352, 97/354, 100/367, 100/368
  FR: 12/53, 27/122, 38/167, 41/190, 45/215, 46/225
  PV: 9/49, 22/102, 26/112, 43/163, 43/193, 57/257, 99/472, 114/550, 224/978, 255/980
  Korr.: 19, 23, 35, 38, 39, 40, 42, 57, 87, 97
  „Abgabeliste", Anlage 1: 10/A27, 40/A147, Anlage 2: 80/A341, 88/A369, Anlage 3: 132/A521, 132/A522, 133/A526, Anlage 4/1: 164/A644
- NL Helene Wessel
  45, 46, 48, 65, 73, 82, 202, 203, 233, 234
- Bestand Erich Ollenhauer
  209, 217, 224, 233, 236, 248, 254, 271, 298, 302, 304, 310, 339, 413
- SPD-Parteivorstand: Ostbüro
  0285, 0434b (= 13 Ordner)
- Presseausschnittsammlung
- Informationen der sozialdemokratischen Fraktion im Deutschen Bundestag

Bundesarchiv (BA), Koblenz
- NL Herbert Blankenhorn
  161
- NL Theodor Heuss
  9, 10, 11
- NL Jakob Kaiser
  9, 14, 15, 17a, 17b, 38, 40, 41, 54, 66, 68, 131, 171, 172, 212, 230, 233, 234, 236, 306, 314, 338, 387, 413, 460, 461
- NL Heinrich Lübke
  88, 103, 109
- NL Franz Thedieck
  59 bis 96, 143, 144, 145
- Bundesministerium für gesamtdeutsche Fragen
  B 137: 226, 1035, 1046, 1047, 1048, 1049, 1165, 1234, 1250, 1476, 2325, 2326, 2327, 3676, 3677
- Bundesministerium des Innern
  B 106: 25677, 25724, 33936 bis 33974, 1003767, 103729, 103763, 103771, 103813, 103826, 109878 bis 110123, 118182 bis 118193, 135311/II, 135311/7, 135311/12a
- Kuratorium Unteilbares Deutschland
  B 254: 1 bis 100, 111, 123, 124, 130, 133, 135, 141, 150, 452/3/20, 453/3/21, 454/3/22, 455/3/23, 456/3/24, 457/3/25, 458/3/26, 458/3/27, 460/3/28, 461/3/29, 462/3/30, 465/3/33, 558/3126, 616 bis 623, 613, 632, 634, 698, 699, 700, 704, 705

Archiv des Presse- und Informationsamtes der Bundesregierung (BPA), Bonn
- Fotosammlung „17. Juni 1953"

Der Bundesbeauftragte für die Unterlagen des Staatssicherheitsdienstes der ehemaligen Deutschen Demokratischen Republik, Zentralarchiv (BStU), Berlin
- Ministerium für Staatssicherheit
  HA II, 1194; HA II/13, 1193; HA II/13, 1194; HA IX, 9151; HA IX, 8961; HA IX, 9151; HA XX/ZMA, 600; HA XX, 257; HA XX, 258; HA XX, 135; HA XX, 136, HA XX, 257; HA XX, 419; HA XX/1, 123; HA XX/9; HA XVII, 1142/12; HA XXII, 1454/3; HA XVIII, 894; Abt. XII, 576; Sekr. Neiber, 421; ZAIG Nr.: 53, 157, 610, 770, 773, 908, 2708, 3334, 3521, 3685, 3782, 4602, 5026, 5083, 5088, 5092, 5207, 5220, 5228, 5254, 5267, 6246, 6521, 7891, 9259, 9259/1, 9260, 10792, 10793, 10796, 10797, 10798

Parlamentsarchiv des Deutschen Bundestages (BtA), Bonn
- Protokolle des Bundestagsausschusses für Gesamtdeutsche Fragen (1. und 2. Wahlperiode)
- Gesetzesdokumentation I – 479

Deutsches Rundfunkarchiv (DRA), Frankfurt am Main/Berlin
- Fernseharchiv (Frankfurt a.M.):
- Verzeichnis und Inhaltsangaben der Filme sämtlicher ARD-Anstalten zum 17. Juni 1953 und zum Tag der deutschen Einheit 1953–1997
- Schallarchiv (Frankfurt a.M.):
- Verzeichnis und Inhaltsangaben der Hörfunk-Sendungen sämtlicher ARD-Anstalten zum 17. Juni 1953 und zum Tag der deutschen Einheit 1953–1994
- Verzeichnis und Inhaltsangaben der Mitschnitte von Nachrichten des Rundfunks der DDR

Franz-Neumann-Archiv (FNA), Berlin
- NL Franz Neumann
  Ordner 17. Juni

Landesbildstelle Berlin/Zentrum für audio-visuelle Medien/Bildarchiv (LB), Berlin
- Fotosammlung „Tag der deutschen Einheit“

2. Periodika

Augsburger Allgemeine Zeitung
Badische Neueste Nachrichten
Badische Zeitung
Basler Nationalzeitung
Bayernkurier
Berliner Liberale Zeitung
Berliner Morgenpost
Berliner Stimme
Bild am Sonntag
Bild-Zeitung

Bonner Rundschau
Bulletin des Presse- und Informationsamtes der Bundesregierung
Christlich-demokratischer Pressedienst
Darmstädter Tagblatt
Das Parlament
Der Staatsbürger. Beilage der Bayerischen Staatszeitung
Der Spiegel
Der Stern
Der Tag
Der Tagesspiegel
Der Telegraf
Deutsche Nachrichten
Deutsche Nationalzeitung
Deutsche Stimme
Deutsche Zeitung/Christ und Welt
Deutsche Zeitung und Wirtschaftszeitung
Deutsches Allgemeines Sonntagsblatt
Deutsches Monatsblatt
Deutschland-Magazin
Deutschland-Union-Dienst
Die Neue Zeitung
Die Stimme
Die Tat
Die Welt
Die Zeit
Evangelischer Pressedienst
Express
Fränkisches Volksblatt
Frankfurter Allgemeine Zeitung
Frankfurter Rundschau
freie demokratische korrespondenz
Fuldaer Zeitung
General-Anzeiger
Gewerkschaftliche Monatshefte
Hannoversche Allgemeine Zeitung
Hannoversche Presse
Hessische Allgemeine Zeitung
Informationen des Bayerischen Staatsministeriums für Kultus und Unterricht
International Harald Tribune
Jahrbuch der sozialdemokratischen Partei Deutschlands
Kieler Nachrichten
Kölnische Rundschau
Landespressedienst Berlin
Le Figaro
Leipziger Volkszeitung
Le Monde

liberal
Lippische Landeszeitung
Ludwigsburger Kreiszeitung
Mannheimer Morgen
Metall
Münchner Merkur
Neue Cuxhavener Zeitung
Neue Presse
Neue Ruhr Zeitung
Neue Zürcher Zeitung
Neuer Vorwärts
Neues Deutschland
Neues Vaterland
Niedersachsen-Spiegel
Nürnberger Nachrichten
Offenbach Post
Ost-West-Kurier
Rheinischer Merkur
Rhein-Neckar-Zeitung
Rheinische Post
Rhein-Zeitung
Saarbrücker Zeitung
Schwarzwälder Bote
Siegener Zeitung
Sozialdemokratischer Pressedienst
Stader Tageblatt
Stuttgarter Zeitung
Süddeutsche Zeitung
Tägliche Rundschau
Time and Tide
Tölzer Bote
U.S. Archiv-Dienst
Vorwärts
Weltbild
Weserkurier
Westdeutsche Allgemeine Zeitung
Westfälisches Volksblatt
Wiesbadener Kurier
Zeitmagazin

3. Gedruckte Quellen und Literatur

Abélès, Marc, Die Inszenierung der republikanischen Nation durch François Mitterrand, in: Etienne François/Hannes Siegrist/Jakob Vogel (Hrsg.), Nation und Emotion. Deutschland und Frankreich im Vergleich. 19. und 20. Jahrhundert, Göttingen 1995, S. 274–288.

Abélès, Marc/Werner Rossade (Hrsg.), Politique Symbolique en Europe. Symbolische Politik in Europa, Berlin 1993.

Abusch, Alexander, Der Irrweg einer Nation. Ein Beitrag zum Verständnis der deutschen Geschichte, Berlin 1946.

Ackermann, Volker, Der „echte Flüchtling". Deutsche Vertriebene und Flüchtlinge aus der DDR 1945–1961, Osnabrück 1995.

Ders., Integration – Begriff, Leitbilder, Probleme, in: Mathias Beer (Hrsg.), Zur Integration der Flüchtlinge und Vertriebenen im deutschen Südwesten nach 1945, Sigmaringen 1994, S. 11–26.

Adenauer, Konrad, Erinnerungen, Bd. 2, 1953–1955, Stuttgart 1966.

Ders., Briefe 1951–1953, hrsg. v. Rudolf Morsey u. Hans-Peter Schwarz, Berlin 1987.

Adolph, Bernd, Die Anfänge des Forschungsbeirats für Fragen der Wiedervereinigung, in: DA 28 (1995), S. 1048–1064.

Adomeit, Hannes, Imperial Overstrech. Germany in soviet Policy from Stalin to Gorbaschev. An Analysis based on New Archival Evidence, Memoirs and Interviews, Baden-Baden 1998.

Adorno, Theodor W., Was bedeutet Aufarbeitung der Vergangenheit, in: Eingriffe. Neun kritische Modelle, Frankfurt a. M. 1963, S. 125–146.

Afflerbach, Holger/Christoph Cornelißen (Hrsg.), Sieger und Besiegte. Materielle und ideelle Neuorientierung nach 1945, Tübingen/Basel 1997.

Agulhon, Maurice, Marianne au combat. L'imagerie et les symboliques républicaines de 1789 à 1880, Paris 1979.

Ders., Marianne au pouvoir. L'imagerie et les symboliques républicaines de 1880 à 1914, Paris 1989.

Albertin, Lothar, Das theoriearme Jahrzehnt der Liberalen, in: Axel Schildt/Arnold Sywottek (Hrsg.), Modernisierung im Wiederaufbau. Die westdeutsche Gesellschaft der 50er Jahre, Bonn 1993, S. 659–676.

Albrich, Thomas, „Es gibt keine jüdische Frage". Zur Aufrechterhaltung des österreichischen Opfermythos, in: Rolf Steininger (Hrsg.), Der Umgang mit dem Holocaust. Europa – USA – Israel, Wien/Köln/Weimar 1994, S. 147–166.

Alexander, Jeffrey (Ed.), Durkheimian Sociology. Cultural Studies, Cambridge usw. 1992.

Allemann, Fritz René, Bonn ist nicht Weimar, Köln 1956.

Almond, Gabriel A./Sidney Verba, The Civic Culture. Political Attidudes and Democracy in five Nations, Princeton, New Jersey 1963.

Anderson, Benedikt, Die Erfindung der Nation. Zur Karriere eines folgenreichen Konzepts, Frankfurt a. M./New York 1988.

Ansprache von Bundespräsident Th. Heuss in der Feierstunde anläßlich des Volkstrauertages am 16. November 1952 im Plenarsaal des Bundeshauses in Bonn, Bonn 1952.

Applegate, Celia, A Nation of Provincials. The German Idea of Heimat, Berkeley/Los Angeles/Oxford 1990.

Arndt, Ernst Moritz, Der Rhein. Deutschlands Strom, aber nicht Deutschlands Gränze, Leipzig 1813.

Ders., Ein Wort über die Feier der Leipziger Schlacht, Leipzig 1814.

Assmann, Aleida, Arbeit am nationalen Gedächtnis. Eine kurze Geschichte der deutschen Bildungsidee, Frankfurt a. M./New York 1993.

Dies./Dietrich Harth (Hrsg.), Mnemosyne. Formen und Funktionen der kulturellen Erinnerung, Frankfurt a. M. 1991.

Assmann, Jan, Das kulturelle Gedächtnis. Schrift, Erinnerung und Identität in frühen Hochkulturen, München 1992.

Ders., Frühe Formen politischer Mythomotorik. Fundierende, kontrapräsentische und revolutionäre Mythen, in: Dietrich Harth/ders. (Hrsg.), Revolution und Mythos, Frankfurt a. M. 1992, S. 39–61.

Ders., Der zweidimensionale Mensch: das Fest als Medium des kollektiven Gedächtnisses, in: ders. (Hrsg.), Das Fest und das Heilige. Religiöse Kontrapunkte zur Alltagswelt, Güterloh 1991, S. 13–30.

Aubert, Wilhelm, Interessenkonflikt und Wertkonflikt: Zwei Typen des Konflikts und der Konfliktlösung, in: Walter L. Bühl (Hrsg.), Konflikt und Konfliktstrategie, München 1972, S. 178–205.

Austin, John L., Zur Theorie der Sprechakte, Stuttgart 1972.

Auswärtiges Amt (Hrsg.), Gedenkfeier zum 150. Geburtstag des Reichskanzlers Fürst Otto von Bismarck, Bonn 1965.

Azaryahu, Maoz, Renaming the past. Changes in city-texts in Germany and Austria 1945–1947, in: History and Memory 4 (1990), S. 71–95.

Ders., Street names and political Identity: The case of East Berlin, in: Journal of Contemporary History 21 (1986), S. 204–217.

Ders., What is to be remembered. The struggle over street names in Berlin 1921–1930, in: Tel Aviver Jahrbuch für Deutsche Geschichte 17 (1988), S. 241–258.

Bach, Wolfgang, Geschichte als politisches Argument. Eine Untersuchung an ausgewählten Debatten des Deutschen Bundestages, Stuttgart 1977.

Bahr, Egon, Zu meiner Zeit, München 1996.

Baring, Arnulf, Außenpolitik in Adenauers Kanzlerdemokratie. Bonns Beitrag zur europäischen Verteidigungsgemeinschaft, München 1969 (Neuaufl. u.d.T.: Im Anfang war Adenauer, München 1982).

Ders., Der 17. Juni 1953, Stuttgart [2]1983.

Ders., Machtwechsel. Die Ära Brandt-Scheel, München 1984.

Ders., Diplomatie, Politik und Zeitgeschichte. Mr. Bundesrepublik: Walter Scheel, in: Hans-Dietrich Genscher (Hrsg.), Heiterkeit und Härte. Festschrift zum 65. Geburtstag von Walter Scheel, Stuttgart 1984, S. 19–46.

Ders., Deutschland, was nun? Ein Gespräch mit Dirk Rumberg und Wolf Jobst Siedler, Berlin 1991.

Bartel, Horst/Walter Schmidt, Neue Probleme der Geschichtswissenschaft in der DDR. Zur bisherigen Auswertung des VIII. Parteitages der SED durch die Historiker, in: ZfG 20 (1972), S. 797–817.

Dies., Sozialismus und historisches Erbe in der DDR, in: Einheit 2 (1984), S. 111–119.

Bartetzko, Dieter, Denkmal für den Aufbau Deutschlands. Die Paulskirche in Frankfurt am Main, Königstein/Ts. 1998.

Bauer, Franz J., Gehalt und Gestalt in der Monumentalsymbolik. Zur Ikonographie des Nationalstaats in Deutschland und Italien 1860–1914, München 1992.

Bauerkämper, Arnd/Martin Sabrow/Bernd Stöver (Hrsg.), Doppelte Zeitgeschichte. Deutsch-deutsche Beziehungen 1945–1990, Bonn 1998.

Becker, Joseph (Hrsg.), 30 Jahre Bundesrepublik. Traditionen und Wandel, München 1979.

Beer, Mathias, Im Spannungsfeld von Politik und Zeitgeschichte. Das Großforschungsprojekt „Dokumentation der Vertreibung der Deutschen aus Ost-Mitteleuropa, in: VfZ 46 (1998), S. 345–390.

Behrenbeck, Sabine, Der Kult um die toten Helden. Nationalsozialistische Mythen, Riten und Symbole 1923–1945, Vierow bei Greifswald 1996.

Behrendt, Richard F., Problem und Verantwortung des Abendlandes in einer revolutionären Welt, Tübingen 1956.

Ders., Der Mensch im Licht der Soziologie, Stuttgart [2]1963.

Bellah, Robert N., Zivilreligion in Amerika, in: Heinz Kleger/Alois Müller (Hrsg.), Religion des Bürgers. Zivilreligion in Amerika und Europa, München 1986, S. 19–41.

Bender, Peter, Deutsche Parallelen. Anmerkungen zu einer gemeinsamen Geschichte zweier getrennter Staaten, Berlin 1989.

Ders., Der goldene Angelhaken. Entspannungspolitik und Systemwandel, in: APUZ B14 (1994), S. 11–15.

Ders., Die „Neue Ostpolitik“ und ihre Folgen. Vom Mauerbau bis zur Vereinigung, 3., überarb. und erw. Aufl., München 1995.

Ders., Episode oder Epoche? Zur Geschichte des geteilten Deutschland, München 1996.

Benz, Wolfgang, Die Gründung der Bundesrepublik. Von der Bizone zum souveränen Staat, München [3]1989.

Ders., Die Abwehr der Vergangenheit. Ein Problem nur für Historiker und Moralisten?, in: Dan Diner (Hrsg.), Ist der Nationalsozialismus Geschichte? Zu Historisierung und Historikerstreit, Frankfurt a. M. 1987, S. 17–33.

Ders. (Hrsg.), Legenden, Lügen, Vorurteile. Ein Lexikon zur Zeitgeschichte, München 1990.

Ders./Plum, Günter/Röder, Werner (Hrsg.), Einheit der Nation. Diskussionen und Konzeptionen zur Deutschlandpolitik der großen Parteien seit 1945, Stuttgart 1978.

Berding, Helmut (Hrsg.), Nationales Bewußtsein und kollektive Identität. Studien zur Entwicklung des kollektiven Bewußtseins in der Neuzeit, Bd. 2, Frankfurt a. M. 1994.

Ders. (Hrsg.), Mythos und Nation. Studien zur Entwicklung des kollektiven Bewußtseins in der Neuzeit, Bd. 3, Frankfurt a. M. 1996.

Berger, Peter L./Thomas Luckmann, Die gesellschaftliche Konstruktion der Wirklichkeit. Eine Theorie der Wissenssoziologie, Frankfurt a. M. 1969.

Berger, Siegfried, „Ich nehme das Urteil nicht an“ – Ein Berliner Streikführer des 17. Juni vor dem Sowjetischen Militärtribunal, Berlin 1998.

Berghahn, Volker, Fritz Fischer und seine Schüler, in: NPL 19 (1974), S. 145–154.

Ders., Geschichtswissenschaft und große Politik, in: APUZ B 11 (1987), S. 25–37.

Ders./Paul J. Friedrich, Otto A. Friedrich, ein politischer Unternehmer, Frankfurt a. M. 1993.

Bergmann, Werner, Antisemitismus in öffentlichen Konflikten. Kollektives Lernen in der politischen Kultur der Bundesrepublik 1949–1989, Frankfurt a. M./New York 1997.

Berg-Schlosser, Dirk, Entwicklung der Politischen Kultur in der Bundesrepublik Deutschland, in: APUZ B 7 (1990), S. 30–46.

Bergsdorf, Wolfgang, Herrschaft und Sprache. Studie zur politischen Terminologie der Bundesrepublik Deutschland, Pfullingen 1983.

Bessel, Richard/Ralph Jessen (Hrsg.), Die Grenzen der Diktatur. Staat und Gesellschaft in der DDR, Göttingen 1996.

Besson, Waldemar, Die Außenpolitik der Bundesrepublik. Erfahrungen und Maßstäbe, München 1970.

Beyme, Klaus von, Vier Jahrzehnte Wiederaufbau in der Bundesrepublik Deutschland, in: APUZ B 6/7 (1989), S. 33–39.

Bickerich, Wolfram (Hrsg.), Die 13 Jahre. Bilanz der sozial-liberalen Koalition, Reinbek bei Hamburg 1982.

Bilke, Jörg Bernhard, Preußentum und DDR-Sozialismus. Zum Geschichtsbild im SED-Staat, in: APUZ B 52–53 (1981), S. 23–37.

Birke, Adolf M., Nation ohne Haus. Deutschland 1945–1961, Berlin 1989.

Ders., Die Bundesrepublik Deutschland. Verfassung, Parlament und Parteien, München 1997.

Blackbourn, David/Geoff Eley, Mythen deutscher Geschichtsschreibung. Die gescheiterte bürgerliche Revolution von 1848, Frankfurt a. M. 1980.

Dies., The pecularities of German history. Bourgeois society and politics in the nineteenth-century Germany, Oxford/New York 1984.

Bleek, Wilhelm, Die Paulskirche in der politischen Ideengeschichte Deutschlands, in: APUZ B 3/4 (1998), S. 28–39.

Ders./Hanns Maul (Hrsg.), Ein ganz normaler Staat? Perspektiven nach 40 Jahren Bundesrepublik, München/Zürich 1989.

Bluhm, Harald, Zu Ikonographie und Bedeutung von Darstellungen der Befreiungskriege 1813/14 in der Staatsrepräsentation der DDR, in: Dieter Vorsteher (Hrsg.), Parteiauftrag: Ein neues Deutschland. Bilder, Rituale und Symbole der frühen DDR, Berlin 1996, S. 162–175.

Blumenberg, Hans, Arbeit am Mythos, Frankfurt a. M. 1979.

Blumenwitz, Dieter, Denk' ich an Deutschland. Antworten auf die Deutsche Frage, München 1989.

Ders./Gottfried Zieger (Hrsg.), Die deutsche Frage im Spiegel der Parteien, Köln 1989.

Bock, Petra, Von der Tribunal-Idee zur Enquete-Kommission. Zur Vorgeschichte der Enquete-Kommission des Bundestages „Aufarbeitung und Folgen der SED-Diktatur in Deutschland", in: DA 11 (1995), S. 1171–1183.

Dies., Vergangenheitspolitik im Systemwechsel. Die Politik der Aufklärung, Strafverfolgung, Disqualifizierung und Wiedergutmachung im letzten Jahr der DDR, Diss. Berlin 1998.

Dies./Edgar Wolfrum (Hrsg.), Umkämpfte Vergangenheit. Geschichtsbilder, Erinnerung und Vergangenheitspolitik im internationalen Vergleich, Göttingen 1999.

Bodensieck, Heinrich, Das Wiedervereinigungsgebot im westdeutschen Geschichtsunterricht, in: GWU 31 (1980), S. 205–229.

Bodnar, John, Remaking America. Public memory, Commemoration and Patriotism in the twentieth Century, Princeton 1992.

Bollenbeck, Georg, Bildung und Kultur. Glanz und Elend eines deutschen Deutungsmusters, Frankfurt a. M. 1994.

Boockmann, Hartmut, Die „Erinnerungsstätte für die Freiheitsbewegungen in der deutschen Geschichte" in Rastatt, in: GWU 28 (1977), S. 285–291.

Ders., Der Historiker Hermann Heimpel, Göttingen 1990.

Ders., Alte Straßen, neue Namen, in: GWU 45 (1994), S. 579–591.

Ders./Heinz Schilling/Hagen Schulze/Michael Stürmer, Mitten in Europa. Deutsche Geschichte, Berlin 1984.

Borcherding, Karl, Wege und Ziele der politischen Bildung in Deutschland. Eine Materialsammlung zur Entwicklung der politischen Bildung in den Schulen 1871–1965, München 1965.

Borries, Bodo von/Jörn Rüsen (Hrsg.), Geschichtsbewußtsein empirisch, Pfaffenweiler 1991.

Boßmann, Dieter (Hrsg.), Schüler über die Einheit der Nation. Ergebnisse einer Umfrage. Mit einem Vorwort von Dirk Sager, Frankfurt a. M. 1978.

Bosworth, R. J. B., Explaining Auschwitz and Hiroshima. History Writing and the Second Word War 1945–1990, London/New York 1993.

Bourdieu, Pierre, Zur Soziologie der symbolischen Formen, Frankfurt a. M. 1974.

Ders., Was heißt sprechen? Die Ökonomie des sprachlichen Tauschs, Wien 1990.

Ders., Die verborgenen Mechanismen der Macht, Hamburg 1992.

Bouvier, Beatrix W., Die Märzfeiern der sozialdemokratischen Arbeiter: Gedenktage des Proletariats – Gedenktage der Revolution, in: Dieter Düding/Peter Friedemann/Paul Münch (Hrsg.), Öffentliche Festkultur, Reinbek bei Hamburg 1988, S. 334–352.

Bracher, Karl Dietrich (Hrsg.), Europa in der Krise. Innengeschichte und Weltpolitik seit 1917, Frankfurt a. M. 1979.

Ders., Zeit der Ideologien. Eine Geschichte politischen Denkens im 20. Jahrhundert, Stuttgart 1982.

Ders., Politik und Zeitgeist. Tendenzen der siebziger Jahre, in: ders./Wolfgang Jäger/Werner Link, Republik im Wandel 1969–1974. Die Ära Brandt (= Geschichte der Bundesrepublik Deutschland, Bd. 5/1), Stuttgart 1986, S. 285–406.

Ders., Das Modewort Identität und die deutsche Frage. Exkurs über jüngere und jüngste Kontroversen, in: Frankfurter Allgemeine Zeitung, 9. 8. 1986.

Ders., Im Gespräch mit Werner Link: Von der Alten Geschichte zur Politikwissenschaft, in: NPL 42 (1997), S. 257–274.

Ders./Wolfgang Jäger/Werner Link, Republik im Wandel 1969–1974. Die Ära Brandt (= Geschichte der Bundesrepublik Deutschland, Bd. 5/1), Stuttgart 1986.

Brandt, Stefan (d.i. Klaus Harpprecht)/Klaus Bölling, Der Aufstand. Vorgeschichte, Geschichte und Deutung des 17. Juni, Stuttgart 1953.

Brandt, Willy, Arbeiter und Nation, Bonn 1954.

Ders., Begegnungen und Einsichten. Die Jahre 1960–1975, München [2]1978.

Ders., Erinnerungen, Berlin/Frankfurt a. M. 1994.

Brecht, Bertolt, Gesammelte Werke, Bd. 10, Frankfurt a.M. 1967.

Brinks, Jan Hermann, Die DDR-Geschichtswissenschaft auf dem Weg zur deutschen Einheit. Luther, Friedrich II. und Bismarck als Paradigmen historischen Wandels, Frankfurt a.M./New York 1992.

Ders., Einige Überlegungen zur politischen Instrumentalisierung Martin Luthers durch die deutsche Historiographie im 19. und 20. Jahrhundert, in: Zeitgeschichte 22 (1995), S. 233–248.

Brix, Emil/Hannes Stekl (Hrsg.), Der Kampf um das Gedächtnis. Öffentliche Gedenktage in Mitteleuropa, Wien 1997.

Brochhagen, Ulrich, Nach Nürnberg. Vergangenheitsbewältigung und Westbindung in der Ära Adenauer, Hamburg 1994.

Broszat, Martin, Plädoyer für eine Historisierung des Nationalsozialismus, in: Merkur 39 (1985), S. 373–385.

Ders./Klaus-Dietmar Henke/Hans Woller (Hrsg.), Von Stalingrad zur Währungsreform. Zur Sozialgeschichte des Umbruchs in Deutschland, München 1988.

Brüggemaier, Franz-Josef/Jürgen Kocka (Hrsg.), Geschichte von unten – Geschichte von innen. Kontroversen um Alltagsgeschichte, Hagen 1986.

Buchheim, Hans, Aktuelle Krisenpunkte des deutschen Nationalbewußtseins, Mainz 1967.

Bundesgesetzblatt 1949 ff.

Bundesministerium für gesamtdeutsche Frage (Hrsg.), Der Volksaufstand vom 17. Juni 1953. Denkschrift über den Juni-Aufstand in der sowjetischen Besatzungszone und in Ostberlin, Bonn 1953.

Dass. (Hrsg.), Der Volksaufstand vom 17. Juni 1953 in der sowjetischen Besatzungszone und in Ostberlin. Eine kartographische Darstellung, Bonn 1961.

Dass. (Hrsg.), Der Aufstand vom 17. Juni 1953. Denkschrift über den Juni-Aufstand in der Sowjetischen Besatzungszone und in Ost-Berlin, Bonn 1963.

Bundeszentrale für politische Bildung (Hrsg.), Gustav W. Heinemann: Zur Reichsgründung 1871. Zum 100. Geburtstag des ersten Deutschen Reichspräsidenten Friedrich Ebert, Bonn 1971.

Burke, Peter, Geschichte als soziales Gedächtnis, in: Aleida Assmann/Dietrich Harth (Hrsg.), Mnemosyne. Formen und Funktionen der kulturellen Erinnerung, Frankfurt a.M. 1991, S. 289 ff.

Burkhardt, Johannes, Geschichte als Argument in der habsburgisch-französischen Diplomatie. Der Wandel des frühneuzeitlichen Geschichtsbewußtseins in seiner Bedeutung für die Diplomatische Revolution von 1756, in: Rainer Babel (Hrsg.), Frankreich im europäischen Staatensystem der Frühen Neuzeit, Sigmaringen 1995.

Ders./Josef Becker/Stig Förster/Günter Kronenbitter, Lange und kurze Wege in den Ersten Weltkrieg. Vier Augsburger Beiträge zur Kriegsursachenforschung, Stamsried 1996.

Burrichter, Clemens/Günter Schödl (Hrsg.), „Ohne Erinnerung keine Zukunft". Zur Aufarbeitung von Vergangenheit in einigen europäischen Gesellschaften unserer Tage, Köln 1991.

Buruma, Ian, Erbschaft der Schuld. Vergangenheitsbewältigung in Deutschland und Japan, München 1994.

Buschfort, Wolfgang, Das Ostbüro der SPD. Von der Gründung zur Berlin-Krise, München 1991.

Ders., Luftballons als Feindobjekte, in: DA 27 (1994), S.276–279.

Calleo, David P., Legende und Wirklichkeit der deutschen Gefahr. Neue Aspekte zur Rolle Deutschlands in der Weltgeschichte von Bismarck bis heute, Bonn 1980.

CDU-Bundesvorstandsprotokolle 1950–1953. Adenauer: „Es mußte alles neu gemacht werden", bearb. v. Günter Buchstab, Düsseldorf 1986.

Chartier, Roger, Die unvollendete Vergangenheit. Geschichte und Macht der Weltauslegung, Berlin 1989.

Childers, Thomas, The Social Language of Politics in Germany. The Sociology of Political Discourse in the Weimar Republic, in: AHR 95 (1990), S.331–358.

Cohen, Sande, Historical Culture. On the Recording of an Academic Discipline, Berkeley 1986.

Conan, Eric/Henry Rousso, Vichy, un passé qui ne passe pas, Paris 1994.

Connerton, Peter, How societies remember, Cambridge 1989.

Conze, Werner, Die deutsche Nation – Ergebnis der Geschichte, Göttingen [2]1965.

Ders. (Hrsg.), Theorie der Geschichtswissenschaft und Praxis des Geschichtsunterrichts, Stuttgart 1972.

Ders., Staats- und Nationalpolitik. Kontinuität und Neubeginn, in: ders./M. Rainer Lepsius (Hrsg.), Sozialgeschichte der Bundesrepublik Deutschland. Beiträge zum Kontinuitätsproblem, Stuttgart 1983, S.441–467.

Ders./M. Rainer Lepsius (Hrsg.), Sozialgeschichte der Bundesrepublik Deutschland. Beiträge zum Kontinuitätsproblem, Stuttgart 1983.

Cornelißen, Christoph, Geschichtswissenschaft und Politik im Gleichschritt? Zur Geschichte der deutschen Geschichtswissenschaft im 20. Jahrhundert in: NPL 42 (1997), S.275–309.

Courtois, Stéphane/Nicolas Werth/Jean-Louis Panné/Andrzej Paczkowski/Karel Bartosek/Jean-Louis Margolin, Le Livre noir du communisme. Crimes, terreur, répression, Paris 1997.

Dahrendorf, Ralf, Die Funktion sozialer Konflikte, in: ders., Gesellschaft und Freiheit, München 1961, S.112–131.

Ders., Gesellschaft und Demokratie in Deutschland, München 1965.

Daniel, Ute, Die Politik der Propaganda. Zur Praxis gouvernementaler Selbstrepräsentation vom Kaiserreich bis zur Bundesrepublik, in: dies./Wolfram Siemann (Hrsg.), Propaganda. Meinungskampf, Verführung und politische Sinnstiftung 1789–1989, Frankfurt a.M. 1994, S.44–82.

Dann, Otto, Nation und Nationalismus in Deutschland 1770–1990, 3., überarb. u. erw. Aufl., München 1996.

Ders., Nationale Fragen in Deutschland: Kulturnation, Volksnation, Reichsnation, in: Etienne François/Hannes Siegrist/Jakob Vogel (Hrsg.), Nation und Emotion. Deutschland und Frankreich im Vergleich. 19. und 20. Jahrhundert, Göttingen 1995, S.66–82.

Danyel, Jürgen (Hrsg.), Die geteilte Vergangenheit. Zum Umgang mit Nationalsozialismus und Widerstand in den beiden deutschen Staaten, Berlin 1995.

Ders., Politische Rituale als Sowjetimporte, in: Konrad Jarausch/Hannes Siegrist (Hrsg.), Amerikanisierung und Sowjetisierung in Deutschland 1945–1970, Frankfurt a.M./New York 1997, S.67–86.

Decher, Helmut (Hrsg.), 30 Jahre Bundesrepublik Deutschland. Bilder, Daten, Dokumente, Bielefeld 1979.

Delaisi, Francis, Political Myths and Economic Realities. Reprint Port Washington, N.J., London 1971 (1927).

Demandt, Alexander, Geschichte als Argument. Drei Formen politischen Zukunftsdenkens im Altertum, Konstanz 1972.

Der 17. Juni – vierzig Jahre danach. Podiumsdiskussion mit Lutz Niethammer, Arnulf Baring, Jochen Černy, Monika Kaiser, Armin Mitter und Ilse Spittmann, in: Jürgen Kocka/Martin Sabrow (Hrsg.), Die DDR als Geschichte. Fragen – Hypothesen – Perspektiven, Berlin 1994, S.40–66.

Deutsche Geschichte und politische Bildung. Öffentliche Anhörung des Ausschusses für innerdeutsche Beziehungen des Deutschen Bundestages 1981, in: Zur Sache 1981, Nr.2.

Deutscher Bundestag, Drucksachen

Ders. (Hrsg.), Materialien der Enquete-Kommission „Aufarbeitung von Geschichte und Folgen der SED-Diktatur in Deutschland“ (12. Wahlperiode), neun Bände in 18. Teilbänden, Baden-Baden/Frankfurt a.M. 1995.

Deutschlandpolitik. Öffentliche Anhörung des Ausschusses für innerdeutsche Beziehungen des Deutschen Bundestages 1977, in: Zur Sache 1977, Nr.4.

Die deutsche Frage im Unterricht. Beschluß der Kultusministerkonferenz vom 23. November 1978, in: GWU 30 (1978), S.343–356.

Die deutsche Frage in der politischen Bildung. Öffentliche Anhörung des Ausschusses für innerdeutsche Beziehungen des Deutschen Bundestages 1978, in: Zur Sache 1978, Nr.2.

Die Kabinettsprotokolle der Bundesregierung, Bd.6: 1953, bearb. v. Ulrich Endes und Konrad Rüser, hrsg. für das Bundesarchiv von Hans Booms, Boppard 1989.

Diedrich, Torsten, Der 17. Juni 1953 in der DDR. Bewaffnete Gewalt gegen das Volk, Berlin 1991.

Ders., Putsch – Volksaufstand – Arbeitererhebung? Zur Arbeitererhebung 1953 in der deutschen Geschichtsschreibung, in: APUZ B 25 (1993), S.3–11.

Diers, Michael, Ewig und drei Tage. Erkundungen des Ephemeren – zur Einführung, in: ders., Mo(nu)mente. Formen und Funktionen ephemerer Denkmäler, Berlin 1993.

Diesener, Gerald/Rainer Gries (Hrsg.), Propaganda in Deutschland. Zur Geschichte der politischen Massenbeeinflussung im 20. Jahrhundert, Darmstadt 1996.

Diner, Dan (Hrsg.), Ist der Nationalsozialismus Geschichte? Zu Historisierung und Historikerstreit, Frankfurt a.M. 1987.

Ders., Kreisläufe. Nationalsozialismus und Gedächtnis, Berlin 1995.

Dipper, Christof, Modernisierung des Nationalsozialismus, in: NPL 36 (1991), S.450–456.

Ders., Warum werden deutsche Historiker nicht gelesen? Anmerkungen zur Goldhagen-Debatte, in: Johannes Heil/Rainer Erb (Hrsg.), Geschichtswissenschaft und Öffentlichkeit. Der Streit um Daniel J. Goldhagen, Frankfurt a.M. 1998, S.93–109.

Ders., Zwischen „Historikerstreit" und der Debatte über „Nationalsozialismus und Moderne", in: Gertraud Diendorfer/Gerhard Jagschitz/Oliver Rathkolb (Hrsg.), Zeitgeschichte im Wandel. 3. Österreichische Zeitgeschichtstage 1997, Innsbruck/Wien 1998, S.110–121.

Ders./Ulrich Speck (Hrsg.), 1848. Revolution in Deutschland, Frankfurt a.M./Leipzig 1998.

Diwald, Hellmut, Geschichtsbild und Geschichtsbewußtsein im gegenwärtigen Deutschland, in: Saeculum 28 (1978), S.22–30.

Ders., Geschichte der Deutschen, Frankfurt a.M. 1978.

Dönhoff, Marion Gräfin/Rudolf Walter Leonhardt/Theo Sommer, Reise in ein fernes Land. Bericht über Kultur, Wirtschaft und Politik in der DDR, Hamburg 1964.

Doering-Manteuffel, Anselm, „Verzicht ist Verrat" – Beharrung und Wandel in den deutschlandpolitischen Vorstellungen der Bundestagsparteien 1949–1966, in: Jahrbuch für die Geschichte Mittel- und Ostdeutschlands 29 (1980), S.120–130.

Ders., Die Bundesrepublik Deutschland in der Ära Adenauer. Außenpolitik und innere Entwicklung 1949–1963, Darmstadt [2]1988.

Ders., Konrad Adenauer – Jakob Kaiser – Gustav Heinemann: Deutschlandpolitische Positionen in der CDU, in: Jürgen Weber (Hrsg.), Die Republik der fünfziger Jahre. Adenauers Deutschlandpolitik auf dem Prüfstand, München 1989, S.18–46.

Ders., Strukturmerkmale der Kanzlerdemokratie, in: Der Staat 30 (1991), S.1–18.

Ders., Deutsche Zeitgeschichte nach 1945. Entwicklung und Problemlagen der historischen Forschung zur Nachkriegszeit, in: VfZ 41 (1993), S.1–29.

Ders., Dimensionen von Amerikanisierung in der deutschen Gesellschaft, in: AfS 35 (1995), S.1–34.

Ders., Die innerdeutsche Grenze im nationalpolitischen Diskurs der Adenauer-Zeit, in: Bernd Weisbrod (Hrsg.), Grenzland. Beiträge zur Geschichte der deutsch-deutschen Grenze, Hannover 1993, S.127–140.

Dörner, Andreas, Politischer Mythos und symbolische Politik. Sinnstiftung durch symbolische Formen am Beispiel des Hermannsmythos, Opladen 1995.

Dokumente der Sozialistischen Einheitspartei Deutschlands, Bd. II, Berlin (Ost) 1951.

Dorpalen, Andreas, Die Revolution von 1848 in der Geschichtsschreibung der DDR, in: HZ 210 (1970), S.324–368.

Ders., Rückschau auf Preußen. Zur Position der DDR-Geschichtswissenschaft, in: Dirk Blasius (Hrsg.), Preußen in der deutschen Geschichte, Königstein/Ts. 1980, S.79–91.

Ders., German History in Marxist Perspective: The East German Approach, Detroit 1985.

Dowe, Dieter/Heinz-Gerhard Haupt/Dieter Langewiesche (Hrsg.), Europa 1848. Revolution und Reform, Bonn 1998.

Drewitz, Ingeborg, Das Karussell, Göttingen 1962.

Dreyer, Michael/Oliver Lembcke, Die deutsche Diskussion um die Kriegsschuldfrage 1918/19, Berlin 1993.

Düding, Dieter, Das deutsche Nationalfest von 1814: Matrix der deutschen Nationalfeste, in: ders. u. a. (Hrsg.), Öffentliche Festkultur. Politische Feste in Deutschland von der Aufklärung bis zum Ersten Weltkrieg, Reinbek bei Hamburg 1988, S. 67–88.

Durkheim, Emile, Die elementaren Formen des religiösen Lebens, Frankfurt a. M. 1981.

Dutschke, Rudi, Der Kommunismus, die despotische Verfremdung desselben und der Weg der DDR zum Arbeiteraufstand vom 17. Juni 1953, in: ders./Manfred Wilke (Hrsg.), Die Sowjetunion, Solschenizyn und die westliche Linke, Reinbek bei Hamburg, 1975, S. 117–149.

Ebert, Jens/Insa Eschenbach, „Rädelsführerin" und „SS-Kommandeuse", Erna Dorn und der 17. Juni, in: DA 27 (1994), S. 595–599.

Eckermann, Walter/Hubert Mohr (Hrsg.), Einführung in das Studium der Geschichte, Berlin (Ost) [3]1979.

Eckert, Rainer/Ilko-Sascha Kowalczuk/Isolde Stark (Hrsg.), Hure oder Muse. Klio in der DDR. Dokumente und Materialien des Unabhängigen Historikerverbandes, Berlin 1994.

Edelman, Murray, Politik als Ritual. Die symbolische Funktion staatlicher Institutionen und politischen Handelns, Frankfurt a. M. 1976.

Ehmke, Horst, Was ist des Deutschen Vaterland?, in: Jürgen Habermas (Hrsg.), Stichworte zur „Geistigen Situation der Zeit", Bd. 1, Frankfurt a. M. 1979, S. 51–76.

Ders., Mittendrin. Von der Großen Koalition zur Deutschen Einheit, Berlin 1994.

Ein dokumentarischer Bericht: Der Aufstand im Juni. Mit einem Geleitwort von Bundespräsident Prof. Dr. Theodor Heuss, Berlin 1954.

Elfert, Eberhard, Bestehende Denkmäler zum 17. Juni. Entstehung und Nutzung, in: Senatsverwaltung für Bauen, Wohnen und Verkehr (Berlin), Abteilung Städtebau und Architektur – Kunst im Stadtraum (Hrsg.), Symposium zum Denkmal für die Ereignisse des 17. Juni 1953 am 26. und 27. September 1996 in der Akademie der Künste. Dokumentation, Berlin 1997, S. 70–79.

Elliot, William J., The Constitution as the American Social Myth, in: Conyers Read (Ed.), The Constitution Reconsidered, New York 1938, S. 209–224.

Ellwein, Thomas, Krisen und Reformen. Die Bundesrepublik seit den sechziger Jahren, München [2]1993.

Engelmann, Bernt, Preußen. Land der unbegrenzten Möglichkeiten, München 1979.

Engelmann, Roger, Brüchige Verbindungen. Die Beziehungen zwischen FDP und LDPD 1956–1966, in: ders./Paul Erker, Annäherung und Abgrenzung. Aspekte deutsch-deutscher Beziehungen 1956–1969, München 1993, S. 13–132.

Entscheidungen des Bundesverfassungsgerichts, Bd. 36, Tübingen 1974.

Erdmann, Karl Dietrich, Die Frage nach dem „Geschichtsbild", in: GWU 28 (1977), S. 157–159.

Ders., Preußen – von der Bundesrepublik her gesehen, in: GWU 31 (1980), S. 335–353.

Erdmann, Karl Dietrich, Eine Geschichte der Bundesrepublik – vom übrigen Deutschland abgesehen, in: HZ 236 (1983), S. 97–103.

Ders., Drei Staaten – zwei Nationen – ein Volk? Überlegungen zu einer deutschen Geschichte der Teilung, in: GWU 36 (1985), S. 671–683.

Erdmann, Klaus, Der gescheiterte Nationalstaat. Die Interdependenz von Nations- und Geschichtsverständnis im politischen Bedingungsgefüge der DDR, Frankfurt a. M. usw. 1996.

Erinnerungsstätte für die Freiheitsbewegungen in der deutschen Geschichte. Katalog der ständigen Ausstellung, Koblenz 1984.

Erker, Paul, Zeitgeschichte als Sozialgeschichte. Forschungsstand und Forschungsdefizite, in: GG 19 (1993), S. 202–238.

Faber, Karl-Georg, Nationalität und Geschichte in der Frankfurter Nationalversammlung, in: Wolfgang Klötzer/Rainer Moldenhauer/Dieter Rebentisch (Hrsg.), Ideen und Strukturen der deutschen Revolution von 1848, Frankfurt 1974, S. 103–132.

Ders., Zum Einsatz historischer Aussagen als politisches Argument, in: HZ 21 (1975), S. 265–303.

Fäßler, Peter, Badisch, christlich und sozial. Zur Geschichte der BCSV/CDU im französisch besetzten Baden (1945–1952), Frankfurt a. M. 1994.

Faulenbach, Bernd, Ideologie des deutschen Weges. Die deutsche Geschichte in der Historiographie zwischen Kaiserreich und Nationalsozialismus, München 1980.

Ders., „Deutscher Sonderweg". Zur Geschichte und Problematik einer zentralen Kategorie des deutschen geschichtlichen Bewußtseins, in: APUZ B 33 (1981), S. 3–21.

Ders., NS-Interpretationen und Zeitklima. Zum Wandel in der Aufarbeitung der jüngsten Vergangenheit, in: APUZ B 22 (1987), S. 19–30.

Ders., Emanzipation von deutscher Tradition?, in: Werner Weidenfeld (Hrsg.), Politische Kultur und deutsche Frage. Materialien zum Staats- und Nationalbewußtsein in der Bundesrepublik Deutschland, Köln 1989, S. 73–92.

Ders., Probleme des Umgangs mit der Vergangenheit. Zur Gegenwartsdeutung der jüngsten Geschichte, in: Werner Weidenfeld (Hrsg.), Deutschland. Eine Nation – doppelte Geschichte. Materialien zum deutschen Selbstverständnis, Köln 1993, S. 175–190.

Ferro, Marc, Geschichtsbilder. Wie die Vergangenheit vermittelt wird. Beispiele aus aller Welt, Frankfurt a. M. 1991.

Fetscher, Iring, Rot-Preußen?, in: NG 28/1 (1981), S. 25–28.

Ders., Joseph Goebbels im Berliner Sportpalast 1943. „Wollt ihr den totalen Krieg?", Hamburg 1998.

Finkielkraut, Alain, La mémoire vaine, Paris 1989.

Fischer, Alexander/Günther Heydemann (Hrsg.), Geschichtswissenschaft in der DDR, Berlin 1988.

Fischer, Heike, Tannenberg – Denkmal und Hindenburgkult. Hintergrund eines Mythos, in: Michael Hütt/Hans-Joachim Kunst u. a. (Hrsg.), Unglücklich das Land, das Helden nötig hat. Leiden und Sterben in den Kriegsdenkmälern des Ersten und Zweiten Weltkrieges, Marburg 1990, S. 28–49.

Fischer, Fritz, Griff nach der Weltmacht. Die Kriegszielpolitik des kaiserlichen Deutschland 1914/18, Düsseldorf 1961.
Ders., Krieg der Illusionen. Die deutsche Politik von 1911 bis 1914, Düsseldorf 1969.
Ders., Hitler war kein Betriebsunfall. Aufsätze, München 1992.
Fischer, Kurt Gerhard/Joachim Rohlfes/Ernst-August Roloff/Hans Süssmuth, Welchen Beitrag kann der Geschichtsunterricht zur politischen Bildung leisten?, in: APUZ B 30/72, S. 3–37.
Fischer, Volker, Nostalgie. Geschichte und Kultur als Trödelmarkt, Luzern/Frankfurt a. M. 1980.
Förtsch, Eckart, Revision des Preußenbildes? Ein neuer wissenschaftlicher Ansatz in der DDR, in: DA 12 (1979), S. 168–173.
Fontana, Biancamaria (Ed.), The invention of the modern republic, Cambridge 1994.
Forster, Karl (Hrsg.), Gibt es ein deutsches Geschichtsbild? Studien und Berichte der katholischen Akademie in Bayern, Würzburg 1961.
Foschepoth, Josef (Hrsg.), Adenauer und die deutsche Frage. Zwölf Beiträge, Göttingen [2]1990.
Foucault, Michel, Archäologie des Wissens, Frankfurt a. M. 1973.
Ders., Die Ordnung des Diskurses. Mit einem Essay von Ralf Konersmann, Frankfurt a. M. 1997.
François, Etienne, L'Allemagne Fédérale se penche sur son passé, in: Vingtième Siècle 7 (1985), S. 151–163.
Ders., Naissance d'une Nation. Le musée historique allemand de Berlin, in: Vingtième Siècle 34 (1992), S. 69–84
Ders., Von der wiedererlangten Nation zur „Nation wider Willen". Kann man eine Geschichte der deutschen Erinnerungsorte schreiben?, in: ders./Hannes Siegrist/Jakob Vogel (Hrsg.), Nation und Emotion. Deutschland und Frankreich im Vergleich. 19. und 20. Jahrhundert, Göttingen 1995, S. 93–107.
Ders. (Hrsg.), Lieux de Mémoire. Erinnerungsorte. D'un modèle français à un projet allemand, Centre Marc Bloch (Cahier No. 6), Berlin 1996.
Ders./Hannes Siegrist/Jakob Vogel (Hrsg.), Nation und Emotion. Deutschland und Frankreich im Vergleich. 19. und 20. Jahrhundert, Göttingen 1995.
Ders./Hagen Schulze, Das emotionale Fundament der Nationen, in: Mythen der Nationen. Ein europäisches Panorama, hrsg. v. Monika Flacke, Berlin 1998, S. 17–32.
Frei, Alfred Georg/Walter Hochreiter, Der neue Museumsboom. Kultur für alle?, in: NPL 31 (1986), S. 385–397.
Frei, Norbert, Vergangenheitspolitik. Die Anfänge der Bundesrepublik und die NS-Vergangenheit, München 1996.
Ders., Treibhaus des Westens. Neue Literatur zur „Adenauer-Zeit", in: NPL 43 (1998), S. 278–289.
Freyer, Hans, Theorie des gegenwärtigen Zeitalters, Stuttgart 1955.
Friedländer, Saul/Martin Broszat, Um die Historisierung des Nationalsozialismus. Briefwechsel, in: VfZ 36 (1988), S. 339–372.

Füßmann, Klaus/Heinrich Theodor Grütter/Jörn Rüsen (Hrsg.), Historische Faszination. Geschichtskultur heute, Köln usw. 1994.

Fukuyama, Francis, Das Ende der Geschichte. Wo stehen wir?, München 1992.

Fulbrook, Mary, Germany 1918–1990. The divided nation, London 1991.

Dies., Methodologische Überlegungen zu einer Gesellschaftsgeschichte der DDR, in: Richard Bessel/Ralph Jessen (Hrsg.), Die Grenzen der Diktatur. Staat und Gesellschaft in der DDR, Göttingen 1996, S. 274–297.

Funke, Hajo, Bitburg, Jews and Germans: A Case Study of Anti-Jewish Sentiment in Germany during May, 1985, in: New German Critique 38 (1986), S. 57–72.

Furet, François, Das Ende der Illusion. Der Kommunismus im 20. Jahrhundert, München 1996.

Ders./Mona Ozouf (Hrsg.), The Transformation of Political Culture 1789–1848 (= The French Revolution and the Creation of Modern Culture, Bd. 3), Oxford etc. 1989.

Fussel, Peter, The Great War and the Modern Memory, Oxford 1975.

Gabbe, Jörg, Parteien und Nation. Zur Rolle des Nationalbewußtseins für die politischen Grundorientierungen der Parteien in der Anfangsphase der Bundesrepublik, Meisenheim am Glan 1976.

Gall, Lothar (Hrsg.), Das Bismarck-Problem in der Geschichtsschreibung nach 1945, Köln/Berlin 1975.

Ders., Die Bundesrepublik in der Kontinuität der deutschen Geschichte, in: HZ 239 (1984), S. 603–613.

Ders., Germania. Eine deutsche Marianne? Une Marianne allemande?, Bonn 1993.

Ders., Die Germania als Symbol nationaler Identität im 19. und 20. Jahrhundert (Nachrichten der Akademie der Wissenschaften in Göttingen, I. Philologisch-Historische Klasse), Göttingen 1993.

Ders./Klaus Hildebrand/Ulrich Löber/Horst Möller, Überlegungen und Vorschläge zur Errichtung eines Hauses der Geschichte der Bundesrepublik Deutschland, Bonn 1984.

Gallus, Alexander, Der 17. Juni im Deutschen Bundestag von 1954 bis 1990, in: APUZ B 25 (1993), S. 12–21.

Garbe, Detlef, Äußerliche Abkehr, Erinnerungsverweigerung und „Vergangenheitsbewältigung“: Der Umgang mit dem Nationalsozialismus in der frühen Bundesrepublik, in: Axel Schildt/Arnold Sywottek (Hrsg.), Modernisierung im Wiederaufbau. Die westdeutsche Gesellschaft der 50er Jahre, Bonn 1993, S. 693–716.

Garton Ash, Timothy, Im Namen Europas. Deutschland und der geteilte Kontinent, München/Wien 1993.

Gebhardt, Jürgen, Verfassungspatriotismus als Identitätskonzept der Nation, in: APUZ B 14, (1993) S. 29–37.

Gebhardt, Winfried, Fest, Feier und Alltag. Über die gesellschaftliche Wirklichkeit des Menschen und ihre Deutung, Frankfurt a. M./New York 1987.

Geertz, Clifford, Dichte Beschreibung. Beiträge zum Verstehen kultureller Systeme, Frankfurt a. M. 1987.

Gehlen, Arnold, Die Seele im technischen Zeitalter. Sozialpsychologische Probleme in der industriellen Gesellschaft, Reinbek bei Hamburg 1957.

Ders., Studien zur Anthropologie und Soziologie, Neuwied/Berlin 1962.

Geiss, Imanuel, Die Fischer-Kontroverse. Ein kritischer Beitrag zum Verhältnis zwischen Historiographie und Politik in der Bundesrepublik, in: ders., Studien über Geschichte und Geschichtswissenschaft, Frankfurt a.M. 1972, S. 108–198.

Ders., Geschichte bis in die Schulbücher, in: Heinrich Böll/Helmut Gollwitzer/Carlo Schmid (Hrsg.), Anstoß und Ermutigung. Gustav W. Heinemann Bundespräsident 1969–1974, Frankfurt a.M. 1974, S. 37–56.

Ders., Die Habermas-Kontroverse. Ein deutscher Streit, Berlin 1988.

Ders., Der Hysterikerstreit, Bonn/Berlin 1991.

Genscher, Hans-Dietrich, Erinnerungen, Berlin 1995.

Gerhards, Jürgen/Friedhelm Niedhardt, Strukturen und Funktionen moderner Öffentlichkeit. Fragestellungen und Ansätze, Berlin 1990.

Gersmann, Gudrun/Hubertus Kohle (Hrsg.), Frankreich 1815–1830. Trauma oder Utopie. Die Gesellschaft der Restauration und das Erbe der Revolution, Stuttgart 1993.

Gesamtdeutsches Institut (Hrsg.), 17. Juni 1953. Seminarmaterial zur Deutschen Frage, 2., erw. Aufl., Bonn 1985.

Gibas, Monika, „Die Republik, das sind wir!“ – Das propagandistische „Gesamtkunstwerk“ Zehnter Jahrestag der DDR als nachholendes Initiationsritual, in: Vorsteher, Dieter (Hrsg.), Parteiauftrag: Ein neues Deutschland. Bilder, Rituale und Symbole der frühen DDR, Berlin 1996, S. 217–235.

Dies./Rainer Gries, „Vorschlag für den Ersten Mai: die Führung zieht am Volk vorbei!“ Überlegungen zur Geschichte der Tribüne in der DDR, in: DA 28 (1995), S. 481–494.

Giesen, Bernhard, Die Intellektuellen und die Nation. Eine deutsche Achsenzeit, Frankfurt a.M. 1993.

Gilcher-Holtey, Ingrid, Kulturelle und symbolische Praktiken: das Unternehmen Pierre Bourdieu, in: Wolfgang Hardtwig/Hans-Ulrich Wehler (Hrsg.), Kulturgeschichte Heute, Göttingen 1996, S. 111–130.

Dies. (Hrsg.), 1968 – Vom Ereignis zum Gegenstand der Geschichtswissenschaft, Göttingen 1998.

Gillis, John R. (Ed.), Commemorations. The Politics of National Identity, Princeton, N.J. 1994.

Glaeßner, Gert-Joachim (Hrsg.), Die Bundesrepublik in den siebziger Jahren. Versuch einer Bilanz, Opladen 1984.

Ders., Eine „Lebenslüge“ wird Wirklichkeit, in: DA 24 (1991), S. 403–407.

Glaser, Hermann, Kulturgeschichte der Bundesrepublik Deutschland. Bd. 2: Zwischen Grundgesetz und Großer Koalition 1949–1967, München/Wien 1986.

Ders., Kulturgeschichte der Bundesrepublik Deutschland. Bd. 3: Zwischen Protest und Anpassung 1968–1989, München/Wien 1989.

Ders., Deutsche Identitäten. Gesellschaft und Kultur im vereinigten Deutschland, in: APUZ B 13–14 (1996), S. 32–41.

Glassberg, David, American historical pageantry. The uses of tradition in the early twentieth century, Chapel Hill 1990.

Göhler, Gerhard (Hrsg.), Macht der Öffentlichkeit – Öffentlichkeit der Macht, Baden-Baden 1996.

Görtemaker, Manfred, Geschichte der Bundesrepublik Deutschland. Von der Gründung bis zur Gegenwart, München 1999.

Gollwitzer, Heinz, Zur Auffassung der mittelalterlichen Kaiserpolitik im 19. Jahrhundert. Eine ideologie- und wissenschaftsgeschichtliche Nachlese, in: Dauer und Wandel der Geschichte. Festgabe für Kurt von Raumer, hrsg. v. Rudolf Vierhaus und Manfred Botzenhart, Münster 1966, S. 483–512.

Goebel, Klaus/Wichelhaus, Manfred (Hrsg.), Aufstand der Bürger. Revolution 1849 im westdeutschen Industriezentrum. Mit einem Vorwort von Gustav Walter Heinemann, Wuppertal 1974.

Gosewinkel, Dieter, Adolf Arndt. Die Wiederbegründung des Rechststaats aus dem Geist der Sozialdemokratie (1945–1961), Bonn 1991.

Gradl, Johann Baptist, Für deutsche Einheit. Zeugnisse eines Engagements, hrsg. u. eingel. v. Karl Willy Beer, Stuttgart 1975.

Graml, Hermann, Nationalstaat oder westeuropäischer Teilstaat. Die sowjetischen Noten vom Jahre 1952 und die öffentliche Meinung in der Bundesrepublik Deutschland, in: VfZ 25 (1977), S. 821–864.

Ders., Die Legende von der verpaßten Gelegenheit. Zur sowjetischen Notenkampagne des Jahres 1952, in: VfZ 29 (1981), S. 307–341.

Ders., Die März-Note von 1952 – Legende und Wirklichkeit, Melle 1988.

Ders./Klaus-Dietmar Henke (Hrsg.), Nach Hitler. Der schwierige Umgang mit unserer Geschichte. Beiträge von Martin Broszat, München 1986.

Grass, Günter, Die Plebejer proben den Aufstand. Ein deutsches Trauerspiel, Neuwied/Berlin 1966.

Grebing, Helga, Der „deutsche Sonderweg" in Europa 1806–1945. Eine Kritik, Stuttgart 1986.

Gregory, Adrian, The Silence of Memory. Armistice Day 1919–1946, Oxford 1995.

Greiffenhagen, Martin, Die Aktualität Preußens. Fragen an die Bundesrepublik, Frankfurt a. M. 1981.

Ders., Die Bundesrepublik Deutschland 1945–1990. Reformen und Defizite der politischen Kultur, in: APUZ B 1/2 (1991), S. 16–26.

Ders. und Sylvia, Ein schwieriges Vaterland. Zur politischen Kultur Deutschlands, München [2]1979.

Gries, Rainer/Volker Ilgen/Dieter Schindelbeck, Gestylte Geschichte. Vom alltäglichen Umgang mit Geschichtsbildern, Münster 1989

Groh, Dieter/Peter Brandt, „Vaterlandslose Gesellen". Sozialdemokratie und Nation 1860–1990, München 1992.

Große-Kracht, Klaus, Gedächtnis und Geschichte: Maurice Halbwachs – Pierre Nora, in: GWU 47 (1996), S. 21–31.

Grotewohl, Otto, Die Lehren der Märzrevolution, Berlin (Ost) 1948.

Grütter, Heinrich Theodor, Warum fasziniert Vergangenheit? Perspektiven einer neuen Geschichtskultur, in: Klaus Füßmann/Heinrich Theodor Grütter/Jörn Rüsen (Hrsg.), Historische Faszination. Geschichtskultur heute, Köln/Weimar/Wien 1994, S. 45–57.

Habermas, Jürgen, Erkenntnis und Interesse, Frankfurt a. M. 1968.

Ders., Können komplexe Gesellschaften eine vernünftige Identität ausbilden?, in: ders., Zur Rekonstruktion des Historischen Materialismus, Frankfurt a.M. 1976, S. 92–126.

Ders. (Hrsg.), Stichworte zur „Geistigen Situation der Zeit", Bd. 1 Nation und Republik, Bd. 2 Politik und Kultur, Frankfurt a.M. 1979.

Ders., Diskursethik – Notizen zu einem Begründungsprogramm, in: ders., Moralbewußtsein und kommunikatives Handeln, Frankfurt a.M. 1983, S. 53–125.

Ders., Entsorgung der Vergangenheit, in: ders., Die neue Unübersichtlichkeit. Kleine Politische Schriften V., Frankfurt a.M. 1986, S. 261–268.

Ders., Vom öffentlichen Gebrauch der Historie, in: ders., Eine Art Schadensabwicklung. Kleine Politische Schriften VI., Frankfurt a.M. 1987, S. 137–148.

Ders., Geschichtsbewußtsein und posttraditionale Identität. Die Westorientierung der Bundesrepublik, in: ders., Eine Art Schadensabwicklung. Kleine Politische Schriften VI., Frankfurt a.M. 1987, S. 161–179.

Ders., Strukturwandel der Öffentlichkeit. Untersuchungen zu einer Kategorie der bürgerlichen Gesellschaft, (Neuaufl.) Frankfurt a.M. 1990.

Ders., Staatsbürgerschaft und nationale Identität, in: ders., Faktizität und Geltung. Beiträge zur Diskurstheorie des Rechts und des demokratischen Rechtsstaats, Frankfurt a.M. 1992, S. 632–660.

Ders., Aufarbeitung der Geschichte und Bestand der Demokratie, in: DA 27 (1994), S. 772–777.

Ders., Was bedeutet „Aufarbeitung der Vergangenheit" heute?, in: ders., Die Normalität einer Berliner Republik. Kleine Politische Schriften VII., Frankfurt a.M. 1995, S. 21–45.

Ders., Aus der Geschichte lernen?, in: ders., Die Normalität einer Berliner Republik. Kleine Politische Schriften VII., Frankfurt a.M. 1995, S. 9–18.

Ders., Vom öffentlichen Gebrauch der Historie. Warum ein „Demokratiepreis" für Daniel Goldhagen, in: Blätter für deutsche und internationale Politik, 42 (1997), S. 408–416.

Hacke, Christian, Nur Reformidylle und Entspannung? Die siebziger Jahre, in: Werner Weidenfeld (Hrsg.), Politische Kultur und deutsche Frage. Materialien zum Staats- und Nationalbewußtsein in der Bundesrepublik, Köln 1989, S. 93–111.

Ders., Die Außenpolitik der Bundesrepublik Deutschland. Weltmacht wider Willen, 2. aktual. u. erw. Aufl., Frankfurt a.M./Berlin 1997.

Hacker, Jens, Deutsche Irrtümer. Schönfärber und Helfershelfer der SED-Diktatur im Westen, Berlin/Frankfurt a.M. 1992.

Häberle, Peter, Feiertagsgarantien als kulturelle Identitätselemente des Verfassungsstaats, Berlin 1987.

Hättich, Manfred, Geschichtsbewußtsein in der Demokratie, in: Bernd Hey/Peter Steinbach (Hrsg.), Zeitgeschichte und politisches Bewußtsein, Köln 1986.

Haffner, Sebastian, Anmerkungen zu Hitler, Frankfurt a.M. 1978.

Ders., Preußen ohne Legende, Hamburg 1978.

Haftendorn, Helga, Das doppelte Mißverständnis. Zur Vorgeschichte des NATO-Doppelbeschlusses von 1979, in: VfZ 33 (1985), S. 244–287.

Dies., Sicherheit und Stabilität. Außenbeziehungen der Bundesrepublik Deutschland zwischen Ölkrise und NATO-Doppelbeschluß, München 1986.

Hagen, Manfred, Film- und Tonaufnahmen als Überrestquellen – Versuch einer thematisch-kritischen Bild- und Tonquellenedition zum 17. Juni 1953, in: GWU 41 (1990), S. 352–369.

Ders., DDR – Juni '53. Die erste Volkserhebung im Stalinismus, Stuttgart 1992.

Ders./Jochen Wendorf, Film-, Foto- und Tonquellen zum 17. Juni in Berlin. Kritischer Apparat. Institut für den Wissenschaftlichen Film, Göttingen 1992.

Hahn, Arnold, Kultische und säkulare Riten und Zeremonien in soziologischer Sicht, in: ders., Anthropologie des Kults, Freiburg usw. 1977, S. 51–81.

Halbwachs, Maurice, Das kollektive Gedächtnis, Frankfurt a. M. [2]1985.

Ders., Das Gedächtnis und seine sozialen Bedingungen, Frankfurt a. M. 1996.

Hallmann, Hans (Hrsg.), Revision des Bismarck-Bildes. Die Diskussion der deutschen Fachhistoriker, Darmstadt 1972.

Hallwirth, Uta, Auf der Suche nach einer neuen Identität? Zum nationalen Selbstverständnis in der westdeutschen Presse 1945–1955, Frankfurt a. M. usw. 1987.

Haltern, Utz, Geschichte und Bürgertum. Droysen – Sybel – Treitschke, in: HZ 259 (1994), S. 60–107.

Hammerstein, Notker, Geschichte als Arsenal. Geschichtsschreibung im Umfeld deutscher Humanisten, in: August Buck (Hrsg.), Geschichtsbewußtsein und Geschichtsschreibung in der Renaissance, Leiden 1989, S. 19–32.

Hanisch, Ernst, Die linguistische Wende. Geschichtswissenschaft und Literatur, in: Wolfgang Hardtwig/Hans-Ulrich Wehler (Hrsg.), Kulturgeschichte Heute, Göttingen 1996, S. 212–230.

Hanrieder, Wolfram F., Deutschland, Europa, Amerika.Die Außenpolitik der Bundesrepublik Deutschland 1949–1994, 2., völlig überarb. u. erw. Aufl., Paderborn 1995.

Hardtwig, Wolfgang, Geschichtsstudium, Geschichtswissenschaft und Geschichtstheorie in Deutschland von der Aufklärung bis zur Gegenwart, in: ders., Geschichtskultur und Wissenschaft, München 1990, S. 13–57.

Ders., Erinnerung, Wissenschaft, Mythos. Nationale Geschichtsbilder und politische Symbole in der Reichsgründungsära und im Kaiserreich, in: ders., Geschichtskultur und Wissenschaft, München 1990, S. 224–263.

Ders., Von Preußens Aufgabe in Deutschland zu Deutschlands Aufgabe in der Welt, in: ders., Geschichtskultur und Wissenschaft, München 1990, S. 103–160.

Ders., Nationsbildung und politische Mentalität. Denkmal und Fest im Kaiserreich, in: ders., Geschichtskultur und Wissenschaft, München 1990, S. 264–301.

Ders., Der bezweifelte Patriotismus – nationales Bewußtsein und Denkmal 1786 bis 1933, in GWU 44 (1993), S. 773–785.

Ders. (Hrsg.), Revolution in Deutschland und Europa. 1848/49, Göttingen 1998.

Ders./Hans-Ulrich Wehler (Hrsg.), Kulturgeschichte Heute, Göttingen 1996.

Hattenhauer, Hans, Deutsche Nationalsymbole. Zeichen und Bedeutung, München 1984.

Haupt, Heinz-Gerhard/Jürgen Kocka (Hrsg.), Geschichte und Vergleich. Ansätze und Ergebnisse international vergleichender Geschichtsschreibung, Frankfurt a. M./New York 1996.

Ders./Charlotte Tacke, Die Kultur des Nationalen. Sozial- und kulturgeschichtliche

Ansätze bei der Erforschung des europäischen Nationalismus im 19. und 20. Jahrhundert, in: Wolfgang Hardtwig/Hans-Ulrich Wehler (Hrsg.), Kulturgeschichte Heute, Göttingen 1996, S. 255–283.

Haupts, Leo, Die Blockparteien in der DDR und der 17. Juni 1953, in: VfZ 40 (1992), S. 383–412.

Haus der Geschichte Baden-Württemberg (Hrsg.), Bibliographie zur Revolution von 1848/49 mit besonderer Berücksichtigung Südwestdeutschlands, Stuttgart 1998.

Heck, Thomas, E., EKD und Entspannung. Die Evangelische Kirche in Deutschland und ihre Bedeutung für die Ost- und Deutschlandpolitik bis 1969, Frankfurt a. M. 1996.

Heehs, Peter, Myth. History and Theory, in: History and Theory 33 (1994), S. 1–19.

Hehl, Ulrich von, Kampf um die Deutung. Der Nationalsozialismus zwischen „Vergangenheitsbewältigung", Historisierungspostulat und „neuer Unbefangenheit", in: HJb 117/II (1997), S. 406–436.

Hehn, Jürgen von, Die Sowjetisierung des Geschichtsbildes in Mitteldeutschland, in: Europa-Archiv 9 (1954), S. 6938.

Heidemeyer, Helge, Flucht und Zuwanderung aus der SBZ/DDR 1945/1949–1961. Die Flüchtlingspolitik der Bundesrepublik Deutschland bis zum Bau der Berliner Mauer, Düsseldorf 1994.

Heimpel, Hermann, Gedanken zu einer Selbstbesinnung der Deutschen, in: Die Sammlung 10 (September 1955), S. 425–429.

Ders., Kapitulation vor der Geschichte? Gedanken zur Zeit, Göttingen 1956.

Ders., Geschichte und Geschichtswissenschaft, in: VfZ 5 (1957), S. 1–17.

Hein, Dieter, Zwischen liberaler Milieupartei und nationaler Sammlungsbewegung. Gründung, Entwicklung und Struktur der Freien Demokratischen Partei 1945–1949, Düsseldorf 1985.

Heinemann, Gustav W. , Die Freiheitsbewegungen in der deutschen Geschichte, in: GWU 25 (1974), S. 601–610.

Ders. , Freimütige Kritik und demokratischer Rechtsstaat, in: APUZ B 20 (1976), S. 3–7.

Heinemann, Ulrich Die verdrängte Niederlage. Politische Öffentlichkeit und Kriegsschuldfrage in der Weimarer Republik, Göttingen 1983.

Heller, Hermann, Sozialismus und Nation, in: ders., Gesammelte Schriften, Bd. 1, Leiden 1971, S. 437–526.

Henke, Klaus-Dietmar, Die Trennung vom Nationalsozialismus. Selbstzerstörung, politische Säuberung, „Entnazifizierung", Strafverfolgung, in: ders./Hans Woller (Hrsg.), Politische Säuberung in Europa. Die Abrechnung mit Faschismus und Kollaboration nach dem Zweiten Weltkrieg, München 1991, S. 21–83.

Ders., Die amerikanische Besetzung Deutschlands, München 1995.

Henkys, Reinhard (Hrsg.), Deutschland und die östlichen Nachbarn. Beiträge zu einer evangelischen Denkschrift, Stuttgart 1966.

Hentschel, Volker, Ludwig Erhard. Ein Politikerleben, München und Landsberg am Lech 1996.

Herbert, Ulrich, Best. Biographische Studien über Radikalismus, Weltanschauung und Vernunft 1903–1989, Bonn 1996.

Herbert, Ulrich./Olaf Groehler (Hrsg.), Zweierlei Bewältigung. Vier Beiträge über den Umgang mit der NS-Vergangenheit in den beiden deutschen Staaten, Hamburg 1992.

Herbst, Ludolf, Option für den Westen. Vom Marshallplan bis zum deutsch-französischen Vertrag, München 1989.

Ders./Werner Bührer/Hanno Sowade (Hrsg.), Vom Marshallplan zur EWG. Die Eingliederung der Bundesrepulbik Deutschland in die westliche Welt, München 1990.

Herf, Jeffrey, Divided Memory. The Nazi Past in the Two Germanys, Cambridge/ Massachusetts 1997.

Hermlin, Stephan, Die Kommandeuse, in: Neue Deutsche Literatur 2 (1954), Heft 10.

Herz, Thomas/Michael Schwab-Tapp, Umkämpfte Vergangenheit. Diskurse über den Nationalsozialismus seit 1945, Opladen 1997.

Dies., Konflikte über den Nationalsozialismus nach 1945. Eine Theorie der politischen Kultur, in: dies, Umkämpfte Vergangenheit. Diskurse über den Nationalsozialismus seit 1945, Opladen 1997, S. 11–36.

Heß, Jürgen, Die Bundesrepublik auf dem Wege zur Nation?, in: NPL 26 (1981), S. 292–324.

Hesse, Jens Joachim/Thomas Ellwein, Das Regierungssystem der Bundesrepublik Deutschland, 2 Bde., 7., völlig neubearb. und erw. Aufl., Opladen 1992.

Hettling, Manfred/Paul Nolte (Hrsg.), Bürgerliche Feste. Symbolische Formen politischen Handelns im 19. Jahrhundert, Göttingen 1993.

Heuss, Alfred, Verlust der Geschichte, Göttingen 1959.

Heuss, Theodor, 1848. Werk und Erbe, Stuttgart 1948.

Heydemann, Günther, Geschichtswissenschaft im geteilten Deutschland. Entwicklungsgeschichte, Organisationsstruktur, Funktionen, Theorie- und Methodenprobleme in der Bundesrepublik Deutschland und in der DDR, Frankfurt a. M. usw. 1980.

Ders., Geschichtswissenschaft und Geschichtsverständnis in der DDR seit 1945, in: APUZ B 13 (1987), S. 15–26.

Ders., Die deutsche Revolution von 1848/49 als Forschungsgegenstand der Geschichtswissenschaft in der SBZ/DDR, in: Alexander Fischer/ders. (Hrsg.), Geschichtswissenschaft in der DDR, Bd. 2, Berlin 1990, S. 489–518.

Ders., Geschichtsbild und Geschichtspropaganda in der Ära Honecker. Die „Erbe-und-Tradition"-Konzeption der DDR, in: Ute Daniel/Wolfram Siemann (Hrsg.), Propaganda. Meinungskampf, Verführung und politische Sinnstiftung 1789–1989, Frankfurt a. M. 1994, S. 161–171.

Heym, Stefan, Fünf Tag im Juni, München 1974.

Hildebrand, Klaus, Von Erhard zur Großen Koalition 1963–1969 (= Geschichte der Bundesrepublik Deutschland, Bd. 4), Stuttgart 1984.

Hildebrandt, Rainer, Was lehrt uns der 17. Juni? Eine Denkschrift, Berlin 1954.

Ders., Als die Fesseln fielen. Neun Schicksale in einem Aufstand, Berlin 1956.

Hillgruber, Politische Geschichte in moderner Sicht, in: HZ 216 (1973), S. 529–552.

Historikerstreit. Die Dokumentation der Kontroverse um die Einzigartigkeit der nationalsozialistischen Judenvernichtung, München 1987

Hobsbawm, Eric J., Nationen und Nationalismus. Mythos und Realität seit 1780, Frankfurt a.M. 1991.

Ders., Das Zeitalter der Extreme. Weltgeschichte des 20. Jahrhunderts, München/Wien 1997.

Ders./Terence Ranger (Ed.), The Invention of Tradition, Cambridge 1983.

Hochgeschwender, Michael, Freiheit in der Offensive? Der Kongreß für kulturelle Freiheit und die Deutschen, München 1998.

Hochhuth, Rolf, Der Stellvertreter. Mit Essays von Jaspers, Muschg, Piscator und Golo Mann, Reinbek bei Hamburg 1997.

Hockerts, Hans Günter, Zeitgeschichte in Deutschland. Begriff, Methoden, Themenfelder, in: APUZ B 29/30 (1993), S. 3–19.

Hölscher, Lucian, Geschichte und Vergessen, in: HZ 249 (1989), S. 1–17.

Höpken, Wolfgang, Geschichte und Gewalt. Geschichtsbewußtsein im jugoslawischen Konflikt, in: Internationale Schulbuchforschung 15/1 (1993), S. 55–73.

Hofer, Walther, Geschichte zwischen Philosophie und Politik. Weltanschauung und Geschichtsbild in Deutschland, Basel 1956.

Hövel, Ernst (Hrsg.), Pax optima rerum. Beiträge zur Geschichte des Westfälischen Friedens 1648, Münster 1948.

Hoffmann, Christa, Stunden Null? Vergangenheitsbewältigung in Deutschland 1945 und 1989, Bonn/Berlin 1992.

Hoffmann, Dierk, Die Integration von Flüchtlingen und Vertriebenen nach 1945. Interdisziplinäre Ergebnisse und Forschungsperspektiven. Ein Forschungskolloquium des Instituts für Zeitgeschichte, Notiz in: VfZ 46 (1998), S. 551–554.

Hofmann, Jürgen/Schmidt, Walter, Forschungen zur Geschichte der Revolution von 1848/49, in: ZfG 28 (1980), S. 143–168.

Hrbek, Rudolf, Die SPD – Deutschland und Europa. Die Haltung der Sozialdemokratie zum Verhältnis von Deutschland-Politik und Westintegration (1945–1957), Bonn 1972.

Hübner, Peter, Arbeiterklasse als Inszenierung? Arbeiter und Gesellschaftspolitik in der SBZ/DDR, in: Richard Bessel/Ralph Jessen (Hrsg.), Die Grenzen der Diktatur. Staat und Gesellschaft in der DDR, Göttingen 1996, S. 205–232.

Hüser, Dietmar, Frankreichs „doppelte Deutschlandpolitik". Dynamik aus der Defensive – Planen, Entscheiden, Umsetzen in gesellschaftlichen und wirtschaftlichen, innen- und außenpolitischen Krisenzeiten 1944–1950, Berlin 1996.

Huhn, Jochen, Historische Identität als Dimension des Geschichtsbewußtseins, in: Uwe Uffelmann (Hrsg.), Identitätsbildung und Geschichtsbewußtsein nach der Vereinigung Deutschlands, Weinheim 1993, S. 9–34.

Hunt, Lynn, Symbole der Macht. Macht der Symbole. Die Französische Revolution und der Entwurf einer politischen Kultur, Frankfurt a.M. 1989.

Huntington, Samuel P., Der Kampf der Kulturen. Die Neugestaltung der Weltpolitik im 21. Jahrhundert, München/Wien 1997.

Hurwitz, Harald, Die Stalinisierung der SED. Zum Verlust von Freiräumen und sozialdemokratischer Identität in den Vorständen 1946–1949, Opladen 1997.

Iggers, Georg G., Die deutschen Historiker, in: Faulenbach, Bernd (Hrsg.), Geschichtswissenschaft in Deutschland, München 1974, S. 97 ff.

Iggers, Georg G., Neue Geschichtswissenschaft. Vom Historismus zur Historischen Sozialwissenschaft, München 1975.

Ders., Geschichtswissenschaft im 20. Jahrhundert. Ein kritischer Überblick im internationalen Zusammenhang, Göttingen 1993.

Ders., Zur „Linguistischen Wende" im Geschichtsdenken und in der Geschichtsschreibung, in: GG 21 (1995), S. 557–570.

Illustrierte Geschichte der Revolution von 1848/49, Berlin (Ost) 1973.

Jäckel, Eberhard/Ernst Weymar (Hrsg.), Die Funktion der Geschichte in unserer Zeit, Stuttgart 1975.

Jaeger, Friedrich, Bürgerliche Modernisierungskrise und historische Sinnbildung. Kulturgeschichte bei Droysen, Burckhardt und Max Weber, Göttingen 1994.

Jäger, Wolfgang, Historische Forschung und politische Kultur in Deutschland. Die Debatte 1914–1980 über den Ausbruch des Ersten Weltkrieges, Göttingen 1984.

Jäger, Wolfgang, Die Innenpolitik der sozial-liberalen Koalition 1969–1974, in: Karl Dietrich Bracher/Wolfgang Jäger/Werner Link, Republik im Wandel 1969–1974. Die Ära Brandt (= Geschichte der Bundesrepublik Deutschland, Bd. 5/1), Stuttgart 1986, S. 15–160.

Ders., Fernsehen und Demokratie. Scheinplebiszitäre Tendenzen und Repräsentation in den USA, Großbritannien, Frankreich und Deutschland, München 1992.

Ders./Werner Link, Republik im Wandel 1974–1982. Die Ära Schmidt (= Geschichte der Bundesrepublik Deutschland, Bd. 5/2), Stuttgart 1995.

Jahrbuch der öffentlichen Meinung 1947–1955.

James, Harold, Deutsche Identität 1770–1990, Frankfurt a. M./New York 1991.

Jansen, Silke, Zwei deutsche Staaten – zwei deutsche Nationen? Meinungsbilder zur deutschen Frage im Zeitablauf, in: DA 22 (1989), S. 1132–1143.

Jarausch, Konrad H., Die unverhoffte Einheit 1989–1990, Frankfurt a. M. 1995.

Ders., Die postnationale Nation. Zum Identitätswandel der Deutschen 1945–1995, in: Historicum (Frühling 1995), S. 30–35.

Ders., Normalisierung oder Re-Nationalisierung? Zur Umdeutung der deutschen Vergangenheit, in: GG 21 (1995), S. 571–584.

Ders. (Ed.), After Unity. Reconfiguring German Identities, Providence/Oxford 1997.

Ders., Realer Sozialismus als Fürsorgediktatur. Zur begrifflichen Einordnung der DDR, in: APUZ B 20 (1998), S. 33–46.

Ders./Hannes Siegrist (Hrsg.), Amerikanisierung und Sowjetisierung in Deutschland 1945–1970, Frankfurt a. M./New York 1997.

Ders./Georg G. Iggers/Mathias Middel/Martin Sabrow (Hrsg.), Die DDR-Geschichtswissenschaft (HZ-Sonderheft), München 1998.

Jaspers Karl, Die Atombombe und die Zukunft des Menschen. Politisches Bewußtsein in unserer Zeit, München 1958.

Ders., Freiheit und Wiedervereinigung. Über Aufgaben deutscher Politik, München 1960.

Ders., Wohin treibt die Bundesrepublik? Tatsachen, Gefahren, Chancen, München 1966.

Ders., Antwort. Zur Kritik meiner Schrift „Wohin treibt die Bundesrepublik?", München 1967.

Jeismann, Karl-Ernst, „Geschichtsbewußtsein“. Überlegungen zur zentralen Kategorie eines neuen Ansatzes der Geschichtsdidaktik, in: Hans Süßmuth (Hrsg.), Geschichtsdidaktische Positionen. Bestandsaufnahme und Neuorientierung, Paderborn 1980, S. 179–222.

Ders., Geschichte als Horizont der Gegenwart. Über den Zusammenhang von Vergangenheitsdeutung, Gegenwartsverständnis und Zukunftsperspektive, hrsg. u. eingel. von Wolfgang Jacobmeyer und Erich Kosthorst, Paderborn usw. 1985.

Ders., „Identität“ statt „Emanzipation? Zum Geschichtsbewußtsein in der Bundesrepublik, in: APUZ B 20–21 (1986), S. 3–16.

Ders. (Hrsg.), Einheit – Freiheit – Selbstbestimmung. Die Deutsche Frage im historisch-politischen Bewußtsein, Frankfurt a. M./New York 1988.

Ders./Siegfried Quandt (Hrsg.), Geschichtsdarstellung. Determinanten und Prinzipien, Göttingen 1982.

Ders./Erich Kosthorst/Bernd Schäfer/Karl Teppe/Maria Wasna, Die Teilung Deutschlands als Problem des Geschichtsbewußtseins. Eine empirische Untersuchung über Wirkungen von Geschichtsunterricht auf historische Vorstellungen und politische Urteile, Paderborn usw. 1987.

Jens, Walter, Wider die Isolation, in: ders., Republikanische Reden, München 1976, S. 139–146.

Jesse, Eckhard, Die deutsche Frage rediviva. Eine Auseinandersetzung mit der neueren Literatur, in: DA 17 (1984), S. 397–414.

Ders., Die Totalitarismusforschung und ihre Repräsentanten. Konzeptionen von Carl J. Friedrich, Hannah Arendt, Eric Voegelin, Ernst Nolte und Karl Dietrich Bracher, in: APUZ B 20 (1998), S. 3–18.

Jessen, Ralph, Die Gesellschaft im Staatssozialismus. Probleme einer Sozialgeschichte der DDR, in: GG 21 (1994), S. 96–110.

Johnson, Uwe, Das dritte Buch über Achim, Frankfurt a. M. 1961.

Kaelble, Hartmut/Jürgen Kocka/Hartmut Zwahr (Hrsg.), Sozialgeschichte der DDR, Stuttgart 1994.

Kallscheuer, Otto/Michael Sontheimer (Hrsg.), Einschüsse. Besichtigung eines Frontverlaufs. Zehn Jahre nach dem Deutschen Herbst, Berlin 1987.

Kammen, Michael, A Season of Youth: The American Revolution and the Historical Imagination, New York 1973.

Ders., A Machine That Would Go of Itself: The Constitution in American Culture, New York 1987.

Ders., Mystic Chords of Memory. The Transformation of Tradition in American Culture, New York 1991.

Kant, Hermann, Das Impressum, Berlin 1972.

Kantin, Georges/Gilles Manceron (Ed.), Les échos de la mémoire. Tabous et enseignement de la Deuxième Guerre mondiale, Paris 1991.

Kellmann, Klaus, Der 17. Juni 1953 – Das Ereignis und die Probleme seiner zeitgeschichtlichen Einordnung und Wertung, in: GWU 34 (1983), S. 373–387.

Kershaw, Ian, Der Hitler-Mythos. Volksmeinung und Propaganda im Dritten Reich, Stuttgart 1980.

Kertzer, David, Ritual, Politics and Power, New Haven 1988.

Kiefer, Markus, Auf der Suche nach nationaler Identität und Wegen zur deutschen

Einheit. Die deutsche Frage in der überregionalen Wochenpresse der Bundesrepublik 1949–1955, Frankfurt a. M. usw. 1992.

Kiefer, Markus, Die Reaktion auf die „Stalin-Noten" in der zeitgenössischen Publizistik. Zur Widerlegung einer Legende, in: DA 22 (1989), S. 56–76.

Kielmansegg, Peter Graf, Lange Schatten. Vom Umgang der Deutschen mit der nationalsozialistischen Vergangenheit, Berlin 1989.

Kittel, Manfred, Die Legende von der „Zweiten Schuld". Vergangenheitsbewältigung in der Ära Adenauer, Frankfurt a. M./Berlin 1993.

Ders., Genesis einer Legende. Die Diskussion um die Stalin-Noten in der Bundesrepublik 1952–1958, in: VfZ 41 (1993), S. 356–389.

Kitzmüller, Erich/Heinz Kuby/Lutz Niethammer, Der Wandel der nationalen Frage in der Bundesrepublik Deutschland. Nationalstaat oder Nationalökonomie?, in: APUZ B 33 (1977), S. 3–30.

Klein, Angelika, Der Arbeiteraufstand des 17. Juni 1953 im Bezirk Halle, Leipzig 1997.

Klenke, Dietmar, Nationalkriegerisches Gemeinschaftsideal als politische Religion. Zum Vereinsnationalismus der Sänger, Schützen und Turner am Vorabend der Einigungskriege, in: HZ 260 (1995), S. 395–448.

Kleßmann, Christoph, Ein stolzes Schiff und krächzende Möwen. Die Geschichte der Bundesrepublik und ihre Kritiker, in: GG 11 (1985), S. 476–494.

Ders., Zwei Staaten, eine Nation. Deutsche Geschichte 1955–1970, Bonn 1988.

Ders., Die doppelte Staatsgründung. Deutsche Geschichte 1945–1955, 5., erw. u. überarb. Aufl., Bonn 1991.

Ders., Das Problem der „doppelten Vergangenheitsbewältigung", in: NG 38 (1991), S. 1099–1105.

Ders., Verflechtung und Abgrenzung. Aspekte der geteilten und zusammengehörigen deutschen Nachkriegsgeschichte, in: APUZ B 29/30 (1993), S. 30–41.

Ders., Verflechtung und Abgrenzung – Umrisse einer gemeinsamen deutschen Nachkriegsgeschichte, in: Klaus Schönhoven/Dietrich Staritz (Hrsg.), Sozialismus und Kommunismus im Wandel. Hermann Weber zum 65. Geburtstag, Köln 1993, S. 486–499.

Ders./Martin Sabrow, Zeitgeschichte in Deutschland nach 1989, in: APUZ B 39 (1996), S. 3–14.

Klein, Ansgar/Ingo Braun/Christiane Schroeder/Kai-Uwe Hellmann (Hrsg.), Kunst, Symbolik, Politik. Die Reichstagsverhüllung als Denkanstoß, Opladen 1995.

Klotzbach, Kurt, Der Weg zur Staatspartei. Programmatik, praktische Politik und Organisation der deutschen Sozialdemokratie 1945–1965, Berlin 1982.

Knigge, Volker, „Triviales" Geschichtsbewußtsein und verstehender Geschichtsunterricht, Pfaffenweiler 1988.

Knopp, Guido/Siegfried Quandt (Hrsg.), Geschichte im Fernsehen. Ein Handbuch, Darmstadt 1988.

Koch, Diether, Heinemann und die Deutschlandfrage, München 1972.

Koch, Jereon, Golo Mann und die deutsche Geschichte. Eine intellektuelle Biographie, Paderborn usw. 1998.

Kocka, Jürgen, Kritik und Identität. Nationalsozialismus, Alltag und Geographie, in: NG/FH 33 (1986), S. 3–16.

Ders., Deutsche Identität und historischer Vergleich. Nach dem Historikerstreit, in: APUZ B 40/41 (1988), S. 15–28.

Ders., German History before Hitler: The Debate about the German „Sonderweg", in: Journal of Contemporary History 23 (1988), S. 3–16.

Ders., Geschichte und Aufklärung. Aufsätze, Göttingen 1989.

Ders., Die Geschichte der DDR als Forschungsproblem. Einleitung, in: ders. (Hrsg.), Historische DDR-Forschung. Aufsätze und Studien, Berlin 1993, S. 9–26.

Ders., Vereinigungskrise. Zur Geschichte der Gegenwart, Göttingen 1995.

Ders., Die Geschichte der DDR als Forschungsproblem, in: ders., Vereinigungskrise. Zur Geschichte der Gegenwart, Göttingen 1995, S. 83–90.

Ders., Ein deutscher Sonderweg? Überlegungen zur Sozialgeschichte der DDR, in: ders., Vereinigungskrise. Zur Geschichte der Gegenwart, Göttingen 1995, S. 102–122.

Ders., Faszination und Kritik. Bemerkungen aus der Perspektive eines Sozialhistorikers, in: Etienne François/Hannes Siegrist/Jakob Vogel (Hrsg.), Nation und Emotion. Deutschland und Frankreich im Vergleich. 19. und 20. Jahrhundert, Göttingen 1995, S. 389–392.

Ders., Geteilte Erinnerungen. Zweierlei Geschichtsbewußtsein im vereinten Deutschland, in: Blätter für deutsche und internationale Politik 43 (1998), Heft 1, S. 104–111.

Köhler, Henning, Adenauer. Eine politische Biographie, Frankfurt a. M./Berlin 1994.

König, Helmut, Das Erbe der Diktatur. Der Nationalsozialismus im politischen Bewußtsein der Bundesrepublik, in: Leviathan 19 (1996), S. 163–180.

Kopp, Fritz, Ändert die SED ihr Preußenbild?, in Deutsche Studien 18 (1980), S. 269–280.

Korte, Hermann, Eine Gesellschaft im Aufbruch. Die Bundesrepublik in den sechziger Jahren, Frankfurt a. M. 1987.

Korte, Karl-Rudolf, Der Standort der Deutschen. Akzentverlagerungen der deutschen Frage in der Bundesrepublik Deutschland seit den siebziger Jahren, Köln 1990.

Ders., Deutschlandpolitik in Helmut Kohls Kanzlerschaft. Regierungsstil und Entscheidungen 1982–1989, Stuttgart 1998.

Koselleck, Reinhart, Wozu noch Historie?, in: HZ 212 (1971), S. 1–18.

Ders., „Erfahrungsraum" und „Erwartungshorizont" – zwei historische Kategorien, in: Ulrich Engelhardt/Volker Sellin/Horst Stuke (Hrsg.), Soziale Bewegung und politische Verfassung. Beiträge zur Geschichte der modernen Welt, Stuttgart 1976, S. 13–33.

Ders., Vergangene Zukunft. Zur Semantik geschichtlicher Zeiten, Frankfurt a. M. 1989.

Ders./Horst Günther, Geschichte, Historie, in: Geschichtliche Grundbegriffe. Historisches Lexikon zur politisch-sozialen Sprache in Deutschland, hrsg. v. Otto Brunner/Werner Conze/Reinhart Koselleck, Bd. 2, Stuttgart 1975, S. 593–717.

Koselleck, Reinhart/Rolf Reichardt (Hrsg.), Die Französische Revolution als Bruch des gesellschaftlichen Bewußtseins, München 1988.

Ders./Michael Jeismann (Hrsg.), Der politische Totenkult. Kriegerdenkmäler in der Moderne, München 1994.

Kosing, Alfred, Nation in Geschichte und Gegenwart. Studie zur historisch-materialistischen Theorie der Nation, Berlin (Ost) 1976.

Kosthorst, Erich, Die Teilung Deutschlands und die Entstehung zweier deutscher Staaten, in: APUZ B 2 (1977), S. 36–44.

Kowalczuk, Ilko-Sascha, Die Historiker der DDR und der 17. Juni 1953, in: GWU 44 (1993), S. 705–724.

Ders., Legitimation eines neuen Staates. Parteiarbeiter an der historischen Front. Geschichtswissenschaft in der SBZ/DDR 1945 bis 1961, Berlin 1997.

Ders./Mitter, Armin/Wolle, Stefan (Hrsg.), Der Tag X. 17. Juni 1953. Die „innere Staatsgründung" der DDR als Ergebnis der Krise 1952/54, Berlin 1995.

Kraa, Detlef, Sozialistische Rituale und kulturelle Überlagerung in der DDR, in: Rüdiger Vogt (Hrsg.), Politik der Symbole. Symbole der Politik, Opladen 1989, S. 197 ff.

Krämer, Martin, Der Volksaufstand vom 17. Juni 1953 und sein politisches Echo in der Bundesrepublik Deutschland, Bochum 1996.

Krauß, H. Alexander, Die Rolle Preußens in der DDR-Historiographie. Zur Thematisierung und Interpretation der preußischen Geschichte durch die ostdeutsche Geschichtswissenschaft, Frankfurt a. M. 1993.

Kregel, Bernd, Außenpolitik und Systemstabilisierung in der DDR, Opladen 1979.

Kreuz, Leo, Das Kuratorium Unteilbares Deutschland. Aufbau, Programmatik, Wirkung, Opladen 1980.

Ders., Wilhelm Wolfgang Schütz – 65 Jahre, in: DA 10 (1986), S, 1032–1038.

Krockow, Christian Graf von, Von deutschen Mythen. Rückblick und Ausblick, Stuttgart 1995.

Kröger, Martin/Roland Thimme, Die Geschichtsbilder des Historikers Karl Dietrich Erdmann. Vom Dritten Reich zur Bundesrepublik, München 1996.

Kroll, Frank-Lothar, Geschichte und Politik im Weltbild Hitlers, in: VfZ 44 (1996), S. 327–353.

Ders., Utopie als Ideologie. Geschichtsdenken und politisches Handeln im Dritten Reich, Paderborn usw. 1998.

Krone, Heinrich, Aufzeichnungen zur Deutschland- und Ostpolitik 1954–1969, in: Rudolf Morsey/Konrad Repgen (Hrsg.), Adenauer-Studien, Bd. 3, Mainz 1974, S. 134–201.

Kühne, Jörg-Detlef, Die Reichsverfassung der Paulskirche. Vorbild und Verwirklichung im späteren deutschen Rechtsleben, Frankfurt a. M. 1985.

Küttler, Wolfgang/Jörn Rüsen/Ernst Schulin (Hrsg.), Geschichtsdiskurs. Bd. 5: Globale Konflikte, Erinnerungsarbeit und Neuorientierungen seit 1945, Frankfurt a. M. 1999.

Kuhrt, Eberhard/Henning von der Löwis, Griff nach der deutschen Geschichte. Erbeaneignung und Traditionspflege in der DDR, Paderborn usw. 1988.

Kumpfmüller, Michael, Die Schlacht von Stalingrad. Metamorphosen eines deutschen Mythos, München 1996.

Kuppe, Johannes, Kontinuität und Wandel in der Geschichtsschreibung der DDR. Das Beispiel Preußen, in: APUZ B 20–21 (1986), S. 17–26.

Kuratorium Unteilbares Deutschland (Hrsg.), Tag der deutschen Einheit. Eine Denkschrift, Bonn 1967.

Laak, Dirk van, Der Tag X. Vorbereitungen für die deutsche Wiedervereinigung vor 1989, in: Enno Bünz/Rainer Gries/Frank Möller (Hrsg.), Der Tag X in der Geschichte. Erwartungen und Enttäuschungen seit tausend Jahren, Stuttgart 1997, S. 256–286.

Lämmert, Eberhard, Vom Nutzen des Vergessens, in: Gary Smith/Hinderk M. Emrich (Hrsg.), Vom Nutzen des Vergessens, Berlin 1996, S. 9–14.

Langer, Ulrich, Heinrich von Treitschke. Politische Biographie eines deutschen Nationalisten, Düsseldorf 1998.

Langewiesche, Dieter, Entmythologisierung des „deutschen Sonderweges" oder auf dem Wege zu neuen Mythen, in: AfS 21 (1981), S. 527–532.

Ders. (Hrsg.), Die deutsche Revolution von 1848/49, Darmstadt 1983.

Ders., Die deutsche Revolution von 1848/49 und die vorrevolutionäre Gesellschaft. Forschungsstand und Forschungsperspektiven, in: AfS 21 (1981), S. 458–498 (Teil I) und 31 (1991), S. 331–443 (Teil II).

Ders., Dieter, Reich, Nation und Staat in der jüngeren deutschen Geschichte, in: HZ 254 (1992), S. 341–381

Lappenküpper, Ulrich, Der Schuman-Plan. Mühsamer Durchbruch zur deutsch-französischen Verständigung, in: VfZ 42 (1994), S. 403–445.

Larres, Klaus, Politik der Illusionen. Churchill, Eisenhower und die Deutsche Frage 1945–1955, Göttingen 1994.

Ders., Neutralisierung oder Westintegration? Churchill, Adenauer, die USA und der 17. Juni 1953, in: DA 27 (1994), S. 568–585.

Lassell, Harold D./Abraham Kaplan, Power and Society. A Framework for Political Inquiry, New Haven 1950.

Lavabre, Marie-Claire, Le fil rouge. Sociologie de la mémoire communiste, Paris 1994.

Dies., Usages du passé, usages de la mémoire, in: Revue française de science politique 44 (1994), S. 480–493.

Leggewie, Claus, Der Mythos des Neuanfangs – Gründungsetappen der Bundesrepublik Deutschland: 1949–1968 – 1989, in: Berding, Helmut (Hrsg.), Mythos und Nation. Studien zur Entwicklung des kollektiven Bewußtseins in der Neuzeit, Bd. 3, Frankfurt a. M. 1996, S. 275–302.

Lehnert, Detlef/Megerle, Klaus (Hrsg.), Politische Identität und nationale Gedenktage. Zur politischen Kultur in der Weimarer Republik, Opladen 1989.

Leithäuser, Joachim G., Der Aufstand im Juni. Ein dokumentarischer Bericht, Berlin 1954.

Lemke, Michael, Kampagnen gegen Bonn. Die Systemkrise der DDR und die West-Propaganda der SED 1960–1963, in: VfZ 41 (1993), S. 153–174.

Ders., Instrumentalisierter Antifaschismus und SED-Kampagnepolitik im deutschen Sonderkonflikt 1960–1968, in: Jürgen Danyel (Hrsg.), Die geteilte Vergangenheit. Zum Umgang mit dem Nationalsozialismus und Widerstand in beiden deutschen Staaten, Berlin 1995, S. 61–86.

Lemke, Michael, Die Berlinkrise 1958 bis 1963. Interessen und Handlungsspielräume der SED im Ost-West-Konflikt, Berlin 1996.

Lenk, Kurt, Zum westdeutschen Konservatismus, in: Axel Schildt/Arnold Sywottek (Hrsg.), Modernisierung im Wiederaufbau. Die westdeutsche Gesellschaft der 50er Jahre, Bonn 1993, S. 636–645.

Lenz, Otto, Im Zentrum der Macht. Das Tagebuch von Staatssekretär Otto Lenz 1951–1953, bearb. v. Klaus Gotto/Hans-Otto Kleinmann/Reinhard Schreiner, Düsseldorf 1989.

Lepp, Claudia, Protestanten feiern ihre Nation – Die kulturprotestantischen Ursprünge des Sedantages, in: HJB 118 (1998), S. 201–222.

Lepsius, M. Rainer, Nation und Nationalismus in Deutschland, in: Heinrich August Winkler (Hrsg.), Nationalismus in der Welt von heute, Göttingen 1982, S. 12–27.

Ders., Die Bundesrepublik Deutschland in der Kontinuität und Diskontinuität historischer Entwicklungen: Einige methodische Vorüberlegungen, in: ders., Demokratie in Deutschland. Soziologisch-historische Konstellationsanalysen. Ausgewählte Aufsätze, Göttingen 1993, S. 135–144.

Ders., Die Teilung Deutschlands und die deutsche Nation, in: ders., Demokratie in Deutschland. Soziologisch-historische Konstellationsanalysen. Ausgewählte Aufsätze, Göttingen 1993, S. 196–228.

Ders., Das Erbe des Nationalsozialismus und die politische Kultur der Nachfolgestaaten des „Großdeutschen Reiches", in: ders., Demokratie in Deutschland. Soziologisch-historische Konstellationsanalysen. Ausgewählte Aufsätze, Göttingen 1993, S. 229–245.

Ders., Die Institutionenordnung als Rahmenbedingung der Sozialgeschichte der DDR, in: Hartmut Kaelble/Jürgen Kocka/Hartmut Zwahr (Hrsg.), Sozialgeschichte der DDR, Stuttgart 1994, S. 17–29.

Les Rapports mensuels d' André François-Poncet, Haut Commissaire en Allemagne 1949–1955, Paris 1996.

Lindenberger, Thomas, Alltagsgeschichte und ihr möglicher Beitrag zu einer Gesellschaftsgeschichte der DDR, in: Richard Bessel/Ralph Jessen (Hrsg.), Die Grenzen der Diktatur, Staat und Gesellschaft in der DDR, Göttingen 1996, S. 298–325.

Ders./Michael Wildt, Radikale Pluralität. Geschichtswerkstätten als praktische Wissenschaftskritik, in: AfS 24 (1989), S. 393–411.

Link, Jürgen/Ursula Heer-Link, Diskurs/Interdiskurs und Literaturanalyse, in: Zeitschrift für Literaturwissenschaft und Linguistik 20 (1990), S. 88–99.

Link, Werner, Außen- und Deutschlandpolitik in der Ära Brandt 1969–1974, in: Karl Dietrich Bracher/Wolfgang Jäger/Werner Link, Republik im Wandel 1969–1974. Die Ära Brandt (= Geschichte der Bundesrepublik Deutschland, Bd. 5/1), Stuttgart 1986, S. 163–282.

Lipp, Carola, Politische Kultur oder das Politische und Gesellschaftliche in der Kultur, in: Wolfgang Hardtwig/Hans-Ulrich Wehler (Hrsg.), Kulturgeschichte Heute, Göttingen 1997, S. 78–110.

Lipsitz, George, Time Passages: Collective Memory and American Popular Culture, Minneapolis 1990.

Löber, Ulrich, „Haus der Geschichte" in Bonn, in: Museumskunde 49 (1984), S. 189–196.

Löcherbach, Dieter, Nation und kollektive Identität. Kritik und Reformulierung des Nationsverständnisses in beiden deutschen Staaten, in: PVS 24 (1983), S. 188–202.

Löwenthal, Richard, Vom kalten Krieg zur Ostpolitik, in: ders./Hans-Peter Schwarz (Hrsg.), Die zweite Republik. 25 Jahre Bundesrepublik Deutschland – eine Bilanz, Stuttgart 1974, S. 604–699.

Ders., Kulturwandel und Generationenwechsel im westlichen Nachkriegsdeutschland, in: James A. Cooney (Hrsg.), Die Bundesrepublik Deutschland und die Vereinigten Staaten von Amerika. Politische, soziale und wirtschaftliche Beziehungen im Wandel, Stuttgart 1985, S. 55–86.

Lohse, Eckart, Östliche Lockungen und westliche Zwänge. Paris und die deutsche Teilung 1949 bis 1955, München 1995.

Longerich, Michael, Die SPD als „Friedenspartei" – mehr als nur Wahltaktik? Auswirkungen sozialdemokratischer Traditionen auf die friedenspolitischen Diskussionen 1959–1983, Frankfurt a. M. usw. 1989.

Loraux, Nicole, Das Vergessen in der Erinnerung der athenischen Demokratie, in: Gary Smith/Hinderk M. Emrich (Hrsg.), Vom Nutzen des Vergessens, Berlin 1996, S. 79–104.

Lorenz, Chris, Konstruktion der Vergangenheit. Eine Einführung in die Geschichtstheorie, Köln usw. 1997.

Loth, Wilfried, Ost-West-Konflikt und deutsche Frage. Historische Ortsbestimmungen, München 1989.

Ders., Die Europa-Bewegung in den Anfangsjahren der Bundesrepublik, in: Ludolf Herbst/Werner Bührer/Hanno Sowade (Hrsg.), Vom Marshallplan zur EWG. Die Eingliederung der Bundesrepublik Deutschland in die westliche Welt, München 1990, S. 63–77.

Ders., Die Teilung der Welt. Geschichte des kalten Krieges 1941–1955, München [8]1990.

Ders., Die Deutschen und die deutsche Frage. Überlegungen zur Dekomposition der deutschen Nation, in: ders. (Hrsg.), Die deutsche Frage in der Nachkriegszeit, Berlin 1994, S. 214–228.

Ders., Rettungsanker Europa? Deutsche Europa-Konzeptionen vom Dritten Reich bis zur Bundesrepublik, in: Volkmann, Hans-Erich (Hrsg.), Ende des Dritten Reiches – Ende des Zweiten Weltkriegs. Eine perspektivische Rückschau, München 1995, S. 201–221.

Ders., Helsinki, 1. August 1975. Entspannung und Abrüstung, München 1998.

Lowenthal, David, The Past is a Foreign Country, Cambridge 1985.

Ders., The Heritage Crusade and the Spoils of History, London 1996.

Lübbe, Hermann, Geschichtsbegriff und Geschichtsinteresse. Analytik und Programmatik der Historie, Basel 1977.

Ders., Wer kann sich historische Aufklärung leisten? Der Streit um die politischen Funktionen der Geschichtswissenschaft, in: Willi Oelmüller (Hrsg.), Wozu noch Geschichte?, München 1977, S. 310–329.

Lübbe, Hermann, Zur Identitätspräsentationsfunktion von Historie, in: Odo Marquard/Karlheinz Stierle (Hrsg.), Identität, München 1979, S. 277–292.

Ders., Der Nationalsozialismus im politischen Bewußtsein der Gegenwart, in: Martin Broszat u. a. (Hrsg.), Deutschlands Weg in die Diktatur. Internationale Konferenz zur nationalsozialistischen Machtübernahme, Berlin 1983, S. 329–349.

Ders., Zeit-Verhältnisse. Zur Kulturphilosophie des Fortschritts, Graz usw. 1983.

Ders., Staat und Zivilreligion. Ein Aspekt politischer Religiosität, in: Heinz Kleger/Alois Müller (Hrsg.), Religion des Bürgers. Zivilreligion in Amerika und Europa, München 1986, S. 195–220.

Ders. (Hrsg.), Heilserwartung und Terror. Politische Religionen des 20. Jahrhunderts, Düsseldorf 1995.

Lüsebrink, Hans-Jürgen/Rolf Reichardt, Die „Bastille“. Zur Symbolgeschichte von Herrschaft und Freiheit, Frankfurt a. M. 1990.

Ludwig, Andrea, Neue oder deutsche Linke? Nation und Nationalismus im Denken von Linken und Grünen, Opladen 1995.

Ludz, Peter Christian, Die DDR zwischen Ost und West. Politische Analysen von 1961–1977, München 1977.

Lüdtke, Alf (Hrsg.), Alltagsgeschichte. Zur Rekonstruktion historischer Erfahrungen und Lebensweisen, Frankfurt a. M. 1989.

Ders., Die DDR als Geschichte. Zur Geschichtsschreibung über die DDR, in: APUZ B 36 (1998), S. 3–16.

Luhmann, Niklas, Das Kunstwerk und die Selbstproduktion der Kunst, in: Delphin 3 (1984), S. 67–88.

Ders., Inklusion und Exklusion, in: Helmut Berding (Hrsg.), Nationales Bewußtsein und kollektive Identität. Studien zur Entwicklung des kollektiven Bewußtseins in der Neuzeit, Bd. 2, Frankfurt a. M. 1994, S. 15–45.

Lukes, Steven, Political Ritual an Social Integration, in: Sociology 9 (1975), S. 289–308.

Luks, Leonid/Donal O'Sullivan (Hrsg.), Die Rückkehr der Geschichte. Osteuropa auf der Suche nach Kontinuität, Köln/Weimar 1997.

Lutz, Felix Ph., Empirisches Datenmaterial zum historisch-politischen Bewußtsein, in: Bundeszentrale für politische Bildung (Hrsg.), Bundesrepublik Deutschland. Geschichte – Bewußtsein, Bonn 1989, S. 150–169.

MacClancy, Jeremy, An approach to political ritual: an example from Navarre, in: Marc Abélès/Werner Rossade (Hrsg.), Politique Symbolique en Europe. Symbolische Politik in Europa, Berlin 1993, S. 119–132.

Machtan, Lothar (Hrsg.), Bismarck und der deutsche Nationalmythos, Bremen 1994.

Maier, Charles S., Die Gegenwart der Vergangenheit. Geschichte und nationale Identität der Deutschen, Frankfurt a. M./New York 1992.

Ders., Dissolution. The Crisis of Communism and the End of East Germany, Princeton, New Jersey 1997.

Maier, Hans (Hrsg.), „Totalitarismus“ und „Politische Religionen“. Konzepte des Diktaturvergleichs, Paderborn 1996.

Maier, Reinhold, Erinnerungen 1948–1953, Tübingen 1966.

Marchael, Guy/Aran Mattioli (Hrsg.), Erfundene Schweiz/La Suisse imaginée.

Konstruktionen nationaler Identität/Bricolages d'une identité nationale, Zürich 1992.

Marienfeld, Wolfgang/Manfred Overesch, Deutschlandbild und Deutsche Frage in den Geschichtsbüchern der Bundesrepublik Deutschland und den Richtlinien der Länder, in: Wolfgang Jacobmeyer (Hrsg.), Deutschlandbild und Deutsche Frage, Braunschweig 1986, S. 1–118.

Marshall, Barbara, Willy Brandt, London 1990.

Matthias, Erich, Zur Bibliographie des 17. Juni, in: Ost-Probleme 6 (1954), S. 1430–1436.

Matthiesen, Michael, Verlorene Identität. Der Historiker Arnold Berney und seine Freiburger Kollegen 1923–1938, Göttingen 1998.

Matz, Klaus-Jürgen, Reinhold Maier (1889–1971). Eine politische Biographie, Düsseldorf 1989.

Maurer, Michael, Feste und Feiern als historischer Forschungsgegenstand, in: HZ 253 (1991), S. 101–130.

Mayer, Tilmann, Prinzip Nation. Dimensionen der nationalen Frage am Beispiel Deutschlands, Opladen 1986.

Meier, Bettina, Goethe in Trümmern. Der Streit um den Wiederaufbau des Goethehauses in Frankfurt, in: Jochen Vogt (Hrsg.), Erinnerung ist unsere Aufgabe. Über Literatur, Moral und Politik 1945–1990, Opladen 1991, S. 28–40.

Meier, Christian, Deutschland zwischen der Bonner und der Berliner Demokratie. Eine Rede, in: ZfP 41 (1994), S. 261–279.

Meinecke, Friedrich, 1848 – eine Säkularbetrachtung, Berlin 1948.

Ders., Weltbürgertum oder Nationalstaat, München 1962.

Ders., Das Zeitalter der deutschen Erhebung 1785–1815, (Neudruck) Göttingen 1963.

Ders., Die deutsche Katastrophe. Betrachtungen und Erinnerungen, in: Autobiographische Schriften, hrsg. v. E. Kessel, Stuttgart 1969, S. 323–445.

Meißner, Boris (Hrsg.), Die deutsche Ostpolitik 1961–1970. Kontinuität und Wandel, Köln 1970.

Ders./Jens Hacker, Die Nation in östlicher Sicht, Berlin 1977.

Mende, Erich, Die neue Freiheit. 1945–1961, München/Berlin 1984.

Merseburger, Peter, Die Ostpolitik war erfolgreich, in: NG/FH 5 (1992), S. 450–453.

Merten, Detlef/Rudolf Morsey, 30 Jahre Grundgesetz, Berlin 1979.

Merz, Kai-Uwe, Kalter Krieg und antikommunistischer Widerstand. Die Kampfgruppe gegen Unmenschlichkeit 1948–1959, München 1987.

Meulemann, Heiner, Wertewandel in der Bundesrepublik zwischen 1950 und 1980: Versuch einer zusammenfassenden Deutung vorliegender Zeitreihen, in: Dieter Oberndörfer (Hrsg.), Wirtschaftlicher Wandel, religiöser Wandel und Wertewandel. Folgen für das politische Verhalten in der Bundesrepublik Deutschland, Berlin 1985, S. 391–411.

Meuschel, Sigrid, Legitimation und Parteiherrschaft. Zum Paradox von Stabilität und Revolution in der DDR 1945–1989, Frankfurt a. M. 1992.

Meusel, Alfred, Die deutsche Revoution von 1848, Berlin (Ost) 1948.

Meyer, Christoph, Die deutschlandpolitische Doppelstrategie, Wilhelm Wolfgang Schütz und das Kuratorium Unteilbares Deutschland, Landsberg 1997.

Meyer, Thomas, Die Inszenierung des Scheins. Essay-Montage, Frankfurt a.M. 1992.

Meyer, Werner, Schicksalsjahr 1848, Berlin (Ost) 1948.

Michalka, Wolfgang (Hrsg.), Die Deutsche Frage in der Weltpolitik, Stuttgart 1986.

Ministerium für Kultus und Sport Baden-Württemberg (Hrsg.), Haus der Geschichte Baden-Württemberg. Bericht über das Symposium vom 23.10.1986.

Mitchell, Allan, Nationalfeiertage im Vergleich: Deutschland, Frankreich und die USA, in: Etienne François/Hannes Siegrist/Jakob Vogel (Hrsg.), Nation und Emotion. Deutschland und Frankreich im Vergleich. 19. und 20. Jahrhundert, Göttingen 1995, S.396–401.

Mitscherlich, Alexander und Margarete, Die Unfähigkeit zu trauern, (Neuauflage) Leipzig 1990.

Mittenzwei, Ingrid, Friedrich II. von Preußen. Biographie, Berlin (Ost) 1979.

Dies., Preußens neue Legenden, in: Journal für Geschichte 4 (1981), S.7.

Mitter, Armin, Die Ereignisse im Juni und Juli 1953 in der DDR. Aus den Akten des Ministeriums für Staatssicherheit, in: APUZ B5 (1991), S.31–41.

Ders./Stefan Wolle, Die deutsche Revolution des Jahres 1953, in: dies., Untergang auf Raten. Unbekannte Kapitel der DDR-Geschichte, München 1993, S.27–162.

Mitterauer, Michael, Millenien und andere Jubeljahre. Warum feiern wir Geschichte? Wien 1998.

Mittig, Hans-Ernst, Das Denkmal, in: Werner Busch (Hrsg.), Funkkolleg Kunst. Eine Geschichte der Kunst im Wandel ihrer Funktionen, München 1987, S.532–558.

Ders., Sculpture et histoire: le monument commémoratif après 1945. Monument de Buchenwald (Fritz Cremer). Monument au prisonnier politique inconnu (Reg Butler), MS 1997.

Ders., Zur Geschichte politischer Denkmäler: Deklination des Vergangenen, in: Senatsverwaltung für Bauen, Wohnen und Verkehr (Berlin), Abteilung Städtebau und Architektur – Kunst im Stadtraum (Hrsg.), Symposium zum Denkmal für die Ereignisse des 17. Juni 1953 am 26. und 27. September 1996 in der Akademie der Künste. Dokumentation, Berlin 1997, S.82–87.

Mogge, Winfried M./Jürgen Reulecke, Hoher Meißner 1913. Der Erste Freideutsche Jugendtag in Dokumenten, Deutungen und Bildern, Köln 1988.

Mohr, Heinrich, Der 17. Juni als Thema der Literatur in der DDR, in: Ilse Spittmann/Karl Wilhelm Fricke (Hrsg.), 17. Juni 1953. Arbeiteraufstand in der DDR, Köln 1982, S.87–111.

Ders., Der 17. Juni in der autobiographischen Literatur, in: DA 16 (1983), S.602–623.

Möller, Horst, Zeitgeschichte – Fragestellungen, Interpretationen, Kontroversen, in: APUZ B 2 (1988), S.3–16.

Mommsen, Hans, Geschichtsunterricht und Identitätsfindung der Bundesrepublik, in: Geschichtsdidaktik 4 (1978), S.291–300.

Ders., Arbeiterbewegung und nationale Frage. Ausgewählte Aufsätze, Göttingen 1979.

Ders., Nationalismus und transnationale Integrationsprozesse in der Gegenwart, in: APUZ B 9 (1980), S.3–14.

Ders., Rückwärtsrevision des Geschichtsbildes?, in: NG 4 (1985), S. 864–874.

Ders., Verordnete Geschichtsbilder? Historische Museumspläne der Bundesregierung, in: Gewerkschaftliche Monatshefe 37 (1986), S. 13–24.

Ders., Geschichtsbewußtsein in der Bundesrepublik, in: Ursula Becher/Klaus Bergmann (Hrsg.), Geschichte – Nutzen oder Nachteil für das Leben?, Düsseldorf 1986, S. 37–45.

Ders., Suche nach der „verlorenen Geschichte"? Bemerkungen zum historischen Selbstverständnis der Bundesrepublik, in: Merkur 40 (1986), S. 864–874.

Ders., Der Nationalsozialismus und die deutsche Gesellschaft. Ausgewählte Aufsätze, Reinbek bei Hamburg 1991.

Mommsen, Wolfgang J., Historisches Denken der Gegenwart, in: Waldemar Besson (Hrsg.), Das Fischer Lexikon: Geschichte, Frankfurt a. M. 1961, S. 92–102.

Ders.., Die deutsche Kriegszielpolitik 1914–1918. Bemerkungen zum Stand der Diskussion, in: Walter Laqueur/George L. Mosse (Hrsg.), Kriegsausbruch 1914, München 1970, S. 60–100.

Ders., Wandlungen der nationalen Identität, in: Werner Weidenfeld (Hrsg.), Die Identität der Deutschen, Bonn 1983, S. 170–192.

Ders., Geschichtsschreibung und geschichtliches Bewußtsein in der Bundesrepublik, in: liberal 29 (1987), S. 37–51.

Ders., Der Geist von 1914: Das Programm eines politischen „Sonderwegs" der Deutschen, in: ders., Der autoritäre Nationalstaat. Verfassung, Gesellschaft und Kultur des deutschen Kaiserreichs, Frankfurt a. M. 1990, S. 407–421.

Ders., Nation und Geschichte. Über die Deutschen und die deutsche Frage, München usw. 1990.

Ders., Die Geschichtswissenschaft in der DDR. Kritische Reflexionen, in: APUZ B 17–18 (1992), S. 35–43.

Moosdorf, Johanna, Der Himmel brennt, Hamburg 1995.

Morsey, Rudolf, Die Deutschlandpolitik Adenauers, Opladen 1991.

Ders., Die Bundesrepublik Deutschland. Entstehung und Entwicklung bis 1969, 3., überarb. u. erw. Aufl., München 1995.

Ders., Heinrich Lübke. Eine politische Biographie, Paderborn usw. 1996.

Mosse, George L., Die Nationalisierung der Massen. Politische Symbolik und Massenbewegungen von den Befreiungskriegen bis zum Dritten Reich, (Neuauflage) Frankfurt a. M. 1993.

Müller, Josef, Die Gesamtdeutsche Volkspartei. Entstehung und Politik unter dem Primat nationaler Wiedervereinigung 1950–1957, Düsseldorf 1990.

Müller, Rainer A. (Hrsg.), Historische Ausstellungen 1960–1990. Eine Bibliographie der Kataloge, bearb. v. Stefan Schuch, Paderborn usw. 1992.

Müller, Werner, Doppelte Zeitgeschichte. Periodisierungsprobleme der Geschichte von Bundesrepublik und DDR, in: DA 29 (1996), S. 552–559.

Münch, Ingo von, Dokumente des geteilten Deutschland. Quellentexte zur Rechtslage des Deutschen Reiches, der Bundesrepublik Deutschland und der Deutschen Demokratischen Republik, Bd. I, Stuttgart 1968, Bd. II., Stuttgart 1974.

Münch, Paul, Geschichte und Demokratie. Zu Inhalt und Funktion demokratischer

Traditionen in den Reden des Bundespräsidenten Gustav W. Heinemann (1969–1974), in: Rabe, Horst u.a. (Hrsg.), Festgabe E.W. Zeeden, Münster 1976, S.481–503.

Münkler, Herfried, Siegfrieden, in: Ders./Wolfgang Storch, Siegfrieden, Politik mit einem deutschen Mythos, Berlin 1988.

Ders., Politische Mythen und nationale Identität, in: Wolfgang Frindte/Harald Pätzolt (Hrsg.), Mythen der Deutschen, Opladen 1994, S.21–28.

Ders., Überholen ohne einzuholen. Deutsche Gründungserzählungen im Leistungsvergleich, in: Blätter für deutsche und internationale Politik 10 (1995), S.1179–1190.

Ders., Das kollektive Gedächtnis der DDR, in: Vorsteher, Dieter (Hrsg.), Parteiauftrag: Ein neues Deutschland. Bilder, Rituale und Symbole der frühen DDR, Berlin 1996, S.458–468.

Namer, Gérard, Bateilles pour la mémoire. La commémoration en France de 1945 à nos jours, Paris 1983.

Naimark, Norman K., Die Russen in Deutschland. Die sowjetische Besatzungszone 1945 bis 1949, Berlin 1997.

Naumann, Klaus, „Neuanfang ohne Tabus". Deutscher Sonderweg und politische Semantik, in: Blätter für deutsche und internationale Politik, 4 (1994), S.435–446.

Neuhäußer-Wespy, Ulrich, Nationen neuen Typs. Zur Konstruktion einer sozialistischen Nation in der DDR, in: Deutsche Studien 13 (1975), S.357–365.

Ders., Zur Neuorientierung der DDR-Geschichtswissenschaft seit 1971, in: GWU 31 (1980), S.172–177.

Ders., Geschichtswissenschaft unter der SED-Diktatur. Die Durchsetzung der Parteilinie in den fünfziger Jahren, in: APUZ B 39 (1996), S.15–21.

Ders., Die SED und die Historie. Die Etablierung der marxistisch-leninistischen Geschichtswissenschaft in der DDR in den fünfziger und sechziger Jahren, Bonn 1996.

Niclauß, Karlheinz, Kontroverse Deutschlandpolitik, Frankfurt a.M. 1977.

Niethammer, Lutz, Über Kontroversen in der Geschichtswissenschaft, in: Gerhard Schneider (Hrsg.), Geschichtsbewußtsein und historisch-politisches Lernen, Pfaffenweiler 1988, S.205–230.

Ders., Posthistoire. Ist die Geschichte zu Ende?, Reinbek bei Hamburg 1989.

Ders. (Hrsg.), Der „gesäuberte" Antifaschismus. Die SED und die roten Kapos von Buchenwald. Dokumente, Berlin 1994.

Ders./Alexander von Plato/Dorothee Wierling, Die volkseigene Erfahrung. Eine Archäologie des Lebens in der Industrieprovinz der DDR. 30 biographische Eröffnungen, Berlin 1991.

Nimmo, Dan/James E. Combs, Subliminal Politics. Myths and Mythsmakers in America, Engelwood Cliffs, N.J 1980.

Nietzsche, Friedrich, Vom Nutzen und Nachteil der Historie für das Leben, Stuttgart 1997.

Nippel, Wilfried, Bürgerkrieg und Amnestie: Athen 411–403, in: Gary Smith/Avishai Margalit (Hrsg.), Amnestie oder die Politik der Erinnerung in der Demokratie, Frankfurt a.M. 1997, S.103–119.

Nipperdey, Thomas, Nationalidee und Nationaldenkmal in Deutschland im 19. Jahrhundert, in: HZ 206 (1968), S. 529–585.
Ders., Über Relevanz, in: GWU 23 (1972), S. 577–596.
Ders., Nachdenken über die deutsche Geschichte. Essays, München 1986.
Ders., Deutsche Geschichte 1866–1918, Bd. 1: Arbeitswelt und Bürgergeist, München 1990.
Ders., Deutsche Geschichte 1866–1918, Bd. 2: Machtstaat vor der Demokratie, München [3]1995.
Noak, Paul, Öffentliche Meinung und Außenpolitik, in: Hans-Peter Schwarz (Hrsg.), Handbuch der deutschen Außenpolitik, München [2]1976, S. 195–207.
Noelle-Neumann, Elisabeth, Öffentliche Meinung, in: dies./Winfried Schulz/Jürgen Wilke (Hrsg.), Fischer Lexikon. Publizistik/Massenmedien, Frankfurt a. M. 1989, S. 255–266.
Dies./Renate Köcher, Die verletzte Nation. Über den Versuch der Deutschen, ihren Charakter zu ändern, Stuttgart 1987.
Nolte, Ernst, Der europäische Bürgerkrieg 1917–1945. Nationalsozialismus und Bolschewismus, Frankfurt a. M./Berlin 1987.
Ders., Die Deutschen und ihre Vergangenheiten. Erinnerung und Vergessen von der Reichsgründung Bismarcks bis heute, Berlin 1995.
Noltenius, Rainer, Dichterfeiern in Deutschland. Rezeptionsgeschichte als Sozialgeschichte am Beispiel der Schiller- und Freiligrathsfeiern, München 1984.
Nora, Pierre (Hrsg.), Les lieux de mémoire, 7 Bde., Paris 1984–1992.
Ders., Zwischen Geschichte und Gedächtnis, Berlin 1990.
Ders., Das Abenteuer der Lieux de mémoire, in: Etienne François/Hannes Siegrist/Jakob Vogel (Hrsg.), Nation und Emotion. Deutschland und Frankreich im Vergleich. 19. und 20. Jahrhundert, Göttingen 1995, S. 83–92.
Nowak, Kurt, Protestantismus und Nationalstaat im 20. Jahrhundert. Weimarer Republik – Drittes Reich – DDR/Bundesrepublik Deutschland, in: Pastoraltheologie. Wissenschaft und Praxis in Kirche und Gesellschaft 80 (1991), S. 446–458.
Obenaus, Herbert, NS-Geschichte nach dem Ende der DDR: eine abgeschlossene Vergangenheit? (Schriftenreihe der Niedersächsischen Landeszentrale für politische Bildung, Folge 8), Hannover 1992.
Oehler, Katherina, Geschichte in der politischen Rhetorik. Historische Argumentationsmuster im Parlament der Bundesrepublik Deutschland, Hagen 1989.
Dies., Glanz und Elend der öffentlichen Erinnerung. Die Rhetorik des Historischen in Richard von Weizsäckers Rede zum 8. Mai und Philipp Jenningers Rede zum 9. November, in: Klaus Fröhlich/Heinrich Theodor Grütter/Jörn Rüsen (Hrsg.), Geschichtskultur, Pfaffenweiler 1992, S. 121–137.
Oelmüller, Willi (Hrsg.), Wozu noch Geschichte?, München 1977.
Oexle, Otto Gerhard, „Wissenschaft“ und „Leben“. Historische Reflexionen über Tragweite und Grenzen der modernen Wissenschaft, in: GWU 41 (1990), S. 145–161.
Ders. (Hrsg.), Memoria als Kultur. Elf Beiträge, Göttingen 1995.
Ders., Geschichtswissenschaft im Zeichen des Historismus. Studien zu Problemgeschichten der Moderne, Göttingen 1996.

Offe, Claus, Der Tunnel am Ende des Lichts. Erkundungen der politischen Transformation im Neuen Osten, Frankfurt a.M./New York 1994.

Ortega y Gasset, José, Der Aufstand der Massen, Stuttgart 1956 (1930).

Ostermann, Christian F., „Keeping the Pot Simmering". The United Staates and the East German Uprising of 1953, in: German Studies Review XIX (1996), S.61–90.

Ders., „Die Ostdeutschen an einen langwierigen Kampf gewöhnen". Die Vereinigten Staaten und der Aufstand vom 17. Juni 1953, in: DA 30 (1997), S.350–368.

Overesch, Manfred, Buchenwald und die DDR oder Die Suche nach Selbstlegitimation, Göttingen 1995.

Parr, Rolf, „Zwei Seelen wohnen, ach! in meiner Brust!" Strukturen und Funktionen der Mythisierung Bismarcks (1860–1918), München 1992.

Paul, Gerhard, Der Aufstand der Bilder. NS-Propaganda vor 1933, Bonn 1990.

Pehle, Walter H., Geschichtswissenschaft, Buchproduktion und Öffentlichkeit, in: Klaus Füßmann/Heinrich Theodor Grütter/Jörn Rüsen (Hrsg.), Historische Faszination. Geschichtskultur heute, Köln usw. 1994, S.235–241.

Pellens, Karl/Siegfried Quandt/Hans Süssmuth (Hrsg.), Historical Culture – Historical Communication. International Bibliography, Braunschweig 1994.

Pernkopf, Johannes, Der 17. Juni in der Literatur der beiden deutschen Staaten, Stuttgart 1982.

Peter, Matthias/Hans-Jürgen Schröder, Einführung in das Studium der Zeitgeschichte, Paderborn usw. 1994.

Plenge, Johann, 1789 und 1914. Die symbolischen Jahre in der Geschichte des deutschen Geistes, Berlin 1916.

Plessner, Helmuth, Die verspätete Nation. Über die politische Verführbarkeit bürgerlichen Geistes, Frankfurt a.M. 1974 (1959).

Plück, Kurt, Lebenslügen der SPD, in: Die Politische Meinung 272 (1992), S.28–36.

Pocock, John G. A., Politics, Language and Time. Essays on Political Thought and History, Chicago 1989.

Podewils, Clemens Graf (Hrsg.), Tendenzwende. Zur geistigen Situation der Bundesrepublik. (Vorträge bei der Bayerischen Akademie der Schönen Künste, November 1974 in München), Stuttgart 1975.

Podlech, Adalbert, Repräsentation, in: Otto Brunner/Werner Conze/Reinhart Koselleck, Geschichtliche Grundbegriffe. Historisches Lexikon zur politisch-sozialen Sprache in Deutschland, Bd.5, Stuttgart 1984, S.509–548.

Pollack, Detlef, Kirche in der Organisationsgesellschaft, Stuttgart usw. 1994.

Ders./Gerd Pickel, Die ostdeutsche Identität – Erbe des DDR-Sozialismus oder Produkt der Wiedervereinigung? Die Einstellung der Ostdeutschen zu sozialer Ungleichheit und Demokratie, in: APUZ 4–42 (1998), S.9–23.

Popper, Karl, The Poverty of Historicism, London 1957.

Poppinga, Anneliese, Konrad Adenauer. Geschichtsverständnis, Weltanschauung und politische Praxis, Stuttgart 1975.

Potthoff, Heinrich, Die „Koalition der Vernunft". Deutschlandpolitik in den 80er Jahren, München 1995.

Presse- und Informationsamt der Bundesregierung (Hrsg.), Bundeskanzler Brandt. Reden und Interviews, Melsungen 1971.

Presse- und Informationsamt des Landes Berlin (Hrsg.), Dokumentation. Preußen.

Berlin 1981. Ausstellung und Preußenbild im Spiegel der Medien, Bd. 1 (1977–1979), Berlin o. J.

Probst, Lothar, Deutsche Vergangenheiten – Deutschlands Zukunft. Eine Diagnose intellektueller Kontroversen nach der Wiedervereinigung, in: DA 27 (1994), S. 173–180.

Pross, Harry, Jugend – Erotik – Politik. Die Geschichte der deutschen Jugendverbände, Bern usw. 1964.

Protokoll der Verhandlungen der II. Parteikonferenz der Sozialistischen Einheitspartei Deutschlands vom 9. bis 12. Juli 1952 in Berlin, Berlin 1952.

Quandt, Siegfried u. a. (Hrsg.), Historisches Erzählen. Formen und Funktionen, Göttingen 1982.

Ders. (unter Mitarbeit von Gunter Stemmler), 40 Jahre Bundesrepublik Deutschland im Fernsehen – dokumentarische Rückblicke. Eine Programmanalyse, in: Wolfgang Becker/ders., Das Fernsehen als Vermittler von Geschichtsbewußtsein. 1989 als Jubiläumsjahr, Bonn 1991, S. 15–33.

Ders./Dietmar Schenk/Horst Dieter Schichtel, Fachinformationssystem Geschichte. Historische Wissenschaft und öffentliche Kommunikation, Marburg 1992.

Quattrocchi-Woisson, Diana, Un nationalisme de déracinés. L'Argentine pays malade de sa mémoire, Paris 1992.

Radkau, Joachim, Das Zeitalter der Nervosität. Deutschland zwischen Bismarck und Hitler, München/Wien 1998.

Rammstedt, Otthein/Gert Schmidt (Hrsg.), BRD ade! Vierzig Jahre in Rück-Ansichten von Sozial- und Kulturwissenschaftlern, Frankfurt a. M. 1992.

Raphael, Lutz, Diskurse, Lebenswelten und Felder. Implizite Vorannahmen über das soziale Handeln von Kulturproduzenten im 19. und 20. Jahrhundert, in: Wolfgang Hardtwig/Hans-Ulrich Wehler (Hrsg.), Kulturgeschichte Heute, Göttingen 1996, S. 165–181.

Raphael, Samuel, Theatres of Memory. Vol. 1: Past and Present in Contemporary Culture, London 1994.

Raulff, Ulrich (Hrsg.), Vom Umschreiben der Geschichte. Neue historische Perspektiven, Berlin 1986.

Reichardt, Rolf, Von der politisch-ideengeschichtlichen zur sozio-kulturellen Deutung der Französischen Revolution. Deutschsprachiges Schrifttum 1946–1988, in: GG 15 (1989), S. 115–143.

Ders., Das Blut der Freiheit. Französische Revolution und demokratische Kultur, Frankfurt a. M. 1998.

Reichel, Peter, Der schöne Schein des Dritten Reiches. Faszination und Gewalt des Faschismus, München/Wien 1991.

Ders., Zwischen Dämonisierung und Verharmlosung: Das NS-Bild und seine politische Funktion in den 50er Jahren. Eine Skizze, in: Axel Schildt/Arnold Sywottek (Hrsg.), Modernisierung im Wiederaufbau. Die westdeutsche Gesellschaft der 50er Jahre, Bonn 1993, S. 679–692.

Ders., Politik mit der Erinnerung. Gedächtnisorte im Streit um die nationalsozialistische Vergangenheit, München/Wien 1995.

Reinalter, Helmut, Grundsätzliche Überlegungen zu historischen Gedenktagen, in: Karl Pellens (Hrsg.), Historische Gedenktage im politischen Bewußtsein. Identitätskritik und Identitätsbildung in Öffentlichkeit und Unterricht, Stuttgart 1992, S. 9–19.

Reinprecht, Christoph, Nostalgie und Amnesie. Bewertung von Vergangenheit in der Tschechischen Republik und in Ungarn, Wien 1996.

Rensing, Matthias, Geschichte und Politik in den Reden der deutschen Bundespräsidenten 1949–1984, Münster/New York 1996.

Reuter, Ernst, Schriften, Reden, Bd. 4: Reden, Artikel, Briefe 1949 bis 1953, Berlin 1975.

Rexin, Manfred (Hrsg.), Preußen und die Sozialdemokratie, Berlin 1981.

Richert, Ernst, Das zweite Deutschland. Ein Staat, der nicht sein darf, Frankfurt a. M./Hamburg 1966.

Richter, Pavel A., Die Außerparlamentarische Opposition in der Bundesrepublik Deutschland 1966 bis 1968, in: Ingrid Gilcher-Holtey (Hrsg.), 1968 – Vom Ereignis zum Gegenstand der Geschichtswissenschaft, Göttingen 1998, S. 35–55.

Riekenberg, Michael (Hrsg.), Politik und Geschichte in Argentinien und Guatemala (19. und 20. Jahrhundert), Frankfurt a. M. 1994.

Riess, Curt, Der 17. Juni, Berlin 1954.

Ritter, Gerhard, Geschichte als Bildungsmacht. Ein Beitrag zur historisch-politischen Neubestimmung, Stuttgart 1946.

Ders., Die gegenwärtige Lage und Zukunftsaufgaben deutscher Geschichtswissenschaft, in: HZ 170 (1950), S. 1–22.

Ders., Carl Goerdeler und die deutsche Widerstandsbewegung, Stuttgart 1954.

Ders., Staatskunst und Kriegshandwerk. Das Problem des „Militarismus" in Deutschland, 3 Bde., München 1954–1960.

Ders., Von der Unteilbarkeit deutscher Vaterlandsliebe, in: Wilhelm Wolfgang Schütz (Hrsg.), Bewährung im Widerstand, Stuttgart 1956, S. 12–34.

Ritter, Gerhard A., Über Deutschland. Die Bundesrepublik in der deutschen Geschichte, München 1998.

Rodens, Friedrich, Wandlung und Pflege des Geschichtsbildes, in: Politische Welt. Monatszeitschrift für Information und Diskussion 5 (1962), S. 18–23.

Roeder, Veronika, Preußische Geschichte in der sozialistischen Schule. Die preußischen Reformen und die Befreiungskriege im Geschichtsunterricht der DDR, in: GWU 32 (1981), S. 400–423.

Rohe, Karl, Wahlen und Wählertraditionen in Deutschland. Kulturelle Grundlagen deutscher Parteien und Parteiensysteme im 19. und 20. Jahrhundert, Frankfurt a. M. 1992.

Rohlfes, Joachim, Das Interesse an Preußen. Eine Nachlese zum „Preußenjahr", in: GWU 33 (1982), S. 523–549.

Ders., Geschichtsunterricht und Geschichtsdidaktik 1953 bis 1969, in: Klaus Bergmann/Gerhard Schneider (Hrsg.), Gesellschaft, Staat, Geschichtsunterricht. Beiträge zu einer Geschichte der Geschichtsdidaktik von 1500–1980, Düsseldorf 1982, S. 381–414.

Roos, Sören, Das Wiedervereinigungsgebot des Grundgesetzes in der deutschen Kritik zwischen 1982 und 1989, Berlin 1996.

Rossade, Werner, Gesellschaft und Kultur in der Endzeit des Realsozialismus, Berlin 1997.

Roth, Florian, Die Idee der Nation im politischen Diskurs. Die Bundesrepublik Deutschland zwischen neuer Ostpolitik und Wiedervereinigung (1969–1990), Baden-Baden 1995.

Roth, Heidi, Der 17. Juni 1953 im damaligen Bezirk Leipzig. Aus den Akten des PDS-Archivs Leipzig, in: DA 34 (1991), S.573–584.

Rothfels, Hans, 1848 – One hundred years after, in: The Journal of Modern History 20 (1948), S.291–319.

Rousso, Henry, Le syndrome de Vichy. 1944–198 …, Paris 1988.

Rüsen, Jörn, Geschichtsbewußtsein und menschliche Identität. Gefahren und Chancen der Geschichtsschreibung, in: APUZ B 41 (1984), S.3–10.

Ders., Geschichte und Utopie, in: Klaus Bergmann u.a. (Hrsg.), Handbuch der Geschichtsdidaktik, Düsseldorf 1985, S.50–54.

Ders., Zeit und Sinn. Strategien historischen Denkens, Frankfurt a.M. 1990.

Ders., Was ist Geschichtsbewußtsein? Theoretische Überlegungen und heuristische Hinweise, in: ders., Historische Orientierung. Über die Arbeit des Geschichtsbewußtseins, sich in der Zeit zurechtzufinden, Köln 1994, S.3–24.

Ders., Geschichtskultur, in: GWU 46 (1995), S.513–521.

Rüß, Gisela, Anatomie einer politischen Verwaltung. Das Bundesministerium für gesamtdeutsche Fragen – innerdeutsche Beziehungen 1949–1970, München 1973.

Rütten, Theo, Der deutsche Liberalismus 1945–1955. Deutschland- und Gesellschaftspolitik der ost- und westdeutschen Liberalen in der Entstehungsphase der beiden deutschen Staaten, Baden-Baden 1984.

Ruffmann, Karl-Heinz, Geschichte im geteilten Deutschland – Aufgaben und Schwierigkeiten, in: GWU 32 (1981), S.391–399.

Ruhle, Jürgen, Preußen schwarzweiß und rot?, in: DA 14 (1981), S.903–906.

Rummel, Alois (Hrsg.), Die Große Koalition 1966–1969. Eine kritische Bestandsaufnahme, Freudenstadt 1969.

Rupieper, Hermann-Josef, Die Berliner Außenministerkonferenz von 1954. Ein Höhepunkt der Ost-West-Propaganda oder die letzte Möglichkeit zur Schaffung der deutschen Einheit?, in: VfZ 34 (1986), S.427–453.

Rytlewski, Ralf/Detlef Kraa, Politische Rituale in der Sowjetunion und der DDR, in: APUZ B3 (1987), S.33–45.

Ders./Birgit Sauer/Ulrike Treziak, Politische und soziale Rituale in der DDR, in: Politische Kultur in Deutschland. Bilanz und Perspektiven der Forschung, Opladen 1987 (PVS-Sonderheft 18/1987), S.247–257.

Sabrow, Martin, Historia militans in der DDR: Legitimationsmuster und Urteilskategorien einer parteilichen Wissenschaft, in: Historicum (Frühling 1995), S.18–25.

Ders., Das Wahrheitsproblem in der DDR-Geschichtswissenschaft, in: Dan Diner (Hrsg.), Historiographie im Umbruch, Gerlingen 1996 (= Tel Aviver Jahrbuch für Deutsche Geschichte, Bd.25) , S.233–257.

Ders., Geschichtskultur und Herrschaftslegitimation. Der Fall DDR, in: ders. (Hrsg.), Verwaltete Vergangenheit. Geschichtskultur und Herrschaftslegitimation in der DDR, Leipzig 1997, S.7–15.

Ders., „Beherrschte Normalwissenschaft“. Überlegungen zum Charakter der DDR-Historiographie, in: GG 24 (1998), S.412–445.

Sabrow, Martin/Peter Th. Walter (Hrsg.), Historische Forschung und sozialistische Diktatur. Beiträge zur Geschichtswissenschaft der DDR, Leipzig 1995.

Sack, Fritz/Steinert, Hans (Hrsg.), Protest und Reaktion, Opladen 1984.

Sarasin, Philipp, Subjekte, Diskurse, Körper. Überlegungen zu einer diskursanalytischen Kulturgeschichte, in: Wolfgang Hardtwig/Hans-Ulrich Wehler (Hrsg.), Kulturgeschichte Heute, Göttingen 1996, S. 131–164.

Sauer, Birgit, „Es lebe der 1. Mai in der DDR!" Die politische Inszenierung eines Staatsfeiertages, in: Horst Dieter Braun/Claudia Reinhold/Hanns-A. Schwarz (Hrsg.), Vergangene Zukunft. Mutationen eines Feiertages, Berlin 1991, S. 115 ff.

Dies., Rituel et mythe. Une contribution à l'analyse des jours fériés du R.D.A., in: Abélès, Marc/Rossade, Werner (Hrsg.), Politique Symbolique en Europa. Symbolische Politik in Europa, Berlin 1993, S. 79–100.

Sauer, Thomas, Westorientierung im deutschen Protestantismus? Vorstellungen und Tätigkeit des Kronberger Kreises, München 1998.

Schäfer, Hermann, Begegnungen mit unserer Geschichte. Zur Eröffnung des Hauses der Geschichte der Bundesrepublik Deutschland am 14. Juni 1994, in: APUZ B 22 (1994), S. 11–22.

Scheel, Walter (Hrsg.), Die Bundesrepublik Deutschland. Vergangenheit, Gegenwart, Zukunft, Stuttgart 1979.

Schelsky, Helmut, Der Mensch in der wissenschaftlichen Zivilisation, Köln/Opladen 1961.

Scherstjanoi, Elke, Die sowjetische Deutschlandpolitik nach Stalins Tod 1953. Neue Dokumente aus dem Archiv des Moskauer Außenministeriums, in: VfZ 46 (1998), S. 497–549.

Schieder, Theodor, Erneuerung des Geschichtsbewußtseins, in: ders., Staat und Gesellschaft im Wandel unserer Zeit. Studien zur Geschichte des 19. und 20. Jahrhunderts, München 1958, S. 188–207.

Ders., Vom Deutschen Bund zum Deutschen Reich 1815–1871(= Gebhardt Handbuch der deutschen Geschichte, Bd. 15), Stuttgart 1975.

Ders., Politisches Handeln aus historischem Bewußtsein, in: HZ 220 (1975), S. 4–25.

Schildt, Axel, Deutschlands Platz in einem „christlichen Abendland". Konservative Publizisten aus dem Tatkreis in der Kriegs- und Nachkriegszeit, in: Thomas Koebner (Hrsg.), Deutschland nach Hitler. Zukunftsprogramme im Exil und aus der Besatzungszeit 1939–1949, Opladen 1987, S. 344–369.

Ders., Nachkriegszeit. Möglichkeiten und Probleme einer Periodisierung der westdeutschen Geschichte nach dem Zweiten Weltkrieg und ihrer Einordnung in die deutsche Geschichte des 20. Jahrhundert, in: GWU 44 (1993), S. 567–584.

Ders., Ende der Ideologien? Politisch-ideologische Strömungen in den 50er Jahren, in: ders./Arnold Sywottek (Hrsg.), Modernisierung im Wiederaufbau. Die westdeutsche Gesellschaft der 50er Jahre, Bonn 1993, S. 627–635.

Ders., Moderne Zeiten. Freizeit, Massenmedien und „Zeitgeist" in der Bundesrepublik der 50er Jahre, Hamburg 1995.

Ders./Sywottek, Arnold, „Wiederaufbau" und „Modernisierung". Zur westdeutschen Gesellschaftsgeschichte in den fünfziger Jahren in: APUZ B 6/7 (1989), S. 18–32.

Ders./Sywottek, Arnold (Hrsg.), Modernisierung im Wiederaufbau. Die westdeutsche Gesellschaft der 50er Jahre, Bonn 1993.

Schirmer, Dietmar, Mythos – Heilshoffnung – Modernität. Politisch-kulturelle Deutungscodes in der Weimarer Republik, Opladen 1992.

Schmädeke, Jürgen/Peter Steinbach (Hrsg.), Der Widerstand gegen den Nationalsozialismus. Die deutsche Gesellschaft und der Widerstand gegen Hitler, (Neuausgabe) München 1994.

Schmid, Carlo, Erinnerungen, Bern usw. 1979.

Schmidt, Walter, Nationalgeschichte der DDR und das territorialstaatliche historische Erbe, in: ZfG 5 (1981), S.399–415.

Schmidtke, Michael A., Reform, Revolte oder Revolution? Der Sozialistische Deutsche Studentenbund (SDS) und die Students for a Democratic Society (SDS) 1960–1970, in: Ingrid Gilcher-Holtey (Hrsg.), 1968 – Vom Ereignis zum Gegenstand der Geschichtswissenschaft, Göttingen 1998, S.188–206.

Schmitz, Kurt Thomas, Deutsche Einheit und Europäische Integration. Der sozialdemokratische Beitrag zur Außenpolitik der Bundesrepublik Deutschland unter besonderer Berücksichtigung des programmatischen Wandels einer Oppositionspartei, Bonn 1978.

Schneider, Gerhard, Ein Zeitalter zu besichtigen! Die Nachkriegsgeschichte als Erinnerungswelt im Haus der Geschichte der Bundesrepublik Deutschland in Bonn, in: GWU 47 (1994), S.223–234.

Schneider, Franz, Große Koalition – Ende oder Neubeginn?, München 1969.

Schneider, Ute, Politische Festkultur im 19.Jahrhundert. Die Rheinprovinz von der französischen Zeit bis zum Ende des Ersten Weltkrieges (1806–1918), Essen 1993.

Schönhoven, Klaus, Aufbruch in die sozialliberale Ära. Zur Bedeutung der 60er Jahre in der Geschichte der Bundesrepublik, in: GG 25 (1999), S.123–145.

Schörken, Rolf, Geschichte in der Alltagswelt. Wie uns Geschichte begegnet und was wir mit ihr machen, Stuttgart 1981.

Schöttler, Peter (Hrsg.), Geschichtsschreibung als Legitimationswissenschaft 1918–1945, Frankfurt a.M. 1997.

Scholz, Arno/Werner Nieke, Der 17. Juni. Die Volkserhebung in Ostberlin und in der Sowjetzone, Berlin 1953.

Schollwer, Wolfgang, Liberale Opposition gegen Adenauer. Aufzeichnungen 1957–1961, hrsg. v. Monika Faßbender, München 1990.

Ders., FDP im Wandel. Aufzeichnungen 1961–1966, hrsg. v. Monika Faßbender, München 1994.

Schmidtchen, Gerhard, Die befragte Nation. Über den Einfluß der Meinungsforschung auf die Politik, Freiburg i.Br. 1959.

Schrader, Fred E., Comment une histoire nationale est-elle possible?, in: Genèses 14 (1994), S.153–163.

Schradi, Johannes, Die DDR-Geschichtswissenschaft und das bürgerliche Erbe. Das deutsche Bürgertum und die Revolution von 1848 im sozialistischen Geschichtsverständnis, Frankfurt a.M. usw. 1984.

Schroeder, Klaus unter Mitarbeit von Steffen Alisch, Der SED-Staat. Geschichte und Strukturen der DDR, München 1998.

Schütz, Alfred, Wissenschaftliche Interpretation und Alltagsverständnis menschlichen Handelns, in: ders., Gesammelte Aufsätze, Bd. 1: Das Problem der sozialen Wirklichkeit, Den Haag 1971, S. 3–55.

Schütz, Wilhelm Wolfgang, Reform der Deutschlandpolitik, Köln/Berlin 1965.

Schulin, Ernst, Traditionskritik und Rekonstruktionsversuch. Studien zur Entwicklung von Geschichtswissenschaft und historischem Denken, Göttingen 1979.

Ders., Hermann Heimpel und die deutsche Nationalgeschichtsschreibung, Heidelberg 1998.

Schulze, Hagen, Preußen – Bilanz eines Versuchs, in: GWU 32 (1981), S. 649–663.

Ders., Weimar. Deutschland 1917–1933, Berlin 1982.

Ders., Wir sind, was wir geworden sind. Vom Nutzen der Geschichte für die deutsche Gegenwart, München 1987.

Ders., Gibt es überhaupt eine deutsche Geschichte?, Berlin 1988.

Ders., Staat und Nation in der europäischen Geschichte, München 1994.

Ders., Der Weg zum Nationalstaat. Die deutsche Nationalbewegung vom 18. Jahrhundert bis zur Reichsgründung, München 1994.

Schulze, Winfried, Deutsche Geschichtswissenschaft nach 1945, München 1989.

Ders., Der Neubeginn der deutschen Geschichtswissenschaft nach 1945. Einsichten und Absichtserklärungen der Historiker nach der Katastrophe, in: Ernst Schulin (Hrsg.), Deutsche Geschichtswissenschaft nach 1945, München 1989, S. 1–37

Ders. (Hrsg.), Sozialgeschichte, Alltagsgeschichte, Mikro-Historie, Göttingen 1994.

Schuster, Jacques, Heinrich Albertz, der Mann, der mehrere Leben lebte. Eine Biographie, Berlin 1997.

Schwab, Klaus, Zum Goethe-Kult, in: Gerhard Hay (Hrsg.), Zur literarischen Situation 1945–1949, Kronberg 1977, S. 240–251.

Schwabe, Klaus/Rolf Reichhardt (Hrsg.), Gerhard Ritter. Ein politischer Historiker in seinen Briefen, Boppard am Rhein 1984.

Schwan, Alexander, Verfassungspatriotismus und nationale Frage. Einige Überlegungen zum Verhältnis von deutschem Staats- und Nationalbewußtsein, in: Manfred Hättich (Hrsg.), Zum Staatsverständnis der Gegenwart, München 1987, S. 85–100.

Ders., Verfassungspatriotismus und nationale Frage: Zum Verhältnis von deutschem Staats- und Nationalbewußtsein, in: Werner Weidenfeld (Hrsg.), Politische Kultur und deutsche Frage. Materialien zum Staats- und Nationalbewußtsein in der Bundesrepublik Deutschland, Köln 1989, S. 135–152.

Ders., Nationale Identität in Deutschland und Europa – Zum nationalen Selbstverständnis des deutschen Volkes und seiner Nachbarn, in: ders., Ethos der Demokratie. Normative Grundlagen des freiheitlichen Pluralismus, Paderborn usw. 1992, S. 325–335.

Schwan, Gesine, Politik und Schuld. Die zerstörerische Macht des Schweigens, Frankfurt a. M. 1997.

Schwarz, Hans-Peter, Das außenpolitische Konzept Konrad Adenauers, in: Rudolf Morsey/Konrad Repgen (Hrsg.), Adenauer-Studien, Bd. 1, Mainz 1972, S. 71–108.

Ders., Vom Reich zur Bundesrepublik. Deutschland im Widerstreit der außenpolitischen Konzeptionen in den Jahren der Besatzungsherrschaft 1945–1949, Stuttgart [2]1980.

Ders., Die Ära Adenauer. Gründerjahre der Republik 1949–1957 (= Geschichte der Bundesrepublik Deutschland, Bd. 2), Stuttgart 1981.

Ders. (Hrsg.), Die Legende von der verpaßten Gelegenheit. Die Stalin-Note vom 10. März 1952, Stuttgart 1982.

Ders., Geschichtsschreibung und politisches Selbstverständnis. Die Geschichte der Bundesrepublik Deutschland – Herausforderung für die Forschung, in: APUZ B 36 (1982), S. 366–391.

Ders., Die Ära Adenauer. Epochenwechsel 1957–1963 (= Geschichte der Bundesrepublik Deutschland, Bd. 3), Stuttgart 1983.

Ders., Adenauers Kanzlerdemokratie und Regierungstechnik, in: APUZ B 1/2 (1989), S. 15–27.

Ders., Adenauer. Der Staatsmann: 1952–1967, Stuttgart 1991.

Ders., Mit gestopften Trompeten. Die Wiedervereinigung Deutschlands aus der Sicht westdeutscher Historiker, in: GWU 44 (1993), S. 683–703.

Schwartz, Michael, Vertreibung und „Vergangenheitspolitik". Ein Versuch über geteilte deutsche Nachkriegsidentitäten, in: DA 30 (1997), S. 177–195.

Schweigler, Gebhard, Nationalbewußtsein in der BRD und der DDR, Düsseldorf 1972.

Ders., Nationalbewußtsein in der DDR, in: APUZ 28 (1973), S. 23–38.

Schwengler, Walter, Das Ende des „Dritten Reiches" – auch das Ende des Deutschen Reiches?, in: Volkmann, Hans-Erich (Hrsg.), Ende des Dritten Reiches – Ende des Zweiten Weltkriegs. Eine perspektivische Rückschau, München 1995, S. 173–199.

Seghers, Anna, Das Vertrauen, Berlin 1968.

Seidensticker, Mike, Werbung mit Geschichte. Ästhetik und Rhetorik des Historischen, Köln usw. 1995.

Sellin, Volker, Mentalität und Mentalitätsgeschichte, in: HZ 241 (1985), S. 555–598.

Sethe, Paul, Zwischen Bonn und Moskau, Frankfurt a. M. 1956.

Sirinelli, Jean-François, Politische Kultur und nationale Emotionen, in: Etienne François/Hannes Siegrist/Jakob Vogel (Hrsg.), Nation und Emotion. Deutschland und Frankreich im Vergleich. 19. und 20. Jahrhundert, Göttingen 1995, S. 393–395.

Siemann, Wolfram, Krieg und Frieden in historischen Gedenkfeiern des Jahres 1913, in: Dieter Düding/Peter Friedemann/Paul Münch (Hrsg.), Öffentliche Festkultur. Politische Feste in Deutschland von der Aufklärung bis zum Ersten Weltkrieg, Reinbek bei Hamburg 1988, S. 298–320.

Ders., Die deutsche Revolution von 1848/49, Frankfurt a. M. ^{3}1995.

Siekmeier, Mathias, Restauration oder Reform? Die FDP in den sechziger Jahren. Deutschland- und Ostpolitik zwischen Wiedervereinigung und Entspannung, Köln 1998.

Simon, Dieter, Verordnetes Vergessen, in: Gary Smith/Avishai Margalit (Hrsg.) Amnestie oder die Politik der Erinnerung in der Demokratie, Frankfurt a. M. 1997, S. 21–36.

Skinner, Quentin, The Foundation of Modern Political Thought. The Renaissance, 2 Bde., Cambridge 1978.

Smith, Anthony D., Nationalism and the Historians, in: International Journal of comparative Sociology 33 (1992), S. 58–79.

Smith, Gary, Arbeit am Vergessen, in: ders./Hinderk M. Emrich (Hrsg.), Vom Nutzen des Vergessens, Berlin 1996, S. 15–26.

Ders./Avishai Margalit, Amnestie oder die Politik der Erinnerung in der Demokratie, Frankfurt a. M. 1997.

Smith, Gordon W., Ostpolitik since Reunification, in: German Life and Letters 49 (1996), S. 88–100.

Soeffner, Hans-Georg, Geborgtes Charisma – Populistische Inszenierungen, in: ders., Die Ordnung der Rituale, Frankfurt a. M. 1992, S. 177–203.

Sontheimer, Kurt, Die verunsicherte Republik. Die Bundesrepublik nach 30 Jahren, München 1979.

Ders., Ein deutscher Sonderweg?, in: Werner Weidenfeld (Hrsg.), Die Identität der Deutschen, München/Wien 1983, S. 324–335.

Ders., Deutschlands politische Kultur, München 1990.

Ders., Die Adenauer Ära. Grundlegung der Bundesrepublik, München 1991.

Ders., Grundzüge des politischen Systems der neuen Bundesrepublik Deutschland, München 1993.

Ders., So war Deutschland nie. Anmerkungen zur politischen Kultur der Bundesrepublik, München 1999.

Speitkamp, Winfried, Die Verwaltung der Geschichte. Denkmalpflege und Staat in Deutschland 1871–1933, Göttingen 1996.

Speth, Rudolf, Nation und Revolution. Politische Mythen im 19. Jahrhundert. Habilitationsschrift am Fachbereich Politische Wissenschaft der Freien Universität Berlin, 1997.

Ders./Edgar Wolfrum (Hrsg.), Politische Mythen und Geschichtspolitik. Konstruktion – Inszenierung – Mobilisierung. Cahier No. 7 du Centre Marc Bloch, Berlin 1996.

Spittmann, Ilse, Der 17. Juni im Wandel der Legenden, in: DA 17 (1984), S. 594–605.

Dies./Karl Wilhelm Fricke (Hrsg.), 17. Juni 1953. Arbeiteraufstand in der DDR, Köln 1983.

Staritz, Dietrich, Geschichte der DDR 1949–1990, Frankfurt a. M. 1996.

Statistisches Bundesamt (Hrsg.), Statistische Berichte VIII 5/9 v. 17. 10. 1953.

Steinbach, Peter, Nationalsozialistische Gewaltverbrechen. Die Diskussion in der deutschen Öffentlichkeit, Berlin 1981.

Steinbach, Peter, Von der Schwierigkeit des Gedenkens, in: Bernd Hey/ders., Zeitgeschichte und politisches Bewußtsein, Köln 1986, S. 13–24.

Ders., Widerstandsforschung im politischen Spannungsfeld, in: APUZ B 28 (1988), S. 3–21.

Ders., Vergangenheitsbewältigungen in vergleichender Perspektive. Politische Säuberung, Wiedergutmachung, Integration. Hrsg. v. der Historischen Kommission zu Berlin, Beiheft Nr. 18, Berlin 1993.

Ders., Widerstand im Widerstreit. Der Widerstand gegen den Nationalsozialismus in der Erinnerung der Deutschen. Ausgewählte Schriften, Paderborn usw. 1994.

Ders., „Stachel im Fleisch der deutschen Nachkriegsgesellschaft“. Die Deutschen und der Widerstand, in: APUZ 28 (1994), S. 3–14.

Ders., Zur Geschichtspolitik (Kommentar), in: Jürgen Kocka/Martin Sabrow (Hrsg.), Die DDR als Geschichte. Fragen – Hypothesen – Perspektiven, Berlin 1994, S. 159–169.

Ders., Erinnerung und Geschichtspolitik, in: Universitas 50 (1995), Nr. 584, S. 181–194 und Nr. 585, S. 285–294.

Ders., Streit um Geschichte – politischer Streit, in: Historicum (Frühling 1995), S. 10–14.

Ders., Der Historikerstreit, in: Heiner Lichtenstein/Otto R. Romberg (Hrsg.), Täter – Opfer – Folgen. Der Holocaust in Geschichte und Gegenwart, Bonn 1995, S. 101–113.

Ders., NS-Prozesse und historische Forschung, in: Heiner Lichtenstein/Otto R. Romberg (Hrsg.), Täter – Opfer – Folgen. Der Holocaust in Geschichte und Gegenwart, Bonn 1995, S. 136–153.

Ders., Ein Denkmal zum 17. Juni?, in: Werkstatt Geschichte 16 (1997), S. 72–78.

Ders., Die Vergegenwärtigung von Vergangenem. Zum Spannungsverhältnis zwischen individueller Erinnerung und öffentlichem Gedenken, in: APUZ B 3–4 (1997), S. 3–13.

Ders./Johannes Tuchel (Hrsg.), Widerstand gegen den Nationalsozialismus, Berlin/Bonn 1994.

Steininger, Rolf, Eine Chance zur Wiedervereinigung? Die Stalin-Note vom 10. März 1952. Eine Darstellung und Dokumentation auf der Grundlage unveröffentlichter britischer und amerikanischer Akten, Bonn ^{2}1986.

Steininger, Rolf, Deutsche Geschichte seit 1945. Darstellung und Dokumente in vier Bänden, Frankfurt a. M. 1996 ff.

Sternberger, Dolf, Die deutsche Frage, in: Der Monat, Heft 8/9 (1949), S. 16–21.

Ders., Verfassungspatriotismus (Schriften, Bd. 10, hrsg. v. Peter Haungs u. a.), Frankfurt a. M. 1990.

Stiftung Haus der Geschichte der Bundesrepublik Deutschland (Hrsg.), ZeitRäume. Konzept, Architektur, Ausstellungen, Bonn 1993/94

Dies., Tätigkeitsbericht 1995–1996.

Stölzl, Christoph (Hrsg.), Deutsches Historisches Museum. Ideen – Kontroversen – Perspektiven, Berlin 1988.

Strauß, Franz Josef, Entwurf für Europa, Stuttgart 1966.

Ders., Die Erinnerungen, Berlin 1989.

Stürmer, Michael, Ein Preußen für die DDR. Umstrittenes Erbe, in: GWU 33 (1982), S. 582–598.

Ders., Das ruhelose Reich. Deutschland 1866–1918, Berlin 1983.

Ders., Die Deutsche Frage – kein Eigentum der Deutschen: Zum 17. Juni 1953, in: ders., Dissonanzen des Fortschritts. Essays über Geschichte und Politik in Deutschland, München/Zürich 1986, S. 223–234.

Stulz-Herrnstadt, Nadja (Hrsg.), Das Herrnstadt-Dokument. Das Politbüro der SED und die Geschichte des 17. Juni 1953, Reinbek bei Hamburg 1990.

Sühl, Klaus (Hrsg.), Vergangenheitsbewältigung 1945 und 1989. Ein unmöglicher Vergleich?, Berlin 1992.

Süssmuth, Hans, Das Luther-Erbe in Deutschland. Vermittlung zwischen Wissenschaft und Öffentlichkeit, Düsseldorf 1985.

Sütterlin, Sabine, Der Tag der deutschen Einheit im Wandel der Zeit. Diss. Kiel 1992.

Sywottek, Arnold, Die Fischer-Kontroverse. Ein Beitrag zur Entwicklung historisch-politischen Bewußtseins in der Bundesrepublik, in: Imanuel Geiss/Bernd Jürgen Wendt (Hrsg.), Deutschland in der Weltpolitik des 19. und 20. Jahrhunderts, Düsseldorf 1973, S. 19–47.

Tacke, Charlotte, Denkmal im sozialen Raum. Nationale Symbole in Deutschland und Frankreich im 19. Jahrhundert, Göttingen 1995.

Teppe, Karl, Das deutsche Identitätsproblem. Eine historisch-politische Provokation, in: APUZ B 20–21 (1976), S. 29–39.

Texte zur Deutschlandpolitik, Reihe II/Band 5, Bonn 1979.

Thadden, Rudolf von, Das schwierige Vaterland, in: Werner Weidenfeld (Hrsg.), Die Identität der Deutschen, Bonn 1983, S. 51–63.

Ders., Das Preußeninteresse in der Bundesrepublik und in der DDR. Ein Vergleich, in: Preußen: Seine Wirkungen auf die deutsche Geschichte. Vorlesungen von Karl Dietrich Erdmann u. a., Stuttgart [2]1985, S. 324–328.

Thamer, Hans-Ulrich, Verführung und Gewalt. Deutschland 1933–1945, Berlin 1986.

Thränhardt, Dietrich, Geschichte der Bundesrepublik Deutschland 1949–1990, (erw. Neuausgabe) Frankfurt a. M. 1996.

Tönnies, Norbert, Der Staat aus dem Nichts. Zehn Jahre deutscher Geschichte, Stuttgart 1954.

Traube, Elisabeth, Ordnung und Ereignisse. Wahrnehmung und „Bearbeitung“ des Kolonialismus durch die Mabai auf Ost-Timor, in: Alf Lüdtke (Hrsg.), Herrschaft als soziale Praxis, Göttingen 1991, S. 400–441.

Teiber, Hubert, Die gesellschaftliche Auseinandersetzung mit dem Terrorismus: die Inszenierung symbolischer Kreuzzüge zur Darstellung der Bedrohung der normativen Ordnung von Gesellschaft und Staat, in: Fritz Sack/Hans Steinert (Hrsg.), Protest und Reaktion, Opladen 1984, S. 319–363.

Turner, Victor, The Ritual Process. Structure and Anti-Structure, Chicago, Illinois 1969.

Ueberschär, Gerd R. (Hrsg.), Der 20. Juli 1944. Bewertung und Rezeption des deutschen Widerstandes gegen das NS-Regime, Köln 1994.

Ulbricht, Walter, Erklärung auf einer internationalen Pressekonferenz am 19. 1. 1970, in: DA 2 (1970), S. 179–195.

Ullrich, Volker, Die nervöse Großmacht 1871–1918. Aufstieg und Untergang des deutschen Kaiserreichs, Frankfurt a. M. 1997.

Valentin, Veit, Geschichte der deutschen Revolution von 1848–1849, 2 Bde., Berlin 1930/31.

Veit-Brause, Irmline, Tendenzwende oder Paradigmarevision in der deutschen Geschichtswissenschaft?, in: David Roberts (Hrsg.), Tendenzwenden. Aspekte des Kulturwandels der siebziger Jahre, Frankfurt a. M. 1984, S. 69–90.

Venohr, Wolfgang (Hrsg.), Die deutsche Einheit kommt bestimmt, Bergisch Gladbach 1982.

Veyne, Paul, Geschichtsschreibung. Und was sie nicht ist, Frankfurt a. M. 1990.

Verband der Historiker Deutschlands (Hrsg.), Geschichte als Argument. 41. Deutscher Historikertag in München 17. bis 20. September 1996. Berichtsband, München 1997.

Verhandlungen des Deutschen Bundestages. Stenographische Berichte und Drucksachen, Bonn 1949ff.

Voegelin, Eric, Die politischen Religionen, Wien 1938.

Vogel, Jakob, Nationen im Gleichschritt. Der Kult der „Nation in Waffen“ in Deutschland und Frankreich, 1871–1914, Göttingen 1997.

Vogtmeier, Andreas, Egon Bahr und die deutsche Frage. Zur Entwicklung der sozialdemokratischen Ost- und Deutschlandpolitik vom Kriegsende bis zur Vereinigung, Bonn 1996.

Volkmann, Hans Erich, Deutsche Historiker im Umgang mit Drittem Reich und Zweitem Weltkrieg 1939–1949, in: ders. (Hrsg.), Ende des Dritten Reiches – Ende des Zweiten Weltkrieges. Eine perspektivische Rückschau, München 1995, S. 861–911.

Ders./Schwengler, Werner (Hrsg.), Die Europäische Verteidigungsgemeinschaft, Boppard 1985.

Vondung, Klaus, Magie und Manipulation. Ideologischer Kult und politische Religiosität des Nationalsozialismus, Göttingen 1971.

Vorsteher, Dieter (Hrsg.), Parteiauftrag: Ein neues Deutschland. Bilder, Rituale und Symbole der frühen DDR (Buch zur Ausstellung des Deutschen Historischen Museums 13. 12. 1996–11. 3. 1997), Berlin 1996.

Walser, Martin, Händedruck mit Gespenstern, in: Jürgen Habermas (Hrsg.), Stichworte zur „Geistigen Situation der Zeit“, Bd. 1, Frankfurt a. M. 1979, S. 39–50.

Weber, Hermann, Die DDR 1945–1990, München [2]1993.

Weber, Jürgen/Peter Steinbach (Hrsg.), Vergangenheitsbewältigung durch Strafverfahren? NS-Prozesse in der Bundesrepublik Deutschland, München 1984.

Weber, Max, Die Wirtschaftsethik der Weltreligionen. Hinduismus und Buddhismus 1916–1920, hrsg. v. Helwig Schmidt-Glitzer, Tübingen 1996.

Ders., Wirtschaft und Gesellschaft, Tübingen [5]1980.

Weber, Petra, Carlo Schmid 1896–1979. Eine Biographie, München 1996.

Wehler, Hans-Ulrich, Das Deutsche Kaiserreich 1871–1918, Göttingen [4]1980.

Ders., Historische Sozialwissenschaft und Geschichtsschreibung. Studien zu Aufgaben und Traditionen deutscher Geschichtswissenschaft, Göttingen 1980.

Ders., Preußen ist wieder chic … Der Obrigkeitsstaat im Goldrähmchen, in: ders., Preußen ist wieder chic. Politik und Polemik in zwanzig Essays, Frankfurt a. M. 1983.

Ders., Antiquierte Aversionen gegen Geschichte?, in: ders., Preußen ist wieder chic. Politik und Polemik in zwanzig Essays, Frankfurt a. M. 1983, S. 172–192.

Ders., Königsweg zu neuen Ufern oder Irrgarten der Illusionen? Die westdeutsche Alltagsgeschichte, in: Geschichte „von Innen“ und „von Unten“, Vortrag vor der Fernuniversität Hagen 1985.

Ders., Entsorgung der deutschen Vergangenheit? Ein polemischer Essay zum „Historikerstreit“, München 1988.

Ders., Geschichtswissenschaft heutzutage. Aufklärung oder „Sinnstiftung“?, in: Axel Honneth u. a. (Hrsg.), Zwischenbetrachtungen: Im Prozeß der Aufklärung, Frankfurt a. M., 1989, S. 775–793.

Wehler, Hans-Ulrich, Gedenktage und Geschichtsbewußtsein, in: Hans-Jürgen Pandel (Hrsg.), Verstehen und Verständigen (Jahrbuch für Geschichtsdidaktik 2/1990), Pfaffenweiler 1991, S. 197–214.

Ders., Deutsche Gesellschaftsgeschichte. Dritter Band: Von der „Deutschen Doppelrevolution" bis zum Beginn des Ersten Weltkrieges 1849–1914, München 1995.

Ders., Politik in der Geschichte. Essays, München 1998.

Weichlein, Siegfried, Der 17. Juni 1953 in der deutschen Geschichte. Ein Tagungsbericht, in: IWK 29 (1993), S. 229–235.

Weichmann, Herbert, Der Gustav-Heinemann-Preis, in: Heinrich Böll/Helmut Gollwitzer/Carlo Schmid (Hrsg.), Anstoß und Ermutigung. Gustav W. Heinemann. Bundespräsident 1969–1974, Frankfurt a. M. 1974, S. 57–65.

Weidenfeld, Werner (Hrsg.), Die Identität der Deutschen, Bonn 1983.

Ders., Ratlose Normalität – Die Deutschen auf der Suche nach sich selbst, Zürich 1984.

Ders., Geschichte und Politik, in: ders. (Hrsg.), Geschichtsbewußtsein der Deutschen. Materialien zur Spurensuche einer Nation, Köln 1987, S. 13–32.

Ders. (Hrsg.), Politische Kultur und deutsche Frage. Materialien zum Staats- und Nationalbewußtsein in der Bundesrepublik Deutschland, Köln 1989.

Ders., Der deutsche Weg, Berlin 1990.

Ders. (Hrsg.), Deutschland. Eine Nation – doppelte Geschichte. Materialien zum deutschen Selbstverständnis, Köln 1993.

Ders./Lutz, Felix Philipp, Die gespaltene Nation. Geschichtsbewußtsein der Deutschen nach der Einheit, in: APUZ B 31–32 (1992), S. 3–22.

Ders./Manuela Glaab, Die deutsche Frage im Bewußtsein der Bevölkerung in beiden Teilen Deutschlands. Das Zusammengehörigkeitsgefühl der Deutschen – Konstanten und Wandlungen. Einstellungen der westdeutschen Bevölkerung 1945/49–1990, in: Materialien der Enquete-Kommission „Aufarbeitung von Geschichte und Folgen der SED-Diktatur in Deutschland (12. Wahlperiode des Deutschen Bundestages), hrsg. vom Deutschen Bundestag, Bd. V/3, S. 2798–2962.

Weigelt, Klaus (Hrsg.), Heimat – Tradition – und Geschichtsbewußtsein, Mainz 1986.

Weinrich, Harald, Lethe. Kunst und Kritik des Vergessens, München 1997.

Weischenberg, Siegfried, Gladiatoren und Propagandisten? Die Akteure politischer Kommunikation in einer medialen Streitkultur, in: Ulrich Scarcinelli (Hrsg.), Demokratische Streitkultur, Opladen 1990, S. 101–120.

Weizsäcker, Richard von, Zum 40. Jahrestag der Beendigung des Krieges in Europa und der nationalsozialistischen Gewaltherrschaft, Bonn 1985.

Welchert, Hans-Heinrich (Hrsg.), Theodor Heuss Lesebuch, Tübingen 1975.

Wengst, Udo, Staatsaufbau und Regierungspraxis 1948–1953. Zur Geschichte der Verfassungsorgane der Bundesrepublik Deutschland, Düsseldorf 1984.

Ders., Der Aufstand am 17. Juni 1953 in der DDR. Aus den Stimmungsberichten der Kreis- und Bezirksverbände der Ost-CDU im Juni und Juli 1953, in: VfZ 41 (1993), S. 277–321

Ders., Geschichtswissenschaft und „Vergangenheitsbewältigung" in Deutschland nach 1945 und nach 1989/90, in: GWU 46 (1995), S. 189–105.

Ders., Thomas Dehler (1897–1967). Eine politische Biographie, München 1997.

Werle, Gerhard, Neue Wege: Die südafrikanische Wahrheitskommission, in: Petra Bock/Edgar Wolfrum (Hrsg.), Umkämpfte Vergangenheit. Geschichtsbilder, Erinnerung und Vergangenheitspolitik im internationalen Vergleich, Göttingen 1999, S. 269–289.

Ders./Thomas Wandres, Auschwitz vor Gericht. Völkermord und bundesdeutsche Strafjustiz, München 1995.

Werner, Karl Ferdinand, Das NS-Geschichtsbild und die Geschichtswissenschaft, Stuttgart 1967.

Werth, Christoph H., Sozialismus und Nation. Die deutsche Ideologiediskussion zwischen 1918 und 1945, Opladen 1996.

Wettig, Gerhard, Die sowjetische Deutschland-Note vom 10. März 1952, in: DA 15 (1982), S. 130–148.

Ders., Die Stalin-Note vom 10. März 1952 als geschichtswissenschaftliches Problem, in: DA 25 (1992), S. 157–167.

Ders., Zum Stand der Forschung über Berijas Deutschland-Politik im Frühjahr 1953, in: DA 26 (1993), S. 674–682.

Ders., Die Deutschland-Note vom 10. März 1952 auf der Basis diplomatischer Akten des russischen Außenministeriums, in: DA 26 (1993), S. 786–804.

Wiegels, Rainer/Winfried Woesler (Hrsg.), Arminius und die Varusschlacht. Geschichte – Mythos – Literatur, Paderborn usw. 1995.

Wieviorka, Michel, 1968 und der Terrorismus, in: Ingrid Gilcher-Holtey (Hrsg.), 1968 – Vom Ereignis zum Gegenstand der Geschichtswissenschaft, Göttingen 1968, S. 273–282.

Wilke, Jürgen, Die Rethematisierung von Zeitgeschichte in den Massenmedien, in: Stephan Kronenburg/Horst Schichtel (Hrsg.), Die Aktualität der Geschichte. Historische Orientierung in der Mediengesellschaft. Siegfried Quandt zum 60. Geburtstag, Gießen 1996, S. 175–192.

Winkler, Heinrich August, Von der Revolution zur Stabilisierung. Arbeiter und Arbeiterbewegung in der Weimarer Republik 1918 bis 1924, Bonn 1984.

Ders., Das Ende der Nachkriegszeit, in: Wilhelm von Sternburg (Hrsg.), Geteilte Ansichten über eine vereinte Nation. Ein Buch über Deutschland, Frankfurt a. M. 1990, S. 268–277.

Ders., Nationalismus, Nationalstaat und nationale Frage in Deutschland seit 1945, in: ders. /Hartmut Kaelble (Hrsg.), Nationalismus – Nationalitäten – Supranationalität, Stuttgart 1993, S. 12–33.

Ders., Weimar 1918–1933. Die Geschichte der ersten deutschen Demokratie, München [2]1994.

Ders., Westbindung oder was sonst? Bemerkungen zu einem Revisionsversuch, in: PVS 35 (1994), S. 113–117.

Ders., Abschied von den Sonderwegen. Die Deutschen vor und nach der Wiedervereinigung, in: ders., Streitfragen der deutschen Geschichte, München 1997, S. 123–147.

Wittram, Reinhard, Anspruch und Fragwürdigkeit der Geschichte, Göttingen 1959.

Wollstein, Günter 1848 – Streit um das Erbe, in: NPL 20 (1975), S. 491–507 und 21 (1976), S. 89–106.

Wolf, Christa, Nachdenken über Christa T., Frankfurt a.M. 1969.

Wolffsohn, Michael, Von der äußerlichen zur verinnerlichten „Vergangenheitsbewältigung". Gedanken und Fakten zu Erinnerungen, in: APUZ B 3–4 (1997), S.14–22.

Wolfrum, Edgar, Geschichte als Politikum – Geschichtspolitik. Internationale Forschungen zum 19. und 20.Jahrhundert, in: NPL 41 (1996), S.377–402.

Ders., „Kein Sedantag glorreicher Erinnerung". Der Tag der Deutschen Einheit in der „alten" Bundesrepublik, in: DA 29 (1996), S.432–443.

Ders., Zwischen Geschichtsschreibung und Geschichtspolitik. Forschungen zu Flucht und Vertreibung nach dem Zweiten Weltkrieg, in: AfS 36 (1996), S.500–522.

Ders., Der Kult um den verlorenen Nationalstaat in der Bundesrepublik Deutschland bis Mitte der 60er Jahre, in: Historische Anthropologie 5 (1997), S.83–114.

Ders., Die Geschichte der Bundesrepublik anhand von Biographien. Heinrich Lübke, Carlo Schmid, Thomas Dehler, Franz Josef Strauß, Ludwig Erhard, in: ZfG 46 (1998), S.40–54

Ders., Geschichtspolitik und deutsche Frage. Der 17. Juni im nationalen Gedächtnis der Bundesrepublik (1953–89), in: GG 24 (1998), S.382–411.

Ders., Geschichtspolitik in der Bundesrepublik Deutschland 1949–1989. Phasen und Kontroversen, in: APUZ B 45 (1998), S.3–15.

Zentraler Forschungsplan der marxistisch-leninistischen Gesellschaftswissenschaften der DDR 1972–1975, in: Einheit 27 (1972), S.169ff.

Zimmer, Michael, Nationales Interesse und Staatsräson. Zur Deutschlandpolitik der Regierung Kohl 1982–1989, Paderborn usw. 1992.

Zimmermann, Richard, Alfred Dregger und die Geschichte. Mythen statt Realitäten, in: NG 8 (1978), S.654–657.

Personenregister